U0131541

让我们 一起追寻

金雀花王朝
绵造英格兰的武士国王与王后们
The Plantagenets:
The Warrior Kings and Queens Who Made England

丹·琼斯中世纪史作品集之一

金雀花王朝

The Plantagenets

The Warrior Kings and Queens Who Made England

缔造英格兰的武士国王与王后们

〔英〕丹·琼斯 Dan Jones 著

陆大鹏 译

SSAP
社会科学文献出版社
SOCIAL SCIENCES ACADEMIC PRESS (CHINA)

本书获誉

第一国际畅销书

《泰晤士报》(伦敦)年度好书

《观察家报》(伦敦)年度好书

“这部历史引人入胜，讲述了一个充满人性优缺点的王朝的故事，足以证明，其作者是一位才华横溢的历史学家。”

——《星期日电讯报》

“故事讲得扣人心弦……《金雀花王朝》令人满意，读起来也非常享受。这是一部现实版的《冰与火之歌》，不需要增加妖魔鬼怪。”

——《文学评论》

“这是部妙趣横生的叙述史，书页上挤满了极富个性的人物、对战争和比武的生动鲜明的描摹、身披精美天鹅绒华服的贵妇人和甲胄熠熠生辉的骑士。”

——《旗帜晚报》

“出类拔萃！气度磅礴，叙述紧扣心弦，这是最上乘的叙述历史。横跨两个世纪的英国历史，绘声绘色地讲述宫廷阴谋、凶残诡计和残酷战争，异彩纷呈的王朝史。”

——西蒙·塞巴格·蒙蒂菲奥里，《耶路撒冷三千年》的作者

“这是最具史诗风范、最惊险刺激的历史。我绝不相信会有人不能从中得到无穷乐趣。”

——汤姆·霍兰，《卢比孔河：罗马共和国的胜利和悲剧》的作者

“金雀花王朝在塑造英格兰民族的过程中起到了决定性作用，而丹·琼斯带着机智、神韵和鲜明的洞见，将他们的故事讲得令人拍案叫绝。这是一部令人欢欣鼓舞的历史，是为一个精彩、残暴而嗜血的王朝所做的绝妙肖像，令人耳目一新。”

——海伦·卡斯托，《母狼：伊丽莎白之前统治英格兰的女人们》的作者

“丹·琼斯是大卫·斯塔基的高足，像他的导师一样渊博，同时表现出小说家一般的灵动和情感……这是一部了不起的通俗历史。《金雀花王朝》足以证明，当代的历史著作也能以优美的文笔、机智和魄力探究中世纪的世界。”

——《观察家报》（伦敦）

“这部惊险刺激的叙述史首先是一个伟大的故事，充满厮杀、个性的冲撞、背叛，以及著名的金雀花王族的暴躁脾气。琼斯是一位优秀的导游，引领我们参观这个动荡的世界。《金雀花王朝》成功地将一个非同一般的家族刻画得栩栩如生、引人入胜。”

——《电讯报》

目　录

第三部　对抗的年代（1204～1263）

第四部　亚瑟王的年代（1263～1307）

第五部　暴力的年代（1307～1330）

第六部　光荣的年代（1330～1360）

第七部　革命的年代（1360～1399）

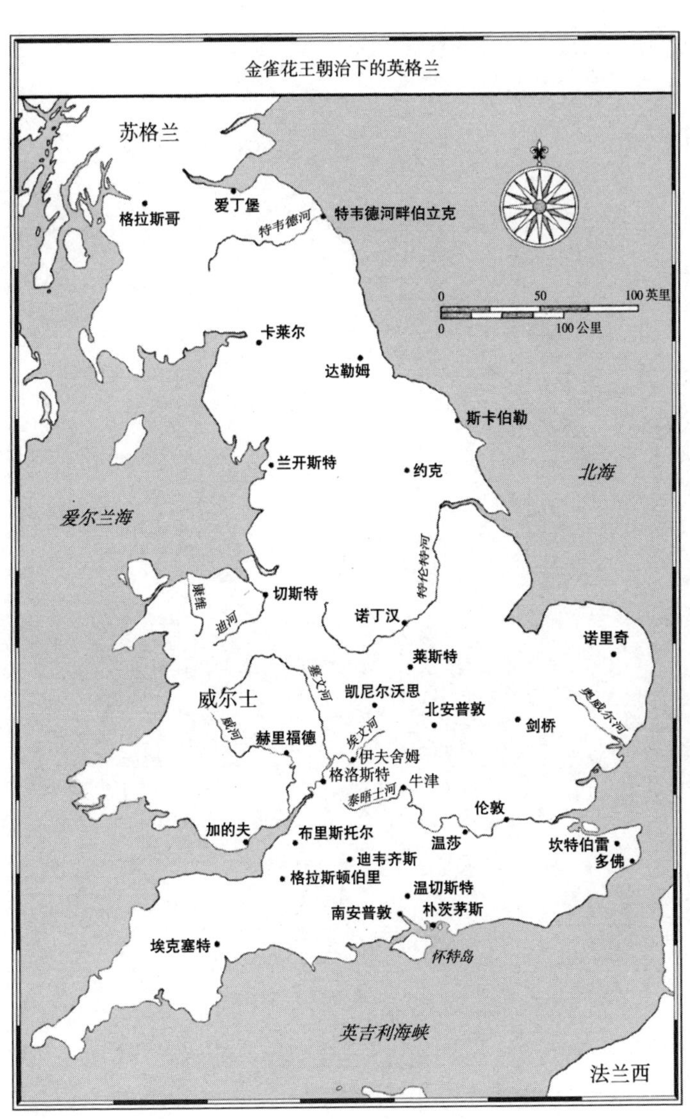
金雀花王朝治下的英格兰
苏格兰
格拉斯哥
爱丁堡
特韦德河
特韦德河畔伯立克
0
50
100 英里
0
100 公里
卡莱尔
达勒姆
斯卡伯勒
兰开斯特
约克
北海
爱尔兰海
特伦特河
切斯特
康维
迪河
诺丁汉
诺里奇
莱斯特
塞文河
凯尼尔沃思
威尔士
北安普敦
剑桥
奥威尔河
威河
赫里福德
埃文河
伊夫舍姆
格洛斯特
牛津
泰晤士河
伦敦
加的夫
布里斯托尔
温莎
坎特伯雷
多佛
迪韦齐斯
格拉斯顿伯里
温切斯特
朴茨茅斯
南安普敦
埃克塞特
怀特岛
英吉利海峡
法兰西

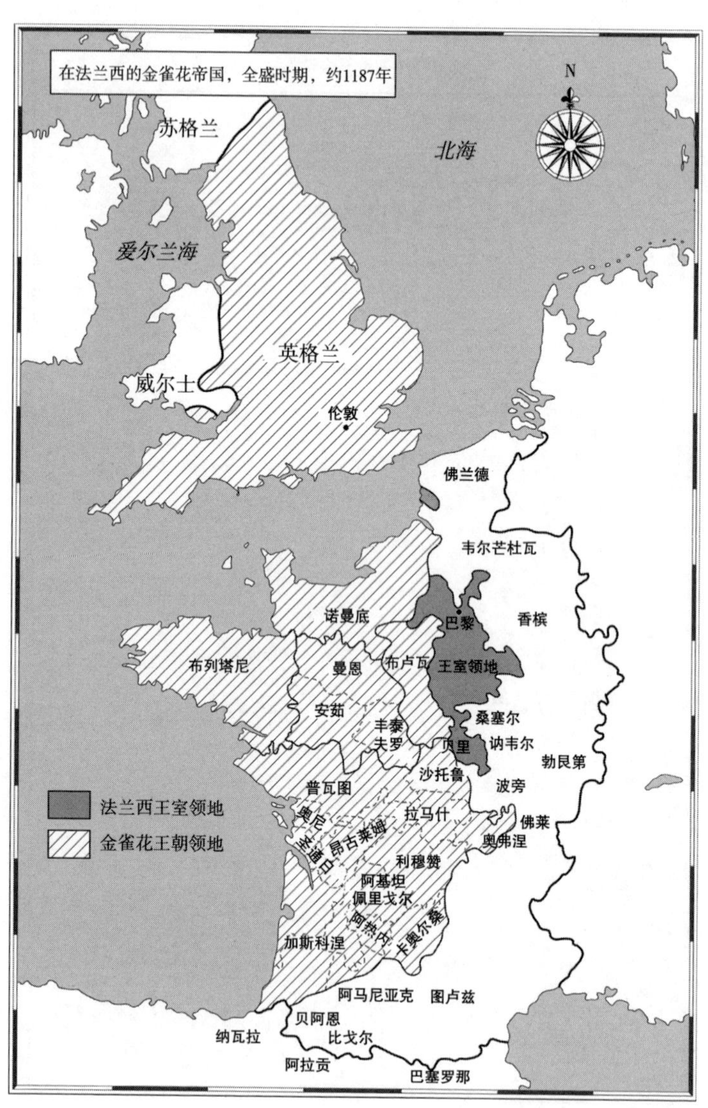

在法兰西的金雀花帝国，全盛时期，约1187年
N
苏格兰
北海
爱尔兰海
英格兰
威尔士
伦敦
佛兰德
韦尔芒杜瓦
诺曼底
巴黎
香槟
布列塔尼
曼恩
布卢瓦
王室领地
安茹
丰泰
夫罗
桑塞尔
贝里
讷韦尔
勃艮第
沙托鲁
普瓦图
波旁
法兰西王室领地
奥尼
拉马什
佛莱
金雀花王朝领地
圣通日
昂古莱姆
奥弗涅
利穆赞
阿基坦
佩里戈尔
阿热内
卡奥尔桑
加斯科涅
阿马尼亚克
图卢兹
贝阿恩
纳瓦拉
比戈尔
阿拉贡
巴塞罗那

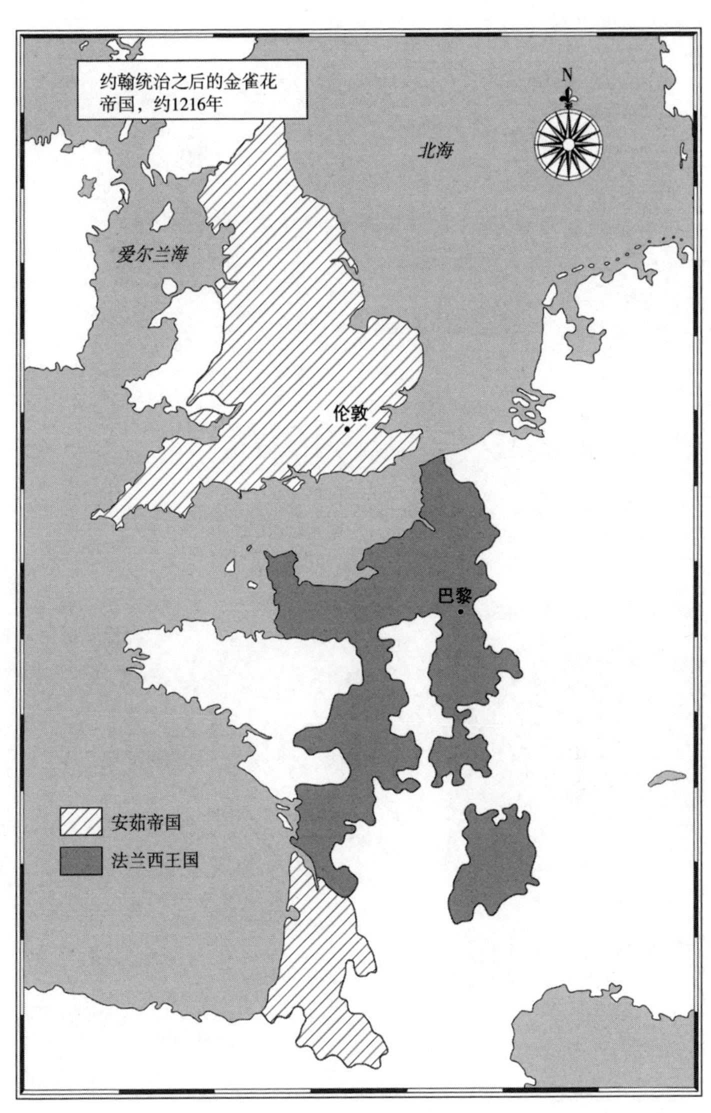
约翰统治之后的金雀花
帝国，约1216年
N
北海
爱尔兰海
伦敦
巴黎
安茹帝国
法兰西王国

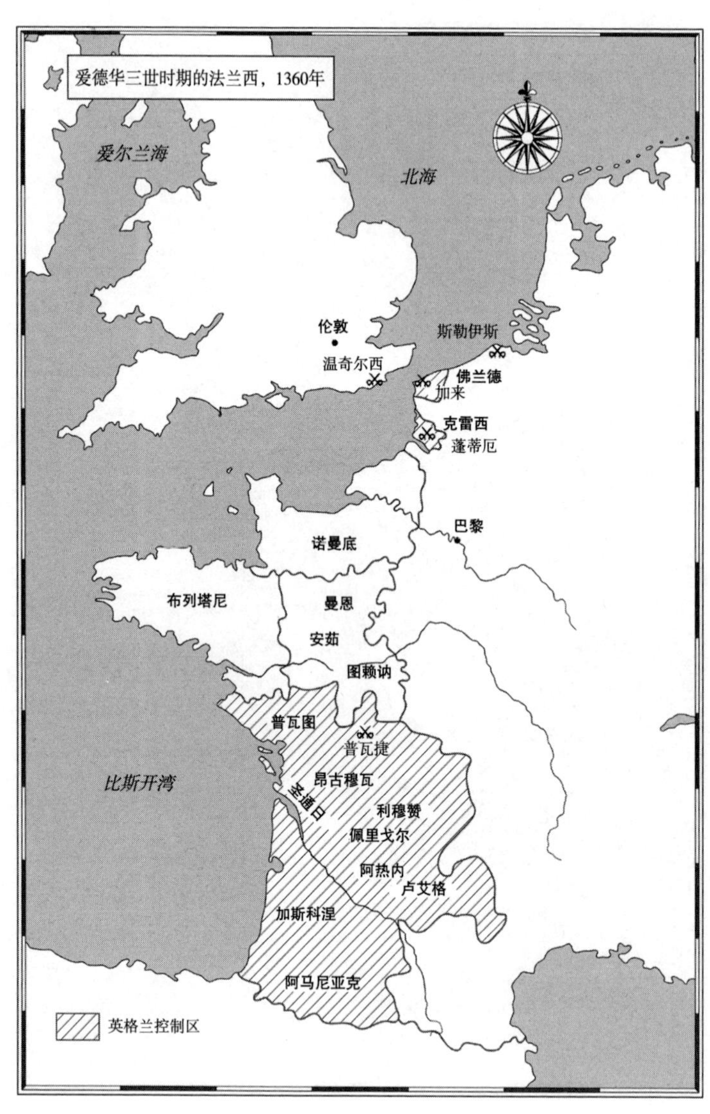

爱德华三世时期的法兰西，1360年
爱尔兰海
北海
伦敦
温奇尔西
斯勒伊斯
佛兰德
加来
克雷西
蓬蒂厄
巴黎
诺曼底
布列塔尼
曼恩
安茹
图赖讷
普瓦图
普瓦捷
昂古穆瓦
圣通日
利穆赞
佩里戈尔
阿热内
卢艾格
加斯科涅
阿马尼亚克
比斯开湾
英格兰控制区

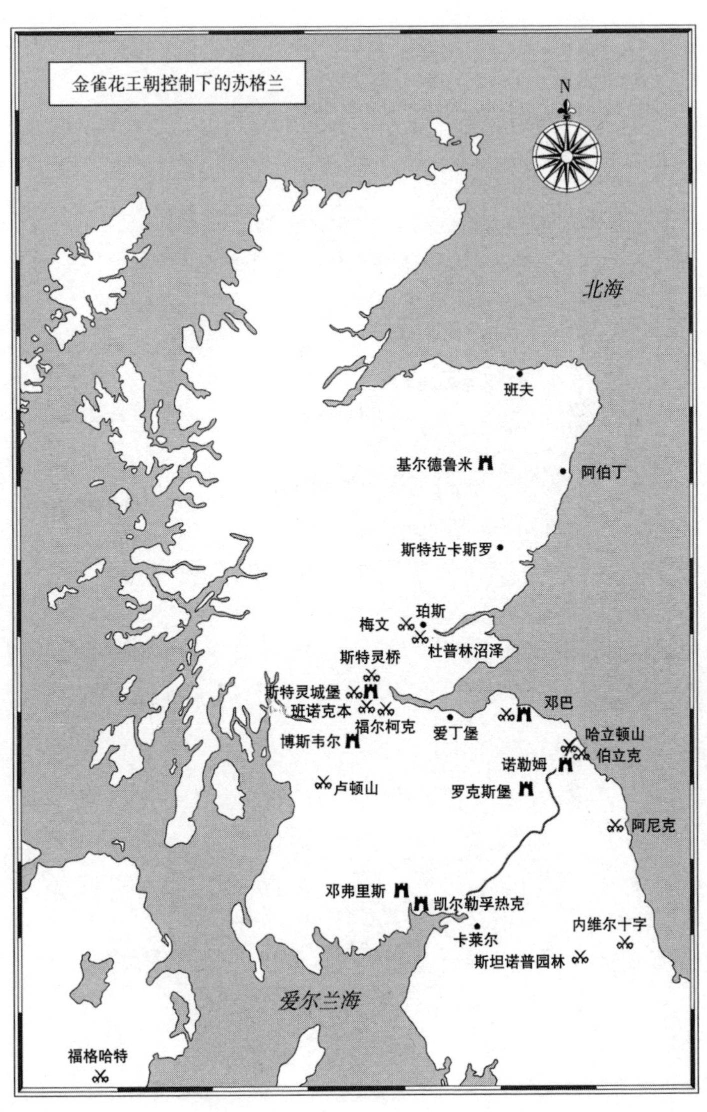

金雀花王朝控制下的苏格兰
N
北海
班夫
基尔德鲁米
阿伯丁
斯特拉卡斯罗
珀斯
梅文
杜普林沼泽
斯特灵桥
斯特灵城堡
班诺克本
福尔柯克
爱丁堡
邓巴
哈立顿山
伯立克
诺勒姆
博斯韦尔
卢顿山
罗克斯堡
阿尼克
邓弗里斯
凯尔勒孚热克
卡莱尔
内维尔十字
斯坦诺普园林
爱尔兰海
福格哈特

威尔士与爱德华一世的威尔士城堡
N
爱尔兰海
博马里斯
康维
里兹兰
卡那封
登比
弗林特
哈登
里辛
凯尔古莱
多尔威泽兰
霍尔特
克里基厄斯
哈莱克
彻克
拜里城堡
什鲁斯伯里
卡迪根湾
蒙哥马利
阿伯里斯特威斯
多尔夫温
卡迪根
比尔斯韦尔斯
卡马森
布里斯托尔海峡

谱　系

1. 诺曼王朝
2. 金雀花王朝
3. 法兰西国王，1060～1422 年

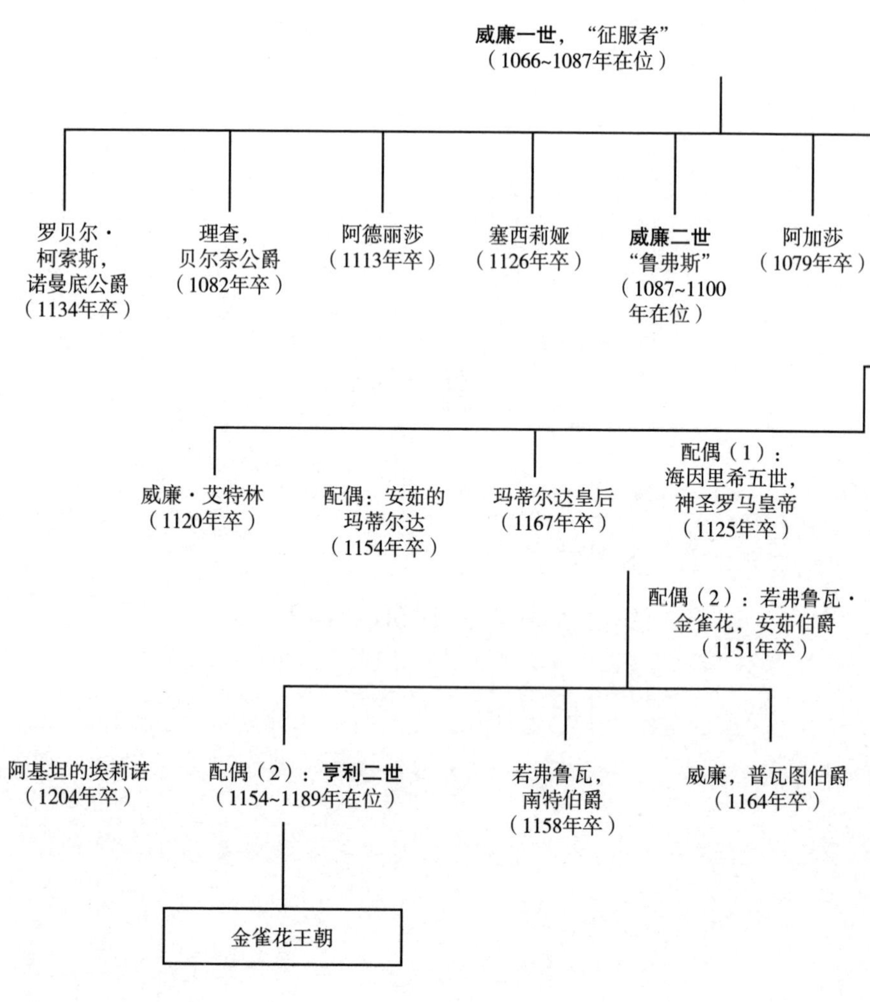
威廉一世，“征服者”
（1066~1087年在位）
罗贝尔·
柯索斯，
诺曼底公爵
（1134年卒）
理查，
贝尔奈公爵
（1082年卒）
阿德丽莎
（1113年卒）
塞西莉娅
（1126年卒）
威廉二世
“鲁弗斯”
（1087~1100
年在位）
阿加莎
（1079年卒）
威廉·艾特林
（1120年卒）
配偶：安茹的
玛蒂尔达
（1154年卒）
玛蒂尔达皇后
（1167年卒）
配偶（1）：
海因里希五世，
神圣罗马皇帝
（1125年卒）
配偶（2）：若弗鲁瓦·
金雀花，安茹伯爵
（1151年卒）
阿基坦的埃莉诺
（1204年卒）
配偶（2）：亨利二世
（1154~1189年在位）
若弗鲁瓦，
南特伯爵
（1158年卒）
威廉，普瓦图伯爵
（1164年卒）
金雀花王朝

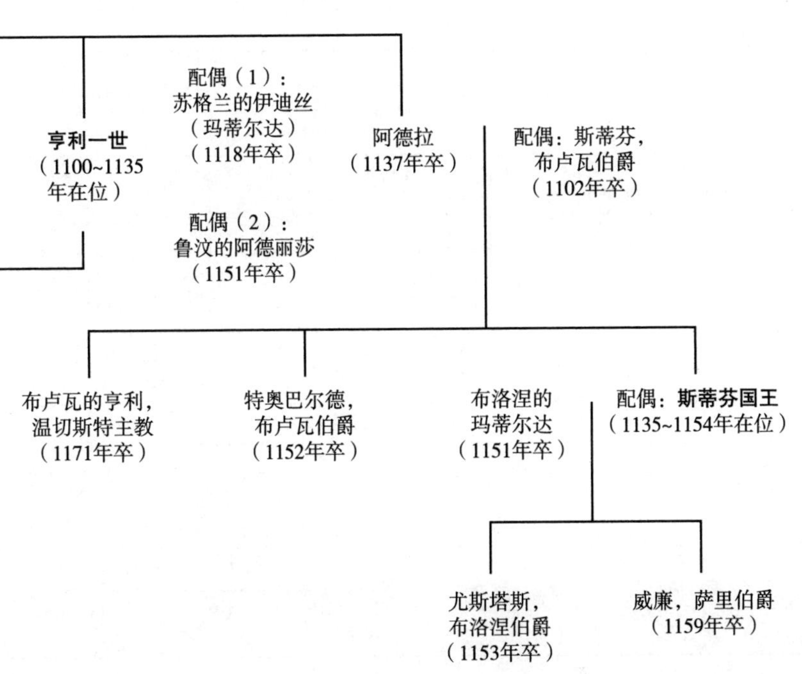
配偶：佛兰德的
玛蒂尔达（1083年卒）
亨利一世
（1100~1135
年在位）
配偶（1）：
苏格兰的伊迪丝
（玛蒂尔达）
（1118年卒）
配偶（2）：
鲁汶的阿德丽莎
（1151年卒）
阿德拉
（1137年卒）
配偶：斯蒂芬，
布卢瓦伯爵
（1102年卒）
布卢瓦的亨利，
温切斯特主教
（1171年卒）
特奥巴尔德，
布卢瓦伯爵
（1152年卒）
布洛涅的
玛蒂尔达
（1151年卒）
配偶：斯蒂芬国王
（1135~1154年在位）
尤斯塔斯，
布洛涅伯爵
（1153年卒）
威廉，萨里伯爵
（1159年卒）

1.诺曼王朝

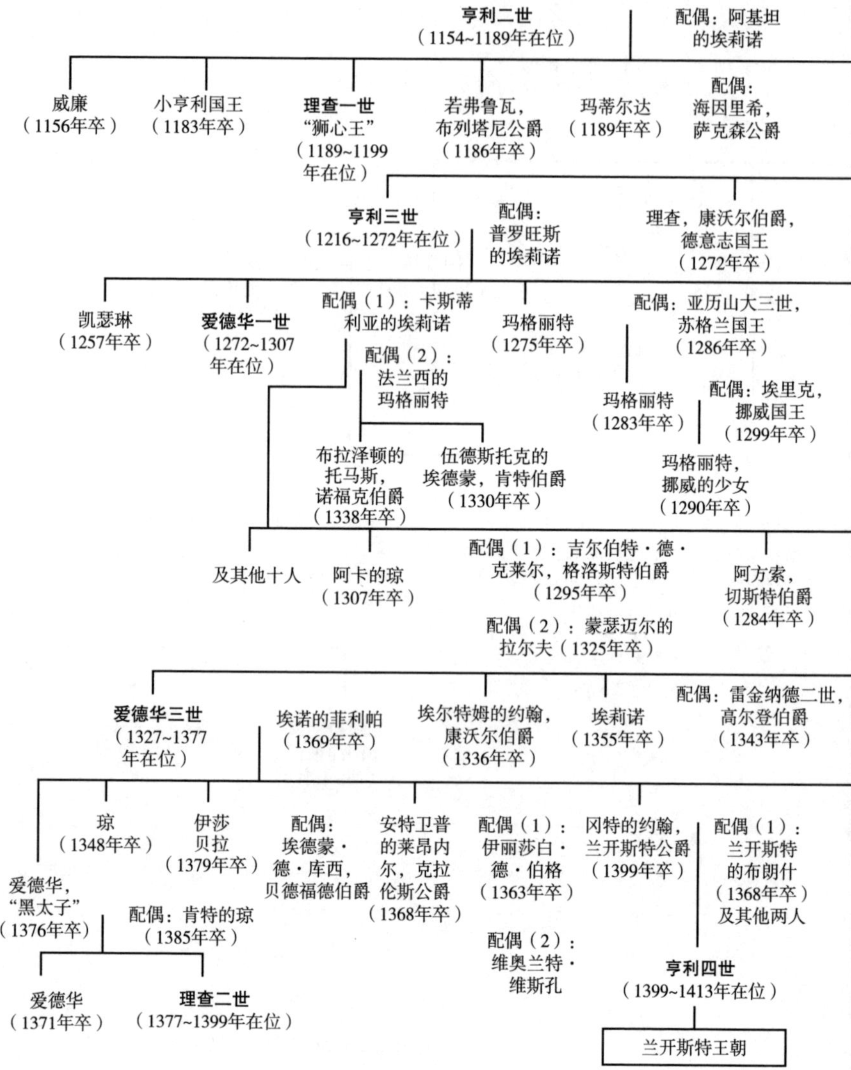

亨利二世
（1154~1189年在位）
配偶：阿基坦的埃莉诺
威廉（1156年卒）
小亨利国王（1183年卒）
理查一世“狮心王”（1189~1199年在位）
若弗鲁瓦，布列塔尼公爵（1186年卒）
玛蒂尔达（1189年卒）
配偶：海因里希，萨克森公爵
亨利三世（1216~1272年在位）
配偶：普罗旺斯的埃莉诺
理查，康沃尔伯爵，德意志国王（1272年卒）
凯瑟琳（1257年卒）
爱德华一世（1272~1307年在位）
配偶（1）：卡斯蒂利亚的埃莉诺
配偶（2）：法兰西的玛格丽特
玛格丽特（1275年卒）
配偶：亚历山大三世，苏格兰国王（1286年卒）
玛格丽特（1283年卒）
配偶：埃里克，挪威国王（1299年卒）
玛格丽特，挪威的少女（1290年卒）
布拉泽顿的托马斯，诺福克伯爵（1338年卒）
伍德斯托克的埃德蒙，肯特伯爵（1330年卒）
及其他十人
阿卡的琼（1307年卒）
配偶（1）：吉尔伯特·德·克莱尔，格洛斯特伯爵（1295年卒）
配偶（2）：蒙瑟迈尔的拉尔夫（1325年卒）
阿方索，切斯特伯爵（1284年卒）
爱德华三世（1327~1377年在位）
埃诺的菲利帕（1369年卒）
埃尔特姆的约翰，康沃尔伯爵（1336年卒）
埃莉诺（1355年卒）
配偶：雷金纳德二世，高尔登伯爵（1343年卒）
爱德华，“黑太子”（1376年卒）
配偶：肯特的琼（1385年卒）
琼（1348年卒）
伊莎贝拉（1379年卒）
配偶：埃德蒙·德·库西，贝德福德伯爵
安特卫普的莱昂内尔，克拉伦斯公爵（1368年卒）
配偶（1）：伊丽莎白·德·伯格（1363年卒）
配偶（2）：维奥兰特·维斯孔
冈特的约翰，兰开斯特公爵（1399年卒）
配偶（1）：兰开斯特的布朗什（1368年卒）
及其他两人
爱德华（1371年卒）
理查二世（1377~1399年在位）
亨利四世（1399~1413年在位）
兰开斯特王朝

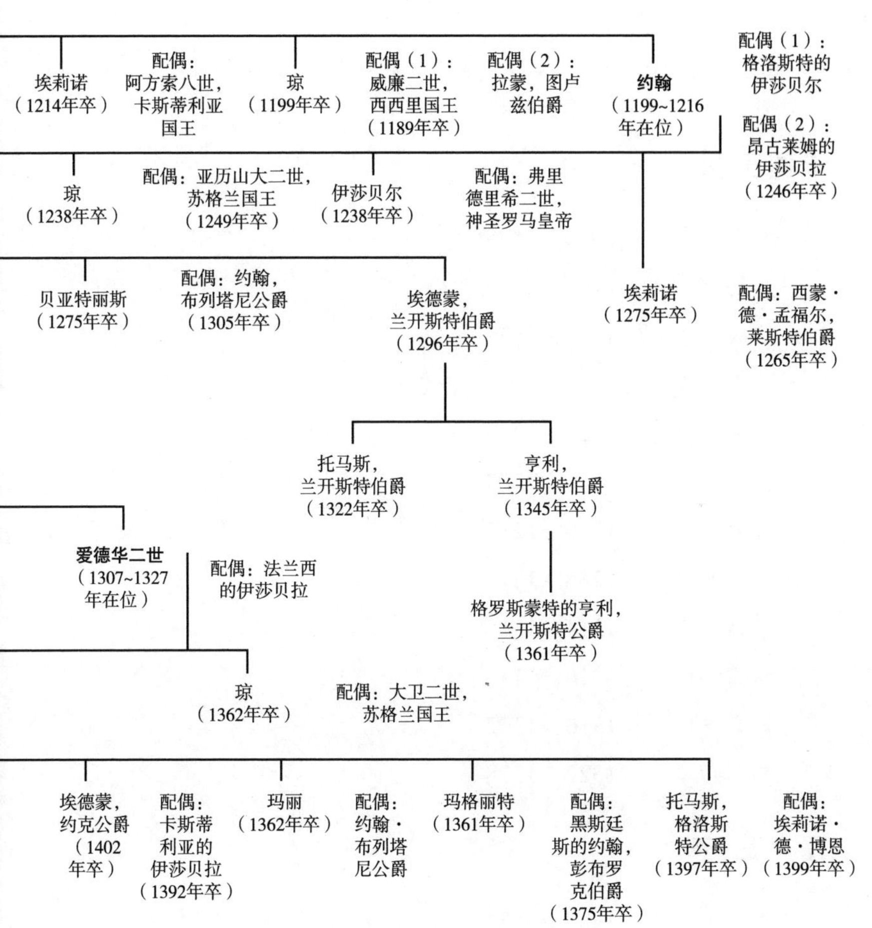

埃莉诺（1214年卒）
配偶：阿方索八世，卡斯蒂利亚国王
琼（1199年卒）
配偶（1）：威廉二世，西西里国王（1189年卒）
配偶（2）：拉蒙，图卢兹伯爵
约翰（1199~1216年在位）
配偶（1）：格洛斯特的伊莎贝尔
配偶（2）：昂古莱姆的伊莎贝拉（1246年卒）
琼（1238年卒）
配偶：亚历山大二世，苏格兰国王（1249年卒）
伊莎贝尔（1238年卒）
配偶：弗里德里希二世，神圣罗马皇帝
贝亚特丽斯（1275年卒）
配偶：约翰，布列塔尼公爵（1305年卒）
埃德蒙，兰开斯特伯爵（1296年卒）
埃莉诺（1275年卒）
配偶：西蒙·德·孟福尔，莱斯特伯爵（1265年卒）
托马斯，兰开斯特伯爵（1322年卒）
亨利，兰开斯特伯爵（1345年卒）
爱德华二世（1307~1327年在位）
配偶：法兰西的伊莎贝拉
格罗斯蒙特的亨利，兰开斯特公爵（1361年卒）
琼（1362年卒）
配偶：大卫二世，苏格兰国王
埃德蒙，约克公爵（1402年卒）
配偶：卡斯蒂利亚的伊莎贝拉（1392年卒）
玛丽（1362年卒）
配偶：约翰·布列塔尼公爵
玛格丽特（1361年卒）
配偶：黑斯廷斯的约翰，彭布罗克伯爵（1375年卒）
托马斯，格洛斯特公爵（1397年卒）
配偶：埃莉诺·德·博恩（1399年卒）

2.金雀花王朝

卡佩王朝

腓力一世	1060～1108
路易六世	1108～1137
路易七世	1137～1180
腓力二世	1180～1223
路易八世	1223～1226
路易九世	1226～1270
腓力三世	1270～1285
腓力四世	1285～1314
路易十世	1314～1316
约翰一世	1316 年 11 月 15 日至 20 日
腓力五世	1316～1322
查理四世	1322～1328

瓦卢瓦王朝

腓力六世	1328～1350
约翰二世	1350～1364
查理五世	1364～1380
查理六世	1380～1422

3. 法兰西国王，1060～1422 年

序　言

金雀花家族是些什么人？其实，本书中的任何人物都不曾用这个名号称呼自己，只有一个例外：安茹伯爵若弗鲁瓦。这个英俊而好斗的红发少年出生于1113年，他在自己的帽子上佩戴了一小枝黄色金雀花，盾牌上则饰有狮子纹章。金雀花家族的名字（Plantagenet）源自金雀花的拉丁文名字（Planta genista），而举右前足向前行进、面部正对观看者的狮子则成了英格兰王室的纹章标志。从寒风萧瑟的苏格兰低地到尘土飞扬的中东平原，英格兰的大军都在这样的徽记引领下徐徐前进。具有讽刺意味的是：若弗鲁瓦本人从未到过英格兰，对这个国家几乎没有任何直接的兴趣，而且，他去世于1151年，三年之后，他的长子才继承了英格兰王位。

不管怎么说，“金雀花”是个霸气十足的威名。若弗鲁瓦的后裔统治英格兰超过两个世纪，其中第一位国王是亨利二世，他于1154年继承王位；最后一位国王是理查二世，他在1399年被自己的堂弟博林布罗克的亨利废黜。金雀花王朝是英格兰历史上延续时间最久的一个朝代，在其统治时期，我们今天所知的英格兰的一些最基本元素得以奠定。王国的边界被确定下来，与邻国——主要是苏格兰、威尔士、法兰西，但也有低地国家、罗马教廷和最终演变为西班牙的伊比利亚半岛诸国——的关系也建立起来。传承至今的法律准则和政府机构的核心模式是在金雀花王朝时期出现的，其中有些是国王们自行缔造的，有的纯属偶然，有的则是国王们被迫建立的。民族历史与传奇的丰富神话被创造出来，对两位民族圣徒——忏悔者爱德华和圣乔治的崇拜也问世了。英语原先是一种低俗落后、相当粗野的地方方言，在这时期演化为议会辩论和诗歌创作的语言。伟大的城堡、宫殿、大教堂和纪念碑拔地而起，其中很多屹立至今，见证了构思、建造和保卫它们的那些人的天才。英雄们呱呱坠地，死得其所，身后留下传奇。还有一些恶棍的名字在历史的书卷中回响，其中一些恶棍还戴着王冠。欧洲历史上最著名和富有戏剧性的一些战役是在这个时期爆发的：布汶战役和班诺克本战役、斯勒伊斯战役和温奇尔西战役、克雷西战役和普瓦捷战役。从诺曼时代到 15 世纪初期，军事策略发生了革命性转变。在诺曼时代，战争的主体是攻城战；在 15 世纪初，两军对垒的正面交锋已经变得司空见惯，英格兰军队拥有勇猛无畏的武士和杀伤力极强的乘骑弓箭手，因此能够横扫欧洲。到金雀花王朝末期，英格兰人已经开始探索在开阔海域厮杀的艺术。海战战术的发展落后于陆战，但到了 14 世纪中叶，英格兰海军已经初具雏形，足以保卫海岸和袭击敌船。无可争议的是，在金雀花王朝的年代，发生了许多野蛮、暴虐、残酷和愚蠢的事情，但到本书结尾的 1399 年，这个于 1066 年被诺曼底的私生子威廉征服的寒冷岛国已经演变为基督教世界中最成熟、最重要的王国之一。它的核心便是王室的权力和威仪。

这就是本书描述的历史进程。但本书也致力于娱悦读者。这是一部叙述历史的书，讲述了英格兰的一些最伟大的故事，包括斯蒂芬和玛蒂尔达对抗的内战；亨利二世的骑士们谋杀托马斯·贝克特；1173～1174 年的大叛乱；理查一世在第三次十字军东征期间针对萨拉丁的战争；诸侯反对约翰国王的战争和《大宪章》的签署；倒霉的亨利三世努力对付诸侯的挑战，其中包括他的妹夫和死敌西蒙·德·孟福尔；爱德华一世在威尔士和苏格兰的南征北战；爱德华二世与皮尔斯·加韦斯顿的奇特恋情和他在1327年的悲惨退位；爱德华三世挑起百年战争，在这场战争中与他的儿子黑太子并肩作战，俘虏了法兰西国王，后来又设立嘉德勋位，以庆祝英格兰新的军事主宰地位；黑死病的肆虐；1381年农民起义中理查二世勇敢地直面瓦特·泰勒的起义军，随后是理查二世的暴政和最终垮台。这些故事本身令人血脉贲张，但也是历史正典的一部分。即便是在21世纪的文化紊乱中，这些故事仍然能够为作为一个国家和一个民族的英格兰下定义。金雀花王朝的历代君王不仅将英格兰缔造为一个政治和军事实体，还发明了"英格兰"的概念，这个概念在今天和在过去一样重要。

这是一本很长的书，原本或许还可以写得更长。为了方便阅读，我将全书分为七部。第一部"灾祸的年代"讲述的是诺曼王朝末年英格兰的悲惨状况。诺曼王朝从征服者威廉开始，然后是他的两个儿子威廉·鲁弗斯①和亨利一世的统治。亨利一世死后，一场残酷恶毒的内战席卷了英格兰和诺曼底，令其陷入瘫痪状态。争夺王位的双方是征服者威廉的外孙斯蒂芬国王和威廉的孙女玛蒂尔达皇后。在近二十年的血腥厮杀之后，问题才终于得到解决，玛蒂尔达一派得胜。在这个时期，英格兰有两个宫廷、两个政府分庭抗礼，公共权力被分割，乡村化为黑烟滚滚的废墟，到处有雇佣兵为非作歹。直到玛蒂尔

① "鲁弗斯"（拉丁文：Rufus）意思是"红色"，威廉·鲁弗斯得到这个绰号，或许是因为他是个红脸汉子（本书脚注皆为译注）。

达与若弗鲁瓦·金雀花的长子亨利·菲茨安普莱斯登基，英格兰才得以统一，恢复良好秩序。亨利·菲茨安普莱斯外表邋遢、脾气火爆，但是非常聪明。他就是后来的亨利二世。借助好运气、充沛的精力、优异的军事才华和沉稳执着的个性，亨利二世确立了自己以及英格兰王室对从苏格兰边境到比利牛斯山麓的一系列领土的主宰权。

第二部“帝国的年代”的主题就是亨利二世统治他的辽阔疆土的故事。他的领地逐渐凝聚为一个帝国，尽管这并非出于他自己的意愿。“帝国的年代”介绍了亨利二世令人惊奇的军事征服，他与昔日好友托马斯·贝克特的灾难性争吵，以及他与不孝之子们和惊世骇俗的妻子阿基坦的埃莉诺之间的斗争。有人认为，他受到自己妻儿的摧残和困扰，是上帝为了贝克特之死而对他做的惩罚。“帝国的年代”还探讨了亨利二世对英格兰的法律、司法和官僚系统的革命性改革，这些改革给了英格兰延续数百年的司法程序和政府原则。

亨利二世虽然功勋卓越、成绩斐然，但他还是金雀花王朝名气较小的一位国王。他的第三子——狮心王理查一世才是真正的威名远播。他于 1189 年继承了金雀花帝国，当时欧洲正处于最为激情洋溢的十字军东征的白热化时期。理查一世尽管在英格兰度过的时间非常少，但他死后几十年内就成为传奇式英雄。他一生致力于保卫和扩张金雀花王朝的势力范围。他的征服兵锋远至西西里和塞浦路斯，在第三次十字军东征期间甚至抵达耶路撒冷王国。随后他在德意志被俘，花费巨额赎金才重获自由，回国后与法兰西国王腓力二世·“奥古斯都”殊死搏斗、争夺遗产。“帝国的年代”于 1204 年落幕，在这一年，理查一世的弟弟约翰国王被腓力二世打得落花流水，丢失了诺曼底公国，辱没了家族的军事传统。他的统治将影响随后近一百五十年的英法关系。

第三部“对抗的年代”探讨了约翰的军事失败造成的影响。丧失诺曼底之后，英格兰国王被迫永久性地居住在英格兰，这个局面导致约翰和他的诸侯、教士和凯尔特邻居们不断发生冲突。“对抗的年代”始于约翰治下的黑暗日子。当时，英格兰讨伐威尔士、苏格兰和爱尔兰连连得胜，但约翰国王有人格缺陷，他异乎寻常的残忍玷污了这胜利的光荣。约翰对父王留下的复杂的政府机制的滥用引发了英格兰历史上最严重的政体危机之一。1215 年，英格兰陷入一场漫长的内战，内战的核心问题是：一个王国应当如何管束一位暴君？为了努力寻求这个问题的答案，英格兰人缔结了一项被称为《大宪章》的和约，但无济于事。《大宪章》表达了英格兰政府的一些重要原则。后来，在约翰的儿子亨利三世统治时期，以及约翰的孙子爱德华一世统治的早期，王权的反对派就将《大宪章》当作自己的战斗口号。在 13 世纪的余下时间里，所有反对王室的人在危机时刻都会援引《大宪章》作为自己的武器。其中一个主要的反对派人士叫作西蒙·德·孟福尔。“对抗的年代”以亨利三世和爱德华一世反对德·孟福尔的战争为结尾。

第四部“亚瑟王的年代”开始于 1260 年，金雀花国王和诸侯之间断断续续的长期内战快要结束了。这个时代的王室英雄是爱德华一世，他魁梧雄壮、冷酷无情、极其凶悍，据说曾把一个人活活吓死。在好斗成性的爱德华一世统治下，英格兰人终于停止内战，将注意力转向他们的邻居：苏格兰和威尔士。爱德华一世不满足于当英格兰的主人，还打算通过残暴的手段去征服整个不列颠岛，这就是“亚瑟王的年代”的主题。随着英格兰王政的一个新神话被创造出来，亚瑟王传说和搜寻亚瑟王遗迹的活动也越来越受欢迎。爱德华一世将自己打扮为亚瑟王（他原本是传说中的一位威尔士国王）的继承者，力图统一不列颠群岛，开启王政的一个新的辉煌时代。尽管诸侯掀起了一些风波，开始利用一种新生的政治团体（议会）来组织政治上的反对派，但爱德华一世几乎达成了自己的目标，而他对英格兰与苏格兰和威尔士关系的影响始终没有彻底消失。

爱德华一世尽管不是很受人爱戴，但无疑是金雀花王朝最伟大的君主之一。然而，从各方面看，他的儿子爱德华二世都是金雀花王朝最糟糕的国王。本书的第五部“暴力的年代”叙述的就是这位国王的疯狂故事。他完全不能理解王权的最基本责任；他的统治蜕化为一场恐怖的闹剧，外交政策一败涂地，当权者众叛亲离，还爆发了极其残酷的内战。爱德华二世与他的宠臣皮尔斯·加韦斯顿和小休·德斯潘塞的关系给英格兰政治造成了严重破坏。爱德华二世的堂兄兰开斯特伯爵托马斯的野蛮行径也造成了很大灾难，他毫不妥协地与国王针锋相对，直到自己于 1322 年被处决。由于兰开斯特伯爵的好战和爱德华二世的昏庸无能，王权遭到践踏和贬抑，最终遭到臣民的群起而攻之。1307 年至 1330 年的英格兰历史书卷沾满鲜血。本书第五部的目标是解释为什么会出现这种状况，以及暴力流血最终是如何结束的。

金雀花王朝最伟大的国王是爱德华三世，他还在少年时便登基为王，但不得不作为母亲及其情夫罗杰·莫蒂默的傀儡。他很快摆脱了他们的影响，随后三十年的光荣伟大的统治被记录在第六部“光荣的年代”中。百年战争初期，在爱德华三世、他的儿子黑太子和他的表兄格罗斯蒙特的亨利的英明领导下，英格兰扬眉吐气，大败法兰西、苏格兰和其他敌人（包括卡斯蒂利亚）。哈立顿山战役（1333 年）、克雷西战役（1346 年）、加来战役（1347 年）、普瓦捷战役（1356 年）和纳赫拉战役（1367 年）这些陆地战役确立了英格兰战争机器（以长弓的致命威力为核心）在欧洲首屈一指的地位。斯勒伊斯（1340 年）和温奇尔西（1350 年）的海战胜利给了金雀花王朝信心，去涉足海战这个充满不确定性的竞技场。爱德华三世和他的儿子们刻意培植一种民族神话，将亚瑟王传说、对圣乔治的新崇拜和骑士精神的复苏（嘉德勋位得到创建）紧密交织起来。他们创造了一种文化，将英格兰贵族团结一心，在战争中勇往直前。到 1360 年，金雀花王朝的王权达到了巅峰，在内国泰民安，在外雄霸天下。一个新的伟大时代在招手。

英格兰的强盛兴隆来得突然，去的也突然。第七部描述了命运之轮（这是中世纪常用的一个比喻，指的是人生的跌宕沉浮）翻转得是多么快。1360 年之后，爱德华三世的统治开始衰败，到 1377 年他的孙子理查二世登基时，统治的危机已经浮出水面。理查二世继承了许多非常严重的问题。从 14 世纪中叶开始，一波波的黑死病在欧洲肆虐，将英格兰的经济秩序彻底摧毁。老国王爱德华三世的儿子们之间的纷争导致英格兰的外交政策发生分裂，而法兰西在查理五世和查理六世治下恢复了元气，又一次开始将英格兰人往海峡方向逼退。理查二世摸到的牌固然糟糕，他的牌技更是奇臭无比。金雀花王朝的王室和宫廷引入了辉煌灿烂的外部装饰；中世纪英格兰的第一批伟大作家——杰弗里·乔叟、约翰·高尔和威廉·郎兰开始他们妙笔生花的文学生涯。但理查二世疑心极重、贪得无厌、凶残暴虐而且满腹恶意，疏远了他的王国里的一些最了不起的人物。到1399年，全国对他都厌倦了，他最终被堂弟博林布罗克的亨利废黜。

本书就此落幕。理论上，这个故事完全可以继续讲下去。爱德华三世的直系后裔统治英格兰一直到1485年，那一年，在博斯沃思，亨利·都铎从理查三世手中夺取了王权。事实上，“金雀花”这个名字最早是在玫瑰战争期间被王室使用的，1460年，议会档案记载道，“理查·金雀花，一般被称为约克公爵”，自命为英格兰国王。后来，爱德华四世和理查三世将这个姓氏赐给他们的一些私生子女，宣示他们是正统王族之外具有王室血统的人，这表明他们与古老而极富传奇性的王室血脉有千丝万缕的联系。

我将英格兰的金雀花时代划定为1154年至1400年，原因有三。

首先，这是中世纪英格兰绝无仅有的一个时期，王位能够相对稳妥、顺当地从一代人传到下一代人，而不至于发生严重的继承纠纷或争夺王位的战争。除了布列塔尼的阿尔蒂尔和法兰西的路易王子分别在约翰国王暴虐统治的初期和末期对英格兰王权提出了虽然有希望但最终无果的主张之外，在这些年中，英格兰王室没有受到任何竞争者的挑战。诺曼时期（斯蒂芬国王是末代君主）和理查二世被废黜之后的年代就不是这样了。理查二世之后，金雀花王室分裂为两个次级支系：兰开斯特家族和约克家族。

其次，我选择描写1154年至1399年这个时期，仅仅是因为，在我看来，这是中世纪最激动人心、精彩刺激的时期之一，英格兰历史的许多最伟大事件就发生在这个时间段。第三，我将本书局限于这个时期，也是出于实际操作的考虑。这是一部鸿篇巨制，还可以写得更长，达到目前篇幅的好几倍。我也很希望把金雀花王朝的故事一直讲下去，一直讲到该王朝在亨利·都铎登基时悲惨灭亡，但那样的话，卷帙就过于浩繁，不是一册能够在床上轻松阅读的书了。讲完这个故事需要第二本书。

创作这本书的过程非常愉快。我希望，阅读它也是一种享受。我在写作本书的过程中得到了一些人士的帮助。如果没有我那无可匹敌的代理人 Georgina Capel，这本书绝不可能问世。我还要感谢 Helen Castor 博士，在我们讨论本书几乎方方面面的过程中，她表现出了极大的慷慨和智慧，对我鼓舞甚大。Ben Wilson 和 Sam Willis 博士帮助我处理了海军的问题。Richard Partington 就爱德华三世的问题给出了有益的建议。Walter Donohue、Paul Wilson 和 Toby Wiseman 在不同阶段对手稿提出了宝贵意见。当然，所有讹误均由我本人负责。我的编辑 Joy de Menil 是个维京人，她从最初读到这本书开始，就表现出了极大热情，以极为细致和娴熟的技艺处理了它的文本。同样，我在哈珀出版社的英国编辑 Arabella Pike 对文本的意见和注解也非常耐心和有洞察力。大英图书馆、伦敦图书馆、国家档案馆、伦敦市立档案馆和市政厅图书馆对我帮助极大。我在研究 3 个世纪欧洲史的过程中参观了许多城堡、大教堂和古战场，这些地方的管理员、向导和工作人员都热情地帮助了我。

最主要的是，我要感谢 Jo、Violet 和 Ivy Jones，她们忍耐了我持续不断的乱涂乱写，因此这本书理当奉献给她们。

丹·琼斯

中文版序

一千多年来，英格兰一直是个君主国。今天的英格兰君主势力薄弱，没有政治实权，主要是象征意义的。但君主曾经是非常强大的。但如果要考量英格兰或者联合王国的历史，就必须承认君主的重要性。除了 17 世纪的 11 年（1649 ~ 1660 年，当时国王被废黜，英格兰是一个共和国）之外，君主始终是将英格兰的过去与先进联系起来的单一而恒定的机构。

当我们思考英格兰和英国历史的不同时期时，仍然倾向于用当时在位的王族或君主来给历史时期贴上标签。所以我们将 16 世纪称为“都铎王朝时代”；将 1714 ~ 1830 年称为“乔治时期”，因为当时连续四位国王都叫乔治。“维多利亚时代”指的是 19 世纪末，大英帝国的时代，当时在位的是维多利亚女王。尽管今天的英国君主的权力相对来讲较弱，但未来的历史学家在回顾第二次世界大战到 21 世纪前几十年的时期时，很可能仍然会将其称为“伊丽莎白时代”，因为当前在位的是女王伊丽莎白二世（她于 1952 年登基）。另外，我们不仅用国王和女王的名字来定义和划分英格兰与英国共同的历史，我们还用那些国王和女王的故事来构建我们民族历史的叙述。历史学家们会争论，如此研究历史的方式是不是现代的，是不是恰当的。但事实就是，我们就是这么做的。

本书及其续篇《空王冠》是关于金雀花王朝的英格兰的，也就是说，12 世纪至 15 世纪末的英格兰，这个时期也被称为“中世纪晚期”。同时期的中国处于金朝、元朝和明朝初年：

这是伟大的科学和艺术创新的时代，也是战争、侵略和瘟疫的岁月。在欧洲，这是伟大的王国和城邦的年代，各国领导人始终互相征伐，各国间的边界也始终在变化。

叛乱和内战肆虐横行。和中国一样，欧洲各国也遭到了14世纪中叶大瘟疫的毁灭性打击，这可能是近两千年来最严重的人口灾难。天主教会是欧洲的最高思想权威，而拉丁语——教会的语言——是知识阶层的通用语，西方所有国家受过教育的人都可以用拉丁语来交谈和通信。艺术和建筑被哥特风格所主宰，这种风格在英格兰与欧洲大陆的那些大教堂中仍可见到。社会等级森严，并且本质上仍然是封建社会。这是一个凶暴而酷爱打官司的社会。技术进步相对迟缓，但在欧洲那些新建的大学，比如巴黎、博洛尼亚、牛津和剑桥的大学，学术非常发达。贸易很繁荣。西方商人与世界各地的商人，包括中国商人，都有着定期的接触，但或许该时期最重要的文化交流活动发生在地中海东部，欧洲的军队在那里与穆斯林世界的军队展开了一系列漫长的战争，这些战争被集合起来称为“十字军东征”。

在这个时期的英格兰，金雀花王朝的十四位国王统治着一个经历了巨大动荡和变化的国家。我在本书的“序言”中解释了这个时期对英格兰历史（以及英国历史）为何非常重要，以及金雀花王朝为何如此非同寻常。但我在考量这两本书的时候，觉得有必要重复一下，这是一个极其激动人心、具有无与伦比的历史意义的时期，它产生的影响时至今日仍然清晰可辨。

2009年我开始写这部关于金雀花王朝的史书时，大多数人对这个时期知之甚少。英国和美国的学校大体上已经不开中世纪历史这门课了。或许就是出于这个原因，流行文化——电视、电影和历史小说——都聚焦于其他领域：都铎王朝的宫廷、两次世界大战、美国独立战争或 19 世纪和 20 世纪初英国贵族的生活。值得庆幸的是，这一切在发生改变。HBO 的《权力的游戏》（它受到了金雀花王朝晚期历史的启发）这样的电视剧让全世界的大众了解到了中世纪。威廉·莎士比亚的“历史剧”（也是以金雀花王朝的历史为基础的）经历了一场复兴，常常在舞台和荧幕上演。2012 年，金雀花王朝末代国王理查三世失落的骨骸在英格兰的一个停车场地下被发现，并得到了 DNA 测试的确认。这个故事在全球媒体引起了轰动。

所以，很幸运的是，这是个写金雀花王朝历史的大好时机。你正在读的这本书是《纽约时报》（美国）和《星期日时报》（英国）强力推荐的畅销书。它在英国已被改编为一部大型电视连续剧。它已经被翻译成多种语言，受到全世界数十万读者的喜爱。所以，我非常高兴地向大家推荐本书的中文版。

丹·琼斯

于伦敦巴特锡

2014 年 12 月

第一部

灾祸的年代

（1120 ~1154）

仿佛基督和他的圣徒们在酣睡。

——《盎格鲁撒克逊编年史》

白　船

王子酩酊大醉。在他借用的这艘船上，水手和乘客们全都醉醺醺的。1120 年 11 月 25 日晚，在诺曼底的巴尔夫勒，拥挤的港口内停着一艘华丽的白色维京长船，在低沉的笑声中轻轻随波荡漾。在船上，英格兰和诺曼底名门贵胄的近两百名俊秀的青年正在纵情欢宴。他们将要在晚秋的英吉利海峡波浪滔滔的水域航行 70 英里，但现在，他们的船停泊在这个繁忙的港口城镇的边缘。成桶的美酒被滚着运上船，所有人都受到邀请，一醉方休。

这位王子是威廉·艾特林。他是英格兰国王和诺曼底公爵亨利一世唯一的合法子嗣，他的母亲是苏格兰的玛蒂尔达，这位识文断字、精明强干的王后的祖先是在诺曼征服之前曾统治英格兰的韦塞克斯王族。“威廉”这个名字是为了纪念他的祖父——征服者威廉。“艾特林”则是盎格鲁撒克逊人的太子的传统头衔。威廉口含银匙、喜好交际，是个符合人们惯性思维的纨绔子弟：长子往往备受溺爱，甚至会被宠坏。一位诺曼编年史家这样描述他：“身披金线织就的丝绸华服，身边簇拥着一大群扈从和卫兵，大放异彩，几乎拥有天堂的光辉。”方方面面的人都对他奴颜婢膝，致以“过分的尊崇”，因此他常常陷入“放纵的傲慢”。

一大群贵族青年环绕在威廉身边，其中有他的异母弟弟——林肯的理查，以及异母姐姐——佩尔什伯爵夫人玛蒂尔达。亨利一世国王特别丰饶多产，一共生了二十四个儿女，林肯的理查和玛蒂尔达是其中两个私生子。威廉的伙伴还包括他的表兄——布卢瓦的斯蒂芬，即征服者威廉的外孙；二十六岁的切斯特伯爵理查及其夫人莫德；杰弗里·里德尔，一位英格兰法官；王子的教师奥特弗尔；还有为数众多的其他堂表兄弟、朋友和王室官吏。他们代表着盎格鲁—诺曼贵族的黄金一代。他们的旅行方式如此奢华恣肆，乃是理所当然。

这艘白船属于托马斯·菲茨斯蒂芬，他的祖父艾拉尔德曾向征服者威廉的入侵舰队贡献了一艘长船。菲茨斯蒂芬请求国王赏他这份光彩，让他把王子一行人从巴尔夫勒安全送回英格兰南海岸。亨利一世开恩允许他运送王子一行，但向他发出了警告："我把我的儿子威廉和理查托付于你，我爱他们，如同爱自己的生命。"

威廉的确是一位无比珍贵的乘客。他虽年仅十七岁，却已经富甲天下、春风得意。他在 1119 年娶了安茹伯爵富尔克五世（未来的耶路撒冷国王）的女儿玛蒂尔达。这门婚事旨在消除诺曼人和安茹人之间持续了好几代的敌意。安茹是卢瓦尔河下游的一个虽小但很重要的省份。大婚之后，威廉陪伴着父亲在诺曼底巡游了一年，学习治国之术。亨利一世与狡猾而肥胖的法兰西国王路易六世（绰号"胖子"）缔结了一项和约，编年史家马姆斯伯里的威廉称其为"极其聪明而小心拟定的和约"。亨利一世这是在手把手地向儿子传授王政的最高艺术，成效显著。一段时期以来，官方公文中将威廉称为"继任国王"（rex designatus），表明他已经出师，将要成为与他父亲共同统治的并列君主。

年轻的威廉生命中的巅峰时刻就发生在几周前，他跪在肥胖的路易六世面前，以诺曼底公爵的身份向后者致敬。这个半是宗教性质的仪式表明，亨利一世已经将诺曼底公国交给了儿子。仪式确立了威廉作为欧洲最主要政治人物之一的地位，还标志着他已经正式成年。新婚燕尔，又得到一个新的公国，再加上必将顺理成章地成为国王：这当然都是欢庆的很好理由，而威廉正在万般陶醉地欢庆。11 月的下午时光短暂，晴朗、寒冷的夜晚很快降临，白船停泊在巴尔夫勒，大家纵情狂饮。

白船尺寸很大，足以容纳数百名乘客、五十人的水手队伍和大量财物。诺曼历史学家奥德里克·维塔利斯称它为“装配极其完善，可资御用”。它船身很长，吃水又深，船首和船尾都带有富丽堂皇的雕刻，配有大型中桅和横帆，两舷有划桨用的桨孔。舵在船的右侧，而不是中央，所以船长必须熟悉当地的海洋地理。掌舵的人是看不到船的左舷的。

这时刮起了相当强劲的南风，去往英格兰的旅程应该很快结束。晚间，白船的船员和乘客们向国王的船只道了别。白船原本应当紧随其后，但大家沉溺于宴饮，于是白船在夜幕降临很久之后仍然停泊在港口。白船起航前，神父前来用圣水为其祝福，却在嘲讽和狂笑中被赶走。

酒宴正酣，大家开始自吹自擂。白船及其船员没有携带多少辎重，而配有五十名桨手。船长醉醺醺地吹嘘道，虽然亨利一世国王的船先走一步，但他的白船的横帆吃饱了风，再加上桨手使出全身力气，肯定能比国王先到英格兰。

船上有些人开始担心，水手们都已经酩酊大醉，这种情况下高速航行可不安全。于是，威廉的表兄——布卢瓦的斯蒂芬借口肠胃不适，离开了宴会。他离开白船，另择一艘船回家。还有几个人对王子一行及船员们的狂野和刚愎自用感到不安，也离开了白船。尽管有这些人忧心忡忡地逃离，醉醺醺的水手们还是做好了起航的准备。午夜时分，月朗风清，白船起锚，开往英格兰。“它比有羽翼的箭矢还要迅捷，扫过波光粼粼的海面，”马姆斯伯里的威廉写道。但白船没能航行多远。

不知是由于船上的狂欢，还是简单的导航错误，或是上帝因他的圣水被拒绝而大发雷霆，白船离岸仅仅几分钟时间，就迎头撞上了港湾出口处的一座尖利的岩礁（今天依然可以看见这座岩礁）。白船的木制船首被撞出了一个致命的大洞。猛烈的撞击使得破裂的木板坠入海中。冰冷的海水开始涌入船体。船上所有人的第一要务是挽救威廉的生命。船员们一边尝试舀水，一边在船舷放出了一条救生艇。威廉和几名伙伴及桨手一起爬上小艇，准备返回巴尔夫勒的安全处。这一定是个令人毛骨悚然的场面：醉醺醺的水手疯狂地从受损的船中舀水，被猛烈冲击抛入海中的乘客们心惊胆寒地尖叫。很多贵族男女的锦衣华服浸透海水之后变得非常笨重，导致他们无法游到安全处，甚至无力踩水。浪涛声与溺死者的哭喊一同在海面上回荡。

小艇驶向港口的时候，威廉在恐慌的呼喊中听到了他的异母姐姐玛蒂尔达的尖叫声。她在呼喊救命，如果无人伸出援手，她肯定要在寒冷和黑暗中溺死。威廉于心不忍，于是命令小艇的桨手返回，去营救她。

这是个致命的决定。行将溺死的人不止伯爵夫人一个。救生艇接近她的时候，其他在冰冷海水中挣扎的乘客看到了它。许多人拼命爬上小艇，求得安全，结果是小艇也倾覆沉没了。玛蒂尔达没有得救，而诺曼底公爵和英格兰的继任国王威廉·艾特林也丢掉了性命。编年史家亨廷顿的亨利说：“他的脑袋没有戴上黄金的王冠，却在海中礁石上碰了个粉碎。”

白船上只有一个人幸免于难，他是一个来自鲁昂的屠夫，到巴尔夫勒登船收缴欠款，却被纵酒狂欢的人们一起带出了海。白船沉没时，他用羊皮裹住自己的身体取暖，同时紧紧抓住浮木，熬过了一夜。第二天早上，他浑身湿透、跌跌撞撞地爬上岸，将这个噩耗告诉大家。后来，少数死尸被浪潮冲刷上岸。也只有这么几具尸体最终被找到。

亨利一世国王所在船只的水手们清醒冷静，航行得小心谨慎，毫发无损地抵达了英格兰。国王及其家眷开始忙碌起来，准备过圣诞节。巴尔夫勒海难的可怕噩耗传到宫廷时，大家目瞪口呆。起初大家还瞒着亨利一世。权贵和官吏们都不敢告诉国王，他的三个孩子，包括他最心爱的继承人，成了“深海怪物的食料”（这是马姆斯伯里的威廉的说法），人们最后派了一个小男孩去向亨利一世禀报。小男孩跪倒在国王脚下，哭哭啼啼地讲述了这个悲剧消息。据奥德里克·维塔利斯说，亨利一世“跌倒在地，哀恸万分，不能自已”。据说，他后来再也没有笑过。

白船的沉没不仅是亨利一世的个人悲剧，也是诺曼王朝的一个政治灾难。用亨廷顿的亨利的话说，威廉“在将来统治国家的前景，比他父亲实际的统治更重要”。通过威廉·艾特林的婚姻，诺曼底与安茹得以修好。通过他对路易六世的效忠，整个盎格鲁—诺曼国家与法兰西缔结了和平。亨利一世保障自己的土地和遗产的全部计划和努力都依赖于儿子的生存。

威廉·艾特林的意外死亡，以及他的表兄布卢瓦的斯蒂芬的幸运逃生，将把此后三十年的西欧政治推入一场乱局。

寻找继承人

按照一位同时代的编年史家的说法，“除了上帝之外，无人能战胜”亨利一世。他是征服者威廉的第四子，统治英格兰长达三十五年，国泰民安，繁荣昌盛，令英格兰王权达到巅峰。1087 年，征服者威廉死后，英格兰和诺曼底被分开了。亨利一世无情地将它们重新统一。1100 年，兄长威廉·鲁弗斯死后，亨利一世夺得英格兰王位。1106 年，他又在坦什布赖战役中打败了另一个哥哥罗贝尔·柯索斯[①]，夺取了诺曼底，此后将罗贝尔·柯索斯囚禁在加的夫城堡近三十年之久。亨利一世鼓励盎格鲁和诺曼贵族融合，令他们的文化和地产横跨英吉利海峡。同时，他选择玛蒂尔达为王后，这样就将诺曼人和撒克逊人的血脉结合在一起，医治了诺曼征服造成的创伤。

亨利一世是一位伟大的立法者和管理者。他建立了极其复杂和成熟的盎格鲁—诺曼政府体制，对他的父亲征服者威廉或兄长威廉·鲁弗斯治下的体制做了极大改良。他授予英格兰诸侯以《自由宪章》（遵循撒克逊末代国王忏悔者爱德华的法律）[②]，保障诸侯的权益，并对王权加以限制。他向英格兰各

---

① “柯索斯”（Curthose，诺曼法语的写法为 courtheuse）意思是“短袜子”，这是罗贝尔的绰号。马姆斯伯里的威廉和奥德里克·维塔利斯记载，罗贝尔的父亲征服者威廉曾嘲笑他为“brevis-ocrea（短靴子）”。

② 严格地讲，忏悔者爱德华并非英格兰的最后一位撒克逊国王，但可以算作韦塞克斯王族的末代君主。他死后无嗣，由妻子的哥哥、大贵族哈罗德·葛温森继位，史称哈罗德二世。哈罗德二世是英格兰的最后一位撒克逊国王，在黑斯廷斯战役阵亡，于是诺曼底公爵威廉征服了英格兰，开创诺曼王朝。

郡派遣王室直属法官，组建大型巡回法庭，调查罪案、滥用职权和腐败行为，加强王室在地方政府中的作用。他改革了国库，建立了财政机构，每年清算两次账目，并将英格兰和诺曼底的财会系统统一到一名财政大臣手下。他还做了很多努力，去保障诺曼底在欧洲大陆的地位。总体而言，亨利一世的政府是自罗马时代以来欧洲最先进的行政机器之一。“在他的时代，”《盎格鲁撒克逊编年史》记载道，“无人敢为非作歹；他为人类和动物都带来了和平。”然而，尽管亨利一世国王建立了丰功伟绩，他在一个关键任务上却一败涂地：他始终无法保障未来。

威廉·艾特林惨死之后，亨利一世努力再生一个合法的儿子，好把自己的领地和头衔传承下去。玛蒂尔达王后于1118年去世，于是他在1121年续弦，娶了一位叫作鲁汶的阿德丽莎的少女。奇怪的是，这个生了二十二个私生子的雄壮男人和新婚娇妻却不能生出一男半女。于是亨利一世只剩下一个相当绝望的选择。他不能将王位传给自己的任何一个私生子（比如非常精明强干的长子——格洛斯特伯爵罗伯特），于是打算指定仍然在世的绝无仅有的一个合法子嗣——玛蒂尔达皇后——为继承人。

弟弟在白船事件中丧生的时候，玛蒂尔达十八岁。此时她在德意志已经生活了十年。她在年仅八岁时就被送去那里，嫁给了德意志国王和神圣罗马皇帝海因里希五世，他的权威从德意志一直延伸到托斯卡纳。她在中欧的城市和宫殿的奢华光辉中长大成人，品尝到了最高级别的政治权力。海因里希五世在自己的广袤疆土上不断巡游，长期不在玛蒂尔达身边，于是她就担任摄政。她曾两次在罗马的盛大仪式场合戴上自己的皇冠。作为欧洲最重要的女性之一，她的身边簇拥着最闻名遐迩和位高权重的伟人显贵。

但在 1125 年，皇帝海因里希五世出人意料地去世了。她没有子嗣，于是她在德意志的政治生命宣告结束了。亨利一世立刻把她接回英格兰，将自己对国事的安排告诉了她。她返回英格兰的时候，带回了自己的皇后头衔，以及她最心爱的珍贵圣物——圣雅各的手骨。1126 年圣诞节，在英格兰宫廷，玛蒂尔达坐在父王身边，他的忠诚的封臣们前来向她宣誓效忠，承认她是英格兰王国和诺曼底公国的继承人。这是个非同寻常的措施，亨利一世和他的封臣们都对此心知肚明。在 12 世纪，鲜有女性君主的先例。国王的角色是军人、法官和立法者。这些角色在中世纪不可避免地必须由男性承担。一位国王要求臣民发誓要服从他女儿的统治，这样的要求实在太苛刻。但不幸的是，亨利一世没有什么其他选择。

显然，玛蒂尔达需要一个新丈夫来巩固她的继承权。就像威廉·艾特林的婚姻一样，亨利一世寻求与安茹的伯爵们联姻。他与富尔克五世取得联系，安排玛蒂尔达与富尔克五世的长子若弗鲁瓦结婚。1128 年 6 月 17 日，他们在诺曼—安茹的边界城镇勒芒结为夫妻。这一年，玛蒂尔达皇后二十六岁，她的新郎十五岁。马尔穆蒂耶的约翰记载称，婚礼“一刻不停地庆祝了三周，结束的时候，所有客人都得到礼物的馈赠”。

在婚礼之日，安茹的若弗鲁瓦是个身材高挑、傲慢自负的少年，头发呈姜黄色，精力充沛，还颇有些哗众取宠的天赋。他皮肤白皙，相貌英俊，因此赢得了“美男子”的雅号。传说，他喜欢在头发中佩戴一枝亮黄色的金雀花（拉丁文是

Planta genista)，于是他得到了另一个绰号：若弗鲁瓦·金雀花。马尔穆蒂耶的约翰后来描述他“令人爱慕，讨人喜欢……擅长辩论……而且特别擅长军事”。在结婚一周前，他在鲁昂被亨利一世封为骑士。他穿着紫色亚麻衣服，外罩双层链甲，配有金马刺，盾牌上绘有金色的雄狮图案，他的剑据说是北欧神话中的铁匠威兰铸造的。婚礼结束后，若弗鲁瓦就成了安茹伯爵，因为他的父亲富尔克五世放弃了这个头衔，前往东方，去登基成为耶路撒冷国王。

虽然拥有荣华富贵，玛蒂尔达仍然兴趣索然。若弗鲁瓦比她小十一岁，而且在诺曼人眼中，安茹人都是些杀害神父、亵渎教堂的野蛮人，在餐桌上的礼节也非常糟糕。传说安茹人是撒旦的女儿梅露西娜的后裔，她嫁给了一位古时的安茹伯爵。她在被强迫观瞻弥撒时显出了魔鬼的原形，飞出了教堂窗户，永远销声匿迹了，但她的魔鬼血液仍然在后裔的血管中沸腾冒泡。这都是远古的传说，但近期也有证据表明，安茹家族的血统是非常危险的。若弗鲁瓦的曾祖父“黑暗的”富尔克三世就因为凶残暴虐而臭名昭著。据说，他发现自己的第一任妻子与一名牧羊人私通之后，就让她穿着婚礼华服，将她烧死在木桩上。而他作为变态强奸狂和强盗的恶名从大西洋海岸一直传扬到圣地。

尽管若弗鲁瓦·金雀花有这样劣迹斑斑的家谱，亨利一世还是认为，他那拥有皇后头衔的女儿还是需要这样一位丈夫。夫妻俩并不琴瑟和谐，但这不是关键。他们在婚后的最初几年争吵不断，以至分居，但在亨利一世的督导下还是安定下来，完成了他们的政治使命。1133 年 3 月 5 日，在勒芒，玛蒂尔达生下了他们的长子。夫妻俩为孩子取名为亨利，他注定将继承与他同名的外祖父的王位。复活节星期六，在勒芒大教堂，这个婴儿接受了洗礼，并被纳入圣尤里安的保护之下。但要保障这个孩子的未来，仅有圣徒的保佑还远远不够。不到两年的时间里，亨利一世对外孙寄予的厚望将受到质疑和挑战。

海　难

1135年11月的最后一周，亨利一世及其扈从抵达了位于上诺曼底的利翁拉福雷。两百年来，这座城堡及其周围的森林一直是诺曼底公爵们常常造访的猎苑。亨利一世于星期一夜间抵达这里，打算于次日像他的祖先一样，尽享狩猎之乐。国王已经六十八岁高龄，但仍然身强力壮、精力充沛。

夜间，他突然病倒，病情迅速恶化。到这一周结束时，状况很明显，他病得非常重。根据鲁昂大主教的一封信，亨利一世“作了忏悔……捶打胸膛，摈弃了自己的仇恨”。12月1日，星期天，在三天的解罪、祈祷和施舍之后，大主教为亨利一世施行了临终涂油礼，随后国王与世长辞。

尽管许多编年史家记载了亨利一世死时的虔敬礼仪，但其中一位编年史家，亨廷顿的亨利，却记录了国王去世不久之后的一些令人毛骨悚然的细节。国王的遗体被“运到鲁昂，在那里，他的内脏、大脑和眼睛被埋葬在一起”。然后“尸体被用刀子切割出许多口子，撒上大量的盐，然后裹在牛皮里，以遮掩四处蔓延的恶臭，已经有两个看管遗体的人因这恶臭丧命。甚至花了大价钱雇来砍掉他头颅、取出臭气熏天的大脑的那个人也死了，尽管他用亚麻布裹住了自己的脸……”

这是亨利一世之死的具体情况，但他的死亡的政治影响更糟糕。就在他那被涂上香油以防腐的遗体被运回英格兰以便在雷丁教堂下葬的途中，一场政体危机开始酝酿，并且将会持续近二十年之久。这个时期通常被称为“无政府时期”，但在这个时期生活过的人们更愿意称其为“海难”。亨利一世未能留下一位成年男性继承人，使得盎格鲁—诺曼国家陷入纷争。自玛蒂尔达从德意志归国后，亨利一世曾三次——分别在1126、1131和1133年——要求他的封臣们宣誓对她效忠。但老国王尸骨未寒，臣民们便开始背信弃义。

1135年12月，玛蒂尔达的表兄——布卢瓦的斯蒂芬正在他妻子的家族领地布洛涅。他得知舅舅的死讯后，立刻渡海前往英格兰，直奔伦敦，在那里他被拥立为国王。然后，12月22日，他来到温切斯特，控制了国库，并让坎特伯雷大主教为他施涂油礼。他迅速采取行动，争取海峡两岸的盎格鲁—诺曼权贵的支持。贵族们很少犹豫或耽搁，迅速投入他的阵营。玛蒂尔达皇后、若弗鲁瓦·金雀花和他们的幼子一下子丧失了继承权。

英格兰和诺曼底的诸侯和主教们火速摈弃了玛蒂尔达，这很清楚地说明了12世纪王权的特征。女性统治者并非没有先例——三十年前，托斯卡纳的玛蒂尔达作为卡诺萨女伯爵，独立在意大利北部实行统治——但这些先例数量极少，难以令人信服。有传闻称，亨利一世在临终前将他的封臣们从对他女儿效忠的誓言中解放了出来。这正是大家愿意听到的。被女人统治可不是个吸引人的前景。

当时王权还有很强的选举性质。如果不是这样，亨利一世永远当不了国王。他分别在1100年和1106年攫取了英格兰和诺曼底，尽管他的哥哥罗贝尔·柯索斯比他更符合正统。现在历史在重演。如果遵照长子继承制度，斯蒂芬没有任何真实有力的权利主张。首先，他还有个哥哥——布卢瓦的特奥巴尔德，后者根据血缘的继承权比他更优先。但斯蒂芬毕竟是征服者威廉的女儿阿德拉的儿子，因此是个可以信服的候选人。他在亨利一世的宫廷和王子们一起长大，并且在其他盎格鲁—诺曼贵族中享有崇高地位。威廉·艾特林死前在白船欢宴的时候，斯蒂芬借口腹泻，在船出港前离去，因此躲过一劫，此后他一直受到亨利一世的宠爱。他时年四十出头，富裕、强悍而魅力十足，而且他的妻子玛蒂尔达的布洛涅伯爵领地对英格兰的羊毛贸易非常重要。他的兄弟——温切斯特主教布卢瓦的亨利在英格兰教会中势力很大，得到许多其他主教的支持。但或许最重要的是，斯蒂芬在权力真空中迅速采取了行动，夺取了王位。《斯蒂芬行状录》的不知名作者写道："当时无人能够取代国王的位置，去铲除威胁着王国的巨大危险。"

这一切与玛蒂尔达形成了鲜明对比。1135 年 12 月，皇后正怀着她的第三个孩子（在亨利于 1133 年出生后，她在 1134 年生了第二个儿子，取名为若弗鲁瓦；她的第三子威廉出生于 1136 年 7 月），没办法像她的表兄斯蒂芬那样迅速采取行动。她的丈夫若弗鲁瓦是个安茹人，在诺曼底和英格兰受到很大猜忌，而玛蒂尔达自己的名誉显然也好不了多少。据亨廷顿的亨利记载，皇后"极其傲慢，令人无法忍受……她几乎疏远了所有人"。尽管她的两个儿子——两岁的亨利和一岁的若弗鲁瓦的王室血脉比斯蒂芬更纯正，但在 12 世纪，蹒跚学步的娃娃不可能仅仅因为出身就被推举为王。在亨利一世去世前的几年中，玛蒂尔达与若弗鲁瓦夫妇和国王发生了激烈的争吵，因为他们想把诺曼边界的一些城堡占为己有，而老国王已经许诺将这些城堡送给另外一个女儿作为嫁妆。夫妇俩现在能做的就是将这些有争议的要塞纳入自己名下，同时等待时机。与此同时，斯蒂芬在巩固自己不是非常理直气壮的统治。

斯蒂芬发现，夺取王位容易，但真正要统治却很难。他依赖着一小群朋友，听取他们的建议，接受他们的辅佐，却未能控制住那些反抗他权威的诸侯。他没有亨利一世那样的深谋远虑、冷酷无情和政治智慧，把原本应当是他的铁杆支持者的人都疏远了。不到三年时间，斯蒂芬在海峡两岸的统治都摇摇欲坠。从 1136 年起，若弗鲁瓦·金雀花开始从诺曼底南部边界发动一场征服战争，而斯蒂芬无力抵抗他。国王的全副注意力都集中在英格兰，他相继失去了很多权贵的支持，包括：玛蒂尔达的同父异母兄弟——格洛斯特伯爵罗伯特，国内最强大的诸侯；斯蒂芬自己的兄弟——温切斯特主教亨利，因为斯蒂芬没有将亨利提升为坎特伯雷大主教，而是另择他人；索尔兹伯里主教罗杰，他是一位经验丰富的王室行政官员，他的追随者和儿子被斯蒂芬逮捕，尽管斯蒂芬在登基时曾许诺不会骚扰教会及其主教。

斯蒂芬的统治从一开始就是四分五裂的。他在分配亨利一世小心积攒起来的财富时慷慨大方，但没有做到公平无私。他向朋友——如沃尔伦和罗伯特·德·博蒙特孪生兄弟——大肆赏赐，却没有去讨好强大的、地位巩固的贵族，如切斯特伯爵雷纳夫。斯蒂芬专横恣意的统治严重威胁了国家的稳定，更糟糕的是，他还愚蠢地去攻击亨利一世建立的专业化政府。他解雇了一些著名的职业官吏，而试图通过贵族军人来统治英格兰，根据他们的衔级来封官。

这一切造成了很大混乱，但对玛蒂尔达却是好消息。1138 年，玛蒂尔达颇具影响力的异母兄弟——格洛斯特伯爵罗伯特正式从斯蒂芬阵营脱离。次年，在若弗鲁瓦·金雀花继续攻打诺曼底的同时，玛蒂尔达向罗马的第二次拉特朗会议发出呼吁，请求裁决公断，并入侵英格兰；她与格洛斯特伯爵联手，在布里斯托尔建立了大本营和初生的新政府。内战爆发了。

玛蒂尔达的阵营吸引了一群人数虽少但势力强大的对斯蒂芬心怀不满的贵族，包括布莱恩·菲茨康特和格洛斯特的迈尔斯。这两人都是“边界领主”，他们的领地位于英格兰和威尔士之间蛮荒的边界地带。在玛蒂尔达的父亲在位时，迈尔斯曾是英格兰西南部诸郡的一位势力强大的官吏。他们改换门庭的结果是，英格兰被一分为二。迈尔斯向英格兰全境的保王党要塞发动进攻，斯蒂芬无力招架；同时，玛蒂尔达的阵营借此机会发展壮大，越来越踌躇满志。但皇后的实力还远远没有强大到可以一口气将表兄打败。于是，战争打了很久。这一对表兄妹都自称是英格兰的合法统治者，但都没有足够的力量统一全国。

1141 年，玛蒂尔达赢得了她的第一场重要胜利。1140 年底，斯蒂芬国王将切斯特伯爵雷纳夫垂涎的土地和城堡赏赐给了他的敌人，得罪了这位伯爵。雷纳夫发起了武装反抗，从保王党手中夺取了林肯城堡。1141 年 2 月，斯蒂芬攻打林肯城堡，希望将它收复。格洛斯特伯爵罗伯特抓住这个良机，率军攻入林肯，袭击王军。在随后的正面交锋中，斯蒂芬的部队一败涂地，国王本人被俘。

这本应是玛蒂尔达的天赐良机。她采纳了“英格兰人的女主”这个新奇头衔，尝试在伦敦安排一场加冕礼。斯蒂芬的兄弟温切斯特主教亨利现在是教皇特使，他也全力支持皇后。英格兰的许多主要贵族不愿意挽救一个他们早就怀疑的政权，于是抛弃了国王，各自解甲归田。但皇后未能充分利用她的优势。斯蒂芬的妻子领导了强有力的军事防御，继续抵抗玛蒂尔达；玛蒂尔达很快和温切斯特主教闹僵，她的傲慢自负惹恼了和她打交道的大多数权贵。为了支撑自己的统治，她向伦敦城征收苛捐杂税，不肯开恩减免赋税。伦敦市民不堪忍受，揭竿而起，于 1141 年 6 月 24 日将她赶出了伦敦城。玛蒂尔达的作战昏招迭出，居然试图攻打温切斯特主教亨利的主教区。在一场灾难性的失败中，格洛斯特伯爵罗伯特被俘。为了营救她的异母兄长，玛蒂尔达别无选择，只能安排一场俘虏交换，释放了斯蒂芬国王。她的短暂胜利只维持了不到八个月，现在付之东流了。

到 1142 年秋季，玛蒂尔达被斯蒂芬的军队一直追杀到牛津。到 11 月底，她被包围在自己的城堡内，希望越来越渺茫。在海峡对岸的远方，她的丈夫继续推进征服诺曼底的战役，取得了很大成功。格洛斯特伯爵罗伯特努力劝说他放弃手头的作战，去营救被围困的妻子，但无功而返。若弗鲁瓦顶多只愿意派出三百名骑士和他们的九岁儿子亨利。

随着圣诞节一天天临近，玛蒂尔达快绝望了。她没有等待丈夫派来的骑士，而是寄希望于自己的智慧。一个大雪纷飞的夜晚，她用白色斗篷裹住自己的身躯，静悄悄地溜向城堡的一座边门，从哨兵身边溜走，走向白雪皑皑的原野。她穿的白色伪装服在幽暗的天际线映衬下如鬼魅一般。她就这样徒步 8 英里，到达阿宾顿，而没有被俘虏。她在冰冻三尺的原野中行走，雪地里随时都会传来马蹄声，宣告追捕她的搜索队伍的到来。但追兵没有来。在阿宾顿，她遇见了一些朋友，在他们帮助下到达了英格兰西南部诸郡的安全地带。她得救了，争夺英格兰王国的战斗焕发了生机。

内战中的这个著名故事对玛蒂尔达来说是上苍保佑，对英格兰王国来说却是灾难。得到了生力部队的增援，并且受到他的异母妹妹奇迹般逃生的鼓舞，格洛斯特伯爵罗伯特继续领导着反抗斯蒂芬的战斗。但战争又一次陷入凶险的僵局。斯蒂芬仍然戴着王冠，但他依旧虚弱无力，不能赢得盎格鲁—诺曼贵族的忠诚。玛蒂尔达比以往强大了许多，但在 1141 年的溃败之后，在太多人眼中，她已经颜面尽失，没有希望以她自己的名义完成征服。唯一决定性的进展发生在诺曼底，若弗鲁瓦·金雀花迅速占领了这个公国，而斯蒂芬在他的整个统治生涯中只驾临诺曼底一次。到 1144 年，若弗鲁瓦占领了鲁昂，被推举为诺曼底公爵，于是那些在海峡两岸都有领地的贵族陷入了一个棘手的窘境：为了同一块领地，他们不得不承认两个领主的统治权。

英格兰和诺曼底都在这场战争中元气大伤，尽管诺曼底的损失小一些。从 1142 年起，英格兰分裂为两个宫廷——一个在斯蒂芬领导下，统治中心名义上在威斯敏斯特和温切斯特；另一个由玛蒂尔达统治，中心在英格兰西南部的迪韦齐斯。法治和公共秩序荡然无存。按照编年史家纽堡的威廉的说法，国家“遍体鳞伤”。英格兰北方没有国王坐镇，于是苏格兰国王大卫一世①鲸吞了威斯特摩兰、坎伯兰和诺森伯兰。在亨利一世治下，英格兰曾富饶繁荣、井井有条，边防巩固，现在却变成了诸多封建领主争权夺利的杀场。《盎格鲁撒克逊编年史》的作者写道：“仿佛基督和他的圣徒们在酣睡。”

斯蒂芬和玛蒂尔达都以亨利一世的合法继承人自居，设立

---

① 苏格兰国王大卫一世是苏格兰的玛蒂尔达的弟弟。玛蒂尔达就是英格兰国王亨利一世之妻，即玛蒂尔达皇后的母亲、亨利二世的外婆。

了各自的政府：他们都有自己的铸币厂、法庭、施恩庇护体制和外交机器。但一山不能容二虎。两个政府都不稳固，都不能保证自己的命令会得到执行，因此没有一个臣民能够信任法治。正如任何一个缺乏单一的、无可争议的中央权威的国家都会发生的那样，权贵之间爆发了残酷的掠夺冲突。全国各地的城堡和新近建造的设防房屋中都驻扎着佛兰德雇佣兵。为了将乡村武装起来，政府强征劳工徭役。地主们自己组织武装来保护自己的财产，于是普遍的暴力冲突进一步升级。空气中弥漫着庄稼被烧毁的浓烟，老百姓饱受四处侵袭劫掠的外国士兵的蹂躏。

这一时期的编年史充斥着对战争造成的苦难的描述。《斯蒂芬行状录》的作者记录了一个例子："国王开始蹂躏索尔兹伯里周边那个美丽宜人、遍地好东西的地区；他们把遇到的一切都抢走，纵火焚烧房屋和教堂，并且做出了更残酷和野蛮的事情：将收割完毕、堆放在田野上的庄稼烧毁，把他们找到的粮食都吃个一干二净。他们在马尔伯勒附近的兽行特别残酷，在迪韦齐斯周边的肆虐非常恐怖，还打算对英格兰全境的对手做出同样的暴行来。"

最终，在1148年，玛蒂尔达离开了英格兰。她为这场斗争已经贡献了那么多光阴，现在却要离开，似乎有些奇怪。但是，在领导金雀花王朝的事业十年之久之后，她的任务已经完成了。在海峡对岸，她的孩子们——亨利和两个弟弟若弗鲁瓦与威廉——正在长大成人。玛蒂尔达打算退隐到普雷圣母小修道院（贝克修道院的一个单元，位于科韦伊），舒适地度过余生。她可以去拜访塞纳河对岸的鲁昂，它是诺曼底的首府，被奥德里克·维塔利斯称为"一座美丽的城市，坐落于潺潺溪水和葱翠绿荫之间……周围环绕着固若金汤的城墙、壁垒和城堞……”这座城市要好好感谢她，因为就是她在英格兰战线的艰苦努力牵制住了斯蒂芬国王，使得若弗鲁瓦·金雀花得以攻占这座城市。现在她打算要好好欣赏鲁昂的旖旎风光。

但她没有忘记英格兰。她的长子已经快十六岁了。现在轮到他来接过战斗的大旗了。亨利·菲茨安普莱斯将要在征服事业中一显身手。

雄心壮志

1149年4月13日，亨利·菲茨安普莱斯在德文郡海岸登陆。这是他第三次来到这个四分五裂的国度。他曾听母亲说，这个王国是属于他的。1142年，在最黑暗的时刻，在玛蒂尔达从牛津冰天雪地的荒原中逃亡之前，他就曾造访这个国家。在英格兰陷入危险僵局之时，他在舅舅格洛斯特伯爵罗伯特的监护和辅导下成长。亨利在布里斯托尔学习了十五个月，在那里邂逅了著名的天文学家、数学家和经院哲学家——巴斯的阿德拉德，后者将一篇关于星盘的专题论文献给这位年轻人。从1144年起，既是为了安全考虑，也是出于政治上的务实，亨利回到父亲身边，帮助他巩固作为诺曼底公爵的地位。现在，亨利即将成年，而且满怀雄心壮志，他要重返英格兰，夺回理应属于他的东西。

亨利是个相貌奇特的少年，喜怒无常，前一秒钟还是豪爽快活，下一秒钟就可能变得暴跳如雷。从父亲那里，他继承了红彤彤的面貌和充沛的精力；从外祖父那里，他遗传了盛气凌人的个性和捕捉机遇的敏锐。威尔士的杰拉尔德为后来的亨利做了一番生动鲜明的描述："他面色通红，长着雀斑，圆脑袋很大，灰色眼睛敏锐而犀利地闪耀着，发怒的时候眼睛充血，神情热烈暴躁，嗓门粗且嘶哑。他的脖颈从肩膀上微微前倾，胸膛宽阔方正，胳膊粗壮有力。他身材矮壮，容易发胖，这是由于遗传，而不是因为他生活放纵。他通过锻炼来保持体型。他饮食很有节制。"

自幼年起，亨利就显得特别勇敢，尽管颇有些鲁莽。1147年，他第二次前往英格兰，不是为了学习，而是为了参战。尽管他只有十三岁，还是招募了一小群雇佣兵陪伴他渡过海峡，到英格兰协助母亲作战。这个狂野少年的到来在短期内令整个英格兰为之战栗：传闻他此次驾临，带来了数千士兵和无尽的财富。其实真相比较接近一场闹剧：少年亨利没钱给他的雇佣兵发饷，于是他们抵达英格兰几周后就弃他而去（“他们因懒惰闲散而削弱，因贫穷匮乏而不堪忍受，于是背弃了这位高贵的少年，”纽堡的威廉写道）。少年亨利的入侵让斯蒂芬感到好笑，而丝毫不感到威胁：他给亨利的雇佣兵发了军饷，让他收拾铺盖返回诺曼底。

十三岁的亨利敢于独立入侵英格兰，不管实际执行得多么糟糕，毕竟勇气可嘉，印证了他在父亲身边征战诺曼底得到的磨砺。至迟到1144年，若弗鲁瓦·金雀花就让他的儿子参与政府事务。亨利目睹了在法兰西大陆的极其复杂而四分五裂的政治中，长期军事战役是如何开展的。他知道自己在接受教育，为担任诺曼底公爵做准备；或许还有人向他暗示，他还会成为安茹伯爵。亨利追随父亲在安茹和诺曼底东奔西走，一口气骑马奔驰几个钟头，学会了纵马狂奔，他的速度后来成为传奇（由于常年骑马征战，导致他的双腿变形，成了罗圈腿）。

12世纪的法兰西分裂为许多松散且不断变化的领地，而没有一个中央权威，很多地方的统治者比军阀强不了多少。亨利观察着顽强而狡黠的父亲在征服诺曼底的战役中逐渐得胜，学到了很多东西：政治的生存是一场游戏，需要先发制人地应对权力更迭，控制好复杂多变的敌友关系，并在正确的时机向正确的盟友求助，这样才能开疆拓土。在这场令人眼花缭乱的游戏中，只有最精明和娴熟的玩家才能生存下来。

在这场封建领主的游戏中，亨利知道他有一个巨大的优势：他是一位皇后的儿子，拥有英格兰王位的继承权。法兰西有很多势力强大的公爵和伯爵，但国王只有两个：英格兰国王和法兰西国王。亨利深知，要想在欧洲大陆成为一支主要力量，并与法兰西的新国王路易七世（1137 年登基）分庭抗礼，就绝不能满足于当一个强大的伯爵或公爵。他是“亨利，亨利一世国王的外孙，英格兰和诺曼底的合法继承人”。

1149 年，亨利抵达英格兰之后，首要任务便是确立自己的地位：他是母亲事业的可信赖的继承人。英格兰不是他的家乡。他能听得懂英语，但不会说。拥有王室血脉很重要，但他现在需要赢得贵族们的认可。在马鞍上度过的漫长岁月没有白费，他纵马奔向北方，从舅公——苏格兰国王大卫一世那里接受骑士头衔的册封。1149 年的圣灵降临节，他成为一名骑士。拥有骑士的腰带之后，他决心要让英格兰看看，他也拥有骑士的勇武。在南下途中，他尝试攻击约克，但未能成功，不得不逃往海峡，一路遭到王军的围追堵截。这位十六岁的骑士来到英格兰西南部，为正遭到斯蒂芬之子尤斯塔斯攻打的迪韦齐斯解围，然后迅速返回诺曼底。这次出征虽然不算圆满，但他至少赢得了重要的盟友，在战争中留下了自己的印迹。

1150 年，若弗鲁瓦正式册封亨利为诺曼底公爵，其实亨利在事实上扮演这个角色已经有几个月之久。次年 8 月，亨利向法兰西国王路易七世宣誓效忠，宣示了他作为诺曼底公爵的权利和尊严。9 月，若弗鲁瓦·金雀花突然去世，享年三十九岁。据马尔穆蒂耶的约翰记载，若弗鲁瓦从王室的一次会议返回，“在卢瓦尔堡突然病倒，发了高烧，倒在沙发上。然后，似乎是预见到了他的土地和人民的未来，他禁止自己的继承人亨利将诺曼底或英格兰的风俗引入他的家乡安茹，也不准将安茹的风俗引入诺曼底或英格兰”。然后，“彗星的出现预示了这位伟大王公的与世长辞，他的肉体脱离凡间，重归天堂”。

若弗鲁瓦·金雀花风云激荡的一生就这样戛然而止。十八岁的诺曼底公爵如果要实现双亲的雄心壮志，还有漫长的路要走。战斗会很艰难，但它带来的回报却几乎超出想象。

惊世骇俗的妻子

1152 年 5 月 18 日，在普瓦捷大教堂，诺曼底公爵亨利与阿基坦女公爵埃莉诺喜结良缘。婚礼是在严格保密的情况下匆忙准备的，而且流程尽可能地迅速进行。和父亲一样，亨利娶的是一个年纪比自己大的女人。埃莉诺时年二十八岁，而他却是个刚刚过了十九岁生日的焦躁的年轻军人。这位新娘的无穷魅力几乎到了无法想象的程度，她凭借非传统意义上的美丽、直言不讳和顽固的政治观点而闻名整个基督教世界。就在两个月前，她还是法兰西王后——路易七世的妻子。埃莉诺为路易七世生了两个女儿，但没有儿子。路易七世以双方有血亲关系为借口，和她离了婚。

亨利与阿基坦的埃莉诺结婚，这是他一生中最重要的抉择之一。对欧洲政治中这位雄心勃勃的年轻玩家来说，不可能有更好的新娘了。埃莉诺带来了财富、权力和广袤的疆土。她的阿基坦公国是法兰西王室势力范围的一个关键部分，从安茹边境一直延伸到比利牛斯山脉。她是个经验丰富的统治者和精明的政治家。对决心要在法兰西贵族中确立显赫地位的诺曼底公爵来说，她前不久被法兰西国王抛弃的事实更是增添了她的价值。

埃莉诺的故事超乎寻常。她生于 1124 年，是阿基坦公爵和普瓦图伯爵威廉十世的长女。威廉十世赞助艺术，热衷于征战，有时与教廷争吵，有时向教会权威虔诚地屈服。她的祖父威廉九世“行吟诗人公爵”是他那个时代最了不起的才子、诗人和歌谣作者。他用法兰西南部的奥克语创作诗歌，讲述诱惑、英雄主义和宫廷爱情的故事，这些故事是法兰西南部生活的组成部分。阿基坦家族就是以他的形象塑造的。威廉九世于1126 年去世，也就是他的孙女埃莉诺出生后不久。十一年后，埃莉诺的父亲在前往孔波斯特拉朝圣的途中突然死去。于是十三岁的埃莉诺成了欧洲最丰厚遗产的唯一继承人。

阿基坦是一片幅员广袤、无序蔓延而组织松散的领地，包括了中世纪法兰西的四分之一以上。它包括加斯科涅领地、波尔多城、巴约讷城，以及圣通日、昂古莱姆、佩里戈尔、利穆赞、奥弗涅和拉马什等伯爵领地。阿基坦历代公爵领地的北面是普瓦图伯爵领地，南面是西班牙半岛，他们和西班牙的纳瓦拉和巴塞罗那有联系。这是一个温暖、肥沃的地区，通过大西洋海岸上加斯科涅的各个港口经营着葡萄酒和食盐贸易，还拥有重要的旅游业，因为它控制着通往孔波斯特拉的朝圣道路，这些道路在比利牛斯山脉的少数几个山口汇集。不管谁控制这个公国，都可能会得到巨大的财富、权力资源和文化影响。但这种控制权可不是轻易就能到手的。政府的影响力在阿基坦很小。掌握权力的是一大群难以驾驭、桀骜不驯的领主，他们对公爵的效忠往往只是名义上的。世人皆知，这可不是一个十三岁小女孩能够统治的地方。法兰西的路易六世国王迅速采取行动。她父亲去世三个月后，1137 年 7 月 25 日，在波尔多大教堂，埃莉诺被嫁给了路易六世的长子，十七岁的路易王子。与法兰西王室继承人的婚姻使得阿基坦得到了巴黎的保护。埃莉诺结婚仅七天之后，她的公公就去世了。埃莉诺成了法兰西王后。

这位来自南方的精力充沛而高度活跃的年轻王后在冷若冰

霜的巴黎王宫很快显得格格不入。法兰西岛和阿基坦的文化差别极大，甚至语言也不同：北方的奥依语与埃莉诺及其大群侍从说的奥克语迥然不同。埃莉诺是个非常世故圆滑的南方人，既让丈夫如痴似狂，也让他心惊胆战。路易七世举止严峻而虔敬，埃莉诺却非常张扬奔放地展现王后的辉煌灿烂。她和侍从们穿着华贵奢侈，纵情享受穷奢极欲的宫廷生活，这让她丈夫的亲信们惊愕不已。路易七世身着僧衣，饮食简朴。据纽堡的威廉说，埃莉诺后来曾抱怨称，自己嫁给了“一个僧侣，而不是国王”。

从一开始，这段婚姻就在个人和政治两个层面上遇到了严重阻碍。正如法兰西著名的修道院院长——克莱尔沃的伯纳德所说，埃莉诺有能力“采纳坚定不移的政治立场”。她怂恿路易七世加入了好几场欠考虑的冒险，其中包括与香槟伯爵的一场残酷战争。这场战争的起因是，埃莉诺的妹妹彼得罗妮拉与韦尔芒杜瓦伯爵有了一场逢场作戏的私情①。很快，埃莉诺就有了热衷于制造丑闻和混乱的恶名。1147 年，她陪伴路易七世参加第二次十字军东征，她参与此事的方方面面都引发了流言蜚语。人们（错误地）指责是她导致十字军遭到埋伏、损失惨重，还诬告她与她的叔叔图卢兹的雷蒙亲王（安条克的统治者）共谋，甚至与他有私情。后来的编年史家甚至造谣说，她曾和萨拉丁有过露水情缘，还企图与他一起乘船私奔，

---

① 彼得罗妮拉与韦尔芒杜瓦伯爵拉乌尔一世私通。在埃莉诺怂恿下，路易七世允许拉乌尔与其妻布卢瓦的艾莱奥诺尔离婚，而与彼得罗妮拉结婚。艾莱奥诺尔的哥哥——香槟伯爵特奥巴尔德二世（就是英格兰国王斯蒂芬的哥哥）因此向拉乌尔和路易七世开战。战争持续两年，最后王军占领了香槟。彼得罗妮拉和拉乌尔一世被教皇英诺森二世绝罚。后来，新教皇塞莱斯廷二世将他们的婚姻合法化。

这个幻想故事有些奇怪，因为萨拉丁当时只有十岁。在从耶路撒冷回国的途中，路易七世和埃莉诺在图斯库卢姆短暂停留，觐见教皇犹金三世。教皇为这对夫妻做了婚姻辅导，还强迫他们睡在一张床上（配有教皇自己的贵重帷幕），以鼓励他们和解。

这都无济于事。尽管埃莉诺给路易七世生了两个孩子——香槟伯爵夫人玛丽生于1145年，布卢瓦伯爵夫人阿利克斯生于1150年——但到12世纪50年代初，迹象很明显，这段婚姻走到了尽头。如果埃莉诺生了一个男性继承人，或许婚姻还能维持，但事与愿违。1151~1152年的圣诞节，宫廷节庆活动在埃莉诺领土腹地的利摩日举行，一个公开的秘密已经人尽皆知：很快，国王和王后就将像他们之前的许多人那样，分道扬镳。1152年3月21日，一群法兰西主教宣布，路易七世和埃莉诺有较近的血缘关系，属于被禁止的近亲结婚，他们的婚姻无效。阿基坦公国仍然属于埃莉诺，而路易七世就像卡佩王朝自腓力一世以来的所有君主一样，离了婚。离婚让埃莉诺感到的只有如释重负。

但她高兴不起来，因为她虽然已经二十八岁，但地位就像父亲去世那天一样脆弱。单身的阿基坦女公爵重新开始寻找一位丈夫，向她求婚示好的人很多。1152年3月，她从博让西出发，穿过卢瓦尔河谷，前往她的公国的中心城市普瓦捷。这是一段险象环生的旅程。她深知周边的乡村非常危险，于是尽可能轻装急进。消息已经传开：埃莉诺已经不再是法兰西王后了。据说有绑架者从两个方向追击她。据图尔的一位编年史家说，布卢瓦伯爵特奥巴尔德五世和小若弗鲁瓦·金雀花（亨利的弟弟，时年十六岁）都打算埋伏埃莉诺，将她劫持，强迫她嫁给自己。

埃莉诺在巴黎宫廷待了十五年，学会了不少政治生存的技巧。她知道自己躲不过婚姻，而且婚姻也是必需的，但她下定决心，这次结婚一定要按照自己的心愿。所以她在火速前往普瓦捷的途中、甩掉企图绑架她的人时，想到了最有能力保障她未来的那个男人。此时，诺曼底公爵、安茹伯爵、曼恩伯爵和图赖讷伯爵亨利·金雀花正在诺曼底海岸附近的利雪，准备入侵英格兰，打着自己母亲的旗号夺得王位。埃莉诺在前一年见过亨利，当时亨利正和父亲一起访问巴黎，参加和谈。或许在那时候，婚姻不幸的王后和怀揣帝王壮志的亨利就两情相悦，将对方看作可能的未来伴侣。他们当时有没有缔结正式的约定，我们不得而知。

抵达普瓦图之后，埃莉诺向亨利发出消息，请他火速赶来娶她为妻。亨利没有浪费一分一秒时间，取消了入侵斯蒂芬国王的多灾多难王国的所有计划。“公爵被这位妇人的高贵所吸引，被她拥有的极大荣誉所诱惑，心急火燎地带着少数随从出发，快马加鞭，走过漫长道路，很快就称心遂愿，与她结为百年之好。”纽堡的威廉如此写道。于是，1152 年 5 月 18 日，在普瓦捷的圣母大教堂，亨利·金雀花低调迎娶了阿基坦女公爵埃莉诺。他们的婚礼时间很短，非常低调，但产生了极大的震动。

最大的输家是路易七世。他知道埃莉诺一定会再婚，但他以为，她的未来夫婿是他的封臣，而埃莉诺作为他的前妻，应当事先征求他许可才对。他们没有去征询他的意见，这让路易七世对他们产生了永久的怨恨。亨廷顿的亨利写道，亨利与埃莉诺的婚姻是“法兰西国王与公爵之间深仇大恨的原因和源泉”。埃莉诺嫁给亨利，一下子改变了法兰西的地图。亨利在诺曼底、安茹、曼恩和图赖讷的领地现在与庞大的阿基坦公国融为一体。理论上，亨利一个人就控制着法兰西王国几乎整个西海岸和近一半的陆地领土。为了法兰西王室的未来，路易七世与埃莉诺离婚，这是个可以理解的决定。但让她落入亨利·金雀花手中，却是个不可原谅的大错。

让法兰西国王更郁闷的是，埃莉诺这次闪婚几个月之后就怀孕了，而且是个儿子，亨利也重新启动了征服英格兰的计划。这不仅让路易七世生不出儿子来成为笑柄，还成为夺走他与埃莉诺的女儿们对阿基坦公国的继承权的威胁。金雀花家族的一位继承人即将出世，他或许会同时统治诺曼底、安茹和阿基坦。不到两年之后，他还将拥有英格兰王位的继承权。

征服者亨利

威尔特郡的马姆斯伯里是一座凄凉的小镇，就像英格兰的任何一个小镇一样，在内战的蹂躏中饱受摧残。内战期间，马姆斯伯里的城墙和高地城堡至少遭到三次围攻，居民们多年来惨遭折磨和劫掠。1153 年 1 月的一个寒风刺骨的日子，亨利·金雀花虎视眈眈地站在城墙外，准备摧毁这个小镇所剩不多的残余部分。他在冬季渡过海峡，其间险象环生，最后被暴风吹到这里的海岸。这一天是主显节，基督徒们庆祝东方三王拜访尚在襁褓中的耶稣。但亨利此行不是为了向国王致敬，而是要将他推翻。他带来了全副武装的一百四十名骑士和三千名步兵。

《斯蒂芬行状录》的作者对这一景象描述道："一群平民百姓跑到环绕城镇的城墙上，好像要防守城墙。亨利命令他带来的步兵进攻。这都是些心狠手辣之徒，有的用弓箭和投射武器攻击守军，有的努力去破坏城墙。"当时的嘈杂声一定震耳欲聋：弩箭的嗖嗖声、城镇平民逃窜的哭喊声以及攻城武器投掷的巨石砸到城堡墙壁发出的巨响。倾盆大雨和狂风鞭笞着攻守双方。烂泥死缠着所有人。云梯被竖起，亨利凶悍的雇佣兵们轻松地爬上城头。居民们惊慌失措地逃向教堂，在僧侣们那里寻求庇护。雇佣兵们翻过城墙，穷追不舍。如果这位编年史家值得信赖的话，那么教堂遭到了洗劫，僧侣和牧师被屠杀，圣坛惨遭亵渎。

斯蒂芬国王已经在等待亨利的入侵，但他没想到马姆斯伯里会遇袭。斯蒂芬的王军正在攻打叛军驻守的城镇沃灵福德，他以为亨利会赶往那里与他交战。然而亨利不肯这么做，斯蒂芬不得不前去迎战入侵者。“这是一支实力雄厚的大军，有许多贵族，他们的旗帜闪着金光，既美丽又令人胆寒。”亨廷顿的亨利记载道，“但上帝并不在他们那一边，而只有上帝才能给人安全。”天气非常恶劣，追随斯蒂芬的那些人对他们的领袖没什么信心。“天堂的水闸洞开，寒风苦雨敲打着他们的脸庞，似乎上帝站在公爵那边作战。王军的士兵们几乎握不住他们的武器，抓不牢滴着水的长枪。”

斯蒂芬的士兵们浑身湿透，士气低落，不肯作战。内战已经拖了太久，而他们却要在如此险恶的条件下为被围的城镇解围。士兵们在此役中得到报偿或者预付金的希望很渺茫，于是斯蒂芬的军队发生了哗变。“国王……未能达成目标，撤退了。”纽堡的威廉写道。入侵者获得了第一场胜利。纽堡的威廉后来写道，在马姆斯伯里战役之后，“英格兰的贵族们逐渐投靠到亨利那边；于是，他权势日增，取得了许多辉煌胜利，公爵的威名令他的对手的君主头衔黯然失色”。但还没有这么简单。亨利在评估形势的时候，发现国民已经对战争万般厌倦。他对这些局势做出的反应，再加上他的军事胜利，使得他能够比他的母亲取得更大的进展。

亨利最先注意到的问题包括，他带来的雇佣兵令人畏惧，却不能赢得人们的信任。英格兰已经遍地都是外国雇佣兵，他们受到群众的深深怨恨。《斯蒂芬行状录》记载道：“贵族们再也不能忍受他们的兽行和野蛮的傲慢，于是向公爵建议，解散他的雇佣兵，让其各自回家，免得这些人的可耻行为招致上帝的复仇，给他，或者他的部下带来灾难。”亨利倾听了这些建议，表现出了灵活的头脑，这在将来对他有很多助益。他将五百名雇佣兵送回海峡对岸的诺曼底。他们渡海的时候遭遇了大风暴，无一生还。

亨利不愿意给已经精疲力竭的王国带来更多战乱，于是向贵族和主教们提出了和平建议。在坎特伯雷大主教特奥巴尔德和温切斯特主教亨利的帮助下，亨利打开了与斯蒂芬谈判的渠道。权贵们渐渐投靠到年轻的公爵这边。

加入亨利阵营的贵族中最重要的一位是莱斯特伯爵罗伯特。他和他的孪生兄弟沃尔伦是盎格鲁—诺曼贵族的精英成员，多年来一直忠于斯蒂芬。莱斯特伯爵是英格兰中部的一位势力极大的地主，这使得亨利在英格兰的心脏地带拥有了关键的领土优势。莱斯特伯爵也给亨利带来了重要的个人品质和丰富的经验，他在此后的余生一直是亨利最受信赖和最可靠的封臣之一。事实上，他就是亨利吸引到的，而且也是他所需要的那种贵族的典型。莱斯特伯爵将近五十岁年纪，识文断字，受过良好教育。他和威廉·艾特林一起长大，和沃尔伦曾是欧洲各宫廷的年轻宠儿，少年时就非常聪慧，能够和红衣主教们辩论。这对孪生兄弟曾对亨利一世和斯蒂芬忠心耿耿，但斯蒂芬无力保护他们在诺曼底的土地，这损害了他们的政治意志。

莱斯特伯爵代表着许多盎格鲁—诺曼权贵面临的复杂处境：他们在诺曼底拥有的领地得到金雀花家族的诺曼底公爵保护，而他们在英格兰的土地则在理论上受到斯蒂芬的保护。亨利的任务是说服更多像莱斯特伯爵一样的人，他有能力保护他们在英格兰和诺曼底的财产，而不会使其继续遭受战乱之苦。毕竟，这才是王权的根本目标。1153 年春季，亨利开展了高度活跃的宣传活动。在访问布里斯托尔和格洛斯特（都是支持他母亲的堡垒）之后，他游历了动荡的英格兰中部。在那里，权贵之间错综复杂的条约保障着岌岌可危的和平。这个地区象征着斯蒂芬统治的失败：公共权威完全不存在。

亨利的新策略是做一个好的领主，而不是一位好将军。他没有蹂躏这些地区，而是在乡村坐镇，邀请大贵族们与他和平协商。他没有纵火焚烧庄稼，而是颁布宪章，保障权贵们在英格兰和诺曼底的土地与法律权益。他宣布，他如果要向他人授予英格兰土地，必须得到法律批准，以此表达自己对司法程序的尊重。他周游英格兰，在每一个地方都显示出自己是一个值得信赖的国王人选，他的巡视越来越像是胜利大游行。

但要完全避免战争是不可能的。1153 年 7 月，亨利在沃灵福德与斯蒂芬交锋。沃灵福德位于泰晤士河一个长河弯内，在牛津东南，离威斯敏斯特和伦敦很近，这对斯蒂芬而言是很危险的。沃灵福德城堡忠于亨利，遭到了斯蒂芬的攻打。王军在该地区建造了一系列较小的城堡和堑壕工事，组成一个半永久性的防御圈。亨利率军前来为沃灵福德解围，但也感到，战争的结局快要降临了。

斯蒂芬国王已经在守株待兔。8 月初，他率领一支极其强大的军队，迎战公爵。就像马姆斯伯里战役一样，士兵们普遍拒绝作战。据《斯蒂芬行状录》记载："双方的首领……都不愿出战，因为这样的冲突不仅意味着手足相残，还意味着整个王国的毁灭。"人们倒不是厌倦了斯蒂芬的统治，而是厌倦了战争。"贵族们，那些英格兰的叛徒……不愿意作战，因为他们不希望任何一方获胜。"亨廷顿的亨利写道。但这些"英格兰的叛徒"已经忍受了近二十年内战之苦，他们知道，任何一方在战场上取胜都很可能导致贵族们的土地被大范围没收，国内的分裂局面会持续下去。停战的时机到了。亨利和斯蒂芬同意谈判。“国王和公爵在一条小溪上单独会谈，商讨缔结永久和平的方案。”亨廷顿的亨利写道，“和约是在这里开始的，但要到另一个时机才会完成。”双方都清楚地认识到了和平所需的条件：斯蒂芬将不得不承认亨利·金雀花为他王位的合法继承人，并开始医治这场手足相残造成的严重创伤。

斯蒂芬国王的长子——布洛涅伯爵尤斯塔斯四世在长大成人的过程中只知道分裂和战争。有人告诉他，他就是未来的国王，并鼓励他为了保障自己的王位而作战。诺曼编年史家托里尼的罗贝尔称：“几乎所有诺曼人都认为，亨利公爵很快会丧失全部财产。”尤斯塔斯决心要让这尽快成为现实。为了达成这个目标，他与路易七世（尤斯塔斯娶了路易七世的妹妹康斯坦丝）和亨利的弟弟小若弗鲁瓦·金雀花结盟。他们三人要联合起来，尽一切努力反对诺曼底公爵。如果斯蒂芬与亨利和解，损失最大的人就是尤斯塔斯。他的地位超乎寻常地薄弱。

斯蒂芬与教皇犹金三世的争吵导致在1153年的时候，尤斯塔斯尚未被按照习惯指定为共治国王。因此，斯蒂芬可以剥夺自己儿子们的王位继承权（尤斯塔斯还有个弟弟叫威廉），指定亨利为王位继承人，从而获得最终的和平。沃灵福德战役之后，这种方案越来越可能成为现实。《斯蒂芬行状录》的作者称，尤斯塔斯“非常恼火和愤怒，因为他认为战争还没有一个恰当的结局”。为了发泄怒火和挫折感，他向东猛冲，来到贝里圣埃德蒙兹，肆无忌惮地来了一番意义不大的烧杀抢掠。呜呼哀哉，对不幸的尤斯塔斯来说，上帝——或者是圣埃德蒙——对恶人施加了惩罚。疯狂地施暴肆虐不久之后，尤斯塔斯就病倒了。1153 年 8 月初，他暴病身亡，年仅二十三岁。死因可能是变质的食物或者是哀痛过度，但也有人暗示说，他可能是被毒死的。

尤斯塔斯之死让斯蒂芬肝肠寸断，他在前一年还失去了自己的妻子玛蒂尔达。但这也是天意使然，谈判的道路打开了，亨利公爵可以取代尤斯塔斯了。双方达成的协议是一种法律上的领养，将王位交给金雀花家系，并彻底结束了战争。斯蒂芬的次子威廉显然比哥哥更驯良，他接受了一大片土地，作为放弃王位继承权的回报。

双方的谈判在 8、9、10 月举行，由坎特伯雷大主教特奥巴尔德和温切斯特主教亨利主持。1153 年 11 月，双方在温切斯特的会议上达成了正式的停战。斯蒂芬正式接纳亨利为养子和继承人。“多么无法估量的喜悦！多么有福的日子！”亨廷顿的亨利欢呼道，“国王亲自在温切斯特迎接年轻的公爵，主教和贵族们的队伍在群众的欢呼声中举行了游行。”自 1135 年以来，英格兰终于可以憧憬在大一统王权之下获得和平与繁荣。

和约是在一个非常具有象征意义的地点和仪式中进行的。温切斯特是英格兰王权得到圣化的地方：在这里的大教堂，安息着圣斯威森（一位盎格鲁—撒克逊主教，据说曾行许多神迹，如将破碎的鸡蛋复原）和撒克逊诸王，如爱德威，他像斯蒂芬一样，也曾统治着一个战乱不休的国家。全国的达官贵人们群集在清冷的大教堂内，等待斯蒂芬国王和亨利公爵的讲话。

这是多么不同寻常的一对儿啊。六十一岁的斯蒂芬带着尊严履行了自己的义务。《斯蒂芬行状录》将他描绘为：“温和、和善、善良。”站在淘气、邋遢的二十岁红发青年身边，斯蒂芬似乎是一个已经离去的时代的遗存。但他优雅地屹立着，向与会者发言，他说出的话足令自己的长子死不瞑目。

“诸公谨记，我，斯蒂芬国王，指定诺曼底公爵亨利为我百年之后的英格兰王位继承人，”斯蒂芬说道，“我确认，将英格兰王国交给他和他的子嗣。”

亨利发表了一个类似的声明。然后，在他未来的所有臣属贵族众目睽睽之下，他向斯蒂芬宣誓效忠，随后，又接受了斯蒂芬的次子威廉的宣誓效忠。这是新秩序的一个公开而显而易见的象征。新的王族家系公开地建立起来了，避免了篡位或废黜在法律上可能造成的混乱。亨利借助良好的军事领导和卓越的外交手腕，成为王位继承人。

庆祝活动富丽堂皇。斯蒂芬带着他的新养子威风凛凛地来到英格兰的古都。“这位高贵的青年在温切斯特受到热烈欢迎，在国王带领下，主教和贵人们举行了光辉灿烂的游行，”纽堡的威廉写道，“然后国王把公爵带到伦敦，他在那里受到无数平民百姓的欢天喜地的欢迎，举行了盛大的游行……”《温切斯特停战协定》在威斯敏斯特正式签署并公之于众。“和平降临到这个饱经摧残的国度，”亨廷顿的亨利写道，“痛苦的长夜宣告结束。”

从亨利被接纳为王位继承人到斯蒂芬去世这段时间，老国王同意一切政事遵照未来国王的意见来办。他们一道开始了医治破碎王国的漫长过程。他们有三项主要任务：镇压暴力和抢劫行为；驱逐横行全国的外国雇佣兵；拆除斯蒂芬即位以来兴建的大量城堡。当时仍然有极端的派系反对和平进程。1154年3月，在坎特伯雷的一次会议上，亨利得知有佛兰德异见分子要谋害他。据说斯蒂芬的儿子威廉知晓此事。亨利感到，英格兰的局势现已足够稳定，他继续待下去没有必要，也会很危险，于是决定返回诺曼底。斯蒂芬巡视了英格兰北部，并命令官吏们发行一种新货币。与此同时，亨利于当年3月离开了英格兰，选择了一条比较谨慎的路线，途经罗切斯特和伦敦，前往海峡。

1154年10月底，亨利与路易七世联手，在诺曼底和法兰西之间的边境地带（叫作韦克辛）镇压谋反的封臣，这时传来消息，斯蒂芬驾崩了。据编年史家坎特伯雷的杰维斯记载，1154年10月25日，斯蒂芬在与佛兰德伯爵会谈时突然病倒。“国王突然感到内脏剧痛难忍，并且流了血（以前也出过这种状况），”杰维斯写道，“他（在多佛尔小修道院）卧床不起，随后与世长辞。”斯蒂芬被葬在肯特的法弗舍姆的克吕尼修道院，长眠在妻子玛蒂尔达王后和放纵的儿子尤斯塔斯身边。

斯蒂芬临终前郁郁寡欢。他对君主的尊严和仪式心醉神迷，而未能自由地指定自己的儿子为继承人，再加上丧失了自己的封臣的忠诚和支持，他一定感到奇耻大辱。如果说他的统治是个可悲的失败，那么随后的和约却是影响深远的成功，协商进行得很好，而且得到主要贵族们的支持。亨利和斯蒂芬成功地创造了条件，使得近七十年来王权第一次和平地转移。亨利于1154年12月前往英格兰即位的时候，非常轻松愉快，因为他知道国民都需要他，并且毋庸置疑地会接受他成为国王。他的妻子埃莉诺与他一同前来。她在1153年8月给他生了一个儿子威廉，现在又身怀六甲，很快就要分娩。王位的传承终于安稳无忧了。亨利承诺将给英格兰带来稳定和大一统的权威（这是过去凄惨的九十年中一直为人们所希冀的）。他证明了自己。亨廷顿主教亨利祈祷国王前来的祷文中无疑有阿谀奉承的成分，但确实有真诚的希冀：“英格兰，你长久以来被致命的寒冷所麻痹，现在温暖起来，被一轮新的太阳的热量复苏了。你昂扬起原先低垂的头，擦拭了哀伤的泪水，喜极而泣……带着泪水，你向自己的养子说道：‘你是灵，我是肉：你来的时候，我的生命便复苏了。’”

第二部

帝国的年代

(1154～1204)

为自己的权益而奋战的国王更有资格得到遗产。

斗争和慷慨为国王赢得光荣和领土。

——贝尔特兰·德·博恩[1]

---

① 贝尔特兰·德·博恩（12世纪40年代～约1215），奥泰福尔（在法兰西的利穆赞地区）男爵和著名的奥克语游吟诗人。1182年，他曾支持小亨利国王反对理查。小亨利死后，德·博恩为他写了哀悼的诗歌，据说因此感动了亨利二世，得到了宽恕。后来，德·博恩还与理查和解，支持他，反对法兰西国王腓力二世。他在但丁的《神曲》中被置于惩罚骗子和叛徒的第八层地狱。

子孙满堂，王国复兴

1154年12月19日，亨利二世在威斯敏斯特教堂加冕，身怀六甲的埃莉诺王后站在他身旁。埃莉诺几乎一直在怀孕和生产，这与她做法兰西王后的时候形成鲜明对比。她热情高涨地投入到与亨利二世一起缔造一个王朝的使命中去。年迈的坎特伯雷大主教特奥巴尔德主持加冕礼，英格兰的重要主教和权贵都在座。亨利是第一位在加冕时获得“英格兰国王”头衔的统治者，他之前的国王们都是“英格兰人的国王”。加冕礼带来了普遍的乐观情绪。“在英格兰全境，人们都欢呼：‘国王万岁！’”纽堡的威廉写道，“他们对这位新君主寄予了厚望，尤其是他们看到，他非常审慎、坚定和疾恶如仇，一开始就表现出一位伟大君主的特质。”

亨利二世的加冕宪章向全国贵族保证，他将赋予他们亨利一世曾给他们的“特权、赠礼和自由”，并许诺要废除恶风败俗。他没有做出具体的承诺，而且与他的前任斯蒂芬不同，没有追溯忏悔者爱德华时代英格兰人享有的“完善法律和优良风俗”。但宪章具体地表达了亨利二世努力工作、“复兴我的整个王国”的意愿。

英格兰的二十一岁的新国王受过良好教育，精通法律，并且懂得多种语言，尽管他只会说拉丁语和一些法语方言。在他的同时代人看来，他的目标明确和坚定不移到了令人难以置信的程度。他喜好鹰犬游猎，在他的广袤领土的森林和猎苑中纵马疾驰。威尔士的杰拉尔德说他“酷爱狩猎；他常常在黎明时分就已经在马背上，穿越原野，深入森林，攀登高峰，终日不停歇。晚上回家之后，他在餐前餐后都很少静坐……他长时间站立，令整个宫廷都疲惫不堪……”“他平易近人，有很强的优越感，头脑灵活而机智，在礼貌方面无人能及……热衷战事……在民政中谨小慎微……他对那些桀骜不驯的人非常严厉凶狠，但对被征服的人宽大仁慈，对仆人严苛，对陌生人慷慨豪爽，在公共开支上挥金如土，私人生活上勤俭节约……他勤奋地保护和捍卫和平，周济穷人时慷慨得无与伦比，是圣地的伟大捍卫者；热爱谦卑，压制贵族，藐视傲慢之徒。”

宫廷作家沃尔特·马普的另一段非常有名的描述提及了他很多与上文相同的品质。亨利“肢体强健，相貌英俊……读书很多……平易近人……总是在四处旅行，像一个信使一样纵马狂奔，在令人无法忍受的道路上行进”。他“对陪伴他的佣人很少有仁慈……对犬类和鸟类经验丰富，热衷于驱赶猎狗”。就算是廷臣们的描绘中有溜须拍马和陈词滥调，我们也能清楚地看出，熟悉亨利二世的人都认为，他是个令人印象深刻、精力充沛的统治者。

亨利二世自幼过着四处漫游的生活。尽管他挥金如土地建造雄伟豪华的城堡和宫殿，却很少在一个地方长时间居留。访客常常觉得他的流动宫廷非常恶心：臭气熏天、鼠患成灾，葡萄酒带有醋味，要通过牙齿过滤才能喝。一个不断旅行的人的生活条件就是这样的。编年史家拉尔夫·德·狄瑟托说，亨利二世常常不作事先通知就突然出现在国土上的任何地方，这令路易七世颇感震惊。法兰西国王说，亨利二世似乎不是骑马的，而是长了翅膀。12 世纪的传记家博泽姆的赫伯特说，亨利二世“就像是一辆马车，将所有人都拖在后面狂奔”。

但国王不能把自己的小家庭一起拖着走，因此在盛大的加冕礼之后，金雀花家族感到自己需要一个住的地方。国王的长子威廉在父母加冕的时候只有一岁多一点，次子亨利于1155年2月28日出生。两个孩子和埃莉诺在英格兰的时候都需要宅邸。庞大的盎格鲁—撒克逊时期的威斯敏斯特宫在内战期间被严重损毁，现在无法居住。于是，在1155年，一家人搬进了泰晤士河另一岸的博门希宫，在伦敦城的另一端。

从这座宫殿，埃莉诺可以随意造访伦敦。她会发现，英格兰首都是一座熙熙攘攘的繁华都市，到处是贸易和娱乐、小丑和杂耍艺人、犯罪、污秽、绝望和人间温情，好不热闹。坎特伯雷的教士和传记家威廉·菲茨斯蒂芬惊奇不已地对这座12世纪的城市作了一番著名的描绘：

> 伦敦是个福地，气候有益健康，基督徒们非常虔诚，防御工事固若金汤，地理位置优越，市民们体面可敬，他们的妻子们忠贞得体。另外，伦敦人热衷游乐，造就了许多优秀人物……在东侧屹立着王家要塞，规模宏伟，坚不可摧，从深深的地基之上恢宏地矗立，灰浆掺有牲畜的血。西侧是两座巩固的城堡。城墙在北侧连绵不绝，高大宽阔，每隔一段距离建有塔楼，一共有七座双层城门……
>
> 离城市两英里远的河畔坐落着王宫，王宫与城市之间有繁华的郊区相连。王宫无与伦比，内外都戒备森严……北面是农田、牧场和风光宜人的平坦草地，有溪水流过，流水推动水车，发出悦耳的声响。不远处是一座巨大的森林，矮树丛非常繁茂，枝叶遮蔽着野生动物——牡鹿、雌鹿、野猪和野牛……

> 每天早上，各行各业的人们做着自己的营生，有的贩卖货物，有的出卖劳动力，每个人都在自己的地方干着自己的活计。我不应当忘记，在伦敦，在河岸上的船只群中，有人兜售葡萄酒，有葡萄酒的仓库，还有一家小饭馆。每天那里都有五花八门的菜肴，根据季节不同，有不同的蒸菜或者油炸食物，大鱼和小鱼，肉类——穷人可以买到质量较差的肉，富人可以享用高质量的肉——野味和家禽（大小都有）……喜爱精美食物的人可以买到鹅肉、珠鸡肉或山鹬肉，找到这些肉并不麻烦，因为它们都在市场有售，任君采撷……世界上任何国家的中间商都可以运来满船商品，在伦敦城出售。

这是一座繁忙、活跃的国际化都市，一定在埃莉诺心中激起了对巴黎的回忆。巴黎是欧洲北部最宏伟的城市，也有自己的河流、宫殿和绵延的绿荫，那是她第一次品尝当王后滋味的地方。但伦敦一定有些地方让王后很开心，因为埃莉诺在英格兰居住的第一段时期做了她当法兰西王后的时候没有做过的事情：生了一连串健康的孩子。1155 年 9 月，她从生亨利的月子恢复之后，很快又怀孕了：这是个女孩，生于 1156 年 6 月，取名为玛蒂尔达，以纪念那位为了金雀花王朝的新国度奋战多年的皇后。

1156 年 6 月，埃莉诺的长子威廉夭折，年仅三岁，因此玛蒂尔达的出生一定为埃莉诺减轻了一些悲伤。威廉被厚葬于雷丁教堂，长眠于外曾祖父亨利一世身旁。这对王室来说一定是个哀痛万分的时期。但在中世纪，孩童早夭是稀松平常的事情，哪怕王室也是如此，最好的应对办法就是多生孩子。亨利二世和埃莉诺没有丝毫耽搁，很快又接连生了两个男孩：理查（1157 年 9 月生于牛津）和若弗鲁瓦（差不多是在理查一年之后出生）。

到 1158 年底，亨利二世和埃莉诺有了四个四岁以下的孩子：亨利、玛蒂尔达、理查和若弗鲁瓦。此后还有三个孩子长大成人：埃莉诺（生于 1162 年）、琼（生于 1165 年）和约翰（生于 1167 年）。两轮生育高峰之间相隔四年，因为亨利二世在这四年中远离妻子，在王国的边陲。在丈夫外出期间，埃莉诺在王室的统治和仪式中扮演了重要角色，向权贵们的会议介绍自己年幼的孩子们，在亨利二世远离朝廷期间担任摄政。她陪同国王到海外的时候——1156 年，他们游历了阿基坦，1158 年圣诞节期间又在诺曼底主持宫廷——常常带着自己的孩子。但在大部分时间里，她留在英格兰，通常住在索尔兹伯里和温切斯特。

亨利二世在英格兰期间常常四处巡游，处理政事和外交，同时抽出时间来满足自己对狩猎的极大嗜好。他在旅行时熟悉了政府管理和狩猎的最佳地点。在他抵达之后，克拉伦登和伍德斯托克的狩猎小屋开始被扩建为正式的宫殿，其奢华足以与欧洲任何一座宫殿匹敌。但全世界的宫殿加起来也不能解决 12 世纪 50 年代的一个紧迫问题：新国王如何能医治一个在内战中遭到严重破坏的国家？英格兰为亨利二世提供了一个有利条件，即编年史家普瓦捷的里夏尔所谓的“他的君主令名的荣誉和尊崇”。但这个富饶的国度，它的港口和城镇，它的嗜酒如命、吃苦耐劳的人民，以及它的悠久历史，需要得到拯救，免得继续萧条衰败下去。亨利二世必须将他的外祖父亨利一世曾享有的王权施加于他的新王国。这差不多算得上一场重新征服。

国家的局面乌七八糟。在斯蒂芬治下，王室收入下降了三分之二。王室的土地、城堡和官职都被封赏出去了，而且往往是永久性授予。郡属农场是王室的一项主要收入来源，由各郡郡长负责收缴其产出，然而收入数额低得可怜。到处是具有半王权的伯爵领地，有些地方不仅是治理失当，而且根本就是无法治理。在斯蒂芬与特奥巴尔德大主教就各自的职权范围发生长期纠纷之后，教会和王室的关系也搞僵了。诺曼人征服威尔士南部时建造的要塞落入了贵族和当地统治者手中。英格兰最北部实际上处于苏格兰国王的统治下。

亨利二世的首要任务是将叛乱的余烬彻底扑灭。他的加冕宪章刻意避免对斯蒂芬向教士或世俗贵族授予的特权或财产加以确认。因此，自亨利一世驾崩以来授予的所有特权或土地，除非得到新国王的确认，否则都是不合法的。他下令将斯蒂芬封赏出去的所有原属王室的城堡、城镇和土地都收回，然后废除了斯蒂芬向其支持者授予的伯爵领地。在很多情况下，没收的土地后来又被归还，但亨利二世发出了一个明确的信号：领主的权利源自他本人，所有人的地位和财产都要感谢金雀花王室的恩准。

与此同时，1154 年圣诞节之后，亨利二世开始迅速执行一个计划：拆除非法建造的城堡，驱逐外国雇佣兵。在 12 世纪，挤满雇佣兵的城堡是军事实力的主要表现，国内这种城堡越多，尤其是没有得到王室许可的城堡越多，社会就越暴力横行和摇摇欲坠。于是，在 1155 年，几百座城堡被拆除，轰然倒地。在城堡木料坍塌的轰鸣中，佛兰德士兵们被驱赶到海岸，编年史家和普通百姓都对他们恨之入骨。

亨利二世只需要对少数几名权贵采取重大的直接措施。欧马勒的威廉在约克郡的地位一度极为稳固，王室对他几乎束手无策，他的斯卡伯勒城堡是一座巍峨耸立的石质要塞，坐落在一处海岬之上，控制着英格兰东北部的海口和海风吹拂的土地。他的土地和斯卡伯勒城堡都被王室褫夺。赫里福德的罗杰是威尔士的一位边疆领主，不肯服从任何王室权威。他的表弟赫里福德主教吉尔伯特·福利奥特说服他向国王交出了位于格洛斯特和赫里福德的城堡。

温切斯特主教布卢瓦的亨利，即斯蒂芬的兄弟，宁愿选择逃离英格兰，也不愿接受他的兄弟的继承人的统治。于是，他的六座城堡都被亨利二世没收。唯一需要动武才能平定的权贵是威格莫尔城堡的领主休·莫蒂默，他在春末死守英格兰中部的三座城堡，亨利二世不得不派遣了一支军队去讨伐他。但休·莫蒂默在向亨利二世正式投降之后，也得到宽大处理，被允许保留自己的土地。

这是一场闪电般迅速的清扫行动，目的是和解，而不是复仇，其精神在很大程度上源自亨利二世成功的外交手腕，之前他就是凭借这种手腕确立和执行了《温切斯特和约》。他遇到的抵抗很微弱，王室的生存也不曾受到严重威胁，这印证了亨利二世的强有力、统一的王权的广泛吸引力。他以真正符合君主身份的方式运用着司法的利剑和天平。和解如此神速，是形势所需，而不是一种奢侈，因为英格兰仅仅是金雀花王朝庞大领地的一部分。

1156 年，亨利二世不得不离开英格兰，去镇压安茹的叛乱。这场叛乱的领导者是他的弟弟若弗鲁瓦。若弗鲁瓦相信，根据他们父亲的遗嘱，亨利成为英格兰国王之后，安茹、曼恩和图赖讷应当被交给若弗鲁瓦。或许老若弗鲁瓦·金雀花的打算的确是这样。一个人同时统治着英格兰、诺曼底和安茹，是素无先例的。

亨利二世不愿意把自己继承的产业的腹地交给讨厌的弟弟。1151 年，若弗鲁瓦曾与路易七世和尤斯塔斯联手，袭击亨利二世在诺曼底的领地，这揭示了若弗鲁瓦的不可靠和不忠诚。如果亨利二世把自己的诺曼底公国与埃莉诺的阿基坦公国之间的土地交给若弗鲁瓦，就是自找麻烦。那样也会影响亨利二世的雄心壮志——独自、直接统治这些广袤领土。

但若弗鲁瓦的问题必须解决。1156 年 2 月 2 日，一场家庭会议在玛蒂尔达皇后主持下在鲁昂召开了。玛蒂尔达皇后在诺曼底首府颐养天年已经有将近十年，就连亨利二世加冕的时候，她也没有去一趟英格兰。尽管如此，她长期以来一直是长子的知己和谋臣，曾教导他（这是编年史家沃尔特·马普的说法），“理清所有人的事务……绝不要仅仅因为某人的推荐，就向被推荐的人授予任何东西，除非自己对事实有了很好的把握”。在母亲的指导下，亨利二世在与若弗鲁瓦会晤时，还邀请他们最小的弟弟威廉和他们的姑姑佛兰德伯爵夫人西比拉到场，希望能达成一个协议。为了从外交上孤立弟弟，亨利二世在 1 月底以诺曼底、安茹和阿基坦领主的身份向路易七世宣誓效忠，并向新当选的教皇阿德里安四世派出一个使团，请求教皇允许他不再遵守父亲的遗嘱。他决心不惜一切代价，一定要保住安茹。

不足为奇的是，维持和平的努力都是徒劳无益。谈判破裂之后，若弗鲁瓦正式兴兵造反。这一年晚些时候，争吵才得以解决，因为南特和下布列塔尼的人民选举若弗鲁瓦为他们的新伯爵。他幸运地得到了自己的一片富饶的新领地，于是他的失望——在他看来，他的继承权被新登基的兄长剥夺了——消解了。

亨利二世喜出望外，为若弗鲁瓦获得这个具有战略意义的领地做了担保。若弗鲁瓦放弃了对金雀花王朝遗产的主张，作为回报，亨利二世赠给他仅仅一座边境城堡卢丹，以及一笔金钱。为了消除分歧，这也是可以接受的代价。若弗鲁瓦在南特的新领地使得金雀花王朝的家族产业向卢瓦尔河下游进一步扩张，接近了布列塔尼海岸——这差不多是法兰西海岸唯一尚未被金雀花王朝控制的地区。

若弗鲁瓦得到了安抚，后来在 1158 年去世，这对亨利二世来说是非常有利的。这也表明，尽管亨利二世在平定自己新王国的过程中表现出了极强的政治手腕，但他若要将自己在欧洲大陆的庞大领地牢牢控制，仍然需要亚历山大或者查理曼那样的不懈努力。

金雀花国度

12 世纪 50 年代对亨利二世来说是意气风发的十年。1151 年的时候，他的地位还很不稳，并且四面受敌，随后他的势力得到了扩大。他的攻城略地严酷无情而震撼人心。1155 年，教皇阿德里安四世（唯一曾担任教皇的英格兰人）祝福亨利二世，批准他扩张自己在爱尔兰的势力范围，颁布了教皇诏书《褒扬令》，敦促亨利二世改革爱尔兰教会。虽然亨利二世没有立即执行《褒扬令》的条款，但这已经建立了一个原则。1157 年，在佩弗里尔城堡，亨利二世接受了苏格兰国王马尔科姆四世的臣服，收复了内战期间沦陷的北方边境各郡，并用亨廷顿伯爵领地（一个传统的苏格兰领地）来交换。同年，亨利二世向威尔士派遣了一支军队，试图恢复自己的诺曼先祖曾在那里享有的主宰地位。在此次战役的一次大型军事行动中，他在弗林特附近的尤洛森林遭到伏击，险些丧命。像他的每一位祖先一样，他也感到，好战的威尔士人极其强悍。最后，面对亨利二世军队强大的实力展示，威尔士的两位主要王公——格温内斯的欧文和德赫巴思的格鲁菲兹之子里斯被说服投降。这让亨利二世在 1158 年腾出手脚，通过武力威胁，以自己已故弟弟的名义夺取了南特伯爵领地，于是将他的直接控制区扩张到了布列塔尼公国。同年，他安排自己的长子亨利与路易七世的女儿玛格丽特订婚。路易七世许诺，将把韦克辛（法兰西与诺曼底之间边境地带的一部分，虽小但具有重大的战略意义）作为女儿的嫁妆，在婚礼举行的时候交付。

亨利二世一点一点、一条战线一条战线地向和他打过交道的君主和贵族们证明，金雀花王朝是一支不可小觑的力量。12世纪50年代快结束的时候，亨利二世主宰的领地已经远远超过他祖先们的想象。但这还不够。

1159年夏季，法兰西南部的山谷赤日炎炎，一支庞大的军队隆隆地向图卢兹城开进。城内的三万五千人战战兢兢地听着步兵的脚步声、战马的奔跑声、大车的嘎吱声、号角和战鼓的轰鸣声，以及拖曳攻城武器的恐怖巨响。这支军队所到之处，留下的尽是焦土。卡奥尔、奥维拉尔和维莱米惨遭洗劫和纵火。庄稼被焚毁，财产遭到劫掠。整个图卢兹地区胆战心惊地等待来自西方的又一次灾难。“亨利二世……不仅令远至罗讷河和阿尔卑斯山的普罗旺斯人惊恐万状，”作家和外交家索尔兹伯里的约翰写道，“他还攻城略地、征服各民族，打击了西班牙和高卢的君王们。”

亨利二世于1159年6月率领这支军队横穿了法兰西南部，这是他一生中组织起来的最雄壮的大军。仅仅在英格兰招募雇佣兵的开支就超过了9000磅，这比前一年王室的全年收入还多。诗人鲁昂的艾蒂安称，亨利二世带来了“钢铁、投射武器和作战器械”，而诺曼编年史家托里尼的罗贝尔说这支军队是“诺曼底、英格兰、阿基坦和他属下所有其他领地的全部军事力量”。亨利二世的目标路人皆知。他是以征服者的姿态前来的，目标是将图卢兹从其统治者雷蒙五世伯爵手中夺走，纳入阿基坦公国。“国王要收回自己妻子埃莉诺王后赢得的遗产”，托里尼写道。但亨利二世做的还不止这么多。他在开展一场范围极其广大的战役，旨在确立自己对从苏格兰山麓到比利牛斯山脉的广大地区的最高宗主权。

他麾下有许多大贵族。前不久与他和解的邻居苏格兰国王马尔科姆四世指挥一支小舰队南下，在普瓦捷与亨利二世会师。南方的领主们，如巴塞罗那伯爵拉蒙—贝伦格尔四世和贝济耶与卡尔卡松领主雷蒙·特朗卡维尔也参加了，他们很高兴有机会骚扰一下自己的邻居。负责组织这场战役的那位教士在中军骑行，头戴铁盔，身披锁子甲，甲胄在阳光照耀下熠熠生辉。他就是托马斯·贝克特，英格兰大法官和坎特伯雷总执事。据说，贝克特指挥着自己的私人武装，包括七百名骑士。这个数字几乎肯定是夸张的；但即便如此，我们仍可确信，他的确组织了一支强大的部队，这对一名教士而言是非常了不起的。

图卢兹攻城战从 1159 年 6 月打到 9 月，代表着亨利二世统治早期在欧洲的宏图大业的巅峰。为了改革和巩固他在 1149 年至 1154 年间积攒的庞大领地，他已经花费了相当多的时间和精力。但他不愿就此满足。在安定英格兰之后，他的政策自然而然地将他送到了图卢兹城下。他动用武力，往往是非常雄壮的大军，去侵犯他已经非常漫长的边境线之外的边缘地区。似乎他不满足于仅仅当一位国王和公爵，还想当皇帝。

但事实上，他的政策比上面的说法更为务实。亨利二世的目标始终是竭尽全力去保障自己的全部权益。他有时动用武力，有时借助外交手段。只要条件允许，他总会努力确立自己的领主地位，并对自己庞大的领土的边缘地带开战，以便将自己版图的边边角角都清理干净。图卢兹只不过是又一个他的权威受到挑战的边境地带。他从事的不是一场征服战争，而是为了让自己的地位得到承认而奋斗。

但图卢兹是出了名的难对付。阿基坦的埃莉诺对这个伯爵领地有非常间接的权利主张，因为她的祖母菲利帕有继承权，但在11世纪90年代被抛到一边，没能继承。1141年，路易七世曾尝试入侵图卢兹，就像亨利二世在1159年做的那样，但被打退了。这并没有让亨利二世知难而退。他拥有合情合理的权利主张和组织一支大军的经济实力，并且在讨伐威尔士人和布列塔尼人取胜之后势头正猛。

根据索尔兹伯里的约翰记载，西班牙和高卢的君王们无疑对亨利二世集结的雄厚兵力吃惊不小。但他们对他的成功概率仍然存疑。图卢兹是一座大城市，防御非常巩固，坐落在加龙河一个急转弯的地方，分成三个设防区域。这座古老的罗马城市毗邻一座有围墙的村庄，是在晚近时期在宏伟而美丽的圣塞宁教堂周围发展起来的。在城市和村庄的外围还有一道城墙，而在它们之间的南面，坐落着另一座城堡，叫作纳博讷城堡，是城市统治者的住地。加龙河为守军提供了持续不断的水源，在夏天也不会干涸，因此要想通过切断水源让守军屈服是不可能的。

亨利二世的大军尽了最大努力，给该地区的乡村和城堡造成很大破坏，但质疑他的人被证明是正确的。正如1141年路易七世的经历，又一位国王率军攻打这座城市，仍旧折戟沉沙。

如此庞大的军队为什么不能攻克这个相对单薄的目标？或许，当地人更喜欢图卢兹伯爵们宽松的统治，而不是亨利二世的入侵大军令人想起的那种严酷的主宰。或许，城市的天然屏障的确使它无懈可击。无论如何，在1159年秋初，亨利二世的战役遭到了决定性打击，因为令他猝不及防的是，路易七世来到了图卢兹。

在法兰西所有的贵族当中，给路易七世制造麻烦最多的就是在12世纪50年代开疆拓土的亨利二世。对卡佩王室来讲，诺曼底公爵升格为国王之后，就变成了一个非常危险的封臣，因为他有军事实力和远远优于任何法兰西贵族的血统。在诺曼底公国与法兰西王室领地的边境地带，即所谓韦克辛，麻烦最大。的确，在1156年盛大奢华且极富政治象征意义的仪式上，亨利二世向法兰西国王表示臣服，向路易七世宣誓道："我，亨利国王，尊法兰西国王为我的领主，保卫他的生命、身体和领地，如果他接纳我为他的忠仆，并保障我的生命、身体和他赐予我的领地，因为我是他的臣属。"如果路易七世坐山观虎斗，任凭亨利二世征服图卢兹的话，他的封建宗主地位就一文不值了，何况路易七世自己差一点就能把图卢兹纳入自己的直接控制范围。另外，雷蒙伯爵还是法兰西国王的妹夫。如果辜负了妹夫，那么路易七世的领主地位就是空中楼阁了。

路易七世抵达图卢兹的时候深知，他只要来到雷蒙伯爵身边，就足以迫使亨利二世深思熟虑一番，是不是要把这场战役继续打下去。攻击雷蒙一个人，是一回事；攻击路易七世和雷蒙两个人，就是明目张胆的侵略，会在更北方的诺曼底和安茹给亨利二世制造出无尽的麻烦，他为了牢牢控制这些地区已经花费了很多心血。另外，如果武装对抗路易七世并且失败的话，整个图卢兹远征的象征价值就泡汤了。

亨利二世和他的贵族及主要谋臣（包括贝克特）商议了一番。贵族们的意见是，在法兰西国王没有侵犯亨利二世的君主荣誉的情况下，是不能攻击法兰西国王的。贝克特表示反对，主张立刻猛攻城市。投票表决的结果是，贝克特落败，被晾在一边。亨利二世放弃了战斗。他声称愿意饶恕卡佩国王和图卢兹城，在米迦勒节前后撤军了。

编年史家豪登的罗杰将图卢兹战役称为亨利二世的“未竟事业”。它还算不得是灾难，但不可否认是个失败。此次战役中最有收获的事件与攻城战本身没有直接关系：布洛涅伯爵威廉，即斯蒂芬国王的幼子，也追随亨利二世参加此役，于1159 年 10 月在返回英格兰途中死去。他在英格兰的大片地产被王室收回。除此之外，攻打图卢兹的这个代价昂贵的夏季的唯一结果就是，亨利二世知道了自己军事实力的极限。

图卢兹战役的失败还有一个代价，它第一次让亨利二世与他最亲信的谋臣——大法官托马斯·贝克特之间的关系产生了裂痕。

不神圣的战争

1158年夏季，也就是托马斯·贝克特率领亨利二世的军队冲向图卢兹城墙的一年之前，他引领着一支更为盛大壮观的队伍，纵马进入巴黎城。他作为英格兰大法官和英格兰国王的仆人，带着和平的善意前来，周身洋溢着严肃的光辉和荣耀。贝克特的使命是与法兰西王室协商，为亨利二世的三岁儿子（也叫亨利）和路易七世尚在襁褓中的女儿玛格丽特缔结婚约，将两个王室联合起来，并为金雀花王朝赢得韦克辛。他理应以他主公的财富和尊严来让法兰西国王肃然起敬。

贝克特做了一番非同寻常的表演。在私生活中，他是个严谨虔诚的人，定期鞭笞自己，身穿粗毛衣服，饮食朴素，从未有过情妇。但亨利二世的大法官懂得如何让群众欢欣鼓舞。他威风凛凛地冲进巴黎，带来了富有异国情调的礼物，举行了奢华的盛典——狗、猴子和似乎无穷无尽的侍从队伍，全都印证了英格兰国王的慷慨和富裕。与贝克特一同前往并且目睹这一切的威廉·菲茨斯蒂芬对此做了生动的记载：

> 他的扈从中有约两百名骑手、骑士、文书、仆役、佣人、武士和出身高贵的侍从，全都排成整齐的队列。他们所有人和他们的随从，全都穿着崭新的光鲜华丽的服装。他还带去了二十四套衣服……和许多丝绸斗篷，作为礼物，以及各式各样的杂色衣服和外国毛皮、挂毯和地毯，用来装饰一位主教的会客厅。

> 他的扈从队伍还携带了猎狗和鹰隼……还有八辆马车，每辆车都配有五匹夏尔马。每匹马上都骑着一名身穿新衣的健壮马夫，每辆车上都有一名车夫。有两辆大车专门用来运载啤酒……对不熟悉啤酒的法兰西人，用一种健康的饮料招待他们，清澈，像葡萄酒一样颜色深，口味更精细。其他的大车运送饮食，或幔布、地毯、成包裹的睡衣和一般行李。他有十二匹驮马和八箱金银餐具……一匹马驮着他的小教堂的圣盘、圣坛装饰品和书籍……每匹马都有一名马夫，穿着精神抖擞的衣服；每辆马车都配有一只凶猛的大驯犬，拴在绳索上，要么在车内，要么在车后跟着走。每头役畜背上都坐着一只长尾猴……
>
> 然后有大约二百五十人，六人或十人一排，按照英格兰风俗，一边行进一边唱歌。每隔一段距离有成对的猎鹿犬和灵猩及其管理员……然后是武士，携带盾牌，牵着骑士们的战马，然后是其他武士、男童和驯鹰人……最后是大法官和他的一些朋友……
>
> 抵达巴黎……他向每一位贵族、骑士……绅士、学者和市民馈赠了餐具、衣服、马匹和金钱。

这是一场符合国王风范的盛大表演。

1158 年，托马斯·贝克特很快成为亨利二世最亲密的朋友和最受信赖的谋臣。起初，贝克特是坎特伯雷大主教特奥巴尔德手下的一名文书。特奥巴尔德很赏识这个年轻人的勤奋肯干，逐步提拔他，直到贝克特于 1154 年成为坎特伯雷总执事。就是在总执事的任上，他与亨利二世相识。亨利二世感到，贝克特非常精明能干，是英格兰大法官的绝佳人选。1155 年，在特奥巴尔德的推荐下，亨利二世任命贝克特为英格兰政府的最高官吏。贝克特不负众望，在为王室服务的工作中如鱼得水。

12 世纪的英格兰政府仍然是凌乱和高度个人化的。廷臣沃尔特·马普为我们描绘了亨利二世宫廷全速运转的戏剧性画面，非常令人信服："国王出门的时候，总会被人群拦住，被推来搡去；人们对他大呼小叫，推推拉拉；但他耐心地聆听所有人说话，没有动怒的意思；直到被烦扰到无法忍受，他才一言不发地退到安静的地方。"国王处于这样的人群的中心，因此需要一个由大量仆役、文书、外交官和官吏组成的复杂系统。贝克特主持的就是这样一个松散的系统。就像随后几个世纪中的那些了不起的王室官吏——亨利八世的首相托马斯·沃尔西或者伊丽莎白一世的耐心的秘书威廉·塞西尔一样，贝克特帮助一位富有领袖魅力的君主绕开了政府日常工作的劳烦，将他的宏伟蓝图化为现实。

1160 年前后，贝克特到达了权力的巅峰，当时他四十出头，而国王将近二十七岁。这位大法官身材高大，相貌给人以好感，仪态高雅，擅长宫廷谈话的技巧。他获得权力、财富和光荣的崛起之路是非同一般的。他在苏塞克斯的默顿小修道院和伦敦的一所文法学校（可能是圣保罗学校）接受了很好的教育。他的父亲是商人，后来商铺失火，家道中落，他的生活出现了一个转折点。二十出头的时候，他在巴黎待了两年时间，学习教会法和民事法，这是中世纪所有年轻的文人必学的科目，但他始终未能毕业。学业中断给了他一种自卑感，此后的一生中，他都一直在为此作补偿。贝克特在学术上欠缺的东西，由雄心壮志来弥补。除了担任大法官之外，他还是坎特伯雷总执事，这是英格兰教会的一个要职。从肯特郡到约克郡的许多地方都是他的俸禄来源，他在伦敦的宅邸非常富丽堂皇，好几位权贵都将自己的儿子送到他家里接受教育。

大法官皮肤白皙，头发乌黑，长鼻子；而国王身材矮壮，头发火红，精力充沛，与人交际时轻松自如（这是他的天性所致，并非局势所需）。这两人形成了一个鲜明的对照。贝克特非常重视的那些价值观对国王来说没有什么意义，但对维持王权的尊严至关重要。据贝克特的传记作者菲茨斯蒂芬说，大法官“用膳时往往有多位伯爵和主教作陪”。他的餐桌上总是摆满山珍海味，用精致的金银器皿盛放。贝克特喜欢所有彰显领主身份的奢华仪式，而这些恰恰是亨利二世厌烦的东西，所以他很高兴让贝克特替他执行这些繁文缛节。

国王似乎很喜欢自己与大法官之间的近乎滑稽的对照，有时会取笑自己的朋友。菲茨斯蒂芬记载了一个有名的故事：贝克特和亨利二世在他们友谊的早期阶段，有一次一同在冬季的伦敦街头骑行。国王指着一个在寒风中瑟瑟发抖的可怜乞丐，对大法官说，如果给他一件厚厚的暖和的斗篷就好了。贝克特同意，这是件很慈善的事情。于是亨利二世抓住他，将他背上的精美的红灰两色斗篷扯下来，送给了不知所措的乞丐。国王的侍从们捧腹大笑，贝克特却笑不起来。亨利二世一有机会就打击朋友的自尊。他常常骑着马闯进大法官的餐厅，跳下马来，坐下就吃。这让贝克特非常恼火，国王却笑逐颜开。尽管有这些烦恼和小小的冒犯之处，贝克特仍然是亨利二世的挚友、受信赖的仆人和可以吐露心迹的知己。

最重要的是，国王将贝克特视为两个世界——王室和教会——之间的桥梁。在 12 世纪的整个欧洲，国王及其封臣们都在为了职权范围和权威的问题与教会当局斗争。各种冲突频发，争议的主题包括：教士为君主加冕的权力；向教皇而不是王室上诉的权力；主教是否有权出国参加会议；国王们是否能与其妻子离婚。欧洲的几乎每一位国王都受到过停止教权（在全国禁止大多数宗教礼拜和圣礼的禁令）或个人遭绝罚的威胁，或者有可能受到这种威胁。教皇犹金三世曾因约克大主教的任命问题与斯蒂芬国王发生争吵，曾试图向他施加上述的两个惩罚。霍亨施陶芬皇朝的君主弗里德里希一世·巴巴罗萨曾当选神圣罗马皇帝，是绝无仅有的领土比亨利二世还大的君主。1160 年，他在与亚历山大三世教皇争夺主宰权的战争中遭到绝罚。

亨利二世知道，自己统治英格兰的计划不会让教廷和教会开心。他认为教会过于强势，损害了他的王权，因此决心要教训教会，使它听话。建设他的帝国不仅仅是拓展疆域的问题，关键是确立和加强君主在国内的权益和权力。他并不是打算完全压制教会，或者以国王和神父合二为一的身份来统治。但他对国王的特权有明确的界定，并且决意要捍卫属于自己的东西。

特奥巴尔德大主教多年疾病缠身，最后于 1161 年 4 月 18 日在坎特伯雷的宫中去世。他去世时已经是古稀高龄，自 1138 年被斯蒂芬任命为坎特伯雷大主教以来一直担任这个职务。亨利二世看到了一个机会。他的计划（其中最主要的是将他的长子加冕为继任国王，特奥巴尔德曾明确拒绝为斯蒂芬国王提供这样的服务）需要一个驯顺听话的坎特伯雷大主教。亨利二世还希望能够开启重新定义王权与教权界限的进程。如果能有一个英格兰人做坎特伯雷大主教，那对亨利二世来说是再好不过了。

亨利二世认为，贝克特是接替特奥巴尔德的理想人选。弗里德里希·巴巴罗萨曾任命身兼大主教和大法官两职的人士(美因茨大主教和科隆大主教）来治理德意志和意大利。亨利二世决定如法炮制。但对英格兰教会的很多人，包括按照传统有权选举大主教的坎特伯雷大教堂僧侣而言，贝克特的候选人地位越规逾矩了。他没有资格担任大主教，理由有好几个。他实质上是个世俗人物，只有二流的学术水准。他不是法学家，肯定也不算神学家。他显然是站在王室一边的，在为特奥巴尔德服务的时候还曾威胁坎特伯雷的僧侣们。反对的人还不止僧侣们。亨利二世的母亲玛蒂尔达皇后也写信来，强烈反对将他的朋友提升为大主教。

这一切都动摇不了亨利二世的决心。任命贝克特为大法官兼大主教的好处远远胜过坎特伯雷传出的唉声叹气。亨利二世希望将英格兰王国传给自己的长子，由贝克特担任导师和摄政。太子已经将近七岁，按照规矩，贵族子弟到了这个年纪应当离开母亲，开始接受教育，为长大成人做准备。1162 年，国王打算让小亨利接受贝克特的教导。如果是在一位大主教家中受教育，岂不更好？1161 年 6 月 2 日，贝克特被授予圣职。次日，他就被任命为大主教。

在亨利二世看来，贝克特的崛起是一场胜利，但他很快发现，自己的策略有一个严重缺陷。问题不在于教会中其他人的反应，而在于贝克特自己。

尽管得到了冠冕堂皇的头衔和国王的慷慨赠礼，贝克特却感到自己在大主教的位置上很不踏实。部分原因是，遵照传统，英格兰的大主教一般是僧人。贝克特的浅颜色衣服不是僧衣，僧侣们一看就知道他不是他们圈内人。他一辈子都在学习如何做一名优秀的掌控世俗权力的大法官，现在突然间来到了一个新世界，在这里，他所代表的一切都受到鄙视。他的神学造诣很浅，而且因为与王室有密切联系，当即就让人产生恶感。他感到了一种痛苦的需求，一定要向他的新会众和上帝证明自己的价值。这导致他的世界观和态度发生了一个骤然的急剧转变，戏剧性地、灾难性地改变了他与亨利二世的关系。

几乎从就任大主教伊始，贝克特就与王室的政策拉开距离。他的第一个举动是辞去大法官职务，理由是他“一个职位都配不上，何况是两个”。然后，为了教会的土地，他与多位世俗权贵挑起冲突，包括赫特福德伯爵和另一位肯特郡地主——恩斯福德领主威廉。他将自己就职的日子宣布为一个新的宗教节日——圣三位一体日，然后向教皇亚历山大三世发去了一连串书信，请求加强坎特伯雷的权力，而贬抑与他分庭抗礼的约克大主教的权力。王室忠心耿耿的仆人几乎是一夜之间变成了王室的敌对者。亨利二世曾指望他帮忙在教会内推动王室的政策，结果恰恰相反，他处处与王室作对。贝克特在其余生中一直是一个傲慢自负、令人不快和难以驾驭的讨厌鬼，始终阻挠着亨利二世顺畅地治理国家的努力。

不管贝克特旧貌换新颜的原因是什么，同时代人都感到不可思议。不足为奇的是，不知名的战役修道院①编年史家认为这是一种光荣的蜕皮，是他地位提升导致的一种精神上的转变：“正如俗语所说，‘地位会改变人的行为’，但他不像几乎

① 战役修道院位于英国苏塞克斯郡的巴特尔镇（Battle），在黑斯廷斯东北约6英里，是黑斯廷斯战役的古战场所在地，1095年为纪念黑斯廷斯战役而建，这里也是英格兰末代国王哈罗德二世战死的地点。

所有人那样是变坏，而是一天天变得更好。因为他摒弃了热衷世俗的旧面貌，开始努力做一个忠于上帝的新人。”就连一贯对贝克特没有好感的纽堡的威廉也对他肃然起敬：“很快，他虔诚而睿智地斟酌了如此崇高的荣誉可能造成的负担，习惯和仪态当即发生了变化，人们可以说‘这是上帝之手造成的。’或者‘这是全能上帝之手带来的变化。’”

贝克特从忠实的王室鹰犬摇身一变，成为难以对付的教会权益捍卫者，速度之快，令人咋舌。起初，亨利二世从一定距离之外容忍着朋友这令人恼火的变化。他的注意力集中在诺曼事务，无暇顾及英格兰。但他在 1163 年 1 月从欧洲大陆返回后，就决心推动一系列的法律和政府改革，他认为这些改革对改善法律和秩序至关重要。他在 1164 年发起的改革计划称为《克拉伦登宪法》，得名自它起草的地方——克拉伦登王家猎苑。这份十六点的文件是英格兰宪法历史上最著名的文件之一，亨利二世希望借此厘清教会与国王的职权范围之间模糊的界线。这是个充满激烈争端的领域，但他选择的攻击目标是所谓“犯罪僧”，即那些犯有盗窃、强奸、人身伤害或谋杀罪行的教士。

在 12 世纪晚期，从技术角度看，或许六个英格兰人中就有一个是教士。尽管大多数人不是，而且永远不会成为神父，但有很多人属于次级神品①，或者为了上学读书而进入教会，后来又离开教会，为世俗主公效劳。许多教区神父的教育水平很差，几乎不识字。他们的生活和普通农民没有多大差别。但是，如果某人犯了法，教士的身份是非常有用处的。教会宣称

---

① 即天主教中较低级的神职人员的品位。

自己有权惩戒犯罪僧，但教会法规定的惩罚比世俗的刑法要轻得多。教会不会实施神明裁判，也不会摧残犯人的身体，或者将其处决。于是，亨利二世眼中的许多罪犯得以可耻地逍遥法外。亨利二世在捍卫自己的王权时是非常强硬的，在他看来，允许犯罪僧在教会法的庇护下胡作非为是对法律的严重滥用，他绝不会容忍这一点。

这个复杂的争议可以如此简化：亨利二世希望，在宗教法庭上受审的犯罪僧被剥夺教士身份，然后移交世俗当局，进行肉体惩罚。在技术层面，这并没有在宗教和世俗法庭之间建立一个孰高孰低的等级关系，但会使得犯罪教士受到亨利二世认为的公正处罚。贝克特则不惜任何政治代价，坚决抵制任何他认为的对教会权益的侵犯。

1163 年夏季，在伍德斯托克会议上，贝克特与国王发生争吵的主题是教会为得到郡长的帮助向其付酬的问题。这是一种税收，传统上是由地主直接付给当地的郡长，为他在郡内维持治安的工作提供资金。亨利二世现在要将这笔税收直接抽入国库，将一个很大的收入来源置于中央的监管之下，并含蓄地提醒整个英格兰，所有政治权力都源自国王的直接权威。这是一场具有政治意义的财会制度改革。或许除了郡长们之外，这对任何人来说都算不得是特别重要的问题，但是大主教却自命为国王改革计划的监督人，提出了反对意见。他告诉国王，“将属于别人的东西占为己有，有失陛下的身份”，并补充说，不可以“用法律来强迫”国民。亨利二世大发雷霆，发出了一个重大的誓言。据爱德华·格里姆（贝克特的同时代人，著有贝克特传记）记载，亨利二世向大主教吼道：“以上帝的双眼起誓！它一定会以赋税的形式进入王家金库：你胆敢反对，太不合适了，因为没人会违背你的意志去反对你的人。”

但大主教面无惧色：“陛下，您发誓时提及了上帝的双眼，出于对它们的敬意，我的所有土地或者教会的产业，一个铜子都不会交。”其实贝克特本人从郡长酬金改革中并不会损失一分一毫，所以他的这个举动实在太顽固了。但这显示了他欲在自己的新位置上证明自己的价值和阻挠国王雄心勃勃改革计划的决心。

在这年夏天，先前的朋友反目成仇，关系持续恶化。犯罪僧的问题悬而未决。亨利二世从他的谋臣那里得知，自他登基九年以来，有一百多起谋杀案和数量不详的其他罪案是由教士犯下的，这些人逃脱了王室法庭的惩罚。贝克特将几名犯罪僧处以流放和烙印之刑，将其他罪犯终身监禁，希望借此让亨利二世从根本上改革法庭司法权限的计划流产，但这还不足以说服国王。亨利二世不认为事情可以维持下去。1163 年 10 月 1 日，亨利二世召集全国的教会权贵们到威斯敏斯特开会。他向听众讲了话，要求他们服从和遵守国家的古老风俗习惯[①]。一场激烈的法律辩论爆发了，王室和教会的律师们唇枪舌剑。亨利二世要求主教们认可，犯罪僧在被教会法庭判处有罪之后，就应当被移交给国王的法庭，进行肉体处罚。如果主教们不肯同意，就必须说明，自己是不是打算遵守“英格兰的风俗习惯”中的任何一条。在贝克特领导下，伍德斯托克的主教们

① 西罗马帝国灭亡以后，盎格鲁—撒克逊人入侵不列颠，带来了日耳曼人的习惯法，根据各日耳曼部族的传统，法律由历史上的诸种先例构成，法律只能被发现，而不能被制定，各种法律乃是地方性经验的总结，如果有法典出台，不过是将过往的先例予以编纂，比如《阿尔弗雷德法典》。在诺曼征服以前，英格兰并没有统一的法律，各地依据地方上的习惯法予以治理。这便是后世英美法系（或曰：判例法、普通法）的起源。

回答说，他们会遵守英格兰的风俗习惯，“但不可违背我们教会的荣誉”，这个回答模棱两可，实际上是保留了将教会法置于比王室法律更高地位的权力。

“在激烈的争吵中，国王不辞而别，离开了伦敦，他的所有事务都被半途搁置，法律纠纷悬而不决，”贝克特的亲密伙伴和传记作者博泽姆的赫伯特写道。次日上午，亨利二世命令贝克特归还在担任大法官期间从国王那里得到的所有城堡，并将自己的儿子从贝克特的管教下带走。这个充满恶意的姿态将长达十年的友情彻底粉碎了。后来，在北安普敦的和解努力失败了。亨利二世表示，他认为，大主教应当停止说教，而记住自己的一切都是国王恩惠的结果。“你的父亲难道不是我的农奴吗?”他向贝克特问道，“你过于依赖自己爬升的方式了。”这话真是入木三分。

威斯敏斯特的争吵让双方都满腹怨恨。双方都向教皇亚历山大申诉。但教皇自己有更急迫的麻烦，现在逃离了罗马，流亡在外。他与神圣罗马皇帝弗里德里希·巴巴罗萨发生了争吵，结果是教廷发生了分裂。现在统治罗马的是对立教皇维克多四世，而亚历山大在威尼斯和意大利半岛其他不是那么恢宏的地方舔舐自己的伤口。亚历山大温和地建议贝克特与国王合作，后来的伦敦主教吉尔伯特·福利奥特、约克大主教罗歇、多位红衣主教，以及倍受尊重的熙笃会修道院院长奥蒙的腓力都是这么建议的。据蓬蒂尼的罗歇记载，在 11 月，“大主教在教皇、诸位红衣主教的建议下，在这位修道院院长和他的同行者的劝说下”，同意向国王妥协。他是在牛津私下里认输的。1164 年 1 月底，亨利二世在自己的克拉伦登猎苑和宫殿召开了一次大会。他打算在众目睽睽之下彻底羞辱贝克特一番。贝克特如坐针毡，含糊其辞，但亨利二世暴跳如雷，发出了一系列的可怕威胁，迫使贝克特在集会于此的权贵们——贵族、官吏和主教们——面前宣布，自己会无条件地遵守国家的法律和风俗习惯。

这时，亨利二世张开了血盆大口。他没有接受这个精神上的胜利，而是穷追不舍，要求获得有约束力的、明白无误的主宰权。1 月 29 日，《克拉伦登宪法》以骑缝文书的形式颁布，这是书面法律，暗示着它具有永久性和普适性。一份抄本被交给贝克特，一份由国王保管，第三份在皇家档案馆存档，流传后世。贝克特瞠目结舌。这份文件列出了十六个条款，包括他前一天显然已经同意的“风俗习惯”，其中就有亨利二世想要的将犯罪僧移交世俗当局惩罚的计划、限制人们绕过国王的权威向教廷上诉，以及好几个确认王权高于教权的泛泛的条款。

贝克特被国王威逼着接受了他的政策，使得教会陷入了前所未有的屈从地位。事实证明，贝克特是个被国王愚弄的傻瓜，大家肯定一直都是这么看他的。

贝克特深受打击，暂时停止了教会的工作，谴责了亨利二世为他挖下的陷阱。他写信给教皇，承认自己犯了错误，恳求恕罪。按照博泽姆的赫伯特的说法，他“异乎寻常地惴惴不安和忧郁伤心”。他放声痛哭，哀叹自己的不称职，泪满衣襟。他努力向教会其他领导人、向上帝、向自己证明自身价值的疯狂举动结果是一场空。他完全丧失了国王的善意、政治支持和友谊，却未能获得一位更高领主的恩宠。“我看的一清二楚，上帝理应将我抛弃，将我从这神圣的席位上驱逐出去”，他哭道。手足无措之中，他写信给亨利二世的敌人路易七世，请求支持，在夏季还企图逃往法兰西，但未能成功。

同时，亨利二世一心要报仇雪恨。秋季，他传唤贝克特到北安普敦城堡参加一次权贵们的会议。1164 年 10 月 6 日，亨利二世之前的朋友被指控在担任大法官期间犯有贪污罪行。贝克特又一次向教皇申诉。亨利二世也去找了教皇，他决心要罢免这位大主教，并恶毒地谴责他向教皇申诉的行为违反了《克拉伦登宪法》。

一方面是侵犯王权的犯罪，一方面是对自己灵魂的亵渎，贝克特在两面夹击之下慌了神。在北安普敦举行的针对他的司法程序已经到了紧要关头，他宣布拒绝听取针对他的判决，拂袖而去，离开了会议厅。他逃离了城堡。次日，天色铅灰，大雨瓢泼，颜面尽失、浑身湿透的大主教在仅四人陪同下徒步离开了这座城镇。1164 年 11 月 2 日，他逃离英格兰，绝望地冒险乘坐一艘小船强渡海峡，最后在佛兰德登陆，随后去找法兰西国王，寻求他的庇护。在漫长的将近五年之后，他才得以重返英格兰。

继承的安排

贝克特从英格兰溜走的时候如丧家之犬，但很快就义愤填膺起来。他在法兰西境内的蓬蒂尼修道院安顿下来。在那里，他满腔怒火地给教皇写抗议信，向任何愿意倾听的人大倒苦水。他用怒气冲冲的禁欲苦修来惩罚自己，正如他的伙伴爱德华·格里姆的记载：

> 从这时起，他满足于吃蔬菜和较粗劣的食物，抛弃了较轻的饰物，偷偷摘去了身上携带的一些精美的东西……他还会待在修道院（即蓬蒂尼）作坊旁的溪水中，在那里待很久，超过肉体凡胎所能承受的程度。为了清洗自己体内似乎存在的欲望的刺痛，他用极度寒冷来折磨自己的身体，因此常常生病……他身上长了一个脓肿，一直化脓到喉咙内部，发展成了溃疡。他在这痛苦中煎熬了很久，吃尽苦头，最后拔了两颗牙，才终于康复。

贝克特在蓬蒂尼期间写的信流露出一种高度的愤慨，随着他流亡的延续，又变成了慷慨激昂地宣示自己正义的激辩。他写了很长的文章来抨击亨利二世的主要大臣，尤其是《克拉伦登宪法》的主要作者，首席政法官[1]理查·德·卢西和乔斯

① 首席政法官（Justiciar 或 Chief Justiciar）是中世纪一段时期内英格兰、苏格兰等国家的一个重要官职，大致相当于现代的首相，是国王的左右手。Justiciar 这个词源自拉丁文 justiciarius 或 justitiarius，意思是“法官”。在英格兰，Justiciar 起初只是法官，但渐渐掌握军政大权，总是由大贵族或高级教士担任。

林·德·巴利奥尔。1166 年的圣灵降临节，在弗泽莱，他发表了怒火冲天的布道文，宣布将他在英格兰的许多敌人逐出教门。

他叫得虽凶，却没有实质性的影响。亨利二世偶尔对贝克特表示一下兴趣，但常常忙于自己各个不同领地的大小事务。随着时间流逝，与大主教的纠纷仅仅显得烦人而已。亨利二世继续自己的生活。他将大法官的职责交给了杰弗里·里德尔[①]，但没有给他这个头衔。为了让贝克特气恼，国王还刻意把贝克特的旧职务——坎特伯雷总执事也赏给里德尔。亨利二世不断向路易七世以及自己的诸多谋反的封臣开展边境战争。他致力于征服布列塔尼；在金雀花王朝领地的东部和南部边缘，从阿尔卑斯山到诺曼人的西西里王国，缔结盟约；镇压阿基坦的多次叛乱；打退法兰西对诺曼底边境的进犯。尽管贝克特不断口诛笔伐，英格兰国王、诺曼底公爵、阿基坦公爵和安茹伯爵在 12 世纪 60 年代末有更重要的事情要考虑，毫不理会那个在法兰西穷乡僻壤吃素的自命为道德高尚的前任大法官。

1167 年 9 月，玛蒂尔达皇后病逝，享年六十五岁。在亨利二世统治的最初十三年中，她发挥了很重要的作用，为儿子出谋划策，还帮他试探新政策的公共反应，尤其是在神圣罗马帝国（她的少女时代就是在那里度过的）。有时，她还能扮演诺曼底贵妇的角色。全欧洲的大人物，包括路易七世，都来找她征询意见，求她调停。路易七世承认，她在鲁昂事务上很有权威。早在 1162 年，她就劝说亨利二世不要提升贝克特为坎

① 可能是前面“白船”一节中与威廉·艾特林一同乘坐白船的那个杰弗里·里德尔的侄孙。

特伯雷大主教，可谓高瞻远瞩。就在去世前几个月，她还在操持国政，努力弥合儿子与路易七世之间的嫌隙，因为此时这两位国王互相之间的敌意已越来越强烈。

玛蒂尔达去世时，身边簇拥着贝克修道院的僧侣，她漫长的退隐生活就是在他们的陪伴下度过的。僧侣们将她的遗体缝在牛皮内，以盛大的仪式将她厚葬，以感谢她曾为他们的修道院教堂捐赠过的奢华珍宝：两顶来自德意志的沉甸甸的黄金王冠、用大理石和白银制成的可携带的祭坛，以及她自己的极其豪华的镶金边的皇后斗篷。她无论生前还是死后，都是荣光万丈，因为她分别是三位伟大国王的女儿、妻子和母亲[①]。尽管她有两个儿子先于她离世——若弗鲁瓦死于 1158 年，威廉在 1164 年突然死去——但她留下的孙子们将来要主宰整个欧洲。

玛蒂尔达的辞世标志着一个时代的终结。1168 年，莱斯特伯爵罗伯特也去世了。他在 1153 年投靠亨利二世的阵营，这是争夺英格兰王位斗争的一个关键转折；1154 年之后，他担任英格兰的首席政法官（这一职务由多人同时担任）。内战的老将们一个个都离开了人世。亨利二世的宏图大业在日渐发展成熟。据索尔兹伯里的约翰说，亨利二世在 1168 年声称，“现在他终于巩固了外祖父的权威，外祖父在自己的国度里同时是国王、教皇使节、牧首、皇帝和任何他希冀的身份”。亨利二世有了自己的家庭、自己的王国、自己的安全保障。现在是替未来做打算的时候了。

埃莉诺的最后一个长大成人的孩子生于 1167 年，取名为

---

① 玛蒂尔达皇后是英格兰国王亨利一世的女儿、德意志国王及神圣罗马皇帝海因里希五世的妻子、英格兰国王亨利二世的母亲。

约翰。于是亨利二世和埃莉诺一共有了七个孩子：四男三女。约翰降生时，埃莉诺四十三岁。她的多产也是一种政治成就，因为有了这七个孩子，亨利二世的王朝可以在整个欧洲生根发芽了。他的孩子们的未来就是他的帝国的未来，他为孩子们做的安排将在很大程度上影响西方世界的未来数十年。

在12世纪60年代末，亨利二世最关注的问题是与越来越好斗的路易七世建立稳定的关系。1165年8月，法兰西国王的第三任妻子——香槟的阿代勒终于为他生了个儿子，取名腓力。卡佩王朝苦等多年的继承人终于出世了，巴黎街头欢呼雀跃，路易七世心中一块石头终于落地。腓力的出世虽令路易七世心头的磐石落地，但也是个催化剂。法兰西国王非常关注未来，想到自己传给儿子的遗产可能会在领土上锐减、威望也大大衰微，不禁高度紧张。他开始想方设法地给英格兰国王下套使绊（庇护贝克特就是为了和亨利二世作对）。以牙还牙的军事交锋在两国的边境地带不断升级，路易七世还开始鼓励亨利二世的那些比较难以驾驭的臣属起来造反：苏格兰国王、1157年被剥夺领地的威尔士王公们，以及在亨利二世大张旗鼓征服布列塔尼公国的压力下局促不安的布列塔尼人。以昂古莱姆伯爵和拉马什伯爵为首的阿基坦贵族们也看到，路易七世是反对亨利二世欧洲宗主权的核心。这两位伯爵都在考虑背弃英格兰国王，转而向法兰西国王效忠。

或许是为了纪念自己的母亲，在玛蒂尔达皇后去世一年之后，亨利二世将自己的长女玛蒂尔达嫁给了萨克森和巴伐利亚公爵——狮子海因里希，借此维持了英格兰王室与德意志诸侯的联系。但这个小玛蒂尔达有四个兄弟，所以她不大可能像母亲一样，被从德意志召回，为英格兰而战。在亨利二世的计划中，这项荣誉属于他的长子——小亨利。在 1162 年和 1163 年，年轻的亨利已经接受了英格兰贵族、苏格兰国王和威尔士王公的效忠。他父亲原想将他加冕为继任国王，但由于和贝克特的争吵，只能作罢，因为只有坎特伯雷大主教可以为英格兰国王加冕。即便如此，亨利二世还是清楚地表示，他希望这个儿子将来统治家族的所有领地：英格兰、诺曼底和安茹。

通过一系列无情的军事和外交压力，花了五年以上的时间，亨利二世成功地为自己的第三子若弗鲁瓦和布列塔尼公爵科南四世的独生女康斯坦丝缔结婚姻。然后，他迫使布列塔尼公爵退位，给了他英格兰的里士满伯爵领地作为交换，而以若弗鲁瓦的名义控制了布列塔尼。亨利二世颁布敕令，若弗鲁瓦成年之后将以布列塔尼公爵的身份统治该地，承认其长兄为封建宗主，而长兄则代表公国向法兰西国王效忠。在若弗鲁瓦长大成人之前，亨利二世将亲自统治布列塔尼。

年纪最大的四个孩子只剩下了理查没有安排。在亨利二世所有儿女当中，次子理查与母亲最亲密，因此亨利二世决定让理查继承金雀花帝国中属于埃莉诺的那一部分，即阿基坦公国和普瓦图伯爵领地。埃莉诺的生育年龄已经快过去了，她希望能够重返阿基坦，就像过去那样，独立作为女公爵来统治。如果有理查在身边，她或许能称心遂愿。

阿基坦的独立对路易七世国王来说仍然很重要，因为埃莉诺在 1152 年嫁给亨利二世的时候，路易七世就丧失了对阿基坦的控制权。亨利二世建议让理查统治阿基坦，直接向法兰西王室效忠，而与亨利二世的其他领地拉开距离。为了给炮弹装上糖衣，亨利二世还建议让理查与路易七世的女儿艾丽斯（生于 1160 年）缔结一门具有战略意义的婚姻。

1169 年 1 月，在曼恩的蒙米赖的会议上，亨利二世向路易七世提出了这个建议。这对亨利二世的儿子们和路易七世来说，都是个慷慨大方的安排。亨利二世或许是一位勤勉的帝国建设者，但他并不打算让自己统治的庞大领地永远完全地融为一体。因此，金雀花王朝的国度并不是真正意义上的帝国——帝国应当是永久性地连接在一起的多个领地，作为一个整体来统治。亨利二世的打算是，自己百年之后，这些领土将成为一个联邦，各领地之间的关系可以松散，也可以紧密。根据亨利二世建议的分割，他的统治的长期影响将是，安茹与英格兰和诺曼底统一，阿基坦的中央权力得到加强，改变布列塔尼与法兰西王室之间的封建关系。但亨利二世去世之后，他所做的这一切改变都被抹去了，又恢复到了 1152 年的状态。

这离路易七世最害怕的局面——一个永久性的帝国，以鲁昂和威斯敏斯特为统治中心，能够胜过在巴黎的竞争对手——相差甚远。蒙米赖会议使得两位国王之间停战，并为未来的封建关系提供了一个新图景。这次会议之前，双方开展了令人疲惫的军事对抗：亨利二世在 1167 年和 1168 年在布列塔尼和阿基坦南征北战，镇压叛乱。他还蹂躏了诺曼底边境和佩尔什的属于路易七世封臣的领地。尽管在 12 世纪，围城和交战是常态，但双方的对抗也持续了太久。

如果条件合适，蒙米赖会议或许能让两位国王之间出现前所未有的和平安定。但有一个问题，在这座法兰西要塞的谈判桌上无法解决：托马斯·贝克特。在这次弥漫着和平精神的会议上，亨利二世在蒙米赖与他的老朋友再次聚首。这是他们吵翻以来第一次见面。贝克特在外交压力下被迫向亨利二世道歉，并努力解决已经持续了五年、造成很大伤害的争吵。但不幸的是，贝克特在亨利二世面前表现出，虽然流亡了五年之久，他依旧禀性难移。博泽姆的赫伯特也参加了这次会议，在他写的贝克特传记中描绘了当时的情景：

> 大主教被带到两位国王面前……周遭围着一大群人，都想和他说话……大主教立刻跪拜在国王脚下……但他刚刚跪下，国王立即抓住他，拉他站了起来。
>
> 于是，大主教站在国王面前，开始谦卑而热忱地恳求国王对教会开恩。他说，尽管他是个一无是处的罪人，上帝还是将教会托付给了他。按照一般光明磊落之士的做法，他在讲话的开端严厉地自责，将教会遭遇的严重骚乱和残酷苦痛都完全归咎于自己一个人的不足。讲话结束时，他补充道："因此，陛下，关于您与我之间的整个问题，我现在恳求您，当着法兰西国王陛下、诸位主教、贵人和在场所有人士的面，对我怜悯，给我裁决。"但令国王、调节者，甚至他自己的随从都大吃一惊的是，他补充了一句："但不可违背上帝的荣誉。"

这真是典型的贝克特的行事之道。在蒙米赖，调停人已经翻来覆去地警告过他，不要在道歉时加上这么一个惹人发怒的限制条件。"但不可违背我们教会的荣誉"这个说法就是围绕《克拉伦登宪法》的激烈争吵的根源。虽然贝克特把它改成"上帝的荣誉"，但他谁都骗不了。亨利二世一听到贝克特最后一句话，就知道他毫无悔改之意。博泽姆的赫伯特写道："国王对大主教火冒三丈，大发雷霆，向他破口大骂，大肆谴责他、训斥他，猛烈抨击，指控他倨傲自负、忘恩负义，对王室的慷慨封赏不知恩图报。”博泽姆的赫伯特还注意到，就连法兰西国王也厌倦了贝克特的冥顽不灵，向他问道：“大主教阁下，莫非您还不满足于当圣徒吗？”和谈结束了，领土安排得很妥当，但贝克特与亨利二世之间的分歧仍然没有弥合。

“莫非您还不满足于当圣徒吗？”这个问题真是有先见之明。在蒙米赖的和解失败之后，1169 年 11 月，亨利二世和贝克特在蒙马特又试了一次，仍然徒劳无功。这一次，亨利二世不肯向大主教伸出橄榄枝。于是贝克特威胁要对整个英格兰施加停止圣事的禁令，并努力争取教皇支持自己。在亨利二世为自己百年之后的大统继承做安排的背景下，贝克特已经不仅仅是招人厌烦这么简单了。

1170 年 7 月，亨利二世决定采取大胆的行动。他率领自己的长子和一些诺曼主教渡海来到英格兰，抵达威斯敏斯特教堂，让约克大主教罗歇·德·蓬莱韦克将小亨利加冕为继任国王。大约还有十名主教是加冕礼的见证人。贝克特得知自己的特权遭到如此骇人听闻的侵犯之后，暴跳如雷。在一个短暂的惴惴不安的和平时期之后，贝克特于 1170 年 11 月 30 日来到英格兰，打算惩戒那些敢于参加这场不合体统的加冕礼的主教们。圣诞节，在坎特伯雷大教堂的讲坛上，他发泄了自己的怒火，几乎将他记得起来的所有委屈过他的人全都处以绝罚。然后，他对那些参加小亨利国王加冕礼的人做出了严厉的判决。

圣诞节这天，亨利二世正在下诺曼底的比雷主持宫廷节庆活动。他听到贝克特在英格兰肆无忌惮的煽动破坏活动的消息时，给出了如今在历史上已经臭名昭著的一句评论：“我的宫廷里养的都是多么可悲、可鄙的懒汉和叛贼，居然听任他们的主公被这样一个出身卑贱的教士如此可耻地蔑视!”(这句话常被讹传为“没有人帮我除掉这个讨厌的神父吗?”)

12 月 29 日，四名全副武装的男子用斧子劈坏坎特伯雷大教堂的一扇侧门，闯了进来。坎特伯雷大主教贝克特在室内静候他们。这四人怒气冲冲，大主教手无寸铁，他们尝试将他逮捕，他奋起反抗，他们砍掉了他的脑袋上部，用皮靴践踏他的脑袋。

谋杀贝克特的这四名骑士似乎相信，他们是在按照亨利二世的意思办事。在贝克特死后的几周和几个月内，这种说法广泛流传开来。亨利二世前不久还以欧洲第一伟人和亨利一世的继承者自居，现在突然间成了万众唾弃的对象。不仅仅是教会，整个欧洲社会都因这起谋杀而义愤填膺。教皇亚历山大在得知贝克特死讯的一周之内都不肯和任何英格兰人说话，他似乎打算对亨利二世处以绝罚。亨利二世的幸运骤然离他而去。亨利二世通过狡黠的政治手腕和强有力的领导，费尽心机才得到了今天的地位，却因为发怒时的一句话，成了全民公敌。这是他的政治生涯中遭遇的最强大压力，在这重负之下，国王唯一能做的只有逃跑。他去了自己帝国的一个角落，不大可能有人会追踪他到那里：爱尔兰。

1171 年 10 月，亨利二世在爱尔兰的沃特福德登陆。他在那里度过的时光没有白费，因为他的势力范围扩张到了不列颠群岛最西面的极限，并且让他躲开了全欧洲的注视。

爱尔兰的局势错综复杂。早在 1155 年，教皇阿德里安四世就批准亨利二世入侵爱尔兰，但他一直没有付诸实践。但在前不久，爱尔兰深陷内战，不能自拔。以罗利·奥克罗胡尔为首的联盟将伦斯特国王迪尔梅德·麦克默乌拉哈达废黜，迫使他流亡到英格兰。亨利二世允许迪尔梅德在盎格鲁—诺曼贵族中招兵买马，组织一支军队去复仇。迪尔梅德充分利用了盎格鲁—诺曼贵族的支持，夺回了王位，给了帮助过他的贵族们非常慷慨的报酬。迪尔梅德的恩公包括理查·菲茨吉尔伯特·德·克莱尔，彭布罗克伯爵之子，他的绰号“强弓”在欧洲闻名遐迩①。迪尔梅德、强弓及其盟友们扮演起了爱尔兰殖民者的角色，奠定了他们的自治权。亨利二世不喜欢自己的附庸和封臣拥有这种自治权力。尤其强弓是个特别棘手的角色。他身材魁梧，英姿飒爽，颇有政治家风范，那些为他著书立传的人（如作家威尔士的杰拉尔德）对他颇为尊重和仰慕。他娶了迪尔梅德的女儿爱娃。迪尔梅德于 1171 年 5 月去世后，强弓继承了伦斯特王位，以及爱尔兰南部的大片土地。

亨利二世此番来爱尔兰，带来了一支强大的军队和令人胆寒的攻城器械，但这仅仅是展示武力，而不是真的打算将强弓这样的人逐出爱尔兰。亨利二世对自己的权威得到承认颇感满意。当年随迪尔梅德一同入侵爱尔兰的领主和很多本土贵族都向他臣服，他很高兴。强弓的土地和头衔被剥夺，但其中大部分随后又被归还给他，作为直接效忠于英格兰国王的封建采邑。亨利二世的主宰地位和贵族们的等级制度稳固地确立了。亨利二世对明晰秩序的爱好得到了满足。

亨利二世在爱尔兰一共待了六个月，重组了司法管辖区划，确立了自己作为诸侯共主的权益和特权。在他忙碌的同时，贝克特被害后淹没了整个基督教世界的惊恐开始消退了。

---

① 其实，理查·菲茨吉尔伯特·德·克莱尔的父亲，第一代彭布罗克伯爵吉尔伯特·德·克莱尔，也以擅长使用长弓而获得“强弓”的诨名，但他的儿子更有名。

教皇亚历山大三世的气消了不少，写信给亨利二世，表扬他在爱尔兰的努力。教皇对爱尔兰的主教们说，英格兰国王是“我的笃信基督的最亲爱的儿子”，他“征服了这个不懂得神圣律法的野蛮粗俗的种族”，并要求他们尽其所能地帮助他。1172年春季，亨利二世在教会眼中的地位已经很大程度上恢复了，得以重返欧洲大陆，举行了一次和解会议。国王和教会之间缔结了一项和约，称为《阿夫朗什和解协议》。

这项妥协结束了亨利二世与教会之间痛苦的争吵。这是一份世俗化的条约，规定在理论上教会和国家之间可以缔结政教协定，但绕开了大部分更重要的问题，即这在实践中具体如何操作。亨利二世被迫放弃让英格兰主教们严格遵守《克拉伦登宪法》的要求。协议还包含一些关于十字军东征的善意条款。《阿夫朗什和解协议》让各方都能继续过自己的生活，给所有人一个台阶下，并避免了冲突。但当时很多人仍然认为，应当因亨利二世在1170年圣诞节的严厉言辞对他加以惩罚。果不其然，《阿夫朗什和解协议》签订一年之内，英格兰国王就遭到了天谴。据《战役修道院编年史》记载，“我主的殉道士似乎在为被害的无辜者复仇，或者说，是我主为他的殉道士的无辜鲜血复仇”。惩罚来自对金雀花国王伤害最大的方面：他的亲人。

鹰　巢

1173 年，就在贝克特事件之后，金雀花王朝的领地内爆发了叛乱，这是亨利二世在其长期统治中遇到的最严重的一次危机。不知是出于什么原因，亨利二世的妻子和三个年纪最大的儿子突然起兵，反抗这位三十九岁的国王。金雀花家族的孩子们联合了一批盟友（其中包括基督教世界一些最强大的权贵），在他们的广袤领土内招兵买马，在各地的城堡驻军。亨利二世先是大吃一惊，随后很快意识到，整个欧洲都联合起来反对他，而领导敌对势力的就是他的亲人。他的领土网络摇摇欲坠，他在一年多的时间内不得不在多条战线上同时作战。后来，他把这场战争比作是一只雄鹰被自己的雏鹰攻击和消灭。

麻烦是从小亨利国王开始的。1173 年初，小亨利的十八岁生日快到了。他已经接近成年，与路易七世的女儿玛格丽特公主结了婚。小亨利高大魁梧，满头金发，玉树临风，骑术高超，风度翩翩，热爱骑马，喜欢长枪比武，拥有一大群追随者，他们都鼓励他在骑士生涯中建功立业。他已经两次加冕，因为约克大主教罗歇为他举行的加冕礼存在争议，于是在 1172 年 8 月，鲁昂大主教罗特鲁在温切斯特再次为他加冕，这次他的妻子也一同接受了加冕。在两次加冕礼上，小亨利都接受了涂圣油礼，当着一大群骑士的面接受了规格极高的尊崇。在其中一次加冕宴会上，他的父王亲自为他斟酒。年轻的国王为自己的高贵富丽而沾沾自喜，人们普遍认为他傲慢、贪婪、软弱无能且油嘴滑舌。

年轻的国王尽管享有继承人的崇高地位，但并不掌握实权。他接近成年的时候，能够动用的土地收入仍然受到严格限制。尽管他得到了许多头衔，但实际上始终没有被真正授予这些土地，而这些表面上面积广大的领地的收入也没有他的份。他过着骄奢淫逸的宫廷生活，却没有足够的收入来源，因此债台高筑。他的自尊心受到了伤害。亨利二世得到诺曼底公国的全部统治权的时候，年仅十六岁。而他的长子在十八岁的时候还几乎一无所有。他的岳父路易七世竭力煽动他的不满情绪。

亨利二世为六岁的幼子约翰做的婚姻安排激发了他与小亨利之间的矛盾。为了给约翰提供生计，亨利二世将三座城堡——希农、卢丹和米雷博作为结婚礼物送给他。这些要塞坐落于安茹和曼恩之间，战略地位非常重要。尤其希农是金雀花王朝权力的一个重要中心，小亨利认为希农属于他是天经地义的事情。这三座城堡都是小亨利认为理所当然属于自己的，现在却被剥夺了。在三座城堡被授予约翰的几天之后，恼羞成怒的小亨利偷偷从父亲身边溜走，投向法兰西国王的宫廷。叛乱爆发了。

在亨利二世看来，与长子交恶是意料之中，甚至是不可避免的。更令人吃惊的是，十五岁的理查和十四岁的若弗鲁瓦居然也加入了叛乱，从他们母亲（在普瓦捷）身边出发，去投奔路易七世。“恰逢各地的基督徒都放下武器、庆祝复活节的时候，三个儿子起兵造反，反抗自己的父亲”，编年史家拉尔夫·德·狄瑟托如此写道。舆论认为，是阿基坦的埃莉诺煽动自己三个年纪较小的儿子举兵反抗她的丈夫。亨利二世自己似乎也相信这种指控，因为他授意鲁昂大主教写信给妻子，提醒她“有义务带着你的儿子们到丈夫身边来，你必须服从你的丈夫，并且有义务与他一起生活”。

埃莉诺在对丈夫忠心耿耿这么多年之后，为什么突然间要反对他，至今仍然是个谜。有人说，这是因为亨利二世抛弃了她，养了一个情妇罗莎蒙德·克利福德，但这种理论没有任何事实根据。还有人说，这是由于婆媳关系不佳，亨利二世的母亲玛蒂尔达皇后的影响力太大，这种说法很荒唐，因为玛蒂尔达六年前就去世了。王后应当有更深层次的怨恨。

1173 年，在政治上，埃莉诺和她的长子一样失意。在她与亨利二世的婚姻的最初十五年中，她一直忙于生儿育女。1167 年，约翰诞生之后，她的这一段生涯结束了，于是她重新作为阿基坦女公爵，治理这个庞大的南方国度，而正是她将阿基坦带给了丈夫。但在 1173 年，和小亨利国王一样，她感到自己的政治角色遭到了严重削弱。尽管她仍然扮演着阿基坦女公爵的角色，但她对公国的独立控制权逐渐遭到侵蚀。亨利二世无视妻子的特权，开始自作主张地处置阿基坦的部分地区。他们的女儿埃莉诺嫁给卡斯蒂利亚国王的时候，他将加斯科涅给了她做嫁妆。后来，与图卢兹伯爵雷蒙和解时，他指示伯爵向小亨利国王效忠，而后者在阿基坦并没有任何权利。埃莉诺从这看出，丈夫将她的公国视作盎格鲁—诺曼王室的臣属，而不是更广泛的金雀花联邦的一个自治的部分。埃莉诺和她的长子一样，开始感到，自己得到的冠冕华而不实，于是她选择发动叛乱来捍卫对自己领地的合法控制权。

在埃莉诺眼中，阿基坦的独立不仅是她个人威望的问题，阿基坦未来的独立对她最宠爱的儿子理查来说也是至关重要的。按照亨利二世对身后事的安排，理查将成为阿基坦公爵。为了这个目的，亨利二世在 12 世纪 70 年代册封理查为普瓦图伯爵，这是成为公爵的自然而然的第一步。埃莉诺为理查设立了一个摄政议事会，对他的政治前途关怀备至。目前，埃莉诺在教导理查如何治理公国，那么等他到了十八岁的时候，他能接受被架空、在自己的公国内只能满足于一星半点儿的权力吗？那对母子俩来说都是不堪忍受的局面。

于是，埃莉诺开始考虑与她之前绝对不会想到的一个人联手——她的前夫法兰西国王路易七世。2 月初，她骑马长途跋涉前往巴黎，三个年纪较长的儿子已经在那里安营扎寨。

这是埃莉诺一生中第二次冒着生命危险在法兰西的乡间骑马旅行。编年史家坎特伯雷的杰维斯告诉我们，埃莉诺女扮男装，从普瓦捷附近的费埃拉维纳斯城堡出发，奔赴沙特尔方向。尽管她乔装打扮，但还是未能抵达目的地。埃莉诺现在已经将近五十岁，身体已经不像 1152 年逃避两名追求者、投靠亨利二世的那个少妇一样强健了。她被亨利二世的部下认出并逮捕，送往希农城堡。当时的编年史家得知消息——王后被捕时穿着男装——的时候，普遍表示愤慨和不相信。

埃莉诺出师未捷，惨遭俘虏，但她已经指导儿子们投奔到法兰西国王的怀抱中。亨利二世发现他们的背叛之后，派遣信使到巴黎，要求孩子们不要再犯傻了。信使发现小亨利国王陪伴在路易七世身边。信使要求他立刻返回父亲身边。路易七世插嘴道："这是谁的要求？"

回答是："英格兰国王。"

"并非如此，"路易七世看着小亨利说道，"英格兰国王不就在我身边吗？"

双方都在做持久战的准备。路易七世和金雀花王朝的孩子们吸引了一大群心怀不满的人加入他们的阵营，很多人是被小亨利国王的荒唐许诺——用他的国度的财富来赏赐支持者——诱惑来的。路易七世给小亨利刻了一个国玺，他就开始到处盖章了。小亨利向支持者们发誓许愿，将整个肯特郡赏赐了出去，还有莫尔坦和图赖讷的重要领土，以及数千镑的赋税。得到如此荣华富贵的许诺之后，佛兰德伯爵腓力、布洛涅伯爵马蒂厄和布卢瓦伯爵特奥巴尔德热情洋溢地加入了小亨利的事业。

在英格兰，他们的支持者包括莱斯特伯爵小罗伯特，他的父亲就是曾担任首席政法官、为亨利二世忠心耿耿地效劳的罗伯特，几年前刚刚去世。北部的几位伯爵、达勒姆主教和诺福克伯爵休·比戈德也参加了叛乱。最后，叛军还招募到了苏格兰国王狮子威廉，他在 1165 年继承了父亲的王位。亨利二世对狮子威廉恨之入骨，据说有一次仅仅听到他的名字，亨利二世就暴跳如雷到了癫狂的地步，在寝室地板上翻腾打滚，甚至去吃床垫上的稻草。叛军对威廉的许诺是，他将得到他的前任马尔科姆四世于“无政府时期”在英格兰曾经占有的全部土地。

拿土地和主权来大肆分封，显示出小亨利对王权的真正认识是多么幼稚和有限。在随后十八个月的大叛乱中，小亨利国王主要的角色就是傀儡，被路易七世和那些希望蚕食金雀花王朝势力的盟友们任意摆布。战争的第一阶段于 1173 年夏季爆发。5 月，叛军攻打了韦克辛的一些城镇，徒劳无功。6 月和 7 月，他们占领了欧马勒和德里安库尔，布洛涅伯爵马蒂厄被城堡射出的一支箭矢击中，丢了性命。7 月，路易七世和小亨利围攻韦尔纳伊，但这座城堡坚守了很长时间，亨利二世率军赶来援救。叛军败退，亨利二世的军队追杀上去，将对方的后卫尽数屠戮。

与此同时，6月底，苏格兰人进攻了诺森布里亚。他们的战绩相当糟糕。他们未能攻克沃克或沃克沃思的城堡，在泰恩河畔纽卡斯尔周边地区胡乱蹂躏一番，没有取得什么成果，然后在卡莱尔的宏伟石墙前陷入一场血腥的肉搏混战。英格兰王军在城堡总管罗伯特·德·沃克斯率领下，浴血奋战，缴获了苏格兰人的给养和战利品，因此抵挡住了随后的围攻。苏格兰人得知一支英格兰王军部队在首席政法官理查·德·卢西指挥下从南方逼近时，四散败退，在边境地带的其他地方制造了一些小麻烦。

叛军在1173年的战略粗劣而失败。他们的想法是多线作战，把亨利二世拖来拖去，趁他不在场的时候狠狠攻击他的臣属。但这却迎合了亨利二世最大的优势：他在自己的领地内从容地不断转移，果断地采取行动，准确地把握时机去部署雇佣兵，粉碎敌人的抵抗。他鞭策自己的军队以惊人的速度行军，有一次仅仅花了两天就横亘诺曼底，从鲁昂冲到了多尔。他的军队中有大量令人生畏的布拉班特雇佣兵，他们的军饷花费高昂，但是军事素养极高，机动性强，而且非常凶悍残忍。亨利二世曾写道，他欣赏他们的作战技能、进攻时的英勇无畏和超过野兽的凶猛。

亨利二世充满活力的战术不仅震慑了他的那些不是那么坚决的敌人，还揭示出法兰西国王是一个多么糟糕的指挥官和倦怠无力的领袖。很快，这一点就众人皆知，亨利二世尽其所能地利用这一点，在吉索尔与他的儿子们谈判时提出了非常慷慨大方的投降条件。这次谈判中，莱斯特伯爵罗伯特（他也加入了叛军）大闹起来，拔出利剑，辱骂亨利二世，于是和谈破裂了。国王在自己的庞大领地内还有很多敌人，战争还要持续整个夏天。

战争在多条战线上同时进行，亨利二世的一大优势就是，他在各地都有非常精明强干的部下。他在每一块领地都任命了一位有才干的最高指挥官，在国王外出期间，这位指挥官负责全面执掌军政大权。与他的儿子们及其盟友不同，亨利二世不需要用金钱和土地的贿赂来吸引支持者。英格兰首席政法官理查·德·卢西这样的人支持国王是出于忠心和臣属的效劳义务。尽管之前有过不愉快，教会也支持亨利二世。

9 月，战争焦点转移到了英格兰。莱斯特伯爵和另外一位造反的贵族休·比戈德招募了一些佛兰德雇佣兵（这些人以前是纺织工人），要蹂躏英格兰。他们在法拉姆灵厄姆登陆，打算取道东安格利亚，向西北方转移，前往英格兰中部。雇佣兵们在乡间行军的时候，平坦而寒冷的平原回荡着他们的战歌。

对“无政府时期”还记忆犹新的人都不愿意看到佛兰德人又一次出现在英格兰。在邓尼奇，妇女儿童向叛军投掷石块。理查·德·卢西从英格兰权贵们那里得到了极大支持，但即便如此，在弗恩汉姆（位于贝里圣埃德蒙兹附近）的沼泽地交锋时，叛军仍然占据了四对一的兵力优势。但王军赢得了一场辉煌胜利，将莱斯特伯爵的骑士们驱散，将雇佣兵击溃，把他们留给当地百姓去消灭。很多佛兰德雇佣兵溺死在沼泽中。

在中世纪战争中，冬季是传统的停战季节。1174 年开春之后，战争再次爆发。这一次，英格兰陷入危局。苏格兰国王在冬季重新集结兵力，他的实力现在非常雄厚。英格兰王军在北安普敦、诺丁汉和莱斯特屡战屡败，诺森布里亚也岌岌可危。更严重的是，佛兰德伯爵腓力已经对圣物发誓，要在7月前全面入侵英格兰。在英格兰权贵们的多次恳求之下，亨利二世终于离开欧洲大陆，乘船前往英格兰。

1174年7月，他从巴尔夫勒出航，率领着一支由布拉班特雇佣兵组成的大军，以及一些直系亲属：小亨利国王的妻子玛格丽特王后，以及亨利二世的孩子琼和约翰。他还带去了一些俘虏，包括他自己的妻子。

海况很糟糕，狂风怒号，波涛汹涌。水手们向亨利二世表达了忧虑，他在全体船员面前说，如果上帝希望他夺回自己的王国，那么一定会把他们安全送到对岸。

亨利二世最关心的问题就是上帝的意志。他抵达南安普敦的时候，在参战之前，心里揣着一个目标。这或许是他在整个战役中的神来之笔。亨利二世没有直接开赴东安格利亚（佛兰德伯爵腓力正在那里集结大军），而是先去了坎特伯雷。亨利二世有时非常顽固，但通常很关注别人对自己的看法。他知道，很多人认为，他之所以遭遇如此普遍的背叛和争吵，是因为上帝在为贝克特之死复仇。他还认识到，只要叛乱还和有福的殉道士托马斯·贝克特的事业搅和在一起，就没有和平的希望。

亨利二世登陆三天之后便来到坎特伯雷，决心要做一番表演。拉尔夫·德·狄瑟托如此描述道："他抵达坎特伯雷的时候，纵身下马，抛却了国王的尊严，于7月12日，星期五，以朝圣者、悔过者、恳求者的装束和打扮，来到了大教堂。在那里，他泪如雨下，哀恸呻吟，唉声叹气，走到光荣殉道士的墓前。他张开双臂，匍匐在地，在那里祈祷了许久。”

在伦敦主教的注视下，亨利二世向上帝发誓，他绝没有要杀害贝克特的意思，但承认自己鲁莽的言辞导致了贝克特的死亡。狄瑟托记述道：“他请求在场的主教们为他恕罪，然后接受了肉体惩罚，聚集在那里的一大群僧侣，每人鞭笞了他三下，甚至五下……这一天的剩余时间和随后的夜间，他陷入灵魂的极大哀痛，不断祈祷，不曾合眼，斋戒了三天……毫无疑问，他此时已经安抚了烈士的英灵。”此言不虚。亨利二世通过这一场公开忏悔的非同寻常的表演，打赢了战争中最重要的宣传战。许多编年史都写到了国王的这次伟大的忏悔：身体半裸，匍匐在地，在最严酷的鞭笞下血流如注。

在亨利二世国王悔罪的这天上午，在离坎特伯雷很远的地方，狮子威廉正在小憩。他用早餐的时候，头盔就放在旁边。这位苏格兰国王得到了小亨利的许诺，将得到英格兰北部的一些城堡，作为支持小亨利叛军的回报。他又一次对这些城堡发动进攻。苏格兰军队用铁镐、攻城器械和投石机攻打沃克城堡，还试图纵火将其烧毁，但沃克都岿然不动。威廉还派兵攻打卡莱尔和普拉德，同样徒劳无功。他用早餐的时候在考虑下一步行动——向阿尼克多边形城堡令人望而生畏的残存躯壳发动进攻。

但灾难骤然降临。一群约克郡骑士从普拉德追踪苏格兰军队到阿尼克，发动了突袭。一场激烈战斗爆发了，所有苏格兰骑士都战死或者被俘。狮子威廉也成了俘虏。

一名信使从北方快马加鞭，马不停蹄地赶到亨利二世那里，禀报威廉在阿尼克被俘的消息。亨利二世得知此事时正是深夜，他在坎特伯雷安睡。国王欣喜若狂，从床上跳下，叫醒了所有贵族，将这个令人难以置信的喜讯与他们分享，为自己的好运气感谢上帝和殉道士托马斯。叛军一下子丧失了核心，这对亨利二世来说的确是莫大的幸运。

亨利二世在军事上只做了很小的努力，就巩固了自己在英格兰的权力，战胜了在英格兰中部和东安格利亚的敌人。那些没有被武力征服的叛军也在 7 月底向老国王举手投降。1174 年 8 月 8 日，亨利二世回到了巴尔夫勒。他离开欧洲大陆只有不到一个月的时间。

在此期间，路易七世、小亨利国王和佛兰德伯爵腓力已经攻入诺曼领地，包围了鲁昂。亨利二世之前冒险前往英格兰，是寄希望于鲁昂市民能够在他迅速平定英格兰之前坚守住。他的这个冒险得到了回报。他抱着必胜的信心，集结起另一支军队，由凶悍的威尔士雇佣兵和他信赖的布拉班特雇佣兵组成。法兰西军队迅速放弃了围城。不久之后，路易七世就向他求和。

“在王国的大灾变之后，和平再次来临，”亨利二世的财政大臣理查·菲茨奈杰尔写道，“势力最强大的叛贼……也认识到，要从赫拉克勒斯手中夺走他的大棒，是极其困难，或者根本不可能的。”亨利二世的军事才华和运气远远超过水平很差的法兰西国王和他自己乳臭未干的儿子们，因此能够将他们击败。妻子埃莉诺的背叛也没有打垮他。现在埃莉诺被囚禁在英格兰的一座城堡内，可能是在索尔兹伯里。1174 年，在蒙路易，儿子们向亨利二世求和的时候，他有条件大发慈悲。

亨利二世在蒙路易展示了自己的主宰地位之后，赦免了所有反叛者，允许他们保留自己的土地和财产，恢复到叛乱爆发两周前的状况。他向每一个儿子都赏赐了城堡或收入，但没有给他们渴望的权力，因为他很害怕自己尚在世时就分配土地，这也是完全可以理解的。小亨利国王得到了诺曼底的两座城堡和来自安茹的1.5万镑税收，条件是认可将边境城堡送给约翰作结婚礼物的安排。理查得到了普瓦图的两座宅邸和普瓦图年收入的一半。若弗鲁瓦得到了布列塔尼年收入的一半，他与该公国女继承人康斯坦丝的婚姻也正式安排妥当了。除了亨利二世愿意赏赐的财产之外，他不准儿子们向他索要任何东西。然后，他派遣理查和若弗鲁瓦去普瓦图和布列塔尼，镇压他们自己煽动起来的叛乱的余党。

亨利二世对妻子发出了真正的怒火。埃莉诺曾是理查在阿基坦的羽翼初生的摄政议事会的监管者，却滥用了这个职权。她就像在巴黎的前夫一样，麻木不仁地煽动自己年纪最大的三个孩子造反。她的所作所为有违自己的性别和本分。在亨利二世统治的余下时间里，埃莉诺先后被软禁在英格兰南部的多座城堡。这么多年中，她曾在宫廷露过几次面，但再也没有得到过亨利二世的信任。亨利二世还曾在一个短期内努力让教皇批准他离婚，但没有成功。埃莉诺仍然是一个囚徒，远离自己热爱的公国，对她来讲这是最严酷的惩罚。

亨利二世要对付的最后一个比较重要的反叛者是狮子威廉。埃莉诺为了自己的叛变遭受了最残酷的精神惩罚，而威廉则遭到了最严苛的政治惩罚。1174年12月1日，他被迫同意《法莱斯条约》。这项条约在约克签订，规定威廉是直属亨利二世和小亨利国王的封臣，没收了他的许多城堡，并强迫苏格兰贵族、主教和教士向英格兰王室与教会俯首称臣。于是，苏格兰王室成了英格兰王室的臣属，正式丧失了自己的尊严。

但即便是在苏格兰，亨利二世的惩罚也是有限的，因为他对复仇不感兴趣，最看重的还是恢复自己对领地的正常统治。蒙路易的和约体现了亨利二世最精明的一面。这是他整个统治生涯的巅峰。

胜利者亨利

12 世纪 70 年代的金雀花宫廷非同寻常地光辉灿烂。亨利二世成功地镇压了大叛乱，这胜利使他成为欧洲的一位卓越统治者。路易七世一败涂地。1177 年，法兰西国王与英格兰国王在伊夫里签订了一项互不侵犯条约，承认两国国王“从此日起，永结友谊，各尽所能、竭尽全力地保卫对方的身体与生命”。亨利二世充分利用三个年纪最长的儿子——他们将是欧洲的下一代统治者——让他们在领地内扫净了他们自己造成的叛乱的余烬。苏格兰国王签订了丧权辱国的《法莱斯条约》，承认了亨利二世的宗主地位。1175 年，爱尔兰的康诺特国王罗利·奥克罗胡尔签署了《温莎条约》，确认了亨利二世作为爱尔兰大部分地区的最高封建领主的地位，并允许他在两年之后提名自己的幼子约翰为整个爱尔兰的宗主。亨利二世的显赫邻居们似乎没有一个是他的对手。就连弗里德里希·巴巴罗萨皇帝与他相比也黯然失色：英格兰国王在战争中大获全胜，而皇帝与伦巴底联盟之间的漫长战争在 1176 年 5 月以失败告终，他在南欧的权力遭到严重削弱。

现在，所有人都敬仰英格兰国王，认为他才是欧洲最伟大的君主。整个基督教世界的使节和大使在他的宫廷纷至沓来。巴巴罗萨、君士坦丁堡的皇帝、兰斯大主教、萨伏依公爵、佛兰德伯爵等向他派来使臣。教皇派来了一位特使——于格松红衣主教，他在亨利二世身边待了好几年，试图劝说他正式宣布将会参加教会的圣战，以支持在欧洲重新掀起一场十字军东征。就连狮子威廉也常常造访亨利二世的宫廷，参加他的议事会。南欧的大贵族之间发生纠纷，都来找亨利二世裁决。权贵们纷纷向他的两个幼女提亲。他的长女玛蒂尔达在 1166 年嫁给了狮子海因里希，已经享有萨克森公爵夫人的地位。玛蒂尔达的妹妹们的前途甚至更加光明。1176 年，国王最年幼的女儿，十岁的琼，被送往西西里，嫁给西西里国王威廉二世。次年，十四岁的埃莉诺嫁给了卡斯蒂利亚国王阿方索八世。金雀花王朝的影响力扩展到了欧洲的每一个角落。

亨利二世的国际声望达到了顶峰。在自己的领地内，尤其是在英格兰，他也凭借高超的政治智慧，以惊人的速度恢复了影响力。他统治期间的两大目标是保卫帝国的边界，并在领地内加强自己的权威。大叛乱平定之后，他大体上战胜了那些曾骚扰他边境的敌人。从 1174 年起，他的注意力转向了第二个目标。

1173 年叛乱爆发之后，英格兰又一次兴建了大量城堡和堡垒，被国王的敌人们占据。就像斯蒂芬国王统治时期一样，这些木制或石制要塞从地平线上屹立，其壁垒戒备森严，壕沟难以逾越，彰显了占据这些要塞的地区性强权的实力。对亨利二世来说，在没有得到他明确许可的情况下占据城堡，是对他的统治的冒犯。据豪登的罗杰记载，在 1176 年，亨利二世“将英格兰的所有城堡占为己有”。他驱逐了这些城堡的总管们，用自己的亲信取而代之。为了强调他这么做是为了展示自己的最高公共权威，而不是为了向敌对派系复仇，亨利二世甚至将自己最忠心耿耿的臣属，包括为赢得英格兰国内战争功勋卓著的理查·德·卢西，逐出自己的城堡。一些城堡被拆除，其他的则被重新分配给国内的达官贵人。这一举动发出了明确无误的信息：英格兰贵族和主教们保有城堡和军队的权力只有一个来源，那就是国王。

亨利二世始终非常重视城堡及其保有者。自诺曼人入侵英格兰以来，城堡始终是军事权威的终极象征。亨利二世在统治期间花费了大量财力物力来修建和维持城堡，仅仅重建英格兰的城堡就耗费了至少2.1万镑。当时，英格兰城堡正在从木质结构转变为更为永久性的、坚固的石制要塞，亨利二世加快了这个变革的过程。他在泰恩河畔纽卡斯尔、诺丁汉、奥福德、温莎和温切斯特等地，修建了特别庞大的城堡。斯卡伯勒和鲍斯的城堡的石质主楼得到改良，以保卫与苏格兰之间的边境地带。诺曼编年史家托里尼的罗贝尔称，在亨利二世统治期间，“不仅在诺曼底，在英格兰、阿基坦公国、安茹伯爵领地、曼恩和图赖讷”也都修建了城堡。

但亨利二世城堡建设工程中最闪耀的明珠还要数多佛尔城堡，它坐落于一座巍峨雄伟的白色峭壁之上，俯瞰从英格兰去往法兰西西北部的航道。征服者威廉曾在一座铁器时代山丘堡垒的遗址之上建造了一座土木工事。亨利二世大规模重建曾外祖父的城堡，花了十二年才竣工，耗资近6.5万镑，这比他在位最后十年中在英格兰所有城堡上花费的总开支的三分之二还多。1179年8月，路易七世首次访问英格兰。在拜访贝克特圣龛的四天旅程中，法兰西国王和旅伴佛兰德伯爵腓力最先看到的就是多佛尔城堡。在客人离开之前，亨利二世自豪地带领他们参观了城堡的建筑工地。此时路易七世已经五十九岁，年老体衰，亨利二世一定是非常开心地带这位老对手参观了这座威武雄壮的要塞。一座气势宏伟的城墙俯瞰着峭壁和下方的通海水道，一座巨大的石质主楼正在施工，建成之后足以与亨利二世在欧洲大陆的帝国的那些伟大城堡媲美：洛什、卢丹、蒙巴宗、蒙里夏尔、博让西的要塞（这几地都在安茹），以及法莱斯、卡昂和与法兰西接壤地带的伟大的诺曼堡垒。

12 世纪 70 年代，亨利二世在诸多方面努力扩大自己的权威，修建城堡还只是其中一个方面。因为，除了是一位军人之外，亨利二世还是一位精明敏锐、谙熟法律的政治家。在巩固了自己的统治之后，他开启了一场长达十年的司法革命，将会长久地影响此后的英格兰政府。

在大叛乱之前，亨利二世最重要的司法成就是 1166 年 2 月颁布的《克拉伦登条令》，它将整个英格兰刑法体系纳入强大的王权制辖之下。在诺曼王朝统治下，司法是由一系列五花八门的地方性法庭和官衙执行的，它们分别向国王、国王的贵族们和教会负责。为了纠正亨利二世眼中的 12 世纪 60 年代的漫无法纪状况，处置抢劫、杀人、盗窃和窝藏包庇等罪行的职责被交给了直属王室的郡长和法官们。贵族和教会设立的法庭仍然存在，但在英格兰全境被国王的司法系统取代了。亨利二世引入了处置犯罪的标准操作程序，旨在通过陪审团——通常包括十二人，在宣誓之后，他们应当向郡长或法官报告在其社区内发生的所有犯罪行为——将罪犯根除。法庭会对嫌犯处以“冷水神判”，这是一种恐怖的仪式，被告会被捆缚起来，浸入池塘、河流或湖泊。如果沉下去，就表明嫌疑人是无辜的；如果浮起来，则证明他有罪。处置罪犯的刑罚包括肉刑（砍掉罪犯的右脚）、流放或者死刑。罪犯的财产会被没收，缴纳给王室。

根据《克拉伦登条令》，听命于王室的郡长们在调查犯罪时有权干预大领主的私人司法辖区。“任何人，无论在其城堡之内或之外……不得阻挠郡长进入其宫廷或土地。”这是《克拉伦登条令》的规定。这的确是一项革命性的举措，使得国王的司法权触及（或者意在触及）了英格兰的每一个角落。现在，国王的法律明确无误地凌驾于其他一切司法权之上。在法律和司法方面，亨利二世已经宣示自己是一国之主。

1176 年，在叛乱结束之后，这种理念的象征意义比过去更重要了。这年 1 月，《北安普敦条令》对十年前在克拉伦登颁布的法律予以重新发布、修改和加强。大叛乱造成的动荡大大增加了秩序的败坏和犯罪的滋生，因此刑罚变得更加严酷：被判处肉刑的罪犯现在不仅会失去右脚，右手也会被砍掉；在“冷水神判”中幸存下来的人，如果仍然有重罪嫌疑，就会被放逐。为了给人民带来司法正义，亨利二世及其谋臣将英格兰划分为六个巡回法庭辖区。直属王室的法官们开始巡游全国，他们的使命是惩奸除恶，恢复英格兰的秩序，同时还要将国王的法律确立为最高级和最终形式的公共权威。法官们对过去发生的犯罪也进行了追诉调查，以确保王室法官们能够惩罚（《克拉伦登条令》所称的）“所有罪行……除了在战争期间犯下的性质较轻的盗窃和抢劫行为，如盗窃和抢劫马、牛及价值较低的物品”。

在改革刑法的同时，亨利二世还推进了国王在监管民法方面的新特权。他的巡回法官们报告称，强占土地的犯罪与针对臣民人身的犯罪同样严重，于是亨利二世决定引入一个新制度，允许受害者援引王室法律，快速地解决土地争端。一种被称为《近期土地剥夺法令》的新法律程序推动了这种上诉制度。王室法官在调查土地争端时，有权质询陪审团，原告是否被以不公正的方式剥夺了土地；如果陪审员认为原告的土地确实遭到了不公正的剥夺，那么法官会裁决，此案中的被告是否应对此负责。败诉的一方会被处以罚金，以弥补他造成的损失。

在12世纪的英格兰，土地就是权力，因此裁决大贵族之间的土地争端是国王的一个关键职能。现在，在理论上，臣民可以从国王的文书官衙购买一份令状，来保护、争取和收回英格兰的任何土地。这会引发一个“近期土地剥夺”程序，最终由当地的郡长来处理。令状通常很短，且非常公式化。13世纪的法律作家布拉克顿记载称，为了斟酌令状的措辞，亨利二世和他的谋臣们常常夜不能寐。如果这是真的——听起来的确像是真的——也是有原因的。现在，在以土地为基础的社会的运作中，王室法律和王室官吏不可或缺，不仅在王室权贵与法庭发生接触时如此，而且几乎每天都是如此，一直到郡一级。从贵族们的角度看，国王的一项最重要的职权，如今被下放给了一个简单的官僚机器。人们可以向文书官衙，而不是国王本人提起申诉，以解决争端。这是一项价值不可估量的发展，因为金雀花王朝的领地极其广袤，而且亨利二世喜欢到处巡游，且行动速度极快。

1178年，御前会议得到重组。在过去，御前会议始终陪伴在国王身边，不管国王去了哪里，沿途均可接受司法申诉；现在，御前会议的五名成员长期驻留威斯敏斯特，全职从事审案工作。这实际上就成了英格兰的最高法庭，后来被称为王座法庭。英格兰的法律机器被建立起来，独立于亨利二世国王之外，但行使他的全部权力，并且在提供服务的过程中收取数额很大的费用。

到1179年，出现了更多涉及土地法的令状，但国王的传统的、个人的权力更多地被下放给一个官署机构。“最近赠予令状”确立了关于教会圣职及其地产授予的权利。“祖先死亡令状”旨在解决遗产纠纷。“权益令状”允许地位较低的人在认为自己被当地领主的私人法庭冤屈的时候，绕过领主，直接向王室法庭上诉。这项令状此前已经存在了一段时间，但现在变得公式化，将在各郡保障司法正义的法律权力授予了郡长。这一切都表明，王国政府开始发生一场革命。

就这样，在大叛乱的剧痛之后，亨利二世重整朝纲，令英格兰渐渐发生了转变。遍布全国的城堡，要么由国王的臣属占据，要么由国王授权使用，成为王室垄断军权的强有力象征。1181 年的《军备条令》鼓励免服兵役税的发展，即权贵们可以不必向国王提供军队和兵役服务，而付给国王金钱作为替代，这促进了英格兰贵族的非军事化，并为王室招募雇佣兵提供了经费。在英格兰各郡，王室司法突然间无所不在。王权如今稳固地在英格兰土地上生根发芽了。

1182 年 2 月，在亨利二世四十九岁生日时，他在汉普郡的毕晓普斯沃召开了一次大会，宣布自己已经立下了遗嘱。他的遗嘱是非常明确的非政治性的。他向圣殿骑士团和医院骑士团作了馈赠，赠给英格兰的宗教机构 5000 银马克①，赠给安茹的宗教机构 1000 银马克。他捐出 200 金马克，为诺曼底和

① 在英格兰历史上，马克（mark）只是财务计算时用的货币单位，从来没有实际发行和流通过。马克起初是流行于西欧的重量单位，专用于测量金银，1 马克最初相当于 8 盎司（249 克），但在中世纪不断有所浮动。后来，1 马克一般相当于半磅（8 盎司）。据说是丹麦人把马克带到了英格兰。根据 19 世纪的资料，作为货币单位，起初 1 马克细分为 100 便士，但在 1066 年诺曼人征服英格兰之后，改为 1 马克分为 160 便士，1 马克相当于三分之二镑或约 250 克白银。

安茹的贫家少女提供嫁妆。他命令四个儿子——小亨利、若弗鲁瓦、理查和约翰——“保障遗嘱的坚决执行，不容违背；若有人胆敢反对或违背，愿全能上帝的义愤和怒火，以及上帝与我的诅咒，降临于他”。遗嘱没有提到埃莉诺，她仍然被软禁着。

亨利二世继续在领土各地巡游，主要是待在英格兰和诺曼底。但从某种角度讲，他的使命已经圆满完成了。12 世纪 70 年代的司法改革是他活力四射的统治中最后一个大刀阔斧的阶段。三十多年来，他不知疲倦地四处奔走，勤于政事，兢兢业业。现在是时候考虑自己将给世界留下怎样的遗产了。1182 年之后，亨利二世的思绪转移到如何最好地将自己的庞大领地转交给儿子们。但就在这时，数十载的光辉胜利灰飞烟灭，最终给他留下的只有心碎。

熊熊燃烧的世界

亨利二世尽管才思敏捷、富于创造力，而且天生精力充沛，但在 1183 年过五十大寿的时候还是感到自己已经垂垂老矣。奔波忙碌的一生损害了他的健康。他在马背上过了一辈子，两腿变形成了罗圈腿，现在常常疼痛难忍。1174 年，他的大腿被一匹马踢伤，可能导致股骨骨折，始终未能痊愈。腿伤影响了他的整体健康，使得他步履蹒跚。他的腿永久性地跛了，只能一瘸一拐地走路。他仍然持续不断地在各地巡视，但不时病倒。尽管罗马教廷敦促亨利二世公开宣示参加圣战，并前往东方领导一场新的十字军东征，但他显然没有这个打算。

世界格局日新月异。路易七世国王长期患病，最后遭遇了一连串令他躯体瘫痪的中风，于 1180 年 9 月 18 日去世，享年六十岁。路易七世的十五岁儿子在前一年被加冕为共治国王，现在正式登基，称为腓力二世。突然间，亨利二世不得不与一个十几岁的少年，而不是比自己年长十岁的男人缔结条约、制定政策。腓力二世比亨利二世最年长的三个儿子都要小，比约翰只大几个月。对这个少年国王来讲，亨利二世简直是来自另一个时代的人物。整个法兰西很快就将属于这些少年。

小亨利国王将成为腓力二世新的较量对手。小亨利也已经被加冕为副王，有时自称为“英格兰国王、诺曼底公爵、阿基坦伯爵，亨利国王之子”，而称他的父亲为“闻名遐迩的君主”。腓力二世全面执掌王权，令小亨利愈发蠢蠢欲动。

小亨利仍然几乎没有任何实际的统治经验。1183 年 2 月，他已经二十八岁，尽管拥有冠冕堂皇的诸多头衔，并且还娶了一位卡佩王朝的公主，但实权少得可怜。部分是由于这一点，他在政治智慧和军事技能上进步甚微。在许多同时代人眼中，他仍然虚荣、肤浅、幼稚，虽然崇尚光荣伟大，对真正的朝政却知之甚少。小亨利国王的绝大部分时间和精力都花在比武场上。和佛兰德伯爵腓力与埃诺伯爵鲍德温一道，他经常出现在欧洲时髦的竞技场上。小亨利国王花费了数量惊人的金钱，将自己打扮为令人眼花缭乱的骑士英雄。他的武艺教头是威廉·马歇尔。马歇尔自 1170 年以来担任小亨利的导师。作为欧洲最勇敢的骑士之一，马歇尔赫赫有名。1179 年，腓力二世在兰斯加冕的时候，代表金雀花王朝参加庆典的就是小亨利国王，他在游行队伍中捧着卡佩王朝的王冠，并且带领五百名骑士参加了加冕礼之后的比武大会。尽管有光鲜堂皇的外表，但他知道自己没有多少实权。挫败之下，他开始在父亲的领地内施展拳脚，但结果却令人尴尬，几乎酿成灾难。

1182 年夏末，小亨利国王再次向父亲索取土地，用编年史家豪登的罗杰的话来说是“一些领地，好让他和妻子能够居住，并供养他属下的骑士”。言外之意是，他希望正式占有诺曼底公国。亨利二世拒绝了。就像在 1173 年那样，小亨利国王恼羞成怒，暴跳如雷，跑到了法兰西宫廷，与腓力二世结盟，与父亲分庭抗礼。亨利二世多次增加封赏的价码，才把儿子哄回来，在圣诞节之后召开了一次家庭会议。会议在勒芒召开，由亨利二世主持，与会者包括小亨利国王、他的两个弟弟理查和若弗鲁瓦，还有萨克森公爵（亨利二世的女婿，前不久和妻子，即亨利二世的长女玛蒂尔达一起被从自己的公国驱逐出来）。

在这次会议上，亨利二世的目标是确保三个儿子仍然服从他在未来分割金雀花领地的计划。这意味着，要安抚一下长子，显示他的突出地位，同时不能过于冷落两个较小的儿子。亨利二世要求儿子们向他庄重地宣誓效忠，然后又要求理查和若弗鲁瓦分别作为阿基坦和布列塔尼的公爵，向小亨利国王效忠。

理查拒不听命。作为阿基坦公爵，他的领主是法兰西国王，不是英格兰国王，他也无意改变这个现状。在大叛乱之后的十年中，他一直在阿基坦巩固自己的至高无上地位，镇压母亲的公国内桀骜不驯的臣属领主们的反叛，在此过程中锻炼了自己优秀的军事头脑。由于哥哥的所作所为，理查的平叛工作最近变得更困难了。小亨利国王与阿基坦的贵族们勾勾搭搭，试图把他们拉拢到自己麾下，暗示说自己将是一个比理查更好的领主，煽动他们举兵作乱。理查不得不使出浑身解数，才遏制住这些叛乱。理查在埃莉诺的亲自督导下学习和成长，他的军事天赋得到了很好的培养。他和虚荣自负、装腔作势的哥哥之间的关系冷若冰霜。在勒芒，他们之间的宿怨爆发，两人激烈地争吵起来。理查怒火中烧地冲出会议室，返回阿基坦去加固他的城堡。小亨利国王将自己的妻子送往巴黎的安全地带，与若弗鲁瓦结盟，准备发动进攻。威尔士的杰拉尔德对若弗鲁瓦的描绘令人难忘："能言善道，油嘴滑舌……他的舌头足以败坏两个王国；不知疲倦，行事伪善，装神弄鬼，撒谎骗人。"亨利二世不能眼睁睁看着自己的两个儿子向另外一个儿子发动内战，他也没有多少选择，只能支持理查。1183 年 3 月 5 日，老国王就是这样度过他的五十大寿的：他努力恢复秩序，而金雀花王朝的年轻一代却剑拔弩张，即将展开一场灾难性的内战。与此同时，唯一有可能解决纠纷的人——阿基坦的埃莉诺，仍然被软禁在英格兰。

在随后的短暂战争中，小亨利国王的所作所为令人震惊。他装模作样地与父亲谈判，但毫无诚意。他命令自己的臣属攻击外交使节。为了支付雇佣兵的军饷，他在阿基坦四处抢劫城镇居民、教堂和圣龛。他还企图煽动阿基坦的贵族们反叛理查的统治，但没有取得多少成功。亨利二世和理查招兵买马，从一个城镇狂奔到另一个，尽其所能地遏制危险的局势。

最终结束战争的不是军事策略，而是命运。6 月初，在袭击凯尔西的一座教堂之后，小亨利国王患上了痢疾。在短暂但是极其严重的病患之后，他于 6 月 11 日在南方城镇马尔泰死去。临死之前，小亨利国王请求威廉·马歇尔（他先前的教师和比武伙伴）将他前不久抢来的十字军的十字架送往耶路撒冷。据说他在合眼前还请求为他母亲减刑。6 月底，他的遗体被送到鲁昂下葬。世界少了一个油嘴滑舌、惹是生非的青年。小亨利国王始终没有得到过成长的机会，但他也很少表现出希望成长的意愿。即便如此，他的死亡还是让他父亲精心安排的继承计划乱成了一锅粥。

亨利二世从哀恸中恢复之后，便开始筹划一个新的未来。1183 年秋季，他告诉理查，他应当将阿基坦交给最小的弟弟约翰。这意味着，理查将取代小亨利国王，成为英格兰、诺曼底和安茹的继承人，而让约翰接过阿基坦的遗产。

理查坚决拒绝了。阿基坦属于他，他过去不愿意将阿基坦交给哥哥，现在同样不愿意把它让给弟弟。到 1184 年底，亨利二世认识到，自己已经无法驾驭理查（现在是他最年长的儿子）。于是，他让理查返回阿基坦，同时准备把约翰送往爱尔兰，将他理论上的爱尔兰国王头衔坐实。同时，亨利二世还考虑将小亨利国王的遗产交给若弗鲁瓦，将布列塔尼（由于若弗鲁瓦娶了康斯坦丝，所以成为公爵）与金雀花王朝的祖传遗产永久性地结合起来，让理查自行待在他心爱的阿基坦。理查也不肯接受这个安排。他组织了一支军队，袭击了若弗鲁瓦领地的边界。

亨利二世在倍感挫折之下崩溃了。最后，他把唯一比理查更有权占有阿基坦的人从英格兰接到了欧洲大陆。默默度过多年牢狱生涯的埃莉诺王后被短暂地释放，来到亨利二世身边。老国王命令理查将公国交还给母亲。当然，实际上这意味着将阿基坦交给亨利二世，因为尽管埃莉诺暂时得到了释放，但仍然是亨利二世的俘虏，而不是他的妻子。但理查最终被说服了。他将阿基坦的控制权正式交还给父亲。在随后两年内，亨利二世始终不肯对自己领地的未来做任何决定性的安排。

问题的确是绕开了，但仍然悬而未决。亨利二世支吾拖延，等待时机，以处置欧洲大陆上由于小亨利国王死亡而造成的边境安全问题。但理查和若弗鲁瓦都没有被立为共治国王或王储，因此亨利二世对自己身后事的安排仍然没有把握。

1186 年 7 月，命运再一次插手。据多位编年史家说，若弗鲁瓦是个不忠不孝之徒，他与腓力二世过从甚密，指望自己在反对父亲或兄弟的时候能得到法兰西国王的支持。他在巴黎度夏的时候，在一次比武中负了重伤，于 8 月 19 日死去，死因或许是重伤造成的并发症。他被厚葬在巴黎圣母院。据说腓力二世国王哀痛欲绝，曾企图要跳入朋友尚未封闭的墓穴。

就这样，亨利二世失去了两个成年的儿子。尽管很少有人像法兰西国王那样悲痛地哀悼若弗鲁瓦——豪登的罗杰称若弗鲁瓦为“地狱之子”和“邪恶之子”——亨利二世的处境比以往更困难了。他不愿意面对显而易见的办法：立理查为唯一继承人。亨利二世似乎一直不相信任何人的本领——哪怕是才华横溢的理查——能够与自己相提并论，能够将他聚集的庞大领土联合起来。1185 年 1 月，耶路撒冷牧首长途跋涉，来到英格兰，将圣城的城门钥匙以及大卫塔和圣墓的钥匙呈送到亨利二世脚下，哀求他前往东方，接受耶路撒冷国王的头衔。即便如此，亨利二世在与最重要的封臣协商之后，仍然决定，更符合他利益的选择是捍卫他在欧洲的领地，而不是保卫遭到萨拉丁威胁的基督徒领地。正是这种顽强执拗、不肯放手的精神让亨利二世成为如此伟大的一位统治者，但这很快酿成了他的最终失败。

若弗鲁瓦的死使得亨利二世与腓力二世（后来被其支持者誉为腓力·奥古斯都）之间的关系进入了一个新阶段。在这位年轻的法兰西国王统治的最初六年中，他们的关系还很融洽。亨利二世曾帮助腓力二世与佛兰德伯爵重归于好。腓力二世和小亨利国王及若弗鲁瓦都有很好的交情。但现在，二十三岁的腓力二世开始对亨利二世在法兰西的影响感到恼怒。理查在 1161 年与腓力二世的同父异母姐姐艾丽斯订了婚。她一直被寄养在亨利二世的宫廷，长达近二十五年，却始终没有与理查正式结婚。亨利二世从政治角度出发，一直推迟婚礼，等待自己占上风的时候，那时就能从腓力二世那里榨取最丰厚的嫁妆。但也有丑恶的谣言称，亨利二世自己引诱了这个姑娘。

从 1186 年起，金雀花王室和卡佩王室之间的关系急剧降温。两国之间爆发了好几次重大的边境战争。因为亨利二世不肯让理查和艾丽斯结婚，法兰西和诺曼底之间的韦克辛边境地区（根据婚约，将是艾丽斯的嫁妆）又一次成为争端的主题。腓力二世宣称自己是布列塔尼的最高领主。在布列塔尼，若弗鲁瓦的继承人是两个小女孩和一个叫作阿尔蒂尔的男婴。在贝里和图卢兹伯爵领地（1159 年亨利二世和路易七世摊牌的地方），两国间的矛盾逐步升级。这是自 1173～1174 年以来，英格兰和法兰西国王之间首次出现严重冲突。

腓力二世没有亨利二世那样的财富和经验，在军事上也不如他老谋深算。但在 1187 年，腓力二世开始寻找其他办法来给自己的对手捣乱。最显而易见的办法当然是借力亨利二世的儿子理查。前任阿基坦公爵和他的父亲之间开始出现了嫌隙，腓力二世开始尝试插上一手。亨利二世刻意避免确立理查为继承人，且对约翰越来越宠爱，这说明理查的未来地位还远远谈不上大局已定。理查坐立不安，急于离开欧洲，去东方参加十字军运动。在自己的继承人地位得到确定以前，他是不能出征的。

1187 年夏季，腓力二世尝试与金雀花王朝的第三位王子结交。理查访问巴黎的时候，法兰西国王对其大献殷勤、百般邀宠。据豪登的罗杰记载，“腓力二世对理查极其尊崇，他们每天在同一张桌子上用膳，分享饮食；夜间，他们在同一张床上睡觉。法兰西国王爱他如同爱自己的灵魂，他们互相之间的爱如此深厚，令英格兰国王陛下瞠目结舌”。罗杰关于理查和腓力二世同床的记述后来曾被解释为，理查是同性恋。事实并非如此。它实际上是表明了年轻的法兰西国王与金雀花王朝推定继承人之间突然发生的、强有力的政治友谊。理查害怕自己被剥夺继承权，腓力二世对此善加利用，或许甚至还向他暗示，亨利二世打算让艾丽斯嫁给约翰。

他的招数奏效了。理查离开巴黎，返回在诺曼底的父亲身边。当时十字军东征的狂热席卷欧洲，理查对圣地魂牵梦萦，因此他与父亲的关系也越来越紧张。在腓力二世窃窃私语的煽风点火之下，理查开始相信，"他的父亲打算剥夺他的王位继承权，据传闻说，计划将王位传给幼子约翰"（这是坎特伯雷的杰维斯的记载）。1188 年 11 月，事情到了一个重大关头。亨利二世与腓力二世为了争夺贝里和图卢兹发生了战争。在邦穆兰的一次和平会议上，双方都怒气冲冲，亨利二世和腓力二世大吵特吵，差点动手打起来。在会上，理查直截了当地要求父亲向他保证，一定会将王位传给他。亨利二世一言不发。据坎特伯雷的杰维斯记载，理查说："那么，我只能认为，先前听起来难以置信的事情是真的。"他在腓力二世面前跪下，以阿基坦和诺曼底领主的身份向后者宣誓效忠。这是父子之间最后的、不可弥合的决裂。

1189 年 1 月，亨利二世病痛不断，一直拖到复活节也没有好转。在病榻上，他发出许多书信，恳求理查回到自己身边。但理查不肯动摇，还帮助腓力二世袭扰卧病在床的父亲的边境。6 月初，亨利二世身体有所好转，参加了在贝尔纳堡举行的和会，但这一次父子之间又争吵起来。在腓力二世的拼命煽动怂恿下，理查仍然怀疑，老国王要立约翰为王储。

腓力二世和理查向贝尔纳堡发动奇袭，将其占领，还拿下了该地区的所有其他城堡。6 月 12 日，他们迅速攻击了亨利二世的基地勒芒，也就是五十六年前他出生的地方。

勒芒被打了个措手不及。城镇守军为了阻滞入侵者，采取了在郊区纵火的紧急措施。此时刮起了大风，大火蔓延到城镇，很快整个勒芒就陷入火海。亨利二世及其随从快速撤退了。随后，尽管夏季酷热难当，而且亨利二世身体虚弱，但他们还是尝试北上，以强行军撤往诺曼底。

在行军过程中，亨利二世做了一件他漫长一生中从未做过的事情：他放弃了。在离边境要塞阿朗松 10 英里处，他原路返回，将自己的大部分随从派往诺曼底，自己却返回了安茹。此时道路和乡间已经到处是腓力二世的兵马，在 200 英里的危险旅途之后，亨利二世来到了希农城堡巍峨的城墙脚下。这不仅是安茹的，而且是金雀花王朝所有领地上最雄伟的要塞之一，也是亨利二世最喜爱的驻地之一。他进入要塞的时候，已经精疲力竭。在随后两周内，他卧病在床，病情日益严重，身体越来越羸弱。

到 7 月初，曼恩已经被法兰西军队占领，图尔也陷落了。7 月 3 日，在图尔附近的巴朗，亨利二世强撑病体，与腓力二世面对面谈判。腓力二世滔滔不绝地提出了一大串要求，相当于是要求亨利二世彻底投降，并确立理查为他在海峡两岸所有领地的继承人。老国王此时已经虚弱不堪，随从们扶着他，他才能在马背上坐稳。这一天原本赤日炎炎，暴风雨却骤然降临。亨利二世同意了腓力二世的所有条件。随后，他已经无力骑马返回希农，只得由仆人们用轿子抬回去。

回到希农之后，几乎无力站稳的亨利二世命人呈上所有原先支持他、现在却倒戈到理查那边的人的名单。据威尔士的杰拉尔德记载，名单上第一个名字就是他最宠爱的儿子约翰。老国王大为震惊，悲痛欲绝，无力承受这种打击。他的病情严重恶化，陷入幻觉，胡言乱语。在一个短暂的清醒时刻，他在城堡的小教堂接受了圣餐。1189 年 7 月 6 日，亨利二世与世长辞，他惊人的传奇一生竟在凄惨中落幕。

他遭到了妻子和所有儿子的背叛，目睹自己的出生地化为浓烟滚滚的瓦砾堆，还遭到了比他年轻三十多岁的卡佩国王的羞辱。但他在法兰西和不列颠群岛全境留下了不可磨灭的印迹。在垂暮之年降临之前，他战胜了每一位曾经挑战他的国王、公爵和伯爵。他或许是基督教世界最家喻户晓的名人。他的威名流传千古不朽，因为英格兰国王、诺曼底公爵、阿基坦公爵、安茹伯爵、曼恩伯爵、图赖讷伯爵和爱尔兰领主亨利二世开创了一个新王朝，将会在随后两个多世纪中深刻地影响欧洲。

理查登基

面对父亲的遗体，理查陷入了沉默。他所看到的这副面庞带着近半个世纪的烦恼与光荣留下的印迹。亨利二世死得非常凄凉：孤立无援、哀痛心碎。他给理查留下最后一句话还是在极具侮辱性的《巴朗和约》之后。当时，亨利二世在理查耳边恶狠狠地低语道："上帝保佑我在死前向你复仇。"但上帝没有保佑他。自 1187 年，理查与腓力二世联手，已经用武力夺取了自己的许多王室遗产——曼恩、图赖讷和安茹的多座城堡。亨利二世去世后，剩余的财产自然而然地属于理查了。

亨利二世的遗体停放在丰泰夫罗的小教堂。这是坐落在安茹与普瓦图伯爵领地（阿基坦公国的权力中心）之间腹地的一座伟大的修道院产业。为父亲灵柩守夜的时候，理查在教堂中殿的冷风中一定会感到自己的心在怦怦直跳。教堂的穹顶天花板和粗壮冰冷的柱子在他头顶上巍然屹立。站在父亲静默的遗体前，这个擅长行动的人有了一个安静地反思的机会。理查站在灵柩前，没有流露出任何感情。他只是看了看曾经奔波忙碌的父亲一动不动的面庞，然后转过身，走出了教堂。一段史诗般的统治结束了。新的统治——他自己的统治，拉开了帷幕[①]。

1187 年，噩耗传到法兰西，萨拉丁麾下的穆斯林军队攻克了耶路撒冷。这位令人生畏而极富骑士风度的阿拉伯将领所

---

① 从这里起，我们将他称为理查一世。

向披靡，是全世界妇孺皆知的名人。整个“海外”——第一次十字军东征之后在中东建立起来的各个基督教国家的统称——面临灭顶之灾。理查一世曾听说过诸多以萨拉丁的名义犯下的暴行：神圣的骑士被残忍地屠杀；伟大的军人被处死，如沙蒂永的雷诺先是被萨拉丁亲自用剑砍伤，然后斩首。他一定也听说了基督教军队在7月4日哈丁之战中的惨败：成千上万的西欧士兵在熊熊燃烧的灌木地带惨死，他们在穆斯林弓箭手的致命攻击下纷纷倒地，舌头被烈火烤焦。他一定也听说过穷苦的基督徒被卖到北非为奴的悲惨故事。但最让他苦恼的是真十字架的丢失。这是耶路撒冷王国最神圣的圣物，此前每一支基督教军队出征时都会将它抬在队伍前方，而如今它竟在哈丁被萨拉丁的军队缴获了。

无论是作为基督教的战士，还是金雀花王朝的君主，理查一世都对第三次十字军东征兴趣盎然。和所有参加十字军运动的人一样，理查一世对异教徒满怀憎恶。但他也知道，耶路撒冷女王西比拉是他的亲戚①，因为她是安茹伯爵富尔克五世的后代，而富尔克五世是他的曾祖父。西比拉的丈夫吕西尼昂的居伊是金雀花王朝的封臣。因此，十字军东征既是宗教圣战，也是理查一世的家事。

1187年秋季，理查一世是阿尔卑斯山以北第一位宣布参加十字军东征的大领主。由于和父亲的争吵，他前往圣地的远征被推迟了差不多两年。尽管他非常希望成为欧洲十字军运动

① 安茹伯爵富尔克五世（后来的耶路撒冷国王）的长子若弗鲁瓦就是金雀花王朝的开创者，即理查一世的祖父。富尔克五世的幼子——耶路撒冷国王阿马尔里克一世就是西比拉的父亲。所以，理查一世是西比拉的堂侄，尽管理查一世的年纪比她大三岁。

的领导者，但这项殊荣还是落在了他的妹婿——西西里国王威廉二世[①]肩上。得到耶路撒冷失陷的消息之后，威廉二世立即集合了五十艘船和数百名骑士。1188 年，年迈的弗里德里希·巴巴罗萨也率军前往“海外”，他的军队开始了途经多瑙河的漫长陆路行军（在此次远征中，巴巴罗萨在一条河中坠马溺死）。理查一世心急如焚，不肯再等。但在自己的衣服上缝上布质白十字（这表示来自英格兰王国的十字军，法兰西的十字军佩戴的十字架是红色的）、动身前往东方之前，他还有两件非常紧迫的事情要处理。首先是保障他的基业。其次，是他与腓力二世的关系。这两件事情是紧密相连的。

1189 年 9 月 13 日，星期天，理查一世在威斯敏斯特教堂加冕。这是自诺曼征服以来，王位第二次比较顺利地传承下去。人们蜂拥而至，争相一睹新国王风采。这位三十二岁的国王此前几乎从来没有出现在英格兰人的视线中。他们看到的是一个身材魁梧而优雅的汉子，金红色头发，手脚颀长：比他父亲更高雅堂皇，但面貌同样饱经风霜，这是在马背上度过一生的结果。人们很容易设想，这将是一个光荣的新时代。

理查一世在英格兰的一排排主教、修道院院长、贵族、骑士和尊贵庄严的官吏们引领下走向威斯敏斯特教堂。他最宠信的世俗贵族们走在他前面，捧着黄金长剑和仪式用的权杖。教士们身穿紫色法衣和白袍，灿丽夺目。队伍最前方是一支大十字架，教堂内的烛光影影绰绰。焚香浓郁而令人恶心的气味弥漫着初秋的空气，队伍接近教堂内殿时，身后便留下了这气息。教堂内回荡着庄严的圣歌。理查一世走到圣坛前，英格兰

① 西西里国王威廉二世的妻子是理查一世的妹妹琼。

位高权重的教会权贵和威风凛凛的贵族们在四周注视着他。

他们当中最骄傲的或许是阿基坦的埃莉诺。看到理查登基成为英格兰国王，他母亲最大的心愿成了现实，也实现了巫师梅林的一句著名预言："撕毁契约的鹰将为（她的）第三次筑巢而欣喜。"① 亨利二世含恨辞世之后，她挚爱的儿子旋即将她释放，并将亨利二世为了惩罚她参与1173年叛乱而剥夺的土地和收入归还给她。甚至在抵达英格兰之前，理查一世就下令在英格兰政府中为母亲（已经六十六岁）安排一个重要位置。在加冕礼之前的几周内，她周游全国，主持宫廷，并迫使国内的达官贵人们向她宣誓效忠。

在圣坛前，理查一世发出了三个誓言。在福音书和诸多圣徒遗物的见证下，他发誓要以和平、荣誉和尊崇来对待上帝、神圣的教会及教士；第二个誓言是为人民主持正义；最后一个誓言是废除严刑苛法，确立完善的法律。他站在那里，只穿马裤，内衣在右肩处撕裂，脚踩金线织就的凉鞋。这位虔诚的战士一定是特别崇敬地思考了自己的第一个誓言。他正在被宣示为上帝之锤。

理查一世右手持节杖，左手握权杖；坎特伯雷大主教鲍德温向他的头部、肩膀和持剑的右臂涂了圣油。鲍德温穿着祝过圣的亚麻布衣服、斗篷式长袍、束腰外衣和宽袖法衣——即宗教仪式所用的祭服，袖子很宽，在他手臂周围鼓起。然后，理查一世被授予全能上帝的武器：鲍德温将一把宝剑呈送给他，他将用这把剑惩罚那些胆敢侵犯教会的恶徒；两位伯爵帮他佩

---

① 鹰指代阿基坦的埃莉诺，撕毁契约可能指她与法兰西国王路易七世离婚，第三次筑巢可能指理查一世是她的第三个儿子（前两个是早夭的普瓦捷伯爵威廉九世和小亨利国王）。

戴王室宝库中珍藏的金马刺。

最后，理查一世披上斗篷，被带到圣坛前。大主教公开警告他，君主的责任极其重大，务必谨慎。理查一世不耐烦地答道："我明白。"他从圣坛上抓起王冠，把它塞到鲍德温手里，示意大主教将王冠戴到他头上。"就这样"，编年史家豪登的罗杰写道，"已经加冕的国王被引领到宝座前"。

此时，英格兰和基督教世界的其他国家一样，陷入了十字军东征的狂热。教士们周游欧洲，在宗教节日期间举行大型的招募会，拉拢成千上万的信徒参加圣战，并向他们许诺，圣战者若在战斗中牺牲，其罪孽将得到赦免，将享受永生。不足为奇的是，以尚武好战著称的地区受到了教会特别密切的关注：鲍德温大主教游历了威尔士，招募到了三千名强悍的威尔士士兵，他们以擅长使用弓箭和长枪、战斗力惊人而闻名遐迩。伟大骑士威廉·马歇尔的一位 13 世纪的传记作者记载了国王的备战工作：

> 在英格兰停留期间，理查国王筹备了一支庞大舰队，好带他去圣地……许多质量上乘的优质船只配备有塔楼，装备精良，船员也很精干，足可以抵挡任何桨帆船或敌对势力的攻击。
>
> 理查的舰队装载了如此之多的金银财宝、大量白鼬和灰松鼠皮毛、数不胜数的餐具、不胜枚举的贵重精致的衣服和各式各样的武器，看过它们的人都很难一件一件点数清楚。各种给养物资非常齐备，应有尽有：成条的腌熏火腿、葡萄酒、小麦、面粉和大量硬饼干……胡椒、欧莳萝、蜂蜡、香料和质量最上乘的药糖剂。还有很多其他饮

品、果冻、糖浆、弓、弩和飞行迅捷的利箭。

从1189年9月起，在一个月之内，理查一世花了1.4万镑，订购了数量庞大的物资：1.4万扇烟熏整猪、6万只马蹄铁、数量惊人的奶酪和豆子、成千上万支箭。购买这些海量给养和物资的金钱来自王室所有可以动用的收入来源。

亨利二世生前通过所谓的“萨拉丁什一税”积攒了10万镑巨款。萨拉丁什一税是对所有动产征收的10%赋税，谁要是敢不交，就会遭到绝罚的威胁；征收工作由圣殿骑士团和医院骑士团的骑士们执行。但对理查一世来说，10万镑还只是个开始。他审视着自己继承来的帝国，眼尖地找到了父亲不曾发现的新的收入来源。亨利二世也曾卖官鬻爵，但这样得来的收入基本全都用来供养精明强干的王室忠仆，以妥善地管理政府。理查一世在政府管理上一向都不是太精明敏锐。豪登的罗杰记载道：“他把自己拥有的一切都拿来兜售：官职、领主头衔、伯爵领地、郡长职位、城堡、城镇、土地，无所不包。”他大肆出售土地，还没有到动摇自己统治的地步，但生意做得着实热火朝天。据说，理查一世曾开玩笑，如果能找得到买家，就把伦敦城也卖了。

在英格兰紧锣密鼓地筹备的同时，理查一世还在处理政事。1189年圣诞节之后，他在诺南库尔与腓力二世会面，签订了一项互助防御条约。法兰西国王也许诺要参加十字军东征，若是这两位君主同时离开欧洲，就需要高度的互信。理查一世和腓力二世发誓互不侵犯，保护所有十字军战士的财产，并坦诚相待、诚实守信。他们属下的贵族们也立誓要维护和平。但其实双方都满腹猜忌。两位国王在亨利二世统治时期已经打过很多交道，知道诚实守信是有限度的。

在离开自己的王国时，理查一世面临的最棘手问题是，如何处置二十二岁的弟弟约翰。约翰在他们父亲统治时期被戏称为“无地的约翰”，但现在是爱尔兰领主，并且得到了在英格兰获得价值4000镑的土地的诺言。理查一世兑现了这个诺言。约翰得到了一个诺曼头衔——莫尔坦伯爵，享有德比、诺丁汉、康沃尔、德文、萨默塞特和多塞特这些伯爵领地，英格兰中部的多座城堡，并且还与格洛斯特的伊莎贝尔——布里斯托尔、格拉摩根和纽波特的女继承人——结了婚。这些领地非常广大，构成了一个强有力的势力集团，因此约翰可以轻松地破坏政府的稳定。理查一世从来没有信任过自己的弟弟，并且在与父亲议和的时候，还曾坚持要求让约翰和自己一起参加十字军东征。现在他犹豫不决，先是干脆将约翰逐出英格兰，后来又回心转意（或许是因为听了母亲的建议）。约翰的问题没有轻松的解决办法。给约翰很多土地但没有正式权力，是理查一世能想出的唯一办法。

理查一世指定了一些忠诚的官吏，在他远征期间主持朝政。埃莉诺起初的任务是好生关照她的幼子约翰。英格兰的行政工作主要由达勒姆主教休·德·皮伊塞和伊利主教威廉·朗香负责，他们的权责范围以亨伯河为界。理查一世就政府工作向他们作了明确的指示，但他们一定仍然惴惴不安。亨利二世或许曾经证明，一位金雀花国王可以在英格兰境外待的时间比在境内更久，而仍然成功地治国安邦，但亨利二世从来没有到过比法兰西南海岸更远的地方。

最后，理查一世的大军集结完毕，物资也准备妥当，运送兵员和物资的庞大舰队预定将在1190年7月底与他会合。他去了勃艮第，与腓力二世会面。两位国王发誓在战利品方面互通有无，平分得到的所有收益。7 月 4 日，他们在各自的庞大军队护卫下开拔，前往耶路撒冷。在里昂，他们选择了不同的路径：法兰西国王的军队开往热那亚，准备在那里雇佣一支舰队；而理查一世的人马则前往马赛。理查一世很注意培植自己的浪漫的神话气息，携带着一把利剑，据说就是亚瑟王的神剑——“王者之剑”。他决心要让这把剑大显身手。

东方称雄

1191 年初的隆冬，阿基坦的埃莉诺和她负责照顾的孩子在缓缓地通过天寒地冻的阿尔卑斯山隘口。他们在路上已经走了好几周。夜间他们在隐修院借宿，白天在陡峭崎岖的乡间择路缓行。他们乘坐软轿，带着一群仆人，但在这种旅途中根本谈不上什么奢侈。他们是王室成员，但前方的路仍然充满艰难险阻。他们要翻山越岭，下山到伦巴底平原，然后前往比萨。

此前，阿基坦的埃莉诺把一位十八岁的姑娘——纳瓦拉的贝伦加丽亚从她家中接了出来。她的家是奥迪勒的城堡和宫殿（在潘普洛纳附近），巍然俯视着西班牙北部纳瓦拉地区的炽热平原。埃莉诺把贝伦加丽亚送到儿子理查一世身边，好让他们结为连理。据大多数编年史家说，埃莉诺为儿子找到的这位新娘的聪颖胜过美丽，但本性纯良。

贝伦加丽亚姑娘的此次史诗旅程是好几年前就安排好的。理查一世和他的外交官们一定是费尽唇舌，才说服纳瓦拉国王桑丘六世同意让自己的幼女经历这一场漫长而危险的旅途：贝伦加丽亚要经过多个敌对的王国和艰险难行的地域，去追寻一位正在奔赴世界上最危险战区的国王。陪同她的是理查一世的母亲——欧洲最家喻户晓，同时也是最臭名昭著的女人——这既让人宽心，也让人担忧。

贝伦加丽亚知道，自己与理查一世的婚姻将会非常有争议。英格兰国王与腓力二世的姐姐艾丽斯的娃娃亲还没有解除。尽管有流言蜚语说他的父亲已经诱奸了艾丽斯，但理查一世仍然有正式义务娶她。整个基督教世界只有极少数人知道，他的目光早已投向了其他地方。

贝伦加丽亚很紧张，但值得宽慰的是，她的旅伴经历过更糟糕的事情，经验极其丰富。埃莉诺虽然年事已高，但精神矍铄，头脑灵活，沿途处理了许多外交事务，包括在米兰附近的洛迪会见弗里德里希·巴巴罗萨的儿子和继承人海因里希六世。年轻的贝伦加丽亚会发现，她与理查一世的婚姻给她带来了极大的威望，因为她成了金雀花王朝最高层的成员，而这个王朝的势力和影响从德意志帝国一直延伸到耶路撒冷。

埃莉诺和贝伦加丽亚差一点就在比萨赶上了理查一世，最后于 1191 年 3 月 30 日在西西里与他会合。他在那里已经待了六个月，而且已经参加了许多惊心动魄的冒险。他的大军先是在葡萄牙王国的里斯本登陆，在那里奸淫掳掠，发挥了一下自己的“圣战热情”，然后才到马赛与理查一世会合，并驶向西西里。理查一世在沿着意大利海岸南下的途中经历了不少冒险，有一次他看到一群那不勒斯农民在放鹰，就训斥他们竟敢僭越自己的本分，去搞只有贵族才有权享受的娱乐，不料险些被乱石打死。他抵达西西里之后，擅自征服了墨西拿（西西里国王唐克雷德[①]的臣属领地），并在城墙上升起了英格兰旗帜，也就是说，他把与腓力二世缔结的平分战利品的约定抛在了脑后。墨西拿海峡现在挤满了理查一世的重型战船，这让法兰西国王吹胡子瞪眼，因为他感到，自己的这位战友浮夸奢华的旅行方式着实令人讨厌。

① 前文讲到的西西里国王威廉二世（狮心王理查的妹婿）于 1189 年 11 月去世，没有留下子嗣。他的堂兄唐克雷德夺取了王位。

腓力二世在看到理查一世盛气凌人的军事风格时还只是恼火，在得知他迎娶纳瓦拉的贝伦加丽亚的计划时，简直是暴跳如雷。理查一世原先将自己的结婚计划严格保密，但在新娘抵达几天前的一次令人丢脸的争吵中，他终于告诉腓力二世，他不会娶艾丽斯。他说自己的父亲勾引了那个姑娘，有了一个私生子。腓力二世别无选择，只能接受自己这么多年一直被蒙骗的事实。理查一世给了他 1 万马克作为废止婚约的赔偿。腓力二世只得收下赔偿金，忍气吞声，最后在震惊和狂怒之下，于贝伦加丽亚驾到几天前离开了西西里。

埃莉诺在西西里待了三天，与自己最宠爱的儿子和女儿琼团聚。琼是先前的西西里王后，后来被唐克雷德国王囚禁，直到理查一世在征服墨西拿的时候才将她营救出来。从 1177 年十一岁的小姑娘琼远嫁西西里以来，埃莉诺就一直没有见过她。但亲人团聚很短暂。英格兰和诺曼底的国事（约翰待在那里，对他的兄长来说一直是个隐患）需要埃莉诺回去处置。十字军准备离开西西里、开赴圣地的时候，琼接替母亲，担负起了照顾和监督贝伦加丽亚的任务。婚礼将在圣地举行。

下一个集结点原定是克里特岛，但海上刮起暴风，将理查一世的舰队吹散了。大约二十五艘船被风刮得偏离航行，到了塞浦路斯。当时塞浦路斯是一个独立的希腊领地，由拜占庭的伊萨克·科穆宁统治，他的绰号是“塞浦路斯的暴君”。塞浦路斯对“海外”的海岸城市来说是个至关重要的集结点，但科穆宁是个反复无常的统治者。理查一世的几艘船在塞浦路斯海岸失事，乘客遭到了科穆宁臣民的欺凌。最可恶的是，琼和贝伦加丽亚乘坐的船在利马索尔外海停锚等待的时候，科穆宁居然企图俘获这艘船。

理查一世于4月22日在罗得岛登陆，得知了自己的妹妹和未婚妻的困境。他决定征服塞浦路斯（就像占领墨西拿一样），好好惩罚一下那里的居民，也不管塞浦路斯其实是个基督教国家。5月5日，他在利马索尔猛冲上岸，打了一场血腥的巷战，努力占领这座城镇。塞浦路斯人败退到了东海岸的法马古斯塔。为了庆祝这场胜利，理查一世于5月12日在利马索尔的拜占庭式的圣乔治教堂与纳瓦拉的贝伦加丽亚喜结良缘。诺曼的埃夫勒主教为年轻的王后加冕。婚礼的客人一定包括吕西尼昂的居伊，他是曾经的耶路撒冷国王，因为有普瓦图伯爵的身份，所以也是理查一世的封臣。这无疑是英格兰王室历史上最非同寻常的婚礼和加冕礼之一：在一座塞浦路斯教堂，一位纳瓦拉少女被一位诺曼主教加冕为英格兰王后，到场庆贺的客人包括耶路撒冷流亡者。这彰显了金雀花王朝统治下英格兰王室范围极其广大的影响力。

婚礼结束后，理查一世的军队在随后三周内继续征服塞浦路斯。理查一世将自己的舰队一分为二，让舰队的两部分绕着塞浦路斯岛相向航行。舰队每次停下的时候，空气中一定回荡着恐怖的尖叫，佩戴英格兰圣战者白十字的士兵们猛冲上岸，劫掠城镇、占领城堡、登上敌船。主要的战利品是伊萨克·科穆宁本人。这位暴君坚守了一个短暂时期，但他挚爱的女儿在凯里尼亚要塞被俘之后，他的抵抗意志就瓦解了。他向理查一世俯首称臣，唯一的要求是尊重他的地位，不要用铁镣铐捆缚他。理查一世始终是个风度翩翩的骑士，欣然同意。他特地命人打造了白银镣铐来捆缚科穆宁。

此刻，金雀花帝国扩张到了中东的边缘。理查一世在给英格兰大法官威廉·朗香（留在国内）的信中写道："我们已经征服塞浦路斯全岛及其所有据点。"他强迫所有塞浦路斯男子剃掉大胡子，确认了当地的法律和风俗，并指派自己的官吏来管理当地。但与他的父亲不同的是，理查一世更感兴趣的是现金，而不是长期的霸主地位。征服完成之后，他立刻把塞浦路斯卖给了圣殿骑士团，价码是 10 万撒拉森拜占特。

从塞浦路斯的某些制高点可以远眺黎巴嫩海岸。圣地现已触手可及，充满了诱惑。理查一世丝毫没有耽搁，立刻扬帆起航。1191 年 6 月 8 日，他抵达阿卡，发现此处的围城战已经热火朝天地打了一年多。腓力二世在几个月前抵达了这里，他的军队现在驻扎在城东。此处的基督教大军还包括占据本地的基督徒，以及德意志和比萨军队等。腓力二世的巨型投石机"坏邻居"正在和穆斯林军队的巨型投石机"坏亲戚"对决。"坏邻居"不时被敌人的火力损坏，腓力二世就命人将它修复。巨石被射入城市、深深砸入地表的隆隆巨响和撞击声，以及随后暴风骤雨般的箭矢，一定会让听力所及范围之内的人心惊胆寒。

理查一世从海上接近的时候，看到的是一座陷入消耗战的城市。人们遭受的苦难和折磨达到了想象力所及的巅峰。基督教军队在尝试填平护城河、准备攻城器械的时候，就把臭气熏天、沾染疫病的死马死人当作配重物。

此地已经希望断绝。残忍的暴行遍地肆虐。基督徒妇女们抓住了一艘埃及桨帆船的船员，将他们折磨至死。穆斯林领袖们计划向基督教军队发动恐怖袭击，在敌营里放出数百条毒蛇。法兰西人建造了巨大的攻城器械，穆斯林守军用希腊火①将攻城武器的操作人员活活烧死。饥肠辘辘的德意志士兵开始吃骡肉。挖掘战壕的劳工累得精疲力竭，在战场上炽热而充满瘴气的环境中几乎窒息。在基督徒营地里，下等妓院迅速蔓生，敌对双方都光顾这些妓女。附近的海面上到处浮动着膨胀的死尸。

理查一世刚刚抵达，就与法兰西人发生了矛盾。欧洲各国并没有组成一个反对异教徒的基督教统一战线，而是把互相之间的重重矛盾带到了圣地。理查一世比腓力二世富有得多，他麾下的士兵军饷丰厚，渴望胜利和劫掠。理查一世招兵买马时开出的价码比腓力二世高，这让后者愈发恼火。

即便没有围城战和内部的混战，阿卡对入侵者来说也是个危险的地方。理查一世在此安营扎寨不到一周时间就患上了一种类似坏血病的疾病，叫作“阿纳尔迪亚病”或“莱昂纳迪病”。他的牙齿和指甲开始松动，头发大把大把地脱落。但理查一世作为国王，牢牢掌控着自己的宣传工作。患病虽然让他身体虚弱，但他绝不允许疾病耽搁自己的作战计划。为了维持十字军东征的节奏，他向萨拉丁发出书信，要求与他秘密谈判，同时还请求他提供桃子和冰块来帮助他退高烧。萨拉丁派人送来了水果，但不肯与他见面。两位领袖之间建立了信函往来，萨拉丁很快就开始尊重法兰克人②的这位新领袖。

---

① 希腊火是最早为拜占庭帝国使用的一种可以在水上燃烧的液态燃烧剂，为早期热兵器，主要应用于海战中。希腊火多次为拜占庭帝国的军事胜利做出巨大贡献，一些学者和史学家认为它是拜占庭帝国能持续千年之久的原因之一。希腊火的配方现已失传，其成分至今仍是一个谜团，但一般认为是以石油为基础。

② 伊斯兰世界在此时期所说的“法兰克人”指的是法兰西人，或泛指十字军中的西欧人。

理查一世在东征期间多次患病，身体羸弱，但他依然坚忍不拔，不肯屈服。7 月初，基督教军队加强了对阿卡的进攻，守军濒临崩溃，理查一世坐着轿子亲临战场。他盖着光彩夺目、尽显帝王威仪的丝绸被子，手持弩弓，在帐幕掩护下向穆斯林守军射击，杀死多人，并鼓舞自己的士兵奋勇直前。7 月 5 日，基督教军队终于突破了阿卡的防御。这项功绩既属于从东面顽强猛攻的腓力二世，也属于从北面攻城的理查一世。近两年时间内，基督教军队用掘堑壕、挖地道、投石机抛掷巨石、云梯登城、射箭等手段，坚持不懈地攻打这场城市。参战者成千上万，包括在东方的几乎每一位有地位的基督徒贵族、金雀花王朝和卡佩王朝的雄厚军力、比萨人、热那亚人、丹麦人、德意志人和其他朝圣的战士。这座城市能够坚守这么久，彰显了穆斯林守军的极度英勇。

在阿卡陷落之前，萨拉丁和基督教骑士们敲定了一个协议，以避免血腥的洗劫。十字军允许阿卡守军以体面的方式投降，在城头上升起了理查一世和腓力二世的旗帜——他们是攻城的主要领导人，而尽量避免更多的暴力流血。作为回报，萨拉丁答应缴纳 20 万第纳尔的赎金、释放近 2000 名战俘，并交还在哈丁缴获的真十字架。停在该城港口的埃及桨帆船舰队的大部分都被俘虏，于是基督徒在黎凡特①沿海地区的霸权得以大大扩张，穆斯林势力在地中海西进的雄心几乎彻底断送。基督徒们蜂拥冲进阿卡城内王宫之外的部分。经历了漫长而令人神经崩溃的痛苦折磨之后，他们终于可以欢歌狂舞，并在城市

① 黎凡特是历史上的地理名称，其指代并不明确。它一般指的是中东、地中海东岸、阿拉伯沙漠以北的一大片地区。“黎凡特”一词原指“意大利以东的地中海土地”，在中古法语中，黎凡特（Levant）为“东方”。

比较脏乱的区域狂饮、嫖妓。但这场胜利也播下了灾难的种子，将会在欧洲产生严重的后果。尽管阿卡是被欧洲多国军队联合攻克的，理查一世、贝伦加丽亚和琼还是将王宫占为己有。理查一世的盟友奥地利公爵利奥波德（他自 4 月起就在圣地作战，在阿卡围城战中贡献很大）已经抢先一步到了这里，在王宫悬挂了自己的纹章。理查一世把这些纹章都撕扯掉了。理查一世的傲慢激怒了利奥波德公爵和腓力二世，他们在理查一世手里遭受了数不胜数的怠慢，这让他们的东征之旅充满了屈辱。

阿卡战役之后，十字军东征运动得到了很大鼓舞，但也遭受了意外的打击。腓力二世在嫉妒、思乡和恼怒的联合刺激之下，宣布要班师回朝，因为他认为自己征服了阿卡，参加圣战的誓言就算是兑现了。人们普遍认为这是懦夫的行为，损害了法兰西王室的尊严。事实上，腓力二世受够了理查一世的侮辱。他们的最近一次权力斗争是关于耶路撒冷国王的人选：理查一世推荐吕西尼昂的居伊，而腓力二世支持蒙费拉的康拉德。

阿卡的胜利不是没有代价的。佛兰德伯爵腓力在攻城战中阵亡。这是欧洲贵族在东方的一个重大损失，但此事在欧洲的影响更大。佛兰德是欧洲的羊毛和纺织中心，富饶兴旺。如果能将它的一部分纳入法兰西王室领地，就可以大大改善法兰西的财务状况。在东方为了上帝的光荣而战是一回事，但腓力二世内心里毕竟还是个卡佩王朝的君主。对他来说，将佛兰德伯爵留下的富裕领地占为己有才是要紧事。法兰西国王当然更愿意在欧洲西北部为法兰西王室赢得新利益，而不是在酷热难当、肮脏污秽的东方为人作嫁、屈居老二。8 月 3 日，腓力二世从推罗启程，离开“海外”，返回法兰西。

理查一世现在成了第三次十字军东征实际上的最高统帅。他拥有强大的军队、雄厚的财力、庞大的舰队和如日中天的崇高威望。现在他还掌握了几乎全部军事指挥权。据编年史家迪韦齐斯的理查记载，理查一世曾宣称，对他来说，如果让腓力二世待在东方，就像是猫的尾巴上被拴了只锤子。现在锤子被拿掉了，猫可以尽情奔跑了。理查一世在中东将会为自己赢得更多的光荣，他现在没有义务与别人分享荣耀了。但随着他在圣地停留的时间延长，国内的问题却愈发严重。

背　叛

约克大主教若弗鲁瓦[①]抵达多佛尔的时候，就像其他每一位初次到访的客人一样，目睹正在兴建的宏伟城堡，赞叹不已。到1191年9月，与已故的路易七世参观工地时相比，这项工程已经有了很大进展。现在，若弗鲁瓦仰视它巍峨雄壮的方形主楼，回想起了自己的父亲。他的父亲花费了巨大财富，将这座城堡修建为王室光辉荣耀的象征，彰显着金雀花王朝的世俗权力。

若弗鲁瓦自己也是个威风凛凛的人。他颇具军事才华，是一位学识渊博的教士，还可以算得上是金雀花王朝的一位王子。他是亨利二世与一名叫作伊克奈的女子所生的私生子。据编年史家沃尔特·马普说，伊克奈是一个娼妓。若弗鲁瓦为王室和教会效力，早已飞黄腾达，曾担任父王的大法官，在1173至1174年的大叛乱中还在北方指挥作战，冒着生命危险，取得了不俗的战绩。现在，他是弟弟理查一世属下的第二大宗教权威。在国王远征海外，并且还没有诞下直接继承人的时候，让一个有王室血统的青年留在国内，无疑是一件非常危险的事情，何况这个青年还富可敌国、野心勃勃。因此，十八个月前，理查一世在出发前往圣地之前曾迫使若弗鲁瓦像约翰一样，发誓在三年之内不返回英格兰。朝政被交给了威廉·朗香，他综合多重身份于一身：伊利主教、教皇使节、首席政法

① 与亨利二世的另一个儿子布列塔尼公爵若弗鲁瓦（阿尔蒂尔的父亲）同名。

官和大法官。集政权和教权于一人的最高程度的例子莫过于此。

现在，若弗鲁瓦和他的同父异母弟弟约翰结盟，违背了自己的誓言。理查一世在西西里的时候曾表示，如果他在十字军东征中去世，那么他的侄子——布列塔尼的阿尔蒂尔应当成为英格兰王位继承人。阿尔蒂尔是理查一世的弟弟若弗鲁瓦的儿子，若弗鲁瓦于1186年在巴黎的一次比武大会中丧生。理查一世出征“海外”的时候，阿尔蒂尔大约四岁。二十四岁的约翰对自己兄长的王储人选表示强烈不满。他违背了自己的诺言，返回英格兰，占据了诺丁汉和蒂克希尔的大城堡。威廉·朗香的治理不得人心，所以约翰得以招兵买马，反对这位大法官。朗香的出身和背景都是诺曼的，非常专横跋扈，与他试图治理的民众格格不入。为了解决争端，约翰与朗香进行了谈判。约翰迫使朗香抛弃了年轻的阿尔蒂尔，而承认他自己为英格兰的假定继承人。

约克大主教若弗鲁瓦在多佛尔登陆的时候得到了约翰的警报：危险迫在眉睫。若弗鲁瓦返回英格兰的消息已经走漏风声，朗香的部下正在奔赴多佛尔，去逮捕若弗鲁瓦。一旦被捕，若弗鲁瓦会被冠以非法入境的罪名，可能会身陷囹圄。若弗鲁瓦匆匆奔逃，穿过多佛尔城，躲进了圣马丁小修道院。

朗香的部下将修道院团团围住，四天之后失去了耐心，便硬闯进去，抓捕他们的猎物。他们发现约克大主教在圣坛旁。这是一个安全的地方、一个神圣的地方。考虑到前不久发生的时事，这还是个非常具有象征意义的地方。大法官的部下向若弗鲁瓦大主教扑过去，将他五花大绑，押出修道院。这让人联想起贝克特被谋杀的情景，令人惴惴不安。若弗鲁瓦被拖着手脚，经过多佛尔的街道，沿途脑袋不断撞击地面。这对若弗鲁瓦来说固然不是愉快的经历，但对威廉·朗香来说却是个政治灾难，现在英格兰的几乎所有教士都敌对他。

约翰的宣传家们开始上蹿下跳。忠于约翰的作家，如诺南的于格，对朗香大肆攻击，嘲讽他是猿猴、侏儒、变态和恋童癖。他遭受的指控罪名涵盖了中世纪人们的想象力能够设想的每一桩恶癖和罪行。与此同时，约翰在做控制伦敦的准备。朗香试图阻止约翰入城的时候，伦敦市民封闭了城门，谴责大法官是叛贼。

洋洋得意的约翰将朗香拖到摄政议事会前。约克大主教若弗鲁瓦向朗香发出了一连串贪污腐败的指控，并谴责大法官派人逮捕自己的恶行。朗香的权威几乎荡然无存。他的官职被议事会剥夺，被迫为自己的城堡交出人质，还被关押在多佛尔监狱一周之久。他被释放的时候，已经彻底垮台，忙不迭地逃往佛兰德。摄政议事会指定约翰为全国最高摄政。这恰恰就是理查一世试图阻止出现的局面。

在圣地，理查一世所向披靡。尽管条件恶劣，而且他自己疾患缠身，但他还是稳固地控制了阿卡，并且给萨拉丁制造了许多麻烦，尽管用的是非常煞风景的策略。1191 年 8 月，他在阿卡城外的一块平原上屠杀了两千六百名穆斯林战俘。不久之后，基督教军队南下，攻克了耶路撒冷的港口城镇雅法。理查一世与萨拉丁之间不断有书信往来。两位领袖都在试探对方，看能否通过外交途径达成一个和平协议。其中最淘气的和平建议要数理查一世的一个主意：让他的妹妹琼嫁给萨拉丁的兄弟，条件是这个兄弟必须改信基督教。

约翰兴风作浪的消息很快就传到了东方。1192 年 4 月初，在亚实基伦，理查一世得到报告，他的大法官被罢免了。这消息令人不安，但理查一世已经制定了紧急预案。他派遣林肯主教——库唐斯的沃尔特回国，调解约翰和朗香之间的关系，并担任首席政法官，在政府工作中扮演高度活跃的角色。5月末，理查一世得到了更令人心惊肉跳的消息。他得知，约翰正在和法兰西国王腓力二世勾结。使节向他警告说，约翰正在进行“可耻的背叛”，英格兰面临沦陷的危险。只有埃莉诺还能遏制住她的小儿子。理查一世从自己的经验深知，如果一位王子与卡佩王朝联手，必将招致灾祸。毕竟，理查一世自己就曾经这样对待父亲。

理查一世目前只是部分收复了耶路撒冷王国，但他在中东待得越久，弟弟约翰和异母弟若弗鲁瓦把英格兰王国搞成瓦砾堆的风险就越大。新的作战季节即将开始。这将是他在“海外”的最后一个作战季节。他只有最后一个机会去战胜萨拉丁、赢得无上光荣了。此后他必须回国，重返诺曼底和英格兰。

1192年4月中旬，意大利贵族蒙费拉的康拉德获悉了喜讯。在圣地征战多年之后，他将要成为耶路撒冷国王了。他与自己的主要竞争对手——吕西尼昂的居伊的漫长斗争终于要结束了。居伊放弃了对耶路撒冷王位的主张，交换条件是塞浦路斯的宗主权。康拉德将成为“海外”的基督徒世界的永久性领导人，负责继续推动针对萨拉丁的战争。这是一项极大的荣誉，他对此已经垂涎许久。

4月28日夜间，仍然沉浸在喜悦气氛中的康拉德去博韦主教腓力家用膳。在欢宴一晚之后，康拉德在两侧卫兵的保护下，骑马穿过推罗的街道，打算回家休息。他策马走进一条小巷的时候，看到路两边分别坐着一个人。他接近的时候，这两人站起身来，迎了上去。其中一人手里拿着一封信。康拉德很好奇，但没有下马。他从马背上探出身来，伸手去接信。这时，拿信的人抽出匕首，向上猛戳，深深刺入康拉德的身体。另外一个人跳上他的马背，猛刺他的身侧。康拉德跌落下马，当场死亡。他担任名义上的耶路撒冷国王还不到两周时间。

杀害康拉德的两名刺客是神秘莫测的拉希德丁·锡南（人称“山中老人”）派来的。他是一个以叙利亚为基地的凶残的宗教派别的领袖，与萨拉丁联手反对基督徒。很快就有流言称，这次暗杀有理查一世在幕后推动，因为理查一世曾支持吕西尼昂的居伊当耶路撒冷国王。“海外”的王权政治又一次陷入危机。这年夏天基督教军队向耶路撒冷的进攻以失败告终。萨拉丁向朱迪亚[①]的所有水井下了毒。于是，基督教方面产生了激烈的争论：应当继续进攻耶路撒冷，还是集中力量攻击巴勒斯坦南部，以扰乱萨拉丁与埃及的交通线？战事陷入僵局，萨拉丁盘踞耶路撒冷，基督徒则控制着沿海地带。

7月底，理查一世在阿卡周边尝试了一次佯攻，希望能够骗到萨拉丁，让他以为自己的目标是贝鲁特。萨拉丁没有上当。在理查一世不在期间，萨拉丁猛攻了雅法，取得了一场辉煌胜利。穆斯林军队以极其致命的专业技术在城墙下掘壕，将其破坏。7月31日，城墙的很大一部分轰然坍塌，一时间尘土飞扬、天崩地裂。撒拉森人横冲直撞，洗劫了雅法城。这对基督徒来说是一场灾难，因为雅法是耶路撒冷的港口，也是基

① 朱迪亚是古巴勒斯坦的南部地区，包括今天的巴勒斯坦南部和约旦西南部。

督徒海上优势的一个关键的战略核心所在。

7月31日夜间，理查一世率领一支小规模舰队驶入雅法港。他在绝望之下，选择了逆风航行。国王乘坐的战船上遮盖着红色华盖。红头发的国王涉水上岸，他的红旗在微风中招展。他率领部下逼近城镇，那里每一个街区上方都飘扬着穆斯林的旗帜，街道上回荡着“真主伟大!”的呼喊。一些基督徒船员利用搜罗来的木料搭建了滩头防御工事，而理查一世则指挥部队进攻城镇。

基督徒的进攻猛烈而出人意料。理查一世的人马尽管处于劣势，但仍然扫清了雅法城内的穆斯林入侵者，用弩弓火力将其驱散，将他们赶入内陆。几天后，穆斯林军队重返这座饱受摧残的城市。基督徒骑士组成了刺猬阵型，用弩箭将敌人击退。理查一世又一次赢得了一场不可能的胜利，巩固了他在东方的传奇地位。这是第三次十字军东征的最后一次军事交锋。

双方都无力再战。理查一世写信给萨拉丁，发出警告，如果战争继续下去，“你我都将死无葬身之地”。双方都没有力量打下去，只能试试外交手段。1192年9月2日，星期三，双方终于签订了为期三年的停战协定。耶路撒冷仍归萨拉丁所有，但他同意允许少量基督徒朝圣者前往圣墓。推罗和雅法之间的所有土地仍归基督徒。真十字架还在萨拉丁手中。

理查一世从未与萨拉丁谋面，也没有去耶路撒冷朝圣过。他写信给这位苏丹称，他会再回来征服圣地。萨拉丁大无畏地接受了这个挑战，回信说，他想不出会有哪一位君主比理查一世更有可能夺取他的帝国。但萨拉丁已经时日无多，不到一年后，于1193年3月4日在大马士革与世长辞。他是这个时代最令人畏惧和尊重的穆斯林领袖。萨拉丁尽管能够做出超乎寻常的屠杀和暴行，同时却以慷慨大方、关心民众疾苦著称。他将自己的家产用于周济穷人，去世时只留下少量钱币。尽管理查一世尽了极大努力，但萨拉丁还是收复了耶路撒冷和圣地的几乎所有十字军城市，只有雅法和推罗之间的狭窄地带仍然在基督徒手中。

1192 年 10 月，理查一世起航返回欧洲。他动身时一定十分忐忑。此时他的王位说不定已经被弟弟篡夺了。理查一世将他的外甥——二十六岁的香槟伯爵亨利[①]留下，担任耶路撒冷国王。但这位国王只拥有半壁江山。以最严格的标准来看，理查一世的东征是个失败。但它在有一个方面是成功的：狮心王的传说诞生了。

① 香槟伯爵亨利的母亲是法兰西的玛丽，即阿基坦的埃莉诺与法兰西国王路易七世生的女儿。也就是说，狮心王理查是玛丽的同母异父弟弟。

意外的绕道

1193 年春末，理查一世创作了一首充满忧郁和沮丧、挫折和思乡之情的歌谣。这首歌用阿基坦的本土语言——奥克语写成，以其第一行“没有一个囚徒”为题，流传了八百多年。其中最著名的两节歌词如下：

没有一个囚徒能将自己的故事
讲得完美，佯装自己并不忧伤；
但作为慰藉，他可以写一首歌。
我有许多朋友，但他们的馈赠都很糟糕；
如果为了等待赎金，我必须被囚两个冬天，
那么他们真够可耻。
我的部下和封臣们都深知，
不管他们是英格兰人、诺曼人、普瓦图人还是加斯科涅人，
我绝不会抛弃一个可怜的伙伴，
让他久留在监牢中。
我这话不是责备他们，
但我依旧身陷囹圄。

理查一世创作这首凄凉歌谣的地点是莫德尔河畔的哈格瑙皇宫，这是一座宏伟的设防猎苑。这座雄伟建筑是由弗里德里希·巴巴罗萨建造的，目前的主人是他的继承人海因里希六

世。皇宫内收藏了大量珠宝和神圣罗马帝国的珍奇。

理查一世结束了东征，开始返乡之旅，却发现自己在整个欧洲已经臭名昭著。在东方和他并肩奋战到最后的那些人或许会欣赏他的努力，但那些先走一步回欧洲的盟军却对他没有一点好印象。在这些人看来，理查一世狂傲自负、专横跋扈，理应摔个大跟头。他撕毁了与法兰西国王姐姐的婚约，这对法兰西来说是莫大耻辱。他废黜了塞浦路斯的统治者，而后者与欧洲的多位重要贵族有亲戚关系。他不肯与奥地利公爵利奥波德分享战利品，还在洗劫阿卡的时候将利奥波德公爵的旗帜撕下。有流传甚广的传言说，他就是蒙费拉的康拉德遇刺的幕后黑手。西欧的几乎每一位主要君主都有理由恨他。他离开“海外”回国的时候，很快就发现，能够安全通行的地方实在太少。海因里希六世皇帝现在是法兰西国王腓力二世的盟友，因此皇帝的领土也不安全。所以，理查一世从圣地返回的路径与出发时大不相同。他的第一个停靠港是科孚岛，他在那里得知，敌人已经切断了意大利北部和伊比利亚半岛南端之间的几乎所有海上通道和停泊点。返回自己王国的几乎所有道路都要通过敌境。

11 月，海况恶化，波涛汹涌。理查一世和少数亲信雇佣了桨帆船，出发北上。他们在亚得里亚海的伊斯特拉外海遭遇海难。在抵达友好的萨克森公爵狮子海因里希（理查一世的姐夫）的领地（在德意志东北部）之前，理查一世必须走漫长的陆路，穿越中欧，才能最终回家。这条道路的几乎每一段都必须经过敌境。理查一世一行人乔装打扮为朝圣者，开始徒步前进。但欧洲最著名的十字军国王在旅行时怎么可能不被认出呢？刚走了三天，在离维也纳 50 英里的地方，他们被人认出和告发。理查一世被逮捕，交给了奥地利公爵利奥波德。1193年2月，利奥波德将他卖给海因里希六世皇帝，价码是皇帝能够为这位被俘国王索取的赎金的一半。他被皇帝扣押，听候审判，罪名包括谋杀蒙费拉的康拉德和与萨拉丁缔约、出卖圣地。

理查一世被囚禁在皇帝的宫廷的时候，受到严密监视，但并没有受到虐待。根据贵族的规则，他实际上是被软禁起来的。将一位国王投入地牢是惊世骇俗、极不可能的事情。理查一世是一位十字军战士，因此教皇理应禁止基督徒将他监禁。理查一世的外交官们在罗马愤愤不平地提出了这一点。但理查一世仍然被囚禁起来，就像他的母亲曾被他父亲关押，以及他的叔公罗贝尔·柯索斯被外曾祖父亨利一世囚禁一样。他一定会回想起，自己的母亲身陷囹圄十五年，而柯索斯在狱中度过三十载春秋后含恨死去。他的命运在多大程度上会与他们雷同？

在英格兰，理查一世的弟弟约翰当然乐于看到自己的竞争对手在帝国的监狱把牢底坐穿。这样他就能放开手脚去攫取王位。像之前的任何一位金雀花家族成员一样，约翰雄心勃勃且冷酷无情，自然不需要别人怂恿。1193年1月，在巴黎，二十五岁的约翰以金雀花王朝大部分领土宗主的身份向腓力二世宣誓效忠，并同意迎娶被他哥哥抛弃的新娘艾丽斯（此时已经三十二岁）。然后约翰返回英格兰，企图掀起一场叛乱。

对理查一世和英格兰来说幸运的是，在这个习惯了国王长期在外的国度，还有很多理智的头脑。腓力二世在十字军东征中半途而废，匆匆赶回欧洲将佛兰德攫为己有。现在，他从佛兰德方向对英格兰构成了威胁。为了阻止腓力二世入侵英格兰、支持约翰夺权，阿基坦的埃莉诺和库唐斯的沃尔特加强了海岸防御。苏格兰国王狮子威廉对一位身处异邦的十字军战士的困境表示同情，并且深知理查一世过去的慷慨大方，因此拒绝起兵反对这位身在千里之外的国王。3 月，理查一世在狱中提名自己的十字军战友休伯特·沃尔特为坎特伯雷大主教。沃尔特当选之后，主持了一次大型议事会，与会者普遍同意，应当尽快援助国王。

3 月，神圣罗马皇帝将理查一世送上法庭。在云集于法庭的权贵和廷臣面前，理查一世慷慨陈词，为自己辩护，表现出了极大的庄严、尊贵、雄辩和优雅，令许多人感动得怆然泪下，当地的许多贵族转而支持他。布列塔尼的纪尧姆写道，理查一世“如此能言善辩和威风凛凛，风度高贵勇敢如雄狮，似乎他不是在受审，而是端坐在林肯或卡昂的祖先王座上”。腓力二世试图将他转移到法兰西法庭受审，而理查一世借助了精明的外交手段，与莱茵兰（在神圣罗马帝国和法兰西王国之间）的叛乱诸侯谈判，帮助他们与帝国和解，卖了个人情给皇帝，于是没有被交给法兰西人。尽管有消息传来，腓力二世的军队横扫诺曼底，占领了吉索尔的大城堡，还正在攻打公国的首府鲁昂，但理查一世没有惊慌失措，而是向在英格兰的支持者发去信函，安抚和鼓励他们，给世人留下一种至关重要的印象：他的获释已经指日可待。

但要重见天日，必须要付出昂贵代价，他的国库会被一扫而空。理查一世的领地原本就因为十字军东征的巨额经济负担而苦不堪言，现在为了筹措国王的赎金，又惨遭横征暴敛，被征收高达 25% 的收入税和动产税。大贵族们都要为赎回国王出资出力。英格兰全境的隐修院和教堂的羊毛和贵重餐具都被搜刮一空，教士们听到王室官吏走近的沉重脚步声，都会提心吊胆。编年史家拉尔夫·德·狄瑟托记载道："较大的教堂交出了年代久远的财宝，各教区奉献出了银质圣餐杯……大主教、主教、大修道院院长、小修道院院长、伯爵和诸侯们缴纳了他们年收入的四分之一；熙笃会僧侣和普雷蒙特雷修会的修士们捐出了他们全年的羊毛产出；依靠宗教什一税过活的教士们捐出了自己收入的十分之一。"在埃莉诺和王室首席政法官们的严密监视下，教会和臣民的钱袋都被搜刮一空。在理查一世的王国，全民团结起来为筹措他的高额赎金而努力，几乎完全对他弟弟约翰越来越无耻的夺权努力置之不理，这足以证明，在国民眼中，久经考验的武士理查一世的合法王权的价值是多么崇高。

即便是付出了如此惊人的努力，还是花了足足六个月才筹齐了理查一世的赎金。整个秋天，他郁闷愁苦地听候皇帝发落。被囚禁的狮心王的传说迅速传遍了整个欧洲。多年后流传起了许多关于理查一世最喜爱的吟游诗人布隆代尔的夸张故事，讲述他漫游欧洲大陆，寻找自己的主公，最后终于在远方听见了他们两人曾一起创作的歌曲，于是查明了主公被囚禁的地点。这个故事虽是后人附会，但理查一世在狱中的确是振奋精神、笑脸示人，在到访的外交官们面前表现得爽朗愉快，尽管奸诈的弟弟正在企图抢班夺权。

1194 年 2 月 4 日，理查一世重获自由。他付了 10 万马克赎金，并交出人质（包括鲁昂大主教和萨克森公爵海因里希的两个儿子），保证还将交付 5 万马克尾款，并且在母亲的劝说下，接受了海因里希六世的一项非君子的要求。在谈判末期，海因里希六世要求理查一世将英格兰王冠交给他作为抵押，许诺将来会归还，但要求理查一世臣服于帝国，成为帝国的封臣。这的确是疯狂的价码，是能够赎回国王的天文数字赎金。但这意味着，在一年零六周的牢狱之灾之后，理查一世终于自由了。此时，帝国的边境上已经困难重重。据编年史家豪登的罗杰记载，腓力二世给约翰发去了十万火急的信，将这消息告诉他："好自为之，魔鬼已出笼。"

3 月 20 日，理查一世在肯特郡的桑威治登陆；他离开英格兰差不多已经有四年之久。据拉尔夫·德·狄瑟托记载，三天后，"在装点一新、金碧辉煌的伦敦城，在教士和民众的欢呼雀跃之下，他在达官贵人的簇拥之下走进圣保罗大教堂"。这是一次喜气洋洋的归途。但理查一世没有时间享受盛大的欢迎宴会。他还有很多工作要做。

狮心王归来

1194 年 4 月 17 日，在温切斯特大教堂的小隐修院，理查一世身穿国王的全套华服，佩戴王室全副御宝，威风凛凛、昂首阔步地走出自己的房间。他头戴沉甸甸的王冠，身披典礼仪庆专用的华丽袍服，他上一次穿这套华服还是 1189 年在威斯敏斯特。就像他加冕时一样，三位伯爵走在他前面，手捧宝剑。其中一位是苏格兰国王威廉，以亨廷顿伯爵的身份参加仪式：狮子走在狮心王前面。

理查一世从小隐修院行进到教堂，周围簇拥着英格兰位高权重的伯爵和骑士们。在教堂内，年事已高但在政治上仍然非常精明敏锐的埃莉诺和她的侍女们在等待一睹国王的威仪。教堂外，人头攒动，争相见证君主的风采。这就是圣地的英雄、欧洲君王们的克星。在被囚的一年多中平添许多皱纹的理查一世回到了自己的国度，将要展示一番自己的强大力量。

这是一次正式的戴冠冕的典礼，其庄严隆重几乎可与加冕礼媲美。这种庆典的惯例在以往诺曼王朝诸王治下保存下来，但在亨利二世时期荒废了。复苏这种仪式并非理查一世自己的选择；这是他的主要谋臣们的建议，他们主张举办一次此类仪式，重新确立国王的权威，昭示天下。理查一世通常对仪式庆典和在公共场合作秀很不耐烦，但这一次严格遵守繁文缛节，全面展示了君主的威仪。

1194 年春季，他忙于巩固自己的统治。回国几天之内，他就完全扑灭了约翰叛乱的余烬，围攻了蒂克希尔和诺丁汉的城堡，绞死乱臣贼子，向他遇见的所有人宣示自己作为君主已经归来。他从懦弱无能的弟弟及其支持者手中没收了大片英格兰土地，罢免了许多郡长，任命他信任的人来充任这些职位、维持国内秩序并收缴赋税以便填充国库。

理查一世在狱中时曾写信给伦敦方面，提名自己的十字军战友休伯特·沃尔特为坎特伯雷大主教和首席政法官。沃尔特是一位卓越的政府管理者，在十字军东征中因英勇无畏而威名赫赫。他是亨利二世的财政大臣雷纳夫·格兰维尔的外甥，或许是中世纪一系列王室官吏中最了不起的一位。他富裕、慷慨、虔诚而雄心勃勃，虽然没有受过正式的教育，但是通过在实践中学习法律和行政，得以飞黄腾达。他曾是亨利二世的忠心耿耿而高效精干的仆人，在“海外”又是理查一世的成功外交官。理查一世被俘之后，沃尔特是第一个找到他并且开始谈判、努力营救国王的英格兰人。理查一世在狱中写信提名他为坎特伯雷大主教，他则投桃报李，为国王争取到了政治上的支持，阻止约翰损害远在国外的兄长的王权。现在沃尔特被提升为副摄政。这一次，他仍然没有让理查一世失望。他将王室和教会的事务处置得井井有条。他改革了英格兰的司法、财政和行政体系，增加了政府的收益，扩大了它的影响，提高了它的效率。他受到广泛的信任；他一言九鼎，可以代表国王裁断大事。

有了沃尔特执掌朝纲，理查一世大可放心，自己在返回法兰西征战的时候，会得到源源不断的财力支持。尽管英格兰为了支付国王的赎金已经大伤元气，但还是能凑齐一些军费。理查一世通过卖官鬻爵，筹措了一大笔钱。他有时将官职卖给希望晋身的新人，有时向已经占据某职位的人索取金钱。沃尔特亲自巡视英格兰全境，处理司法事务。这部分是为了在平定约翰叛乱之后恢复法律和秩序，但他也特别一丝不苟地查明了王室采邑和地产的情况，以及各种封建权益，如监护权、照管权和王室获得无人继承之地或财产的权利。他任命各地区的骑士去最大限度地征收各郡的王室赋税，将这些金钱送到国库，登记造册。沃尔特还监督了一项新制度的建立，该制度旨在监管、记录和管理英格兰犹太人的放债生意，这对王室财政来说是件值得忧虑的事情，因为如果向犹太人借款的债务人死亡，而债务尚未偿清，那么债务就会转移到王室。

所有这些措施都延续和加强了亨利二世采纳的政策，即加强王国政府对地方社会的影响力，并使这种影响更为普遍和统一。但这并非理查一世主要关心的问题。休伯特·沃尔特的财政政策很有必要，因为理查一世对王室收入的要求已经超过了他之前的任何一位国王。他的无情索取都得到了满足，而没有招致人民起义或政体危机，这足以证明英格兰的富庶（诺曼底也很富裕，在12世纪90年代末越来越繁荣）。理查一世作为国王的一项伟大之处就是，尽管他迫使国民做出极大牺牲，却仍然令权贵们对他忠心耿耿。他索取的巨额金钱或许被填入了攻城战和血腥战争的贪得无厌的无底洞，但从来没有恣意浪费过。

1194年5月12日，理查一世从朴次茅斯起航，前往诺曼底的巴尔夫勒。此后他再也没有回到过英格兰。在出发之前，他向朴次茅斯授予特许状，开始在此地兴建城镇和宫殿，后来将这个安宁的沿海村庄转变为英格兰南海岸最重要的军港。财富、人员和武器就通过这个渠道，被输送到欧洲大陆的战争中去。随后，他登上舰队中的首舰，离开了自己的王国。在随后的五年中，他在诺曼底待了九或十个月，其余时间都在阿基坦、布列塔尼和安茹，为了金雀花帝国在法兰西的灵魂，与腓力二世殊死搏斗。

理查一世驾临巴尔夫勒的时候，当地人欢欣鼓舞、喜气洋洋。这是一幅胜利的景象：诺曼底公爵回来了，带来了一支包括一百艘船的舰队、攻城器械、旌旗、甲胄、士兵、战马、骑士、雇佣兵和王室扈从。人们载歌载舞、欢庆胜利、纵情饮宴。经历了金雀花王朝近半个世纪风雨的忠诚战士威廉·马歇尔也从未见过这样的景象。“国王抵达诺曼底时，他的所有人民刚看到他，就向他馈赠精美礼物，向他好言赞颂。他身边始终簇拥着脚步轻捷、跳着优雅舞蹈的人们……欢呼雀跃的人群如此拥挤，令人喘不过气来，以至于……如果抛起一个苹果，你都看不到它落地……各处钟声回荡，青年和老人组成长长的队伍，一边走一边唱：‘大能的上帝降临了，法兰西国王要滚蛋了！’”

尽管得到群众的欢迎，理查一世仍然忧心忡忡。他的敌人非常强大。腓力二世中断十字军东征回国抢夺佛兰德的时候，还将富饶的阿图瓦伯爵领地占为己有。这极大地增加了他的财富和权力，法兰西国王趁机穷追猛打，直指对方的要害：诺曼底。自理查一世的祖父若弗鲁瓦·金雀花在12世纪40年代征服诺曼底以来，诺曼底公国还从未遭到过如此猛烈的攻击。在歹毒的约翰的纵容之下，再加上领地横跨法兰西—诺曼底边境的领主们的变节，腓力二世占领了大片土地，包括韦克辛、西诺曼底大部和海滨领地阿尔克与欧城。这些地盘，再加上他在佛兰德的新领地，使得卡佩王朝第一次得以从海上威胁英格兰海岸。在其他地方，约翰将图赖讷的一些关键城堡封赏了出去，还放弃了对昂古莱姆（阿基坦最动荡的部分）的宗主权。这并不会直接影响到诺曼底的安全，但腓力二世可以随时在这些地区煽动战火，分散理查一世在主要战区的精力。

最严重的损失是韦克辛地区的吉索尔城堡。吉索尔是整个法兰西最坚固和强大的城堡之一，足以与多佛尔和希农的要塞媲美。吉索尔城堡的外墙布局呈八边形，内有一座圆柱形主楼和一座石质高地，建有戒备森严的防御工事。它位于鲁昂和巴黎这两座互相争斗的都城之间，占据着一个关键的战略地位。诺曼底历代公爵们以这座城堡为基地，得以控制和保卫西欧最重要的边疆地区之一。现在它落入了腓力二世手中，于是形势发生了逆转。金雀花帝国维持了半个世纪的边境安全被利欲熏心的约翰出卖了。

约翰的所作所为严重侵害了金雀花帝国的利益，因此即便理查一世将他视为毕生死敌，也不足为奇。但理查一世没有这么做。他抵达诺曼底之后，约翰立刻来到他的宫廷，匍匐在地，乞求宽恕。威廉·马歇尔对这情景的记述体现出了理查一世对弟弟的怜悯和鄙夷："国王将弟弟扶起来，对他说：'约翰，不必害怕。你还是个孩子，而且照顾你的都是些恶人。那些给你进献谗言的佞臣将会得到应有的惩罚！起身来，去吃饭吧。'"刚有人向国王献上了一条鲑鱼，国王就命令将它做成菜，让行为不端的弟弟享用。

理查一世为什么会原谅约翰？豪登的罗杰认为，这次兄弟和解是阿基坦的埃莉诺促成的。豪登的罗杰出身约克郡，是个编年史家，曾陪同国王参加十字军东征，因此对王室家族政治了如指掌。埃莉诺认识到，王室如果团结一致，势必比手足相残要更强大。在她的建议下，理查一世同意，他的二十七岁弟弟是个奸诈的懦夫，但相信最好与他结盟，而不是和他撕破脸皮。理查一世宽恕弟弟之后，约翰的又一次改换阵营就发挥了作用。他前往埃夫勒（此前他帮助腓力二世驻守这座城镇），将此地的法兰西驻军尽数屠戮，然后宣布自己现在是代表英格兰国王来驻守此地。埃莉诺认为自己的使命已经圆满，于是风风光光地退隐到丰泰夫罗（在希农附近）的家族修道院。她已经七十二岁高龄。

理查一世没有在宫廷久留。他知道，与腓力二世的斗争将会是漫长而艰难的。威廉·马歇尔将其称为“激烈而危险的战争”，“有一段时间不分胜负”。理查一世的军队成分复杂，包括为封建宗主效劳的骑士、凶悍的威尔士雇佣兵、装备希腊火的单位、富有异国情调的少量撒拉森战士、大量攻城器械，以及常规的弩手和弓手。他的基本策略是亲自率军征战，同时不惜代价地贿赂法兰西边境周围的诸侯，维持一个反对腓力二世的统一战线。

腓力二世部署的兵力比他的任何一位前任都要多。他将理查一世从其领地边境的一个地方驱逐到另一个地方。一座又一座城镇遭到围攻。不少盟约被撕毁，人们在两个阵营中朝秦暮楚。双方的骑士们极其凶残地互相厮杀，他们的残忍有时到了滑稽可笑的地步。马歇尔记述称，在一场战斗中，他独自一路冲杀到米利城堡的城堞上，精疲力竭，无力再战，最后一屁股坐在城堡总管身上，就这样将他缴械。

1195～1196 年的冬天，理查一世占了上风。他洗劫了重要港口迪耶普（之前被腓力二世赏给了自己的盟友蓬蒂厄伯爵），并挫败了腓力二世攻打伊苏丹（在贝里）的企图。在随后的和约中，腓力二世放弃了除诺曼韦克辛和一些特别敏感的边境城堡之外对金雀花王朝领土的全部主张。更重要的是，他还放弃了与图卢兹的盟友关系，终于结束了在阿基坦西南部已经持续四十年的漫长而令人身心俱疲的代理战争。这一瞬间就改变了整个地区的政治局势，说明腓力二世的优先目标正在明确起来。他暂时没有在南方瓦解金雀花帝国或威胁英格兰的计划。他觊觎的对象是诺曼底和韦克辛。腓力二世决心尽一切努力将诺曼底公爵永久性地逐出韦克辛。1196 年，他获得了理查一世九岁的侄子——布列塔尼的阿尔蒂尔的监护权，于是运气开始转变。

阿尔蒂尔是亨利二世唯一合法的孙子，是理查一世的弟弟若弗鲁瓦的遗腹子。若弗鲁瓦去世不久之后，他的妻子康斯坦丝才生下阿尔蒂尔。如果理查一世驾崩且无嗣的话，那么阿尔蒂尔就是除了约翰之外金雀花领地的唯一合法继承人。于是在 1196 年初，理查一世向康斯坦丝发出了专横的命令，要求她把阿尔蒂尔带到他在诺曼底的宫廷。她拒绝了这个要求，于是理查一世率军入侵布列塔尼。对金雀花王朝的入侵素来没有好感的布列塔尼人立刻将阿尔蒂尔送往法兰西宫廷。

腓力二世现在有了一张制胜王牌。理查一世与妻子——纳瓦拉的贝伦加丽亚的关系并不亲密。他们结婚已经六年，仍然没有一男半女。几十年前，阿基坦的埃莉诺在六年的婚姻生活中已经给亨利二世生了两个儿子和三个女儿。理查一世与妻子两地分居的时间比父母亲要久，但在这么长时间内没有子嗣，要么是因为他不上心，要么是有生理缺陷。但古老的传说，即理查一世对男性朋友比对妻子更感兴趣，已经得到了彻底的驳斥。无论如何，阿尔蒂尔在法兰西宫廷待了好几个月，与腓力二世的幼子路易（和阿尔蒂尔年龄相仿）熟识起来。腓力二世找到了另一个有用的楔子，在时机成熟时便可利用它来打击对手。

但到1197年夏季，理查一世的运气又一次好转。他收买腓力二世的邻居们的政策很成功，战局在向有利于他的方向发展。理查一世从布列塔尼撤军之后，阿尔蒂尔被送回了布列塔尼，康斯坦丝开始辅导儿子参与公国的政事。腓力二世企图与佛兰德伯爵鲍德温结盟，这对理查一世是非常危险的。理查一世对英格兰和佛兰德之间利润丰厚的贸易实施严格禁运，于是破坏了腓力二世和鲍德温的盟约。在攻打加永（法兰西在韦克辛的要塞）时，理查一世的膝盖被弩箭射伤，伤势沉重，但没有生命危险。在诺曼底，他开始建造一个新的前进基地：位于莱桑代利的宏伟而奢华的宫殿、城镇和城堡，称为加亚尔城堡。

加亚尔城堡（意思是“坚固的城堡”）是理查一世最引以为傲的产业，很快成了他最喜欢光顾的驻地。这座巨大的圆形城堡巍然屹立于莱桑代利的岩石之上，距加永只有5英里，象征着向法兰西国王发出的挑战：它是深深插入韦克辛腹地的一根尖桩，也是理查一世军事遗产的纪念碑。加亚尔城堡俯瞰着数百英尺之下的开发完善的城镇和宫殿（包括一个内河港口、一个桥梁体系，以及可供金雀花国王主持朝政的豪华宫殿），施工耗时仅两年（相比之下，亨利二世的多佛尔城堡重建工程花了超过十年时间），是理查一世治下所有城堡修建工程中耗资最大的。为了修建加亚尔城堡，英格兰和诺曼底被搜刮得民穷财尽，据说曾天降血雨，可见民愤之大。从朴次茅斯的新军事基地到鲁昂，再到莱桑代利，是一条防线，而加亚尔城堡是该防线的一个端点。从诺曼底到英格兰的交通畅通无阻，即便国王身在韦克辛，王国亦可顺畅地运转。

1197 年 7 月，理查一世终于说服佛兰德伯爵鲍德温与腓力二世分道扬镳；到秋季，局势对腓力二世十分不利，于是他请求休战一年。在停战期间，理查一世又获得了一个优势：他在被囚期间与德意志诸侯结下的交情开花结果了。海因里希六世皇帝在西西里作战时突然去世。1198 年 2 月，德意志的诸位选帝侯选举了理查一世的外甥奥托——他的姐姐玛蒂尔达与萨克森公爵狮子海因里希的儿子——为皇帝，史称奥托四世。奥托四世是在英格兰亨利二世的宫廷长大的，于 1196 年被封为普瓦图伯爵，因此与阿基坦公国关系紧密。理查一世可以寄希望于得到他的支持。权力的天平强有力地往理查一世的方向倾斜，腓力二世在东西两面都众叛亲离。法兰西全境的诸侯都认为，诺曼底和阿基坦公爵在军事上又一次稳占上风。当初理查一世被囚禁时，他们争先恐后地背弃他；如今，他们以同样迅捷的速度投奔到他的麾下。

佛兰德伯爵鲍德温在阿图瓦攻击腓力二世，开辟了第二战场；法兰西军队在韦克辛周边转移的时候，理查一世对其大加袭扰。9 月，他向位于吉索尔的腓力二世军队发动了一次奇袭。据威廉·马歇尔说，理查一世亲自率军冲杀，高呼“上帝与我们同在!”，“如同饥肠辘辘的狮子一般，向猎物猛扑过去”。法兰西军队溃散的时候，败退的骑士们将一座桥梁压踏了。腓力二世国王很幸运，被人从水里救了上来。“他们把国王从河水中拉上来之后——他唯恐丢掉性命，战战兢兢——他不肯再留在吉索尔……因为他对敌人心惊胆寒。”马歇尔以快活的笔调记述道。

此时理查一世在整个韦克辛几乎取得了完全的控制权。腓力二世在韦克辛的领地差不多只剩下了吉索尔，而这座先前的诺曼要塞与莱桑代利的新要塞相比黯然失色。法兰西国王清楚地认识到，与对手讲和的时候到了。圣诞节刚过，1199 年 1 月 13 日，腓力二世与理查一世开始谈判，希望能缔结一项长期和约。起初，教皇使节卡普阿的彼得主持了谈判。他希望两位国王尽快和解，以便在新教皇英诺森三世领导下发动一次新的十字军东征。但在唇枪舌剑的谈判中，理查一世显然对教会非常恼火，因为教会在他被囚禁期间抛弃了他，而在腓力二世威胁他领地的时候，也不管不问。理查一世开出的和平条件是，腓力二世从他那里抢走的每一寸土地都必须归还。腓力二世做好了妥协的准备，但希望保留吉索尔城堡，还希望通过联姻来巩固自己对这座城堡的控制权。谈判拖到了 3 月。

3 月底，尽管正是大斋期，理论上不准打仗，但昂古莱姆伯爵和利摩日子爵在南方发动了叛乱。理查一世毫不犹豫地率军前去镇压，并亲自带领一支队伍攻打沙吕—沙布罗尔的城堡。

这不是一座大城堡：城堡内包括妇女只有四十个人，其中只有两人是受过军事训练的骑士。他们人数太少，又缺乏补给，没有作战或据守的条件。理查一世勘察城堡的防御时，无疑认为，短期的围攻便足以粉碎守军的抵抗。

理查一世的军队带来的是战争中司空见惯的恐怖景象：手持刀剑和弩弓的士兵在乡间横冲直撞，在攻打城堡之前先烧毁附近村民的房屋和农场。工兵们在弩箭火力掩护下挖掘坑道。弩箭向城堡的城堞射去，压制守军，使其无法扰乱工兵对他们脚下城墙的破坏。城墙的石料隆隆作响，瓦解坍塌，有时会危及离城墙最近的人的安全。但他们继续挖掘，在破坏石制防御工事的同时，无疑也在削弱守军的意志。

一连三天，他们瓦解坑道，向城墙上的守军射击。一连三天，兵力薄弱的守军顽强抵抗。一连三天，理查一世在士兵们身边扎营，监督他们，指挥他们，动用自己的全部经验，争取尽快迫使城堡屈服。3 月 26 日黄昏，他离开自己的帐篷，去查看敌人防御的情况。他手持弩弓和椭圆形盾牌，头戴铁盔，但没有任何其他铠甲。在越来越昏暗的夜色中，城堡的城堞上几乎空无一人。

但并非完全无人把守。理查一世举目望去，看到有人活动的迹象。一个人从城堞上探出头来。同时代的英格兰编年史家拉尔夫·德·狄瑟托说这个人叫作彼得·巴西利乌斯。他一手拿着弩弓，另一手拿着城堡伙房的一只煎锅，当作临时盾牌。面对不可战胜的绝对优势敌人，不幸的巴西利乌斯向理查一世一行人的方向射去了一支箭。

理查一世惯于亲临前线。从雅法到加永，他都身先士卒，直面敌军，对自己接受过的训练、自己的战场本能和身边士兵的职业素养充满信心。他曾多次亲自带领士兵拼杀，躲过了无数的箭镞流矢。他热衷于战斗的刺激，酷爱搏杀的高贵事业。此地的敌人虽然微不足道、可怜兮兮，但理查一世对这些人临场鼓起的勇气还是颇为欣赏。他在遭到攻击时素来非常自信，花了一点时间来赞扬勇敢的守军，然后才去闪躲。他的这个耽搁是致命的。无论理查一世的反应是慢了一星半点儿，还是他的自负终于让他付出了代价，他这一次的闪避都不够及时。箭射入了他的左肩，伤口深达约 6 英寸。

理查一世没有喊痛。他是国王，是领袖。他绝不能让城堡守军士气大涨，也不能让自己的部下军心大乱。他就这么沉静地走回了自己的帐篷，木箭还插在他的肩膀上。

理查一世回到帐篷的时候，天已经漆黑。他的伤痛一定相当严重。箭没有切断主要血管，也没有伤到心脏，但伤口毕竟太深了。理查一世试着将箭从肩膀拔出，但他用力的时候，箭的木柄断裂，带倒刺的箭头在他体内插得更深了。

他需要专业的治疗。一名外科医生被唤来。人们小心翼翼，免得国王负伤的消息走漏风声。在火光照明之下，外科医生尝试将凶险的金属箭头从国王肩膀上拔出。他深深挖开国王的肌肉，扩大了伤口，寻找深深嵌入体内的倒刺，最后将箭头取出，将伤口包扎完毕。

但夜色茫茫的中世纪战场可不是做外科手术的理想地点。伤口很快化脓，在随后几天感染了。

理查一世的上半身很快被疾病侵袭。他的命运是显而易见的。在中世纪，如此靠近心脏的伤口一旦感染，将是不可能痊愈的。理查一世一直到最后一息都保持着坚毅的军人风度。

他一直待在帐篷内，伤情一直被隐瞒起来，以免动摇军心。他始终没有离开驻地，只有四名军人被允许觐见他。编年史家科吉舍尔的拉尔夫听到传闻称，在闭门养伤期间，理查一世对医生们的建议置之不理，“行为失控”。后来还流传开了一个关于狮心王的传说：国王在临终前的最后几天内，一直在和当地的青年享受床笫之欢。这个传说不大可能是真实的，因为理查一世已经患上坏疽，奄奄一息。只有少数人得知了国王伤情的严重性，其中就有他的母亲——阿基坦的埃莉诺。沙吕—沙布罗尔终于陷落之后，一名信使被派往丰泰夫罗，禀报年迈的女公爵，她最心爱的儿子已经病入膏肓。埃莉诺十万火急地赶往他身边。1199 年 4 月 6 日，狮心王理查宽恕了那个拿着煎锅和弩弓的勇敢的守军战士，与世长辞。他的心脏被取出，送往鲁昂，埋葬在他的哥哥小亨利身边。他的遗体、王冠和他加冕时令他非常不耐烦的华服都被送往丰泰夫罗。他被安葬在父亲脚下。他的君主生涯也是从那个地方拉开帷幕的。

至高无上的无地王

1199 年 4 月 10 日，星期六，漆黑的春季夜晚正在降临。坎特伯雷大主教休伯特·沃尔特正在鲁昂，准备就寝。第二天是棕枝主日，也就是庆祝耶稣胜利进入耶路撒冷的节日。他既是英格兰的最高总主教，也是圣地的英雄，曾抵达离耶路撒冷只有投石之遥的地方。对他来说，这是一个冥思的时刻。天色已经很晚，这时佣人禀报，有客人到访：威廉·马歇尔。他紧急求见大主教。沃尔特害怕这样的拜访已经有好几天了。

这两人都知晓一个秘密的内情。他们，以及少数几名得到信赖的仆人，知道理查一世国王在沙吕—沙布罗尔负了重伤。他们在等待关于国王伤情的消息，虽然怀揣希望，但也为最坏的结果做好了心理准备。沃尔特知道，马歇尔在深更半夜亲自到访，肯定没有好消息。马歇尔的传记记载了两人在当夜的对话。

“来吧，”沃尔特对走过来的马歇尔说道，“把消息与我分享!”但他的表情一定流露出了极端的疑虑不安。

“我可以告诉您，不是好消息，我亲爱的主教大人。”马歇尔答道。

理查国王已经驾崩。这对两人来说都是灾难性的噩耗。这位享年仅四十一岁的国王去世的惊人消息传遍了欧洲大陆，他的臣民和竞争对手们都为即将到来的巨大动荡做好了准备，因为他们知道，欧洲的政治地图很快就将发生变化。12 世纪 90 年代末金雀花王朝的中兴在很大程度上归功于理查一世的个性、领导力和对法兰西国王腓力二世的压制。理查一世的热诚使命——与腓力二世作战，将他逐出自己帝国的每一个角落——是他王政的基石，也是将他的所有追随者维系起来的纽带。金雀花王朝和卡佩王朝之间的休战既是两位国王之间私人恩怨的了断，也是两个大国之间的政治解决方案。理查一世已经不在人世，这一切都将陷入危机。沃尔特大主教在当夜仔细斟酌了这个惊人噩耗的后果，说道："全部力量都被消灭了。"

两人在渐深的夜色中促膝长谈。理查一世的死亡无法解释。是上帝在惩罚他的贪婪吗？抑或惩罚他的欲望？上帝对他发怒了吗？这些问题都无法解答。大主教和国王的忠诚骑士只能设想未来会如何发展。

理查一世死后没有留下合法继承人，去世前也与妻子非常疏远。他对未来没有任何打算，非常鲁莽，在生前没有为王位继承做任何明确的安排。理查一世和他的父亲不同，他是一股脑儿继承了金雀花王朝所有领地的，这就使得继承的问题愈发严重。现在，金雀花王朝的领地比 12 世纪 80 年代时（当时阿基坦、安茹和盎格鲁—诺曼王国有可能各自独立，被多个继承者占据）更像是一个帝国的丰厚遗产。自理查一世参加十字军东征起，人们普遍认为，如果这个帝国将由一个人继承，那么就有两个可能的人选：他的弟弟约翰，和他的侄子——十二岁的布列塔尼的阿尔蒂尔。在执政早期，理查一世曾偏爱阿尔蒂尔，打算将继承权交给他。但据编年史家豪登的罗杰说，理查一世在临终前指定约翰为继承人。这个决定很可能是在阿基坦的埃莉诺的建议下做出的。

但对马歇尔和沃尔特来说，王位继承的问题仍然是非常模糊的。他们长谈至深夜，对未来政治局势做了推测。马歇尔是个对金雀花王朝忠心不贰的封建政治家，他支持约翰。沃尔特表示反对。马歇尔认为，阿尔蒂尔身边缺少良臣辅佐。他说阿尔蒂尔“无法接近、傲慢自负”。“如果我们把他召唤到我们这边，他会给我们造成伤害和打击，”马歇尔说道，“他不喜欢在我们国度的那些人。我的意见是，他永远不应当成为国王。请考虑一下约翰的继承权：他最有权利去继承他父亲以及兄长的领地。”

但约翰的继承权远远谈不上不容置辩。国王的弟弟（即亨利二世的第三子若弗鲁瓦，也就是阿尔蒂尔的父亲）的儿子和国王的弟弟，谁拥有优先的继承权？律师和作家们意见不一。在欧洲各国，关于继承权的风俗各不相同，往往决定问题的仍然是候选人的个人才干。在这个 4 月的深夜，休伯特·沃尔特当然没有办法无可辩驳地为阿尔蒂尔的继承权摇旗呐喊。但根据他对约翰本人的评估，而不是继承法律，他向马歇尔发出了一个严正的警示：“我可以告诉你，永远不会有比你现在正在做的事情更值得你后悔的了。”

人们实在没法信任约翰。这或许就是他最重要的特点。诸侯和官僚们都不能完全相信他的言论，也不能信任他的为人。这种不信任往往是有很好的理由的。到目前为止，他丑事缠身、背信弃义、轻薄浮躁，制造了许多祸端。幼年时，他被称为“无地的约翰”，是父亲溺爱的小宝贝，无知无觉地卷入了王朝政治；在兄长被囚禁的漫长时期，他表现出了贪婪无耻的一面。在理查一世统治的末期，约翰的行为无可指摘，但人们很容易回想起，在理查一世身处海外期间，他做出了多么令人惊骇的丑事。他犯上作乱，与理查一世任命的大臣分庭抗礼；干涉教会圣职的任命；打击理查一世的首席政法官威廉·朗香；怂恿苏格兰人入侵英格兰；散布他兄长已死的谣言；哀求法兰西国王帮助他夺取英格兰王位；代表兄长在欧洲大陆的领地向腓力二世臣服效忠，将几乎整个诺曼底公国拱手让给腓力二世；企图贿赂德意志皇帝，让他将兄长永久囚禁；理查一世出狱之时金雀花王朝领地和边境的脆弱几乎是约翰一手造成的。

时至今日，许多人仍然认为约翰不值得信任，这不足为奇。同时代的作家描述了约翰令人不快的仪表，与兄长风度翩翩的骑士光辉形成了鲜明对比。与理查一世和亨利二世相似，约翰对金钱的索求无度和暴躁脾气已经人尽皆知。在人们眼中，他凶狠残忍，常常向挫败他的对手发出恶毒的威胁。但与理查一世和亨利二世不同的是，约翰软弱无能、优柔寡断、心地卑劣。好几位作家提及，约翰及其扈从在听到他人落难时会嘻嘻窃笑。他还年幼的时候，英格兰北部的编年史家纽堡的威廉斥责他是“天地伦常的敌人”。

1199 年，兄长意外去世之后，约翰并不能指望自己会顺利地继承王位。他知道腓力二世会支持阿尔蒂尔的继承权。因此，约翰的第一个行动是控制位于希农城堡的国库。他的这个举措是正确的，因为就在他骑马去丰泰夫罗瞻仰兄长陵墓并慰问嫂子的时候，金雀花王朝腹地的民意已经站到了阿尔蒂尔那边。在复活节星期日，安茹、曼恩和图赖讷——这些地区是亨利二世创建的帝国的心脏——的诸侯宣布效忠阿尔蒂尔，一下子切断了诺曼底同普瓦图和阿基坦其他地区之间的联系。在勒芒（约翰的父亲的出生地和心爱的城市），约翰被当地驻军阻挡在城外，陷入了腓力二世和阿尔蒂尔军队布下的陷阱。

只有在鲁昂（根据此地的公爵继承规则，公爵的兄弟比侄子的继承权更优先），约翰才得到了一些欢迎。1199 年 4 月 25 日，他成为诺曼底公爵，戴上了金玫瑰的冠冕。至少这还算是一场胜利，因为如果丢掉了诺曼底，就太惨了。

令人敬畏的埃莉诺此时已经七十五岁高龄，她纵横捭阖，努力保障儿子在阿基坦的继承人地位。在 12 世纪 90 年代初，她对约翰的恶行伤心透顶，但说到底对自己的孩子还是非常忠诚的。曾经是两位国王的王后的埃莉诺如今要尽一切努力，确保自己成为三位国王的母亲。她部署了一支由著名的雇佣兵统领梅卡迪耶指挥的军队，袭扰忠于阿尔蒂尔的军队，帮助约翰对抗强大的敌人，去争取王位。与此同时，在英格兰，坚信约翰是合法的王位继承人的马歇尔也开始采取行动。他向英格兰诸侯派去使节，说服他们发誓效忠约翰，理由是：约翰已经是诺曼底公爵，因此对那些在海峡两岸都有利益的人来说，约翰更有能力保障他们的地位。于是，在休伯特·沃尔特和首席政法官杰弗里·菲茨彼得的支持下，英格兰诸侯接受约翰为国王。马歇尔在与休伯特·沃尔特的那次夜谈中力挺约翰，但他后来回忆说："加斯科涅人、利穆赞人、普瓦图人、安茹人、布列塔尼人都不同意，因为他们对约翰的最高宗主权没有好感。"

软剑王约翰

1200 年 1 月中旬，法兰西国王与新登基的英格兰国王在他们领地的边境会面了。他们的年纪只差两岁，但经验却是天差地别。约翰时年三十二岁，当国王只有八个月；腓力二世却已经统治法兰西近二十载。圣诞节过去了，休战（旨在防止在神圣的季节发生战争）在持续。这是约翰登基以来两位国王的首次会晤。他们长谈了正在缔结的停战协定，亲热地互相拥抱。约翰一定感到，自己受到了其他君主的热情笼络。但腓力二世一定知道，金雀花王朝终于出了一个他能对付得了的君主。他对约翰可谓了如指掌。他们曾经并肩作战，也曾互相厮杀，但从未以平等的身份相处过。在他们相处的漫长历史里，约翰的身份始终是娃娃、弟弟、求救者；而腓力二世则是国王和法官。

在理查一世被囚期间，约翰曾打算与腓力二世缔结协约，以便品尝一下王权的滋味。但这些协约表明，约翰虽然渴求权力，但并不真正理解行使权威意味着什么。他在谈判中总是会首先动摇，让对手占尽便宜，自己的权利被一点点抢走，却束手无策。

八个月前的 1199 年 5 月 25 日，约翰在威斯敏斯特教堂由休伯特·沃尔特加冕为王。就像过去曾发生的那样，这一次也没有时间举办盛大奢华的典礼。新国王得到了丰厚赠礼和尊崇，但整个加冕礼有种按照规矩办事的俗套意味，而算不得令人心醉神迷的盛景。约翰不能，也不愿意在自己的新王国待得太久。在受膏和典礼结束之后，他面临着艰巨的任务：防御诺曼底、安茹和新王国边境的薄弱环节。加冕完毕两周之内，约翰便动身前往欧洲大陆。诺曼底局势已经十万火急，他急需盟友。腓力二世支持布列塔尼的阿尔蒂尔；安茹、曼恩和图赖讷都遭到了法兰西—布列塔尼联军的攻击。金雀花王朝领地的中段，即连接诺曼底公国与阿基坦公国的地区，面临沦陷的危险。

抵达迪耶普之后，约翰重新确立了理查一世曾小心构建的与佛兰德伯爵和布洛涅伯爵的盟约。这年秋天，他在安茹与腓力二世交锋。约翰在这里干了一番大事业。安茹伯爵领地内最强大的贵族威廉·德·罗什原本支持阿尔蒂尔，现在突然间改换门庭。神圣罗马皇帝奥托四世和教皇英诺森三世都发来了支持英格兰新王的信函。德·罗什似乎感到，局势在往对约翰有利的方向发展。

为了争夺曼恩的一座城堡，德·罗什与法兰西国王发生了冲突。这对约翰来说是可乘之机。德·罗什在勒芒与约翰会面，正式与其缔结盟约。他给约翰还带来了精彩的礼物：布列塔尼的阿尔蒂尔和他的母亲康斯坦丝。母子俩都已经准备议和。理论上，腓力二世这就没有理由继续打下去了。但这要取决于约翰有没有本事和侄子讲和。他还真没有这个本事。康斯坦丝和阿尔蒂尔在来到约翰的宫廷时，比德·罗什要心惊胆寒得多。他们不相信约翰会善待他们。9 月 22 日，他们正式向约翰投降。但夜幕降临之后，他们秘密出逃，奔向腓力二世的宫廷。

1200 年 1 月，约翰和腓力二世在边境会晤的时候，局势就是这样。阿尔蒂尔虽然已经向约翰屈服，但目前在腓力二世手中，因此仍然是个潜在威胁。另外，约翰的许多盟友都离他而去，参加第四次十字军东征去了。1199 年 11 月，在香槟举办的一次比武大会上，佛兰德伯爵、布卢瓦伯爵、佩尔什伯爵和蒙费拉侯爵都宣布要参加圣战。佛兰德伯爵鲍德温抛弃了约翰还嫌不够，还与腓力二世媾和，于是约翰就丧失了在诺曼底的两条战线同时作战的能力。在 1 月热情拥抱的五个月之后，约翰和腓力二世签订了《勒古莱条约》，似乎是缔造了永久的和平。

编年史家坎特伯雷的杰维斯回顾《勒古莱条约》的时候，记载了朝圣者和商人们的流言蜚语。杰维斯记得，批评约翰的人给他取了一个绰号：软剑王。杰维斯自己不敢苟同，因为他认为，战争害得国家民穷财尽，和平才是谨慎的道路。但毫无疑问，约翰统治伊始就向腓力二世妥协，这不是个好兆头。甚至在和约加盖大印的时候，法兰西北部的一位作家——马尔谢讷的安德烈亚斯就对约翰在战争中的“迟钝”极尽鄙夷之能事，毕竟他的兄长理查一世曾以极大的英雄气概雄赳赳气昂昂地奋战。安德烈亚斯斥责说，在勒古莱，约翰大笔一挥，将作为“整个战争的目标”的那些城堡都拱手交给了对手。

腓力二世同意承认约翰为其父兄在欧洲大陆保有的绝大部分土地的领主，但和约的条件明显有利于法兰西。整个诺曼韦克辛，除了理查一世的雄壮的加亚尔城堡之外，都将由法兰西控制。埃夫勒（法兰西和诺曼底之间边境上的另一个关键的伯爵领地）、伊苏丹、格拉赛和布尔日（在贝里）也将划入法兰西疆界。在约翰看来，这些似乎都只是小小的牺牲，但理查一世和亨利二世都知道，有时候小小的让步会招致莫大的灾难。

自1156年亨利二世第一次向路易七世臣服以来，金雀花王朝的国王们承认，在理论上，他们在欧洲大陆的领地都是法兰西王室的臣属。但总体而言，这只是个形式。《勒古莱条约》签订之后，约翰把这情况变成了事实上的封建关系。为了换取腓力二世对他权利的承认，约翰同意向他缴纳2万马克，作为继承税。这是一个至关重要的让步，正式确立了他对法兰西国王的依附关系。腓力二世在《勒古莱条约》的文本中插入了许多专横跋扈、居高临下的言辞，这是只有宗主对封臣才能使用的。约翰被迫放弃了与佛兰德和布洛涅的盟约，这不仅仅是求和的友好姿态，而是承认，佛兰德和布洛涅首先是卡佩王朝的臣属，因此其最高的宗主是法兰西王室，而不是英格兰王室。只有阿基坦在理论上由约翰保有，因为他是母亲的继承人，所以阿基坦没有被包含在此项条约中。

约翰在勒古莱做了如此之多的让步，有许多充分的理由。他的哥哥对国民横征暴敛，这是英格兰在史上受到过的最严重的经济剥削之一。贵族和教会都受到严酷的盘剥，他们能够忍受多久？为了将法兰西国王逐出韦克辛（这片土地面积很小，主要是具有战略意义，在经济上产出很少），还需要修建多少座加亚尔城堡？为了让诺曼底保持永久性的防御状态，需要大量雇佣兵，英格兰还能供养这些雇佣兵多久？约翰身边的朋友们纷纷离开欧洲、参加十字军东征，他还怎么能维持兄长建立的盟约？

对所有这些问题，非常诱人的答案就在约翰于1200年5月签订的条约中。英格兰的新国王对权力有胃口，但不愿意大兴刀兵。于是，在13世纪最初的五个月中，约翰将他的兄长、父亲和祖父花了近一百年时间才建立起来的地位放弃了。坎特伯雷的杰维斯听到的那些对软剑王约翰的冷嘲热讽或许没有道理，因为挖苦他的人并不知道，一位国王要面临多少烦恼。但很快人们就将看得一清二楚，更严重的麻烦还在后面。

胜利与灾难

1202 年 7 月 29 日，一大群骑士人声鼎沸地奔驰到米雷博城堡（希农以南不远处）的城墙下。他们有超过二百五十人，算是一支相当强大的力量，其目标也令人战栗。他们的任务是俘虏阿基坦的埃莉诺。年迈的太后已经七十八岁，她或许认为，自己的年纪已经够大，不会受到敌军的骚扰了。站在城墙上，她可以看到下方挤满了铆接头盔、链甲、铠甲、弩弓、利剑和长枪。她还可以看到其中有一张熟悉的面庞：她的十六岁孙子——布列塔尼的阿尔蒂尔。她一生的冒险还没有落幕。

阿尔蒂尔要俘虏自己祖母的理由是很简单的：在与叔叔约翰争夺继承权的战争中，她是一个非常有价值的俘虏。

在围城的骑士中还有一位，就是于格·德·吕西尼昂，他也有理由对阿尔蒂尔的竞争对手深恶痛绝。两年前，约翰国王突然冲进昂古莱姆（与吕西尼昂伯爵领地毗邻），在吕西尼昂的眼皮底下抢走了他的年轻新娘——昂古莱姆的伊莎贝拉。伊莎贝拉已经被许配给了于格，这场婚姻将会把阿基坦最重要的两个家族联合起来。但在 1200 年 8 月，约翰劫持了这个十二岁姑娘，在波尔多将她霸占为妻。这对吕西尼昂家族来说是奇耻大辱，促使他们公开反对约翰的统治。自那以后，约翰就使出浑身解数，激怒吕西尼昂家族，并提醒他们，他是与他们的宿敌——昂古莱姆伯爵们——结盟的。结婚之后的两年中，他抓住了不计其数的机会来整治吕西尼昂家族：在拉马什和欧城这样相距遥远的地区袭击吕西尼昂家族的人马和城堡；传唤他们到他的封建法庭，要求他们接受比武审判、与他麾下的武士决斗，但吕西尼昂家族对这无理要求不予理睬。

约翰的高压政策迫使吕西尼昂家族投入了腓力二世的热情怀抱。腓力二世在13世纪的最初两年中一直在集结一支强大的军队。到1202年春，已经万事俱备，他可以向约翰国王开战了。他援引《勒古莱条约》——根据该条约，约翰是他的封臣——命令英格兰国王交出在欧洲大陆的所有属地。他为吕西尼昂家族和阿尔蒂尔牵线搭桥。他还将阿尔蒂尔封为骑士，将自己的幼女玛丽许配给他，还承认阿尔蒂尔是布列塔尼公爵、阿基坦公爵、安茹伯爵和曼恩伯爵。然后，他派遣吕西尼昂家族和阿尔蒂尔去攻击约翰在安茹的领地。

身体不适的埃莉诺在病床上持续关注着政局的发展，大为警醒。她认识到，自己的孙子的新朋友们会将她当作目标，这令她非常不悦。果不其然，他们来丰泰夫罗找她了。丰泰夫罗的奢华隐修院一直是她退隐生活的住地。自她的最后一次外交使命以来，她在丰泰夫罗已经住了大约一年。在那最后一次外交使命中，她长途跋涉前往西班牙北部，在自己的女儿（也叫埃莉诺）与卡斯蒂利亚国王阿方索八世所生的孩子们当中，为腓力二世的儿子路易挑选了一位新娘：卡斯蒂利亚的布朗什公主。当得知阿尔蒂尔和于格·德·吕西尼昂的军队逼近的消息时，她便逃离丰泰夫罗，前往普瓦捷，但在米雷博被追上了。在充满敌意的骑士们包围着城堡壁垒的时候，她的唯一希望就是能有援军从北方赶来。在从丰泰夫罗出逃的途中，埃莉诺挤出时间，给约翰写了一封十万火急的求援信。此时，约翰正在诺曼底组织边境城堡的防御，准备迎战腓力二世的大军。如果要约翰在米雷博城堡陷落之前赶到，除非发生奇迹。而埃莉诺唯一能企盼的就是奇迹。

埃莉诺在米雷博惊恐不安地俯视敌人的同时，约翰正在勒芒集结一支雇佣军，这支队伍是英格兰的征兵官们招募来的。在夏季，他这支由唯利是图的恶徒凶手组成的军队不断膨胀。到 7 月底，他已经有足够兵力，同时在北方对抗腓力二世，以及在南方攻打吕西尼昂家族。

常有人说（往往是亨利二世的火冒三丈的敌人们会这么说)，亨利二世能够在自己帝国的全境神不知鬼不觉地突然出现在任意一个角落，总是出乎对手的意料。正是这种驱赶自己的战马和军队在金雀花王朝广袤领土上强行军的超人能力，造就了他的许多胜利。约翰秉承父亲的精神，仅仅花了不到四十八小时就从勒芒赶到了米雷博，这个速度即便对轻装士兵来说也是极其严酷的。

7 月 31 日晚上，他们抵达米雷博，发现阿尔蒂尔和他的部下已经强行进入设防城镇。他们显然预料到会遭到约翰的攻击，于是所有城门用土堆封死，只留一座城门畅通。“他们放心大胆地等待国王的到来，自信满怀，因为他们拥有许多久经沙场的骑士和武士。”科吉舍尔的拉尔夫如此写道。但他们的自信误了大事。

约翰从勒芒开拔的时候，与威廉·德·罗什会合了。威廉·德·罗什是在 1200 年从阿尔蒂尔的阵营转投约翰的。他与国王做了笔交易。作为安茹总管和国王在该地区的主要管理者，他对米雷博了如指掌。他同意指挥对米雷博城镇和城堡的攻击，条件是，一旦阿尔蒂尔被俘，将由德·罗什决定对他如何处置。约翰很愿意接受这样的条件。他们驻扎在米雷博被泥土封死的城墙下，德·罗什计划黎明时分发起进攻。

拂晓时，于格·德·吕西尼昂的兄弟若弗鲁瓦正在享用早餐——烤鸽子，这时城镇唯一畅通的大门遭到了突袭，令他措手不及。约翰的士兵包围了城镇，很快就打破了城门。随后爆发了一场激烈的巷战。勇猛无畏的德·罗什身先士卒，在带领士兵向城门冲击的过程中，他损失了三匹坐骑。叛军看到对方兵力强大且特别勇猛，纷纷逃往城堡寻求庇护。但他们在那里也守不住。在德·罗什的凶悍指挥下，约翰的士兵将对方打得溃不成军，将埃莉诺从城堡内解救出来。据埃莉诺说，阿尔蒂尔、于格·德·吕西尼昂和若弗鲁瓦·德·吕西尼昂，“以及二百五十二名最高贵的骑士”束手就擒。

这是自1192年理查一世援救雅法以来，英格兰军队赢得的最彻底、最光辉的一场胜利。约翰一下子就粉碎了阿基坦的抵抗，俘虏了阿尔蒂尔。出身高贵的俘虏们身披沉重的镣铐，被押送着游街，一直被驱赶到诺曼底，作为对犯上作乱者的公开警告。阿尔蒂尔和若弗鲁瓦·德·吕西尼昂被押往诺曼底的法莱斯，而于格·德·吕西尼昂则被单独关押在卡昂，那里戒备森严。其余的许多俘虏被送往英格兰的要塞，如位于多塞特郡的科夫堡（它阴森森地俯瞰着珀贝克群山）。他们的铁窗生涯将会凄惨又孤独。

阿尔蒂尔的囚徒生活特别凄凉。法莱斯是一座拥有方形主楼的大型诺曼城堡，是征服者威廉的出生地，与公国的前首府卡昂有紧密联系。在城堡的高墙之后，十六岁的阿尔蒂尔被关押在令人毛骨悚然的恶劣环境中。贵族在狱中的生活条件一般会比穷人要好一些，但不管怎么说，中世纪的监狱都充满了凄凉、危险和孤寂。约翰的监狱则更为恐怖。据熟知战争与骑士规则的威廉·马歇尔说，约翰“将俘虏关押在如此糟糕的环境下，如此恶劣地对待他们，所有和他在一起、目睹此类暴行的人都感到，他真是极其可耻”。

在封建时代，阿尔蒂尔是一个高级别的小卒，受人摆布。约翰对他的关押是13世纪最臭名昭著的政治监禁之一。约翰还没有子嗣，因此阿尔蒂尔是英格兰王位的假定继承人；而阿尔蒂尔对金雀花王朝在欧洲大陆的领地的继承权直追约翰。阿尔蒂尔来自法兰西大陆野蛮的凯尔特边缘，据说传奇英雄亚瑟王就是在那里诞生的，而年轻的公爵就是以亚瑟王的名字命名的①。他的地位，以及他与约翰的血亲关系，原本应当为他提供一定程度的保护。阿尔蒂尔知道自己对腓力二世的价值，因此一定推测，叔叔不敢对他怎么样。但约翰不按那个时代的规矩出牌。尽管在米雷博打了胜仗，他却越来越执迷不悟，老是猜疑自己帝国的每一个角落都有人在密谋造反。“国王的自负和傲慢与日俱增，”马歇尔写道，“他的头脑因此变得稀里糊涂、缺乏理智。”

我们不知道，阿尔蒂尔在被囚禁的最初几个月中能够听到多少外界的消息，对约翰的行动了解多少。但如果他的确能得知一些风声，就一定会知道，就在他遭受约翰的惩罚、苦守铁窗的时候，整个诺曼底正在他周围土崩瓦解，到处是背叛和不满。各地的人们突然间记起来了，诺曼人和安茹人原本是宿敌。理查一世凭借其个人的领导魅力赢得的忠诚迅速烟消云散，约翰的统治越来越不得民心。

尽管阿尔蒂尔与世隔绝，他被囚禁造成的影响却非常之广。人们抱怨说，约翰如此虐待俘虏，有违骑士精神。甚至他

① “阿尔蒂尔”即“亚瑟”的法语读法。

对自己盟友的待遇也很糟糕。威廉·德·罗什率军攻打米雷博的条件是，要将阿尔蒂尔交给他发落。但在 1202 年 9 月，德·罗什被排挤出了权力核心。“国王……始终没有兑现向德·罗什大人许下的诺言，”马歇尔写道，“由于这种怠慢，德·罗什后来投靠了法兰西国王。约翰国王不信任德·罗什，铸成大错。”

丧失威廉·德·罗什的支持已经是个大错了，雪上加霜的是，德·罗什还把约翰的另一位重要盟友——艾默里·德·图阿尔也拉走了。原先完全是由于阿基坦的埃莉诺的坚决调停，艾默里·德·图阿尔才勉强支持约翰。德·图阿尔和德·罗什原本不是一路人，却因为共同反对约翰而团结了起来。他们开始联手袭扰安茹。在背弃英格兰国王一个月之后，他们率军攻占了昂热。约翰坚守安茹，一直死撑到 1202 年 12 月，但没有办法抵挡人们纷纷投奔腓力二世的汹涌潮流。安茹的土地一点一点从约翰的掌心溜走，最后金雀花王朝腹地的城池所剩无几了。

在安茹摇摇欲坠的同时，阿基坦也燃起了叛乱的狼烟。1203 年初，约翰释放了吕西尼昂兄弟。在之前的两年中，约翰傲慢地拒绝与他们修好，现在却希望向他们伸出友谊之手，让他们在阿基坦北部拥护他。他们当然不会以德报怨。约翰为了保障臣民的忠顺，曾扣押了许多人质，但这些人质被释放之后立刻开始大张旗鼓地反对他的统治。约翰对南方的民情一无所知，也没有足够的经验，因此无法稳定公国的秩序，公国内势力最强大的居民们既不怕他，也不信任他。

到 1203 年底，约翰的疑神疑鬼已经到了失控的地步。“他看到自己的边疆和土地一天天饱受战争蹂躏，越来越糟糕，法兰西人对他毫无好感，劫掠他的土地……还有许多叛徒跑到了法兰西人那边，助长他们的气焰。”马歇尔写道。12 月，约翰返回诺曼底，向各城堡派驻了雇佣兵，进一步疏远了当地人，因为这些雇佣兵为了给养和财富，竟然大肆劫掠当地的城镇和隐修院。

人们越是离心离德，约翰就越是残暴。在英格兰的科夫堡监狱，二十五名犯人企图越狱，被包围起来，断水断粮。他们几乎全都宁肯饿死，也不愿向国王卑躬屈膝。约翰当时离科夫堡很远，但这起暴行也是以他的名义犯下的。

1203 年初，约翰命令王室官吏休伯特·德·伯格（阿尔蒂尔的狱卒）弄瞎阿尔蒂尔的眼睛，并将他阉割。对阿尔蒂尔来说幸运的是，德·伯格面对这个十六岁少年的苦苦哀求，于心不忍，下不去手。德·伯格害怕因为抗命不遵而遭到惩罚，放出话去，说阿尔蒂尔因自然原因死亡了。布列塔尼人义愤填膺。他们想到自己的少主惨遭谋害，怒火中烧，发誓要报仇雪恨。看到这种反应，德·伯格尝试纠正自己的谎言，透露消息说，阿尔蒂尔其实还活着。但已经太晚了，覆水难收。布列塔尼人对约翰的攻击现在有了坚定的道义做后盾。

约翰居然认为，如果阿尔蒂尔瞎了、被阉割或者死了，对他会更有利。这种荒唐的结论是如何得出的，我们不得而知。但逻辑思维向来不是这位英格兰国王优先考虑的事情。约翰忧心忡忡几乎到了发狂的程度。1203 年 1 月，安茹被敌军占领的时候，他险些失去了自己的王后伊莎贝拉，她当时被叛军包围在希农城堡。约翰不得不派出一群雇佣兵，将她救出。

1203 年春季，约翰被打垮了。腓力二世及其盟友占据着布列塔尼，还控制了安茹、曼恩和图赖讷的几乎全部疆土。重获自由的吕西尼昂兄弟步步紧逼，将约翰的军队驱赶到普瓦图腹地，而约翰的母亲年事已高，无力组织防御。法兰西军队无情地攻打诺曼底边境上的各要塞。在诺曼底公国，诺言已经一钱不值。约翰的盟友们作鸟兽散，他们惊慌失措地寻求庇护。阿朗松伯爵也背叛了约翰，他在和约翰一起用膳两天之后就投奔了腓力二世。“罗贝尔伯爵……的行为非常可耻，因为国王……与他分享财富，并亲吻他的口唇，之后，就在当天，伯爵就背叛了他。”马歇尔写道。

约翰面对的是难以逾越的艰难险阻，同时他还举棋不定，因此陷入了瘫痪状态。阿尔蒂尔还在他手中，这是由于他运气好，而不是因为他果敢理智。他在英格兰的王位还很安全，在下阿基坦的控制力也说得过去。但除此之外，一切都说不准。约翰无力组织有效的抵抗，也没有办法鼓舞其他人抵抗。他唯一能做的，就是枯坐在不断退缩的战线之后，寄希望于上苍。

无地王垮台

这一天是复活节前的星期四，对所有基督徒来说都是个哀伤的日子。约翰国王却酩酊大醉、暴跳如雷。他在鲁昂落座用膳的时候，觉得自己周围尽是无影无踪的敌人，阴郁的念头压抑着他的心。他对任何人都不信任，在自己的公国也不能安全地四处骑行，随时都可能遭到伏击或突袭。

这天晚上，布列塔尼的阿尔蒂尔也在鲁昂。当夜，阿尔蒂尔没有像约翰那样放荡不羁地狂饮作乐。此前有谣言称，他遭到了约翰国王的残酷伤害，这谣言促使约翰国王一败涂地。此后，他就被从法莱斯转移到了鲁昂，此后一直在地牢里坐以待毙。负责将他押解到国王身边的是威廉·德·布雷乌泽，一位特别强大和富裕的贵族，他的产业横跨威尔士—英格兰边境。德·布雷乌泽是约翰的一位亲密盟友；在米雷博俘虏阿尔蒂尔的就是他。在交付年轻的公爵时，德·布雷乌泽知道国王的情绪是怎样的，因此宣布，自己不再为阿尔蒂尔的安全负责。

德·布雷乌泽的担忧是很有道理的。濯足节星期四晚饭后，烂醉的约翰变得咄咄逼人。我们永远没办法知道，他的脑子里是怎么想的。我们拥有的最好的证人说，约翰被鬼上了身。他醉醺醺地走向阿尔蒂尔的牢房的时候，看到他的人一定觉得，这是个恐怖的幽灵。对于这个可怕夜晚发生的真相，我们无法完全确定，但约翰极有可能走进了牢房，亲手将这个年轻人杀死，然后在尸体上系了一块大石头，将其推入塞纳河。后来，一名渔夫发现了尸体。普雷圣母修道院的修女们害怕约翰的怒火，只能秘密地以基督徒的礼仪将阿尔蒂尔下葬。

任何一位英格兰国王都不会在复活节期间做出比这更严重的亵渎神明的恶行。但约翰似乎毫无悔意。事实上，侄子的死似乎让他宽心不少。不久之后，他向母亲发去了一封信，附有暗语“上帝的恩典与我们同在，信使的言辞不能尽述其妙”。

但约翰大错特错。上帝的恩典即将弃他而去，他已酿成大祸。诺曼底、布列塔尼和大法兰西在近几个月以来一直传播着关于阿尔蒂尔命运的流言蜚语。直到1204年，腓力二世的宫廷才完全接受他已经死亡的事实。但就算这还只是个丑恶的谣言而尚未确定的时候，约翰也已陷入了万劫不复的境地。在他后来与腓力二世的所有谈判中，法兰西国王始终握着一张王牌。他不厌其烦地告诉约翰：“你先交出阿尔蒂尔，否则永无宁日。”现在，即便约翰想要和平，也办不到了。

1203年夏季，腓力二世开始利用约翰的危险处境——他被困在诺曼底，西面是愤怒的布列塔尼人，南面是兴兵作乱的普瓦图人，而法兰西国王的军队则从东面进逼。约翰继续以鲁昂为基地，在东方战线和鲁昂之间来回穿梭。这两地的消息都不乐观。腓力二世在金雀花王朝的领地恣意行动，不受阻挡。他能够毫发未伤地乘船沿卢瓦尔河行进。卢瓦尔河是一条主动脉，穿过金雀花王朝领地的核心地带。

在这样的环境下，诺曼人的斗志开始涣散。腓力二世刚刚逼近，边境城堡就纷纷投降。约翰丢掉了孔什，然后一瞬间又丢失了沃德勒伊。驻防沃德勒伊的骑士们真够丢人，甚至懒得组织适当的防御。诺曼底的防御就像沙子搭建的城堡一样，迅速土崩瓦解。8月底，法兰西军队大张旗鼓地向众城堡中的明珠——加亚尔城堡进发了。

这座倍受理查一世珍爱的城堡固若金汤、无懈可击，屹立于巨型岩壁之上，塞纳河在其脚下的河弯处波涛滚滚。腓力二世的军队将这座要塞围了个水泄不通，封锁了河流，希望用饥饿迫使对方屈服。夏末的一个夜晚，约翰企图用一队补给船和雇佣兵突击队打破封锁线。约翰的部下在威廉·马歇尔指挥下，在夏末的温暖夜晚发动进攻。但命运残酷地摈弃了他们。在补给船的桨手们与塞纳河的激流搏斗的时候，他们与陆地上的士兵失去了联系。庞大的舰队在波涛汹涌中被法兰西军队消灭，直到河水在黑暗中被鲜血染红。

约翰营救加亚尔城堡的努力就此宣告失败。法兰西军队的围攻持续到 1204 年 3 月，但约翰没有再去努力突破敌人的封锁线。他在布列塔尼战线上纵火焚烧多尔镇，希望用这起暴行转移腓力二世的注意力，但徒劳无益。在 1203 年秋季，人们的普遍共识是，约翰对权力的掌控越来越薄弱。有传闻称，他终日与自己的少女妻子沉溺于床笫之欢。人们请求他振作起来，好好准备，保卫诺曼底的独立，他却漫不经心地回答："随他去吧。随他去吧。不管他夺去了什么，我终有一天能收复回来。"国王开始漫无目的地在乡间骑行，一个招呼也不打就从宫廷销声匿迹。他害怕在大路上遭到叛徒袭击，所以在自己的公国内也只是在偏僻小径上活动。威廉·马歇尔看到这一切，不禁目瞪口呆。

1203 年圣诞节将近的时候，约翰最后一次离开了诺曼底。尽管他许诺说要在自己的公国再停留和战斗一年，12 月初的时候他还是私下里做好准备，将自己的辎重送回英格兰。12 月 5 日黎明之前，他从鲁昂出发，纵马疾驰，取道卡昂，赶往巴约。在王后陪伴下，约翰起航前往巴尔夫勒港，经过了那座著名的礁石。1120 年，他的舅公威廉·艾特林乘坐的白船上酩酊大醉的乘客们就是在这里命丧黄泉的。这场悲剧是个催化剂，促成了金雀花王朝半个多世纪里对法兰西土地（从鲁昂到图卢兹）的霸权统治。现在，约翰手下那些头脑清醒的船员们绕开危险的礁石、奋力向朴次茅斯航行的时候，金雀花王朝的霸权快要寿终正寝了。在他身后，少数保王党人留在诺曼底继续苦战，希望能够阻挡腓力二世的无情进攻。约翰虽然许诺会回到他们身边，但他始终没有兑现这个诺言。

亨利二世所征服、理查一世所捍卫的广大领土，如今只剩下了其核心部分。除了个别孤立城堡和保王党据点之外，约翰丢掉了诺曼底、安茹、曼恩和图赖讷的绝大部分。在布列塔尼，他是最受唾弃的人。在普瓦图和阿基坦其他地方，他还能够保留名义上的控制，仅仅是因为阿基坦公国的贵族们对他母亲还忠心耿耿。他面对的任务极其艰巨：从英名盖世的国王腓力·奥古斯都统治下的意气风发、繁荣昌盛的法兰西帝国手中收复失地。即便是约翰的父亲和兄长，即便是在他们的巅峰时刻，也是无力回天，何况约翰根本没有那个本事。他唯一能做的就是夹着尾巴，灰溜溜地逃离土崩瓦解的欧洲帝国残留的余烬。没有比这更凄惨的了。

第三部

对抗的年代

（1204～1263）

恶人得志，必然造成残忍暴行。

——威廉·马歇尔

挽救危局

英格兰天寒地冻。这个冬天酷寒难当，生活仿佛停止，希望彻底断绝。在伦敦，泰晤士河冰冻三尺，人们可以徒步从南岸走到北岸。农田被冻得硬邦邦，直到 3 月才能犁地耕种。冬季作物被严寒一扫而净，饥肠辘辘的人们把尚未开始生长的蔬菜幼苗从地里挖出来吃掉。全国陷入饥馑，物价暴涨。一年之后，燕麦的价格涨到了原先的十倍。哀鸿遍野，民不聊生。科吉舍尔的拉尔夫记载道，民间有传言称，上帝惩罚约翰国王，将诺曼底从他手中夺走，现在英格兰也遭到了惩罚。

约翰困守国内已经有一年。他的日子过得不轻松。尽管他的宫廷生活喜气洋洋又活泼潇洒，放纵地饕餮、被称为“国王的单身汉”的青年们还会提供颇具骑士风度的表演，但大家都能注意到，他们被艰难困苦包围了。到处流传着法兰西即将入侵英格兰的谣言。据说，腓力·奥古斯都找到了讨伐英格兰的借口：布拉班特伯爵和布洛涅伯爵曾对英格兰的部分土地拥有主权，后来在亨利二世统治时期被夺走了。腓力二世攻击金雀花王朝的胃口是没有止境的。约翰丢失自己遗产的本事也令人咋舌。

英格兰朝廷对法兰西入侵的威胁高度重视。在 1205 年 1 月举行的一次大型议事会上，约翰命令所有年龄在十二岁以上的男性都宣誓要保卫王国、维护和平。若有人胆敢拒绝宣誓，就等同于承认自己是乱臣贼子。国王还颁布法令，在敌军入侵时不采取行动来保卫王国的人将遭到永久性剥夺继承权或者终身为奴的严惩。在冰冻三尺的各港口，所有船只若没有国王的书面恩准，均不得离港。

约翰为什么如此胆战心惊，是很容易理解的。金雀花王朝的基业在法兰西的崩溃非常迅速、猝不及防和令人心碎。在约翰离去之后，诺曼底公国当即灭亡，现在完全属于腓力二世，这是诺曼底在近期历史中首次被法兰西王国吞并。安茹、曼恩和图赖讷几乎完全落入敌手，只剩希农和洛什的要塞等为数甚少的据点还在死守，优秀的将士据守着这些城堡，被法兰西人包围得水泄不通。随着布列塔尼的阿尔蒂尔被杀害的消息传开，身在千里之外的约翰的名誉在法兰西王国的每一个角落都丧失殆尽。

阿基坦的情况也好不了多少。1204 年 4 月 1 日，阿基坦的埃莉诺去世了。她享年八十岁，这在中世纪是罕见的高龄。她在丰泰夫罗的修道院度过了最后的时光。一直到生命的最后一天，她虽然衰弱不堪，但仍然斗志昂扬，在自己的公国继续支持儿子去对抗不可战胜的噩运。她虽然身披修道服，像修女一样生活，但还在向保王党人赏赐土地和特权，支撑金雀花王朝的事业。

根据她在 1202 年立的遗嘱，埃莉诺被安葬在丰泰夫罗的教堂，长眠在丈夫亨利二世和最心爱的儿子理查一世身边。12 世纪最魅力十足而影响深远的家族的三位成员终于团圆了，他们在生前争斗不休，死后和平共处。埃莉诺墓穴上的肖像保存至今，令这位传奇女性永垂不朽。肖像和她真人一样超乎寻常，捕捉了她的妙龄青春，她眼睛紧闭，手里捧着一本打开的书。在当时，这肖像象征着知识的巨大力量，在今天也是如此。

丰泰夫罗的修女们为埃莉诺撰写了讣告，向她致敬，并感谢她曾向修道院馈赠的丰厚礼物：金银、珠宝和丝绸。修女们还颇有些阿谀地颂扬道，太后“以其王室后嗣的光辉照亮了世界”。考虑到小亨利国王、布列塔尼公爵若弗鲁瓦和英格兰国王约翰的斑斑劣迹，这句颂词并不能令人信服。但埃莉诺的确是一位伟大的王后，她的影响力遍及三个重要地区；尽管她儿子们的行为有时不够理智，她始终疼爱他们、指导他们。

没了母亲的悉心辅佐，约翰在阿基坦希望渺茫。他与昂古莱姆的伊莎贝拉的婚姻，以及他对公国内部微妙的政治的笨拙处置，已经冒犯了阿基坦的诸多贵族。在阿基坦，没有一位头脑健全的领主会向英格兰国王效忠或承认他是埃莉诺的继承人，因为他们都害怕被青云直上的法兰西国王剥夺财产。埃莉诺的死讯传出之后，许多曾接受她权威的领主争先恐后地与腓力二世修好。1204 年夏季，法兰西国王春风得意地进入普瓦图，这个伯爵领地是整个阿基坦的统治中心。与此同时，约翰的姐夫——卡斯蒂利亚国王阿方索八世入侵了阿基坦西南部的加斯科涅，声称这个地区理应属于他，因为约翰的姐姐埃莉诺享有继承权。金雀花帝国在欧洲大陆的最后一块基石也崩裂坍塌了。

这一切都让约翰灰心丧气。1205 年最初几个月，严冬死死地扼着英格兰的脖颈，似乎他的家族在法兰西境内积攒的所有领地很快都要随风而去了。蜷缩着保卫英格兰海岸，是远远不够的。约翰一定也认识到，如果他不迅速采取行动，他本来就不高的名誉和声望必将万劫不复。他必须奋战一把。像梅尔罗斯编年史家那样的人已经在记载他“万般可耻地丢掉了自己在大海对岸的城堡和土地”，这样的话会流传到子孙后代耳边。

1205年夏季，对英格兰可能遭侵略的恐惧消散之后，约翰开始准备兵分两路，向法兰西发动一次大攻势。一支舰队将从朴次茅斯出发，停靠在诺曼底海岸，从西面收复这个公国；同时，第二支舰队将从达特茅斯出发，进军普瓦图。这支军队将由约翰的异母弟——索尔兹伯里伯爵威廉·朗格斯佩[①]指挥，此人是亨利二世的私生子，与约翰年龄相仿，是久经沙场的名将，与国王是至交好友，常常与他在赌桌上度过许多愉快时光。

为了实施自己的计划，约翰发动了自理查一世参加十字军东征以来最大规模的军事动员。他主持了英格兰海军力量的一次大规模扩充。理查一世是金雀花王朝第一位集结了强大的英格兰海军的国王，他在1190年动员了大量舰船，在1196年建造了70艘战船以便在塞纳河上巡逻，并且建立了大型海军基地朴次茅斯，将英格兰与诺曼底联系了起来。现在，约翰继续将海军发展壮大。1203~1204年，他建造了四十五艘战舰，以便在英格兰海岸巡逻；如果要更快地扩充海军，就需要不同的手段。1205年，约翰扣押了所有被认为可以改作军用的船只。即便是只能运载几匹马的船，也被朝廷征用，加入羽翼渐丰的皇家海军。

有了船，还要有足够的士兵和物资来装满这些船。工匠们打造了成千上万的马蹄铁、铁钉、弩箭和箭矢。大量腌猪肉和鹿肉被装上马车，隆隆作响地送到海岸。朝廷铸造了新的全国性货币。各地都发行了印有约翰肖像的新式银便士。为备战服

---

① 威廉·朗格斯佩英文为 William Longespée，法文为 Guillaume de Longue-épée，意思是“长剑威廉”。他之所以得到这个名号，是因为身材特别魁梧，使用的兵器也超出常规的尺寸。

务的人领取报酬时，都会看到银币上的国王肖像：他耳边的头发非常卷曲，胡须修剪得很短；他的眼睛，即便是在钱币的简单肖像上，也死死地瞪着人，看有没有胆大妄为之徒敢于违抗他的王命。

大量这样的钱币被用于招募雇佣兵。仲夏降临之时，水手和武士们被运送到海岸。这一年财政收入中或许有四分之一被用于备战。大量兵员被装载到停靠在索伦特海峡的大型舰船上。据英格兰编年史家科吉舍尔的拉尔夫记载，这是英格兰曾经集结的兵力最雄厚的一支军队，也是在英格兰所有港口集合船只数量最多的一次。

约翰终于坚定决心地行动起来。但英格兰虽然忙碌，却并非团结一心。约翰虽然能够集结一支大军，但诸侯的反复无常却对他处处掣肘。约翰入侵欧洲大陆的筹备工作虽然貌似十字军东征的大集结，但他的事业并不能激起同样高涨的热情。在过去，诺曼底受到威胁的时候，英格兰权贵曾表现出支持国王的极大热情。亨利二世小心谨慎地遵守诺曼底的风俗，保证他的贵族们在海峡两岸的权益都能得到保障。他维护了盎格鲁—诺曼王国的政治统一，确保大贵族们真正具有盎格鲁—诺曼特征——即在两地都拥有利益和土地。辅佐国王、维护英格兰和诺曼底的统一，并保卫它们、抵御外部威胁，符合这些大贵族的利益。

但是，约翰丢失了诺曼底，这造成了深远影响，极大地改变了已经持续近一百五十年的政治格局：1204 年，大多数贵族都不得不做出选择，是保留自己在英格兰的土地，还是保留在诺曼底的财产。他们必须在英格兰与法兰西国王中选择其一。几乎一夜之间，他们就不再是盎格鲁—诺曼人，而必须作为英格兰或法兰西臣民，向各自的君主效忠。英吉利海峡成了英格兰王国与诺曼底公国之间的一道壕沟，而不是将它们连为一体的堤道。有一些大贵族，如威廉·马歇尔，与两位国王都达成了秘密协议，因此得以保住自己在两个王国的土地。他们的地位仍然是模糊和暧昧的：有些领主为了保住自己在诺曼底的土地而向腓力二世效忠，而为了自己在英格兰的地产而臣服于约翰。他们如果在其中一位国王的麾下作战，就必然会暴露自己与另一位国王私下取得的谅解。

因此，在1205年，约翰驾临朴次茅斯检阅他的雄壮舰队的时候，他发现英格兰诸侯不愿意同他一起出征。在波切斯特城堡，约翰和马歇尔发生了激烈的争吵。国王指控马歇尔与腓力二世私自媾和、吃里爬外；马歇尔则冠冕堂皇地慷慨陈词，诉说国王对自己如何不堪，并向其他贵族发出警示，称国王准备打算剥夺他的权利，并且“一旦他羽翼丰满，会对汝等如法炮制”。

其他诸侯即便信任约翰的军事才干，现在也不愿意为了诺曼底的土地而流血——因为他们在诺曼底并无直接利益；也不愿意得罪腓力二世，毕竟冒犯他也是吃不了兜着走的事情。诸侯普遍激烈地反对前往法兰西海岸，于是马歇尔和休伯特·沃尔特恳求国王不要渡海。沃尔特列举了一些务实的理由：腓力二世的财力和军力都比约翰雄厚得多；约翰在欧洲大陆没有几个可以依赖的安全基地，主要是仰仗与普瓦图人的联盟，而普瓦图人天生是背信弃义的奸佞之徒；在腓力二世的诸侯摩拳擦掌要入侵英格兰的时候，约翰国王不应当离开英格兰，令国内空虚；而且，假如约翰战死疆场，英格兰就没了王位继承人。

英格兰诸侯简直是集体哗变，这对国王来说真是奇耻大辱。集结在朴次茅斯的整个远征大军毫无用处，因为如果没有贵族的领导和他们自己的资源，是根本没有希望收复诺曼底的。约翰暴跳如雷。他出海了几天，在海岸来回游弋，希望贵族们会羞愧难当，或者被他说服，从而改变主意，但这希望落空了。索尔兹伯里伯爵的部队从达特茅斯出发，成功渡过海峡，增援了拉罗歇尔的驻军，但总的来讲，1205 年的筹备工作付之东流了。在海峡对岸，腓力二世自行其是，快快活活地巡视那些他的父亲只敢梦想的土地。这年夏季，希农和洛什都陷落了，这意味着，整个图赖讷现在都属于法兰西了。对约翰来说，这又是一个多灾多难的年头。

1204 年和 1205 年的惨败不大可能重演了。在 1206 年，约翰的运气有所好转。他并没有为了前一年攻打诺曼底计划的流产而气馁，而是调整了计划。1205 年冬季，他向海峡对岸送去了成箱的金银财宝，笼络五花八门的潜在盟友；1206 年春季，他巡视了英格兰北部，试图用他的个人魅力劝服约克郡、坎伯兰、柴郡[①]和兰开夏郡的诸侯，拉拢他们支持他的军事谋略。1206 年 4 月，又一支庞大的远征军从英格兰开拔，这一次的目标是普瓦图。约翰御驾亲征、一马当先，被他收买或哄骗来的诸侯追随着他。6 月，他抵达拉罗歇尔，率军在法兰西南部沿海地区征伐，收复了阿基坦的部分地区。他夺回了圣通日，巩固了对自己妻子的昂古莱姆伯爵领地的控制，并收复了阿方索八世在加斯科涅占去的土地。夏末，国王与强大的普瓦图领主艾默里·德·图阿尔缔结盟约，北上征讨安茹。在那里，他们得到消息，腓力二世（此前他更愿意优先确立自

① 即切斯特郡，也就是理查一世自己的势力范围。

己在诺曼底的统治）正在组织自己的军队。约翰不愿意让自己一整个夏季的收获都因为战败而丧失，于是选择退避，在1206年10月与腓力二世签订了为期两年的停战协定。

这一次远征还算比较成功。但局势没有发生本质变化：约翰能够统治的只有英格兰、海峡群岛和阿基坦的少量沿海地区，这与他当年继承的广袤领土相比，实在相差甚远。作为英格兰国王，他与前任们的一大区别就是，他只能居留在自己的王国之内。约翰开始学习治理英格兰的时候，整个王国终于明白，让一位焦躁不安、冲动好斗的国王永久地留在国内，究竟意味着什么。

人们发现，他是一位忙碌的君主。约翰希望对自己的王国了如指掌，所以始终在奔波。这算不得新鲜事，因为不断旅行是执政的一部分，而且英格兰乡村很少有什么地方能够长期供养一位国王及其庞大的宫廷。但即便是按照国王们的标准，约翰也是一位不知疲倦、高度活跃的旅行者。他很少在一个地方停留几天以上，总是在王家城堡、猎苑、宫殿和庄园间穿梭辗转，休息片刻便立刻冲向下一个目的地。

约翰比亨利二世更热衷于荣华富贵和夸耀炫富。他定期洗澡，这在当时还不是流行的风尚；他内廷的侍从们也沉溺于宫廷的浮华。但国王的宫廷实际上是一支由大车和驮马组成的浩浩荡荡的队伍，在乡间隆隆行进的时候，队伍足有几百码长。所有器物都是随行携带的：衣饰华丽的仆人们运载着床上用品和贵重餐具、沉甸甸的钱袋、约翰喜爱阅读的珍贵书籍，以及得到严密保护的珍奇珠宝。约翰的小教堂可以在路边迅速搭建起来，他的餐厅亦是如此。车队蜿蜒前进，每天能走20多英里，将泥泞的道路倾轧得泥浆四溅，令路人瞠目结舌。约翰就这样到各地拜访，享受人们的热情款待。

约翰的巡游是一场富丽堂皇的盛景。宫廷的到来固然给负责款待国王及其随行人员的英格兰人造成了很大负担，但也会带来一些好处。因为约翰治下的宫廷不仅是巡回表演的马戏团，还是主持公义的巡回法庭。

约翰不管走到哪里，都会考虑司法事务。他少年时的教师是亨利二世的主要法官和当时最伟大的法律思想家之一——雷纳夫·格兰维尔。所以，约翰对国王作为最高法官的职责兴致勃勃。他抱着前所未有的热情处理法律事务，裁判审案。他对哪怕是最微不足道和平庸无奇的案件也抱有浓厚兴趣。人们也非常需要他来主持公道。他出巡时带着专业法官，到了需要国王的法律来维持正义和裁决的地方，他就和法官们一同审理案件。

约翰的法庭影响了 13 世纪初普通人的生活，我们对此有一些超乎寻常的了解。他的司法干预给为数众多、形形色色的人带来了好处。有一个小男孩抛掷石块，无意中打死了自己的朋友。约翰缓解了他受到的刑罚。一个神智不健全的人承认自己犯了罪，尽管他显然是清白无辜的。约翰撤销了针对此人的指控。他热情洋溢地投身于各种案件的烦琐细节，而这些案件往往与他的王室特权或利益只有极其细微的关系。他是一位关心平民疾苦的国王。

这一切都非常不寻常，与之前英格兰历代国王的行为迥然不同。亨利二世曾是一位伟大的立法者，但他感兴趣的主要是将英格兰王政的司法工作下放，以保证自己不在国内期间司法机构能够正常运转。理查一世在整个统治期间没有在英格兰待多久，因此效仿了父王的做法。与他们形成鲜明对比的是，约翰国王对法律和政府的庞大机器非常感兴趣。他是个热衷于实践、亲力亲为的国王，积极参与政府的日常工作，喜欢亲自干预案件审理，不管这案件是大贵族之间的争端还是孩童之间用石子打架。

当然，约翰不可能单枪匹马地处理政事、维持司法系统的运作。1205 年 7 月，坎特伯雷大主教和久经考验的行政管理者休伯特·沃尔特因背部脓毒性痈发作而去世。据多位编年史家记载，约翰得知沃尔特的死讯时宣布："我终于成了英格兰国王！"沃尔特已经不在人世，约翰在自己身边聚集了一群新的谋臣和官吏。其中有些来自业已沦陷的欧洲大陆领地。彼得·德·罗什、彼得·德·莫莱、法尔克斯·德·布雷奥泰和吉拉尔·德·阿泰等人的外国姓名和举止习惯提醒了英格兰人，他们的国王不是来自英格兰本土的君主，尽管他现在被限制在英格兰境内。但政府并没有被外国人一股脑儿全盘接收。土生土长的英格兰人仍然占据着高位，包括首席政法官杰弗里·菲茨彼得、财政大臣伊利的威廉和主林务官休·内维尔。

1206 年之后，这些达官贵人，以及约翰本人的最高目标非常简单明确：他们需要募集金钱。为了维持雇佣军和笼络欧洲大陆的盟友们去反对腓力二世，约翰需要大量金钱。这项任务对他来讲，比对他的任何一位先祖都更为困难。

亨利二世和理查一世在与卡佩王室作战时有一个优势：他们都是在保卫自己的土地，而不是去从头征服新的土地。理查一世沿着塞纳河建立的防线需要大量金钱来维持，他在德意志与佛兰德的盟友也需要数额惊人的巨款去拉拢，但这些开支的一部分是由诺曼底和他的其他欧洲大陆属地承担的。约翰没有这样的有利条件。如果他要夺回自己应得的遗产，只能主要依赖英格兰的财政收入。

约翰开始无所不用其极地搜刮英格兰的金钱，他的横征暴敛世人皆知。敌视他的编年史家文多弗的罗杰散播了许多故事，说约翰吝啬成性，帮助过他的人休想得到慷慨的报答。这总的来讲是诽谤，但它表明，在公众眼中，国王就是一个守财奴，疯狂地将臣民的每一个铜板都搜刮走。当时的确有许多金钱可供他收敛。约翰周游英格兰的时候一定会看到，各地尽管在理查一世治下已经承受了非常沉重的赋税负担，但都还欣欣向荣。13 世纪初，贸易和手工业蓬勃发展；欧洲大陆发现了新的银矿，于是，自 12 世纪 80 年代起，大量白银涌入英格兰，造成了通货膨胀。

1207 年，约翰正式开始努力征敛这些资金。他对全国的所有动产征收了十三分之一的重税，相当于每 1 马克要缴 1 先令的税。这为王室的金库征集了数额惊人的款项：57425 镑，即两年多的财政收入。在此前的二十年中，朝廷连续进行了一系列此类的税收试验，但在 13 世纪取得了惊人的成功，这一方面突出说明了英格兰的富庶，另一方面也佐证了王室通过组织有序的行政体系获取收入的能力。约翰当时还不知道，而且这也并非他的本意，但十三分之一的税率后来成为中世纪和都铎王朝时期英格兰国家财政收入的标杆。

对富人征收直接税只是他搜刮金钱工程的一个部分。对约翰来说，通过王权积累更多财富的最显而易见的工具是司法系统。在这方面，他运用了两种互相紧密联系的策略。第一种策略很简单，就是通过司法裁决来获取利润。当年，亨利二世建立了王室司法和政府的深刻而渗透力极强的体制，使得王家法律的影响力遍及整个英格兰，并且使得王室委派的郡长成为地方政府中最重要的官职。他这么做不是因为热爱行政改革，而是因为，他清楚地理解，司法是一门有利可图的生意。王室的文书官衙通过销售令状来营利。刑事案件在法庭审定之后，王室对罪犯进行罚款和没收财产，赚得盆满钵满。大型巡回法庭巡视全境，既恢复了法律与秩序，也给王室带来了一大笔收入；相应的森林巡回法庭专门负责审理在国王名下的林地犯下的罪行，强有力地维护了王室对英格兰全境面积广袤的森林的所有权，这些法庭完全是营利机构。

1207 年至 1210 年，有一系列森林巡回法庭在运作。许多地区的森林受到侵犯，或者有人在未征得王室许可的情况下擅自捕猎。约翰从这些地区榨取了成千上万镑的金钱。在这些年间，仅森林巡回法庭就获利 8738 镑，比 1198 ~ 1201 年收入的两倍还多。这既说明了王室利用司法体制牟利的高效和范围广泛，也印证了诺曼底失陷之后约翰最大限度利用王室特权的新决心。

约翰利用法律来营利的第二种手段更为政治化，最终也给他造成了更多的麻烦。他把法律当作向英格兰的大贵族征税并控制他们的直接工具。

王室法庭或许能为广大民众主持公道，但它最终还是依赖于国王的决断。要让国王的法庭对私人事务展开调查，就必须交费。约翰往往会为此收取很高的费用。在法律案件的每一个阶段，富裕的诉讼当事人都可以向国王行贿，以便争取对自己有利的裁决，或者延缓法律程序的执行。1207 年约翰收取此种费用的一个典型案例是，他从一个叫热拉尔·德·弗尼瓦尔的人那里收了 1000 镑和十五匹骑乘用马，帮助他在针对奈杰尔·德·拉弗托特的案件中解决麻烦。当事人努力为审判和司法程序争取特定的结果时，往往会有数百，甚至数千镑的巨款易手。这些收入并非全都直接进了国王的腰包——许多钱被他的大臣们截留了——但在约翰统治时期，司法程序的收费猛增，导致司法系统出现了严重的腐败，任何裁决都可以用金钱来收买。从某种意义上讲，世间素来如此，但约翰治下的司法成本激增使得司法系统运转起来越来越笨拙。

与此同时，所谓的“封建附带义务”的成本也迅速增长。英格兰的政治社会建立在领主与其封臣之间联系的复杂体制之上，等级森严，最高层是国王及其诸侯。理论上，国王保障臣民在国内和国外的安全，而臣民们则对其效忠，并遵循风俗习惯，为换取某些特权而支付费用。这些费用中最常见的就是贵族家庭生活的重要仪式：长子受封骑士、女儿出嫁，或者儿子继承父亲的家业。为了这些事情而向国王支付的费用是约定俗成的，国王在加冕誓言中会发誓要维护国家的风俗习惯，并同意遵守这些风俗，或者在决定谁应当支付什么费用时做到公平、理智。

国王也可以行使君主的某些特权。他可以用公开竞价的拍卖方式迫使一位贵族寡妇与出价最高者结婚，或者向这位寡妇收取一定费用，于是就不强迫她再嫁。在成年（男性成年是二十一岁）之前获得遗产的人不被允许控制自己的土地；国王会以监护人的身份控制这些土地，或者将监护权及其赢利的机遇卖给另外一位封臣。

一位大贵族在一生中可能会因为这些封建义务而欠国王一大笔钱。但这种债务往往只是名义上的，国王不会真正去索回所有欠款。这些债务可以分期偿清，或者根本不用付，这取决于国王是否宽大慷慨。这是国王与其臣民之间的一种金钱的纽带。

在丢失诺曼底之后，约翰两眼放光、见钱眼开，因此把封建义务税费视为财富与权力的潜在的重要来源。要继承伯爵头衔，需向国王缴纳100镑。在有些情况下，约翰的开价是这个数字的七倍。他还开始要求贵族们尽快偿清欠王室的债务；他要求债务人们按照固定的还款计划来偿付数百镑，甚至数千镑。如果不能偿清债务，惩罚就是没收土地。

1207年发生了第一起没收地产的重大事件。约翰夺走了莱斯特伯爵领地的产业，这个爵位自第四代伯爵罗伯特·德·博蒙特于1204年去世后一直是空缺的。约翰没有尊重博蒙特的女儿阿米西娅及其丈夫的继承权[①]，而是以他们没有偿清欠国王的债务为由，将其土地占为己有，并没收了该领地的收入。这在法律上是说得过去的，但如果说国王的一项根本义务就是保护臣民的财产，那么约翰显然是辜负了他的子民。

在约翰丧失诺曼底之后的岁月里，英格兰王国开始认识的就是这样一位国王。政府体制并没有发生大的变化，但掌控政府的国王的要求却越来越紧迫，并且完全看不到情况会好转的迹象。1207年10月1日，十九岁的王后——昂古莱姆的伊莎贝拉在温切斯特城堡诞下一个男婴。这是自四十年前约翰降生以来，来到人世的第一位金雀花王朝的王子。这个孩子被取名为亨利，是为了纪念他那杰出的祖父——曾经的诺曼底、安茹、曼恩、图赖讷和阿基坦领主。这无可争辩地宣示了约翰的意图：募集足够的金钱，夺回他父亲曾经赢得的一切。英格兰别无选择，只能俯首帖耳。

① 原文有误。阿米西娅是第四代莱斯特伯爵罗伯特·德·博蒙特的妹妹，而不是女儿。罗伯特死后无嗣，产业由两个妹妹及其丈夫继承。阿米西娅嫁给了法兰西的孟福尔—拉莫里领主西蒙·德·孟福尔，他们的儿子也叫西蒙·德·孟福尔，成为第五代莱斯特伯爵。第五代伯爵的幼子也叫西蒙·德·孟福尔，成为第六代伯爵，也就是亨利三世时期的权臣和反对派领袖，下文会详述。

残酷的主人

当时的编年史家常把金雀花王朝的成员比作魔鬼：这些国王们执掌着极大的权力，但有时会残忍到泯灭人性的地步。在这方面，约翰与他的亲人们没有区别。但即便是从他那个时代的标准来看，他在 1208 ~ 1211 年对王国的统治也算是特别严苛残酷和盛气凌人。这些年里，随着约翰越来越自信满怀、踌躇满志，他对英格兰生活的方方面面都加强了控制。作为一位君主，他逐渐成熟起来，不仅实现了自己的梦想——积聚在他以前任何一位英格兰国王都不曾拥有过的巨大财富，还将王室权力扩张到苏格兰、威尔士和爱尔兰。他冷酷无情地将胆敢反对他统治的家族剥夺财产、流放边远险恶之地。他对英格兰的犹太人大敲竹杠。最令人咋舌的是，他还在争夺教会主宰权的斗争中与教皇分庭抗礼。

1208 年 2 月 15 日，天空中出现了一个凶兆，预示着约翰暴政的开端。据文多弗的罗杰记载，男女老少带着满心敬畏和不祥预感，举头遥望漆黑的天空，只见月亮“起初呈血红色，然后变得晦暗不明”。这是一次月食，就像其他天象一样，它对中世纪人们的思想带来了极大影响。月食被视为凶兆，不到五周之后，这个凶兆就成了现实。英格兰的教堂钟声戛然而止。由于国王和教皇英诺森三世之间激烈而漫长的争吵，教皇下令对整个王国施行停止圣事的禁令。约翰和英诺森三世之间分歧的根源其实稀松平常，但很快发展成了具有国际影响的大事。双方为了权力、惯例和至高无上的地位而争斗不休。这场争端影响到了英格兰每一个人，包括妇女儿童的生活。

故事从 1205 年开始，约翰入侵诺曼底的行动被迫放弃不久之后，休伯特·沃尔特溘然长逝，于是坎特伯雷大主教的位置就空缺了。约翰决心要把这个职位授予自己中意的人选：诺里奇主教约翰·德·格雷。此人是一位经验丰富的法律专家、法官，有时还担任外交官，另外还曾担任约翰的秘书，在国王从诺曼底撤退期间还曾借钱给国王（用王室珠宝作抵押）。

但坎特伯雷大主教的选举程序颇有争议。约翰发现，要想把如此崇高的神职授予自己的亲信，必须与教会做一番斗争。坎特伯雷大教堂的全体教士坚称，他们拥有选举新任大主教的古老权力。他们反对格雷，而支持他们的自己人——修道院副院长雷金纳德。12 月，约翰亲自出马，声色俱厉地威吓教士们，强迫他们接受格雷。这个消息传到罗马之后，英诺森三世大发雷霆。这位教皇恪守教条、致力于改革，坚信自己对欧洲的所有君主拥有最终宗主权。1206 年 3 月，他推翻了格雷的当选，也否定了雷金纳德的参选资格，而是推出了自己的人选：红衣主教斯蒂芬·兰顿，这位神学家和学者举止虔诚，是个有才华的赞美诗作者，并且有令英诺森三世满意的改革精神。1207 年 6 月 17 日，在罗马，教皇向兰顿授予了坎特伯雷大主教的圣职。

约翰得知兰顿当选为新的大主教后，不禁暴跳如雷。他向罗马发去了怒气冲天的书信，发誓赌咒要捍卫自己的王权，一直到死，并威胁要禁止任何人从他的港口前往教廷。英诺森三世对此置之不理。于是，约翰将坎特伯雷的所有僧侣驱逐出境，宣布兰顿为王室的敌人，并将坎特伯雷教区的财产据为己有。1208 年 3 月 23 日，英诺森三世做出了回应：对整个英格兰实施停止圣事的禁令。

教皇颁布的停止圣事的禁令是极其严重的惩罚。它禁止执行教会的几乎所有圣事，有效地断绝了整个民族与上帝的教会之间的联系。在 12 和 13 世纪，欧洲有许多王国遭受了这样的惩罚，因为这是教皇与国王们斗争时的标准武器。英诺森三世此前向挪威和法兰西发出过停止圣事的禁令。这种惩罚是无限期的，只要教皇仍然不悦，就可能一直持续下去。于是，从 1208 年春季开始，约翰的王国陷入沉默，所有的教会圣事都停止了。生活的节奏被中断了。只有告解、临终涂油礼和婴儿洗礼还被允许。除此之外，教堂大门紧闭，教士们闲坐无事。婚礼在门廊上举行，死者被埋葬在城镇的护墙之外、路边壕沟内，没有神父主持葬礼。英格兰被教会逐出门外。

约翰的反应可以与他父亲当年相提并论。起初他怒火中烧：据说，在得知停止圣事的禁令被颁布之后，他陷入狂怒，几乎疯癫，口出恶言、亵渎神灵，诅咒教皇的放肆，以上帝的牙齿起誓要把神父们的眼珠子挖出来，把他们说谎的舌头割掉。但约翰是个实干家。停止圣事的禁令宣布之后的第二天，王室官吏就扫荡了英格兰全境，以国王的名义没收教会财产。约翰的鹰犬将教会名下的粮仓、园林、农田和鱼塘全部充公，让英格兰教士不仅无所事事，而且一贫如洗。约翰命令郡长和其他官吏去代表国王管理这些财产，并委任了各郡的委员会来评估教会的财产，并向教士们支付微薄的津贴，好让他们在下岗期间能够维持生计。两周后，他开始允许财产被剥夺的教士们买回自己的财产，但条件非常苛刻。希望自己的土地和财产免受王室直接干预的教士们不得不将自己收入的很大一部分奉献给国王。

通过这些巧妙的手段，在英格兰教会与罗马互相疏远的五年间，约翰从英格兰教会搜刮到了数额巨大的财富，并且以此为乐。或许他最有创造性的策略就是将教士们的妻子、小妾和情妇扣押，然后向教士们收缴赎金。很多教士家中养着婴儿，所以他们中的很多人别无选择，只能乖乖掏出腰包。

英诺森三世试图通过禁令让约翰国王对教皇服服帖帖，不料却让约翰趁机发了笔横财。但任何人都不能对教皇妄加嘲弄而不受惩罚。约翰喜滋滋地对禁令熟视无睹，他个人付出的代价是，必须承受教会能够施加的最严酷的惩罚。1209 年 1 月，英诺森三世启动了将他绝罚的程序。当年 11 月，绝罚令已经发出。现在，不仅是约翰的王国，他本人也被教会正式放逐了。

将一位国王绝罚是极其严厉的判决，因为它默许其他基督教国王进攻英格兰，而不必担心受到教皇的谴责。甚至亨利二世在贝克特被害后都能避免绝罚的命运，然而约翰对绝罚似乎仍然无动于衷。没有人入侵英格兰。最糟糕的结果是，许多英格兰主教逃往海外。但就连这对约翰的王权也没有造成任何负担。主教和隐修院长的席位空缺后，其领地的收入会转为王室所有。

于是，又一项处罚被约翰置之不理。过了一段时间之后，停止圣事的禁令和绝罚的唯一真实影响就是，普通英格兰人的生活有了一点点不方便，而英格兰教士们遭受了严厉的罚款。约翰从停止圣事的禁令获取的收入累计达到约每年 2 万马克，差不多是 1188 年的萨拉丁什一税募集款项的三倍。

停止圣事禁令的危机确立了约翰对教会的暂时主宰权，同时他还努力寻求其他手段来压制自己的其他邻居和臣民。

1209～1210 年圣诞节期间，他将注意力转向犹太人。犹太人垄断了放债的生意，他们在英格兰虽然人口比例很小，但富得流油。在法律上，犹太人是国王的私人动产，只有在王室的保护下，他们才能生存和工作。起初，约翰搜刮他们财富的途径是征收 6.6 万马克的摊派税，这笔赋税数额巨大，征收的手段也特别严厉。在英格兰全境，犹太人，无论男女，都遭到了迫害。据编年史家考文垂的沃尔特记载，犹太人被“扣押、囚禁，遭到毒刑拷打，以便压榨出他们的钱财，供国王享用；其中有些人不堪忍受折磨，交出了自己的全部家当，还许诺会给国王更多”。

这一切都并非新鲜事。1187 年，亨利二世征收了犹太人动产的四分之一，充作十字军东征的军费。理查一世加冕后，被十字军东征的狂热煽动起来的暴徒在伦敦的犹太人居住区纵火，大肆抢劫，在大街上屠杀犹太人。但即便是以当时的标准来看，约翰的措施也太残忍了。他向犹太人提出严苛的要求，以恐怖的暴力相威胁。在布里斯托尔，有一个犹太人拒绝了国王的要求。他被投入大牢，狱卒们将他的臼齿打掉了。据文多弗的罗杰记载，“国王命令狱卒们每天将这个犹太人的一颗臼齿打落，直到他缴纳 1 万银马克……一连七天，他们每天打落他的一颗牙齿，令这个犹太人痛不欲生，第八天，他们开始动手的时候，犹太人……交出了上述数额的金钱，以挽救自己的第八颗牙齿，尽管他已经失去了七颗”。

这表明约翰的残暴到了多么令人发指的地步。次年，他开始了最令他恶名远扬的复仇行动，即镇压德·布雷乌泽家族。在此事件中，约翰的所有本能和政策都集中突显出来：他贪财如命；他致力于对不列颠的凯尔特边缘地区实施直接控制；他对自己的一些最富有、势力最强大的臣民抱有强烈的敌意。

威廉·德·布雷乌泽是一位出身古老诺曼世家的贵族，他与王室的联系可以上溯到诺曼征服时期。他的妻子玛蒂尔达也出身高贵。他们一起将德·布雷乌泽家族发展壮大，成为英格兰最伟大的名门望族之一，并在威尔士边境地带建立了势力范围。在那里，他们扮演的角色与彭布罗克伯爵威廉·马歇尔等人相同：压制土著威尔士人、维护英格兰人的强大势力。

在理查一世和约翰统治的许多重要事件中，都能看到威廉·德·布雷乌泽的身影。在理查一世丧生的沙吕战役中，他就在前线作战。在约翰统治的早期，他几乎始终陪伴在约翰身边。在威尔士政策中，约翰仰仗像德·布雷乌泽这样的人，将位于威尔士和英—威边境的伯爵领地授予他们，并鼓励他们开展军事征服、开疆拓土。德·布雷乌泽获得了爱尔兰的利默里克附近的土地所有权，为了获取那里的继承权，每年要向国王缴纳相当多的费用。他的家族在萨里郡、赫特福德郡和德文郡都有地产，还拥有两座利润丰厚的修道院（是停止圣事的禁令期间没收来的）。德·布雷乌泽的次子被任命为赫里福德主教。在约翰在位十年后，德·布雷乌泽成了一位势力非常强大的领主，获取了面积广袤的土地和许多监护权、城堡和采邑。他还知悉了许多秘密。1203 年，在诺曼底，他是国王信任的近臣，或许还是知晓布列塔尼的阿尔蒂尔死亡真相的少数人之一。

到 1208 年，在约翰眼中，德·布雷乌泽已经不再是一位受到丰厚奖赏的、有价值的臣子，而是一个潜在的捣蛋分子，向王室缴纳的金钱远远不够。德·布雷乌泽和大多数其他贵族一样，多年来累积了欠王室的大宗债务。为了获取他的诸多头衔和遗产，他欠了国王许多封建税费，总计超过 3000 镑，需要向王室金库分期付款。1208 年 3 月，约翰开始勒令德·布雷乌泽偿还全部债务。据文多弗的罗杰记载，约翰在索取金钱的同时还要求交出人质。王室信使奉命到德·布雷乌泽宅邸带走人质的时候，威廉的妻子玛蒂尔达“以女人的大胆莽撞”大呼小叫，将王室信使赶走，声称约翰害死了阿尔蒂尔，现在极有可能还要加害她的儿子们。据文多弗的罗杰说，玛蒂尔达叫嚷道，国王“卑劣地谋害了自己的侄子……原本对这个侄子应当以礼相待才对!”

玛蒂尔达的举动即使往轻了说，也是非常不明智的，令约翰对德·布雷乌泽家族恨之入骨。在随后三年内，他扣押和没收了德·布雷乌泽家族的债务抵押品，并开始罢免他们的职务、削去他们的地位。后来，国王在一封意在为自己辩护的公开信中向全国解释称，他打击德·布雷乌泽家族是“遵循英格兰的习惯和国库的法律”。但这其实是一场充满恶意但的确合法的政治迫害。威廉·德·布雷乌泽被免除了格拉摩根行政长官的职务，约翰将这个位置交给了他从欧洲大陆带来的一名雇佣军人。德·布雷乌泽家族位于海伊、布雷肯和拉德诺的城堡被王室没收。约翰以收缴债款为借口，允许雇佣兵劫掠德·布雷乌泽的土地。他还雪上加霜地命令德·布雷乌泽家族为这些劫掠行动支付军费。德·布雷乌泽家族进行了报复，攻击了被国王夺走的那些城堡，但这种举动令他们丧失了法律的保护。约翰对他们疯狂镇压，令其如丧家之犬般走投无路，最后在 1209 年初被迫渡过爱尔兰海，逃往伦斯特，到威廉·马歇尔那里避难。

在约翰登基伊始，马歇尔受封为彭布罗克伯爵，但他和国王的关系始终不是很好。在1205年与约翰发生争吵之后，马歇尔便不再受宠。到1209年底，他和其他一些逃离约翰宫廷的流亡者避居在爱尔兰。马歇尔以骑士精神的宽厚善良欢迎德·布雷乌泽家族，其他人也纷纷效仿德·布雷乌泽。爱尔兰人普遍对德·布雷乌泽家族表示同情。那里的许多大贵族都庇护他们，为他们提供安全的居所，等待将来与英格兰国王和解。

但约翰无心讲和，不肯与德·布雷乌泽家族取得谅解。恰恰相反，他们成功逃脱他的法律惩处，更使得他决心加强英格兰王室对爱尔兰的控制。他不肯容忍桀骜不驯的主教（其中很多人在停止圣事的禁令期间逃往爱尔兰）和遭迫害的贵族们在这样一个港湾避难。于是，1210年夏季，他集结大军，在彭布罗克调集数百艘舰船，准备入侵爱尔兰。

庞大舰队即将入侵的消息很快飞过了爱尔兰海，一些流亡主教在约翰大军杀到之前向他屈服了。威廉·马歇尔写道，他"深知国王的意图是什么，他（国王）的唯一目标就是寻找机会来伤害他（马歇尔），而且是毫无缘由地伤害"。马歇尔渡海来到英格兰，向国王投降。然后，马歇尔又陪同约翰征讨爱尔兰。这场战役奉行两项主要战略。"他制定和颁布了英格兰法律与风俗习惯，任命郡长和其他官吏，遵照英格兰法律来统治这个王国的人民。"马歇尔解释道，"此后，国王率领大军攻城略地，占领了敌人的多座要塞。"这场令人胆战心惊的战役仅仅持续了两个月多一点，约翰就消灭了在爱尔兰的绝大多数敌人，瓦解了敌对势力。

德·布雷乌泽家族自然是魂飞魄散。玛蒂尔达和她的长子在爱尔兰无处藏身，从阿尔斯特逃往苏格兰。但他们在约翰的追击下毫无喘息之机。1209年8月，约翰率领一支大军兵锋直指苏格兰边境，迫使苏格兰国王狮子威廉签订了丧权辱国的《诺勒姆条约》。苏格兰不再是反抗约翰的堡垒。玛蒂尔达和她的儿子被俘虏，交给了英格兰国王。与此同时，威廉·德·布雷乌泽逃到了法兰西，作为不法之徒了却残生。他将阿尔蒂尔惨死的全部真相告诉了法兰西宫廷，令其心惊肉跳。

玛蒂尔达在被俘的时候，向国王提议，用4万马克的巨款（这是令人目瞪口呆的天文数字）赎回自己和儿子的自由，这印证了德·布雷乌泽家族是多么害怕落到约翰手中。约翰这一次对巨大财富不感兴趣，况且玛蒂尔达显然没有那么多钱给他。他将俘虏送到了温莎或科夫堡。这一年还没过完，他们就丢了性命。

德·布雷乌泽家族最严重的罪行之一就是，他们知道得太多了。他们知道阿尔蒂尔遇害的秘密，所以非常害怕会遭到同样的命运。他们的担忧是非常有道理的。1210年底之前，玛蒂尔达和她的儿子在狱中被活活饿死。据说母子俩的死尸被发现的时候，蜷缩在牢房一角。男孩的尸体上有牙齿印。他的母亲饿得发疯，想把他吃掉。

得罪约翰国王的人就会落到这样的下场。到1210年底，约翰明白无误地向英格兰全境宣示了自己的无上权威。教堂沉寂无声，这提醒着胆战心惊的人们，他们生活在一个被上帝抛弃的国家，统治他们的是一个被绝罚的国王。牙齿被打落的犹太人和死去的女人们佐证了约翰的残忍无道。十年之间，王室金库大幅膨胀，导致全国出现了货币短缺。苏格兰和爱尔兰被打得头破血流，重新对英格兰王室的威力肃然起敬。1211年，约翰率领两支大军杀入威尔士，讨伐主宰此地的王公——约尔沃思之子罗埃林，也叫罗埃林大王。在取得一系列决定性胜利之后，约翰将侮辱性的不平等条约强加给威尔士人。约翰虽然没能在法兰西称雄，但他在不列颠的确是战无不胜、攻无不克，巩固了自己的权威。考文垂的沃尔特写道："在爱尔兰、苏格兰和威尔士，万民对英格兰国王俯首帖耳，莫敢不从——世人皆知，任何一位先王都不曾享受此等荣耀。"但对约翰来说不幸的是，他的先祖们遭遇的噩运很快就要降临到他头上。

末日的开端

韦克菲尔德的彼得是约克郡的一位隐士，在英格兰北部名气很大。他智力迟钝，以面包和水为主食，却能未卜先知。据说，基督曾三次向他显身，两次是在约克，一次是在附近的一座叫作庞蒂弗拉克特的城镇。救世主化作孩童的形象，被抱在一位神父怀中，对彼得说道，“太平，太平，太平。”并教导他更为纯洁的生活方式。

1212 年，彼得看到了一个新异象。他预言，国王的统治将于下一个加冕周年纪念日（1213 年 5 月的耶稣升天节）结束。据文多弗的罗杰记载，这位隐士说：“异象向我揭示，国王的统治不会超过十四年，末了的时候，更令上帝欢欣的人会取而代之。”

在迷信流行、谣言力量无穷的年代，彼得的预言如野火一般迅速传播出去。国王听到这个传言时，放声大笑，但仔细斟酌后，警惕了起来。他命令将彼得逮捕并押送到宫廷，命令他自己向国王解释。据文多弗的罗杰记载，国王亲自审问彼得，询问“他是否会在那一天死去，或者他将会如何失去王位。隐士答道：‘不必怀疑，到了那一天，你就不是国王了；如果到时候证明我是撒谎，那么任凭你处置。’”

约翰不需要这样的鼓励，马上将彼得送往科夫堡，交给威廉·德·哈考特看押，“将彼得披枷带锁，囚禁在那里，等待检验他的预言”。据文多弗的罗杰记载，尽管彼得身陷囹圄，他的宣言还是迅速传遍了英格兰，“几乎所有听到这预言的人都信以为真，仿佛它是从上天传下来的”。

对约翰来说，1212 年原本是春风得意的一年。他远征爱尔兰，旗开得胜：他扣押了许多人质，并设立了许多英格兰化的领地和主教辖区，借此遏制住了最好战的土著王公们。在爱尔兰取得成功的同时，英格兰在威尔士也取得了前所未有的扩张。为了保障在威尔士北部和英格兰西部边境取得的新领土，约翰大兴土木，建造了许多城堡。约翰在威尔士占领的新领土比他的父亲亨利二世或太公亨利一世多得多，令土著王公们蒙羞。许多威尔士贵族子弟被扣押在英格兰宫廷，作为人质，以防止他们的家族谋反。宫廷的人气一下子旺了许多。

苏格兰国王狮子威廉卧病在床，国内有人阴谋起事，对他的统治不利。约翰抓住这个机会，扩大先前的战果。他向狮子威廉示好，条件是后者必须交出人质和数额巨大的现金。随后，在 1212 年复活节星期日的宴席间，约翰册封狮子威廉十二岁的儿子为骑士，并为这个少年提供雇佣兵，帮助他打败了觊觎苏格兰王位的古特雷德·麦克威廉。英格兰王室在不列颠群岛牢牢占据了主宰地位。

毫不奇怪的是，连续五年在沙场屡战屡胜之后，约翰的自信心开始恢复。更让他踌躇满志的是，他现在掌握着巨大的财富。在丧失诺曼底之后，即便不算从犹太人和停止圣事的禁令获取的意外之财，他也把自己的年收入翻了一倍，常常超过每年 5 万镑。尽管他的统治时期出现了快速飙升的通货膨胀，他在 1212 年的可支配收入仍然比他的哥哥理查一世在第三次十字军东征前夕要多得多。多达 20 万镑的现金被储藏在英格兰的诸多城堡之内。在这些成功的鼓舞之下，约翰感到，重返法兰西、收复诺曼底的时机已经成熟。他拥有足够金钱，可以重新启动理查一世的收效显著的外交政策：贿赂腓力二世的邻居们，组成一个反对卡佩王朝的大联盟。约翰与先前的盟友们（包括他的外甥——新近复位的神圣罗马皇帝奥托四世和布洛涅伯爵雷诺）取得了外交联系。银便士堆积如山，用于招募雇佣兵和装备一支军队。

但是，在1212年夏季，约翰入侵诺曼底的准备工作正在如火如荼地开展的时候，他对自己的王国的控制却开始松动。麻烦从威尔士北部发源。约翰在那里的城堡建造工程刺激了负隅顽抗的威尔士残余势力，他们联合起来对抗他的统治。就在英格兰各地的四十座城镇收到征兵命令（为欧洲大陆的战事做准备）的时候，威尔士内陆的森林和山区突然杀出一支支反抗军，对英格兰的边境城堡发动了游击战。英格兰骑士和士兵们被残忍地斩首，刺鼻的浓烟从被焚毁的城镇废墟上升起。威尔士叛军四处杀戮和劫掠，然后撤回乡村。

威尔士的叛乱是1205年以来约翰的权威第一次受到严重的挑战。叛乱规模很大，约翰不得不放弃出征欧洲大陆的计划，将军队集结在切斯特，准备对付边境受到的威胁。8月，为了发泄挫折情绪，他在诺丁汉将二十八名威尔士人质绞死。但局势比他想象的还要糟糕。威廉·马歇尔记载道，就在人质们在绞刑架上垂死挣扎的时候，一些匿名信被送到了诺丁汉，发出警告："假如国王将他开始的这场战争继续下去，他要么会被自己的贵族杀死，要么会被交给敌人，任凭他们发落。"约翰麾下的一些贵族似乎在筹划阴谋，要将他谋害，另立新君。约翰常常臆想自己遭到乱臣贼子的攻击，现在他有充分理由相信，事实的确如此。

弑君阴谋的主要嫌疑人是尤斯塔斯·德·韦希和罗伯特·

菲茨沃尔特。德·韦希自狮心王理查的时代就为王室鞍前马后，约翰曾指派他为与苏格兰人谈判中的联络人，因为他在诺森伯兰和约克郡有大片地产，对野蛮的英苏边境了如指掌。他对约翰心怀不满的原因不详，有流传很广的故事说国王曾勾引他的妻子，这几乎可以肯定是对约翰的恶言诽谤。真相更有可能是，德·韦希是一位典型的北方贵族，不赞同约翰将英格兰的财富用于争夺在欧洲大陆的土地。东窗事发之后，德·韦希立刻越过边境，逃往苏格兰避难。

菲茨沃尔特则是艾赛克斯北部和伦敦城的一位强势人物。他声称（可能是撒谎）自己反对国王的原因是，国王曾试图强暴他的长女。但事实上，他的怨恨的根源可能更深，既包括与国王的私人仇隙，也出于政治上的不满。许多英格兰诸侯不喜欢约翰咄咄逼人的强势王政，和菲茨沃尔特有同感。阴谋败露之后，菲茨沃尔特逃到了法兰西。阴谋集团中只有一个倒霉鬼，一个叫作诺里奇的杰弗里的国库官吏落入了国王手中。他死在狱中，这完全没有出乎人们的意料。

在诺丁汉发现的阴谋使得约翰又一次陷入妄想狂。约翰在诺丁汉读到的信不仅表明他有充分理由畏惧外部敌人——英诺森三世、腓力二世、犯上作乱的凯尔特人，还证实了他一贯的猜疑，即他自己的贵族也在蠢蠢欲动、图谋不轨。胜利很快变成了满腹狐疑和惊恐不安。在发现阴谋的一个月内，他彻底解散了自己的威尔士军队，并在雇佣兵的护卫下返回伦敦。北方的王家城堡都进入武装戒备状态。1212 年秋，约翰开始准备在英格兰王国的北部打一场内战，士兵和运输武器装备的长长队伍逐渐北上。始终保持高度警惕的约翰向所有贵族发去信函，要求他们各自交出一名人质，以确保他们的忠顺。人质常常是诸侯的儿子或较年轻的亲戚，他们的性命完全掌握在国王手中。编年史家们记载，从 1212 年夏季开始，约翰无论驾临何处，都带着武装卫队。

约翰和诸侯的关系怎么到了这样的谷底？最简单的解释是，英格兰对这位始终待在国内的国王已经太熟悉、太厌倦了。与金雀花王朝此前任何一位君主相比，人们与约翰相处的时间更久，对他也更熟悉。许多贵族感到很难适应他这种活力四射、亲力亲为的强势统治。他的性格不讨人喜欢，又残忍暴虐；他对德·布雷乌泽家族的镇压违背贵族的价值观，激怒了诸侯。但国王的残忍并不是谋反的理由。亨利二世和理查一世也很残忍，但他们的威望未曾受到如此严重的打击。亨利二世也曾一口气绞死几十个威尔士人质；理查一世在基督教世界的每一个角落都冷酷无情地大肆屠戮过。

令约翰的问题雪上加霜的是，他患有严重的迫害妄想症。他非常狡猾和深藏不露，曾发明了一种复杂的密文——真的是非常复杂，以至于他自己有时也记不住——在发出自己并不希望得到执行的命令时就使用这种密文。他对威廉·马歇尔和德·布雷乌泽家族的待遇无法令其他贵族产生信任之感。他的确没有义务要和贵族们融洽相处，但先是亲吻他们、百般恩宠，然后又让他们的妻儿活活饿死，这说明他的思维很不稳定，这是非常危险的事情。如果约翰的宠臣们都这么惨，那么不受国王信任的人有多少生存机会？

但除了国王的性格缺陷之外，还有更深层次的原因。自亨利二世的改革以来，英格兰王室和诸侯之间就出现了嫌隙。关于完整的王政的具体性质，还有很严重的问题留待解决。在斯蒂芬与玛蒂尔达的内战留下的灰烬之上，英格兰得到重建，王室权威也得到了大范围的、系统性的扩张。现在，王权的影响无处不在。在12世纪中叶，每五座英格兰城堡中就有一座属于王室。在半个世纪的大兴土木和没收充公之后，到1212年，英格兰的城堡中差不多有一半的主楼上都飘扬着王旗。普通法得以非常强势地扩张；哪怕是最为卑微的案件，王室也在其审理中直接干预，这种情况在约翰统治时期达到巅峰状态，使得王权深入各郡，而诸侯的权力大大削弱。只有在极少数地方，如切斯特伯爵领地[①]，王室的令状还不能随意发号施令。

王室官职越来越多地被出身卑微的人和具有专业技能的外国人占据。在前不久还处于诸侯直接控制之下的地方，这些后来居上者和外国人积累了相当强大的势力。在约翰治下，宫廷高官或者政府大吏中没有一个出身于大贵族家庭。在被排挤到权力核心之外的贵族们看来，这些官吏就是一个低贱的朋党集团。国王军队中越来越多地使用雇佣兵，这进一步削弱了诸侯的影响力，而且导致诸侯对国王的归属感——在过去，王室的军事行动是国王与诸侯的共同事业——大大淡漠了。

在大多数情况下，这给英格兰的普通自由民带来了很大好处。约翰治下的政府越来越专业化。在王室法律的保护下，老百姓能够捍卫自己的财产，并自由地对其加以处置。他们可以在王家法庭击鼓鸣冤，挑战比自己社会地位高的人。约翰向他们推销的是一种君权神授、近似神明的光辉灿烂的君王形象。1207年的圣诞节，为了制造君主威仪的盛大场面，约翰不惜挥金如土。他头戴祖母玛蒂尔达的皇冠，手持权杖和黄金节

① 切斯特伯爵领地是中世纪英格兰最强大的伯爵领地之一。12世纪时，切斯特伯爵便享有近似王权的极大权力。1237年，末代伯爵去世且无嗣，后来该领地被王室吞并。从亨利三世开始，该领地及头衔只册封给王储。

杖，身披饰有金刺绣的紫色丝袍。与内战时期（国家四分五裂、诸侯混战、两个朝廷分庭抗礼）相比，约翰国王的英格兰团结统一，国运昌隆。

主要的输家是诸侯。这个集团约有一百六十人，他们和他们的家族在1205年英格兰与诺曼底分道扬镳之时损失的领土最多。他们有最多的机会和约翰相处，因此他们对朝廷的体验就是约翰的喜怒无常、残忍暴虐和贪财无度。对这些诸侯而言，王权既是一个体制，也是私人间的关系。它的运转依赖于国王一个人的善意。曾任亨利二世的首席政法官的理查·菲茨奈杰尔写道："对有些人，国王自愿无偿地主持正义，这是为了奖赏他们过去的忠诚效劳，或者仅仅是因为国王的善心；但对其他人……国王无论如何也不肯让步。"在约翰这样的国王的统治下，这种内在矛盾得到了戏剧性的突出。随着王室法律和司法的影响力逐渐扩大，贵族们感到自己的权力被从根基自下而上地侵蚀了，而约翰反复无常、专横独断地处置他们，又自上而下地对贵族加以压制。

约翰拥有法学家的头脑，把自己的地位也看得非常崇高，因此在自己的两个角色之间看不到矛盾之处。一方面，他是一位政府领导人，而这个政府逐渐扩张，由程序和体制组成；另一方面，他又是诸侯的封建宗主，有权恣意地剥夺诸侯的财产，对其加以惩罚。这种治理诸侯的私人化手段使得他能够压榨他们的金钱，凭借自己的宗主地位夺走他们的财产，并向他们征收巨额的封建税费或罚金。他认为自己有权裁决诸侯之间的争端和法律案件，或诸侯和他之间的纠纷；他亲自审理这些案件，接受最亲信的谋臣的非正式建议，或者通过国库来查办。案件的审理结果由他本人决定。在他看来，这是国王的特权。的确，这种想法在概念上并不新鲜，但他将其予以实践的规模却是前无古人的。然而，诸侯并不认同这种观点。

1212 年底的局势就是这样。约翰仍然急于发动收复诺曼底的战争，并开始投入大量金钱，用于构建实现这个宏图大略所必需的国外联盟。在国内怨声载道的大背景下，他还在追逐自己梦寐以求的目标。如果要收复失地，同时还保证越来越心怀不满的英格兰诸侯不掀起全面叛乱，着实需要英雄的领导力、统治才华和极佳的运气。

布汶战役

英格兰历史上第一次大规模的海战胜利发生在1213年5月30日，对手是法兰西舰队。两天前，五百艘舰船在约翰的异母弟——索尔兹伯里伯爵威廉·朗格斯佩指挥下，扬帆起航。渡过英吉利海峡之后，索尔兹伯里伯爵沿着诺曼底海岸一路劫掠，抵达了佛兰芒海岸，驶入茨温海湾。这是一个潮汐形成的小海湾，是去往沿海贸易城市达默和斯勒伊斯的海上必经之路。

船上满载着军人和武器，包括英格兰骑士和外国雇佣兵，他们的军饷来自约翰自1204年以来就积攒起来的大量金钱。他们在茨温海湾逆流而上，驶向达默的时候，目睹了一幅非同寻常的景象：形形色色、遮天蔽日的法兰西舰船，有的停靠在岸边，有的在港口波浪中摇曳，全都在等待入侵英格兰的军队登船。估计有1700艘船，装配齐全，整装待发。港口中船只发出的咯吱声代表着莫大的威胁。

几个月以来，一直有传言说，教皇英诺森三世看到约翰对停止圣事的禁令和绝罚令满不在乎，非常恼火，已经宣布废黜约翰，而腓力二世做好了执行这个判决的准备（罗马方面的确已经准备了废黜约翰的文书，但始终没有公开）。腓力二世开始将英格兰视为他的儿子路易的潜在封地，于是花了好几个月时间来筹备入侵英格兰的远征。他的致命意图的证据现在就呈现在索尔兹伯里伯爵的眼前。

这位英格兰指挥官没有浪费一分一秒。英格兰战船立即蜂拥冲入港口，攻击防卫薄弱的法兰西舰队，将数百艘载着粮食、葡萄酒、面粉、肉类和法兰西军械库关键部分的船只的缆绳砍断，任其漂流入海。其他士兵则抢滩上岸，抢走停靠的船只上的贵重补给物资，然后将这些木船付之一炬。沥青在水中熊熊燃烧，黑烟窜入天空。

腓力二世当时并不在遭受攻击的城镇。不久之后，他匆匆赶到，看到的是一片狼藉。“法兰西国王看到他的船只在海上熊熊燃烧、喷吐浓烟，似乎大海都着了火，不禁恼羞成怒，”威廉·马歇尔写道，“腓力国王气得发狂，情绪非常恶劣，在暴跳如雷和万般绝望的发作中命令将他的海军的剩余船只烧了个一干二净。”这对英格兰人来说是一次勇敢而意义重大的胜利，消除了随后几年内法兰西人对英格兰海岸的威胁。

腓力二世并不知道，索尔兹伯里伯爵摧毁他的舰队（原定用于执行教皇发出的废黜约翰的判决）的行动其实得到了英诺森三世的大力支持。在向法兰西发动海上攻击之前，约翰在巨大的压力下屈服了，决定与罗马和解，以便减少一个敌人，并削弱腓力二世的力量。劝说他与教皇议和的人当中包括马歇尔，此时他又成了一位重要的谋臣。教皇派出了一位使节——潘德尔夫·马斯卡——去磋商和解的条件。就在索尔兹伯里伯爵的舰队起航几天之前，约翰在多佛尔与潘德尔夫会了面。

在那里，在英格兰诸侯的见证下，国王签署了一项条约，向教皇俯首称臣，使自己的英格兰和爱尔兰王国成为教皇的封建臣属。英格兰一下子从基督教世界边缘的弃儿变成了教皇的臣属领地，就像欧洲的其他一些王国（如西西里、波兰、瑞典、丹麦、葡萄牙和阿拉贡）一样。“王国变成了神权领地，神权领地则变成了神父的王国。”英诺森三世在获悉此消息后写道。显然，约翰的归顺得到了丰厚的报偿，即达默的辉煌胜利。

但与罗马的和解是个漫长的过程，而不是一蹴而就的单一事件。达默战役六周之后的7月20日，约翰站在温切斯特城外的莫恩山上，俯视着下方雄伟的城市。他的五颜六色的丝绸锦缎华服在夏日阳光下光芒耀眼，廷臣和他们的纯血统骏马的披挂也是光彩夺目。温切斯特五光十色、熙熙攘攘。斯蒂芬·兰顿终于就任坎特伯雷大主教，得以照管他的信众。他在盛大的教士队伍中缓步行进，穿过苏塞克斯丘陵地带，进入这座古城。几分钟之后，约翰和兰顿参加了和解的公开仪式，热泪盈眶，焚香庆祝。双方带着和平的善意亲吻，约翰发誓将热爱和保卫教会。

约翰为这次和解付出了很大代价。首先，他答应向教皇缴纳罚金；其次，他放弃了利用空缺的神职牟利的机会，导致收入减少。但浪子终于回头了，约翰现在深得罗马教皇的宠幸。再加上腓力二世的海军丧失殆尽，约翰大受鼓舞，决定投入全部力量，努力收复在欧洲大陆的失地。

他开始筹划一次大规模入侵，计划在普瓦图登陆，然后于1214年春夏向北推进。他必须说服贵族们支持他的计划。但以尤斯塔斯·德·韦希为首的北方诸侯（现在他与国王达成了和解，但仍然忐忑不安）拒绝出兵，声称自己没有出征所需的财力。这是约翰统治期间第二次遭遇诸侯的顽固抵制。他果然陷入狂怒。但这一次与1205年不同，他不会容忍自己的雄心受挫。1213年秋季，他一直在准备入侵欧洲大陆，据他给曾经的盟友艾默里·德·图阿尔的信中的描述，这将是

“一支令人难以置信的大军”。

在远征开始前的几个月内，约翰利用自己的封建宗主地位和司法审判的机会大肆征敛钱财。他征收了一笔免服兵役税（贵族的封建义务是向国王的军队提供骑士，或用金钱来代替），税率达到每名骑士3马克，这是有史以来的最高点。封建税费也猛涨到令人咋舌的地步。威廉·菲茨艾伦继承菲茨艾伦家族的男爵头衔时被征收了1万马克的巨款。约翰·德·莱西为了获得庞蒂弗拉克特的领主地位，不得不缴纳7000马克。寡妇们要想保留自己的嫁妆，并且逃避被强迫再嫁的命运，就得缴纳1000镑。最大的一笔生意是，杰弗里·德·曼德维尔为了与格洛斯特女伯爵伊莎贝尔结婚，不得不交给国王2万马克。伊莎贝尔[①]曾经是约翰的妻子，但他在1199年抛弃了她，娶了昂古莱姆的伊莎贝拉。她的确是个富有的女继承人，但德·曼德维尔为了娶她而付出的代价着实是天文数字。而且，这些都不仅仅是名义上的债务：德·曼德维尔为了迎娶这位曾经是王后的新娘，必须在九个月内分四期将这笔钱偿清。

如此横征暴敛来的金钱并没有被堆积闲置，而是开始如潮水般涌入欧洲大陆。约翰在自己的外甥——神圣罗马皇帝奥托四世支持下建立了一个联盟。在欧洲西北部，荷兰伯爵、布洛涅伯爵和佛兰德伯爵加入了反对腓力二世的斗争。他们的计划是兵分两路，以一个钳形攻势将腓力二世困住：第一支部队由索尔兹伯里伯爵指挥，将从佛兰德攻击腓力二世；

① 格洛斯特女伯爵伊莎贝尔与约翰国王离婚后，于1214年1月嫁给了第二代艾赛克斯伯爵杰弗里·德·曼德维尔，他因此获得第四代格洛斯特伯爵的头衔。德·曼德维尔于1216年去世。伊莎贝尔又嫁给了休伯特·德·伯格，即后来的首席政法官和亨利三世的摄政者之一。

第二支部队由约翰亲自统领，从普瓦图出发，从南向北进攻。1214 年 2 月，约翰从朴次茅斯起航前往拉罗歇尔。他乘坐的桨帆船上载满了珠宝珍奇、黄金白银，还运载着许多英格兰贵族，以及伊莎贝拉王后和约翰的五岁儿子——理查王子。这不是一次心血来潮的行动。约翰打定主意要光荣地夺回自己理应享有的权利。

战役起初进展顺利。在整个春季，约翰综合运用外交和攻城，保障了普瓦图及其周边地区。他还与难对付的吕西尼昂家族取得了和解。在 1202 年，约翰曾在他们眼皮底下将昂古莱姆的伊莎贝拉抢走，娶为自己的王后，这对吕西尼昂家族来说是奇耻大辱。为了赢得他们的好感，约翰的女儿琼（生于 1210 年）被许配给了于格·德·吕西尼昂的儿子和继承人。6 月初，普瓦图已经稳固下来，于是约翰前往布列塔尼，攻克了南特。位于安茹心脏地带的昂热也很快献城投降。腓力二世不肯正面交锋。约翰向世人展示出，金雀花王朝的勇武好战精神长存不衰。

然而灾难降临了。约翰在与一些普瓦图贵族攻打拉罗什奥莫恩城堡（位于普瓦图和布列塔尼的边境上）的时候突然得到消息，腓力二世的二十六岁儿子——路易王子正率军杀来。约翰认为，决战的时机到了。但他的盟友们突然间丧失了信心。与他并肩作战已经几个月的普瓦图贵族们素来以朝秦暮楚著称，果然名不虚传。他们突然临阵脱逃，拒绝与卡佩王朝交战。约翰费了极大精力和资源才构建起来的南方联盟一瞬间就土崩瓦解。约翰无力抵抗路易王子，只得抢在对方兵锋抵达之前撤退，躲到他的行动开始的地方——拉罗歇尔。

尽管这次撤退很不光彩，约翰仍然希望他的南北夹击计划中的北方盟友能够显示出他们的胆量。他在拉罗歇尔等待期间，7 月 27 日，北方盟军在奥托四世皇帝的龙与金鹰的大纛下集结完毕，准备在布汶村附近的平原上歼灭法兰西国王的军队。

在布汶战役中与腓力二世对决的这支大军是典型的中世纪军队：鼓噪、凶暴而组织混乱。每一位指挥官都有自己的人马和自己的旌旗，战略也是非常粗陋的。双方的主要战术就是骑兵冲锋。有的时候，战役很像是比武大会上的混战，但双方的意图更致命。士兵们配备沉重的长枪和好多磅重的链甲，如果他们不幸在战场的污泥中笨拙倒地，链甲有可能会将他们闷死。肉搏战中，布汶平原流血漂橹，到处是令人毛骨悚然的惨叫声、沉重的金属兵器切入人肉时发出的令人作呕的咯吱声、奋力搏杀的喘息声，还有垂死挣扎的人的咕噜噜的最后呼吸声。英格兰军队环绕在索尔兹伯里伯爵的旌旗周围。他的旗帜为蓝底，饰有以后腿为支点跃立并扬起前爪的黄色狮子。他们在右翼打得非常英勇。双方的统帅都在中军。奥托四世和腓力二世在战斗中都曾落马。战斗持续了漫长的三个钟头，起初帝国军队占上风，后来逐渐变为对法兰西军队有利。

法兰西人最后取胜。他们的骑兵冲锋由欧洲最优秀的一些骑士率领，逐渐压垮了联军。奥托四世和腓力二世率领各自的骑士展开了一场混战，结果是法兰西人大胜。一群萨克森骑士英勇无畏地保护奥托四世，但他最终别无选择，只得脱离战场，策马狂奔的时候险些被俘。佛兰德伯爵、布洛涅伯爵和索尔兹伯里伯爵就没有这么幸运了。他们都被俘虏，押回巴黎。巴黎市民和大学生们在大街小巷载歌载舞地欢庆这场名扬四海的胜利，庆祝活动持续了一周之久。

在遥远的拉罗歇尔，没有人跳舞。消息传来，联军已经尽了最大努力，但仍然败北，约翰陷入了绝望。他在1214年的战役中投入了全部资本，如今却失败了。这年秋季，他被迫与腓力二世签订了五年的停战协定，据说赔款高达6万马克。国王在财政上已经垮台。他将全部财产都投入了战备，并且他与教会和解，就切断了主要的“快钱”来源。他的军事声誉现在一落千丈。布汶战役之后，约翰作为军事统帅的地位已经一钱不值。

《大宪章》

布汶战败对约翰来说是莫大的灾难。当他从欧洲大陆返回英格兰之时，他的势力跌到了谷底。如果他能打赢战争收复金雀花王朝的大片土地，国民或许还能原谅他的横征暴敛，就像理查一世在“海外”和法兰西的光辉成就让人们心甘情愿地为他的十字军东征买单，并且乐意花费重金将他赎回。但约翰是灰头土脸、两手空空地返回英格兰的。在法兰西大陆，仍然忠于英格兰王室的领地只剩下加斯科涅和波尔多周边地区，这与曾经疆域广阔的阿基坦公国相比，只是九牛一毛。作为战败的国王返回自己的王国时，约翰的地位是非常脆弱和危险的。

自 1212 年以来，诸侯就蠢蠢欲动，现在公开骚动起来。许多英格兰贵族越来越深刻地感到，必须对约翰的治国之道加以约束；这位冷酷无情地行使自己权柄与特权的国王应当受到某种控制。难以回答的问题是，在猫的脖子上应当系上怎样的铃铛？

1214 ~ 1215 年的冬天，国王和诸侯两次会商，都未能解决双方的分歧。1215 年 1 月，约翰在伦敦会见了大约四十名心怀不满的贵族。约翰搪塞拖延地争取了时间，以便写信给罗马，向自己的新的封建宗主——教皇求援。这年春天，双方都写信给英诺森三世。贵族们的要求是，应当迫使约翰遵守亨利一世在 1100 年加冕时颁布的《自由宪章》。他们提出，应当强迫国王遵守自己在加冕时的誓言——遵从善法、主持公道；

他们还认为，国王要求英格兰诸侯缴纳免服兵役税或者提供兵员以便在欧洲大陆作战，既不公平，也不合法。站在约翰那边的教皇使节们认为，国王是蒙罗马钟爱的迷途知返的浪子，不应当受到臣民犯上作乱的烦扰。3 月 4 日，约翰宣布将参加十字军东征，这进一步加强了教皇使节们的主张的力量。作为十字军战士，他得到教会的明确保护，其他基督徒不得攻击他。

贵族们援引亨利一世《自由宪章》精神的做法是非常意味深长的。《自由宪章》在 1154 年得到了亨利二世的确认。它的规定包括：国王不得掠夺教会财产，不得在臣民继承遗产、结婚或寡妇再婚时收取过高的费用，也不得滥用监护权或扩大王室所属森林的范围。这些指控的确可以被公正地指向约翰国王，但贵族们选择亨利一世的《自由宪章》来为自己辩护，也说明在他们眼里，他们在国王手里遭到的压制是金雀花王朝政府的宏大计划的一部分，可以上溯到一个多世纪以前。贵族们的这个论点是合情合理的，但教皇对其不予理睬。英诺森三世指派大主教兰顿调解国王和诸侯之间的矛盾，并在罗马召开了讨论此争端的听证会。英诺森三世没有努力去公正地仲裁，而是完全支持自己的封臣——十字军战士约翰国王。英诺森三世写信给英格兰诸侯，坚持要他们缴纳免服兵役税，并停止向国王提出要求。这个专断的裁决无助于解决英格兰严重的政治纠纷。唯一可能的结果就是内战。1215 年 5 月 5 日，一群反叛者正式向约翰发出挑战，宣布与他断绝君臣关系，否认他是英格兰国王。

起事的贵族的领袖就是 1212 年的密谋者：罗伯特·菲茨沃尔特（他给自己取了一个极尽浮夸之能事的头衔：天佑军大元帅）和尤斯塔斯·德·韦希。德·韦希是一群北方贵族的领头人，这个群体还包括威廉·德·莫布雷、理查·德·珀西和霍恩比（位于兰开夏）领主罗杰·德·蒙特贝冈。这些北方诸侯是一个联系紧密的团体，通过联姻、血缘关系和邻里之情团结起来。他们都有个人的原因去憎恶约翰和金雀花王朝政府。除了这些叛乱领袖之外，还有来自东安格利亚和伦敦周围各郡的一些权贵，其中最重要的包括赫特福德伯爵理查·德·克莱尔和他的儿子吉尔伯特，以及艾赛克斯伯爵与格洛斯特伯爵杰弗里·德·曼德维尔[①]。参加叛乱的其他贵族还有牛津伯爵罗伯特·德·维尔、赫里福德伯爵亨利·德·博恩和威廉·马歇尔的儿子小威廉。起兵造反的贵族中的许多人，事实上是几乎所有人，之所以反对约翰，都是出于自私自利的原因，而有些人，如菲茨沃尔特，完全就是毫无原则的好斗之徒。但这些反叛者的心中也有一种思想的萌芽，他们感到政府需要一次根本性的改革。

但在他们宣布拒绝效忠国王之后，除了诉诸血腥的战争，根本无法进行任何改革。5 月 10 日，约翰写信给叛乱诸侯，称他“不会逮捕或驱逐他们或他们的部下，也不会用武力镇压他们，而是会诉诸法律的裁决和法庭上贵族阶层的审判”。对于那些在普瓦图战役前夕受过他特别严厉对待的贵族，他还亲自发出了和解的建议。他表示愿意接受一个仲裁委员会的裁决，这个委员会将由八名贵族组成，由教皇主持。叛乱诸侯拒绝了这些条件。5 月 12 日，约翰传旨没收叛乱诸侯的土地。可怕的现实已经无法逃避：自 1173 年以来，英格兰首次爆发了内战。

---

① 就是上文说到的，约翰的前妻伊莎贝尔的第二任丈夫。

5月的第三周，索尔兹伯里伯爵（他在布汶兵败被俘，最近被释放）和一群以菲茨沃尔特为首的叛乱诸侯争相冲向伦敦。在夜色茫茫中，他们火速奔向都城，因为控制都城对于控制整个英格兰来说具有关键的象征意义和战略意义。伦敦是经济的动力之源，是文化和繁华之都。雄伟的石墙保卫着城市，征服者威廉的伦敦塔屹立在城东，贝纳德城堡在城西。这座城市的天际矗立着许多小小的教堂塔楼，如同针尖一般，环绕在圣保罗大教堂巨大木制屋顶的中央尖塔周围，这尖塔傲然挺立在拉德盖特山之巅。伦敦是贸易与政治权力的轴心。当年斯蒂芬国王在与玛蒂尔达对抗时能够坚持下来，一个关键因素就是他据守着伦敦城，而在1215年春季，它再一次成为控制英格兰的关键。

5月17日，宁静的星期日上午，阳光还没有将城市屋顶的露水完全烤干的时候，叛军抵达了伦敦。教堂塔楼的大钟发出浑厚、铿锵的晨祷呼唤，这时城市的七座城门被徐徐打开，敌对英格兰国王的军队开进了都城。“富裕市民们支持叛乱诸侯，”编年史家文多弗的罗杰（他居住在北安普敦郡的圣奥尔本斯，也在那里工作）写道，“穷人则不敢窃窃私语地反对他们。”索尔兹伯里伯爵抵达伦敦时，已经太晚了。忠于叛乱诸侯的卫兵们驻守着城门。在城墙之内，文书们在撰写公文。这些公文将被发给所有被认为仍然忠于约翰的伯爵、男爵和骑士们，敦促他们摒弃“发伪誓的国王”，投奔到叛军那边去。抢占伦敦之后，叛乱诸侯们占据了一个优势。约翰粉碎抵抗的希望破灭了。

但也不能说诸侯赢了。约翰或许丧失了许多贵族的信任，但他仍然是合法的国王，并且得到教皇的支持。理论上，他仍然有权力剥夺这些敌人的财产，宣布他们为乱臣贼子。反叛者的意愿是对政府加以改革，不是为了废黜国王，也不是从根本上阉割王权，而是将王权置于合理的界限之内。他们希望国王能够和平地、公正地、守法地治理，但他们自己却违反了法律。对双方来说，这个局面都非常棘手。于是，叛军在伦敦安营扎寨，而约翰将宫廷转移到泰晤士河上游的温莎，两地之间的水路和旱路上来往穿梭着双方的信使，努力寻求一个解决问题的办法，诸侯哄骗国王在一份能够满足反叛者部分诉求的文件上盖章签字。

争吵了一个月之后，一个解决方案浮现出来。6 月 10 日至 15 日之间，叛乱诸侯的信使们与国王达成了共识，一份称为《诸侯法案》的文件可以作为最终和谈的基础。这份文件包括四十九点，列出了贵族们希望从约翰国王那里得到的东西。它涉及司法和封建惯例，例如国王应该为监护、继承和寡妇再嫁等收取多少费用（双方对这一点争议很大），免服兵役税和在国外服兵役的义务，以及王室直属森林的范围。这份文件为具体的谈判设定了双方认可的时间表，随后就是持续多日的激烈而琐细的讨价还价。最后，在 6 月 18 日，双方达成了一项新协议。约翰的官署发出了令状，命令各郡官吏停止对叛军的军事行动。次日，在伯克郡的兰尼美德，贵族们重新向约翰宣誓效忠。约翰佩戴着玛蒂尔达皇后的全副御宝，以强调自己的王权的古老地位。作为交换，约翰、他的盟友和部分叛乱诸侯宣誓将遵守《大宪章》，这是英格兰历史上最著名的协议之一。

在今天读来，1215 年的《大宪章》似乎反映了一个艰难地达成的妥协：双方对它都不是特别满意。一方面，它赋予了国民一系列权益："英格兰教会当享有自由……伦敦当享有其旧有之自由。"另一方面，它充满了对英格兰风俗习惯的极其精确的表达：各条款具体规定了在何种情况下可以向国民征收免服兵役税，何处应当修建桥梁，犹太人债务的问题应当如何处置。它规定，继承伯爵或男爵领地时向国王缴纳的费用应为100镑，骑士爵位继承的费用为100先令。在监护权方面，国王许诺"只收缴合理的收入、合理的习惯费用和合理的服务费"，尽管具体怎样才算"合理"，并没有明文规定。《大宪章》还规定："寡妇于其夫身故后，应不受任何留难而即获得其嫁资与遗产。寡妇之嫁资……俱无须付任何代价……（自愿改嫁）之寡妇得于其夫身故后居留夫宅四十日，在此期间其嫁资应交还之。""寡妇之自愿孀居者，不得强迫其改嫁。"国王承诺："除下列三项税金外，若无全国公意许可，将不征收任何免役税与贡金。即赎回余等身体时之赎金。册封王长子为骑士时之费用。王长女出嫁时之费用。"

《大宪章》的许多条文是涉及约翰的具体政策（如关于招募军队、征收赋税、压制商人或与教会争端的政策）的正式条款，但最著名的条款却旨在对臣民的权利做更深层次的阐释，并设置中央政府的权力界限。第三十九条规定："任何自由人，如未经其同级人士之依法裁判，或经国法审判，皆不得被逮捕、监禁、没收财产、剥夺法律保护权、流放，或加以任何其他损害。"第四十条更为简明扼要："余等不得向任何人出售、拒绝或延搁其应享之权利与公正裁判。"这些条款涉及了约翰统治的整个精神，进而也阐述了王权本身的精神。在约翰居留英格兰的十一年中，诸侯体验到了一种暴政。约翰以专横独断、朋党为奸和高度剥削的方式施政，并刻意运用法律程序来削弱和威胁诸侯。他破坏了亨利二世在1153年表现出来的王权精神——亨利二世周游全国，为所有人，无分贵贱，带来团结和公义。

确定王权——以及国王政府的权力——的合适界限并非易事。确定之后，国王能否恪守其条件，也是个问题。《大宪章》以一个保障条款结尾，指定二十五名诸侯组成一个议事会，假如国王违反宪章，即有权向其开战。这不过是内战的契约基础。后来的事实证明，规定国王应当依法治国和确保他确实这么做，完全是两码事。在后来的许多世纪中，这些问题始终处于国王和国民的每一场主要分歧的核心。而在1215年剑拔弩张、一触即发的气氛中，达成协议是不可能办到的事情。

《大宪章》其实是一项和平条约，而作为和约，它是个莫大的失败。6月19日，诸侯向国王宣誓效忠，选举产生了二十五名诸侯组成的“保障委员会”，并且有相当多的叛乱诸侯同意以《大宪章》的条件作为和平的基础。在这个短暂时期，一切似乎都充满希望。“国王大为满意，在各处恢复了公义，取消了他业已展开的攻城战。”考文垂的沃尔特如此写道。《大宪章》文本开始公布和传播，“宪章的抄本被送到各城镇村庄，所有看到的人都表示同意。”但并非所有诸侯都接受《大宪章》的文本，有些人当即起兵造反。“亨伯河对岸的某些诸侯选择离去，重新开始作乱。”这位编年史家记载道。

《大宪章》在各地都激起了争论，而最不愿意接受它的就是约翰国王。不到两个月之内，约翰就获得了英诺森三世的支持。教皇要求废除《大宪章》，用激烈且非常夸张的言辞写道：“我们完全拒绝承认此宪章，予以谴责，并要求国王不得遵守其条款，诸侯及其朋党不得强迫国王遵守，抗命不遵者将被处以绝罚……我们宣布，此宪章完全地、永久地无效。”战端再开，而且这一次大为升级。这年年底之前，法兰西国王腓力二世援引一次宣布约翰为谋害布列塔尼的阿尔蒂尔的凶手的“审判”，宣布约翰已经丧失王位。法兰西国王及其儿子路易王子开始准备，一旦接到英格兰叛乱诸侯的邀请，就兴兵入侵英格兰，废黜暴君。

法兰西军队于1216年5月14日在肯特郡登陆。路易王子发现，伦敦已经恭候他多时。“人们迫不及待、欣喜若狂地接受了他，并向他宣誓效忠。”考文垂的沃尔特记载道。教皇使节红衣主教瓜拉·比基耶里向路易王子发出了停止圣事的禁令和绝罚令，但路易王子置之不理，进军温切斯特，然后又回过头来，向东南方推进，攻打亨利二世兴建的庞大的门户要塞——多佛尔。

约翰在全国到处流动作战，企图攻打叛军的城镇，并躲避图谋废黜他的敌人。他越来越绝望和郁郁寡欢。这年秋天，在渡过林肯郡的小溪时，他对潮水判断失误，丢失了许多辎重。据科吉舍尔的拉尔夫记载，“他丢失了……移动小教堂及圣物，以及一些驮运许多家用器物的驮马。他的许多扈从被海水吞没，陷入流沙。”

在这绝望的旅程中，约翰染上了痢疾，在整个10月身体越来越衰弱。到10月中旬，他已经需要坐轿子才能行进。他的队伍抵达诺丁汉郡的纽瓦克时，通晓医术的克洛克斯顿修道院院长为他医治，但徒劳无益。约翰于1216年10月19日驾崩，他的王国横遭外敌侵犯，他的王权遭到彻底践踏。他的遗体没有被送往父母和兄长安息的丰泰夫罗，而是被安葬在伍斯特大教堂，长眠在圣伍尔夫斯坦（11世纪的一位撒克逊主教，在约翰统治的早期被封圣）的祭坛附近。金雀花王朝第一位在英格兰居留的时间比在国外久的国王被安葬在一座古老的盎格鲁—撒克逊城市，或许是非常恰当的。

对考文垂的沃尔特这样的作家来说，约翰统治的诸多问题是显而易见的。“约翰的确是一位伟大的君主，但并不幸福，”他写道，“像马略[①]一样，他经历了盛衰沉浮。他对外人慷慨大方，却劫掠自己的人民；信任陌生人，而猜疑自己的臣民……最终，他被自己人抛弃，死后也没有多少人为他哀悼。”威廉·马歇尔的说法更有诗意。他写道，约翰最后病倒的时候，万分痛苦。“死亡，那强大的侵袭者，那邪恶而残酷的东西，将他牢牢掌控，不肯放手，直到他与世长辞。”英格兰最冷酷无情的一位国王以这种方式死去，也算是恰如其分。

约翰在身后留下了恶名：英格兰历史上最糟糕的国王之一，恶魔般的谋杀犯，给自己的国家带来了暴政和政体危机。在他统治的末期，罗宾汉传奇的最初版本开始流行，讲述一位被剥夺财产的英雄如何遭到国王的腐败官吏的虐待，然后对敌人发起血腥的复仇。这些故事的核心就是遭到滥用的权力。在漫长岁月中，约翰的名字与这些故事中最恶劣的邪恶之事紧密联系，他被人们斥责为怪物、失败之徒和魔鬼。但他的所作所为真的比他那广受赞誉的兄长理查一世，或者他的父亲犯下的

---

① 盖乌斯·马略（Gaius Marius，前157～前86年），古罗马著名的军事统帅和政治家，七次担任执政官，这在罗马历史上是前无古人、后无来者的。他在罗马兵败于日耳曼人的危难之际当选执政官，进行军事改革，实行募兵制，最终击败日耳曼三族（阿姆布昂人、条顿人、辛布里人）。但是罗马社会也因募兵制的实行发生变化，职业军人越来越依附于将领个人，成为其个人的政治资产，最终罗马逐渐走向独裁和帝制。马略与苏拉的内战极大地撼动了末期的罗马共和国。

某些罪行更为邪恶？或许并非如此，但约翰的名誉比他们糟糕得多。

在最同情他的人看来，约翰的最严重罪行是生不逢时，他偏偏在大局崩坏、国运日衰的时节成了国王。他的父兄的那些最残忍无情的本能都在他身上结合起来，但他却没有他们的幸运。诺曼底失陷时，他无力回天，后来两次想收复这个公国，都折戟沉沙。他无法用个人魅力鼓舞人民成就伟业，但我们不禁要想，假如亨利二世或者甚至理查一世处在约翰在 1204 年的位置上，是不是能有办法夺回诺曼底？我们很容易理解，约翰在 1207～1211 年为什么走出这条道路，但除了他在迫害妄想狂驱动下镇压私敌之外，我们实在看不出，任何一位其他国王站在他的位置上，采取的措施会有任何不同。在四个虚假繁荣的年头中，约翰不仅是王国的君王，还主宰着英格兰教会、英格兰的凯尔特邻国，以及一个强有力的司法和政府机器，这台机器能够在一定程度上保护平民免受贵族的欺压，即使王室残酷无情地利用这机器满足一己私欲。他没有把诸侯当作伙伴，而是以债主的身份虐待和鄙视他们。他没有能够及时地认识到，这样做其实是给自己制造了多么大的麻烦。

约翰给亲人留下的遗产就是一场灾难性的内战，再加上法兰西的入侵。1215 年，《大宪章》只不过是一份失败了的和平协议。约翰不可能知道，与他谈判、协商宪章条款的诸侯也不可能知道，他的名字，以及在兰尼美德签订的这份文件的神话，将永远与英格兰历史密不可分。长远来看，事实的确如此。约翰死后的许多年中，《大宪章》被多次重新颁布，13 和 14 世纪的每一场宪法斗争的核心，都是如何阐释这份限制王权的复杂文件。亨利三世努力夺回父亲丢失的权利和领土的时候，《大宪章》逐渐决定了国王与诸侯斗争的具体条件。1225年，《大宪章》被重新颁布，其抄本被钉在教堂大门上，在英格兰全境各城镇公开展出，获得了传奇地位：它的精神代表了英格兰国王的义务，即在其自己制定的法律界限之内统治。这便是约翰的遗产，尽管它的传承颇有些奇特。或许，英格兰诸王中最冷酷无情的一位司法家能够欣赏这其中的讽刺意味。

巩固遗产

约翰驾崩时，他的儿子亨利三世只有九岁，加冕是匆匆进行的。加冕礼在英格兰西南部的格洛斯特修道院举行，这是一个安全港湾，位于保王党的大后方。在这座诺曼修道院教堂的中殿，为数不多的教会和世俗诸侯惴惴不安地观摩着典礼。温切斯特主教、伍斯特主教和埃克塞特主教将一顶简单的贵妇小冠冕戴在了这个孩子的头上。仪式上没有荣华富贵，也没有王室御宝，因为所有的神圣礼服和完整加冕礼所需的器物都在威斯敏斯特，而威斯敏斯特处于叛军控制之下。这是一次临时拼凑、大为简化的仪式，旨在将约翰权威的残余部分转交给这个幼童。

亨利三世是约翰的长子（次子理查当时仅七岁），虽然年纪还小，但已经以仪态严肃、言语庄重而闻名。他长大成人之后特别虔诚，热衷于各种崇拜仪式（尤其是对圣母玛利亚的崇拜），而且特别痴迷于听弥撒，以至于有时会影响朝政。年幼的国王站在格洛斯特修道院内，在大祭坛前以脆弱的声音宣誓，将终生以荣誉、和平与尊崇对待上帝与神圣教会及其教士；他将为人民主持公道；他将废除严苛的法律和风俗，遵守公正的法律与习惯。

这些誓言有多少现实性？亨利三世当然必须发出这些誓言，因为它们是国王必需的宣誓。但真正维护英格兰、使其免于崩溃的权威在于教皇。孩童国王代表英格兰和爱尔兰，向教皇的代表——红衣主教瓜拉·比基耶里宣誓效忠。他发誓，要将国家置于教会及少数上帝忠仆的治理之下。

90英里之外的威斯敏斯特处于腓力二世之子路易的控制之下。全国各地许多城堡由法兰西骑士驻守。叛乱诸侯邀请法兰西军队到英格兰，因为他们希望从卡佩王族选出一位新国王，而不是忍受金雀花王朝的第四位国王。约翰统治的悲惨结局令英格兰陷入了致命的分裂。王位继承又一次不仅是合法地位的问题，而且是实力的比拼。

在修道院教堂内的那一小群人肯定会意识到，如此这般地开始一段统治生涯，的确是糟糕透顶。自诺曼征服之前的阿特尔雷德时代以来，没有一个孩子能当国王。而阿特尔雷德的统治也是个凄惨的榜样：在他统治时期，维京人劫掠和侵犯了英格兰，他被废黜一年之久。如果英格兰又一次陷入撒克逊时代的混乱，那么未来不堪设想。

有少数人致力于阻止这样的局面出现。亨利三世非常幸运，他身边有一群忠诚的支持者，他们并不想自己抢班夺权，而是努力去维护脆弱的王权。约翰在临终前托孤给年迈的彭布罗克伯爵威廉·马歇尔，要他做儿子的监护人。已经七十多岁的马歇尔起初以骑士的克制谨慎接受了这使命，然后又以他非常典型的浮夸风格宣布："假如除了我之外，全世界都背弃这个孩子，陛下知道我会怎么做吗？我会把他扛在自己肩头……我会永远和他在一起，绝不会辜负他，从一个岛屿奔波到另一个，从一片土地到另一片，哪怕我要乞讨为生。"尽管他喜好戏剧性的华丽辞藻，但英格兰的少数忠臣抱有这种态度，得益的不仅仅是年仅九岁、仪态庄严的亨利三世。王朝的未来依赖于此。国王如果要施行自己的全部权力，必然需要一群致力于恢复他权威的忠臣，去对抗王朝面临的严重的、根本性的威胁。

新国王身边的另外一位重臣是彼得·德·罗什，他曾担任约翰的首席政法官，现在是温切斯特主教。就是他为亨利三世加冕。尽管他在国内不得民心，但在随后的二十年中断断续续地做了亨利三世的良师益友。还有瓜拉，他在王室阵营中，代表教皇赋予国王合法性。最后还有休伯特·德·伯格[①]，这位出生在诺福克的保王党人为约翰效劳了十多年。德·伯格被任命为新的首席政法官，好让那些不信任“外国人”的民众也能接受新政府。这些大臣组成了一个联盟的核心，他们的首要和最紧急的任务是抵御外敌入侵、消除淹没了整个王国的重重危机。

北方叛乱诸侯的领袖——路易王子是个危险人物。他和盟友攻占和据守着英格兰全境的许多城堡。很多城堡由外国雇佣军驻防。路易王子控制着英格兰东南部的广大地区，法兰西战船在英吉利海峡游弋。要将法兰西人赶出英格兰土地的唯一手段就是战争。

亨利三世的命运是在林肯决定的。这是威廉·马歇尔金戈铁马的漫长而辉煌的一生中最后一次军事行动，或许也是最伟大的一次。1217 年圣灵降临节过后不久，马歇尔从全国各地召集了四百名骑士和二百五十名弩手，在纽瓦克集结完毕后，立刻奔赴林肯。5 月 20 日，他抵达那里，发现路易的军队已经进入这座设防城市，正在攻打城堡。法兰西王子本人正在南方攻打多佛尔，在林肯的法兰西军队的指挥官是佩尔什伯爵，

① 前文讲到，休伯特·德·伯格曾在法莱斯看押布列塔尼的阿尔蒂尔。约翰命令德·伯格将阿尔蒂尔弄瞎并阉割，德·伯格没有遵命。

英格兰的大部分叛乱诸侯也在这里。法兰西人知道马歇尔正在开赴林肯，但犹豫不决，未能就应对策略达成一致。就在他们逡巡不前的时候，马歇尔向他的骑士们慷慨陈词，足以与莎士比亚为亨利五世写的演讲词媲美。“这些人用武力抢夺了我们的土地、我们的财产，”他呼喊道，“今天谁要是不奋力拼杀，就是可耻的懦夫……如果我们打败了他们，就一定会为自己的余生赢得永恒的荣耀！”

这番雄壮的言辞想必是收到了效果。在城市的北门前方有一大片开阔地。马歇尔指挥着忠于他的骑士们，告诉他们，如果在开阔地上需要掩蔽，就割断自己马匹的喉咙，躲在死马后面。德·罗什主教指挥弩手，切斯特伯爵雷纳夫率领一群骑士。马歇尔亲自率军向城市发起正面的骑兵冲锋，这令德·罗什和切斯特伯爵心生敬畏、颇为赞叹。这位老将急于交手，在向敌人冲锋之前差一点忘记戴上头盔。他调整好自己的甲胄，率军发动第一波冲锋，迅猛无比地杀入法兰西守军战线，打开了一个缺口，足有三支长枪首尾相接的长度那么深。如果这是挽救他效忠了一辈子的王朝的最后机会，他决心全力以赴。

随后是长达六个钟头的血腥厮杀。战场的惨状令人毛骨悚然、胆战心惊：兵器撞击头盔的声音，长枪折断、碎片四溅的声音，肢体被利剑和硬头锤劈砍得粉碎的声音，以及锋利的匕首刺入人和马的身侧的声音，混合起来，不绝于耳，震耳欲聋。他们在街巷中鏖战，直到街道上流血漂橹、人的五脏六腑堆积起来。马歇尔回忆道：“声响极大，哪怕上帝降下雷霆，我们也听不见。”

战斗结束，法兰西人溃不成军。几乎所有领头的叛乱诸侯都被俘虏，而佩尔什伯爵被一支长矛刺穿眼睛、戳入大脑，悲惨死去。战败消息传到身在多佛尔的路易王子那里时，他立刻停止攻城，奔赴伦敦，开始考虑撤退的条件。

但战争还没有结束，等待法兰西人的是更严重的耻辱。8月，休伯特·德·伯格在桑威治海战中大败法兰西人。法兰西人的指挥官是海盗头子——僧人尤斯塔斯，他后来也成为类似罗宾汉的传奇故事的主角。英格兰人向敌人射出倾盆大雨一般的箭矢，并顺风投掷生石灰，烧灼敌人的眼睛。僧人尤斯塔斯躲在船舱内，最后束手就擒。英格兰人给了他两个选择：在攻城器械上被斩首，或者在船栏杆上被斩首。他选择了哪一种命运，我们不得而知。

路易王子感到吃亏已经吃够了。亨利三世的摄政政府已经在战场上显示了自己的勇气，法兰西王子很乐意收取一笔贿赂，然后撤军。英格兰王室在一个世纪中受到的最大的外部威胁就此解除了。

在林肯指挥英勇的冲锋之后，威廉·马歇尔担任英格兰摄政超过两年时间。他到了七十三岁的高龄之后，健康才开始衰弱。在忠心耿耿地为金雀花王朝效劳一生之后，他于1219年春溘然长逝。对英格兰的许多人来说，这是个令人哀伤和沮丧的噩耗，因为马歇尔是一个极其公正和中立的人物，对金雀花王朝忠贞不贰、坚定不移，但如果他相信国王的行为不端或者治国失当，总会加以严厉批评。马歇尔一生的故事与他的时代的所有伟大国王们紧密联系：亨利二世、小亨利国王、理查一世、约翰、路易七世、腓力二世，而且最后还和未来的路易八世在战场上交过手。他是一位精明强干的摄政，如果没有他的指导和坚定的原则，世界注定会更为动荡不安。

在临终前的几天内，马歇尔处理了许多事务，包括他的儿女的未来，并了却自己的一桩心愿：他曾发誓要参加十字军东征，因此希望成为圣殿骑士团的一员。最重要的是，他考虑了亨利三世的未来，以及如何教育这位孩童国王，以保障他的王国繁荣昌盛。他卧病在床、忍受病魔摧残的时候，唤来了十二岁的国王，拉住了他的手。他告诉国王，他希望由新任教皇使节潘德尔夫（他于1218年接替了瓜拉）来照顾国王，然后告诫国王要比他的父亲更恪守美德。

“我哀求上帝我主，如果我曾经让他满意过，那么请他一定保佑陛下，让陛下成长为一个可敬可佩的人，”马歇尔说道，“如果陛下追寻某位邪恶的先人的足迹，希望像他一样，那么我向上帝、玛利亚之子祈祷，让陛下早点死掉，免得堕落。”

“阿门。”国王答道。

马歇尔去世的时候，亨利三世的年纪已经够大，臣子们可以就政事征询他的意见，他也得到了自己的国玺，可以批准那些以他的名义做出的决定。但是，如果说他认识到了政府工作的刻板现实，却并不意味着，臣子们对他足够信任，允许他自行处理国家大事。只要他还是个孩子，就注定会有派系斗争，时局注定不可能安定下来。

接替马歇尔的是三个人：潘德尔夫、彼得·德·罗什和休伯特·德·伯格。在内战的浩劫之后重建英格兰四分五裂的政府的工作中，他们三人都发挥了作用。1220年，亨利三世接受了第二次加冕，这也是更为光辉堂皇的加冕，这一次是在更为豪华富丽的坎特伯雷。在此之后，德·罗什失去了国王的恩宠，最终前往圣地。此后主持政府的是德·伯格。在13世纪20年代，亨利三世极大地依赖于这位首席政法官，聆听他的意见，仰仗他的支持，去重建王室财政、镇压好战诸侯的叛乱，以及抵御格温内斯的罗埃林大王领导下的威尔士人的侵犯。

德·伯格向西方征讨，尽了最大努力去遏制罗埃林，同时压榨王室任命的郡长们，迫使他们从各自的郡征敛更多收入，以便充实国王空空如也的金库。但是，没有一位成年君主的王国仍然是一艘由多人共同当船长的航船，任何由孩童统治的国家都显得软弱。1223 年，腓力二世驾崩，他的三十五岁儿子路易——他曾经入侵英格兰——登基为王，史称路易八世。他几乎立刻决定攻击英格兰王室在普瓦图的领地。

在早年的国内动荡之后，这是亨利三世统治时期的第一次严重的外部威胁。至关重要的一次打击发生在 1224 年夏季，拉罗歇尔的市民们听到车辚辚马萧萧的喧哗，一支法兰西军队兵临城下。精力充沛的法兰西新王从陆路将攻城器械搬运到城下。英格兰国王年幼、势单力薄、仍然穷得叮当响，而且远在海峡的另一边，因此拉罗歇尔市民们几乎立刻举手投降，向法兰西人出卖了自己的忠诚。

自约翰 1214 年命途多舛的突击行动以来，普瓦图的防守一直摇摇欲坠。拉罗歇尔失陷之后，英格兰在欧洲大陆的一个关键立足点就丧失了，海峡的航运也受到严重威胁。编年史家文多弗的罗杰解释称："拉罗歇尔……是英格兰国王及其骑士防御这些地区时通常登陆的地方；但从这时起，这条道路就对国王封闭了。"

与此同时，于格·德·吕西尼昂（他娶了约翰的寡妻伊莎贝拉王后①，因此算得上是亨利三世的继父）占领了加斯科

① 读者请注意，这里的于格是于格十世·德·吕西尼昂（约 1183 或 1195 ~ 约 1249）。前文说过的与约翰争夺伊莎贝拉的是他的父亲——于格九世（1163/1168 ~ 1219）。于格九世曾与昂古莱姆的伊莎贝拉订婚，但伊莎贝拉被约翰抢走。于格十世终于把伊莎贝拉娶了回来，可以说替父亲报了仇。

涅的大部分地区。英格兰控制下的阿基坦原本就缺头少尾，现在只剩下了波尔多和几个海岸城镇。金雀花王朝在欧洲大陆所剩无几的领地现在面临完全丧失的危险。

对德·伯格和年轻的国王来说，收复加斯科涅和普瓦图是头等大事。家族的骄傲取决于此。但对其他人来说，这有什么意义？葡萄酒商人在这一地区生意兴隆，但他们不是政治家。英格兰诸侯中没有一个人在那里拥有利益。因此收复普瓦图和加斯科涅的需要提出了一个根本性的问题：英格兰王室如何为欧洲大陆的战争提供资金？约翰的诸侯拒绝参加他的许多远征，这触发了一场危机，最终的结果是《大宪章》的颁布和内战的爆发。十一年后，德·伯格和亨利三世如何能说服这些英格兰诸侯，让他们奋战流血、去争夺与自己没有关系的土地？

这就是亨利三世的漫长统治的余下时间里，王权面临的核心困难。尽管亨利三世并不真正熟悉他的任何一位王室先祖，他却敏锐地感到了历史的责任感：他必须恢复先祖的威望。要完成这一使命，他就需要保卫金雀花帝国在欧洲大陆剩余的土地，将权力扩张到法兰西中部和西部的旧领地，在亨利二世与理查一世在德意志、西西里和卡斯蒂利亚建立的帝国的边缘扩大影响。但恰恰就是这些负担，在约翰统治时期被英格兰诸侯认为无法忍受。1224～1225 年，新政权的复兴金雀花帝国的计划急需得到支持。

解决这个问题的办法有两个。其一是诉诸恐惧。当时流传着疯狂的流言蜚语，称海峡内遍布法兰西船只，卡佩王朝的王座上又来了一位饥肠辘辘的新国王，英格兰将遭到又一次入侵。如果英格兰诸侯对收复大陆失地不感兴趣，那么防御沿海地带是一项能够鼓舞士气的事业。休伯特·德·伯格充分利用人们对法兰西入侵的恐惧，成功地——至少在短期内——使之成为增加全国军事开支的合理理由。

第二个策略在亨利三世统治的政治史和随后两百年金雀花王政宪法的发展过程中起到更大的作用，即重新颁布《大宪章》，借以医治约翰的统治留下的伤痛。1225 年 1 月，英格兰的教会和世俗贵族在一次大会上云集，国王政府宣布将重新颁布《大宪章》。作为政治交换的价码，诸侯同意国王向英格兰的全部动产征收十五分之一的赋税。至少在文多弗的罗杰看来，《大宪章》的重新颁布无疑代表了国王与诸侯之间的投桃报李："与会的所有主教、伯爵、男爵、修道院院长……都表示，如果国王赋予他们追寻已久的自由，他们将心甘情愿地接受国王的要求（十五分之一的赋税）。"

《大宪章》在 1215 年首次颁布之后，还分别在 1216 和 1217 年重新颁布过。1217 年，与《大宪章》一同颁布的还有《森林宪章》，它限制了国王对英格兰各地大片林地享有的权利，允许平民百姓在这些森林里放牧牲畜、挖掘水渠和从事其他关键的农业活动。在此之前，森林法极其严苛，受到土地所有者们的极大怨恨。王室森林不仅仅是林地，还包括牧场，甚至农场和村庄的一部分。管理这些土地的特殊法律恣意蔓延，若对其加以抵抗，则意味着与王权最强有力的臂膊发生冲突。朝廷委派了委员会去实地勘察王家森林的边界，并上报其地理范围。

长远看来，1225 年重新颁布的《大宪章》比约翰在兰尼美德被迫接受的最初版本（在血腥的内战之后，威廉·马歇尔向国民颁布了这个版本）重要得多。《大宪章》的这些版本合在一起，不仅改变了亨利三世的统治，还影响了未来每一位英格兰国王和女王的统治。《大宪章》不再是形形色色的权利的大杂烩，而成为政治原则的象征表达。

1225 年 2 月 15 日和 16 日，朝廷向英格兰的每一位郡长发布了命令，要求他们宣示和遵守《大宪章》，对王室森林的边界进行新的勘察，同时还对一笔新赋税的评估和征收做了准备。这笔新赋税将收纳数万镑巨款，为一次远征提供资金。尽管朝廷将此次远征宣传为保卫沿海地带的防御战，但它实际上是王室收复欧洲大陆失地的再征服。

从短期的政治影响来看，这笔赋税极其成功，征集了 4.5 万镑资金，比朝廷通过封建赋税征集的钱款要多得多。有了这笔钱，亨利三世和德·伯格得以集结一支装备精良的军队，在夏季出征，为加斯科涅解围。此次军事行动的指挥官是国王的弟弟理查（时年十六岁，精力充沛，他在这年年初被册封为康沃尔伯爵，作为生日礼物），辅佐他的是四十九岁的政治家、沙场老将和国王的叔叔——索尔兹伯里伯爵。

这次远征准备充分，装备精良，且有经验丰富的老将指挥，取得了成功。英格兰军队火速赶往前线，奋勇作战，逐退了法兰西人，阻止他们侵犯阿基坦的最后一部分。索尔兹伯里伯爵很快发现，他无力在一个作战季节之内收复普瓦图。但他的努力为英格兰王室保障了加斯科涅及其利润丰厚的葡萄酒贸易，确保了加斯科涅此后两百多年间对英格兰王室的依附关系。这是亨利三世幼年时期的一个高潮。

但领土和贸易收获的意义也许比不上在国内达成的协议。英格兰王旗在加斯科涅诸城堡上空迎风招展的时候，在海峡对岸的英格兰，两份宪章在全国开始流通。王室律师们绞尽脑汁地在宪章中寻找漏洞，尽可能地维护国王的特权。但妖魔已经被放出了瓶子。宪章无论传播到何方，都受到推崇。很快，人们就清楚地认识到，一个宪法层面的协议业已达成。亨利三世的政府启动了一个进程，从此以后，朝廷将用具体的政治自由方面的让步来换取诸侯对王室军事行动的资金支持，这个进程被固定为书面宪章的形式，被分发、传播到全国各地。与国王达成这项协议的是一群诸侯、主教和其他权贵，这些人的集合或许还不能称为议会，但已经算得上后世议会的雏形。如今，国王的封建特权和相对于臣民的权利成了需要辩论和商榷的议题。这项协议将会在中世纪的剩余时光里维持下去，将会勾画英格兰王政的未来，并为遥远海外的政治叛乱埋下种子。

迟来的亲政

1225年，亨利三世十八岁了。他可以算得上已经成年，或许也理当被视为成年人。《大宪章》的重新颁布标志着他与父王的统治划清了界限，他原本可以借此决定性地开启自己的统治时代。1226年11月，三十九岁的路易八世因痢疾病逝，他的十二岁儿子路易九世登基为王。敌国由孩童执掌朝纲，这对亨利三世本应是特别有利的。

但1225年并不是一个承前启后的转折之年。1227年1月，十九岁的亨利三世[①]在牛津举行的一次会议上宣布自己成年。但这仍然未能成为一个划时代的重大关头。尽管国王开始独立于谋臣们，自行组织自己的内廷，但他行使权力的本领还远远不够。他被两方面的力量牵扯着，尤其是在法兰西事务上。1228和1229年，亨利三世努力为收复诺曼底和普瓦图征集资金，同时尽其所能地逃避1225年颁布的宪章规定的义务。但实权显然还掌握在德·伯格手中，他不愿意在欧洲大陆再开战端，这浇灭了国王和他的弟弟康沃尔伯爵理查的热情。亨利三世在1229和1230年企图入侵诺曼底，但以惨败告终；德·伯格谨小慎微，阻止了国王的雄心壮志所要求的那种大规模攻势。

这种幼稚和缺乏独立反映了国王的性格。亨利三世自幼一直优柔寡断，且有些单纯天真。他有宏图大略，却没有本事将其付诸实施，也没有胆量像他的先祖（哪怕是其中最糟糕的

---

① 亨利三世出生于1207年10月1日，因此在1227年1月还是十九岁。

国王）那样独断专行。德·伯格作为终身首席政法官，贪权恋栈，而亨利三世缺乏掌控朝廷的力量和自信，于是这种现状又持续了将近十年。直到 1234 年，亨利三世才摆脱了他父亲时代的顾命大臣们。他能够做到这一点，也是因为出现了极其严重的危机。

亨利三世在成长过程中没有父亲相伴，因此过分依赖于那些父亲式的人物。而且他有个令人恼火的特点：耳根子软，很容易被人说服，往往会被最新一个建议所左右，而不是听信良策。他继承了金雀花王族的暴躁脾气，曾多次对朋友和大臣们暴跳如雷、出言不逊，有时甚至抓起附近的东西去殴打他们。有一次脾气发作的时候，他曾想用一支钝剑攻击休伯特·德·伯格。但他的怒火来得快，去得也快，不会将自己的谋臣们免职，于是他们继续代表他执掌朝纲，时间久得有些不合宜了。

德·伯格牢牢掌控权力的时间越久，亨利三世的统治就越是百病缠身。首席政法官利用大地产的监护权中饱私囊，而他与主要的年轻诸侯之间争吵的政治后果却要由亨利三世承担。这些年轻诸侯包括威廉·马歇尔的儿子理查和御弟康沃尔伯爵理查，他们原本应当成为新国王身边的保王党的核心，却被德·伯格激怒，在 1231 年举兵谋反。

德·伯格在主持国政的过程中营私舞弊，且与国王本人的治国理念格格不入。但 1231 年，亨利三世先前的导师——温切斯特主教彼得·德·罗什从十字军东征回国后，局势严重恶化了。专横跋扈的德·罗什不肯眼睁睁看着德·伯格专权渔利，通过一系列活动，很快又在国王身边占据了一个有影响力的地位。在一个短暂时期内，这两人展开了争夺亨利三世恩宠的拉锯战。他们都在国王幼年对他产生过父亲般的影响，但始终不能精诚团结。最后，德·罗什得胜了。1232 年 7 月，在伍德斯托克，亨利三世和德·伯格之间爆发了一场激烈争吵，二十四岁的国王指控他的恩师犯有一系列令人震惊的罪行，包括毒杀索尔兹伯里伯爵和彭布罗克伯爵（这两人都在前不久去世了，几乎可以肯定德·伯格与他们的死无关）。首席政法官被罢免，在伦敦受到与他同级别贵族的审判（这毫无疑问是在遵守《大宪章》的要求，也符合新的政治现实的需求），被判处终身囚禁于迪韦齐斯城堡。

现在德·罗什掌握着亨利三世和他的朝廷。亨利三世从德·伯格家中查抄了许多贵重珠宝和首饰，在一个短暂时期内很开心，而且这是他少有的没有债台高筑的时期：1232 年 9 月，德·罗什帮助他征收了一笔赋税，以支付在布列塔尼作战的军费；1233 年，朝廷向犹太人横征暴敛。但对大部分国民来讲，局势依然如旧。德·罗什的治理与之前相比没有什么进步；这位主教甚至比德·伯格更不得人心和盛气凌人，而且他的许多追随者就是曾经给约翰制造了灾祸的恶徒，令人憎恶。英格兰需要一位能够亲自执掌朝纲的国王，而不是通过代理人统治的傀儡。随后两年内，专横跋扈的大臣德·罗什的统治比以前更加蝇营狗苟。为了巩固自己的地位，德·罗什将政敌从朝廷排挤出去，为自己和追随者们搞来油水丰厚的王室官职、城堡和土地。据文多弗的罗杰记载，在德·罗什的辅佐下，亨利三世“不经同等人士审判就放逐了许多贵族和诸侯，烧毁他们的村庄和宅邸，砍伐他们的树林和果园，摧毁他们的园林和鱼塘”。《大宪章》的原则横遭践踏。这无助于改善国王与理查·马歇尔之间的关系，后者在 1233 年发动了两次叛乱，激起了一场小规模内战，并且破坏了亨利三世镇压威尔士叛军的计划。

所有人都清楚地意识到，这种形势是不可能长久的。据文多弗的罗杰记载，到1233年6月，亨利三世的权贵们已经开始讨论将他废黜。次年2月，在威斯敏斯特的一次大会上，英格兰主教们恳求国王罢免德·罗什及其歹毒的鹰犬走狗，并独立亲政。亨利三世同意了，但就像他在面临危机时常做的那样，他一想到要将自己的意志强加于国民，就胆战心惊。他没有果断地扫清门户、安插新的大臣，而是离开了威斯敏斯特一个多月，参观了东安格利亚的诸多圣所，向博罗穆霍姆修道院的真十字架碎片、沃尔辛厄姆的圣母玛利亚神龛以及其他心爱的修道院祈祷。理查·马歇尔和威尔士的罗埃林大王兴兵作乱，国王却在朝圣。

1234年4月，理查·马歇尔在爱尔兰的一次战役中负伤，后来伤重不治死亡。有些地区的人们指控亨利三世是杀害理查·马歇尔的幕后元凶。这种指控非常荒诞，没有一丝一毫的根据。到5月，政府危机如此严重，以至于英格兰主教们在新任坎特伯雷大主教埃德蒙·里奇的领导下，威胁要对他施以绝罚。亨利三世终于振作起来，采取行动。他颇感遗憾地命令德·罗什退隐到自己的主教管区，然后第一次亲自执掌政权。他对治理国家不是很感兴趣，但很显然，如果他确实热衷于执政，那么一定会很快落入与他父王同样的严重境地。在德·罗什倒台不久之后在格洛斯特召开的一次大会上，亨利三世承认，他的大臣们没有遵守规定、允许被指控犯罪的诸侯“在同等贵族面前接受审判”。他撤销了德·罗什的一些强行征地的专断决定，并又一次承诺要遵守《大宪章》的精神，许诺在做出重大决定之前一定与权贵们的大议事会协商。这次危机之后，亨利三世尽管并不情愿，还是成了一位符合国民精神的国王。英格兰人民现在最为重视的就是国王和诸侯双方都遵守《大宪章》的原则。

但奇怪的是，就在亨利三世开始执掌王权的同时，他经历了一种精神上的变革。在国民怨声载道之际，亨利三世面对着专横独断的权臣、犯上作乱的诸侯和凶暴好斗的威尔士人，这些动荡深深地伤害了他，也让他困惑。于是，他放眼英格兰历史，去寻找灵感。他希望这些灵感能够帮助他最终成为一位了不起的国王。他为自己找到的榜样不是他的伯父或祖父，而是一位更遥远的先祖，即盎格鲁—撒克逊王朝的最后一位国王——忏悔者圣爱德华。①

爱德华的统治于 1066 年结束，他没有留下子嗣，于是哈罗德·葛温森和征服者威廉争夺王位的战争旋即爆发。在金雀花王朝治下的英格兰，爱德华并不受到尊崇。1161 年，由于亨利二世的推动，爱德华被封圣，但人们对他并没有特别狂热的崇拜。约翰要求自己被葬在伍斯特的圣伍尔夫斯坦身边，而不是威斯敏斯特的圣爱德华身边，也说明他对爱德华没有多少感情。但对钻研古代史以寻找一位新的父亲式偶像的亨利三世来说，忏悔者圣爱德华似乎是个颇具诱惑力的人格榜样。

在亨利三世看来，爱德华统治时期的历史很像他自己所处的时代。和爱德华一样，他也是在内战兵燹肆虐、人民饱受压迫的时期登基为王的。和爱德华一样，他也在某种程度上遭到了大臣们的背叛（德·伯格和德·罗什操控亨利三

---

① 前文已有译者注，严格地讲，忏悔者爱德华并非撒克逊王朝的末代国王，但可以算作韦塞克斯王族的最后一位君主。

世，借此达到自己的目的，而忏悔者爱德华因为戈德温伯爵的背叛而垮台[①]）。爱德华身为君主，忍受重重磨难，最终在福音书作者约翰的陪伴下升上天堂。值得一提的是，亨利一世的《自由宪章》里援引爱德华的法律，视其为贤君的榜样。约翰国王在1213年被斯蒂芬·兰顿解除绝罚令的时候也宣誓要遵守爱德华国王的法律。对笃信宗教且本性善良的年轻国王来说，忏悔者爱德华是一个很有吸引力的模范。

从1234年开始，亨利三世越来越痴迷于对忏悔者爱德华的崇拜。他研读爱德华的生平和传说；订制描绘这位圣徒一生中著名场景的图画，张挂在威斯敏斯特和其他宫殿；以越来越癫狂的热情庆祝他的宗教节日——10月13日；并在宪章中提及"光荣的爱德华国王"，将其称为他的"特别主保圣人"。亨利三世打算在自己的余生中始终效仿这位榜样。

尽管在中世纪人们的思维中，对圣徒和虔诚国王的原型人物的崇拜根深蒂固，但亨利三世对忏悔者爱德华越来越强烈的五体投地却有些过火。但这对他的确产生了影响，没有人可以抱怨这一点。从1234年开始，亨利三世终于开始亲政，并且恪守《大宪章》的精神。全国人民多年来的要求终于得到了满足。

在成年之路上走了太久的这个人极富个性，独一无二。亨

---

① 韦塞克斯伯爵戈德温（1001～1053）是英格兰的丹麦王朝和韦塞克斯王朝时期的强大领主。忏悔者爱德华在登基前长期在诺曼底生活，成为英格兰国王后带了大批诺曼人到英格兰。英格兰当地人与这些外来者之间矛盾很大，戈德温代表英格兰诸侯与国王及其诺曼亲信对抗。戈德温的女儿伊迪丝是忏悔者爱德华的王后。忏悔者爱德华死后无嗣，戈德温的儿子哈罗德·葛温森成为国王。

利三世身高约5英尺6英寸。据说他有一个眼皮耷拉下来，这使得他的面容有了一种狡黠的庄重色彩，与他颇有些沉闷迟钝的性格相当契合。当时国王们的时尚是苦行修道和引人注目的虔诚（与亨利三世同时代的法兰西国王路易九世就是个狂热的信徒，他筹划了庞大恢宏的教堂建设计划，如光辉灿烂的巴黎圣礼拜教堂，并且不遗余力地搜集和收购圣物遗迹。1239年，路易九世花费13.5万里弗的令人咋舌的巨款，从君士坦丁堡的鲍德温二世那里买了耶稣受难时所戴的荆冠和真十字架的一个碎片），但即便是在这个时代，他的笃信宗教也显得非常突出。西欧国王们之间在宗教方面的竞争是一场精神上的游戏。亨利三世决心要成为基督教世界最神圣的国王之一。

他的外貌和性格都不及他的先祖们那样有魅力，但他比任何一位先王都更热衷于君主威仪的外在表达。他或许是中世纪英格兰历代君主中最热衷于扶持艺术的一位，用赞美古代贤君的绘画和建筑重塑了伟大的宫廷生活中心的面貌。墙壁和窗户上的绘画满是他钟爱的历史场景和人物。忏悔者圣爱德华的形象随处可见，还有拉撒路与财主①、四大福音书作者、所罗门床榻守护者，以及圣尤斯塔斯这样的军人圣徒（在威斯敏斯特宫，国王御床上方就有圣尤斯塔斯的画像守护）。亨利三世还请艺术家创作了描绘亚历山大大帝、安条克攻城战和他的伯父狮心王理查在圣地的传奇事迹的作品。他逐渐成为一位大师级的宣传家，深切地懂得捕捉历史的奥义，具有宣扬王权光荣的本能。平均每年他要花费3000镑用于建筑，这相当于国家

---

① 典出《新约·路加福音》，主要是讲财主生前富贵，死后在阴间受苦；名叫拉撒路的讨饭的人生前受苦，死后被天使带去放在亚伯拉罕的怀里。这是耶稣讲的最有名的寓言之一，在中世纪经常成为艺术作品的主题。

财政年收入的十分之一。在构建王政光辉形象的工作中，他的得力大将是一位叫作奥多的金匠。从 1240 年起，奥多的儿子和继承人——威斯敏斯特的爱德华担任御用匠人和国王艺术品的保管人，他制作了许多金杯、王冠、令人眼花缭乱的华丽服饰、美丽的蜡烛和精美的珠宝首饰。亨利三世喜欢处于这些美丽艺术品的环绕之下。

在谨慎地向诸侯议事会征求许可之后，二十八岁的亨利三世于 1236 年 1 月迎娶了十二岁的普罗旺斯的埃莉诺。表面上看，他对新娘的选择有些奇怪。此前他与蓬蒂厄伯爵领地的继承人琼订了婚；但法兰西朝廷坚决反对英格兰国王与法兰西北部海岸的一个伯爵领地联姻，于是婚约就被解除了。亨利三世随后向埃莉诺求婚，她是普罗旺斯伯爵拉蒙—贝伦格尔四世四个女儿中的第二个。拉蒙—贝伦格尔四世的长女玛格丽特已经嫁给了路易九世。与亨利三世著名的祖母——阿基坦的埃莉诺一样，普罗旺斯的埃莉诺也带来了法兰西南部的活力四射的影响力和丰厚的利益。颇有争议的是，她没有给亨利三世带来法兰西境内的任何土地。不过，她的人脉极广，不仅通过她的姐姐玛格丽特与法兰西朝廷有联系，而且还通过她母亲的家族，与神圣罗马帝国和教廷有关系。埃莉诺的母亲——萨伏依的贝亚特丽斯①有五个兄弟，个个都是精明强干的外交家，在全欧洲都有盟友和关系网络。萨伏依伯爵们控制着进入意大利的北

① 值得一提的是，萨伏依的贝亚特丽斯与普罗旺斯伯爵拉蒙—贝伦格尔四世的四个女儿全都成了王后。长女玛格丽特嫁给了法兰西国王路易九世。次女埃莉诺的丈夫是英格兰国王亨利三世。三女桑琪娅嫁给了康沃尔伯爵理查（亨利三世的弟弟），后来的德意志国王。幼女贝亚特丽斯嫁给了西西里国王查理一世。

方通道，因此处于神圣罗马皇帝弗里德里希二世和教廷之间外交斗争的核心地带。亨利三世在 1235 年将自己的妹妹伊莎贝拉嫁给了弗里德里希二世，显示出了对神圣罗马帝国政治的极大兴趣。他本人与埃莉诺的婚姻加强了这种联系。即使金雀花王朝被限制在英格兰和加斯科涅，亨利三世也仍然决心要在欧洲复杂的权力政治中扮演一个角色。

1236 年 1 月 20 日是亨利三世与埃莉诺的大婚日，新王后的加冕礼则在六天后举行。亨利三世知道，这两次典礼将吸引整个欧洲的眼球。“世界各地五花八门的娱乐和荣华都集中于此，”编年史家马修·巴黎①（他与亨利三世的宫廷关系密切）写道。伦敦车水马龙、熙熙攘攘，挤满了英格兰的名流贵妇、仆役、扈从和争相一睹国王大婚典礼的人们。“整个城市都装点一新，张挂起了大小旌旗、花环、帷幕、蜡烛和灯火，以及各式各样巧夺天工的装饰和令人叹为观止的饰物。所有道路都被打扫得干干净净，扫去了泥土、树枝和所有令人不快之物。”巴黎写道，“市民们……前去迎接国王和王后的时候，人人身穿华服，争先恐后。”

英格兰的大主教、主教、修道院院长、伯爵和各古城的市民们互相争夺在庆典仪式中扮演角色的权利，竞争非常激烈。从威望极高的任务（比如为王后加冕，或手捧忏悔者圣爱德华的仪式宝剑），到比较平庸的职责（比如挥舞棍棒、勒令拥挤得过于靠前的观众退后，或安排餐桌上的酒杯），仪式中的每一个步骤都能为它的执行人带来光彩，将所有人团结在王权

---

① 马修·巴黎（约 1200 ~ 1259），本笃会修士、编年史家、画家、地图绘制师。他虽然姓“巴黎”，而且懂得法语，但其实是英格兰人。

的盛典中。亨利三世终于拥有了一位能够将他与欧洲高级政治直接联系起来的新娘，确认了自己已经成年，并且有了一个天赐良机来引导英格兰诸侯和平民来热情洋溢地表达他们的忠诚。他的蜜月旅行是在夏季带着新王后游览格拉斯顿伯里，参观亚瑟王的埋葬地。

国王大婚已经足够令全国陶醉，但亨利三世与埃莉诺结婚后又发生了一件对他们的统治同样意义重大的事件。1238 年 1 月，正在飞黄腾达的宫廷贵人西蒙·德·孟福尔与亨利三世的二十三岁妹妹——莱斯特的埃莉诺喜结良缘。这位公主不仅是约翰和昂古莱姆的伊莎贝拉的最小的孩子，还是小威廉·马歇尔（已故的彭布罗克伯爵，国王先前的摄政威廉·马歇尔的长子）的寡妻。在第一任丈夫去世后，十六岁的埃莉诺在坎特伯雷大主教埃德蒙·里奇面前发誓要保持贞节、永不再嫁。后来，在德·孟福尔的追求下，她放弃了自己的誓言。

德·孟福尔于 1230 年来到英格兰，来争取莱斯特伯爵领地的继承权，因为他是阿米西娅·德·博蒙特的孙子。德·孟福尔是个魅力十足、出身高贵的法兰西人，比国王只小两岁。他精明的政治头脑、优异的文学天赋、卓越的军事才华、令人望而生畏的强大人脉和宗教狂热令国王颇为欣赏，后来国王还受到了他的威吓与胁迫。西蒙·德·孟福尔是个很难对付的人：他固执己见、野心勃勃，身穿毛衬衣，饮食有度，常常做礼拜到深夜。德·孟福尔和亨利三世年纪相仿，却又成了国王的一位父亲式人物，亨利三世用孩童仰慕成年人的目光仰视着他。很快，他就成为国王最亲密的伙伴和最受信任的谋臣。即便如此，他突然与埃莉诺结婚，还是令全国惊愕了一番。

埃莉诺是英格兰最令人垂涎的一位新娘。她是王室成员，拥有大片土地和极高的地位。尽管亨利三世在自己以及妹妹伊莎贝拉结婚前都征询了诸侯与高级教士的大议事会的许可，但没有询问他们的意见就把埃莉诺嫁给了德·孟福尔。这对夫妻是秘密结婚的。这似乎违反了亨利三世在亲政时的诺言（凡遇大事，必与诸侯协调一致），令英格兰的世俗与教会诸侯都大为恼火。

诸侯们反对德·孟福尔与公主结婚的理由是，这会严重扰乱全国和地区性的权力结构，在他原先继承的莱斯特伯爵领地之外，还将给他带来巨额收入和英格兰南部的大片土地。而主教们认为，埃莉诺既然已经发下独身誓言，现在允许她再嫁就有些不像话了。诸侯普遍怒火中烧，以至于亨利三世的弟弟康沃尔伯爵理查与吉尔伯特·马歇尔（新任彭布罗克伯爵）和温切斯特伯爵联手发动了又一次武装叛乱，国王花了六个月时间才把这次叛乱平息下去。

对亨利三世来说幸运的是，尽管弟弟康沃尔伯爵理查制造了许多麻烦，但他一般会努力与其和解，因此这次危机很快就解除了。德·孟福尔的地位巩固了，他现在是国王的宠臣和妹夫。他还前往罗马，请求教皇英诺森四世核准他的婚姻。1238年11月，他回国不久之后，埃莉诺·德·孟福尔在凯尼尔沃思为他生下了他们的第一个孩子，是个男孩。夫妇俩为他取名为亨利，也就是国王的名字。

与此同时，亨利三世的年轻王后在宫廷与一群萨伏依人相聚，包括她的三位外交家舅舅：萨伏依的彼得、托马斯和博尼法斯。彼得和托马斯在英格兰期间对公共政策产生了很大影响。这三位萨伏依贵族的优雅尊贵、老练世故和广交天下豪杰令亨利三世肃然起敬，对他们慷慨地予以封赏。托马斯继承了佛兰德伯爵领地，因此不需要国王的封赏，但彼得在1241年被册封为骑士，并被封为约克郡的里士满领主。埃德蒙·里奇去世后，博尼法斯于1240年被选为坎特伯雷大主教，并于1244年正式就任。在亨利三世赏赐土地和头衔的同时，埃莉诺则忙于安排英格兰和萨伏依各家族联姻，为一些英格兰贵族世家带来了一种新气息。并不是所有人都喜欢这种局面，但总的来讲，萨伏依人给英格兰带来的益处要多于他们的索取。

1239年6月中旬，十六岁的埃莉诺王后生下了第一个孩子。国王自结婚以来就与王后同床（两年前，一个疯子手持利刃冲进亨利三世的卧房，却发现国王并不在那里，因为国王正在别处与十五岁的妻子同床，于是他躲过一劫），现在她终于诞下麟儿，能够延续王室子嗣，令大家都欣喜若狂。

王后产下男婴的喜讯传出后，整个威斯敏斯特宫一派狂热的节日气氛。王宫小教堂的教士们吟唱了《基督得胜！基督为王！基督显权能！》。消息传到伦敦时，人们走上街头，全城举行了庆祝活动。亨利三世对他的臣民要求很高，希望他们为自己的喜事而高兴，并做出足够的表示。毕竟这是三十年来第一个降临人世的金雀花王朝继承人。信使们携带着英格兰的大诸侯和主教们的贺喜礼物返回时，国王检查了这些礼物。有些礼物被认为不够分量，配不上这个大喜的场合，于是被退回。国王要求臣民们奉上更贵重的礼物。

这个男孩应该取个什么名字呢？金雀花家族的传统名字包括亨利、约翰、理查、威廉，或者若弗鲁瓦。但亨利三世盘算的是一个更异乎寻常的名字。他决定给自己的儿子取名为爱德华，以纪念他挚爱的忏悔者。对一位金雀花王朝的王子，或者13世纪英格兰的任何一位贵族子弟来讲，这都是个怪诞的名字。在出身高贵的人看来，这个名字听起来有些奇怪和古旧。但在亨利三世的设想中，王政会把金雀花王朝征服的历史与古代君王的圣洁联系起来。就像之前的威廉·艾特林一样，爱德华王子（后来人们就如此称呼这个孩子）既代表着英格兰的古老往昔，也象征它的未来，并将给金雀花王朝的王权带来一种崭新的色彩。

在埃莉诺王后的安产感恩礼拜（庆祝妇女产后恢复的宗教仪式）上，国王与德·孟福尔爆发了激烈的争吵。这对双方都造成了无法预见但极其致命的后果。德·孟福尔自平步青云以来，财政上一直有一些困难。为了将自己的哥哥阿莫里[①]理应享有的莱斯特伯爵领地的一半份额买下，他已经花了一大笔钱；1237 年，他又宣誓要参加十字军东征，这又带来了新的开支。他的妻子又以生活奢靡著称，因此国王的妹婿在金钱上有些支撑不住了。1239 年，他从萨伏依的托马斯那里借了 2000 镑，并在契约上将亨利三世列为担保人，但并没有征询国王的意见。亨利三世对此颇为不满，在安产感恩礼拜仪式上大发雷霆。或许国王龙颜大怒还有其他原因，比如亨利三世因为允许德·孟福尔娶自己的妹妹而付出了政治上的代价，因此对德·孟福尔一直有怨恨。总之，亨利三世对德·孟福尔的态度从慷慨大方、言听计从一下子变成了怒不可遏，他狠狠训斥了德·孟福尔和埃莉诺（此时在怀第二胎），并指控德·孟福尔在婚前就勾引了他的妹妹。国王如此火冒三丈，以至于他的有孕在身的妹妹和先前的挚友不得不逃离英格兰。

德·孟福尔实际上等于是被放逐了，于是决定兑现自己

① 阿莫里继承了他们的父亲在法兰西的领地。

参加十字军东征的誓言。康沃尔伯爵理查像他的伯父狮心王理查（与他同名）一样，在 1239 ~1241 年领导了一场远征，前往巴勒斯坦。德·孟福尔热情洋溢地加入了此次行动。这次东征被称为“诸侯的十字军东征”，相当成功。理查与香槟伯爵特奥巴尔德四世联手，收复了加利利，重新修建了亚实基伦的防御工事。在丈夫远征“海外”期间，埃莉诺·德·孟福尔隐居在意大利南部的布林迪西，得到了姐夫弗里德里希二世的庇护。

1242 年，德·孟福尔从东方返回之后，发现亨利三世踌躇满志，已经准备重新接纳和恩宠他。亨利三世利用威尔士的罗埃林大王的两个儿子之间争夺继承权的争端，支持罗埃林的一个儿子大卫成为格温内斯的新统治者[①]，并在格洛斯特迫使大卫向自己臣服，建立了金雀花王朝对格温内斯的宗主地位。和他的父亲约翰一样，在不列颠岛内的主宰地位鼓舞了亨利三世又一次开始考虑远征海外、开疆拓土。他打算讨伐普瓦图。权贵们对此不感兴趣，拒绝批准他征税以便为大规模征服准备军服。因此亨利三世的计划完全是他私人的一次军事行动，他需要尽可能地网罗资金和人才，所以很乐意让自己的妹婿——此时已经是一位经验丰富、本领高强的大将——重新回到自己麾下。

最后，远征普瓦图的行动酿成了大祸：英格兰军队规模太

---

① 罗埃林大王有两个儿子，长子（非婚生）格鲁菲兹，次子大卫（其母琼是罗埃林大王的合法妻子，是英格兰国王约翰的女儿）。罗埃林大王安排让自己的合法儿子大卫继位，但由于大卫有一半英格兰血统，所以还有许多威尔士人支持格鲁菲兹。格鲁菲兹长期被英格兰囚禁，从伦敦塔越狱时身死。格鲁菲兹的儿子就是下文的“末代”罗埃林，即威尔士的最后一位独立君主。

小，资金不足，仅有两百名骑士，常常遭到所谓的普瓦图盟友的背叛，而且被路易九世玩得团团转。西蒙·德·孟福尔战绩不俗，但整个行动毫无前景可言。亨利三世遭受了一系列丢人现眼的惨败，事实证明他是金雀花家族中最没有军事才干的一位成员。这次战役导致国王与弟弟理查又大吵了一顿。亨利三世曾许诺，为了奖赏理查在这次必败的战役中的英勇作战，将加斯科涅赏赐给他，但在王后的建议下，又反悔了。在桑特，有人听到，德·孟福尔将亨利三世比作"糊涂王"查理，这位 10 世纪的法兰西加洛林王朝的国王在军事上一败涂地，最终被自己的臣民囚禁了起来。尽管德·孟福尔和亨利三世表面上已经和好如初，但他们不大可能长时间和平共处。亨利三世的亲戚们为数众多、成分复杂，越来越不可能忠诚地辅佐这位虔诚但不幸的国王度过更多风雨飘摇的岁月。

神圣的王权

1247 年 10 月 12 日，在国王寝室内，烛光亮了整整一夜。这是圣爱德华（英格兰历史上最神圣的国王，与亨利三世的长子同名）升天节的前夜。国王跪在地上，沉浸于祈祷中。此前他斋戒净身，食谱里只有面包和水，现在要彻夜不眠地虔诚祷告，为极其神圣和庄严的仪式做准备。

亨利三世从“海外”的贵族那里购买了一只精细的水晶杯，里面盛放着一些基督圣血，据说是基督在受难时从他的伤口流下的。除此之外，王室还收藏了许多圣物，包括一块印有耶稣脚印的石头，据说是在他升天之前留下的。在圣爱德华的宗教节日，亨利三世将向威斯敏斯特教堂的信众展示这份最新的收藏品。他认为，自己的收藏胜过路易九世名下的耶稣受难时所戴的荆冠，是西欧最伟大的基督教圣物。

他终于又有了一些值得庆贺的喜事。国王和弟弟一反常态，进行了一次安安稳稳的合作。理查监管了对货币的改革，铸造了一种新的钱币，旨在恢复人们对贬值的英格兰货币的信心，同时为国库和他的康沃尔伯爵领地挣得一大笔收益。更妙的是，威尔士也传来喜讯。罗埃林之子大卫在 1241 年向亨利三世臣服之后，威尔士又一次爆发叛乱。此后，在 1247 年 4 月，威尔士王公的联盟又与英格兰王室达成共识，接受亨利三世为他们的封建宗主，于是英格兰在威尔士的统治大大扩张，势力范围达到了自亨利三世的父亲统治以来的顶峰。同时，王族也继续添枝增叶。5 月，亨利三世将王后的两位女性亲戚嫁给了他的两个监护人——林肯伯爵和康诺特领主。这就将两个重要的诸侯世家直接纳入了王族。

在这个10月的清晨，伦敦的全体教士聚集在圣保罗大教堂雄伟的木制尖塔下，个个都身穿配有白色法衣和兜帽的华丽仪式盛装，他们的下级神职人员围绕在周围，手捧宗教符号和十字架。数百支蜡烛照耀着天色依然晦暗的秋日清晨。他们在恭候国王驾到。

亨利三世来了，只见他衣着简朴，身披没有兜帽的粗劣斗篷，这是一位普普通通的悔罪者的衣着。他身边侍从衣饰的华丽更是突出了他的朴素。他步入大教堂，双手紧紧握住那小小的水晶杯，举过头顶，目光仰视着这精美的圣物以及更上方的苍天。就这样，他开始了从伦敦到威斯敏斯特的徒步之旅。

这是件非常辛苦的事情。国王在前一晚彻夜不眠，已经疲惫不堪，而且路上坑坑洼洼，他经常会趺趺撞撞，险些摔倒。但在某种意义上，他酷爱将自己的虔诚表现出来，因此甘愿接受这些不适。十三岁时，他曾在坎特伯雷大教堂的圣三一小堂瞻仰圣托马斯·贝克特的遗体被转入镶嵌珠宝的黄金棺材的过程，肃然起敬，从此以后就热衷于王室虔敬的华丽盛景。他捧着圣血前进的时候（他的双臂高举珍贵的圣物，相当痛苦，因此有两名助手扶着他的胳膊），或许回想起了那一天。

游行队伍在抵达威斯敏斯特教堂的大门之前，一定就已经听到了等待他们的喧嚣。修道院教堂内传出歌声、哭泣声和对圣灵的颂扬声。教堂处于大规模重建工程的初期，这项工程于1245年启动，目标是将教堂改为法兰西哥特风格。为了让这座教堂能够效仿和媲美法兰西的那些伟大教堂——圣礼拜教堂、圣德尼大教堂和兰斯大教堂——英格兰朝廷将投入约4.5

万镑巨款。工程将增添纤细而高耸的石柱、尖顶窗户和彩色玻璃，其重量将由墙外的飞扶垛支撑。

国王沉浸于祷告中，他率先抵达教堂的时候没有停下脚步。他高举圣血杯，继续前进，绕了教堂一周，然后是附近的宫殿，最后是他自己的寝宫。游行结束后，他返回教堂，将这份无价之宝奉献给上帝、他挚爱的忏悔者爱德华、威斯敏斯特的圣彼得教堂和修道院僧众。

这奢华的盛景是亨利三世的王室豪华排场的高潮。在云集于此的英格兰骑士、诸侯和主教面前，他成功地制造了一个胜利的场面，即便是路易九世和弗里德里希二世的高雅宫廷也会艳羡不已。诺里奇主教后来在一次布道中指出，亨利三世的圣物比欧洲的其他任何一件圣物都更珍贵："十字架是极其神圣之物，因为更神圣的基督之血流在它上面；而非基督之血因十字架而神圣。"据马修·巴黎记载，他补充道："正是由于英格兰国王的莫大虔敬和圣洁——他是所有基督教君主中最笃信宗教的一位——耶路撒冷牧首送来了这份无价之宝……因为世人皆知，在英格兰，信仰和圣洁比在世界上任何其他国家都更繁荣昌盛。"

这就是亨利三世对王权的概念。国王是一个神圣的位置，其王族血脉一直上溯到诺曼征服之前的年代。像亨利一世一样，亨利三世在将自己的统治与古老的撒克逊王族联系起来，既颂扬王权的英格兰源头，也讴歌它的欧洲大陆式的成熟完善。

但此次典礼的意义绝非仅仅简单地确认王室谱系。它向世人昭示，亨利三世的王权不仅是权利和征服的问题，而且是具有神圣性。国王扮演起了教士的角色，他不像自己的父亲和祖父经常做的那样，与教会分庭抗礼，而是丰富和保护教会。亨利三世是教会与王权之间的调解人，是朝圣者，是施恩于教会的恩主。他与英格兰的灵魂和它的历史交流。

仪式结束后，亨利三世抛去简朴的服饰，换上光彩夺目的华服，它由珍贵的布料制成，缀有金属丝线和黄金。他头戴一顶朴素的金冠，册封自己的同母异父弟弟威廉·德·瓦朗斯和其他几位普瓦图与加斯科涅贵族为骑士。国王从教士—朝圣者摇身一变，成为骑士的领主。

尽管在威斯敏斯特宫墙之外，有许多人很怀疑，耶稣的圣血在髑髅地流下之后，已经过了十三个世纪之久，怎么可能保存下来，但亨利三世的虔诚仪式非常契合当时的风尚，是春季基督圣体圣血节（前一年，列日主教宣布基督圣体圣血节为一年一度的节日）的秋季版本。而且仪式的宏伟奢华到了令人难以想象的程度。国王要求身在现场的马修·巴黎写一份记录。巴黎对典礼的富丽堂皇的描绘极尽笔墨之能事。但它在政治上起到了预期的效果吗？

呜呼哀哉，并非如此。尽管亨利三世在 13 世纪 40 年代创造了一个异彩纷呈的新的王朝神话，但随着他的统治进入第五个十年，他开始遭遇了一系列麻烦，其中大多数都是他自作自受。1258 年，爆发了英格兰半个世纪以来最严重的政治危机。

西蒙·德·孟福尔原本打算再去参加一次十字军东征，但在 1247 年 5 月，他被说服放弃了这个念头。他被派去平定亨利三世海外领地的一个动荡不安的地区：加斯科涅。在 1242 ~ 1243 年远征普瓦图失败之后，亨利三世不得不对法兰西大陆的这个地区加强统治。加斯科涅对他还算忠诚。德·孟福尔被派去加斯科涅担任总督，拥有独揽专断的军政大权，可以半独立地统治该地，以保卫国王的利益，抵御加斯科涅边境周围各个势力的威胁：法兰西、卡斯蒂利亚、阿拉贡和纳瓦拉。

得到了这个新职位，德·孟福尔欣喜若狂。他在叛乱地区几乎大权独揽、独断专行，而且远离英格兰王国政府的核心。他起初的表现非常精彩，与该地区的大领主们结盟，在公国的边境周围建立起了一层外交护盾。但没过多久，他的资金就告罄了，于是开始树敌。以难以驾驭、犯上作乱的加斯东·德·贝阿恩为首的加斯科涅贵族不肯屈从于他的高压统治。德·孟福尔严厉地镇压了抵抗他的人。德·孟福尔没收了叛乱者的土地，摧毁他们的房屋，最糟糕的是，砍伐了他们的葡萄树——这是一个极其可怕的惩罚，因为该地区的主要收入来源就是葡萄酒。到 1252 年，加斯科涅民情激愤、怨声载道。

绝望之下，亨利三世将德·孟福尔召回，命令御前议事会对其审判。此事非常棘手，令双方都感到大受冤屈。德·孟福尔受到的指控非常严重。加斯科涅人控诉他是“臭名昭著的叛徒”，对人民敲诈勒索，将政敌囚禁并活活饿死。据马修·巴黎记载，德·孟福尔听到这些对他人格的攻击，感到自己受到了极大侮辱。他第一次听到加斯科涅人的指控时，向亨利三世怒吼道：“陛下的耳朵和心灵莫非倾向于这些逆贼？您莫非相信这些乱臣贼子，而不相信我——您的忠实臣子？”

亨利三世却漫不经心地回答：“如果你清白无辜，那么审查对你有什么害处？”

诸侯对德·孟福尔非常同情。他受审的时候，双方都直抒胸臆，毫不克制地让自己喜怒形于色。德·孟福尔怒火中烧地滔滔不绝，谴责亨利三世软弱无能，居然相信加斯科涅人的牢骚，然后询问国王：“谁敢相信，陛下是个基督徒？陛下是不是从来没有告解过？”

亨利三世冷冷地答道："我告解过。"

据马修·巴黎记载，德·孟福尔悲愤地反驳道："但如果不悔过、不赎罪，告解又有何用?"

在英格兰的权臣显贵和社会名流面前如此谴责这样一位虔诚的国王，是个糟糕的选择。尽管御前议事会判决德·孟福尔无罪，并且他还在一个短暂时期返回了加斯科涅，但他一在那里露面就会激起叛乱。亨利三世不得不亲自前往加斯科涅，大肆封赏一番才平息了骚乱，并做好让自己的儿子接管加斯科涅作为封地的准备。爱德华王子于 1254 年 11 月 1 日在卡斯蒂利亚的拉斯·乌埃尔加斯·圣玛利亚王家修道院与卡斯蒂利亚的埃莉诺结为伉俪。随后，亨利三世将加斯科涅公国封给了儿子，作为结婚礼物。这为加斯科涅的灾难性治理画上了句号。

作为安排的一部分，亨利三世向德·孟福尔付了一笔赔偿金，以弥补他失去总督地位而蒙受的经济损失。但国王对自己曾经的朋友的愤慨言辞很好地概括了随后十年中两人之间的敌意："我此生最追悔莫及的事情莫过于允许你来到英格兰，以及允许你在英格兰占据土地和头衔。你的翅膀硬了，吃肥了，就来反抗我的权威。"

亨利三世自成年以来，就念念不忘要恢复金雀花王朝的遗产，将诺曼底、安茹和阿基坦收回到英格兰王室统治之下，但他却没有实现这宏图大略的经济实力。路易九世能够花 15 万里弗去买耶稣受难时所戴的荆冠，并筹措 100 万里弗巨款作为十字军东征的军费，而亨利三世为了每隔四五年发动一次简单的跨越海峡的战役，攒起钱来都非常吃力。

现实是无法逃避的：与他的祖先和竞争对手相比，亨利三世太穷了。他从在英格兰的领地，以及行政、司法和贸易中获取的收入，如果是在和平时期，并且管理得当的话，或许是足够了——事实上，在亨利三世没有在努力夺回自己遗产的时候，他的收入是相当稳定的——但却无力承担开展大规模战争、征服外邦的任务。

亨利三世竭尽全力去掩饰这个令人不快的现实。他的箴言装点着威斯敏斯特的“彩室”的墙壁：“不肯付出自己所爱，必不能得到自己所愿。”他希望自己的形象是一位慷慨大方、仗义疏财的君主，能够获得丰富的报偿。他非常喜爱宝石和闪闪发光的金属。他大量投资于建筑工程，并且花钱如流水地收藏艺术品和珠宝（但在13世纪60年代，他不得不将自己的很大一部分财宝典当）。像路易九世一样，他在旅行时极尽奢侈之能事，向自己最钟爱的宗教机构和圣所慷慨解囊予以捐赠，每天的弥撒都由身穿华服的教士主持。他在自己的私人房间内储藏黄金——这是欧洲正在看涨的货币——在成堆的金锭、金叶子和金粉中生活。但与路易九世（其年收入超过7万镑，差不多是英格兰国王的两倍）不同的是，亨利三世在光鲜的外表之下面临着严重的财政结构问题。

亨利三世自己没有足够的财力去发动成功的海外军事行动，因此他依赖对边缘群体（如犹太人）的没有定规的劫掠和赋税，而这些赋税必须在与最有势力的臣子们协商之后才能征收。我们已经看到，在1225年的协议签订后，亨利三世建立了以政治上的妥协交换征税权的原则。到13世纪40年代末，这种关系已经成熟，英格兰的权贵们已经开始认为，他们与国王的会议是合法且符合惯例的用于批评政府政策的场所。1236年，亨利三世将一起法律案件交给“议会”处理，于是这种会议后来就被称为“议会”。

1248～1249 年，亨利三世四次请求议会批准征税，以资助西蒙·德·孟福尔对金雀花王朝旧领地的征服，均被否决。议会除了拒绝提供军费之外，还大声疾呼地抗议地区政府蔓延的腐败。亨利三世别无办法，只得出售王室珍宝来筹措资金，在 1257 年还进行了一次滑稽可笑的货币重铸（使用黄金而非白银作为货币），并大量举债，向强大的诸侯（包括他的弟弟理查）借款。因为诸侯坚决抵抗他征税的企图，亨利三世被迫去压榨其他的、管理不是那么严格的收入来源。他如今集中力量去搜刮骑士和地位较低的臣民。

在 13 世纪 50 年代，朝廷多次对犹太人征收沉重的摊派税，但利润越来越微薄。亨利三世的王室巡回法庭努力去填补这个空缺，更加卖力地从司法程序中榨取利润。郡长们常常是出生在外国、被朝廷空降到各郡的官吏，负责监管地方政府，在敛财时越来越贪得无厌。亨利三世会向自己的追随者授予多重郡长职位，全然不顾这种政策对地方政府造成的可耻的、破坏性的影响。郡长们与自己治下的人民毫无感情联系，对人民也无须负责，于是更加残酷地压榨和剥削他们。与此同时，王室大量贩卖封建豁免权，导致王室的横征暴敛在各地难以预测，并且很不均衡。这些政策中的多项直接违背了《大宪章》的精神，有时还悖逆了它的文本。

13 世纪 50 年代一天天过去，亨利三世的政府又一次开始自相冲突。在宫廷，党争制造了许多麻烦，尤其是其中的一派是王亲国戚，前不久才来到宫廷，他们被称为吕西尼昂家族。

吕西尼昂兄弟——威廉和艾默尔·德·瓦朗斯是亨利三世的同母异父兄弟，他们是亨利三世的母亲——昂古莱姆的伊莎贝拉王后在第二段婚姻中和于格十世·德·吕西尼昂生的孩子。在 1241～1242 年亨利三世命途多舛的普瓦图战役中，吕西尼昂兄弟起兵反抗路易九世，因此法兰西国王对吕西尼昂家族非常仇恨。威廉、艾默尔和他们的兄弟居伊与若弗鲁瓦，以及妹妹艾丽斯在 1247 年来到了英格兰。亨利三世热情洋溢而大张旗鼓地接纳了他们，还在 1247 年 10 月 13 日威斯敏斯特的盛大典礼上册封威廉为骑士。国王明显偏袒一方的慷慨引起了普遍的怨恨，何况民众原本就不喜欢外国人。威廉·德·瓦朗斯除了被封为骑士外，还被安排与琼·德·蒙琴西（第一位威廉·马歇尔的外孙女）结婚，于是一跃成为彭布罗克领主，以及威尔士和边境地带许多采邑与城堡的领主。与此同时，艾默尔成了温切斯特的继任主教，而居伊和若弗鲁瓦都获得了一些监护权和金钱。但更重要的是，作为国王的朋友，他们常常能够为非作歹而逍遥法外。

吕西尼昂家族是一个小集团。他们一起来到英格兰，又作为一个整体被植入英格兰社会，就像王后的萨伏依舅舅们在 13 世纪 30 年代那样。但是吕西尼昂家族比王后的亲戚粗暴得多，行为举止也更招人讨厌，这两个集团之间也有相当程度的矛盾。在人们眼中，吕西尼昂家族傲慢自负、缺乏礼貌、凶暴野蛮、目空一切，而且生性好斗。即便是在暴力司空见惯的社会里，他们的行径也到了令人侧目的地步。艾默尔与王后的萨伏依舅舅——坎特伯雷大主教博尼法斯之间发生争端，导致吕西尼昂家族的一群支持者武装洗劫了兰贝斯宫，抢走金钱、白银和餐具，随后劫持了人质，匆匆赶往他们在法纳姆的城堡。国王依赖吕西尼昂家族借钱给他，于是没有认真处罚他们的此次不端行为，对其他违法犯罪也听之任之。事实上，国王的处理决定恰恰相反：1256 年，亨利三世发布命令，要求不得执行针对他的宠臣们的司法处罚决定。这是政府的一次严重渎职，不足为怪地被视为直接违反了《大宪章》中“不得向任何人……拒绝或延搁……公正裁判”的条款。

到 13 世纪 50 年代，宫廷的诸侯和许多国民都认为，国王被他的新宠臣们玩弄于股掌之间，荒废了国政。一群诸侯后来在给教皇的信中写道：“若有人起诉吕西尼昂家族，期望得到判决……国王以最非同寻常的方式迫害原告。本应当是主持公道的法官一下子变成了可怕的敌人。”

至少在诸侯看来，亨利三世对亲戚的过分偏袒越来越违逆了他的基本义务：主持公道，尽可能做到让全体国民都能享有公义，并且尽可能地不偏不倚。他侵害了公共权威，贪图私利。尽管国王生性温和，但从古典政治哲学的角度看，他正在变成一位暴君。更糟糕的是，他还陷入了越来越深的妄想狂。13 世纪 50 年代的最终问题发生在一个远离英格兰边境的岛屿：西西里。此事既突显了亨利三世对王权的概念，也暴露了他的愚蠢已经到了何种地步。

1250 年，亨利三世决定参加十字军东征，于是他的外交政策发生了一个显著的转变。他在统治期间一直努力在东方建立一个反法联盟，尤其是和神圣罗马皇帝弗里德里希二世结盟（亨利三世把自己的妹妹嫁给了皇帝），现在却改变了大政方针，幻想着派遣一支大军到中东，去帮助收复耶路撒冷。弗里德里希二世于 1228 年夺回了耶路撒冷，但在 1244 年，凶悍的花剌子模部族从遥远的东方纵马杀到，进犯这座城市，几乎将其夷为平地。路易九世于 1248 年加入了十字军东征，亨利三世打算效仿他。在短期内，他得以征收一笔十字军税，但这并非敛财的诡计。虔诚的亨利三世在宫殿里悬挂着狮心王理查与萨拉丁决斗的图画（这当然是虚构的，两人从未谋面），他真的在幻想，如果自己恢复了家族的圣战传统，他将赢得万世荣光。

但不幸的是，在沉溺于这些异想天开计划的同时，亨利三世在加斯科涅还有真实的义务，这消耗了他的时间，更重要的是，还花光了他的金钱。尽管他通过宗教税积累了一大笔资金，但到 1255 年的时候，为了恢复海峡对岸的秩序，这些钱差不多已经告罄。但国王依然雄心勃勃地要参加十字军东征。他没有放弃自己的宏图大略，而是调整了自己的目标，从“海外”转为离家更近的地方。1254 年，教皇英诺森四世开始向全欧洲的君主们兜售理论上空缺的西西里王位，声称自己是该岛的封建宗主，因此有权将它转让。亨利三世看到了一个机会。他希望收复一个遥远的金雀花王朝领地，这个计划将会把他的东征热情和恢复失地的雄心结合起来。

亨利三世的姑姑琼（亨利二世和阿基坦的埃莉诺的女儿）在 12 世纪 80 年代曾是西西里王后，在 90 年代被国王唐克雷德二世囚禁。理查一世在东征途中将她解放出来，然后征服了西西里，给了唐克雷德一个教训。此后，西西里王国卷入了神圣罗马皇帝与教廷之间漫长的战争，成为席卷意大利和中欧的权力斗争的一枚具有战略意义的棋子。1254 年，亨利三世派出使节，请求教皇将西西里王国封给他的次子埃德蒙。当年 3 月，教皇通过使节热情洋溢地批准了这个请求。

如果亨利三世的国库更充实，困扰他的其他问题少一些，并且他拥有更多的军事战略才干，那么为次子保障西西里或许还算是个实际可行的使命。不幸的是，他是个幼稚的幻想家，热衷于不切实际的空中楼阁。康沃尔伯爵理查是个惹是生非的刺儿头，但比国王要精明睿智得多。他在 1252 年也接到了请他出任西西里国王的邀请，他断然拒绝，并对教廷大使说："你还不如对我说：'我把月亮送给你，或者卖给你，你自己爬上去拿吧。'。"

不管怎么说，从 1254 年开始，亨利三世的东征计划演变为以教皇的名义征服西西里的义务。1255 年 5 月，此事正式确定了。1255 年 10 月 13 日，圣爱德华的节日，出席议会的权贵们得知，为了参加远征西西里的行动，亨利三世欠了新教皇亚历山大四世高达 135541 马克的债务，不禁瞠目结舌。这是令人头晕目眩的天文数字，差不多是亨利三世有可能从宗教税中征集的数目的三倍，而且颇具讽刺意味的是，这个数字离理查一世在第三次十字军东征之后的赎金也相差不远。

诸侯得知，亨利三世将用这笔数额庞大、海市蜃楼一般的巨款资助一支军队，穿过法兰西，开赴西西里，取道阿尔卑斯山隘道（由于亨利三世和萨伏依家族的亲戚关系，他可以使用这些隘道），然后从意大利南部发动一场两栖入侵，夺取西西里王位。有鉴于亨利三世平庸的军事才干，这个计划的确是过于雄心勃勃了。雪上加霜的是，亨利三世还同意，如果他没有完成这些义务，英格兰将被处以停止圣事的禁令，他本人则将遭到绝罚。

局面真是一塌糊涂。然而，亨利三世对他的新事业却自信满怀、踌躇满志。他在正式宣布此计划时大张旗鼓。他接纳了西西里教士进入英格兰。1256 年，他的弟弟康沃尔伯爵理查当选为德意志国王，于次年就任①。亨利三世认为自己在西西

① 理查在德意志并无实权，仅数次到访德意志，也没有被教皇加冕为神圣罗马皇帝。

里计划中得到了一个有利的盟友，为之欢呼雀跃。最令人啼笑皆非的是，1257 年 3 月，亨利三世将自己十二岁的儿子埃德蒙——所谓的西西里国王——引见给他的诸侯和高级教士们，令大家目瞪口呆。那孩子穿着全副阿普里亚[①]装束。

真相是，西西里冒险没有一个方面是实际可行的。“王国的贵族们悲哀地看到，仅仅一个人的头脑简单就将他们拖到了这样的败局。”马修·巴黎如此写道。亨利三世的新“十字军东征”不仅没有得到贵族们的支持，他还因如此鲁莽愚蠢的冒险遭到鄙夷。权贵们不愿意为他的计划付出一个铜板，并且一有机会就指出该计划的一连串漏洞。但亨利三世已经发誓要去征服这个实用价值微乎其微的遥远岛屿。而且他和父亲不一样，是打算信守诺言的。

到 1257 年，全国对亨利三世究竟有没有治国能力越来越感到怀疑。他的金库空空如也。吕西尼昂家族不得人心。亨利三世致力于完成疯狂的征服西西里的计划，将自己的王国和灵魂都抵押了进去，而没有任何办法偿付军费。教皇亚历山大四世在发出不祥的（尽管或许并非是完全当真）的威胁，要执行停止圣事的禁令和对国王的绝罚令。1258 年，亨利三世希望能够发生奇迹，于是寄希望于诸侯会帮助他为西西里计划付账，将他们召集到威斯敏斯特的议会。但诸侯心意已决，要进行一场激进的改革。

如果有任何一个场景能够概括亨利三世在他统治的第四十年的心态，那么一定是在 1256 年，他命人在威斯敏斯特宫衣帽间内绘制的图画。衣帽间是一个非常私密的房间，国王在这

① 意大利南部一地区。

里洗头，有时会在这里度过几个钟头最私密的时间。在这幅图中，国王的臣子密谋反对他，是一群狗营救了国王。亨利三世年幼时曾目睹父亲的王国遭受入侵。1216～1217 年，孩提时代的他曾亲眼看到他自己的诸侯起兵反对他的家族，并且恳求一位法兰西王子来当他们的国王。四十年之后，英格兰诸侯又一次蠢蠢欲动，这些可怕的记忆显然又回来折磨他了。亨利三世终于证明自己的确是继承了约翰的血脉。

《牛津条例》

1258 年 4 月 30 日清晨，一大群贵族、骑士和他们的扈从向威斯敏斯特宫的御座厅走来，甲胄和身侧佩带的宝剑铿锵作响。领头的是四个人：王后的舅舅萨伏依的彼得、格洛斯特伯爵理查·德·克莱尔、诺福克伯爵罗杰·比戈德和莱斯特伯爵西蒙·德·孟福尔（他越来越成为亨利三世最深恶痛绝的人物）。

这些人拂晓便已起床，对即将展开的冲突期待已久，高度紧张。他们走向亨利三世金碧辉煌的厅堂的大门时，深知自己将给国王送去的信息是非常不受欢迎的。他们此次前来，表面上是要回复国王前不久提出的让他们支援远征西西里的要求。但事实上，他们的目的是清君侧，将国王与佞臣吕西尼昂家族分隔，并处理一场已经无法继续忽视的政治危机。他们紧密团结起来，组成一个联盟，“互相帮助……对抗任何敌人，主持正义，杜绝无礼无义之事，挽救对我们的领主——英格兰国王和王权的信心”。

此时，英格兰陷入了一个可悲的乱局。1257 年夏季，一种呼吸道疾病横扫全国，后来秋季又大雨瓢泼，毁掉了庄稼，随后又是天寒地冻的严冬，导致开春之后无法耕种土地。疾病和瘟疫在全境肆虐，村庄中有成千上万人饿死。“到处是肿胀而瘀青的死尸，三三两两地倒毙在猪圈内、粪堆上或泥泞街道上。”马修·巴黎记述道。

三周前，伯爵们及其追随者被传唤出席议会的时候，威尔士爆发了叛乱，叛军的领导者是令人望而生畏的格温内斯亲王——格鲁菲兹之子罗埃林[①]；教皇使节阿尔洛特仍在喋喋不休地威胁，如果国王不付清征服西西里所需的军费，就将执行绝罚令和停止圣事的禁令；吕西尼昂家族则肆无忌惮、横行霸道。4 月初，温切斯特主教艾默尔的扈从杀死了重要贵族约翰·菲茨杰弗里的一名追随者，而亨利三世拒绝惩罚凶手。议会在威斯敏斯特召集以回应国王的新一轮募款要求时，诸侯普遍认为，国王已经无力制裁把持朝廷、为非作歹的吕西尼昂派系。

4 月 30 日发生的事情被记载在蒂克斯伯里修道院的编年史中。这部编年史连续记载了这座修道院及全国的历史，其作者或许是从当天事件亲历者口中得知了当时的情况。“将近上午九点，贵族、权臣、伯爵、男爵和骑士们来到威斯敏斯特宫，”编年史家记载道，“他们将自己的剑放置在国王大厅的入口处，然后来到国王面前，忠顺有礼地向他致敬。”这些人可不是叛贼。他们在亨利三世面前表现出自己是英格兰王室的朋友，忠于王室理应代表的价值观。但亨利三世看到他们全副甲胄，还是不能释怀。剑或许被放在了门口，但一大群势力强大的诸侯身披铠甲出现在王座前，这可不是什么好兆头。

“诸位爱卿，这是为何？”他问道，“你们要俘虏我这可怜人吗？”

“并非如此，”诺福克伯爵答道，“但是，让可耻的普瓦图人（指吕西尼昂家族）和所有外邦人从陛下面前、从我们面前逃走，就像从狮子面前逃走一样，那么‘天上的上帝将尽

① 即下文所说的“末代罗埃林”。

享荣光，在陛下的土地上，善心的人们也将享有和平’。”

亨利三世或许很震惊，但肯定也有所预料。几乎所有人都仇恨吕西尼昂家族，而且冲到他面前的这些人或许还得到了王后的幕后支持。休·比戈德[1]说，他代表英格兰的所有诸侯，要求国王宣誓遵从他们的建议；他还要求组建一个包括二十四名诸侯的委员会，其中一半人由国王指定，一半由权贵们推选，亨利三世和爱德华王子应手按福音书起誓，要遵从这个委员会的决定；亨利三世还应许诺，不再尝试征税；他还应当将御玺——政府的终极工具——交给一名负责任的人士，此人将由二十四名诸侯的委员会选出。该委员会还将选举产生十五人的长期议事会，来辅佐国王的日程政务，同时议会将三年召开一次，以任命各部大臣。

这些要求真是非同寻常，但在这个 4 月的早上，国王似乎没有绕过它们的办法。诸侯们的集体政治意志是无法抗逆的。当天，亨利三世和他的儿子爱德华手按福音书起誓，唯比戈德马首是瞻。在灾难重重的十年之后，王权将由一个委员会来行使，其核心功能被交给了诸侯来掌控。

但是，这些诸侯的父辈在兰尼美德的经验表明，国王或许会在纸面上同意受到新的约束，但要具体执行这些约束，却有很多困难。亨利三世就像之前的约翰那样，签字画押之后就变了卦，努力利用自己任命二十四人委员会一半人选的权力，拼命把吕西尼昂家族的人往里面塞。但他这番努力没有奏效：他甚至连十二个仍然支持他的王权并且拥有足够的

---

① 休·比戈德（约 1211～1266）是第四代诺福克伯爵罗杰·比戈德的弟弟，反对派诸侯的主要领导人之一，曾担任首席政法官，但后来对西蒙·德·孟福尔的新政权不满，倒戈加入了保王党，参加了刘易斯战役。

地位和衔级的人都找不到。八周之后，另一次议会在牛津召开。这座城镇挤满了斗争双方的骑士们，个个武装到牙齿，他们都打着讨伐威尔士的旗号，但实际上都是在那里准备应对全面内战的爆发。在牛津，亨利三世的抵抗瓦解了。诸侯们竹筒倒豆子一般数落他的罪过，并指控他没有遵守《大宪章》。“议会启动议程之后，权贵们的建议和不容改变的意愿通过了，坚定不移地要求国王真诚地遵守英格兰的自由宪章。”马修·巴黎记载道，“他们还要求任命一位首席政法官，以主持公道，扶助贫弱，无论对方富贵或贫贱，皆应不偏不倚。他们还就其他国政，为了国民的福祉、和平，以及国王与王国的荣誉，提出了一些要求。”

亨利三世和爱德华还发出了另一个誓言，即支持诸侯的改革。但吕西尼昂家族坚决拒绝放弃国王赏赐给他们的土地和城堡。诸侯斩钉截铁地告诉他们，如果他们继续抵抗，将会遭到严厉惩处。据马修·巴黎记载：“威廉·德·瓦朗斯最为气势汹汹。莱斯特伯爵（西蒙·德·孟福尔）回答他说：‘你不必怀疑，你要么交出从国王那里得到的城堡，要么掉脑袋。’”吕西尼昂家族惊恐万状，逃离牛津，躲到艾默尔的温切斯特主教辖区避难。这一年的晚些时候，他们被正式驱逐出境，但在此之前，按照编年史家的说法，议会“在犹疑不决、充满不确定性的气氛中”解散了。

诸侯在牛津提出的建议是征询了英格兰各郡的骑士们之后做出的，提出了涉及范围极广的改革。它的目的不仅是管理中央政府，还要处理郡一级的严重腐败问题。提出的措施被称为《牛津条例》，几乎和在兰尼美德签订的更为闻名遐迩的宪章一样，涉及了极广的范围。《牛津条例》规定，每个郡由四名骑士负责调查王室官吏的不端行为，并建立了二十四人委员会来监管王国政府。权贵们任命休·比戈德为首席政法官，而所有的主要王室官吏——从财政大臣和大法官到各郡的郡长，以及在各郡执行王权的执行吏、充公产业保管人和城堡总管——都将由议会任命。

1258 年 10 月 18 日，诸侯以国王的名义向英格兰人民和爱尔兰臣民发布宣言，宣告业已建立的新秩序，要求人民恪守本分，遵守该秩序。集结在牛津的骑士们后来并没有出征威尔士，那里的战争被搁置了。宣言是用法语、拉丁语和中古英语起草的，这凸显了此次改革的全国普遍性质。宣言写道："望我国子民皆知，我特此认可，我的诸位谋臣，或其中的大部分人，由我本人或国民选出；他们为了上帝的荣光，秉承对我的忠诚，为了国家的福祉，业已做出或即将做出的决断，理应坚定不移、世世代代永久有效。若有人胆敢违逆，我将命令所有忠诚臣民，视其为不共戴天之敌。"两天后，又发布了另一项宣言，核准了一个具体程序。根据此程序，每个郡将根据《牛津条例》，指派四名骑士调查王室官吏的腐败行为。

这两道宣言都是以亨利三世的名义发布的，但事实是，政权已经被从他手中夺走了。诸侯在骑士们（这些骑士将自己的利益写进了《牛津条例》）的支持下，牢牢地掌控了权力。亨利三世的朋友们被驱逐出境，在随后三年内，诸侯议事会执掌朝纲，诸侯的使节接管了与威尔士和法兰西的和谈，并努力说服教皇，请他忘记西西里那桩讨厌的事情。西蒙·德·孟福尔的地位非常突出，他在政治中心具有专横跋扈的影响力，虽然还算不上摄政，但在新政权中处于主宰地位。

亨利三世在遇到危机时往往会选择逃避，并沉溺于宗教。

这一次他依然如此。牛津会议之后，他游览了自己最喜爱的圣所——圣奥尔本斯、贝里圣埃德蒙兹和沃尔瑟姆修道院，哀悼自己挚爱的亡女凯瑟琳，她出生时便有严重的残疾，在前一年夭折了，年仅三岁。在国王不理朝政的时候，诸侯继续加速改革进程。1259 年 10 月发布的《威斯敏斯特条例》制定了法律和政府方面影响深远的改革计划，并设立了一个时间表，将会派遣巡回法庭，系统性地调查王室官吏的滥用职权和贪腐罪行。到 1259 年底，亨利三世已经到了不知所措、完全被架空的地步。

1259 年 12 月 4 日，路易九世在巴黎的奢华宫殿的果园内，五十二岁的亨利三世跪在苹果树饱经风霜的枝干之间，站在他面前的是比他年幼七岁的法兰西国王、欧洲最圣洁的君主。这两个非常虔诚的男人将执行王权中最神圣的仪式之一。亨利三世花了很长时间才抵达巴黎，而且在前往巴黎途中，他试图每遇到一座教堂就停下来听弥撒，所以原本可能会更慢。就连路易九世也厌倦了英格兰国王的强迫症，于是命令将他途中的教堂尽可能都关闭，这才加快了他的行程。

亨利三世从来就没有快活过，现在是特别地庄严肃穆。尽管西蒙·德·孟福尔和爱德华王子强烈反对，诸侯议事会还是与法兰西缔结了和约。把两国之间的战争继续打下去对德·孟福尔本人有利；至于爱德华王子，虽然只有二十岁，但坚决抵制任何对王权的削减。和约的代价是非常沉重和苛刻的：亨利三世被迫向路易九世俯首称臣，永远放弃对帝国的权利主张，并承认自己是以一名法兰西贵族的身份，而不是以国王的身份，继续保有在法兰西境内的土地。当然，过去的英格兰国王也曾向法兰西国王臣服过——1156年，亨利二世在其征服的第一阶段曾向路易七世称臣，以便争取路易七世的支持，去镇压自己的弟弟若弗鲁瓦；约翰在登基之前，为了篡夺兄长理查一世的王位，也曾代表诺曼底向法兰西国王宣誓效忠。但这些仪式都不像亨利三世的臣服那样一边倒。

在典礼上，鲁昂大主教高声朗读《巴黎条约》的条文。他的嗓音回荡在整个果园。亨利三世放弃了对亨利二世和理查一世曾经统治的许多领地——诺曼底、曼恩、安茹和普瓦图——的权利主张。在法兰西南方，他仅拥有加斯科涅和他妻子的领地（在内陆，包括圣通日和阿热内，在波尔多以北和以东）。为了自己大大削弱的地位，亨利三世还不得不向路易九世“感恩戴德”，向其支付1.5万马克，并向法兰西国王提供五百名十字军骑士两年的军费。就这样，英格兰国王被接纳进了法兰西贵族的班列：他不再是一位只臣服于上帝的君主，而是一名公爵，受命于他的领主——法兰西国王。

聚集于此、见证仪式的人们离西方世界的一些最神圣的圣物遗迹只有几百码远：圣礼拜教堂收藏着耶稣受难时所戴的荆冠和真十字架的一个碎片。然而，在亨利三世跪在法兰西国王面前的时候，即便是周围环境的神圣和辉煌，也无法掩盖这样的事实：英格兰王政的一个伟大章节宣告结束了。

亨利三世一直到死都认为自己是个诺曼人和安茹人。但世人再也不能假装英格兰国王与勒芒、昂热、鲁昂或图尔这些城市有任何关联。就连独立于法兰西并以此为豪的阿基坦公国的残余部分，现在也被承认是一个封建采邑。亨利三世的诸侯确保了这一点。在离真十字架只有几百码的这座果园内，金雀花帝国从地理上、政治上和封建关系上被宣布寿终正寝。

13 世纪，整个欧洲的趋势是巩固和守成。路易九世完成了他的祖父腓力二世开启的洪业，将法兰西主权从佛兰德扩张到了图卢兹。在 12 世纪，欧洲版图瞬息万变，这种情况不复存在，疆界逐渐稳定成形。西西里的惨败表明，金雀花王朝统治的早期年代——当时它的王权和亲缘关系从苏格兰一直延伸到“海外”——在经济和政治上都已经无以为继。英格兰的视野变得狭窄了许多。

从某种意义上讲，《巴黎条约》是亨利三世统治最初四十三年中王政性质的根本性演变的必然结果。国王频繁地重新发布《大宪章》和《森林宪章》，以此换取在海外作战的资金，这就重新划定了王权的界限，重写了王权的规则，构建了国王与诸侯之间治理国家的一个新契约的基础。亨利三世异想天开、雄心勃勃地致力于收复在欧洲大陆的失地，这促进了上述的进程，使得他不断地与诸侯发生矛盾，最终导致诸侯发动了合法的“叛乱”，出现了《牛津条例》。国王和贵族的关系曾经是严格的等级制，现在却变成了合作伙伴的关系。王权被纳入英格兰政府的结构，虽然仍具有普遍性，但受制于越来越抽象的法律，如果误入歧途，就可能会受到诸侯的纠偏。

与亨利三世差不多生活在同时代的人对他的评价五花八门。1258 年，教皇亚历山大四世恭维他是“极其虔诚的国王”。然而流传至今的是但丁对他的描述：一个头脑简单的人。他用荣华富贵和光辉灿烂将自己打扮为一位光荣的国王，但事实上他软弱无能，有艺术鉴赏力，对政治却毫无感觉，始终不能适应瞬息万变的形势，也不能有效地决断行动。他志大才疏，有雄心勃勃的计划，却没有执行的才干，因此陷入了经济上和政治上的深重灾难。他身边虽然有一群良臣勇将，却往往在错误的时间从错误的人那里接受错误的建议。他缺乏理智和判断力，自己招来了麻烦之后，从来没有办法摆脱。而危机降临的时候，这位“极其虔诚的国王”一般会选择逃避，去游览他最心爱的圣所。亨利三世在幼年没有父亲相伴，又被母亲抛弃，在成长过程中始终没有机会观察和学习另外一位国王治理国家。他一生中都被他人支配，因此从一开始就是君主的糟糕人选，因为身为君王，需要极端的自信和自我约束。

奇怪的是，如果形势需要的话，亨利三世可以完美地扮演最高祭司的公共角色，而且显然乐在其中。他理解王权的形象应当是怎么样的，尽管他并不知道它应当如何运作。在他处于大危机的一个年头铸造的金币很能说明问题。这些金币作为货币是非常不合适的，上面闪耀着亨利三世的肖像，将他画作忏悔者爱德华（英格兰古老王政的代表）和未来的民族圣徒。这些钱币还企图将英格兰王权与神圣罗马皇帝的威严比肩，效法神圣罗马帝国的货币——奥古斯都金币①。亨利三世的思维很宏大，并且创建了一种对王室的崇拜，其具体表现为彩色玻璃画和檐壁雕刻、改建后变得令人叹为观止的威斯敏斯特宫殿和修道院，以及不计其数的王室宅邸，包括克拉伦登宫（在索尔兹伯里附近）。亨利三世的王朝宣传工作做得极好，这是他最珍贵的遗产。

但在1259年之后，他在很多方面已经是个彻头彻尾的傀

---

① 指的是神圣罗马皇帝弗里德里希二世在位时发布的 augustalis 金币，在西西里王国铸造，在意大利普遍流通。正面为戴桂冠的皇帝胸像，反面为帝国的鹰徽。

儡。他老迈衰弱，受尽屈辱，被局势压垮。德·孟福尔和诸侯努力以国王的名义统治的时候，王权的核心逐渐但不可避免地从亨利三世转移到了他的二十岁的儿子——进取心很强而颇具军人气概的爱德华王子手中。爱德华要再等十年时间才能成为国王，他无疑是金雀花王朝的未来，如果这个显赫王族还能有未来的话。

刘易斯之战

1264 年 5 月 14 日破晓后不久，一支小规模军队鸦雀无声地肃立在苏塞克斯郡刘易斯镇外的山丘上。他们兵力不多，但斗志昂扬。在前一宿夜深人静之时，他们溜过茂密的林地，占据了有利地形。现在他们做好了准备，要进行中世纪军事行动中最罕见的正面交锋。

这支军队仅有数百名骑兵，步兵和仆役的数量是骑兵的好几倍。清晨的太阳升起在天际时，他们俯视着下方人数众多的敌军。在从刘易斯小隐修院到附近城堡之间的将近一英里的战线上，一支王家军队正在排兵布阵，其中有一千多名装备精良的骑士，就像是为讨伐威尔士做准备一样武装到牙齿，还有数千名步兵，由王亲国戚指挥。他们怒火中烧，嗜血好战，一心要向这些玷污王权太久的逆贼复仇。叛军提出谈判。王军冷嘲热讽地拒绝了这个建议。他们说，除非叛军自己脖子上绕着绞索来投降，否则不会与其议和。

这支小小的叛军的指挥官是五十六岁的西蒙·德·孟福尔，他一条腿断了，所以是坐在大车上亲临战场的。自《牛津条例》签订以来，已经过去了六年，德·孟福尔仍然是国王的死敌。1262 年，亨利三世从教皇那里获得了一份允许他不遵守《牛津条例》义务的诏书，德·孟福尔短暂地离开了英格兰。但在 1263 年，他又回国，率领一群诸侯发动了叛乱，因为他坚信只有用武力才能迫使亨利三世遵守《牛津条例》。从那以后，他无论行至何处，均不遗余力地煽动反对国王的烈火。年轻的贵族蜂拥而至，云集在他周围。他们对他的军事声望和对抗昏君的决心肃然起敬。敌视亨利三世的作家们将他描述为昏庸堕落、败坏国家。战争起初进展良好，叛军成功地占领了英格兰南部的很大一部分地区，但在1月，战局转为对保王党有利。亨利三世和爱德华在牛津召集了一支强大的军队，在一系列攻城战中打击了德·孟福尔的叛军。到复活节，王军已经收复了大部分地区，只有伦敦还被叛军占据。德·孟福尔打算在刘易斯最后摊牌。

这是一个绝望的行动。英格兰本土已经近五十年没有打过正面交锋的对决了。与主要的战争模式——攻城和劫掠——相比，正面交锋浪费兵力，不确定性太大，而且非常混乱。中世纪的军事指挥官们都努力避免两军对垒，因此双方都很少有骑士曾经参加过这样的作战，或许一个人也没有。两军在山丘边缘面对面的时候，算总账的时间显然已经到了。德·孟福尔部下的衣服上配有白色十字徽记，个个摩拳擦掌，士气高涨。王军的情绪则坚定不移、不肯让步，这也反映了其指挥官——爱德华的精神。

爱德华王子此时还差一个月就到二十五岁生日了。在诸侯起事反抗他父王的六年中，他已经目睹了太多的暴力流血和棘手难题。他曾亲眼看到父亲挣扎反抗德·孟福尔遏制和改革王权的企图，还见证了父亲的君主特权的瓦解。叛乱诸侯为了控制王室，迫害王族中被他们认为影响太坏的成员，将法律强加于国王。

爱德华对于改革的态度是反复无常的。1258年，他站在自己的吕西尼昂亲戚一边。次年，他又与改革派结盟。在1260~1263年，他还改换了三次阵营。但到了1264年，爱德华是一位铁杆的保王党。

《刘易斯之歌》的作者大体上概括了爱德华对他的敌人的看法：在德·孟福尔的影响下，“曾经侍奉国王的英格兰民族，如今堕落败坏了，颠倒了自然的秩序，统治着国王和他的儿女”。在战斗的前一天，爱德华命人将一封信送到德·孟福尔军中，指控这位伯爵是“奸诈的逆贼、说谎的恶徒”，并向叛军发誓，“从此刻起，我们将以全副精神和力量，寻找一切机会，竭尽我们所能，去伤害你们的身体和财产”。爱德华负责指挥军队的右翼，在他借宿的刘易斯城堡前方。围绕在他身边的是一群好战的边境领主——来自威尔士边境的久经沙场的诸侯，爱德华在少年时代便与他们交好。他的叔叔——康沃尔伯爵理查作为德意志国王的地位垮台后，便返回了英格兰，现在指挥着中军。爱德华的父亲，亨利三世国王亲自统领左翼，在小修道院前方。

面对爱德华的是一群来自伦敦的叛军。他们不是军人。在爱德华看来，这是一群不堪忍受的乌合之众。前一年，爱德华的母亲，即王后，在伦敦街头被暴民用垃圾投掷，这是奇耻大辱。战斗打响之后，爱德华的骑兵发出一声振聋发聩的咆哮，向这些伦敦人杀去。

爱德华率领骑兵奋勇冲锋，声势极其猛烈，足以佐证他是一位热爱近距离混战的经验丰富的好骑手。他少年时在国外度过了多年，在欧洲贵族举办的时髦的比武大会上拼搏良久。现在的混战是真实的，而不是比武了。他的攻击如此凶悍，轻松地冲垮了对方的骑兵，将其驱赶过山谷，一直追杀到乌兹河边。他们把叛军战线杀得七零八落，继续追击溃败的伦敦人，在苏塞克斯乡间一直追逐了好几英里，他们触手可及的敌人非死即伤。爱德华的人马重新集结并返回战场的时候，已经过了中午时分。他们所向披靡，因此估计剩余的叛军都已经被斩杀殆尽或者俘虏。然而，他们看到的却是王军土崩瓦解的惨状。

爱德华离开己方战线，去追击叛军的左翼，这导致战局转为对王军不利。亨利三世的左翼在叛军的冲锋下败退到了小修道院的墙后。康沃尔伯爵理查率领王军的中路[①]猛攻敌人，但冲到高地上之后发现自己被包围了，于是不得不躲避在一座磨坊内。爱德华返回战场时听到叛军粗哑地唱着歌，对他的躲在这临时城堡内的叔叔大发嘲讽。爱德华还得知，他的父亲也被包围，实际上已经被打败。

王军蒙受了一场可耻的惨败。唯一务实的解决方案就是谈判投降。德·孟福尔威胁说，如果国王不投降，他就会把俘虏来的贵族，包括康沃尔伯爵理查，尽数斩首。这既突出了他用意的严肃，也表明英格兰政治瓦解到了多么令人胆寒的地步：自威廉一世在 11 世纪将瓦尔塞奥夫伯爵斩首以来，还不曾有一位英格兰贵族被处决。德·孟福尔提出，可以给亨利三世自由，并保留名义上的国王头衔（为了防止国家陷入彻底的无政府混乱状态，这是必须的），条件是，必须交出爱德华和他的堂弟——日耳曼的亨利[②]（康沃尔伯爵理查的长子）作为人质。

在战役当天敲定的和约被称为《刘易斯协定》。它的政治

① 原著中对王军的左中右三路描述混乱，这里参考了维基百科上的 Battle of Lewes 条目。

② 日耳曼的亨利（Henry of Almain）之所以被称为“日耳曼的”是因为他父亲是德意志国王，其实他本人和日耳曼没有多大关系。Almain 来自法语 Allemagne，即“日耳曼”。

条款恢复了《牛津条例》，尽管对其做了一些缓和处理，并要求爱德华的许多边境领主盟友到议会受审。有几个问题被交给法兰西人仲裁，而爱德华和日耳曼的亨利被囚禁起来。亨利三世仍然是国王，但无权指定自己的内廷幕僚人选。他比以往的任何时候都更加是一个傀儡。国王背后的实权不再由一群诸侯的广泛同盟掌握，而是控制在西蒙·德·孟福尔一个人手中。

从牢狱生涯到伊夫舍姆

1264 年对金雀花王朝来说是跌至谷底的灰暗时期。刘易斯战役之后，国王被带回伦敦，虽然享有自由，但丧失了所有权力。埃莉诺王后被流放。她在法兰西筹划征集一支军队夺回王国，但徒劳无益。爱德华王子、日耳曼的亨利和康沃尔伯爵理查被德·孟福尔授意严密监禁起来，起初被关押在多佛尔城堡，后来转到了沃灵福德。英格兰依然动荡不安、暴力横行，治理得非常糟糕。刘易斯战役之后，内战仍然在继续，这一时期的编年史包含了许多这样的故事：乡村被纵火焚烧，城堡遭到围攻，国家四分五裂，人们严密防守海岸，以抵御外敌入侵。

德·孟福尔获得近似王权的军政大权，原非他的本意，他感到自己的任务非常棘手。他是个私有产业的领主，却要努力去掌控一个公职。尽管他挟天子以令诸侯，且控制着国玺，但他的统治权却来自这样的事实：他在战场上打败了自己的主公。他的天性就容易造成不和。爱德华与边境领主们——如威格莫尔的罗杰·莫蒂默爵士、罗杰·克利福德和罗杰·利伯恩——缔结了紧密的私人友谊，而这些人都是德·孟福尔政权的死敌。曾在刘易斯与德·孟福尔并肩作战的愤怒的年轻贵族们渐渐远离他的朝廷，于是反对派的数量很快开始猛增。在军事胜利之后，他们发现德·孟福尔的政府并没有解决任何问题。德·孟福尔的政府和亨利三世与吕西尼昂家族沆瀣一气时一样以权谋私、朋党为奸，甚至比以往更严重。不管是以保障安全为借口，还是为了谋取自己家族的私利，德·孟福尔在分配胜利的战利品时都不公平。他将从保王党手中夺来的许多土地、辖区和城堡纳入了自己和两个儿子（亨利和小西蒙）囊中。

异议最多的是二十岁的格洛斯特伯爵吉尔伯特·德·克莱尔①。1262 年，国王势力恢复的时候，德·克莱尔被褫夺了继承权，于是他加入到德·孟福尔那边。在刘易斯战役中，他在叛军阵营中作战骁勇，战功卓著，于是得到了一个政府高位的奖赏，这个位置与他作为格洛斯特伯爵的强大势力（在英格兰全境拥有广袤土地）是相称的。但他很快就对德·孟福尔的独裁专断产生了保留意见。他不赞成他雇佣外国骑士的做法，尤其反对将爱德华囚禁在狱中。为了缓解他的这些担忧，德·孟福尔在 1265 年 3 月将爱德华释放，但是条件非常苛刻：爱德华丧失了绝大多数王室土地，这些土地都被德·孟福尔家族夺走；另外，尽管他不再被囚禁在城堡牢房内，但德·孟福尔的儿子亨利始终在他身边监视。到 1265 年初，格洛斯特伯爵和很多像他一样的人开始害怕，或许德·孟福尔家族的意图远远不只是改革，说不定在图谋篡位。

1265 年 2 月，格洛斯特伯爵离开了德·孟福尔的宫廷，向西行进，前往自己的威尔士领地，借口说这些领地正遭受格鲁菲兹之子罗埃林的蹂躏。4 月，他拒绝参加一次比武大会，到 5 月已经很明显，他已经彻底背弃了德·孟福尔的事业，开始与保王派的边境领主们一同筹划营救爱德华，推动保王党的事业。

---

① 这是第七代格洛斯特伯爵。下文中班诺克本战役中阵亡的是他的儿子第八代伯爵，也叫吉尔伯特。

在新的条件下，爱德华受到监督，但相对自由，可以接待访客。5 月 28 日，他骑马来到赫里福德，这里正是英威边境地带的心脏。他的监管人兼狱卒亨利·德·孟福尔像往常一样陪伴在他身旁，但爱德华的一些骑士朋友也加入了他的队伍，包括格洛斯特伯爵的弟弟托马斯·德·克莱尔。爱德华此次出行时情绪高涨，似乎困扰他的所有问题都不足挂齿。这些青年骑行的时候，开始玩一个游戏：每个人都被允许试骑所有的马，以判断哪一匹马的速度最快。

这个游戏虽然好玩，但还有一个更实用的目的：让爱德华找到最适合帮助他逃跑的坐骑。他找到了最快的马之后，没有浪费片刻时间。他狠踢坐骑的身侧，向监视他的人喊道："诸位大人，后会有期！代我向父王问候，告诉他，我希望很快就能见到他，给他自由！"就这样，他以娴熟的骑术纵马奔向远方，几位已经知晓逃跑计划的朋友陪同他扬长而去。他们与藏在附近树林内的罗杰·莫蒂默爵士会合。他们一起骑马赶到莫蒂默在威格莫尔的城堡，然后前往拉德洛。在那里，爱德华与格洛斯特伯爵会面，向他发誓，如果他们能够除掉德·孟福尔，他一定会恢复古老的优良法律，废止恶风劣俗，驱逐外国人，并将政府交还给英格兰人。这个诺言差不多与 1258 年诸侯冲进威斯敏斯特宫时向他父亲提出的要求一模一样。爱德华终于找到了他的中庸之道。

爱德华与格洛斯特伯爵之间的共识形成了一个新的王室联盟的基础，这个联盟还包括以威廉·德·瓦朗斯[①]为首的流亡归国的保王党人和许多边境领主，这些领主们始终把德·孟福

---

① 即吕西尼昂家族的领头人之一，亨利三世的同母异父弟弟。

尔政权看作休伯特·德·伯格和彼得·德·罗什的贪得无厌统治的又一个版本。他们将在自己的领地，即英威边境地带作战。德·孟福尔匆匆召集军队以抵抗东山再起的保王党人时，爱德华的部下已经构筑起了防御工事。他们摧毁了塞文河上的所有渡口，切断了英格兰的大部分地区，将德·孟福尔困在塞文河的西岸，也就是属于威尔士的那一岸，于是限制了战场的规模。

夏季，双方的最后决战一触即发。在威尔士，德·孟福尔（他仍然控制着国王）被爱德华的军队打得狼奔豕突；他拖延时间，从格鲁菲兹之子罗埃林那里借兵，同时他的儿子小西蒙从东面派来了一支骑兵增援部队。德·孟福尔家族处于守势，被保王党联军穷追猛打。由于好斗的爱德华王子亲临一线，保王党军队士气大涨。

8 月 1 日，王军在凯尼尔沃思攻击小西蒙。小西蒙的军队驻扎在英格兰中部的这座大型要塞中，而他本人则住在邻近的小修道院。小西蒙的部下以为爱德华的人马还在伍斯特，离他们还远，因此毫无戒备。他们并不知道，爱德华和格洛斯特伯爵在他们当中安插了探子，包括一个叫作马尔格斯的女扮男装的人。黎明时分，小西蒙和他的部下还在呼呼大睡的时候——严格地说，小西蒙其实已经醒了，但还没穿好衣服——修道院门外响起了马蹄声。小西蒙光着身子抱头鼠窜，逃离战场，躲进了城堡，救了自己的性命。但他的许多骑士就没有这么临场应变的机智了。他们和他们的军旗都被王军俘获。

德·孟福尔得知儿子的支援部队遭到袭击时，不禁大吃一惊。危机已经迫在眉睫。他匆匆将自己军队的两支会合起来，逃离这个四面受敌的危境。他终于找到了一个可以渡过塞文河的地方，然后向东进逼伍斯特。爱德华的军队就在几英里外。8月3日夜间，德·孟福尔又一次开拔，这次是向南，前往伊夫舍姆。

次日，德·孟福尔的部下在伊夫舍姆修道院（位于埃文河的一个河弯处）稍事停留，并用早餐。在他们头顶上，天空漆黑，阴云密布。一场雷暴雨正在酝酿。塔上安排了一名瞭望员，透过阴云去观察，等待爱德华或者小西蒙的军队接近。天亮三个钟头之后，地面上响起欢呼声。远方出现了小西蒙的军旗。他们得救了。

真的得救了吗？瞭望员从高塔上发出致命的讯息：赶到的并非小西蒙的军队，而是爱德华的人马，打着从凯尼尔沃思俘虏的小西蒙旗号。

德·孟福尔匆匆跑上瞭望塔，观察爱德华军队的逼近，只见他们的铠甲上佩戴着红色十字徽记，这是模仿刘易斯战役中叛军的白色十字徽记。德·孟福尔伯爵对王军的纪律森严和整齐的进军步伐肃然起敬，以他典型的恢宏风格宣布道："以圣雅各的臂膊起誓，他们的行军很好。他们这不是自己学来的，而是从我这里偷师。"这不仅仅是一位指挥官的自傲。德·孟福尔知道，对方的机动胜过了自己。

他无路可逃。在埃文河南岸，莫蒂默率领一支队伍守株待兔，堵死了通过桥梁逃跑的道路。德·孟福尔的部下被困在河弯内，目睹着爱德华的军队进入各自的阵地，占据了修道院以北的制高点——绿山。德·孟福尔的士兵们面对王军，毫无惧色，尽管对方的兵力是他们的三倍。他们唯一的希望就是，他们仍然控制着亨利三世国王，且他就在军中，爱德华的部下或许会因此而束手束脚。决战就在眼前。德·孟福尔和他的部下静候战斗打响。

他们不需要等多久。乌云消散，大雨瓢泼而下，浸透了战场，爱德华的军队发动了进攻。

在寒冷刺骨、浑身湿透的条件下，双方都打得非常英勇。德·孟福尔在他漫长的军事生涯中始终勇往直前、作风凶悍，此时仍然如此。但是王军兵力雄厚，再加上爱德华和格洛斯特伯爵指挥有方，德·孟福尔被打败了。他不得不目睹他的年轻骑士们被从坐骑上拉下刺死。他的儿子亨利战死，另一个儿子盖伊被俘。国王身穿德·孟福尔军的铠甲，因此在战斗中也负了伤。他拼命向企图杀死他的骑士呼喊自己的名字，才幸免于难。

德·孟福尔本人就没有这么幸运了。一个独立于爱德华军队主力的十二人小分队在战场上游弋，唯一目标就是找到并杀死这位伯爵。最后，罗杰·莫蒂默找到了他，将长枪深深刺入德·孟福尔的脖颈，将他当场杀死。随后，他的尸体遭到了令人作呕的摧残。各郡的郡长和伦敦市长得到消息，“莱斯特伯爵的头颅……被砍下，他的睾丸被割掉，悬挂在鼻子两侧；他的头就这样（作为战利品）被送到威格莫尔城堡的罗杰·莫蒂默爵士的夫人那里。他的两手两脚都被砍掉，送到不同地方，交给他的敌人们。这是对死者的莫大亵渎。只有他的躯干被埋葬在伊夫舍姆（修道院）”。出人意料的是，仅仅几周之内，国内就兴起了对德·孟福尔的崇拜，把他视为圣徒。传说他的墓地和他阵亡的战场上都发生了许多神奇的异象。

这一天落幕的时候，战场上遍布贵族的死尸，这些骄傲的大人物就这样倒毙在夏季的倾盆大雨中。德·孟福尔、他的儿子亨利，以及叛军的主要领导人，如亨利·德斯潘塞、拉尔夫·巴西特和彼得·德·孟福尔都死了。还有更多的人被俘或负伤。国王欣喜地与儿子爱德华团圆，然后被送到格洛斯特城堡和马尔伯勒城堡休养。在那里，他按照惯常的方式忙碌着，为教堂祭坛收回圣餐盘。

英格兰的权力被转移到另一个近似国王的人物手中。但这一次掌权的是一位有王室血统的王子。此前，在英格兰 13 世纪中叶互相争斗的各派系间，爱德华王子长期摇摆不定。此时，他比以往更接近了政治中心。他还不是国王，甚至也不算是英格兰政府中的主导人物。但在从刘易斯战役到伊夫舍姆战役的十四个月中，这位王储已经证明，他是一位务实的政治家和勇猛的战士。

豹

这位年轻的王子在13世纪60年代受到世人关注，被他的同时代人视为一个难解之谜。他在英格兰长大成人，曾深深卷入他父亲统治时期的政治动荡。有些人认为他英勇无畏，有些人却说他是个可耻可鄙的变节者。马修·巴黎记载道："爱德华身材魁梧，英勇无畏，极其孔武有力，"但民间也流传着一些丑恶的故事，说他是个愚蠢的青年；他的支持者未经允许便擅自闯入沃灵福德和萨瑟克的小修道院，伤害在路上遇到的陌生人，还偷窃英格兰百姓的粮食；他是一位风光无限的王子，酷爱比武，但本性轻浮且残忍。

爱德华的外貌令人难忘。尽管他孩提时代病病怏怏，但成年之后却身高6英尺2英寸[①]，比其他所有人都高一个头。苏格兰人后来给他取了一个绰号叫作"长脚王"。他胸膛宽阔，强健有力，这副体格是在比武赛场上长期磨炼出来的。他自十七岁起就参加比武。爱德华十五岁时与卡斯蒂利亚的埃莉诺结婚，这位王后比他小两岁。他是一位多产的父亲，也是溺爱妻子的丈夫。他从性情上是一位凶悍的军人，很像他那著名的伯祖父——狮心王理查。在爱德华的少年时代，他的宫殿和猎苑墙壁上到处是狮心王理查的肖像。他满头金发，从父亲那里遗传了一个耷拉的眼睑，拥有金雀花家族的暴躁脾气，或许是整个家族历史上脾气最坏的一位。据说，他有一次大发雷霆，把一

① 约1.88米。

个人活活吓死。在从德·孟福尔家族手中逃脱以及前往伊夫舍姆途中，他表现出自己是一位富有感召力的领袖，也是一位极具军事才华和睚眦必报的征服者，会毫不犹豫地对被打垮的敌人施加凶残的暴力。

因此，他声望极高，但得到的并不完全是美誉。在诸侯战争之前的政治危机中，爱德华是个朝秦暮楚的骑墙派，赢得了狡猾政治家的名声。在他父亲的派别与改革派之间的斗争中，他多次改换门庭，但这并不能说明他是个阴险奸诈之徒，而是因为他的确感到困惑不解和难以抉择，毕竟他和母亲那边的萨伏依亲戚和父亲那边的吕西尼昂宠臣的关系都很亲密。但是，人们不会轻易忘记他的反复无常。在诸侯战争中，爱德华经常为了夺取政治或军事优势而食言背信。1264年的格洛斯特攻城战（这是伊夫舍姆战役之前的一次重大军事行动）中，他仰仗包围该城的叛军的骑士风度，逃脱了被俘的命运，但随后马上就背弃了停战的誓言，将该城的居民扣为人质，索取赎金。

因此，在他的支持者和攻击者眼中，年轻的爱德华都不是一位狮心王，而是一只豹子，凶猛而易变。他加冕时的一首颂扬他的歌曲将他描述为"像豹子一样好斗，像芳香油膏一样甜美"。支持德·孟福尔的《刘易斯之歌》作者则对此阐述道："他的骄傲和凶猛像狮子；他的反复无常和生性易变却像豹子，从不信守诺言，用甜言蜜语为自己开脱。"

爱德华在伊夫舍姆得胜之后的第一个任务就是帮助医治父亲的满目疮痍的王国。德·孟福尔家族的人或许在伊夫舍姆战役中死亡或者被打散了，但国家还处于内战的状态。在重建国王政府的过程中，爱德华、他的弟弟埃德蒙[①]和他们的表弟日耳曼的亨利（他此前被叛乱诸侯的狱卒送到国外，因此错过了伊夫舍姆战役）这样的保王党人发挥了非常关键的作用。他们的任务并不轻松。全国各地都有小股叛军的据点。1265年9月，亨利三世在温切斯特举行的议会上发表了非常有争议的说明，宣布所有孟福尔派叛乱者都将被永久剥夺继承权，他们的土地将被分配给证明了自己对王室忠诚的人。

熟悉金雀花王朝历史的人会向亨利三世指出，他的祖父亨利二世在12世纪50年代为了医治分裂的王国的创伤，施行了迥然不同的政策，在1173～1174年的大叛乱之后为了团结和睦也特别宽大为怀。对曾经挑战自己的诸侯，亨利二世给予的是公道、和平与和解，于是平定了蒙受大灾大难的王国。亨利三世现在做的完全相反：他拒绝接纳曾经反叛他的人。他一下子就毁掉了差不多三百个家族。这不会让国家安定，只会促使失败者愈发心怀不满，而保王党人更加睚眦必报，这最终延长了反对亨利三世的叛乱。

爱德华在伊夫舍姆战役之后的所作所为是非常典型的自相冲突。战斗结束后，看到这么多人丧命，他怆然泪下。在随后几天内，孟福尔派的一些主要叛乱者哀求他开恩，不要剥夺他

---

① 即埃德蒙·“十字背”（1245～1296），前文讲到，他幼年时，父王亨利三世曾打算培植他成为西西里国王，未果。西蒙·德·孟福尔死后，其莱斯特伯爵领地被赏给埃德蒙。埃德蒙后来还获得了兰开斯特伯爵的头衔和其他诸多领地与头衔。他参加了第九次十字军东征，衣服后背上可能曾缝有十字，因此获得了“十字背”的绰号。他是一位勇猛无情的军人，屡建战功，对哥哥爱德华一世忠心耿耿。他的儿子，第二代兰开斯特伯爵托马斯就是后来爱德华二世的对头，详见下文。埃德蒙的另一个儿子，第三代兰开斯特伯爵托马斯就是爱德华三世时期名将——格罗斯蒙特的亨利（后晋升为第一代兰开斯特公爵）的父亲。

们的继承权，他对这些人的处理很宽大。但在亨利三世宣布向叛乱者报复之后，爱德华违逆了自己本能的理智，和他的支持者一道索取奖赏。1265 年秋季，朝廷开始论功行赏，将叛军的财富重新分配。在这种非常值得怀疑的再分配过程中，王子始终站在他父亲那边。在伦敦，亨利三世无情地剥夺了不忠诚市民的财产，爱德华接受了其中一部分战利品。爱德华的一些支持者得到了被没收充公的反叛者宅邸，而爱德华接管了一名非常有价值的俘虏：伦敦市长。

在英格兰全境，各处都有土地和财产易手，许多被剥夺财产的反叛者啸聚山林，组成游击队一样的群体，在户外生活，就像民间歌谣中的罗宾汉的队伍。孟福尔派抵抗的主要中心是凯尼尔沃思城堡，但到 1265 年圣诞节，全国各地都出现了叛军据点。爱德华南征北战，鞍马劳顿地四处奔波，去扑灭抵抗的火焰。这些落难的叛军后来被称为“被剥夺继承权者”。爱德华指挥了清剿叛军的许多军事行动。他渐渐认识到，与嗜血的残酷镇压相比，和解是更有力的工具。12 月，他在林肯郡埃克斯霍尔姆的沼泽地带发现了一群叛军在扎营，说服他们投降，避免了流血冲突。随后，他与罗杰·利伯恩一起平定了五港同盟（英格兰东南沿海的五座城镇的集体名称）：黑斯廷斯、桑威治、新罗姆尼、海斯和多佛尔。罗杰·利伯恩的攻城战术非常有效但残暴，爱德华对其加以缓和，向叛军许诺，他们只要臣服，就能得到赦免和自由。

不幸的是，爱德华和平解决争端的努力受到了很大掣肘，因为亨利三世缺乏理智，渴求报复。到 1266 年复活节，英格兰的一个狭长地带，从东安格利亚到英格兰中部，又爆发了叛乱，于是军事镇压又一次成为唯一可行的手段。5 月底，在汉普郡的埃尔顿树林，爱德华与叛军将领亚当·格登（一位经验丰富的骑士）单挑，打败了这支叛军。尽管这次对决的政治意义很有限，但却成了内战的一个较为令人难忘的插曲。两人是在一片林中空地上决斗的，爱德华的支持者们在一旁观战，与他之间有一条壕沟隔开。这场非常浪漫的决斗的故事后来得到了许多美化。据说，爱德华对格登的高超武艺肃然起敬，在战斗结束后将他纳入自己麾下，并赏赐给他一笔金钱。真相是，爱德华把格登打得俯首称臣，绞死了他的叛军朋友们，然后将这名被打败的骑士交给了自己的母亲，即王后。格登不得不付出极大代价，从王后那里赎回自己的自由和财产。

王军虽然进展缓慢，但地位越来越稳固，到仲夏时节便开始进军凯尼尔沃思大城堡。这座巨大的要塞是约翰国王建造的，后来被西蒙·德·孟福尔加以巩固，几乎无懈可击。城堡被宏伟的高墙、防御工事和一座巨大的人工湖环绕，驻扎着一千多人。要突破防御，可能需要几个月时间去开展肮脏的工程。王军调来了投石机和巨大的木制攻城塔（内设可供弓箭手射击的平台）。攻城现场由爱德华的弟弟埃德蒙指挥，到处是工兵和技师。王军从切斯特调来特制的驳船，尝试从湖上攻击城堡。攻城者在要塞墙外大规模征集兵员，导致英格兰中部各郡的粮食供应都穷尽了。但爱德华的士兵在这场战斗中没有多少用武之地。他在东安格利亚继续镇压孤立的叛军，并和妻子一起愉快地度夏。她在 7 月 14 日生下了他们的第一个儿子。王储夫妇给这个孩子取名为约翰，以此向诸侯挑衅。

在代价昂贵、损失惨重的几个月围攻之后，王军发现，让凯尼尔沃思屈服的唯一办法就是等待守军粮食耗尽，这个痛苦的过程可能要持续一年多。“被剥夺继承权者”仍然在英格兰各地制造麻烦，于是保王党人不得不采纳和解的策略。其中政治头脑最睿智的就是教皇使节奥托布奥诺，他和日耳曼的亨利一起领导一个委员会，起草了一份和约，目标是让叛军离开臭气熏天的要塞与保王党人和解（这些叛军的土地和财产已经被封赏给了保王党人）。他们联手起草了《凯尼尔沃思声明》。这份声明有四十一条，由英格兰的主要保王党主教和诸侯向国王、全国人民和神圣的教会发出。它捍卫了国王“自由地行使其宗主权、权威和王权，不受任何阻碍和冲突”的权利，但请求他“任命公正廉洁、不谋求私利、追求上帝的认可和正义的人士，去主持公道，裁断案件”。在强制性地要求国王遵守《大宪章》和《森林宪章》之后，声明继续指出了让追随德·孟福尔的反叛者恢复社会地位和产业的办法：“应采取的手段并非剥夺继承权，而是救赎。”它允许“被剥夺继承权者”赎买原属自己但已经被没收的土地，或者能买得起多少就买多少，但是代价非常昂贵，是地价的五倍至七倍，赎金应当交付给这些土地被朝廷没收之后授予的保王党人。这些条件固然还非常严苛，但至少是提供了一个恢复和平的机制。1266年10月31日，这份声明在城堡护墙前被公之于众。城堡守军污秽不堪、瑟瑟发抖并且饥肠辘辘，在12月中旬投降了。

这是走向和平的重要一步。和平是通过共识和谈判达成的，而非血腥的军事镇压。春季出现了一个短暂的危机，格洛斯特伯爵侵犯伦敦，抗议朝廷处理“被剥夺继承权者”的政策——“被剥夺继承权者”必须先交付全部罚金，才可以重返自己被没收的领地。好在奥托布奥诺和康沃尔伯爵理查加以干预，危机被化解了。奥托布奥诺说服了英格兰比较富裕的诸侯捐款资助“被剥夺继承权者”，而康沃尔伯爵理查通过谈判为《凯尼尔沃思声明》增加了一个修正案，允许反叛者立刻返回家园，而不是在付清罚金之后。格洛斯特伯爵被劝服从都城撤军，亨利三世得以返回伦敦，于是平定全国的进程算是真正启动了。

亨利三世和爱德华现在致力于和解，于是在1267年9月颁布了《蒙哥马利条约》，作为《凯尼尔沃思声明》的后续，将极大的封建权力交给格鲁菲兹之子罗埃林，借此与威尔士媾和。这位威尔士王公曾与德·孟福尔结盟，在诸侯战争的风雨飘摇的年代里，建立了对格温内斯的主宰权。英格兰朝廷没有强迫罗埃林签订丧权辱国的和约，而是将威尔士西北部的大片土地交给他，以换取2.5万马克的贡金。这对爱德华来说是极大的代价，因为它有效地削弱了他在英威边境之外的势力。后来他登基之后费了很大工夫才逆转了这个局面，恢复了英格兰对威尔士的控制，但在1267年，为了和平，他不得不咬紧牙关，表示同意。

两个月后，朝廷颁布了《马尔伯勒法令》，这是和解与改革的最后支柱。爱德华批准了此法令，但可能没有具体参与其中。这道法令是一整套范围极广、影响深远的法律条款，涉及了1258年以来一直是探讨话题的政府工作领域。《马尔伯勒法令》在其序言中承认“英格兰王国近期深受诸多磨难和毫无益处的纷争之苦，急需对其法律规章加以修正，以保障人民的和平安定”。法令正文分为二十九章，极其详尽，涉猎极广，探讨了诸多法律问题，从法庭的司法权限到王室司法在土地纠纷中的最高权力，到监护权、特许状撤销和集体罚金。法令的文字有很高的技术性，涉及程序、先例和司法权限。这并不是像《大宪章》那样裁定根本性原则的法令，但启动了一个法令改革的漫长进程，这个进程将会一直延续到该世纪末。

爱德华时年二十八岁，接近盛年，他仍然更热衷于南征北战，而不是制定法律。颇为矛盾的是，现在王国开始了疗伤的进程，他的用武之地却越来越少了。英格兰朝廷与叛乱诸侯和威尔士人都已议和，亨利三世又开始制定耗资巨大的计划，在威斯敏斯特教堂为忏悔者爱德华修建一座新陵寝，这位圣徒的遗体于 1269 年 10 月 13 日被转入了新陵寝。王子和他的朋友们没有多少机会去赢得更大的军事声誉了。爱德华、他的弟弟埃德蒙和他的表弟日耳曼的亨利联合资助了一道敕令，允许在英格兰举办比武大会，但这还不足以满足他们对军事冒险的胃口。爱德华如果想要继续他的军人生涯，只能将目光投向更远方——圣地。

自 1267 年起，路易九世国王就在筹备一次新的十字军东征，预计于 1270 年离开欧洲，目标是击退马穆鲁克王朝①的苏丹拜巴尔的进军。拜巴尔已经深入“海外”残余的基督教国家腹地。对爱德华来说，这个战场可以为他的声望镀金。他渴望在东方扬名立威，对此心醉神迷，于是尽其所能地拼凑起一笔钱，努力组建一支十字军。为此，他从路易九世那里借了 1.7 万镑巨款，将用波尔多的收入来偿还。1270 年复活节之

---

① 马穆鲁克王朝在约 1250 ~ 1517 年统治埃及和叙利亚。“马穆鲁克”是阿拉伯语，意为“奴隶”。自 9 世纪起，伊斯兰世界就已开始起用奴隶军人。奴隶军人往往利用军队篡夺统治权。马穆鲁克将领在阿尤布苏丹萨利赫·阿尤布（1240 ~ 1249 年在位）去世后夺取王位。1258 年，马穆鲁克王朝恢复哈里发的地位，并保护麦加和麦地那的统治者。在马穆鲁克王朝统治下，残余的十字军被赶出地中海东部沿岸，而蒙古人也被赶出巴勒斯坦和叙利亚。文化上，他们在史书撰写及建筑方面成就辉煌。最后他们被奥斯曼帝国打败。

后，爱德华和他那些同样热衷于十字军东征的伙伴们费尽九牛二虎之力，终于说服参加议会的各郡骑士们（这些人对爱德华的计划满腹狐疑），允许他们征收一笔十字军税。交换的价码则是更新《大宪章》，并对犹太人的放债加以限制，这就让各郡的地主从债务重压之下得到一个喘息之机，腾出钱来资助爱德华的冒险。从 5 月底开始，英格兰迅速行动起来，爱德华为出发做好了各项准备。他将自己与格洛斯特伯爵吉尔伯特之间渊源已久且非常激烈的矛盾交给他人来仲裁。他将自己的土地交给一个以叔叔康沃尔伯爵理查为首的委员会来打理。他的妻子——卡斯蒂利亚的埃莉诺决心要陪他一起参加东征，于是他还指定理查为他的三个幼子（四岁的约翰、两岁的亨利和一个叫作埃莉诺的女婴）的监护人。最后，1270 年 8 月 20 日，王家的十字军队伍从多佛尔起航，将英格兰的忧愁困扰抛在脑后，奔赴尘土飞扬的东方。

第四部

亚瑟王的年代

（1263～1307）

如今，岛民团结一心，
奥尔巴尼[①]天下一统，
爱德华国王是最高领主，
康沃尔和威尔士都在他手中，
伟大的爱尔兰也屈从于他的意志……
亚瑟王也不曾有这么多采邑。

——布里德灵顿的彼得·兰托夫特的编年史

① 不列颠之古名。

登基为王

爱德华的十字军东征起初便布满阴霾，并不顺利。他前往圣地，选择的是一条熟悉的路途：从法兰西南部到西西里（他父亲的雄心壮志就葬送在那里），随后打算取道塞浦路斯前往“海外”。但还没有抵达西西里，他就发现，十字军东征这场全欧洲联合的冒险已经开始分崩离析。路易九世军队的进度比爱德华超前几周。路易九世经过西西里的时候，与自己的弟弟——安茹的查理会了面。安茹的查理完成了亨利三世不曾成功的事业，夺得了西西里王位。爱德华还在法兰西行军的时候，查理说服了他的哥哥路易九世，不去“海外”，而是去讨伐突尼斯，因为西西里的许多敌人正躲在突尼斯，逍遥法外。

法兰西军队起航时志得意满，认为自己必然所向披靡，不料在北非海岸登陆几天之后，军中暴发瘟疫，路易九世也病逝了。目瞪口呆的查理将十字军带回西西里，但法兰西舰队在特拉帕尼港停靠时遭风暴袭击，大部分船只被毁。爱德华、日耳曼的亨利和其他英格兰人于 1270 年 11 月抵达西西里，发现法兰西人鸡飞狗跳、溃不成军。他们在岛上过冬，希望来年春天运气会好转，但在 1271 年 1 月，路易九世的二十五岁的儿子——怯懦的腓力三世国王认为天意对法兰西人不利，于是率军从陆路班师回朝，途经意大利返回巴黎。

但爱德华坚定不移。春季，他将日耳曼的亨利派遣回国，以确保法兰西新国王不会试图威胁他在加斯科涅的土地，然后率领剩余的人马继续开赴“海外”。他们抵达那里的时候已经是5月中旬了。

离开英格兰一年多之后，爱德华发现自己处于中东错综复杂的政治迷宫的心脏。基督徒在“海外”的领地已经缩减到微不足道的地步。法兰克人的统治危机四伏。尽管康沃尔伯爵理查在13世纪40年代曾努力恢复对耶路撒冷的控制，并且路易九世花费巨款来加强恺撒利亚城的防御，但基督教巴勒斯坦的绝大多数大城市都已经被马穆鲁克入侵者占领。恺撒利亚和耶路撒冷已落入异教徒手中。安条克和据说固若金汤、无懈可击的十字军要塞——骑士堡[①]均已陷落。骑士堡的雄伟护墙曾经抵挡住了投石机的捶打，却因为叛徒出卖而落入敌手。基督教王国残余部分的都城是阿卡，一座斗志涣散的城市，周围都是虎视眈眈的敌国，每天都提心吊胆地害怕会有一支数千人的马穆鲁克军队冲杀到城下。

从一开始，形势就很明显，爱德华的东征注定顶多只能是在无望的战场上的一次小规模出击。基督教势力已经衰微，在中东最宏伟城市的城墙脚下取得辉煌胜利的日子已经一去不复返。在巴勒斯坦的穆斯林军队的主要敌人已经不再是西欧的法兰克骑士，而是从北方和东方杀来的令人心惊胆寒的蒙古骑兵。爱德华和他的伙伴们加入的不是一场宏大的战争，而是错综复杂、令人困惑的外交斗争。

但爱德华在那里待了一年多，组织向穆斯林领土的突袭；与在马拉盖（一座离阿卡约700英里的城市）的蒙古领袖阿八哈汗通信；并欢迎偶尔从西欧抵达的生力部队，包括他的弟

---

① 骑士堡位于今天的叙利亚境内，由十字军建立。1142年，的黎波里伯爵将该城堡封赏给医院骑士团。骑士团经营这个城堡一直到它于1271年被阿拉伯人占领。

弟埃德蒙率领的一支队伍。他决心在东征中竭尽所能。1272年6月17日夜，爱德华的三十三岁生日这天，他与妻子躺在阿卡的卧室内。他恍恍惚惚快要进入梦乡的时候，心头要考虑的事情很多。他的小群士兵饱受酷热和痢疾的折磨。马穆鲁克领袖拜巴尔的兵力和物资补给远胜于他。名义上的耶路撒冷国王于格三世更倾向于和平，而不愿打仗，在前一个月与拜巴尔签订了一份为期十年的和约，这就让爱德华在战场上争取荣耀的希望进一步破碎了。这项和约签订的时候，爱德华不禁暴跳如雷。他拒绝跟和约扯上任何关系，这天晚上入睡的时候很可能还在因此而恼火。

爱德华在这一夜的经历后来很快成了传奇的素材。他在睡觉的时候，突然来了一名使者。此人声称自己是一名变节的外交官，背叛了拜巴尔。他带来了丰厚的礼物，准备将自己那边的秘密出卖给爱德华。不管他对爱德华的仆人和卫兵说了什么，他们一定是被说服了，并且感到十万火急，于是唤醒了正在睡觉的王子，请他接见这名访客。爱德华还穿着睡衣，便跌跌撞撞地走出了卧室，接见了这个不速之客。

这名使者给爱德华奉上的确实是一件非常特殊的生日礼物：致命一击。爱德华是唯一没有在和约上签字的主要领导人，因此他在圣地成了一个危险人物。拜巴尔希望将他除掉。使者手持匕首向爱德华冲去，刺向他的髋部。但爱德华武艺高强，立刻迎战。“撒拉森人向他冲过去，用匕首刺向他的髋部，刺出了一个深深的危险的伤口。”被称为“推罗的圣殿骑士”的编年史家记述道，“爱德华王子感到自己受了伤，一拳向撒拉森人猛击过去，正好打到太阳穴上，把对方打倒在地昏迷了片刻。然后，爱德华王子从室内桌上抓起一把匕首，刺入撒拉森人头部，将他杀死。”在近距离肉搏战中，很少有人能够与这个四肢颀长的英格兰人匹敌。

但爱德华从刺客的尸体前站起身来的时候，才意识到自己伤势沉重。冲到现场的侍从们担心刺客的武器有毒。据传说，卡斯蒂利亚的埃莉诺试图将毒液从丈夫的伤口中吸出来，但后来证明，这把匕首几乎可以肯定是无毒的。

但爱德华还蒙受着伤口感染的风险，一旦发生感染，就可能导致他像理查一世在沙吕—沙布罗尔负伤后那样，患上坏疽，痛苦万分地惨死。一名医术精良的外科医生挽救了爱德华，使他没有蒙受同样的命运。医生割去了他伤口周围已经化脓的腐肉。爱德华花了一段时间慢慢康复，在9月底与卡斯蒂利亚的埃莉诺和他们的小女儿琼（出生在阿卡），离开了“海外”，返回欧洲。他们在返乡途中在西西里稍事停留，然后前往意大利大陆过圣诞节。在那里，他们遇到了一些带来噩耗的英格兰信使。亨利三世在短暂患病之后，于11月去世了，享年六十五岁。在盛大的葬礼之后，他被安葬在忏悔者爱德华的旧陵寝（不久之前，忏悔者爱德华的遗体被迁走）。爱德华在金雀花家族惊涛骇浪的历史中度过了最不凡的见习时光之后，终于成为国王，史称爱德华一世。

他并没有着急赶回英格兰。他将政务托付给罗伯特·伯内尔等大臣，继续留在国外，享受自己作为十字军战士的魅力十足的声望。他在法兰西参加比武大会，代表自己在法兰西的领地向腓力三世宣誓效忠，平定了加斯科涅犯上作乱的骚动。然后，在盛夏的酷暑时节，他起航返回英格兰，准备接受加冕。他的加冕礼预定于1274年8月19日举行。

爱德华一世于8月4日在多佛尔登陆，这是他近四年来首次踏上故土。英格兰此前一直在耐心地等待他，现在则隆重而热情地欢迎他归来。在他回国之前，国民有充足的时间准备。爱德华一世是五十多年来第一位加冕的国王。国民要欢迎的是一个崭新的王族家庭。在加冕礼举行时，埃莉诺王后正处于第十次怀孕的初期，这个孩子于 1275 年出生，是个女孩，取名为玛格丽特。在亨利三世漫长而动荡的统治之后，终于有了崭新一代的王政和王族。

尽管伦敦市民与爱德华一世曾有过激烈冲突，或许恰恰是这个缘故，他们抓住这个机会大搞排场，极尽富丽堂皇之能事。“看呐，爱德华繁荣昌盛的时候，”一个热情洋溢的伦敦人写道，“就像一个新的理查，光辉璀璨!”不幸的是，关于加冕礼没有一份详细描述保存至今，但我们知道，城内悬挂起了金线织就的帷幕，举行了华丽的盛典，国王及其扈从骑马入城，大街小巷人声鼎沸、欢天喜地。在加冕礼的前一天，爱德华一世很有可能从伦敦塔出发，来到威斯敏斯特宫，然后在“彩室”内过夜。这个房间装饰华丽，遍布圣经故事的图画和金雀花家族历史的场景。

爱德华一世徒步走向教堂内十字交叉点处的巨大木制平台时，教堂内一定摩肩接踵，挤满了来自英格兰及邻国的权贵。他们一定目睹了他在祭坛前向两座黄金人像献祭，其一是忏悔者圣爱德华，另外一个是福音书作者圣约翰。然后，他发出他的先祖曾经许下的誓言。这个誓言到此时已经算是历史悠久。爱德华一世承诺要捍卫教会，为所有人主持正义，废除败风恶俗，并保卫王室的权益。但与他的许多前任不同的是，爱德华一世在向教堂内熙熙攘攘的人群发出这些誓言的时候，每一个字都是当真的。

爱德华一世的首要任务就是兑现他的加冕誓言中关于保卫王室权益的部分。加冕礼刚刚结束，王室官吏就开始对英格兰全境的王室权益进行一次规模极大的调查，只有威廉一世统治时期的《末日审判书》① 能与之相提并论。这次调查被称为“百户邑普查”，因为它的主要对象是英格兰各郡下属的百户邑一级，这是地方行政和司法的一个区划级别。1274 年 11 月至 1275 年 3 月，王室调查专员走访了英格兰的每一个百户邑，向当地的陪审团提出极其详尽的问题，调查“在爱德华国王治下的 1274 ~ 1275 年，国王陛下被盗用的权益和权力，以及郡长、王室私产管理官、充公产业管理官和国王陛下的其他行政官吏，或者与国王陛下有任何从属关系的官吏的非法要求”。至少在登记在册的普查结果（其信息都是调查专员们搜集来的）报告上，对此次普查的目的是这么描述的。

“百户邑普查”涉及范围极广，也极其细致。它是爱德华一世的新任大法官罗伯特·伯内尔（此时还担任巴斯暨韦尔斯主教，并且是一位深受信赖、精明强干的外交官）的第一项大型工程。在爱德华一世远在圣地参加十字军东征期间，伯内尔就曾代为执掌英格兰的朝纲。一直到他于 1292 年去世，他都一直主管着英格兰的政府和行政改革。他任命的调查专员们搜集到了海量的材料，从令人震惊的滥用职权案例（在某

① 《末日审判书》（Domesday Book）是 1086 年完成的大规模调查英格兰的记录，由征服者威廉实施，类似于现在政府的人口普查。威廉需要知悉他刚刚征服的国家的信息，以便妥善管理英格兰。调查的主要目的是找出谁拥有什么并使他们交税。书名 Domesday（Doomsday 的中古英语拼法，意为“世界末日”）从 12 世纪开始使用，强调了这本书的最终性和权威性。根据其调查结果，当时的英格兰约有 150 万人口，其中 90% 以上是农民。

些地区，王室官吏殴打、刑讯和非法监禁他人的罪行不时出现）到滑稽愚蠢的阴谋（艾赛克斯的郡长被指控在 1267 年动乱期间曾密谋用携带燃烧弹的小公鸡对伦敦发动空袭）。调查专员搜集到的涉及违法犯罪和王室权益受侵害的信息之多，远远超过了朝廷的处理能力。尽管国王派出了一个普通巡回法庭来处置大白于天下的罪案，但他显然没有办法处罚国内所有行为失检的王室官吏。尽管如此，对官吏犯罪的严厉调查惩处还是向所有英格兰人传达了这样的信息：新国王下定决心，要肃清王室官吏的腐败，正是腐败损害了亨利三世的统治，激起了骑士阶层对朝廷的反抗。

“百户邑普查”的象征意义比实际效果更重大。它表明，爱德华一世吸取了 13 世纪 50 年代诸侯改革计划的教训，并且认真领会了《牛津条例》的精神。爱德华一世将改革纳入王室羽翼之下，并对其加深拓宽，为自己的统治做出了一个明确的表达：他要做一位清扫积弊的君主。

爱德华一世并不像他父亲那样，对政治改革有本能的憎恶，但和父亲有一个共同点：花钱的本事超乎寻常。他从圣地返回时，债务已经累计超过 10 万镑，大部分债权人都是意大利银行家。要妥善处理数额如此庞大的债务，就需要政治共识和财政创新。何况爱德华一世即将昭示天下的外交政策比他父亲的更为雄心勃勃和代价昂贵，因此他需要全国人民的支持。英格兰和不列颠都将在法律上、财政上和政治上发生变化。第一个发生变化的地区是威尔士。

新的亚瑟王

在13世纪的欧洲，亚瑟王的传说风靡一时，令不少人心醉神迷。亚瑟王传奇在当时的艺术、文学和旅游业中得到体现，拥有强大的神奇魔力，令从西西里到苏格兰的男男女女为之癫狂，给他们带来灵感和娱乐。很少有人比新国王爱德华一世对亚瑟王的故事和所谓遗物更为痴迷。

亚瑟王主要是一位想象力创造的虚构人物，并非史实。关于他的传奇自9世纪初就成为欧洲文学传统的一部分。那时就流传着这样的故事：一个不列颠人崛起成为国王，与罗马和盎格鲁—撒克逊入侵者对抗。几百年来，他的传奇不断得到改写和翻译，以适应对其感兴趣的不同文化背景人们的口味。12世纪30年代，作家蒙茅斯的杰弗里在他极受欢迎的《不列颠诸王史》一书中插入了记述亚瑟王生平和统治的故事，扣人心弦而极富戏剧性。杰弗里笔下的亚瑟王是一位虔诚的基督教国王，勇敢地讨伐异教徒（不管是撒克逊人还是罗马人），将侵略者逐出不列颠群岛，统一了不列颠王国，征服了爱尔兰、冰岛、德意志的一部分和奥克尼群岛，并打败了挪威、阿基坦、高卢和巴尔干半岛上的达西亚王国。他是一位充满英雄气概而慷慨大方的国王，他统治下的不列颠王国令全世界艳羡不已。杰弗里记述道，在亚瑟王的时代，“不列颠达到了光辉灿烂的巅峰，财富取之不尽、用之不竭，饰物奢华无比，人民高雅文明，远远胜过任何其他王国。不列颠的骑士以丰功伟绩而闻名遐迩，他们的衣服和武器颜色相同，风格无二；女人们则以机智享誉四方，也穿着相同的服装；除了在南征北战中证明了自己勇气的猛士，没有人配得上她们的爱情。因此，男人的勇敢鼓励了女人的贞洁，而女人的爱情振奋了战士的大无畏。”在这个骑士的天堂，尽是浪漫情怀、骑士风度和美艳无双。听到这些传奇的中世纪晚期的贵族、骑士和贵妇人们为之心旌摇荡，自然不足为奇。

在亚瑟王传奇被其他作家传播、改写和美化的同时，蒙茅斯的杰弗里的故事被视为不列颠群岛的真实历史，开始被人们信以为真。到爱德华一世呱呱坠地的时候，围绕亚瑟王的虚构传奇，已经出现了一个繁荣的行业。1184 年，格拉斯顿伯里修道院毁于火灾，亨利二世鼓励僧侣们散播这样的说法——他们在修道院废墟之下“发现”了亚瑟王和他的王后格温娜维尔的墓穴。亚瑟王原本是威尔士人，因此威尔士人都坚信，他终有一日会重返人间，将他们从英格兰人的桎梏下解放出来；现在，亚瑟王却被宣传为英格兰人①，而且格拉斯顿伯里修道院的僧侣们鼓励到访的游客查看他们发现的所谓的亚瑟王骨骸。在 12 世纪，亚瑟王传奇已经成为英格兰贵族文化的一个重要部分。英格兰贵族举办所谓的圆桌比武大会，以褒奖英勇精神和技艺高超的骑枪技艺。爱德华一世是个具有传统贵族趣味的青年，自幼便和其他贵族一样对亚瑟王神往不已；他迎娶卡斯蒂利亚的埃莉诺的时候，便在蜜月中带她去参观格拉斯顿伯里的亚瑟王墓穴，这是不足为怪的。

---

① 原本为凯尔特民族英雄的亚瑟王之所以能够被英格兰朝廷接受和发扬光大，还有一个原因是，亚瑟王的敌人是盎格鲁—撒克逊人，而盎格鲁—撒克逊人后来被诺曼人征服。成为英格兰主宰的诺曼人将敌人的敌人视为朋友，可以理解。

但对爱德华一世而言，英格兰化的亚瑟王绝非仅仅是娱乐或者宫廷消遣的谈资。这是他整个为王之道的思想模板。正如亨利三世痴迷忏悔者爱德华，视其为自己的导师、灵感之源和拯救者一样，爱德华一世也是通过亚瑟王传奇的棱镜来观察世界的（不过他信仰的亚瑟王传奇是他自己的特殊版本）。他眷恋亚瑟王的神话，就像他的父亲痴迷于忏悔者爱德华那样，对他本人的处境很适宜，因为他所面对的问题与亚瑟王的问题如同镜像一般。简单地说，亚瑟王是一位威尔士国王，他的使命是打败英格兰人。而 1277 年的爱德华一世的任务则恰恰相反。

1277 年夏季，爱德华一世集结起了他的第一支大军。超过 1 万 5 千精兵强将，配备着战马、给养和精良武器，从切斯特出发，沿着滨海道路，开进了威尔士北部。在他们头顶上迎风招展的是五花八门的大小旌旗，标示了这支封建时代大军的不同组成部分。他们声势浩大地开赴格温内斯，目标是击败和铲除威尔士的末代君主——“叛贼和扰乱和平者”罗埃林。

这是一支英格兰民族的军队，爱德华一世、他的权贵们和各郡骑士的代表在一次议会上对集结这支军队达成了共识。爱德华一世从登基一直到驾崩，几乎每个复活节和米迦勒节都要召开议会（一年两次）。1176 年 11 月 12 日或者在这个日子前后，英格兰人向罗埃林宣战，决心彻底铲除这个惹是生非的威尔士王公，确保王国的安全和稳定。爱德华一世在远赴“海外”的时候只能召集到他自己麾下的少量骑士，但现在有了议会中的诸侯和骑士的支持，他可以调动英格兰举国之力去讨伐威尔士人。

对金雀花王朝历代君主而言，威尔士始终是个棘手的难题。自诺曼征服以来的每一位英格兰国王都会发现，要遏制，或者哪怕仅仅是安抚威尔士，都需要极其丰富的资源，以及超常的耐心和意志。约翰国王曾短暂地主宰过不列颠，打压了威尔士人的风头，但在那之后，英格兰在英威边境之外的势力就日渐式微。罗埃林大王在1240年去世之前，一直以威尔士西北部的格温内斯省为基地，实际上是威尔士的唯一统治者。后来，在诸侯战争期间，他的孙子格鲁菲兹之子罗埃林（后来被称为“末代罗埃林”）与德·孟福尔联手，进一步利用英格兰王室的软弱。1267年，亨利三世安抚全国时签订的《蒙哥马利条约》更是巩固了威尔士人收获的成果。事实上，从罗埃林的角度看，《蒙哥马利条约》是威尔士历史上最伟大的条约之一：罗埃林被承认是独立自主的威尔士君主，直接控制格温内斯，并对威尔士的其他所有领主拥有封建宗主权。《蒙哥马利条约》让爱德华一世不爽，有很多原因。从他个人的角度来讲，这项条约迫使他放弃了自己在威尔士境内的领地。而在王权的背景下审视，它还代表着王室权益的巨大损失。

仅仅这些就足够作为发动征服战争的理由了，而在13世纪70年代初，罗埃林更是发出了不断升级的挑衅。他侵犯了什罗普郡和英威边境的几个英格兰伯爵领地，令一些重要的边境领主（包括罗杰·莫蒂默和赫里福德伯爵汉弗莱·德·博恩）火冒三丈。1270年，罗埃林入侵了格拉摩根，与他先前的盟友——格洛斯特伯爵吉尔伯特撕破了脸皮。在威尔士国内，罗埃林与他的两个兄弟发生争斗，将其中一个兄弟欧文囚禁，另一个兄弟大卫则流亡到英格兰宫廷。尽管英格兰朝廷屡次要求罗埃林觐见爱德华一世，但他始终拒不听命。他也不肯遵守《蒙哥马利条约》的规定，向英格兰王室缴纳其应承担的 1.5 万马克贡金[1]。

1275 年，罗埃林最后一次致命的放肆给了爱德华一世无可争议的开战理由。罗埃林已经五十岁了，还没有继承人，于是开始谈判，要将埃莉诺·德·孟福尔带到威尔士。埃莉诺是已故的西蒙·德·孟福尔的女儿，她象征着威尔士人在诸侯战争期间与德·孟福尔结盟，从而给英格兰王室带来巨大伤害的事实。她曾在 1267 年被许配给罗埃林，但一直在法兰西流亡。1275 年，她与这位威尔士王公结婚（罗埃林并不在婚礼现场，而是有人代表他），当年年底从欧洲大陆动身，与丈夫团聚。这一系列挑衅令英格兰忍无可忍，爱德华一世感到自己必须做出回应。他命人在布里斯托尔海峡俘获了埃莉诺乘坐的船只，将这位女士囚禁在温莎。但仅仅阻止威尔士王公和西蒙·德·孟福尔的女儿结婚还不够。爱德华一世需要狠狠教训罗埃林一顿。

爱德华一世于 1277 年入侵威尔士，他的军队在夏季从切斯特沿着滨海道路开进。在骑士、士兵和补给大车沿着海岸前进的同时，还有一支舰队紧随其后，负责阻止威尔士人逃跑或者从爱尔兰获得补给，同时为正在西进的庞大的英格兰军队提供良好的给养。

整个战役的组织工作非常完善。爱德华一世的将领们管理着后勤。他的得力干将包括罗杰·克利福德、奥托·德·格朗松和约翰·德·韦希这样曾参加十字军东征的猛士，也有沃里克伯爵威廉·德·比彻姆这样的内战老将。英格兰军队在伍斯特设立基地，然后开始集结令人魂飞魄散的攻城武器，准备狠

---

① 前文说是 2.5 万马克。

揍罗埃林一把，迫使他俯首称臣。爱德华一世相信他的久经考验的盟友们能够胜任这工作，于是允许他们自行组织战争动员，自己去游览了东安格利亚的各个圣地，在亨利三世最喜爱的圣物前祷告，给人留下爱好和平的印象。看来他父亲的秉性还是有一些遗传给了他。

但在伍斯特的英格兰军队可不是在为和平做准备。他们从格洛斯特郡订购了数十万支弩箭；在法兰西的专门市场上收购战马；爱尔兰的首席政法官征收了小麦和燕麦。朝廷在英格兰全境征用车辆。王室铸币厂制造了大量银便士，用以支付为英格兰的安全和金雀花王族荣耀而战的数千名士兵的军饷。爱德华一世的王家步兵部队中包括威尔士雇佣兵，这足以说明罗埃林的统治并不是铁板一块。

比步兵更重要的是逢山开路、遇水搭桥的大队工兵，他们的任务是开辟横穿威尔士北部的道路，好让爱德华一世的大军顺利通行。来自英格兰内地的成群工兵在弩手和骑士的保护下，修建了一条规模庞大的道路，好让入侵的大军顺利前进。工兵们砍伐了格温内斯心脏地带——斯诺多尼亚山区的茂盛而静谧的森林，肃清了道路两侧，形成了一条开阔、通透的道路，有的地方有数百英尺宽，铲除了威尔士人的游击战所依赖的树林（威尔士人的惯用策略是突然间从树丛中冲出，砍杀毫无防备的敌人，然后消失在茫茫林海中）。在弗林特（亨利二世当年在这里遭到威尔士人的伏击，险些丧命），英格兰军队开始建造一座巨大的木制要塞，作为前进基地。

整个行动是军事动员、筹划和工程上的卓越成就。仅从数字上看，爱德华一世的这支军队不如亨利二世麾下进攻图卢兹的那支军队强大，也比不上理查一世为第三次十字军东征而集结的军队。但此次战役在后勤组织上极其得力，有效地消解了罗埃林的唯一一种战斗力。这位威尔士王公没有办法运用游击战术来袭扰行进中的英格兰军队，因为爱德华一世的工兵砍伐了道路两侧的树木，除掉了游击战依赖的掩护。

英格兰军队深入了罗埃林的领地。8 月，他们从弗林特前进到里兹兰，然后进逼康维。他们稳步深入格温内斯的时候，逐渐切断了敌人的补给线和交通线，包围了威尔士人，用饥饿迫使他们屈服。英格兰军队每逢主要据点都要停下，工兵们会挖掘地基，以备将来修建永久性的城堡。

罗埃林退缩到山区。爱德华一世推进到康维河，然后在迪甘韦安营扎寨。这里地处敌境腹地，亨利三世曾在这里建造一座城堡，如今只剩残垣断壁，佐证了威尔士人对金雀花王朝统治的敌意。

很快，势力较小的威尔士王公们开始背弃罗埃林的事业。致命的打击发生在 9 月初，英格兰海军在安格尔西岛登陆，将其占领，将那里的庄稼尽数收割，夺走了威尔士最富饶的农田，同时将格温内斯的粮仓一扫而空。这足以让罗埃林认识到，这位英格兰国王是个不可小觑的敌手。几天之后，罗埃林举手投降，并于 11 月 9 日在里兹兰签署停战协定。他被允许保有格温内斯，但除此之外的所有领地都被夺走了。罗埃林同意缴纳 5 万镑罚金，并放弃对与格温内斯交界的四个小郡，以及爱德华一世西征过程中占领的所有领土的权利主张。他与兄弟欧文和大卫的争端将得到解决；罗埃林承认英格兰国王对威尔士王公的宗主权，同意不仅在边境地带的里兹兰，还要在威斯敏斯特（英格兰政府和权威的所在地）向爱德华一世宣誓效忠。

罗埃林输得很惨。在爱德华一世看来,《里兹兰条约》是结束此次远征的令人满意的途径。为了巩固英格兰的地位,爱德华一世计划在阿伯里斯特威斯、比尔斯、弗林特和里兹兰建造城堡。现在,英格兰人在威尔士领土的外围控制了大量军事据点。这次远征取得了世人瞩目的成功。罗埃林并不知道,这还仅仅是开始。

最后摊牌

1278 年的复活节，爱德华一世在格拉斯顿伯里修道院举行了一次气氛神秘而诡异的黄昏仪式，打开了亚瑟王和格温娜维尔的墓穴。据当地的编年史家——达默勒姆的亚当记载，亚瑟王夫妇的骨骸分别装在一只棺材内，两具棺木紧挨着，棺材两侧绘有图画和纹章。次日，骨骸被转移到修道院内更为豪华的新陵寝。这个陵墓后来在"解散修道院"① 期间被摧毁了，但据 16 世纪的历史学家约翰·利兰记载，墓穴是由黑色大理石制成的，两端各有两只狮子，顶端有亚瑟王的雕像。这次仪式传播着关于新政权的信息：一方面，威尔士人特别尊崇的亚瑟王已经死了；但另一方面，他的精神不死，由爱德华一世承袭。国王与王后伉俪此时在格拉斯顿伯里修道院瞻仰亚瑟王骨骸，是在努力将亚瑟王的神话编织到金雀花王族的传说中去。残暴而高效的战役有了一个精心设计的结局。

爱德华一世在首次战胜罗埃林之后，将注意力转向内政。他的大法官罗伯特·伯内尔大力推进了一系列影响深远的法律改革的最初几个阶段。1275、1278 和 1279 年，分别颁布了三道涉及范围极广的条例，分别为《第一威斯敏斯特条例》、

① 亨利八世在位期间与罗马教廷决裂，自立为英格兰教会首领，对天主教的修道院和宗教设施进行镇压，剥夺其财产。

《格洛斯特条例》和《永久管业条例》[①]。它们针对的问题五花八门，不一而足，包括土地保有的规则、保障议员的自由选举、所有自由公民（不管是穷人还是富人）的权益、司法（《威斯敏斯特条例》）；建立新的巡回法庭制度，在全国调查侵犯王室权益的罪行（《格洛斯特条例》）；以及阻止某些人为了逃避封建赋税而将土地转交给教会（《永久管业条例》）。它们标志着一场通过条例实现的法律革命的开端，这场革命将持续十年以上。

教会的问题也开始让国王烦恼。他希望将伯内尔提升为坎特伯雷大主教，但教皇尼古拉三世横加干预，任命极其虔诚的圣方济各会修士约翰·佩卡姆为大主教。国王不得不忍气吞声。佩卡姆是一位有高度原则性的教会政治家，而且严守圣方济各会的规章制度。他摈弃所有私人财产（这意味着他没有收入，因此常常债台高筑，欠了意大利银行家们大笔债务），坚持要求英格兰教士们严格遵守纪律，并且相信自己有一项神圣的使命，要铲除教会中的腐败和弊端，尤其是通过兼任教职（一名教士拥有多个教区）中饱私囊的行为。他的印章的背面刻着托马斯·贝克特殉道的图景，这强有力地表明了他对教会

---

① 永久管业（mortmain）指的是教会等组织机构（而非个人）拥有的地产。在中世纪的英格兰，封建领主在一些关键节点（继承产业、受封产业、成年礼或因叛国而被剥夺财产）时要向国王交税。但如果某产业属于教会，那么就永远不需要缴纳这些赋税。有些领主为了逃避纳税，就将土地在名义上转给教会。1215 年的《大宪章》就提及要禁止这种逃税行为。约翰国王在《大宪章》签署之后不久就死去了，而他的儿子亨利三世因为特别虔诚，没有执行这些禁令。但随后的爱德华一世为了阻止土地落入教会手中、保障政府税收，颁布了《永久管业条例》，规定任何土地除非得到国王批准，否则不得被转给教会所有。教会占有土地的问题到亨利八世时期才最终解决。他解散了修道院，没收了教会的土地。

与王权关系的看法。

丝毫不令人奇怪的是，佩卡姆从就任大主教以来，与爱德华一世发生了多次冲突。他对兼任教职行为的立场令国王非常恼火，因为国王通过向教士们授予多重利润丰厚的教职，作为对他们的赏赐，换得了很多好处。关于王家法庭和教会法庭的司法权限的冲突（贝克特当年就是为了这个问题而与亨利二世对抗），国王和大主教之间也发生了长时间的争吵。佩卡姆喋喋不休地向国王抗议说，他对不少人处以绝罚，王室大臣们却不肯帮助他执行对这些人的处罚。1279 年，佩卡姆要求在英格兰所有的主教座堂和牧者团教堂[①]悬挂《大宪章》的抄本。为此国王与他大吵特吵起来。他虽然最后被迫让步，但和国王的关系进一步恶化了。

尽管爱德华一世和佩卡姆的个性都非常火爆，但他们都足够明智，没有让他们的矛盾激化到暴力流血的地步。尽管在政治上有很大分歧，但他们总的来讲相处得还算不错，在有些问题上是全心全意地高度一致。他们意见一致的话题之一就是威尔士人。国王和大主教都认为，威尔士人是冥顽不灵的野蛮人。佩卡姆能有这样的看法，对他自己的性命是件好事，因为爱德华一世在 1282 年再一次对威尔士开战，这一次甚至比先前更为血腥。

---

① 牧者团教堂（Collegiate church）是由非住院僧侣的神职人员（即所谓牧者，canon）维持的教堂，其组织机构类似于主教座堂（Cathedral），但没有主教常驻，也没有教区管理的职责。在宗教改革之前的英格兰，每个教区一般都有几座牧者团教堂，全国有数百座，大多在 1547 年爱德华六世在位期间推动宗教改革时被解散，只有少数牧者团教堂（如牛津大学、剑桥大学和伊顿公学的）维持至今。今天，牧者团教堂主要在大学落脚，因此常被误译为“学院教堂”。

1282年棕枝主日的前夜，罗埃林的兄弟大卫（曾经是英格兰朝廷的盟友）出人意料地来到哈登城堡——爱德华一世的盟友罗杰·克利福德的住地。这是一座位于圆形土丘之上的40英尺高的雄伟石塔。罗杰·克利福德以为这位威尔士王子会来过复活节，但他来得太早，带领着人马，而且全副武装。深夜，大卫率领一队人马突袭了城堡，将克利福德从床上抓起来。这座石制要塞的走廊里回荡着在黑暗中被割断喉管的人的闷声惨叫。这可不是复活节的拜访。这是宣战。

在随后几天内，威尔士人对英格兰王室官吏加以欺骗、绑架，将他们扣为人质。英格兰人控制的城堡遭到袭击，被成群的威尔士武装叛军闪电般占领；威尔士陷入流血冲突，爱德华一世在里兹兰规定的和平几乎一夜之间土崩瓦解。这一次煽动叛乱的是大卫，但他的兄弟罗埃林也在幕后操纵。1277年的叛贼罗埃林曾被接纳进了爱德华一世的内层圈子，被允许与埃莉诺·德·孟福尔结婚，而且爱德华一世在婚礼上亲自担任新娘的监护人。罗埃林被温和地拉进了爱德华一世的贵族阶层。但他始终不曾忘记自己家族的传统。尽管在叛乱再次爆发之前，他一直否认自己对此知情，但在1277年之后，他一直在静悄悄地重建自己对威尔士小诸侯的主宰权。

尽管爱德华一世精明地与这兄弟俩都取得和解，但在13世纪80年代初，大卫和罗埃林对爱德华一世仍然有私人的怨恨，根源在于第一次战争之后对没收土地的再分配。在《里兹兰和约》之后的岁月里，他们对英格兰国王越来越憎恨，并且非常巧妙地将自己的怨恨扩大为更大范围的争议，即爱德华一世显然意图压制威尔士的法律和风俗习惯。

在得胜之后，爱德华一世将英格兰的法律、风俗习惯和行政规章强加于威尔士人，其力度比金雀花王朝之前的任何一位国王都更强。罗埃林和大卫向他们的同胞们宣传，英格兰国王这么做，是刻意要压垮威尔士人民的精神。在罗埃林与他的同胞——格温文文之子格鲁菲兹争夺阿尔维斯特里（格温内斯东南部的一个郡）的复杂的法律纠纷中，罗埃林的上述观点得到了具体体现。罗埃林希望根据威尔士法律来裁决这个争端；爱德华一世坚持将其纳入英格兰的司法权限。关于一小片寂寂无名的土地的争端被有效地演化为一个严重问题，事关威尔士的法律和风俗习惯能否生存下去。结果就是，威尔士人再次起兵反抗英格兰朝廷，而这次反抗与爱德华一世在统治早期面对的那一次迥然不同。在过去，是他自行决定要惩戒一个不听话的邻居。现在，他面对的是一场事关民族身份认同的战争。

他采纳的入侵蓝图与1277年奏效的计划相似。军队和工兵又一次通力协作，在威尔士乡村开辟道路，所到之处都建立起施工工地。朝廷向英格兰的伯爵们发出征集军队的要求，以获取军事援助。为了解决建筑工程的开支，朝廷向意大利银行家们借了大笔款项。军队又一次在伍斯特集结起来，途经切斯特，进军里兹兰。五港同盟又一次为朝廷提供船只。朝廷又一次依赖边境领主们在南方进行秘密行动。威尔士军队主力被包围在斯诺多尼亚；英格兰军队征集了切斯特的大量木匠，修建了四十艘浮桥船只，搭建了一座巨大浮桥，将安格尔西岛与大陆连接起来。金雀花王朝在海外剩余的据点都受命提供支持，爱尔兰、加斯科涅和埃莉诺王后的蓬蒂厄伯爵领地①

① 埃莉诺王后的母亲琼是蓬蒂厄的女伯爵。1279年，埃莉诺继承了这个伯爵领地。

都派来援兵。

这次进军的速度没有五年前那么快。威尔士人不肯屈从于爱德华一世的又一次惩罚性条约。国王也下定决心，绝不让步。他愿意给罗埃林开出的最好条件，就是将斯诺多尼亚划归英格兰，用英格兰的一个富庶的伯爵领地来交换。罗埃林断然拒绝了这个条件。斯诺多尼亚对威尔士人来说是极其珍贵的土地，在上个世纪，威尔士的杰拉尔德曾写道："如果威尔士的所有牛羊都聚集起来，斯诺多尼亚也能为它们提供足够的牧场。"如果将斯诺多尼亚交给英格兰人，那么格温内斯的领土完整必将遭到破坏，而格温内斯是威尔士人抗拒外辱、捍卫民族身份的中心。爱德华一世对此心知肚明。佩卡姆尝试进行仲裁，但从一开始就显而易见，双方都在准备决一死战。

威尔士人像往常一样，作战非常骁勇。罗埃林在北方运筹帷幄，而大卫在公国各地更为自由地游击（他们的兄弟欧文退隐到了自己的领地，没有参加这次叛乱）。1282 年 11 月，威尔士人取得了一场重要胜利。爱德华一世的加斯科涅支持者卢克·德·塔尼指挥的部队在安格尔西岛的浮桥附近遭到伏击，大批骑士因为沉重甲胄的拖累，溺死在冰冷的海水中。但这些损失还不足以震慑英格兰国王、令其罢手。

英格兰军队一直打到冬天，并得到了数百名加斯科涅士兵的增援。他们对斯诺多尼亚施加了极大压力。12 月，罗埃林粮草断绝，害怕会被饿死，于是尝试从自己的藏匿地突围。1282 年 12 月 11 日，他在边境地带中部的伊尔冯桥（在比尔斯附近）遭到伏击，战死沙场。关于他的死状有太多互相矛盾的说法，他或许是被一支长枪刺穿，浑身血污地俯卧在地，然后首级被砍下送往伦敦。

在圣诞节前不久，罗埃林惨死在一座被枯树环绕的天寒地冻的山坡上，这是威尔士独立运动遭受的最后打击。威尔士人在大卫领导下一直坚持到次年春季。但在1283年4月，威尔士人的最后要塞——拜里城堡在短暂围城后被占领。6月，大卫遭叛徒出卖，被忠于爱德华一世的威尔士人俘获。他被押往里兹兰，然后送到什鲁斯伯里，在米迦勒节的议会前受审。

爱德华一世认为，大卫辜负了自己对他的热情款待和庇护，背叛了自己的宗主权，并且是一个盛产叛徒的家族的孽种，于是对他施加了最严酷的惩罚。大卫被粗暴地拖到绞刑架上，被当作一个卑贱的谋杀犯绞死。但惩罚还不止这些。在他咽气之前，他的肠子被用一把杀猪刀从体内挖出，放在他眼前烧掉。他的尸体被分成四块，分别送到四座英格兰城市。他的首级被送到伦敦，插在伦敦塔的矛尖上。这是叛徒的死法。在伦敦，大卫在死后与他的兄弟团聚了。两位威尔士王公毫无生息地凝视着英格兰的最大城市。与此同时，他们为之献身的国家开启了一场雄心勃勃的建筑狂潮。爱德华一世决心要让自己的胜利圆满。为了确保威尔士永远不会再兴风作浪，他启动了不列颠史上前所未有的最大规模的城堡建造工程。

国王的城堡

中世纪的建筑工地嘈杂刺耳、肮脏污秽而臭不可闻。每年有七个月——4 月至 11 月，在此期间，坚硬的土地有所松动，天气也允许不间断的室外劳动——城堡建造工程热火朝天地开展着。在大型要塞修建的地方，周边的环境都发生了翻天覆地的变化。树木被砍伐，林地得到平整，石料被开采出来、拖运到工地；熔炉不断轰鸣。延绵不绝的大车队伍运来巨大的圆木和木材，这些都是在遥远的森林中砍伐的。不计其数的技师、劳工、木匠和石匠在新建的大小道路上川流不息。人们在工地周围挖掘深深的壕沟，作为防护，挖出的泥土堆积成山。工人的营地弥漫着拥挤在一起的人体的臭气和热气，他们在炽热的夏日阳光下辛劳，也制造出大堆的垃圾和污秽。

圣乔治的詹姆斯大师是那个时代最伟大的城堡建造家。他是在意大利与爱德华一世结识的，当时后者正在从“海外”慢悠悠地回国继位的途中。国王没有忘记他。詹姆斯出身于建筑世家。他从自己的父亲那里学会了石匠手艺，青年时代为萨伏依伯爵们建造了许多城堡。詹姆斯父子在阿尔卑斯山两侧建造了许多城镇和城堡，使他们的宏伟工程如量体裁衣般满足意大利北部富裕贵族们的品位和安全需求。詹姆斯大师是一位军事工程师，是组织和管理工地的专家，而不是建筑师，但他能够以极其严苛的高标准完成雄心勃勃的工程，因此对雇用他的那些国王和诸侯来说，他是一个极其宝贵的仆人。他熟悉欧洲各领域（比如运河开凿）的最优秀专家，并且长期在阿尔卑斯山区困难和危险的地形条件下建造城堡，经验非常丰富。

1278 年，爱德华一世雇佣詹姆斯大师去完成那个时代最宏伟的工程之一：一系列庞大的要塞，旨在帮助金雀花王朝稳固地控制威尔士亲王领地。这一工程既改变了威尔士的地形地貌，也改变了这个国家的政治版图。除了理查一世之外，金雀花王朝的每一位国王都曾涉足威尔士，但全都不曾在那里留下一个脚印。爱德华一世彻底改变了这种趋势。他的两次入侵消耗了海量的金钱和政治资本，因此他从一开始就打定主意，要强行在威尔士建立永久性据点，永远阻止威尔士人作为一个独立民族兴风作浪。他决意在格温内斯的心脏周围修建一圈雄伟的城堡，让威尔士人无法将英格兰人排斥出去，并且让他们一抬头就看见这些城堡，提醒他们自己是英格兰的臣民。

爱德华一世和他的谋臣们对这些城堡的需求非常明确。它们将被建造在具有重要战略意义的地点，并吸收法兰西西北部和英威边境地带南部的最佳要塞的特点。这两个地区在上个世纪经历的战乱最多，战争持续时间也最久，因此防御工事也发展得最为完善。国王亲自与詹姆斯大师直接交流，指示他建造塔楼和护城河的地点、门柱的具体细节、应当使用的石料与木材的类型和颜色，甚至厕所应当安排的地方。

詹姆斯大师主持建造的大部分城堡屹立至今。其中有些是对现有城堡的大规模改建。其他的则是全新的工程。最早开工的城堡位于威尔士—英格兰北部边境的弗林特和里兹兰、西海岸的阿伯里斯特威斯和边境地带南部的比尔斯。这些都是 1277 年爱德华一世第一次讨伐威尔士取胜之后启动的规模有限的建造工程的一部分。前面三座城堡在 1282 年威尔士人的叛乱（这次叛乱促使爱德华一世第二次征讨威尔士）中遭到袭击，阿伯里斯特威斯城堡的结构当时只修建了一半，遭到严重破坏，战争结束后不得不从头开始。但阿伯里斯特威斯城堡得到重建的时候，整个建造工程的规模和目标都被大大扩充了。除了里兹兰、弗林特和阿伯里斯特威斯的城堡之外，国王还命令在登比、哈莱克、康维和卡那封建造城堡。最后一座城堡，或许也是其中最雄伟的一座，于 1295 年在博马里斯破土动工。

爱德华一世的城堡群巍峨雄壮、咄咄逼人，令人叹为观止。它们和其他所有城堡一样，是征服王朝的财富、军事力量和艺术水准的外在符号。但它们也暗含着亚瑟王的意义。爱德华一世修建的不仅仅是军事据点；他在扭曲威尔士人的民族想象，吸收他们的传说，将其编织到金雀花王朝的神话中去。

这些城堡的建造花费了许多年，其中有些城堡，如卡那封城堡，始终未能完工。其中有些是对现存建筑的务实的改造，因此遵守着原先就设定完毕的蓝图。但在北方的那些伟大要塞——其中最优秀的是康维、卡那封、哈莱克和博马里斯——詹姆斯大师运用了一种新的建造模式：多层城墙呈同心圆状，环绕着主楼，城墙上每隔一段距离就建有塔楼和两侧都有警戒塔的门楼，并且配有箭眼，这是一种可怕的新发明。敌人几乎不可能将箭射入箭眼，但守城的人可以轻松地通过箭眼向外发射弩箭。

威尔士城堡受到的建筑学和历史影响五花八门，不一而足。最能表达爱德华一世想象力的是卡那封城堡，它建在一座古罗马要塞——塞贡蒂乌姆的地基之上。据说塞贡蒂乌姆是罗马皇帝马格努斯·马克西穆斯[①]建造的，传说他就是君士坦丁的父亲。卡那封是用多种颜色的石料建造的，并且塔楼都是八角形，而不是威尔士其他城堡的圆形。卡那封城堡的灵感来自君士坦丁堡的棱角分明的城墙。在施工期间，据说还发现了马克西穆斯的遗骸，这个“发现”赋予了这座城堡更大的历史意义。马克西穆斯的遗骸被发掘出来，安葬在塔楼教堂内。

在许多情况下，爱德华一世的城堡旁还建有新的设防城镇，设立这些定居点的目的是加强驻军在当地的根基，并提供一些收入，以偿付城堡建造的巨额开支。13 世纪是个人口猛增的年代，很多英格兰定居者和工匠都愿意向西迁往威尔士，到那里开始自己的新生活，尽管这意味着他们必须与充满敌意的被征服的当地人斗争。

1284 年春季，在卡那封城堡施工的早期，埃莉诺王后被送到这座城镇，在那里分娩。这或许是她的第十六个孩子。国王夫妇现在有六个孩子：五个女孩，分别叫作埃莉诺、琼、玛格丽特、玛丽和伊丽莎白；还有一个男孩，叫作阿方索，这是为了纪念他的外祖父（至少有另外八个孩子，包括国王的长子约翰和次子亨利，都夭折了)。4 月 25 日，王后生下了另一个儿子，取名为爱德华，与他的父亲同名。婴儿的诞生日与圣

---

① 马格努斯·马克西穆斯（约 335 ~388)，原为罗马帝国驻不列颠的将领，后率军反叛，与东部的皇帝狄奥多西一世达成协议，成为统治不列颠、高卢、西班牙、阿非利加等地的皇帝，后被狄奥多西一世击败并处决。马克西穆斯起兵谋反时曾率领大批本土不列颠人（凯尔特血统）前往欧洲大陆，据说布列塔尼（在今天的法兰西西北部）的凯尔特血统民族就是这么来的。马克西穆斯在威尔士传说中是重要人物，据说曾在塞贡蒂乌姆遇见一位当地少女，与其喜结良缘，后将大片土地赐予其父兄。威尔士后来许多王公诸侯都自名为马克西穆斯的后代。

乔治的宗教节日相差几天，但除此之外，一切迹象都是大吉大利。一位与父亲一样拥有撒克逊—金雀花式名号的王子，降生在一座历史悠久的不列颠城镇。这个小男孩叫作卡那封的爱德华，他是一面征服的大纛，也是宣传的工具。他是埃莉诺的第四个儿子，他的出世是王朝神话的一部分，这神话以亚瑟王、马克西穆斯和远古不列颠人为素材。这个孩子能够登基为王，或许也是上天注定。1284 年 8 月，十岁的阿方索在温莎去世。突然间，四个月大的爱德华成了在想象中重新构建的不列颠王国的继承人。爱德华一世征服了威尔士，创造了王朝神话，还得到了一位新继承人，他的君主理想正在一步步实现。他现在要做的，就是为这一切买单。

征服的代价

征服威尔士需要巨大的投资。据估算，第一次威尔士战争的开支还不算多，为 2.3 万镑；第二次战争却消耗了约 15 万镑巨资。其中大部分开支是为了巩固胜利而建造城堡的成本，每一座城堡的开支都在 1.4 万镑（这是始终未能完工的博马里斯城堡的最终总费用）和 2 万镑（安格尔西岛城堡的开支）之间。

投资并不全在城堡工程上。作为征服者，爱德华一世强加给威尔士的和平条件非常严厉，就像诺曼人征服英格兰之后那样。与罗伯特·伯内尔主导下的英格兰法律革命相一致，平定威尔士的政策也以法律改革为基础。1284 年通过的《威尔士条例》推翻了威尔士本土的大部分法律和行政制度。弗林特、安格尔西岛、梅里奥尼斯和卡那封都被改编为英格兰风格的郡，配有郡长和法庭的行政机器，这种机制组成了地方政府的神经中枢。英格兰的刑法正式取得了比威尔士风俗习惯和司法程序更高的优先权。爱德华一世此次严厉地处罚了威尔士诸侯：许多豪门望族被消灭，他们的土地被占领，财产被没收。然后，英格兰朝廷空降了大批忠于爱德华一世的人，去加快英格兰化的进程。

征服给威尔士带来了翻天覆地的变化，给英格兰造成的变化也同样非同寻常。国外（哪怕仅仅是越过英威边境）征服的巨大代价给爱德华一世施加了很大压力，他必须要保证国内能够维持政治上的共识。在第二次诸侯战争期间，还是个少年的他曾目睹父亲在外交政策上愚蠢地一掷千金，却遭到诸侯的反叛，后者在出钱资助军事行动时已经很不情愿。他决心避免重蹈覆辙。

因此，在征服威尔士的战争进行的同时，爱德华一世还在英格兰开展了规模宏大的立法和财政改革。爱德华一世的政府努力一边扫净王国政府中的奸佞宵小，一边向各郡扩张自己的影响力。英格兰行政、司法和财政监管的几乎方方面面都有所涉及。这些改革是亨利二世以来法治国家建设的声势浩大的第一步。在亨利三世的昏庸统治之后，有些改革的确是国家急需的，但爱德华一世的政府愿意大刀阔斧地改革的另一个原因是，国王在不列颠群岛的积极进取的外交政策需要巨额资金。要筹措这些资金，他必须改革。

改革的关键措施是若干条例，这项工作由伯内尔主持。他在英格兰新政府结构的设计中扮演的角色就像是詹姆斯大师在城堡建造工程中的作用一样。在第二次入侵威尔士之前颁布的三道条例——《威斯敏斯特条例》、《格洛斯特条例》和《永久管业条例》——启动了这一进程。战争结束之后，大规模的立法继续进行。1283 年的《阿克顿伯内尔条例》和 1285 年的《商人条例》涉及债务问题。1285 年的《第二威斯敏斯特条例》就像《第一威斯敏斯特条例》一样，是一整套涉猎极广的立法，有五十个极其详尽的条款，规定了新的程序、规章和令状，涉及范围包括：土地的继承和让渡；男性死者的土地被转让给其遗孀；非常棘手的谋杀罪的错误指控；富人贿赂郡长以逃避陪审义务等问题。

这些法律改革的目的不仅仅是让王国的诸侯处理起土地纠纷和贸易协定来更为轻松。事实上，这些改革深入社会的最底层。1285年的《温切斯特条例》对村一级的刑法进行了革命性的改革。朝廷相信，许多罪犯在村一级逍遥法外，因为陪审团不愿意指控乡邻亲朋、将其判罪，于是庇护他们逃避法律的惩戒。“普通的抢劫、杀人和纵火罪行比以往出现得更为频繁，”该条例写道，“陪审员……对针对外乡人的重罪听之任之，不予惩罚，而不愿意指控罪犯，因为许多罪犯是他们的同乡……国王陛下为惩处此等重犯，在此种案件中确立刑罚，对胆敢庇护或隐匿重犯者严惩不贷。”

《温切斯特条例》要求地方社区负起责任来，检举和揭发重犯，令其无处藏身。如果发生罪案而未能擒获罪犯，那么整个百户邑都将被株连。整个法律和秩序的体制现在变成了每一个臣民都有责任帮助朝廷维护治安。“居住在某地区的居民将对此地区发生的抢劫和其他重罪负责，”《温切斯特条例》严厉地规定，“在有城墙的大城镇，日落至日出之前，城门必须关闭……任何窝藏或接纳破坏治安嫌疑犯的人”都将被视为同犯。

最一目了然的是，《温切斯特条例》改变了英格兰城乡的面貌。就像爱德华一世的工匠在威尔士的林地开辟道路以推动他的征服一样，现在英格兰的所有商业道路都将被肃清扫净，以保障安全：“连接两座贸易城镇的道路，在有树林、树篱或壕沟的路段，应当拓宽；道路两侧200英尺范围内不应有任何壕沟、矮树或灌木丛，以免有歹人潜伏其中。”英格兰的商业动脉被转化成了没有树木的开阔道路，以促进货物和金钱在全国自由流动。

除了法律改革之外，爱德华一世政府还努力精简王室财政。据马修·巴黎说，亨利三世统治时期的货币“由于剪钱币的人和伪币制造者肆虐，出现的严重贬值到了令人无法忍受的地步，不论是本土人，还是外国人，看到这种钱币，只会怒目而视、满腹怨恨”。朝廷在1279年重新铸币，力图改变这种现状。爱德华一世还对王室的会计制度进行了改革。1284年的《里兹兰条例》采取措施，将记录政府金钱往来的卷筒卷宗[①]上的旧债收回，王家法庭加快催债和收缴罚金的进程，王室官吏常常被派遣到全国各地去调查人们欠王室的债务。

即便采取了这些措施，王室财政仍然出现了惊人的赤字。到1289年，爱德华一世的收入严重依赖外国银行家的贷款和向僧俗征收定期赋税。他在统治早期就能向僧俗征收高达十五分之一的财产税，在后来多年中仍然能维持这么高的税率，这足以说明他通过改革项目赢得了很大的政治资本和公信力。

就像在战争中一样，爱德华一世在法律领域也决心要让他的政府执行激进的、长期性的政策，以便巩固自己百年之后给国家留下的遗产。只有通过这种积极进取的政策，他才有希望将全国团结在自己背后，去支持自己代价昂贵的外交政策。但如果说他的改革是国家急需的，而且对王室的财政和政治安全也至关重要，那么改革也有阴暗面。爱德华一世改革的一个可怕的污点就是他对英格兰犹太人的态度。

---

① 12～19世纪英国的财政记录，又称财政部大档。

驱逐犹太人

1290 年 10 月 10 日，星期二，伦敦的一群穷苦犹太人登上一艘船，沿泰晤士河而下。他们手中拿着王室签发的安全通行证。他们的外衣上佩戴着黄色的、形状像书本的徽章。法律规定，他们必须随身佩戴这种徽章，以便将他们与基督徒区分开。他们的全部家当都装在自己的包袱里。他们的目的地是海岸，到了那里之后要前往欧洲大陆。他们知道，自己再也不会回到英格兰了。

船离开了伦敦城，穿过都城周边的乡村。他们离开的是一座让他们越来越难以生存的城市。在伦敦，朝廷颁布了越来越严厉和苛刻的法律，对他们加以迫害，禁止他们从事贸易或者挣钱，或者甚至不允许他们与基督徒邻居交往，尽管他们的祖先曾在这里自由自在地生活。他们的会堂遭焚毁，他们的朋友被毒打或绞死，急性子的布道者们要求他们皈依基督教。伦敦再也不欢迎他们，也不要他们。他们别无选择，只能背井离乡。

他们顺流而下。行进了数英里之后，河面变宽，右舷的肯特郡土地逐渐变得细碎，出现了许多岛屿和沙洲。前方就是开阔的大海，正在退潮。船长是个基督徒，他将船转向南方的谢佩岛。潮水越来越低，他抛下船锚，让船停靠在泰晤士湾落潮后出现的沙岸上。他告诉犹太乘客们，在涨潮之前，他们没办法继续前进了。他对他们说："你们可以自由离船，到沙洲上活动活动腿脚。"

所有乘客都听从了他的建议，走下船，在湿漉漉的沙滩上行走。他们没有注意到，潮水已经在上涨了。

船长当然是注意到了。他和他的水手们都知道，在落潮之后，泰晤士河会重新吞没前不久还显露出来的沙滩，将沙滩上的一切都席卷而去。他匆匆跑到船边，爬了上去。犹太乘客们在沙洲上漫步，现在身处险境，孤立无援。船长向他们呼喊，叫他们向摩西祈祷，摩西曾经为他们分开海水，让他们安全通行，那么就让摩西再这么干一次吧！然后，航船扬长而去，乘客们的行李还在上面。潮水汹涌而至，将犹太人卷走，无一生还。

船长和他的水手们后来因为这桩罪行被投入监狱。他们的所作所为是 1290 年爱德华一世驱逐英格兰的少量犹太人期间发生的最丑恶的行径之一。总的来讲，犹太人是安宁地离开英格兰的，上述的残忍行为并不典型。但它印证了 13 世纪欧洲基督徒和政府对犹太人的冷酷无情。

爱德华一世在位期间，英格兰犹太人的人口约有 2000，居住在大约十五个主要的城市定居点。犹太人仍然像约翰国王时期那样，遵循着忏悔者爱德华的法律：“犹太人的人身及其动产均属于国王。”（这可能是杜撰的）但自约翰统治时期以来，犹太人越来越不受欢迎。1240 年，三名犹太人在诺里奇被处决。他们的所谓罪状是为一名五岁男童施行割礼。据说他们计划在复活节将这名男童钉死在十字架上。这个案件煽动了民众对犹太人及其财产的侵犯。1255 年，一个叫作乔平的犹太人被指控与一群同谋施展巫术，将一名八九岁的基督徒男童折磨致死。据传说，受害男童的尸体在溪流中不会沉下去，也没办法下葬；据说尸体被投入井中后，发出了香甜的气味和明亮的光芒。亨利三世巡视林肯的时候，下令将乔平处决，还逮捕了九十一名犹太人，将其全部押往伦敦、判处死刑。其中十八人被处死，这时康沃尔伯爵理查干预此事，救下了其他人的性命。13 世纪 60 年代和 70 年代，伦敦和北安普敦都发生了类似的案件。

1269 年，亨利三世限制犹太人从事贸易活动，并规定犹太人亵渎神明为死罪，应判处绞刑。爱德华一世从十字军东征返回后，通过了《犹太人条例》，禁止绝大多数形式的高利贷（或放债）；限制犹太人只能居住在某些城市；规定犹太人必须佩戴黄色徽章，以此对其进行羞辱，此徽章"为两张祭桌拼接之形状，以黄色毛毡制成，长 6 英寸，宽 3 英寸"；并对所有年龄在十二岁以上的犹太人征收每年 3 便士的人头税。大约在《犹太人条例》在英格兰颁布的同一时期，太后——普罗旺斯的埃莉诺驱逐了她属地内的所有犹太人。

爱德华一世颁布了严刑峻法，打击剪钱币的罪行（即将银币的边缘剪下一点，积少成多地积攒贵金属），他的法官们在 1278～1279 年开始惩处此类罪犯，导致犹太人遭受了一场司法屠杀；尽管剪钱币的罪犯中犹太人和基督徒人数差不多，但因此罪行被处决的犹太人的数量却是基督徒的十倍。在 13 世纪 70 年代晚期，英格兰的每一个犹太人家庭的户主都曾因剪钱币的嫌疑而坐过牢。在司法恐怖的气候下，常常发生对犹太人家庭敲诈勒索的事件。利欲熏心的邻居们威胁要揭发他们剪钱币，借此讹诈。13 世纪 80 年代出现了更多的大规模逮捕和强征摊派税的情况。1283 年，犹太人不再享有法律对普通商人的保护。1284 年，大主教佩卡姆颁布敕令，要求摧毁伦敦的所有犹太会堂，只留下一座。两年后，教皇霍诺里乌斯四世要求坎特伯雷大主教和约克大主教禁止基督徒与“受诅咒的、奸诈的”犹太人交往。

这一切并非英格兰的特殊情况。13 世纪或许是整个中世纪反犹浪潮最为汹涌的世纪。欧洲各国君主都采取了类似的压迫措施，镇压各自国内的犹太人。弗里德里希二世命令西西里的犹太人佩戴 T 形的蓝色徽章，并将胡须留长。腓力·奥古斯都以来的法兰西诸王要求法兰西犹太人佩戴轮子形状的徽章。不管犹太人居住在何方，虐犹、屠杀、隔离、歧视性法律、迫害和虐待都愈演愈烈。爱德华一世所信仰的基督教咄咄逼人、强悍有力而缺乏宽容，他的所作所为顺应这个充满偏见的年代的大潮。

尽管遭到越来越严重的虐待，并且他们的贸易遭到法律阻挠，犹太人仍然几乎掌控着英格兰的财政领域。他们继续进行非法的放债，还买卖债权。投机商们购买债权，一旦债务人不能按期清偿债务，就将其作为抵押的土地占为己有。显然，落入这个陷阱的地主阶层十分憎恶犹太人。爱德华一世在位时受到了宗教和政治上的极大压力，去一劳永逸地消灭犹太人的放债行当。国王一方面非常虔诚，另一方面又急于充实自己空荡荡的国库，因此很容易被这种压力所左右。

爱德华一世从英格兰犹太人那里捞到了不少私人油水。他的父亲为了十字军东征，从犹太人那里一共征收了 6000 马克。1272～1278 年，爱德华一世的财政部试图再从他们手中征敛 2 万镑以上，但没有成功。爱德华一世也是一位曾参加十字军东征的君主，他对其他宗教的权益的鄙夷很容易被激发出来。他是个传统的抱有成见的人，并不比他的英格兰同胞更开明，他的态度也并非不寻常。大部分英格兰人的观点与大主教佩卡姆及赫里福德主教托马斯·德·坎蒂卢普相同——犹太人要么皈依基督教，要么承受迫害。

犹太人遭驱逐的直接导火索，就像爱德华一世治下的许多事情一样，是财政。平定威尔士之后不久，国王不得不亲自驾临加斯科涅，去整顿自己对这个公国的统治。他于1286年5月13日离开英格兰，在加斯科涅待了三年多，重新确立自己的封建权利，建设新城镇，并对公国政府进行系统化。加斯科涅经历了一场范围广大、井井有条、管控有序的爱德华一世风格的改革，当然这都需要金钱做后盾。爱德华一世离开公国的时候，已经欠了卢卡的里卡尔迪银行家族10万镑以上的巨款。

他于1289年8月12日返回英格兰，发现那里的政治气氛高度紧张。他的一些重臣，包括英格兰的两位最高级的法官——王座法庭和民事诉讼法庭的主审法官，被指控犯有严重的腐败罪行。国王的官吏深入调查已经失效的王室权益，招致许多不快和风波，有好几位英格兰伯爵在咕哝着提出质疑——爱德华一世身处国外，却要求诸侯对其在国外的事业提供经济支援，这么做是否合法？10月，爱德华一世不得不写信给英格兰的每个郡，邀请所有对王室大臣或官吏有怨言的人都到威斯敏斯特，向他的专员们申诉。在这种政治环境下，如果不做出重大的让步，他没有办法向议会索要更多金钱。

爱德华一世在思忖金钱的问题，因为他开始考虑重返圣地、再来一次十字军东征的可能性。蒙古人通过外交途径发出讯息，询问他是否会返回圣地、讨伐马穆鲁克王朝，而他高度信赖的盟友奥托·德·格朗松已经在去往圣地的途中，执行侦察任务。爱德华一世已经开始与教廷谈判，以便征收一笔十字军税，但如果他的这次东征要比第一次更成功，就必须从诸侯和国内较小的地主那里获取相当规模的资金。囊中羞涩，并且为了筹资愿意采纳任何政策，于是他采取了金雀花王朝惯用的手段：向犹太人要钱。地主阶层希望除掉犹太人；爱德华一世对这个主意的态度模棱两可，有可能甚至是举双手赞成的。他在1287年驱逐了加斯科涅的所有犹太人。现在，他要在英格兰落实同样的措施。这会为他赢得政治资本，征收一笔赋税，或许还能没收离去的犹太人的财产，从中获取一笔收入。

于是，1290年7月，英格兰的贵族和骑士们在威斯敏斯特召开议会的时候，他们与国王做成了一笔交易。议会批准国王征税，条件是驱逐犹太人。1290年7月18日，《驱逐敕令》被公之于众，命令英格兰的犹太人在11月1日前出境，违者格杀勿论。这道敕令被发布到全国各地，在犹太会堂中高声宣读。犹太人没有进行实质性的反抗。他们在夏季开始离开，到秋天的时候，大部分犹太人要么已经离去，要么，就像10月10日乘船沿泰晤士河而下的那些不幸的人一样，丢了性命。

近一个世纪以来，爱德华一世及其先辈对犹太人的敌意越来越强烈，《驱逐敕令》是这敌意的必然结局。被逐出英格兰的犹太人蒙受了极大痛苦，流离失所，他们抵达的欧洲大陆对他们同样不欢迎。但是，驱逐犹太人的行动在英格兰颇得民心，取得了极大成功。在爱德华一世统治的最初十八年中逃脱了死亡或破产的大约两千名犹太人接过通行证离开英格兰的时候，王室税吏开始对留在国内的基督徒民众征税。英格兰的地主阶层，或者至少是那些在议会中得到代表的人，欢呼雀跃，批准爱德华一世向所有动产征收十五分之一的赋税。王室最后收到了令人惊愕的11.6万镑巨款，这是英格兰在整个中世纪收到的最大一笔税款。“人们痛苦不堪，哀鸿遍野，”欧斯尼编年史家对这笔赋税给普通英格兰人造成的负担作了这样的描述。犹太人在欧洲各地离散的时候，发出了更为凄惨的哀鸣，但没有人理会他们。爱德华一世又一次表现出，为了满足自己的需求，他愿意施行立法、践行改革。

亨利一世哀悼儿子和继承人威廉·艾特林。威廉于1120年在白船海难中丧生。亨利一世没有其他合法的男性子嗣，导致英格兰爆发了近二十年的内战，这个动荡时期被恰如其分地称为『海难』。

（The British Library Board, Royal 20 A.II, f.6v）

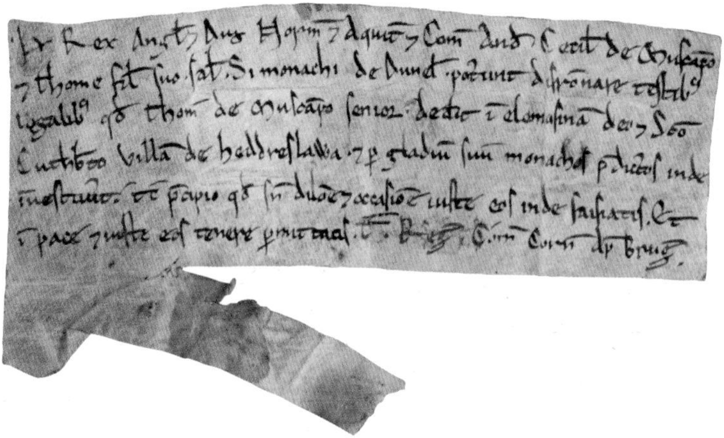

亨利二世在位时的一份王室令状。令状是王政的最基本工具，使得政府能够自动地、高效地运作，而无须国王本人时刻在场。

亨利二世与托马斯·贝克特的争吵。国王与大主教的友谊发生灾难性的破裂，造成了那个时代最惊人的谋杀案，后来贝克特被奉为圣徒，受到崇拜。

（akg-images/British Library. Ms. Cotton Claudius D.II. fol.73.，14 世纪）

亨利二世的父亲若弗鲁瓦·金雀花被马尔穆蒂耶的约翰描述为『令人爱慕，讨人喜欢……擅长辩论……而且武艺高强』。他最优秀的后嗣至少继承了其中两种品质。

(The Art Archive/ Musée de Tessé, Le Mans/ Kharbine-Tapabor/ Collection CL)

这是一幅法兰西编年史的图画，描绘了 1191 年阿卡城的陷落，这是理查一世在第三次十字军东征期间最伟大的胜利之一。阿卡城被基督徒控制了正好一百年，爱德华一世曾在 13 世纪 70 年代拜访此地。

(Scala, Florence/ Heritage Images)

deo ſuſceptor

第三次十字军东征期间，狮心王理查（左）与萨拉丁（右）的决斗。类似的图像于 13 世纪和 14 世纪大量出现在金雀花王族的传说和英格兰史书中。事实上，这两位伟大的武士虽然惺惺相惜，但从未谋面。

(The Art Archive/British Museum)

《大宪章》是一份和约，但未能终结约翰国王与其诸侯之间的内战。但《大宪章》涉及的司法和政府原则将是金雀花王朝时期所有政治危机的核心问题。

(The Print Collector/ HIP/Topfoto)

爱德华一世，法律改革家和苏格兰人之锤，是金雀花王朝仪表最威风凛凛的国王。他身材魁梧、脾气火爆，据说曾把一个人活活吓死。在这幅图中，他似乎情绪比较温和，正向宫廷讲话。他手持征服之剑，而削了发的文书正在记录他的口谕。

(akg-images/British Library. Ms. Cotton Vitellius A.XIII. fol.6v.)

[illegible]

et ds [illegible] Bello in euesthamie uiuitur consummato:
rex et regina proceres apud wintoniam ordinaverunt
quod dictores civitatis lond' in carcerem truderent.
quod cives antiquis libertatibus privarent. et quod stipi
tes et cathene quibus fuerat civitas roborata:
de medio tollerent. pro eo quod Symon de monte
forti in regis contemptum et in dampnum regni for
titer adheserunt. quod et totum factum est. Nam po
tenciores civitatis apud castrum de Wyndesore
carceri fuerant mancipati. quos postmodum pena pec
cuniaria ad summam non modicam multabant.
libertas fuit civibus interdicta. et turris lond' per sti
pites et cathenas civitatis forcior fuit facta.

De castro Dovorie regi redditur.

Audientes quod quidam nobiles qui in castro
Dovorie in carcere tenebantur quod diu
suo regi pro ipsa contingebant [illegible] hausto for
titudinis turrim castri [illegible] occupabant

1265 年的伊夫舍姆战役中，西蒙·德·孟福尔粉身碎骨。德·孟福尔反对亨利三世，获得了英国议会民主之父的名望。

加亚尔城堡：理查一世在塞纳河畔建造了这座雄伟的城堡，以保卫诺曼底与法兰西的边境。加亚尔城堡被认为是无懈可击的，但在 1204 年诺曼底陷落期间，腓力二世·奥古斯都从约翰手中夺取了加亚尔城堡。

(© Eye Ubiquitous/ Superstock)

爱德华一世建造了一系列昂贵的要塞，以巩固自己对威尔士的征服。康维城堡于1297年竣工，城堡本身和城镇的防御工事耗资约14500镑。1399年，理查二世在康维会见诺森伯兰伯爵，商谈将金雀花王位让给博林布罗克的亨利之事。

爱德华二世始终未能掌握王权的艺术。他既受嘲讽，又令人畏惧，身边簇拥着奸贼佞臣，包括皮尔斯·加韦斯顿和小休·德斯潘塞。他的墓地（如图）在格洛斯特大教堂，而不是威斯敏斯特的金雀花王陵。

(© Angelo Hornaak/ Corbis)

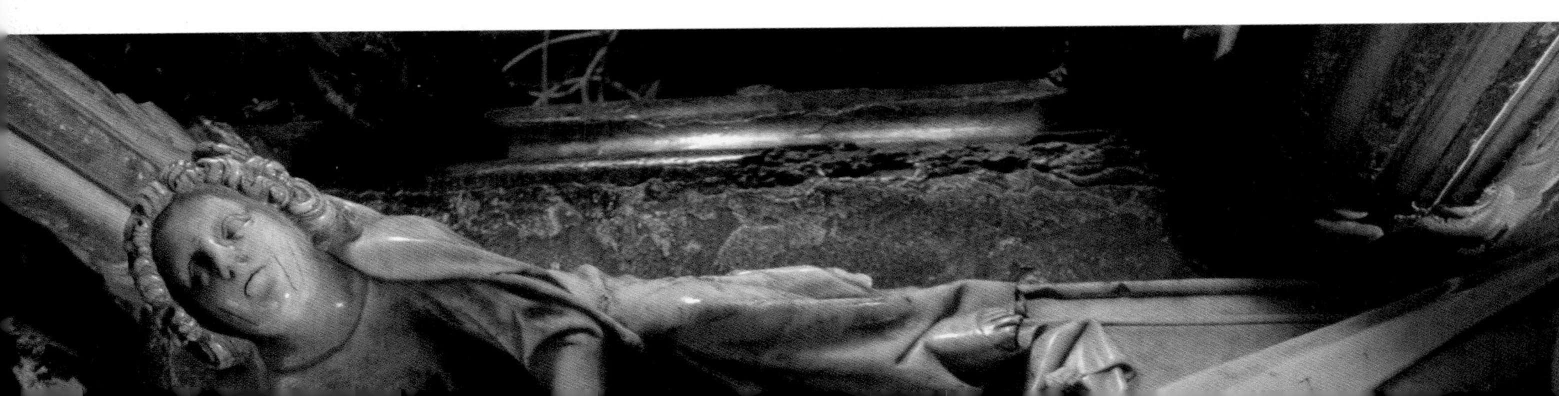

威尔顿双联画展现的是理查二世心目中的自我形象：上帝的受膏者，得到圣徒的保佑，包括圣母玛利亚、圣埃德蒙、忏悔者圣爱德华和施洗者约翰。

(© The National Gallery, London/ Scala, Florence)

中世纪很少有海战，少数的几个战例中，战况特别混乱。但是，1340年6月的斯勒伊斯战役（如图）是百年战争中英格兰最初的胜利之一。

(White Images/ Scala, Florence)

爱德华三世，身披嘉德骑士团的蓝袍。嘉德骑士团以骑士精神将英格兰贵族团结起来，共同奋战，减轻了法兰西战事巨额开支对国王造成的压力。

格罗斯蒙特的亨利，兰开斯特公爵，是爱德华三世的挚友和最受信任的将领之一（黑太子也是这样一位将领）。此图中，他和爱德华三世一样，身披嘉德骑士团的蓝袍。

法兰西的伊莎贝拉是英格兰王后，被称为『法兰西的母狼』。她的父亲和三位兄长都是法兰西国王。伊莎贝拉与情夫罗杰·莫蒂默联手，推翻了丈夫爱德华二世的统治，然后以儿子爱德华三世的名义统治英格兰三年之久。

(Mary Evans Picture Library)

爱德华三世的第三个长大成人的儿子，冈特的约翰，兰开斯特公爵，在其侄子理查二世的统治中扮演了重要角色。冈特的约翰在世时造成了许多纷争。1399 年 2 月，冈特的约翰去世，他的儿子博林布罗克的亨利入侵英格兰，致使金雀花王室最终覆灭。

(Private Collection/ The Bridgeman Art Library)

苏格兰的大业和法兰西的诡计

1290 年秋，犹太人离开英格兰的时候，一切迹象都表明，爱德华一世也将启程，发动一次新的十字军东征，收复在“海外”的失地。他的税吏强取豪夺、压榨僧俗财产的时候，这位“新的理查”似乎即将开启新的死亡与光荣的年代，为耶路撒冷而战。但几个月之后，国际形势就决定，他不会远征东方，金雀花王朝参加十字军东征的历史也不再会有新篇章了。爱德华一世的统治在余下的时间里将主要处置离家乡更近的事务：威尔士再次发生叛乱，新近变得咄咄逼人的法兰西王室企图将金雀花王朝逐出加斯科涅，以及与苏格兰的最为血腥的新战争。“所有的威尔士暴君被镇压下去的时候，衣衫褴褛的苏格兰人举起了长矛。”这是 1298 年流行的一首歌谣中轻松活泼的一句，简明扼要地描述了爱德华一世统治时期过半的时候，他的战略转折：从对威尔士人的战争改为对苏格兰人的战争。当然，真相往往并非如此简单明了。

1290 年 9 月初，一支船队从挪威西南海岸的卑尔根起航，前往苏格兰。船上的乘客是位大贵人：一个名叫玛格丽特的女孩，年纪只有六岁。她被称为“挪威的少女”，时局决定，她即将成为苏格兰的女主人。一个处于困境的国家的希望和安全就寄托在她的肩膀上。玛格丽特是苏格兰国王亚历山大三世（1286 年驾崩）的外孙女。亚历山大三世死后，他的国家陷入一场混乱。王位没有显而易见的继承人。亚历山大三世的妻子约兰达王后在国王死时身怀六甲，但那孩子后来胎死腹中，而他们没有其他的儿女。

邓凯尔德王族无嗣，这对国家来说意味着灾难。14 世纪的编年史家——温顿的安德鲁在几十年后追溯国无君主的动荡时期，写道："童贞女所生的基督啊，援助和拯救苏格兰吧，这个国家现在一片混乱。"

1286～1290 年，苏格兰处于半死不活的状态，一群摄政者组成的议事会执掌朝纲，努力维持局面，等待找到合适的继承人。他们最终选择了玛格丽特。1290 年夏季，英格兰和挪威朝廷与苏格兰权贵们经过漫长的谈判，同意将玛格丽特送到苏格兰。让一个小女孩来统治当然无法解决政体危机，于是苏格兰人说服了爱德华一世，让他的儿子，也就是六岁的卡那封的爱德华与玛格丽特结婚。这将是三个王朝的联姻，将英格兰、苏格兰和挪威王族结合起来。1290 年 7 月 18 日签订的《伯厄姆条约》确认了此次联姻，并保证"苏格兰王国将独立于英格兰王国……永享自由，不臣服于后者"。

玛格丽特从挪威去往苏格兰的旅途并不特别，也不算危险。两国之间的联系非常紧密，只有一小段北海相隔，有频繁的贸易往来。海上路线的停歇点是奥克尼群岛，这个群岛在苏格兰高地的外海，此地的伯爵们同时向苏格兰和挪威国王效忠。玛格丽特于 1290 年 9 月第一周出海，到第三周已经在奥克尼群岛登陆。苏格兰和英格兰的外交渠道不断交换着她驾临的消息，以达勒姆主教安东尼·贝克为首的英格兰外交官们携带着贵重珠宝前往苏格兰，作为欢迎这位少女的礼物。

英格兰外交官们永远没有机会向这个孩子呈上爱德华一世为她准备的厚礼了。9 月的最后几天，噩耗从奥克尼群岛传到苏格兰：玛格丽特在岛上患病一周，随后死去了。死因至今不详，但很可能是在海上吃了腐败食物导致严重的食物中毒。玛格丽特这么一死，拥有近三百年历史、可以上溯到千年之交邓肯一世时代的邓凯尔德王族就灭绝了。苏格兰真正是无父无君了。寻找一位新的统治者的努力几乎令国家分崩离析。

从最初得知玛格丽特的死讯开始，爱德华一世的宫廷与苏格兰的显要权贵之间就频繁传递着信函和请求。苏格兰的圣安德鲁斯城的主教写的一封书信表明，在玛格丽特死后，苏格兰人普遍担心会爆发内战。权贵们在秣马厉兵，准备用鲜血来填补权力真空。只有爱德华一世这样实力雄厚且威名赫赫的国王能够阻止苏格兰陷入无政府状态。“恳请陛下屈尊俯就，前往边境地带，安抚苏格兰人民，制止流血冲突，好让王国的忠臣良民……拥立依法享有继承权的人士为王……”这位主教如此写道。他暗示，如果没有爱德华一世这样的极大权威来主持，那么就没有推举新国王的合法程序可言。

玛格丽特的死讯送抵爱德华一世那里的时候，他刚得知埃莉诺王后于1287年访问加斯科涅时染上的一种热病复发了。她原本在前往林肯与他相见的途中，却于1290年11月28日在诺丁汉郡的哈比村病倒。爱德华一世快马加鞭地去见她，在她病逝前赶到了她身边。埃莉诺享年四十九岁；这对夫妇度过了三十六年的婚姻时光，她为他生了十六个孩子。

爱德华一世在世人面前毫无避讳地为爱妻哀悼，他在次年写道，对于这位妻子，“我的爱永无停息之日”。埃莉诺的遗体被做了防腐处理，体腔内塞入大麦，然后被分十二段旅程辗转运回威斯敏斯特。爱德华一世命令在遗体曾停放的地方树立起一些大型分层石制十字架，其顶端有尖顶。这些所谓“埃莉诺十字架”是非常公开的哀悼纪念碑，受到了为法兰西国王路易九世而建的蒙茹瓦十字架[①]的启发。另外，爱德华一世慷慨地提供资金，举办奢华的弥撒，帮助埃莉诺王后的灵魂尽早通过炼狱；埃莉诺去世六个月之后，约克大主教向国王吹嘘说，已经为了他亡妻的灵魂举办了4.7万次弥撒（这个数字不大可能是真实的）。

有多达十三人宣称自己对苏格兰王位享有继承权。他们之间复杂的法律斗争被称为“大业”，爱德华一世对监管“大业”抱有极大的兴趣。争端持续了两年，最后两名竞争者是巴纳德城堡（在达勒姆郡）领主约翰·巴里奥和罗伯特·布鲁斯[②]（一位年迈的贵族，曾担任坎伯兰郡的郡长，还曾陪伴爱德华一世参加十字军东征）。在玛格丽特去世后写的一封吊唁信中，爱德华一世自称是苏格兰的“朋友和睦邻”，但他显然把“大业”当作增强自己对苏格兰事务影响力的良机。他坚信英格兰国王对苏格兰王室拥有封建宗主权，而在此前，英格兰国王只是间或地宣示过自己的这种宗主权。爱德华一世将尽一切努力，宣告自己是整个不列颠群岛的领主和主人。

“大业”的最终司法判决结果对约翰·巴里奥有利，但这个案件错综复杂，如同迷宫一般难以把握。谁有资格对一位国王的任命做出判决呢？争夺王位的人们最后不情愿地得出结

① 蒙茹瓦十字架是中世纪法兰西的一种路标或界碑，碎石堆上方有十字架。“蒙茹瓦”（montjoie）是中世纪法兰西军人惯用的战斗口号，据说源自查理曼时代，其意义并不明确。法兰西王国的纹章上就有“蒙茹瓦”的字样。

② 第五代安嫩代尔领主罗伯特·布鲁斯（约1210～1295），他的孙子也叫罗伯特·布鲁斯，最终率领苏格兰取得独立，成为苏格兰国王罗伯特一世。

论，要回答这个问题，他们唯一的办法就是向爱德华一世臣服。但这个决定不是轻率地或漫不经心地做出的。挪威的少女去世一年之后，一次会议在英格兰—苏格兰边境上的诺勒姆城堡召开，苏格兰人在此次会议上承认了爱德华一世的宗主权。到 1292 年 11 月，案件已经做出定夺。11 月 30 日，巴里奥在苏格兰的古都斯昆登基，成为苏格兰的约翰国王。

如果巴里奥认为自己当了国王之后，就可以与南方的“朋友和睦邻”平起平坐，那么他就大错特错了。爱德华一世主持的是选举一位封臣的会议，而不是选举一位和他地位相等的君王。亨利二世和约翰都仅仅让苏格兰国王对他们宣誓效忠，满足于理论上的而非实际上的权力。许多代苏格兰国王都和英格兰朝廷和睦相处，保有英格兰的伯爵头衔（主要是亨廷顿伯爵），并在英格兰的封建制军队中服役。但爱德华一世认为这都还不够。他要求苏格兰国王完全地、公开地臣服于他，不仅仅是在仪式中，在实践中亦是如此。

在登基十天之前，巴里奥用法语向爱德华一世宣誓效忠，承认他以英格兰王室的臣属的身份保有苏格兰，并“对您忠心不贰，恪守人世间的荣誉，反对您的一切敌人……”10 月 26 日，他在二十三位苏格兰权贵面前，向爱德华一世俯首称臣。

这并不是罕见的事情，但除了王权的简单仪式之外，爱德华一世还提出，作为最高宗主，他有权听取人们对苏格兰国王做出的法律决定的上诉。这直接违背了 1290 年的《伯厄姆条约》设想的局面。根据这项条约，尽管卡那封的爱德华和挪威少女将共同统治苏格兰，但有条文规定“苏格兰王国在国内和边境地带的一切权益、法律、自由和习惯，将完整地、彻底地、永久性地得到保全，不受任何侵犯”，并且“苏格兰王国的任何子民，无论缔结任何契约，或犯有任何罪行，或由于其他任何事务，都不受该王国境外任何法律的约束”。今非昔比，爱德华一世决定要更严格地行使自己的权威。在涉及苏格兰权贵——法夫的麦克达夫（他声称自己享有法夫北部一些土地的继承权，但这继承权被人夺走了）的一起案件中，爱德华一世传唤约翰·巴里奥本人到1293年米迦勒节的英格兰议会答话。巴里奥拒绝承认英格兰议会有权听取来自苏格兰的上诉，但在爱德华一世的威胁下，他不得不让步，撤回了自己的抗议，再次宣誓效忠。这奇耻大辱令巴里奥抱恨终身，始终未能从这打击之下恢复。这位附庸国王和所有服从他的王权的人很快认识到，有了爱德华一世这样一位跋扈的邻居，苏格兰国王只是个虚衔。

但爱德华一世做得太过头了。将英格兰的意志强加于苏格兰王国固然不错，但他丝毫不肯妥协的立场使得巴里奥在两个不可调和的位置之间左右为难。苏格兰国王一方面要满足爱德华一世的亚瑟王式的雄霸天下的野心，同时又要捍卫苏格兰王室的独立性。最终结果就是，巴里奥的王权土崩瓦解，而整个苏格兰掀起了对英格兰人的激烈反抗。爱德华一世远远没有巩固自己对苏格兰事务的权威，反而将苏格兰人推进了法兰西人的怀抱。

征服苏格兰

在13世纪，横跨英吉利海峡的航道以及法兰西的大西洋沿海的航道，都是主要的贸易动脉。欧洲富裕国家的商人们在相距遥远的地区之间转运货物，克服恶劣的条件，冒着茫茫大海的风险，在从佛兰德到伊比利亚半岛，甚至更遥远地方的诸多港口城镇和市场经营获利。商业活动欣欣向荣，各国商人络绎不绝。但在13世纪90年代初，英格兰、诺曼底、佛兰德、加斯科涅和卡斯蒂利亚的众多航海商人之间爆发了一场激烈的贸易战。它导致从五港同盟到葡萄牙的里斯本的广袤地区争斗不休，还发生了许多海盗劫掠活动。战旗扯起，私人之间的海战爆发，各民族的鲜血飞溅到大海中，这些海上通道和海湾成了危险的杀戮场。

这场贸易战的起因现在已经难以解释。麻烦最初是从1292年诺曼底的一场纠纷发端的。次年，矛盾升级。到1293年5月15日，升着英格兰和诺曼底旗帜的私人武装之间已经发生了一系列流血冲突。到这时，混乱的严重性要求政府加以干预。爱德华一世不愿意被私掠商人的活动卷入到国际矛盾中去，因此尽其所能地加以安抚。他向法兰西派遣了一个外交使团，希望与腓力四世商定和平条件。腓力三世于1285年在入侵阿拉贡的战事中染上痢疾，后来病逝，他的儿子腓力四世继承了王位。

腓力四世以屈尊俯就的态度对待爱德华一世，就像爱德华一世居高临下地俯视新的苏格兰国王一样。腓力四世是个英俊潇洒的青年，民间称他为“美男子”（金雀花王朝的缔造者——安茹伯爵若弗鲁瓦也拥有这个绰号）。但在这俊美的外表之下，却是一颗冷酷而顽固的心。但丁称他为“法兰西的大害”，帕米耶主教则写道：“他不是人，也不是野兽。他是一尊雕像。”腓力四世在其统治期间迫害了许多抗拒他权威的群体和臣民。他对圣殿骑士们毒刑拷打，镇压了他们的骑士团。1306 年，他搜捕并驱逐了法兰西的犹太人（后来在 1315 年，路易十世将犹太人邀请了回来；但在 1394 年，查理六世又驱逐了犹太人）。在臭名昭著的所谓“奈斯勒塔”事件①中，

① “奈斯勒塔”事件是腓力四世在位期间的著名丑闻，发生在 1314 年。国王的三个儿媳被指控犯有通奸罪，这起丑闻对卡佩王朝末期产生了极大影响。

腓力四世有三个儿子，路易（后来的国王路易十世）、腓力（后来的国王腓力五世）和查理（后来的国王查理四世）。路易娶了玛格丽特（勃艮第公爵的女儿），两人感情冷淡，据说路易更喜欢打网球而不是与妻子相处。腓力娶了琼（勃艮第伯爵奥托四世的长女），夫妻关系不错。查理娶了布朗什（奥托四世的另一个女儿）。1313 年，腓力四世的女儿伊莎贝拉及其丈夫英王爱德华二世访法期间，伊莎贝拉向她的三个哥哥和嫂子分别赠送了刺绣荷包。当年晚些时候，在伦敦的一次宴会上，伊莎贝拉发现自己赠给嫂子的荷包被两名诺曼骑士戈蒂埃和腓力·德·奥耐带在身上。伊莎贝拉据此判断，嫂子和这两人有奸情，于是告诉了父亲。腓力四世对这两名骑士加以监视，断定布朗什和玛格丽特与这两人在巴黎的奈斯勒塔中通奸已有一段时间。起初认为琼没有通奸，但对两个嫂子的丑事知情；后来断定，琼也参加了通奸。

现在大多数历史学家认为，布朗什和玛格丽特的确犯有奸情。也有人认为伊莎贝拉是在陷害嫂子，好让自己的儿子继承法兰西王位的机会更大。涉案人员全部被捕。两名骑士被酷刑处死。布朗什和玛格丽特被剃去头发，终身监禁。琼则被宣布无罪，这可能是因为她丈夫腓力的干预。

这起丑闻严重打击了法兰西王室的威望，使得贵族阶层对女性的歧视增加，因此不接受女性继承王位。路易十世没有儿子，他死后，女儿不被允许继承，因为她是否国王的骨血，值得怀疑。于是腓力五世登基，他也英年早逝，随后弟弟查理四世继位。查理四世死后无嗣，与他血缘关系最近的是英格兰国王爱德华三世（伊莎贝拉的儿子，也就是查理四世的外甥）。但法兰西人依据萨利克法，拒绝让爱德华三世继位，而是推举瓦卢瓦的腓力（腓力四世的弟弟瓦卢瓦伯爵的儿子）为王。对法兰西王位的争夺就是后来的英法百年战争的起因之一。

他以通奸罪将三个儿媳投入监狱，而将她们的所谓奸夫公开折磨致死。他的固执己见和残忍无情甚至超过了爱德华一世。尽管爱德华一世在1286年的一次盛大仪式中以加斯科涅领主的身份向腓力四世宣誓效忠，但是法兰西毕竟太小，一山不能容二虎，金雀花王朝和卡佩王朝的国王无法和平共处。

具有讽刺意味的是，就在爱德华一世试图将自己的封建宗主权强加于约翰·巴里奥的同时，腓力四世却打算在加斯科涅羞辱爱德华一世一番。腓力四世以贸易战为借口，主张自己有权审判参与袭击的一些加斯科涅公民和官吏。这些人犯没有被交给他，于是他传唤爱德华一世到1293年圣诞节后的法兰西议会答话。爱德华一世派了他的弟弟——兰开斯特伯爵埃德蒙代表他去谈判。但腓力四世在谈判中言而无信。他告诉英格兰人，如果爱德华一世公开宣布放弃加斯科涅，并拱手交出那里的城镇和要塞，并迎娶腓力四世的妹妹——十一岁的法兰西的玛格丽特，那么法兰西朝廷将归还他们在加斯科涅的收益，并撤销传唤爱德华一世参加法兰西议会的命令。

英格兰人上了这个大当。法兰西的新国王厚颜无耻、侵略成性且热衷于对外扩张，而爱德华一世或他的使臣竟然信以为真，的确令人费解。当时的编年史家也感到这不可思议，最后得出的结论是，英格兰国王一定是贪恋法兰西小公主的美色，就像他的祖父约翰国王劫持昂古莱姆的伊莎贝拉从而危害了自己在欧洲大陆的领地一样，丧失了理智。但这种解释忽略了这样的事实：爱德华一世是一位久经考验的政治家，会敏锐地捕捉任何政治机遇来扫清外交渠道上的障碍，以便为自己新的十字军东征做准备。无论动机如何，英格兰人都被蒙骗了。传唤爱德华一世去法兰西议会的命令不但没有被撤销，反而三令五申。爱德华一世拒绝到腓力四世面前受辱，就像不久前约翰·巴里奥在他面前受辱那样。于是，英格兰和法兰西之间再次燃起狼烟。

结婚计划被搁置了。爱德华一世采纳了 13 世纪传统的战略：他与法兰西以北和以东的君主们结盟，并计划直接入侵法兰西，以保卫和巩固自己在南方的领地。他的外交官们在安东尼·贝克领导下，开始与德意志国王和低地国家与勃艮第的权贵们谈判。英格兰与这些国家交换现金，并承诺联姻，以换取他们的合作、共同对抗法兰西。同时，英格兰朝廷开始征兵，准备入侵欧洲大陆。

这个计划在理查一世治下奏效，但在约翰和亨利三世时期却遭遇惨败。爱德华一世也没有取得多少成功，因为就像他之前和之后的许多统治者一样，他的战线拉得太长，处境非常危险。1294 年 10 月，一支军队在国王经验不足的侄子——布列塔尼的约翰——指挥下被派往加斯科涅，但这支军队的规模比计划得要小。法兰西战线所需要的部队必须留在国内，以维持威尔士的秩序。

就在布列塔尼的约翰起航一个月前，威尔士人在罗埃林之子马多格（末代罗埃林的一个远亲）领导下发动了大规模叛乱。马多格自称是罗埃林的头衔的继承人，但实际上他的叛乱是在反对 1292 年针对动产的苛捐杂税。这笔动产税的最后一批是在 1294 年 9 月征收的，与此同时朝廷还要求威尔士人去加斯科涅作战。

马多格与威尔士的其他小诸侯携起手来。他的盟友们——梅雷迪思之子凯南、里斯之子梅尔格温和梅雷迪思之子摩根都不是威尔士本土的重要权贵，但爱德华一世在 1282 年入侵之后已经有效地消灭了威尔士贵族的上层，因此马多格没有多少选择。马多格的人马攻击了威尔士各地的新建的英格兰城堡。所有主要的城堡都坚守下来，但爱德华一世仍然需要从预定用于保卫加斯科涅的军队中抽调很大一部分兵马去伍斯特，以镇压威尔士人。这严重消耗了他的资源。爱德华一世在威尔士或许是最强大的霸主，但即便是在法兰西战事爆发之前，为了迅速而强有力地保卫在欧洲大陆的领地，他对整个不列颠群岛的主宰也受到了消极影响。

爱德华一世第三次入侵威尔士的战争于初冬开始，是他在位时期最大规模的一次入侵。他的军队于 1294 年 12 月开进威尔士，恪守老战术，即由王军从切斯特发动向康维的大规模攻势，同时南面的边境地带的保王党诸侯半独立地发动袭击。此次战争中，爱德华一世遭遇了一些小挫折。威尔士人缴获了英格兰军队辎重的相当大一部分。这年冬天，爱德华一世被包围在康维城堡，汹涌的山洪将他与外界的援兵隔断了。据说他不肯喝自己的少量葡萄酒配额，而坚持将它平分给所有官兵，自己只喝掺蜂蜜的水。他这个姿态是很容易做出来的，因为洪水退去之后，他很轻松地解除了围困。

春暖花开之际，英格兰人取得了胜利。3 月 5 日，沃里克伯爵指挥的部队在迈道格原野击溃了马多格的人马。“他们是世间有过的最优秀、最勇敢的威尔士人，”哈格内比编年史中保存至今的一封信如此写道。英格兰的战争机器极其强大、满怀自信并且拥有巩固的基础设施，因此威尔士人没有任何胜算。迈道格原野战役之后，爱德华一世感到可以安全地离开康维，于是巡视了威尔士各地。他在这个亲王领地周游三个月，扫清了叛军余孽。1295 年 6 月中旬，威尔士得到平定，叛军魁首均已落网。

这一次，英格兰军队又是轻松得胜，遇到的抵抗极其微弱。但此次战役的军费开支超过了 5.4 万镑，而在 1295 至 1300 年间又花了 1.13 万镑在安格尔西岛建造博马里斯城堡。此外，加斯科涅战事的珍贵时间也丧失了。

现在他时间紧迫，金钱也少得可怜。加斯科涅急需增援，而英格兰南部海岸在 1295 年遭到了法兰西战船的袭击：多佛尔被烧毁，多人被杀。但在这个月的威斯敏斯特议会上，国王向诸侯发言时，对方的态度却令他发狂：大约四分之一的英格兰权贵宣布自己不愿意参加国王的海外军事行动。13 世纪最大的抱怨在 1295 年和 1214 年一样振聋发聩：加斯科涅是国王的私事，不是英格兰的公事。

爱德华一世怒不可遏。对那些不愿意出钱支援加斯科涅战役的人，他施加了严厉的经济制裁。他还命令一支舰队（由新建的桨帆战船组成）加强海岸的防御。但恐慌情绪在迅速蔓延。有谣言开始传播，说法兰西已经发起对英格兰的全面入侵。国王内廷的一名骑士托马斯·特伯维尔被发现是敌人的奸细。从肯特到康沃尔的南部海岸设置了瞭望哨，心急如焚的人们扫视着海平线，唯恐法兰西舰队的旗帜和风帆会出现，来摧毁英格兰王国。

绝望之下，爱德华一世转而采用一项在过去给他带来很大好处的策略：让步和协商。11 月底，他召集了数量极多的诸侯、主教、骑士、市民、各郡人民代表、大小城镇代表，召开议会。这是自爱德华一世筹划入侵威尔士以来召开的最大规模的政治集会，而且他带着和解的情绪，向大家许诺，不会让任何人因为国王的军事行动而倾家荡产。这次议会后来被称为

“模范议会”。传唤议员们开会的令状描述了国家面临的危险：“法兰西国王不满足于奸诈卑劣地入侵加斯科涅，还集结了一支庞大的舰队和陆军，图谋进犯英格兰，从世界上消灭英语。”

于是，整个英格兰都得到号召，奋起保卫王国、抵御卑陋的法兰西人。但在全国人民响应国王的号召、议会开始商讨的时候，又一场离家园更近的危机迫使朝廷暂时搁置加斯科涅的防务。爱德华一世刚刚重新奠定自己在威尔士的统治，他在苏格兰的傀儡——约翰·巴里奥国王就被推翻了。爱德华一世不得不再次推迟对法战争，将注意力转向苏格兰。

苏格兰战争的起因很复杂，其中最重要的是爱德华一世的傲慢。爱德华一世致力于将自己的权威施加于北方的王国，这远远超越了他的合法的本分。1294 年夏季，英格兰朝廷开始征兵，准备干预加斯科涅，爱德华一世传唤约翰·巴里奥和另外十八位苏格兰权贵提供封建军事服务，一同对抗法兰西人。后来爆发了对威尔士的战争，所以这些传唤没有生效，但这又一次证明，爱德华一世不满足于仅仅享有对苏格兰的理论上的宗主权，而是要严格地行使自己的王权。

随着爱德华一世越来越咄咄逼人，约翰·巴里奥在苏格兰的地位越来越弱。苏格兰权贵们的结论是，他无力抵抗苏格兰的邻国，因此根本不配当国王。1295 年，他们剥夺了巴里奥的权力，又一次组建了一个十二人的议事会，以他的名义统治国家。

爱德华一世犯了一个弥天大错，他没有意识到，他对苏格兰国王的凌辱致命地破坏了苏格兰王权的整个机制。或许他真的没有看到，他对巴里奥的态度和法兰西王室就加斯科涅事务对他提出的要求是多么相似。爱德华一世统治时期绝大多数叛乱和危机的原因就是，他不能真正理解他的对手们受到的压力。1295 年，他把两个敌人赶到了一起。这两个敌人在随后的三百六十五年里将紧密合作，共同对抗英格兰。1296 年，苏格兰政府批准了与法兰西的友好条约。“苏法老同盟”诞生了。

1296 年 2 月，爱德华一世的军队开拔北上，进攻苏格兰，目标是给这个犯上作乱的附庸国一个痛苦而长久的教训，让它知道，胆敢放肆地与法兰西结盟，将要付出何种代价。国王的驾临突显了边境人民归属感的模糊。苏格兰和英格兰之间的边界是政治上的，而不是文化上的；在这个忠诚瞬息万变的地带，两个王国之间并没有一条清晰、持久的边界。如果说边界是含糊不清的，但战争的血腥后果却是非常真实的。

爱德华一世率军北上的时候，苏格兰人的袭击劫掠队伍侵犯了诺森伯兰，恐吓和摧毁卡莱尔附近的村庄。英格兰人则一直等到复活节的庆祝活动结束，才开始作战。他们的第一个攻击目标是特韦德河畔伯立克，这是英格兰东北部的一个边境城镇，两个王国对它的争议无休无止，部分原因是它是军事进攻（无论是北上还是南下，取决于谁控制着它）的一个绝佳的出发基地。伯立克战役就像它开启的这场短暂、决定性而凶残的战争一样，非常野蛮残暴，终至流血漂橹。两国的歌谣作者和编年史家都将长久地吟唱和纪念这场战役。

伯立克战役于 1296 年 3 月 30 日，也就是爱德华一世抵达苏格兰边境的整整一个月之后开始，对英格兰人来说起初并不顺利。离六十岁生日已经不远的爱德华一世已是满头银丝，但仍然孔武有力。他按照战前的惯例正忙着册封一些年轻人为骑士的时候，灰蒙蒙的海平线上突然间升起了滚滚浓烟。原来，三艘英格兰战船过早地展开了进攻，其中一艘在城镇附近搁浅。苏格兰人欢天喜地地冲上船去，将它烧毁。

爱德华一世的军队在罗伯特·克利福德勋爵（一位贵族出身的将领，对边境地带的经验非常丰富）指挥下，在军号鼓舞下，开始推进。伯立克的街道很快被血染红。他们屠杀了伯立克的数千名居民。后来，苏格兰人指控说他们还屠戮了妇女儿童，其中一名孕妇被砍成了肉酱。英格兰人在备战的时候，苏格兰人对他们冷嘲热讽；但战斗打响之后，苏格兰人就笑不出来了。苏格兰人在街道上被砍瓜切菜一般扫倒在地，尸骸太多，无法全部埋葬入土。伯立克成为一场丑恶而恐怖的大屠杀的牺牲品，死尸被恣意投入水井、丢进大海。据编年史家吉斯伯勒的沃尔特估计，在城镇的教士们恳求国王开恩得到批准之前，有11060人丧命。

战斗结束了，英格兰人占领了城镇，在它周边挖掘了大型防御壕沟。他们欢呼雀跃。壕沟宽80英尺，深40英尺。国王亲自用手推车运送第一批泥土。这是英格兰的强力与胜利的象征。工人们一边干活，一边唱起了一支喜气洋洋的歌。编年史家彼得·兰托夫特记录了这首歌谣的一部分：

> 苏格兰人溃不成军，
> 缩在自己的茅屋里，
> 永远不能繁荣昌盛。
> 我读的不错，
> 住在海边的人，
> 跌进了特韦德河！

爱德华一世就是用这种手段征服了苏格兰。他的三万大军在北方王国推进，屠戮所有胆敢反抗的人。

讥讽和侮辱性的言辞漫天飞扬。苏格兰人把英格兰人蔑称为“长尾巴的恶狗”，因为中世纪普遍流传着一种说法：英格兰人长着尾巴。苏格兰人只能打打嘴炮，但英格兰人拥有比嘲讽更强大的武器——精良的战争机器，苏格兰人完全无法与之匹敌。伯立克大捷之后，爱德华一世收到了约翰·巴里奥的一封信，后者悲愤地撤销了自己对爱德华一世的效忠誓言。边境地带的其他地方传来消息，诺森布里亚的农田遭到焚烧，人民遭到屠杀。苏格兰劫掠者报复英格兰人的暴行，以牙还牙地将两百名学童活活烧死在一座教堂内。

下一场战役的地点也确定了。三位势力强大的苏格兰伯爵占领了邓巴的城堡，这是一座古老的石制防御工事，位于苏格兰东海岸一处山丘上。自罗马时代以来，这里一直是军事堡垒的所在地。爱德华一世派遣萨里伯爵北上去攻打这座城堡。萨里伯爵遭到巴里奥派出的部队的袭击，结果是，苏格兰人又一次遭受奇耻大辱的惨败。据守城堡的三位苏格兰伯爵以及众多男爵、从男爵和骑士都被俘虏。彼得·兰托夫特写道：“三位伯爵被押往伦敦塔……其他人被押往不同的城堡，两人一组骑着一匹马，有的人脚上拴着镣铐，被束缚在大车上。”这对俘虏来说是极其悲惨和可耻的结局，也有力地象征着爱德华一世对苏格兰人的压倒性打击。

邓巴战役之后，苏格兰人的抵抗冰消瓦解。战役只持续了二十一周，时间很短，而且英格兰人大体上没有遇到抵抗。爱德华一世耀武扬威地在苏格兰各地巡视，率军北上，一直前进到埃尔金和班夫。苏格兰的抵抗如此脆弱，主要原因是约翰·

巴里奥的软弱无能。巴里奥分两天（1296 年 7 月 2 日和 10 日），在四个地点（金卡丁、斯特拉卡斯罗、布里金和蒙特洛兹）在仪式上遭到公开羞辱。他的短大衣上的纹章被扯下，因此苏格兰人给他取了一个绰号叫作“空荡荡的大衣”。他被送到伦敦塔，与被俘的伯爵们待在一起。最致命的打击是，爱德华一世的部下将苏格兰政府档案从爱丁堡掳走，还抢走了苏格兰王室的所有御宝（包括来自斯昆的神圣的宝座基石命运石[①]），将其全部送回了伦敦。

命运石被送到南方的威斯敏斯特教堂，做成了一尊特别的

---

① 即所谓斯昆石（Stone of Scone），或“命运石”、“加冕石”，乃苏格兰历代国王加冕时使用的一块砂岩。据凯尔特传说，雅各看见天使时（《旧约·创世记》28：10—22），正是头枕此石，因此又名“雅各的枕头”、“雅格的支柱”或者“酋长石”。该石曾被保存在现已废弃的珀斯郡的斯昆修道院中，因而得名。

早在来自爱尔兰的达尔瑞达王朝征服苏格兰之前，他们就有用斯昆石作为加冕石的传统。他们征服苏格兰后，这也变成了苏格兰的传统，斯昆石也因此成为苏格兰的国家象征之一。四百多年间，这块石头始终没有离开斯昆修道院。

1296 年，爱德华一世将斯昆石作为战利品掳回英格兰，安置在威斯敏斯特教堂英王加冕宝座“圣爱德华宝座”之下，象征英格兰和苏格兰统一在英王的主权下。不过，爱德华是否确实带走了真正的斯昆石，这一直都有争论。据传，斯昆修道院的僧侣们将真正的斯昆石藏在了泰河之中（一说埋在 Dunsinane Hill）。这很可能是真实的，因为现有的这块斯昆石并不完全符合古人的描述。随着这些僧侣的逝去，没有人能再寻找到真相。

1328 年，根据苏格兰和英格兰签署的《爱丁堡—北安普敦条约》，英王爱德华三世同意将斯昆石送还苏格兰，不过，这一允诺从未兑现。

1950 年，四名苏格兰学生从威斯敏斯特教堂窃走斯昆石，送回苏格兰，后被警方追回。1996 年，英国政府终于决定将斯昆石归还苏格兰。虽然斯昆石现在已经回到苏格兰，但是英国政府仍然发布了法令，规定将来英王举行加冕典礼时，斯昆石仍然需要运回威斯敏斯特教堂，安放在圣爱德华宝座下。

加冕宝座的一部分。此后，金雀花王朝在传承王位时都要用到这尊包含了苏格兰王权最神圣遗物的宝座。爱德华一世没有在苏格兰培植一位新国王，而是决定自己直接统治，就像在威尔士那样。曾在宫廷与巴里奥争夺王位的那个罗伯特·布鲁斯的继承人，也叫罗伯特·布鲁斯[①]，曾希望英格兰人得胜之后会安排他当国王，因此在爱德华一世军中为他效劳。现在，他被鄙夷地甩到了一边。“你以为我们闲得无聊，一定要替你赢得一个王国吗?”爱德华一世这样问他。

伯立克得到重建，变得金碧辉煌，成了苏格兰境内英格兰权力的中心。在这个城镇召开了一次议会。成千上万苏格兰人南下到这里，直接向爱德华一世宣誓效忠。爱德华一世向苏格兰强加了一个英格兰政府和行政的新网络，以萨里伯爵为领导人。爱德华一世在将苏格兰国玺交给萨里伯爵的时候开玩笑道：“拉屎对人来说是好事。”苏格兰人就这么被制服了。在为期两年的危机处理之后，爱德华一世终于做好了对法兰西开战的准备。

---

① 即第六代安嫩代尔领主，他的儿子也叫罗伯特·布鲁斯，后来打赢了苏格兰独立战争，成为国王，史称罗伯特一世。

危急时刻

1297年2月，议会在索尔兹伯里召开。爱德华一世国王心意已决，在多年的耽搁和分心之后，他终于要与法兰西国王腓力四世决一雌雄了。要打仗就需要金钱，要金钱就需要达成共识。爱德华一世在召集政界各种力量开会的时候，发明了一句新的箴言“关系到所有人的事情，应当由所有人一同批准”。而爱德华一世在此次议会上提出的要求确实与每一个英格兰人息息相关。

法兰西局势要求即刻采取行动。在几年的外交努力之后，爱德华一世在法兰西以北建立起了一个同盟。在前一个月，宫廷驻在伊普斯威奇的时候，十二岁的荷兰伯爵娶了爱德华一世的女儿伊丽莎白，于是这个同盟算是圆满了。与荷兰结盟的有德意志国王、勃艮第多位诸侯、高尔登伯爵和佛兰德伯爵，他们都迫不及待地要对腓力四世动武。加斯科涅命悬一线。1月30日，林肯伯爵指挥下的英格兰军队在巴约讷和博内加尔德之间遭到了毁灭性的伏击，一败涂地。他们急需援救。

但对爱德华一世来说不幸的是，在索尔兹伯里召开的议会并不渴望更多的荣光。议员们群情激愤、怒火中烧，顽固地拒绝出钱去开展又一场昂贵的战争。

英格兰怨声载道。爱德华一世对军费的苛刻要求给每一位地主都造成了极大损失，到13世纪90年代末，国家的开支已经到了令人咋舌的地步。即便不算苏格兰战役的开销，近期的战争开支也已经高达25万镑。仅仅为了组建欧洲大陆的北方联盟，爱德华一世就已经欠下了7.5万镑债务。在法兰西和加斯科涅作战的费用会更比这高得多。

爱德华一世征收的赋税是常态化的，而且极其沉重。朝廷对羊毛征收非常严苛的关税（民间称其为“坏关税”），导致商人们向普通农民和羊毛供应者付的价码持续走低。1295年和1296年分别征收了一笔重税。自1294年，王室官吏就开始强行征用粮食和装备。“人民备受压迫，”编年史家吉斯伯勒的沃尔特写道。朝廷在经济上的横征暴敛给全国都造成了打击，教士第一个起来，拒绝继续与国王合作。

佩卡姆于1292年12月8日去世，此后英格兰教会的新任领导人是罗伯特·温奇尔西，他是一位卓越的知识分子和学者，他的暴躁脾气和犀利头脑可以与爱德华一世相比肩。温奇尔西以教皇诏书为靠山（教皇博尼法斯八世的这道诏书谴责君主们向教会征税的行为），率领英格兰教士们，公然拒绝为爱德华一世的法兰西军事行动提供任何资金。爱德华一世暴跳如雷，宣布英格兰教会的所有成员都是不法之徒，然后派遣他的鹰犬到全国各地没收教士们的世俗财产。“教士们遭受不公正的待遇……受了许多冤屈，”吉斯伯勒的沃尔特写道，“神职人员在国王的大道上被抢走马匹，正义得不到伸张，直到他们救赎自己，重新回到国王的保护之下。”爱德华一世获得了一场小小的胜利，但他很快就被更多的抵抗缠得脱身不得。

在索尔兹伯里议会期间，国王要求权贵们到加斯科涅作战，而他自己则在法兰西北部领导作战。他的弟弟埃德蒙在1296年初曾率领一支英格兰远征军保卫加斯科涅公国，但在前一年夏天去世了。爱德华一世计划两面夹击腓力四世，因此自然需要兵分两路。他在1294年和1295年都曾提议过此种战术，但诸侯在这两次都表示不满，或者直截了当地拒绝。诸侯和骑士们可以被说服在国王身边作战，但要求他们在外国独立作战，既超出了他们的义务，也不是他们的法律责任。1297年，诸侯普遍不愿出兵作战。在诺福克伯爵罗杰·比戈德（他同时还是英格兰的最高军务官①）领导下，权贵们向爱德华一世指出，国王自己打算在法兰西北部作战的时候，没有权力要求诸侯在加斯科涅为他尽军事义务。比戈德的论点特别有力，因为，正如他指出的那样，作为最高军务官，他的义务是在国王身边为他效力，而不是独立于他、单独行动。吉斯伯勒的沃尔特记载了双方的唇枪舌剑：

"国王陛下，若是与您一同作战，我求之不得，甘愿鞍前马后，冲杀在前，因为这是我的世袭权利，"他说道。

"没有我在场，你也一样要去，其他人也要去。"爱德华一世答道。

"哦，国王陛下，我没有这个义务，也没有这个打算。"伯爵答道。据说国王暴跳如雷，脱口而出："凭上帝起誓，伯爵大人，你要么去打仗，要么就得上绞刑架！"

"我也凭上帝起誓，"诺福克伯爵答道，"我不去打仗，也不会上绞刑架。"

比戈德的话触及了问题的核心：即便国王再强大、意志再顽强，也受到法律的约束，而法律写得一清二楚，他的诸侯没

① 最高军务官（marshal）这个词源自古诺曼法语，最初的意思是马夫或马厩管理人，在中世纪早期指的是英格兰王室的近卫队长，负责王室内廷的安保，后来演化为高级军事指挥官。这个头衔一般是世袭的。本书的重要人物之一，第一代彭布罗克伯爵威廉·马歇尔凭借赫赫武功从默默无闻的骑士崛起为权倾朝野的重臣，侍奉金雀花王朝四代国王。Marshal一词曾专指威廉·马歇尔一个人。

有义务在他不在场的时候为其服兵役。爱德华一世怒不可遏，继续推动向加斯科涅派遣援兵并在法兰西北部筹划作战的努力。他扣押了教会财产，并收回了世俗权贵欠他的全部债务。而有些教士，以及四位最重要的诸侯——诺福克伯爵、赫里福德伯爵、阿伦德尔伯爵和沃里克伯爵则咬紧牙关，拒绝与国王合作。

议会于 1297 年 3 月解散，计划于 7 月在威斯敏斯特再次召集。但到那时，爱德华一世已经与温奇尔西大主教和一些伯爵取得了谅解。诸侯同意允许他征收一笔赋税，条件是重新颁布《大宪章》和《森林宪章》。7 月 14 日，国王屹立在威斯敏斯特宫外的木制讲台上，向一大群臣民发表演说。他为自己的主张辩护，承认自己犯了错误，但坚持说自己所做的一切都是为了国家的福祉。据编年史家彼得·兰托夫特记载，国王对听众说："我是诸位的城堡、城墙和宅邸。"温奇尔西大主教站在他身旁，潸然泪下。爱德华一世宣布他要去法兰西打仗，并要求所有人在他征战海外期间向十三岁的卡那封的爱德华宣誓效忠。

并不是所有人都被说服了。诺福克伯爵和赫里福德伯爵的显赫军职（分别是英格兰的最高军务官和司厩长①）均被撤除，他们都固执己见。他们开始编纂一个清单，例数国王的罪状。8 月，遭到群起攻之的爱德华一世愈发好斗，下令再次对教会征收一笔苛刻的重税，并普遍征收八分之一的动产税，同时还传令出去，从全国各地征用价值 5 万镑的羊毛。他声称这

① 司厩长（constable）的官职起源于罗马帝国，最初是管理马匹的官员，后来在中世纪欧洲演变成负责国王的军械保管和维护的官员，再后来变为军队的重要指挥官。

些措施得到了议会的批准；他的政敌则讥讽地说，他所谓的"议会"就是"站在他房间里的那些人"。8 月 22 日，反对派诸侯冲进威斯敏斯特的国库，阻止羊毛与八分之一动产税的征收工作，并怒斥国王，指责他对待他们就像对待农奴一样，横征暴敛。国家在快速地往内战的方向发展。

王国似乎濒临混乱的边缘，爱德华一世却毅然决然地动身前往欧洲大陆。他这个选择是极其冒险的，但他可不打算在加斯科涅即将丧失的时候枯坐在国内。1297 年 8 月 24 日，他起航前往佛兰德，开启了入侵法兰西的北线作战。

敌人对他的入侵早有准备，已经严阵以待。他的作战一塌糊涂、徒劳无益。尽管他多次发誓许愿，但花了大价钱才收买来的一些盟友却不愿意出战。德意志国王没有派来援军。爱德华一世麾下来自东安格利亚和五港同盟的水手们更愿意内耗，而不是同仇敌忾。那些愿意参战的佛兰芒盟军则于爱德华一世抵达一周前在弗尔内战役中被腓力四世打败了。抵达欧洲大陆不久之后，爱德华一世被牵制在根特，那里发生了反对他领导的暴乱。没过多久，东方又传来坏消息，德意志国王背弃了盟约。爱德华一世的同盟就像八十多年前约翰的北方联盟在布汶土崩瓦解一样，迅速作鸟兽散，只是或许没有当年那么戏剧性。秋风萧瑟之时，爱德华一世不得不选择求和。10 月，英法双方宣布停战。1298 年 1 月底，双方签订了为期两年的停战协定。

英格兰在战争重压下喘不过气来，急需稳定和恢复。与法兰西的和约或许能够起到这个效果。但苏格兰局势又一次激化了。爱德华一世出征海外期间，苏格兰爆发了反对萨里伯爵的伯立克政府的叛乱。1297 年 9 月 11 日，一支苏格兰叛军在斯特灵桥大败萨里伯爵指挥的英格兰军队。苏格兰人选择这个作战地点的确是非常巧妙，这是伯立克以北约100英里处福斯河上的渡口。在此之前，萨里伯爵的治理毫无章法、懒散怠惰而收效甚微。打败萨里伯爵及其部下的叛军领袖是一个叫作威廉·华莱士的土匪强盗[①]。华莱士是一位颇得民心的英雄。在战斗打响之前，他怒斥英格兰谈判代表："回去告诉你们的人，我们此行不是为了苟且偷安，而是为了决一死战，为我们自己报仇雪恨，也为了解放我们的王国！"

1297年，华莱士领导苏格兰的叛乱，短暂地将这个王国团结了起来。华莱士的同胞们册封他为骑士，并宣布在约翰·巴里奥不在国内期间，他就是苏格兰的唯一摄政。他领导着独立运动，决心死战到底，从南方的篡位者手中恢复苏格兰王权。与此同时，在边境以南，爱德华一世不得不直面5月的议会。抱着和解的精神，他安抚了诸侯，许诺对官吏腐败行为进行审理，并支持重新颁布（他儿子的摄政政府在）前一年秋季发布的宪章。

1297年10月10日，爱德华一世颁布了《宪章确认法令》，并加盖国玺。此前，华莱士在斯特灵桥得胜的消息已经传来。《宪章确认法令》重新发布了《大宪章》和《森林宪章》的内容——此时这两部宪章都已经具有传奇色彩——并增补了一些新条款，包括废除对羊毛征收的"坏关税"，并承认，在将来只有在"全国人民认可"的情况下才可以征税。除了确认宪章之外，爱德华一世还许诺，不再以"怨恨和愤

---

① 威廉·华莱士的早年生平不详，众说纷纭，可能是苏格兰小贵族出身。从英格兰人的角度看，他或许真算得上是土匪。

怒”对待曾反对他的伯爵们。

5 月议会召开的时候，北方已经高度军事化。国库从伦敦搬迁到北方的约克，并开始分配资金，准备在罗克斯堡征集一支超过三万人的军队。6 月底，这支军队开拔了。物资补给上出了一些问题，葡萄酒供应得比粮食多。没过多久，步兵部队中的威尔士人和英格兰人就开始斗殴。由于缺乏讨伐威尔士时那样的海军支持，这支大军只能饥肠辘辘地北上。在此期间，威廉·华莱士潜伏在苏格兰山区，不断撤退并坚壁清野，将英格兰军队诱骗到苏格兰内地，等待与之对抗的时机。

爱德华一世正打算撤回爱丁堡，这时得知华莱士正在福尔柯克附近的卡伦德树林扎营。他率军星夜急进，于 1298 年 7 月 22 日清晨与苏格兰人交锋。前一夜国王是在户外度过的，不幸被自己的战马踩踏，断了两根肋骨，痛苦不堪。这提醒人们，战争是不可预测的，充满不确定性。黎明的微光播洒在雾气弥漫的战场上时，安东尼·贝克主持了晨间弥撒。英格兰官兵的目光越过一片沼泽地，看到苏格兰人在卡伦德树林前方排兵布阵，组成了稳固的防御阵势。华莱士将他的人马分为四个刺猬阵型，密密麻麻的长矛指向敌方。这场战斗注定将是激烈而血腥的。

爱德华一世兵分两路，绕过前方的沼泽地，从两个方向夹击苏格兰人。诺福克伯爵、赫里福德伯爵和林肯伯爵从西面进攻，安东尼·贝克从东面冲锋。苏格兰骑兵没有被包含在刺猬阵型之内，临阵脱逃。同时，英格兰军队发射箭矢、投掷石块，将对方的刺猬阵型分割开。阵势被破坏之后，苏格兰人的防御迅速瓦解，溃不成军，作鸟兽散。英格兰军队损失了两千步兵，苏格兰人则惨遭灭顶之灾。

此役对威廉·华莱士来说是奇耻大辱，严重损害了他的军事声誉。但苏格兰贵族，包括华莱士自己，都得以安全逃脱，因此，尽管卡伦德树林的沼泽被鲜血染红，但对英格兰人来说，这算不上是全胜，不能够与邓巴战役相提并论。爱德华一世的军队羸弱、饥饿、患病而且内部不和，没有能力控制战场。国王与诺福克伯爵和赫里福德伯爵之间的关系依然很紧张，而爱德华一世对占领的苏格兰土地的分配更是使得这种矛盾愈演愈烈。国王能做的仅仅是撤回卡莱尔，并派人深入苏格兰、搜捕年轻的伯爵和王位竞争者罗伯特·布鲁斯[①]。

① 后来的苏格兰国王，此时的身份是卡里克伯爵。福尔柯克战役后，威廉·华莱士辞去了苏格兰摄政职务。约翰·科明与罗伯特·布鲁斯共同接任摄政。两人素来不和，下文会讲到科明的结局。

旧病复发

爱德华一世虽然已逾花甲之年，但仍然魁梧雄壮，不怒而威。他的暗金色头发变白之后，甚至愈发威风凛凛。他始终是一位极具男性气概的骑士，在 1299 年迎娶腓力三世的幼女——法兰西的玛格丽特（这是遵守 1297 年和约的义务）之后，继续为人丁兴旺的王族添枝加叶。十七岁的玛格丽特是第一位来自法兰西的英格兰王后，成为这位精力充沛的国王的贤妻良伴。他们在坎特伯雷结婚之后，一同返回约克郡。1300 年 6 月，她在那里生下了一个男孩。玛格丽特在分娩期间曾向圣托马斯·贝克特祈祷，于是给这个孩子取名为托马斯，世称布拉泽顿的托马斯。

国王为托马斯和他的弟弟——伍德斯托克的埃德蒙（1301 年夏季出生）准备了豪宅和大群仆役。王后喜好时尚和珠宝，生活奢侈，因此两位小王子也是尽享荣华富贵。他们还是婴孩的时候，就睡在装饰华丽、配有猩红色和蓝色华盖的摇篮中。五十多名仆人奔前跑后地侍奉着他们。他们遍尝山珍海味，生活富足无忧，在最奢华的环境中学习着贵族生活的艺术。曾经有过十四个孩子的老国王对幼子溺爱有加，而年轻的少妇对欧洲贵族的奢侈生活方式有敏锐的把握，而且生性热情奔放。这一对父母为孩子的成长不遗余力地给予了最好的条件。但是，尽管布拉泽顿的托马斯和伍德斯托克的埃德蒙生活舒适奢侈，但他们并不是最重要的王室子女。那项荣誉属于卡那封的爱德华，即爱德华一世在第一段婚姻中与卡斯蒂利亚的埃莉诺生的仍然在世的儿子中最年长的那位。

1300 年，卡那封的爱德华十六岁了，这个年龄理应开始承担王权的一些责任。虽然 13 世纪 90 年代有诸多风波，但这个少年长大成人的时候还是比他父亲当年要轻松得多。英格兰与法兰西缔结了和约。他自己的威尔士亲王领地大体上已经平定，詹姆斯大师所建城堡的壁垒开始雄起于地平线之上，象征着英格兰的永久统治地位。

诸侯中仍然存在一些耿耿于怀的情绪，但在 1302 年，爱德华一世与诺福克伯爵罗杰·比戈德之间达成了和解，于是摩擦的一个主要来源消失了。但是，爱德华一世与他曾经的朋友和亲信谋臣——达勒姆主教安东尼·贝克（他是苏格兰战争的中心人物）之间却出现了一系列极其复杂的纠纷，事关司法权限和特权。1305 年，爱德华一世没收了贝克的土地，表现出自己依然有足够的胃口去压服任何一位胆敢冒犯他的权贵，管他是世俗诸侯，还是教会人士。

但苏格兰依然麻烦不断。1300 年、1301 年、1303 年，英格兰集结军队去镇压苏格兰人，但后者从福尔柯克吸取了教训。他们不肯迎战，因此爱德华一世没有办法像平定威尔士那样令北方王国俯首帖耳。英格兰取得了一些成功：年轻的罗伯特·布鲁斯（“大业”中王位竞争者罗伯特·布鲁斯的孙子）在 1301～1302 年冬季变节到英格兰人这边；威廉·华莱士于 1305 年被俘，在伦敦惨遭虐杀，他的首级被涂上焦油，插在伦敦桥的矛尖上示众。然而苏格兰仍然不肯屈服。英格兰政府高层需要新的理想、新的领导人和新的生命力，去将这场战争继续打下去。

卡那封的爱德华为这一切做好准备了吗？这位王储肯定是

一位强健有力的青年，继承了父亲在马背上的功夫。他还热衷于信守和维护家族的神话。1301 年，他命人为切斯特城堡绘制了一幅托马斯·贝克特受难图。次年，他接受了一件礼物：附有插图的忏悔者爱德华传记。

卡那封的爱德华虽然表现出对金雀花王朝传统的尊重，但人们还是担心，他缺乏坚强的意志力，而正是这种意志力使他父亲成为一位英明君主。他不喜欢比武，这说明爱德华一世对前线厮杀混战的爱好没有遗传给在世的最年长的儿子。从 1300 年开始，宫廷普遍产生了猜疑，认为王子跟一个叫作皮尔斯·加韦斯顿的青年学坏了，行为举止与金雀花王朝王子的身份不相称。在加韦斯顿的怂恿下，王子颇为放肆无礼，令人难以忍受。1305 年，年轻的爱德华与国王的重臣沃尔特·兰顿发生争吵。他对这位财政大臣当面“口出粗鄙刻薄的恶言”，国王一怒之下将王子逐出宫廷几个月之久。

尽管这些事情令人担忧，但在 1306 年，形势所迫，卡那封的爱德华必须被推到前台。北方王国又一次爆发了动乱，这一次的起因是约翰·科明遭到恶毒的谋杀。他是巴德诺赫领主，曾经担任苏格兰摄政，在邓弗里斯的圣方济各会教堂祭坛前被刺杀。凶手不是别人，正是罗伯特·布鲁斯。他在 1302 年叛逃到英格兰人那边，在 1306 年 3 月又在斯昆修道院自立为苏格兰国王罗伯特一世。苏格兰战争狼烟又起。

准备再一次进军苏格兰的时候，爱德华一世的健康开始恶化。罗伯特一世加冕的时候，爱德华一世在温切斯特卧病在床。从 1306 年春末开始，他只能坐轿子行动。他没有耽搁，立刻着手为卡那封的爱德华掌权做准备。1306 年 4 月，加斯科涅被授予王子，作为封地。圣灵降临节（复活节之后的第七个星期日），他在威斯敏斯特获得骑士勋位。他和另外三百名年轻人在典礼上得到册封，火炬被传递给了新一代的英格兰人。这次典礼被称为“天鹅庆典”，因为在用餐之后，爱德华命人呈上了一对金天鹅，示于众人。国王以亚瑟王的风格发誓，在向罗伯特·布鲁斯复仇之前将永不停歇；大仇得报之后，他将在不列颠永远放下武器，而前往圣地，讨伐异教徒。年轻的爱德华表示同意，也以类似的亚瑟王风格起誓，在打败苏格兰人之前，绝不在同一个地方连续度过两个夜晚。其他骑士们也对着金天鹅起誓。为了显示他们的恪守诚信，一支军队在国王的堂弟艾默尔·德·瓦朗斯[①]指挥下被派往北方，镇压犯上作乱的苏格兰人，主持英格兰的公道。

又一次出征苏格兰的时候，爱德华一世知道，他在日渐衰老。要将整个不列颠统一在一个王权之下，他的时间已经所剩无几。在接下来的两年里，追踪布鲁斯的战斗是他一生中最残暴的事件之一。许多伯爵、主教和妇女遭到囚禁，或者被以最为残忍和可耻的方式处死。但这还不够。老国王的部下拼命努力缉拿布鲁斯的时候，王子和继承人却继续在辜负他。父子之间爆发了激烈争吵，尤其是为了儿子对皮尔斯·加韦斯顿过分的宠信。

爱德华一世在率领又一支大军北上的途中，于 1307 年 7 月 7 日（星期五）下午在布拉夫驾崩。仆人们努力扶他起来

① 第二代彭布罗克伯爵艾默尔·德·瓦朗斯（约 1275 ~ 1324），当时最富裕和强大的诸侯之一，是爱德华二世与其诸侯（以第二代兰开斯特伯爵托马斯为首）冲突中的关键人物，下文会有详述。他属于亨利三世时期的权臣吕西尼昂家族，他的父亲就是亨利三世的同母异父弟弟威廉·德·瓦朗斯。他的叔叔也叫艾默尔·德·瓦朗斯，是温切斯特主教，详见前文。

用餐的时候，死神降临了，这样的死法颇为可悲。他已经患病好几个月，尽管在6月底还生龙活虎地跨上自己的老战马、率军从卡莱尔出征，但他的身体已经毁坏了。漫长的戎马生涯、顽强的政治斗争和勤勉的统治摧毁了他的健康。他享年六十八岁，去世前即便与两年前相比，也憔悴了太多。与此同时，他的儿子却离战区有千里之遥，躲在英格兰东南部逍遥快活。1307年5月，他被迫服从国王的命令，将他的朋友加韦斯顿流放了。

爱德华一世在世时是豹子，是雄狮，是建设者，也是猛击敌人的战锤。死后，他进入了传奇的国度，就像他的英雄亚瑟王一样。在亨利二世之后，为了加强金雀花王室的统治、增长它的威严，他的贡献比任何一位国王都更多。他确立了英格兰对不列颠群岛大部分地区的主宰，保卫了金雀花王朝残余的海外领地。他整肃了英格兰的法律和体制，铲除贪官污吏，以此换取将战争继续下去的经费。在1290年，他迎合了民众的偏见，驱逐了犹太人。尽管他曾将几位大诸侯逼迫到武装叛乱的边缘，但还是避免了内战，王室的威望和地位从来没有跌落到他父亲治下的那种低谷。

当然，一切成就都是要付出代价的。爱德华一世为不列颠留下了不可磨灭的印记，却把他的国家搞得几乎民穷财尽。他在行使王权时的残忍和偏执也令人震惊。他给王室留下了高达约20万镑的债务。即便以当时的标准来看，他也是个凶暴而粗鲁的人。英格兰在他强加的经济负担重压之下呻吟哀哭。苏格兰人和威尔士人满腹怨恨地排斥他自上而下强加的统治。但没过多久，英格兰就开始为豹子的辞世而懊悔不已。

第五部
暴力的年代
（1307～1330）

哦，灾祸啊！不久之前还身穿紫袍和精细亚麻华服的人，现在居然衣衫褴褛，披挂镣铐，身陷囹圄！

——《爱德华二世传》

国王和他的兄弟

“你这狗东西！你竟想把土地挥霍出去？你从来没有赢得过任何土地！上帝明鉴，若不是害怕分裂国家，你本不应继承大统！”

据编年史家吉斯伯勒的沃尔特（他是有名的不可靠的史家，常有虚构捏造的劣迹）记载，在 1307 年 2 月，爱德华一世与他的儿子——卡那封的爱德华的最后几次争吵中，曾经这样怒斥儿子。沃尔特说，小爱德华曾通过一名中间人，请求爱德华一世将蓬蒂厄伯爵领地封赏给他的亲信、密友和同僚骑士皮尔斯·加韦斯顿。蓬蒂厄是小爱德华的母亲——深受缅怀的卡斯蒂利亚的埃莉诺——带给金雀花王朝的。老国王狂怒之下先是痛骂儿子，然后动起手来，将这个年轻人的头发撕扯掉许多，然后气喘吁吁地将他赶了出去。

这个故事是真的吗？一定有很多人愿意相信它的真实性。卡那封的爱德华是个怪异的年轻人。在有些方面，他和父亲简直是一个模子里出来的：魁梧强壮，骑术高超，相貌英俊，但不像他父亲那样口齿不清，也不像祖父那样眼皮耷拉。《阿诺尼玛莱编年史》的作者称，他“容貌俊朗，体格健壮”，“但他没有父亲的品格和才华，因为他不关心骑士功业或者威权，而只贪图享乐”。尽管他的外貌颇具王者之风，但从他的统治一开始就显而易见，他是个非常糟糕的国王。

这非常令人遗憾，因为爱德华二世继位的时候，形势一片大好。他父亲麾下两名最惹是生非的贵族——诺福克伯爵和赫里福德伯爵——前不久去世了。剩下的势力最大的两位伯爵——兰开斯特伯爵托马斯和格洛斯特伯爵吉尔伯特分别是爱德华二世的堂兄和外甥。坎特伯雷大主教温奇尔西因为1306年与爱德华一世的争吵而被流放；而在前一年曾与爱德华二世发生冲突的王室财政大臣沃尔特·兰顿则被迅速撤职、褫夺土地并囚禁。虽然王室负有约20万镑的巨额债务，但一位精明强干的国王在主要臣民的积极帮助之下，应该能轻松地解决这个问题。

但是，从爱德华二世登基最初的几个月起，臣民们就以怀疑和敌意打量这位国王。他的生活的每一个方面似乎都与他的地位格格不入。在这个时代，骑士风度和军人勇武仍然是一位理想国王的关键品质，而爱德华二世却常常被描述为腐化堕落之徒。编年史家们对他的许多最恶毒的攻击是在他的统治蒙受灾难的时候写下的，但人们确实普遍地、鄙夷地指责，他沉溺于游泳和划船这样的农民活动。

编年史家雷纳夫·希格登指责爱德华二世更愿意与“弄臣、歌手、伶人、车夫、挖掘工人、桨手和水手”待在一起，而不愿意与贵族和骑士们称兄道弟。的确，他在位时，常有水手、驳船主和木匠在国王内室与他一同用餐。“如果他能把对村俗活动的注意力转移到军事上，定能大大增添英格兰的荣光。”《爱德华二世传》（当时一部记载国王统治事迹的史书）的匿名作者如此哀叹道。王室的一位信使曾说，国王更喜欢用茅草盖屋顶和挖掘水渠（这是农村的活动，更适合下层阶级的工匠，而不是王亲国戚），而不愿听弥撒。尽管其他证据表明爱德华二世是个传统的虔诚信徒，在战斗中也能独当一面，但他不喜欢比武，也不举办这些活动，更不会赞助天鹅庆典那样的大型骑士活动（他自己就是在这次庆典上被封为骑士的）。他对君主在公开场合的恰当举止毫无兴趣，这最终导致他成为老百姓的笑柄。

爱德华二世还特别任人唯亲，这对他的损害要比其他事情大得多。他的整个成年生涯都处在密友们的阴影之下，他对这些狐朋狗友产生了不健康的痴迷。“国王羞辱善良的国民，而将荣誉交给国家公敌，如谄媚逢迎、进献谗言和为非作歹之徒，这些人给他的建议违背王室的利益，也违背国家的利益。他却非常宠爱这些佞臣。”《阿诺尼玛莱编年史》的作者写道。爱德华二世一生中有过多位这样的宠臣，但最得恩宠的只有一位。从1300年起，爱德华二世便被一个叫作皮尔斯·加韦斯顿的臭名昭著之徒牢牢掌握在手心。

加韦斯顿是一名加斯科涅骑士。他的年纪比爱德华二世稍微大一点，曾于1297年追随爱德华一世在佛兰德征战，后来又于1300年参加讨伐苏格兰，凭军功得到老国王信任，被纳入王子的内廷。据编年史家杰弗里·贝克尔说，加韦斯顿“身形优雅敏捷，头脑机智，谙熟礼仪……并且精通军事”。爱德华一世一定认为他是个骑士精神的完美榜样，于是让儿子效仿和学习他。

不料事与愿违。从结识伊始，两人之间就显然产生了一种不健康的亲密关系。爱德华二世容易受人摆布，被聪明狡黠、野心勃勃而且贪得无厌的加韦斯顿牵着鼻子走。加韦斯顿魅力十足，但傲慢到了令人无法忍受的地步，《爱德华二世传》的作者称，他的自负“让诸侯无法忍受，令众人憎恶和愤怒”。他的洋洋自得让国王喜笑颜开，却让其他人怒火中烧。“如果一位伯爵或男爵走进爱德华二世的房间……而皮尔斯在那里的话，爱德华二世就只对皮尔斯一个人说话，”这位编年史家记载道，他还暗示，“皮尔斯被人们看作是巫师”。

爱德华二世和皮尔斯·加韦斯顿究竟是不是我们现在理解的那种情人关系，或者是其他类型的关系，我们永远不得而知。他们之间可能是一种结义金兰的纽带关系，就像《旧约》里的约拿单和大卫的友情一样，“约拿单爱大卫如同爱自己的性命，就与他结盟。”① 记载爱德华二世统治事迹的每一位主要的编年史家都说，爱德华二世对待加韦斯顿就像对待亲兄弟一样，而国王在正式公文中也这样称呼自己的朋友。或许两人之间的关系的确有性的意味，但这在爱德华二世统治初期并不为人所知。他与法兰西国王腓力四世的女儿伊莎贝拉订了婚。像腓力四世这样特别传统和保守的国王绝对不会同意把自己的女儿嫁给一个鸡奸者和异端分子。但爱德华二世与加韦斯顿的关系的确过于亲密，令同时代人震惊和反感，被臣民们认为是丑恶可憎、不符合国王身份的。

1305 年，此事对全国政局产生了影响。当时，年轻的爱德华与父王的财政大臣沃尔特·兰顿发生激烈争吵。为了惩罚儿子，爱德华一世将加韦斯顿放逐了。次年，在爱德华一世最后一次讨伐苏格兰之前举行的盛大典礼上，加韦斯顿被重新接纳到王室圈子，并被册封为骑士，但他却和另外二十一名骑士一道溜走，到海外参加比武大会去了。为了惩罚他的这种轻率行为，他再次被逐出英格兰，但获准领取每年 100 马克的年金。

卡那封的爱德华得知父亲在布拉夫驾崩、自己已经成为英

① 典出《旧约·撒母耳上》，18：3。

格兰国王爱德华二世之后，第一个举动就是将加韦斯顿从流亡中召回。他将康沃尔伯爵领地封赏给加韦斯顿，并安排他与玛格丽特·德·克莱尔（格洛斯特伯爵吉尔伯特与爱德华二世的妹妹——阿卡的琼的女儿）结婚。

这个晋升超乎寻常，配得上王亲国戚。康沃尔伯爵是金雀花王朝最显赫的头衔之一，曾保有这个头衔的最著名的贵族便是亨利三世的弟弟理查，他在当年是欧洲最高级的贵族之一，曾享有德意志国王和普瓦图伯爵的地位。与这个头衔一同封赏的不仅有英格兰西南部的土地，还有伯克郡、牛津郡和约克郡的大片领土，其年收入高达约 4000 镑。它既是王亲国戚的头衔，也具有极大权力和深远影响。将如此高贵的头衔赐给加韦斯顿这样一名内廷骑士，不仅过分慷慨，在政治上也是非常危险的。

加韦斯顿的荣升激怒了很多人。其中主要的反对者是太后——法兰西的玛格丽特，已故的老国王曾告诉她，会把康沃尔伯爵领地封给她的两个儿子（布拉泽顿的托马斯和伍德斯托克的埃德蒙，也就是爱德华二世的异母弟）之一。这两个小王子尽管年幼，但爱德华二世在 1308 年去法兰西迎娶腓力四世之女伊莎贝拉的时候，他们有可能会被指定为英格兰政府的名义摄政。但他们没有得到这个任命，这项荣誉又被赐给加韦斯顿。

根据传统，摄政的职位一般被交给一位王室重臣、王族成员或者王后。爱德华二世对此漫不经心，但他身边的所有人都大感警醒。加韦斯顿绝对不是金雀花王族的成员。他也不是一位首席政法官、大法官或者大主教。“昨天还是流亡者和丧家之犬，今天却成了国家的摄政和守护者，”《爱德华二世传》

的作者震惊地写道。但国王的加冕礼表明，摄政还不是加韦斯顿飞黄腾达的最顶峰。

1308 年 2 月 25 日，爱德华二世在威斯敏斯特加冕。英法两国的贵族都参加了庆典。人们蜂拥进入威斯敏斯特教堂，争相目睹新国王的受膏礼。十二岁的王后伊莎贝拉陪伴在国王身边，他们是于前一个月在布洛涅结婚的。那次婚礼奢华灿烂，有五位国王和三位王后到场庆贺。

修道院教堂和周围大街小巷都挤满了参加婚礼的宾客和观众。人潮如此汹涌，以至于挤塌了一堵墙，导致骑士和蓬蒂厄前任总管约翰·贝克韦尔爵士丧命。云集于教堂的贵人们的金丝华服熠熠生辉。法兰西人派来了富丽堂皇的代表团，包括瓦卢瓦伯爵、埃夫勒伯爵、伊莎贝拉的哥哥查理（未来的法兰西国王查理四世）、布拉班特公爵约翰及夫人玛格丽特（爱德华二世的姐姐）、卢森堡伯爵海因里希（很快将成为神圣罗马皇帝海因里希七世），还有很多其他贵客。英格兰的伯爵、男爵和各郡骑士们挤在这些贵宾身旁，见证这最重要的政治典礼。

老国王的遗体也在现场，一言不发。爱德华一世的新陵寝是用珀贝克黑色大理石制成的，外表光滑，庄严肃穆，上面刻着“在此长眠着爱德华一世，苏格兰人之锤。尊崇誓言”。这箴言冷静地提醒众人，君主负有军事责任。所有曾宣誓要实现统一的、亚瑟王式不列颠的人，都负有这样的责任，并且受到在天鹅庆典上发出的誓言的约束。

新国王走进了修道院教堂。他身披绿色长袍，穿着黑色紧身短裤，赤足走在撒着花瓣的地毯上，年轻的新娘陪伴在他身边。国王夫妇头顶上张挂着美丽的刺绣华盖，英格兰的权贵和高级教士们走在他们前面。队伍的排列顺序有严格的规矩，这在加冕礼的时候总是会造成争执。每一位伯爵都有特定的使命。在爱德华二世的加冕礼上，兰开斯特伯爵、沃里克伯爵和林肯伯爵负责捧着宝剑；国王的堂兄兰开斯特的亨利[①]捧着权杖；另外四位诸侯——老休·德斯潘塞、彻克的罗杰·莫蒂默[②]、牛津伯爵之子托马斯·德·维尔和阿伦德尔伯爵埃德蒙·菲茨艾伦抬着一张礼仪板，加冕礼专用的沉重而奢华的袍子就摆放在那上面。

出人意料的是，皮尔斯·加韦斯顿也出现在了这些达官贵人当中，他走在爱德华二世和伊莎贝拉的前方，这是非常尊贵的位置。据圣保罗大教堂的编年史家记载，加韦斯顿浑身装束仿佛是“战神玛尔斯”。云集于此的贵族们身穿缀有金线的华服，但加韦斯顿更胜一筹，穿着紫色的绸缎（只有王室才可以用紫色）衣服，上面装饰着珍珠。他捧着忏悔者爱德华的王冠，这是王室御宝中最神圣的一件。聚集在此的贵族们必然会将这视为一种恶毒的侮辱。

在瞠目结舌的人们面前，爱德华二世用法语，而不是惯常的拉丁语发出了加冕誓言。他对加冕誓言有所发挥，承诺要维护忏悔者圣爱德华的法律，以及“国民所选择的法律和合法的风俗习惯”。在先王治下，议会经常召开，是表达政治异议、讨论、辩论和谈判的场所。神圣的加冕誓言中认可了国民越来越强有力的作用，这反映了新的政治现实。

---

① 即第二代兰开斯特伯爵托马斯（爱德华二世的死对头）的弟弟，后来继承爵位，称第三代兰开斯特伯爵亨利。

② 彻克的罗杰·莫蒂默是第一代莫蒂默男爵罗杰·莫蒂默（上文讲到的爱德华一世的盟友，在伊夫舍姆杀死西蒙·德·孟福尔的大将）的第三子。

但吸引所有人注意力的不是新的加冕誓言，而是加韦斯顿。在每一个环节，他的在场都令其他贵族愤愤不平。仪式进行到为国王穿靴的阶段时，加韦斯顿与瓦卢瓦伯爵和彭布罗克伯爵共同承担这个光荣义务，为国王配上左脚的马刺。爱德华二世和伊莎贝拉受膏之后，国王端坐在包含斯昆石的御座上，接受群臣的效忠。加韦斯顿手捧国王的宝剑“慈悲之剑”①，引领着队伍走出教堂。先前进入教堂的时候，宝剑是由兰开斯特伯爵捧进来的。在等级森严、受制于神圣信仰的社会中，这是严重违反规程的行为。这场哑剧继续演下去的时候，人群中发出了不合时宜的抗议声。但更糟糕的还在后面。

加韦斯顿负责组织加冕礼之后的宴会，他利用这个机会为自己争夺了更多荣誉。宴会厅的墙壁上张挂着华丽的壁毯。壁毯上绘制的不是爱德华二世和伊莎贝拉的纹章，而是爱德华二世和加韦斯顿的纹章。如此明目张胆地怠慢新王后，令到访的外戚怒火中烧。雪上加霜的是，在宴会中（菜肴上得太晚，基本上无法下口），爱德华二世一直和加韦斯顿谈笑风生，而对新娘置之不理。甚至在仪式之前，年轻的王后就写信给父亲，抱怨自己的生活条件太寒酸，而且受到轻视怠慢。她遭受的虐待在此被展示于众目睽睽之下。更糟糕的是，后来人们得知，爱德华二世将王后的珠宝首饰和结婚礼物中最好的部分都馈赠给了自己的宠臣。

---

① 慈悲之剑（Curtana 或 Sword of Mercy）传说是忏悔者爱德华的剑，前端截断钝平，以示并非用于杀戮，所以称为“慈悲之剑”。它是英王加冕礼所用的五把仪式用剑之一，另外四把分别是献纳之宝剑（The Jewelled Sword of Offering）、国剑（Great Sword of State）、天界正义之剑（Sword of Spiritual Justice）和俗界正义之剑（Sword of Temporal Justice）。

加冕礼是场不折不扣的灾难。它向整个英格兰政界，以及伊莎贝拉的家人证实，国王对皮尔斯·加韦斯顿非常痴情，这非常危险，不仅不合体面，而且很可能会招致政治灾祸。就这样，爱德华二世疏远和激怒了所有原本希望支持他的人。

仅仅几天之后，加冕礼造成的怒火就演化成了政治危机。预定议会将于 4 月召开，有传闻说，权贵们将全副武装地前来，惩罚加韦斯顿的丑恶行径。为了防止可能出现的麻烦，泰晤士河上的桥梁在 3 月底被拆毁了，国王则逃遁到了温莎城堡。新王登基往往能够带来政治资本、得到人民的善意，但加冕刚过几天，爱德华二世就把这好机会败了个精光。

议会于 1308 年 4 月召开时，以林肯伯爵亨利·德·莱西为首的权贵提出了三条宣言，对宪法造成了翻天覆地的影响。他们宣布："臣服和效忠誓言是针对国王的位置，而不是国王本人。"这是历史上首次将国王与他所占据的位置明确地做了一个区分。权贵们要求将加韦斯顿流放，并褫夺他的伯爵领地，因为"他侵犯王室权益……盗窃王家财产……并在国王与其人民之间制造纠纷"。

这不是心怀不满的少数派发出的宣言，而是宪法意义上的反对派发出的明确信号，几乎所有英格兰诸侯都支持它。兰开斯特伯爵、彭布罗克伯爵、沃里克伯爵、赫里福德伯爵和萨里伯爵都支持林肯伯爵，并在威斯敏斯特展示武力，以强调他们是多么认真。温奇尔西大主教在加冕礼期间在国外，现在被国王召回到英格兰。他一回国就站到诸侯那边，威胁说如果加韦斯顿不在 6 月底之前离开英格兰，就将他绝罚。只有一位贵族，老休·德斯潘塞爵士支持国王。德斯潘塞是一位深受信赖的外交官和赤胆忠心的保王党，他花了一笔巨款（2000 磅）

安排自己的独生子——小休·德斯潘塞与格洛斯特伯爵的妹妹于1306年结婚。在今后的岁月里，他将紧随国王左右。

尽管支持爱德华二世的诸侯屈指可数，他却仍然犹豫不决。显然加韦斯顿必须离开，也不可能保住他的伯爵领地。但爱德华二世没有直接屈从于反对派、将宠臣流放，而是任命加韦斯顿为爱尔兰总督，并将英格兰和加斯科涅的一些城堡和地产赏赐给他，好让他维持生计。他陪伴加韦斯顿到了布里斯托尔，然后在那里庄严地目送他登船离开英格兰海岸。

爱德华二世应当能够从他父亲治国的点点滴滴中学到，英格兰王国政治的基础是共识和妥协。诸侯并不是天生就惹是生非或者敌对王权，但他们对君主统治的缺陷或不公特别敏感，如果相信国王没有尽到自己的本分，就会毫不犹豫地采取行动、控制政权。令人遗憾的是，爱德华二世看不到这一点。在他眼里，诸侯流放加韦斯顿，是对他挚爱的人的攻击，而不是为了国家利益而采取的政治行动。因此，在1308年，他唯一关心的就是通过谈判把他的宠臣接回国来。在随后四年中，他一而再，再而三地做着这种努力，导致英格兰又一次走到了内战的边缘。

受约束的国王

令人尴尬的加冕礼之后，国民对加韦斯顿群情激愤，怒不可遏。在爱德华二世眼里，这种民愤是毫无根据的。他似乎当真把加韦斯顿当作亲兄弟看待，并且以奢侈的礼物封赏他，情深意切。王后只能可怜兮兮地站到第三位，这让法兰西人怒火中烧；但她毕竟只是个十二岁的孩子，还没有做好成为国王性伴侣的准备，也不是一个有影响力的政治人物。在加韦斯顿被流放到爱尔兰之后，爱德华二世不思进取，没有坚决果断地满足政府的急切需求，而是将全副精力花在撤销他的宠臣受到的刑罚上，并向教皇请愿，求他解除温奇尔西大主教对加韦斯顿的绝罚令（暂时没有切实执行）。国王的所作所为给国家带来了致命的恶果。

爱德华二世并不愚蠢，他认识到，要想让加韦斯顿回国，必须对权贵们发起一轮魅力攻势。他启动了一项改革计划，努力赢得主要诸侯和主教们的好感。1309 年 7 月，朝廷在斯坦福颁布法令，处理官吏强行收购物资以供给王军的问题，以及王室官吏在各郡滥用职权的罪行。作为交换，加韦斯顿被允许于 8 月返回英格兰，并被重新授予康沃尔伯爵领地。英格兰许多势力最强大的权贵见证了这个事件，包括达勒姆主教、奇切斯特主教、伍斯特主教、伦敦主教、格洛斯特伯爵、林肯伯爵、萨里伯爵、彭布罗克伯爵、赫里福德伯爵和沃里克伯爵。但国王的堂兄——兰开斯特伯爵托马斯、阿伦德尔伯爵和温奇尔西大主教并不在场，没有认可加韦斯顿的回归。

加韦斯顿归国之后变本加厉，更加放肆妄为。据多位编年史家记载，他给其他几位伯爵取了侮辱性的绰号。他把沃里克伯爵叫作“阿登的黑狗”，把格洛斯特伯爵称为“婊子养的”，把林肯伯爵称为“大肚子”，称兰开斯特伯爵为“匹夫”，称彭布罗克伯爵称为“犹太人约瑟夫”。加韦斯顿还撤除了兰开斯特伯爵一名亲信在王国政府中的职务，以自己的人取而代之，这令兰开斯特伯爵愈发恼怒。加韦斯顿对国王的影响力仍然非常强大，而且极其令人担忧，原因之一是，国家理应积极备战，准备对抗苏格兰人。

1309 年，局势愈发紧张。朝廷命令于 9 月在苏格兰征集一支军队，但后来没有落实。但爱德华二世的官吏们仍然继续征用和强行收购物资，用征来的粮食和给养供给北方的王室驻军。另外还征收了二十五分之一的赋税。苛捐杂税非常沉重，有传闻说，一场农民起义一触即发。

1310 年初的议会上，权贵们表达出了极大的愤慨。诸侯普遍拒绝去威斯敏斯特参加议会，而要求将加韦斯顿逐出宫廷。《爱德华二世传》记载称，国王向诸侯妥协之后，议会发表了急迫的抱怨，称“自先王爱德华驾崩以来，君主和国家的状况大为恶化……整个王国受到极大损害……”他们将自己的怨言概括在一份请愿书中。请愿书的作者们指出，自 1307 年以来，爱德华二世受到奸臣蛊惑，将国库挥霍一空，以至于他的大臣们不得不违反《大宪章》规定的义务，从人民和教会手中勒索物资和钱财。爱德华二世被指控懒散怠惰，丢失了苏格兰，并且败坏了王室在英格兰和爱尔兰的产业。

这是非常严重的指控。将苏格兰的险恶局势归罪于爱德华二世，这忽略了一个事实，即战线拉得过长主要是他的父亲造成的。但其他方面的指控是有理有据的。为了挽救时局，议会的请愿者们要求“选举十二名谨慎、强大而声誉良好的人士，凭借其判断和决策，改良和处置局势；若发现王国蒙受任何负担，他们应颁布法令，将其铲除……”爱德华二世在位只有三年而已，却需要采取这样大胆和紧迫的措施，表明整个政界对爱德华二世的领导忧心忡忡。诸侯并非被狼子野心和无耻贪欲驱动着去侵犯王权的恶徒，也不是不通情理的宵小。总的来讲，他们只是希望有一位强大而公正的国王。

爱德华二世在议会刚开始的时候或许还没有认识到问题的严重性，但他很快就发现，诸侯的确是玩真的。《爱德华二世传》记载称，诸侯指控国王违背了自己的加冕誓言，并威胁他，如果不满足他们的要求，就要将他废黜：“诸侯团结一致……表示，假如国王不满足他们的要求，他们就不要他当国王，也不遵守对他发出的效忠誓言，这尤其是因为，他自己也没有遵守在加冕时许下的诺言。”

爱德华二世意识到别无办法，只能屈从于民意。1310 年 3 月 20 日，二十一名改革派诸侯——负责执行改革条令的领主们——被选举出来，并宣誓就职。这个委员会中的保王党和改革派势力均衡，包括坎特伯雷大主教和英格兰的多位主教，以及除了牛津伯爵、萨里伯爵以及康沃尔伯爵皮尔斯·加韦斯顿之外的所有英格兰伯爵（加韦斯顿被排除在外，不足为奇）。他们同意于 1311 年 9 月公布改革条令。

1310 年 9 月，为了与改革派诸侯保持距离，爱德华二世动身前往苏格兰边境。改革派诸侯正在忙碌地（在国王看来，是放肆地）制定改革王政的计划。爱德华二世在边境一直待到1311年7月。与十年前他父亲在宏伟战役中指挥北上的大军相比，爱德华二世的军队逊色不少，但约三千步兵、一千七百骑兵仍然是一支相当强大的力量。

但他没有取得任何进展。罗伯特·布鲁斯继续游击和撤退，避免正面交锋。苏格兰和英格兰国王之间有一些外交接触。加韦斯顿率领一支强大的部队奔赴珀斯，希望能够通过军功赢得民心，但无功而返。最终，爱德华二世的资金和给养消耗殆尽，也没能在爱尔兰或英格兰招募到更多军队，于是结束了这场失败的远征，于1311年夏季南下回国。爱德华二世刚刚离开，罗伯特·布鲁斯就入侵了英格兰北部，造成了很大破坏和苦难。国王返回威斯敏斯特时发现，政治改革的完整方案已经在运作，而他的政敌们力量大增、对他虎视眈眈。

在他讨伐苏格兰期间，有好几个重要人物去世了。达勒姆主教安东尼·贝克就是其中一个。对国王统治生涯余下时光更为重要的，是林肯伯爵亨利·德·莱西的死。林肯伯爵（同时拥有索尔兹伯里伯爵领地）在很多方面算得上是权贵中的元老政治家。他威名远播、经验丰富、德高望重。他的辞世使英格兰政治损失了一位有影响的人物，还改变了英格兰贵族权力的微妙平衡。

林肯伯爵的女儿艾丽斯嫁给了国王的堂兄——兰开斯特伯爵托马斯。林肯伯爵没有儿子，所以在他死后，兰开斯特伯爵继承了林肯和索尔兹伯里这两个伯爵领地。于是，兰开斯特伯爵得到了一个极其强大的势力范围，他会毫不犹豫地对其加以利用。甚至在林肯伯爵去世之前，三十三岁的兰开斯特伯爵就已经是一个令人生畏的强悍角色。他已经拥有三个伯爵领地：兰开斯特、莱斯特和德比。他的父亲是爱德华一世的弟弟埃德蒙；他的母亲曾经是纳瓦拉国王亨利一世的王后；他的同母异父妹妹——纳瓦拉的琼是法兰西王后。因此，兰开斯特伯爵是英格兰国王亨利三世和法兰西国王路易八世的直系后裔①。他比国王年长约六岁，两人在孩提时代是亲密伙伴。兰开斯特伯爵在国王统治早期的困难时期曾支持他，但就像其他许多英格兰贵族一样，他也被加韦斯顿的放肆行为和政府权力的滥用（尤其是强行收购物资的严厉举措）激怒而走到了改革派阵营。1308~1309 年冬季，他离开了国王的亲信圈子。他往往远离威斯敏斯特，待在自己在北方的领地，在那里随心所欲地扮演该地区最强大诸侯的角色。

兰开斯特伯爵继承了林肯伯爵的领地之后，一夜之间成了英格兰实力最雄厚的领主。林肯伯爵的遗产使得他的收入猛增到 1.1 万镑——差不多是第二强大的权贵格洛斯特伯爵吉尔伯特的两倍——并且使得他的领地遍布王国全境。他有资本招募数量庞大的私人武装，在全国和地区两个层级都拥有极大权力。

就像历史上的另一位伯爵和金雀花王朝的王亲国戚——西蒙·德·孟福尔（他是亨利三世的克星）一样，兰开斯特伯爵托马斯也是个粗暴无礼的角色。他傲慢、易怒、专横跋扈，往往会疏远其他诸侯，很少赢得下属的忠诚。他是个非常不得人心的地主，常常违法侵犯佃户的利益。他得不到人们的爱戴，而他崛起成为英格兰第二强大的人物之后，他的缺乏政治头脑也令人担忧。兰开斯特伯爵终其一生都是改革派诸侯中最

① 第二代兰开斯特伯爵托马斯的外祖父是第一代阿图瓦伯爵罗贝尔，即法兰西国王路易八世的儿子。

狂热的一位。四十一条的改革计划于1311年8月底被呈送给爱德华二世，并在当年11月昭示天下。兰开斯特伯爵在这一计划的筹划起草过程中扮演了极其重要的角色。

1311年的改革条令包罗万象，极其详尽。它攻击了一些司空见惯的滥用权力的行为（这些行为可以追溯到爱德华一世统治时期）：强行征用和收购物资；为了还债，海关关税被交给意大利银行家；国王不与议会协商，就发动战争。爱德华二世受到了极大的束缚：在偿清债务之前，他如果要以土地封赏他人，必须征得议会中诸侯的许可；税收被直接交付国库，而不是国王内廷；议会应每年召开一次或两次，并设置特别委员会，以听取对国王滥用权力行为的指控。爱德华二世的整个官僚系统，从他的大法官和财政大臣到各郡的郡长，都将由相应的委员会任命。

1258年的事件又重演了一遍。诸侯夺走了一位昏庸无能的金雀花国王的政权，然后以严格和规范性的方式将政权重新强加于他。但是，国王盛气凌人而满心不情愿，诸侯在实践中如何对抗他的意志，并执行这些改革条令呢？这个问题在过去的政体危机时没有得到解答，在1311年也没有得到很好的解答。在此之前，这样的事情在历史上一再上演——诸侯试图强迫金雀花国王践行改革，后者坚决抵触——都以内战告终。但诸侯别无选择，只能尝试。

有一个要求是可以执行的：放逐皮尔斯·加韦斯顿。就像1308年一样，改革派诸侯向加韦斯顿发起了新一轮攻击，指控他是王政所有欠缺不足的罪魁祸首。改革条令中写道，加韦斯顿“蛊惑国王误入歧途”，“巧舌如簧，以各种伎俩诱骗国王，败坏朝纲”，并且“使国王与他的封臣们疏远”。诸侯还怪罪加韦斯顿在没有得到他们许可的情况下就发动战争，控诉他在空白的特许状上盖章，“欺骗国王和王室，盗窃其产业”，并“举止狡猾、奸诈和阴险，令王国蒙羞、遭受损害”。这是爱德华二世一生中第三次面对诸侯的愤怒要求：将他的义兄加韦斯顿流放，这一次不仅“逐出英格兰，还应逐出苏格兰、爱尔兰和加斯科涅，以及英格兰国王治下的每一块海外领地，永远流放，不得归国”。

11 月 3 日，加韦斯顿从多佛尔起航，离开了英格兰，在佛兰德登陆。爱德华二世事先已经给布拉班特公爵及夫人写了信，请求他们好好照顾自己被流放的朋友。但这次流放又是很短暂的。11 月底，英格兰诸侯颁布了第二套改革条令，可能是兰开斯特伯爵和沃里克伯爵下令发布的。新的改革条令的唯一目的是：将国王亲信圈子中所有与加韦斯顿有关系的人清洗出去。但事与愿违。这些新条款极其严厉、充满挑衅，只是让国王反抗的决心更强。备受羞辱、怒火中烧的国王在加韦斯顿流亡仅几周之后就将他秘密召回。1312 年 1 月初，失势的伯爵又一次返回英格兰，刚好赶上在约克郡见到自己的妻子玛格丽特，后者刚刚生下了他们的第一个孩子，一个叫作琼的女婴。

爱德华二世几乎立刻开始向全国发布公告，宣布他拒绝同意改革条令，并证实自己已经将加韦斯顿召回，并恢复了他的伯爵地位。2 月底，爱德华二世和加韦斯顿庆祝了玛格丽特的安产感恩礼拜。这是他们一起度过的最后一次节庆活动。

搜　捕

牛津郡的德丁顿村坐落在一座城堡周围。征服者威廉的兄弟——巴约主教奥多在诺曼征服不久之后建造了这座城堡。彭布罗克伯爵艾默尔·德·瓦朗斯对这个地区非常熟悉。1312年6月9日晚上，他抵达德丁顿村的时候，他的妻子就在22英里之外的班普顿庄园。

他押解着一个臭名昭著的犯人：皮尔斯·加韦斯顿。彭布罗克伯爵、萨里伯爵和另外两位诸侯攻打了国王宠臣的斯卡伯勒城堡。加韦斯顿于5月19日向他们投降，随后一直被关押着。彭布罗克伯爵以英格兰诸侯的名义羁押着加韦斯顿。他对自己的职责非常认真：在约克与爱德华二世谈判的时候，彭布罗克伯爵同意，如果加韦斯顿在他手中遇到任何伤害，他将交出自己的全部财产。

英格兰的大权贵们精诚团结，一同筹划和执行搜捕加韦斯顿的计划。加韦斯顿回到英格兰几周之后，伯爵们就在英格兰和威尔士全境征集兵马，借口要组织比武大会，“以免国民被动刀动枪的景象吓坏”（这是《爱德华二世传》的记载）。招兵买马的真正目的当然是准备向国王和他令人憎恶的宠臣开战。密谋的主要领导人包括温奇尔西大主教（他向加韦斯顿发出了绝罚令）、兰开斯特伯爵、彭布罗克伯爵、赫里福德伯爵、阿伦德尔伯爵、沃里克伯爵，以及两位势力较小的男爵——亨利·珀西和罗杰·德·克利福德。其他诸侯，如萨里伯爵和格洛斯特伯爵知晓密谋，也参与其中，但起到的作用较小。每一位权贵都负责在王国的某个地区维持治安，而彭布罗克伯爵和沃里克伯爵则负责抓捕加韦斯顿。

彭布罗克伯爵、萨里伯爵、珀西和克利福德在一场短暂的围攻之后将加韦斯顿从他的藏身之地——斯卡伯勒城堡揪了出来。诸侯马上开始与爱德华二世就释放加韦斯顿的问题开展谈判，谈判预定于夏季在更靠近伦敦的地方继续。彭布罗克伯爵押解着加韦斯顿南下，在6月一个温暖的夜晚抵达了德丁顿。彭布罗克伯爵尽管庄严宣誓要保障加韦斯顿的安全，在这个夜晚却做出了一个奇怪的决定。他宣布自己要离开德丁顿，去班普顿与自己的妻子团聚。他将加韦斯顿留下，只安排了少量卫兵警戒。

这是愚蠢，还是阴险的有意为之？彭布罗克伯爵始终坚持这是疏忽大意，但让英格兰最受仇恨的人单独过夜，并被大量敌人环绕，实在是太天真了。彭布罗克伯爵刚动身几个钟头，沃里克伯爵就率领一大群武士冲进了村。被加韦斯顿鄙夷地称为“黑狗”的那个人现在要来撕咬他的仇敌了。《爱德华二世传》将这个故事描绘得绘声绘色：

> 沃里克伯爵得知皮尔斯的境况之后，便率领一支强大的队伍，秘密接近了皮尔斯的所在地。星期六清晨，他冲进村庄，进入庭院大门，包围了加韦斯顿待的房间。
>
> 然后，沃里克伯爵厉声喝道：“叛贼，起来，我抓住你了!”皮尔斯听到伯爵的呼喊，还看到对方兵力雄厚，而看守自己的卫兵没有反抗的意思，于是穿上衣服，从房间走出来。皮尔斯就这样被抓住，没有被当作一位伯爵，而是被视为窃贼，被押走了。他惯于骑乘骏马，现在却不得不步行。

沃里克伯爵春风得意地离开了德丁顿村，他的扈从们吹响号角，在牛津郡延绵起伏的田野上大肆宣扬这场胜利。熙熙攘攘的人群挤在队伍两旁，辱骂失势的宠臣。加韦斯顿被押解到沃里克城堡，在那里作为叛国贼被投入监牢。

这并不仅仅是一位伯爵的谋逆行为。加韦斯顿被抓一周之内，兰开斯特伯爵、赫里福德伯爵和阿伦德尔伯爵都率领着他们的私人武装和仆役，前往沃里克。参与密谋的小诸侯也动身前往那里。彭布罗克伯爵现在开始对其他诸侯的冷酷无情感到恐惧，向兰开斯特伯爵抗议说，自己曾宣誓要保护加韦斯顿，诸侯却让他非常为难。诸侯置之不理，只是告诫他，将来再宣誓的时候要格外小心。

作为王亲国戚，兰开斯特伯爵是在场诸侯中资历最深的一位，于是开始掌控加韦斯顿的命运。兰开斯特伯爵和沃里克伯爵主持法庭，对犯人加以审判，罪名是违反了禁止他归国的改革条令。他显然是有罪的：这个法庭之所以组成，就是为了定他的罪，法庭所依据的法律也是专门为了消灭他而制定的。

加韦斯顿被判处死刑。6 月 19 日，他被带出牢房，押到兰开斯特伯爵面前。编年史家们描绘了一个凄惨的场景：犯人涕泗横流、哀求开恩。兰开斯特伯爵铁石心肠，将加韦斯顿交给两名武装卫兵。卫兵将他拖了两英里，抵达沃里克以北的布莱克洛山。在山顶上，他被交给两个威尔士人。两人各自向加韦斯顿发出了致命打击：其中一人刺穿了加韦斯顿的身体，另一人砍下了他的首级。首级被送到兰开斯特伯爵面前，验明正身。尸体被丢弃在原地，后来有一些多明我会修士收殓了遗体，将首级缝合到躯干上，然后将遗体送往牛津。多明我会与国王的关系特别亲密，爱德华二世的教师就是多明我会修士，他在成年之后对这个修会也格外恩宠，予以慷慨赏赐。因此，国王的朋友的尸体被加以防腐处理，穿上金线织就的华服，停放在多明我会的房舍内达两年半之久。慈善也只能做到这一步了：加韦斯顿死时仍然处于绝罚状态，因此不能下葬。尽管加韦斯顿傲慢自负而且恣意横行，作为国王宠臣，死得如此凄惨，也着实令人震惊。

爱德华二世得知自己义兄的命运之后，悲痛欲绝。他没有检讨自己的错误，却更加顽固地抗拒改革条令。他永远不会原谅自己的堂兄兰开斯特伯爵如此傲慢的暴行。在随后十年的大部分时间里，两人之间的血仇愈演愈烈。

加韦斯顿的死远远没有让英格兰团结起来，而是令政界愈发四分五裂。诸侯当中出现了永久性的分裂：对加韦斯顿被害负有责任的诸侯彻底失去了国王的好感，而彭布罗克伯爵和萨里伯爵感到自己在某种程度上被兰开斯特伯爵和沃里克伯爵欺骗了，于是变成了坚定不移的保王党。

一百五十多年来，金雀花王朝依法治国。在政治和宪法纠纷中，只有在极端的情况下，才有达官贵人因斗争而丧命：托马斯·贝克特悲惨地遇害；西蒙·德·孟福尔战死沙场；布列塔尼的阿尔蒂尔在自己牢房中被残忍杀害。现在，国王的一名亲信在另外一名伯爵的命令下，被深思熟虑地蓄意杀死。加韦斯顿罪过再大，根据王国的法律，也罪不至死。皮尔斯·加韦斯顿是一位贵族，却在布莱克洛山被刺穿身体和斩首。不管其他贵族愿不愿意承认，他是被谋杀的。

绑架、暴力和谋杀在中世纪社会屡见不鲜，但除非在极其严重的情况下，它们在王国政府的正常运作中是绝对不可接受的。现在暴力变成了英格兰的政治工具。潘多拉的盒子被打开了。爱德华二世和兰开斯特伯爵陷入了不共戴天的仇恨中，金雀花王族出现了自相残杀的危险，而英格兰将随之受苦受难。

希望与灾难

1313年夏天的巴黎见证了中世纪法兰西的顶级愉悦和福乐。6月初，街头熙熙攘攘，客栈挤满了不计其数的贵族老爷、年轻骑士、欧洲各国的年轻贵妇小姐，以及来自外国的贵宾。人山人海的观众欣赏各种表演、仪式和游行。五光十色的织物装饰着大街小巷，市民们建造了一座能够喷洒葡萄酒的喷泉，喷泉上还雕刻着各种奇思妙想的生物：美人鱼、狮子、豹子和神秘动物。在某城区一座有天蓬遮挡的市场内，人们建造了一座有栅栏环绕的人工树林，在里面放养了许多兔子，游客们可以追逐这些驯良的动物，以此为乐。露天戏剧演出和音乐会令人们流连忘返。法兰西的编年史家们断言，这是法兰西曾有过的最辉煌隆重的节庆活动。这个夏季有众多奢华典礼和仪庆。英格兰国王爱德华二世和伊莎贝拉王后处于这一切的中心。

英格兰国王和王后于5月底到访，陪同他们的有彭布罗克伯爵、里士满伯爵和其他保王党人，包括老休·德斯潘塞和亨利·博蒙特。他们应爱德华二世的岳父——腓力四世的邀请，来到法兰西，参加后者册封近两百名青年为骑士的典礼，受封的青年当中包括腓力四世的儿子们——纳瓦拉国王路易[①]、腓力和查理。这次典礼有点像1306年爱德华一世最后一次出征苏格兰前夕举行的盛大的天鹅庆典，当时爱德华一世和他的新

---

① 路易是腓力四世的长子，1305年继承其母纳瓦拉女王琼一世的王位，1315年父王死后他又成为法兰西国王。

骑士们发誓先要征服苏格兰，然后要夺回圣地。但如同在其他事务中一样，法兰西王室下定决心，要让这次庆典胜过之前的任何仪式，令它的光辉灿烂前无古人、后无来者。

英格兰人于6月1日骑马进入巴黎时，受到了万众欢呼、热情洋溢的欢迎。为了庆祝他们的到来，一连举办了六次盛大宴会，爱德华二世为此付出了相当昂贵的代价：为了筹办这些宴会，他为岳父提供了近100头牛、200只猪、380只公羊、200条狗鱼、200条鲤鱼和80桶葡萄酒。在英格兰人主持的宴会上，人们可以在帐篷内纵情飨宴。帐篷是敞开式的，可供公众观赏和仰慕。爱德华二世为宴会安排了马背上的服务。即便是在白天，也有数百支火炬照亮宴会所在的帐篷。他雇用了著名的歌手和音乐家为客人助兴，而纳瓦拉国王的部下则建造了一座“爱情的城堡”，在各道菜之间提供娱乐。

爱德华二世在国内软弱无能、不得人心，但在法兰西却受到万般尊崇，被接纳进了王室的狂欢。《爱德华二世传》的作者将他最初六年的统治一笔勾销，称其悖逆了金雀花王朝的价值观，还说国王“除了缔结了光耀门庭的婚姻、生了一个俊美的儿子之外，没有取得任何值得赞扬或者令人难忘的成绩……理查一世国王的开端是多么不同啊，他在位还不到三年，就将他的勇武的光辉播散到远近各地。”但在法兰西，爱德华二世是国王的女婿，因此受到了与他地位相称的欢迎。

英格兰和法兰西王室之所以欢聚一堂，有许多理由。腓力四世在与罗马的长期斗争中最终得胜，可喜可贺：一个法兰西人，而且是他孩提时代的朋友，成为教皇，史称克雷芒五世；罗马教廷还在1309年迁往阿维尼翁（此后教皇常驻阿维尼翁，一直到1377年，这个时期被意大利诗人和学者彼特拉克称为教廷的“巴比伦之囚”)。法兰西国王还彻底消灭了圣殿骑士团,这个参加十字军东征的骑士团的巨大财富和放债的本领使他们在欧洲四面树敌。腓力四世凶残地镇压圣殿骑士团,而教皇克雷芒五世以圣殿骑士团犯有异端罪和鸡奸罪的理由支持腓力四世,导致数百名骑士遭到毒刑拷打和杀害。1311 年,教皇正式解散了圣殿骑士团,它的大部分财富直接落入了法兰西王室手中。另外,英格兰和法兰西关于加斯科涅的纠纷也将得到解决,两国会缔结一项和约。爱德华二世和腓力四世还做出了最符合基督教精神的决定:发动一场新的十字军东征,讨伐埃及的穆斯林。6 月 6 日,他们在巴黎圣母院宣誓将发动十字军东征。爱德华二世是金雀花王朝连续第六位发出如此神圣誓言的国王。

前一年 6 月,加韦斯顿被害,导致险些爆发内战,自那以后,局势有了很大好转。爱德华二世在公开场合哀叹加韦斯顿是多么愚蠢,居然落到了沃里克伯爵的手里,但私下里打算对兰开斯特伯爵及其盟友实施军事讨伐。他身边的谋臣们进谏说,如果开启内战,就会给罗伯特·布鲁斯一个入侵的可乘之机,国王这才作罢。

花了六个月时间,好不容易才阻止英格兰发生叛乱、陷入无政府状态。爱德华二世和伊莎贝拉参加巴黎的游乐活动时,都会觉得,现在局势正在好转。首先,他们已经为人父母了。加韦斯顿死后,伊莎贝拉王后在她的姑姑——法兰西的玛格丽特(即国王的继母)教导下,逐渐成长起来,成了一位称职的王后。夫君糗事缠身,而她矢志不渝,最后于 1312 年 11 月 13 日在温莎诞下麟儿。法兰西人希望这个孩子能够叫作路易或腓力,但爱德华二世坚持为他取名为爱德华。据圣奥尔本斯的一位僧侣说，这个男孩的降生使得国王暂时忘却了加韦斯顿之死带来的哀伤。王后写信给伦敦市民，宣布王子的出生，首都街头为此欢呼雀跃。温莎的爱德华的出生让大家都松了一口气。他在出生十二天的时候便被册封为切斯特伯爵。他的存在给政权增添了一分稳定性。喜得麟儿之后，爱德华二世还将自己十二岁的异母弟——布拉泽顿的托马斯晋升为诺福克伯爵。

7 月中旬，爱德华二世和伊莎贝拉结束了在法兰西的奢华旅行，启程回国。此刻，他们最严重的危机似乎已经安然度过了。国王和诸侯政敌之间的关系仍然很紧张，这些诸侯继续对国王的其他一些伙伴抱有莫大的鄙夷，其中最重要的是休·德斯潘塞，他差不多是唯一支持国王、为加韦斯顿辩护（一直到他被杀）的贵族。德斯潘塞在诸侯当中是个稀罕的角色，他为了晋升和财富，为了获得土地、官职和头衔，愿意姑息国王的毛病。他大力为加韦斯顿摇旗呐喊，毫无保留地力挺王室政策，这都使得他成为兰开斯特伯爵及其盟友怀疑的对象。

尽管如此，在 10 月份的威斯敏斯特议会上，国王和诸侯间正式取得了和解。法兰西和教廷派出使节，花了几个月时间，从中斡旋调解。最终，爱德华二世同意赦免兰开斯特伯爵、赫里福德伯爵、阿伦德尔伯爵、亨利·珀西和罗杰·德·克利福德及其盟友，饶恕他们杀害加韦斯顿的罪行。作为交换条件，诸侯同意原谅加韦斯顿生前的盟友，如德斯潘塞。双方都没有提及改革条令，诸侯也没有要求罢免任何大臣的职务。加韦斯顿及其支持者不再被描述为君主和国家的敌人。这不算是完全的和解，但也向那个方向走了重要一步。

更多喜讯接踵而至。11 月底，爱德华二世获得了议会的许可，向苏格兰人开战。12 月，他出访法兰西，寻求岳父的许可，以加斯科涅公国为抵押，向教皇借款。此事取得了成功，次年春天，罗马送来了 2.5 万镑贷款，于是爱德华二世得以在北方开展一场大战役。看来，他终于要接过父亲的衣钵，完成他的未竟事业了。

爱德华二世的苏格兰战役起初进展顺利，前景一片大好。1314 年，6 月 17 日或 18 日，国王率领一支声势浩大的军队从伯立克出征。这支队伍装备精良、资金充裕、物资充足。据说，辎重车队从头到尾足有 7 里格（约 20 英里）长，此外还有船只在近海航行，随时为部队补充给养。这是 1298 年爱德华一世的福尔柯克战役以来英格兰征集的兵力最雄厚的一支军队。格洛斯特伯爵、赫里福德伯爵、彭布罗克伯爵、休·德斯潘塞和罗杰·德·克利福德都带来了相当强大的队伍，此外国王的私人武装和整个军队中还有数千名骑士和步兵。兰开斯特伯爵、沃里克伯爵、阿伦德尔伯爵和萨里伯爵没有亲自到场，只是派来了（按照他们的说法）法律义务规定的最少数量的士兵。他们声称，这场战役没有得到议会的批准，但这是一派胡言。他们不肯出兵的真正原因是，如果爱德华二世在苏格兰得胜，就有能力转过来对付他们，剥夺他们在英格兰的土地。

爱德华二世率军从伯立克北上 50 英里。根据《爱德华二世传》的说法，英格兰大军气势汹汹的推进给人的印象是“它足以横扫整个苏格兰……有人认为，就算把苏格兰全国的兵力都集结起来，也无力抵挡国王的军队”。但对爱德华二世来说不幸的是，事实并非如此。他于 6 月 23 日抵达斯特灵附近，发现罗伯特·布鲁斯的军队驻扎在“新猎苑”，这是通往斯特灵道路上的一座林木茂盛的猎苑。罗伯特·布鲁斯只有五百轻骑兵和不到六百步兵。半英里之外流淌着一条叫作班诺克本的小溪，它常常淹没周围的土地，形成一片险恶的沼泽地。布鲁斯的部下对这个地利加以利用，特意在地面上挖掘了一些坑洞，然后用成堆的树枝和野草将其伪装起来。

班诺克本战役分成两个阶段。第一阶段发生在6月23日，英格兰和苏格兰骑士之间发生了一些小规模交锋。赫里福德伯爵的侄子亨利·德·博恩向罗伯特·布鲁斯发出挑战，要和他单挑。苏格兰国王挥动战斧，将亨利·德·博恩的天灵盖削去了一半，当场将他斩杀。然后，二十三岁的格洛斯特伯爵吉尔伯特①与赫里福德伯爵（英格兰的司厩长）争抢前锋的指挥权，给英格兰阵营造成了纠纷。当时的军队按照传统分为三个部分，前锋是其中最靠前的部分，指挥前锋是相当大的荣誉。格洛斯特伯爵虽然赢得了前锋指挥权，但没能从中得到多少好处。在战斗中，他被打落马背，好在逃脱了性命。在当天的另外一场交锋中，英格兰骑兵对斯特灵城堡实施侦察，为攻城做准备，遭到了苏格兰长枪兵的攻击。托马斯·格雷爵士胯下的战马被刺死，他落马被俘。还有许多骑士也被俘虏。

出师不利，但很快，英格兰军中又出现了更多争端。格洛斯特伯爵当晚与国王吵了一架。伯爵认为，官兵在北上的行军过程中已经精疲力竭，急需休整，才能与布鲁斯再战。爱德华二世则希望打下去。他责骂伯爵是叛徒和骗子，两人吵得不可开交。

次日上午，两军再次对垒。格洛斯特伯爵努力捍卫自己的荣誉，率领英格兰前锋猛攻苏格兰步兵，这是个鲁莽而冲动的

---

① 这是第八代格洛斯特伯爵吉尔伯特（约1291～1314），他的父亲第七代伯爵也叫吉尔伯特，曾支持爱德华一世反对西蒙·德·孟福尔（前文有详述），注意不要混淆。

决定。格洛斯特伯爵固然是个勇冠三军的骑士，却未能建立奇功，而是惨遭包围，在混战中血洒疆场。苏格兰长枪兵就像1298年在福尔柯克那样，组成刺猬阵型，大肆屠戮英格兰骑兵。当年爱德华一世的弓箭手以致命的箭雨消灭了对方的长枪兵，但在班诺克本，爱德华二世的弓箭手待在后方，没能及时介入，导致他的骑兵被锋利的苏格兰长枪打得七零八落。

战斗演化成了一场混乱的屠杀，彭布罗克伯爵和贾尔斯·德·阿让唐爵士（他享有基督教世界第三大骑士的美誉）不得不将爱德华二世从战场拖走。国王在撤退时战斗非常勇敢，他的战马被杀死后，他用硬头锤猛击扑过来的苏格兰人。彭布罗克伯爵和贾尔斯爵士使出浑身解数，才将爱德华二世救到安全地点（国王若是被俘，后果不堪设想）。但就连国王的逃跑也有一个令人胆寒的结局。贾尔斯爵士直面悲惨的失败，为了践行骑士的义务，离开国王，重新返回战场，被砍得粉身碎骨。

爱德华二世和五百人的卫队匆匆从邓巴乘船撤退，逃离了苏格兰。他们将数千名士兵抛弃在战场上，任其自生自灭。班诺克本、福斯河和四面八方的沼泽地中到处是已经死亡或垂死挣扎的英格兰人。污泥被鲜血染红，渗入战场上的各条小溪。基督教世界一些最伟大的骑士惨死在罗伯特·布鲁斯军队手中，有的阵亡沙场，有的在企图渡过班诺克本或福斯河时溺水。除了格洛斯特伯爵和贾尔斯·德·阿让唐爵士之外，至少有两百名骑士战死，包括罗杰·德·克利福德爵士。彭布罗克伯爵幸免于难。爱德华二世的御玺在战斗中被敌人缴获。赫里福德伯爵和其他许多高贵的骑士被苏格兰人俘虏。英格兰人狼狈撤退，苏格兰人驱赶他们，一直跨过边境。英格兰人之前劫掠的战利品都被抛弃。《爱德华二世传》的作者哀叹道："如此之多优秀的贵族，如此之多军械、贵重服饰和金餐具——全都在一个残酷的日子、一个转瞬即逝的钟头丢失殆尽。"

金餐具和贵重服饰都算不得主要的损失。尽管 14 世纪初军事策略已经发生变革，步兵与骑兵对抗时不再必然会吃亏，但在班诺克本的惨败仍然是奇耻大辱。布鲁斯在苏格兰达到了空前的强势，甚至有能力自由地在爱尔兰开辟新战线。

而爱德华二世在与诸侯死对头的关系中又一次处于下风。兰开斯特伯爵、沃里克伯爵、阿伦德尔伯爵和萨里伯爵此前拒绝出兵参加苏格兰战役，因为他们觉得，爱德华二世在军事上无能。现在他们扬眉吐气了。得胜的国王南下镇压境内敌人的局面不曾出现，而是一位灰溜溜的国王逃回来面对他的死敌。国王的时运达到了登基以来的最低点，于是心怀不满的诸侯可以再一次强迫他实施改革了。

新的宠臣

1315年1月2日，皮尔斯·加韦斯顿的遗体（用香料做过防腐处理）被安葬在兰利，这是爱德华二世最喜爱的居所之一。这座庄园位于赫特福德郡，曾经属于他的母亲埃莉诺太后。他年幼时曾经到访此地，后来对其加以大规模装修和重建，为王族创造了一座豪华宅邸。粉刷成鲜亮色彩的厅堂被大型壁炉的火光照得通亮，面积足以举办比武大会的场地里豢养着野兽。在主宅周围的园林和葡萄园中有一座叫作“小伦敦”的小屋。它曾经是王室享乐的场所，现在则是国王寄托哀思之地，因为他先前的宠臣终于得到了爱德华二世为他希冀的纪念碑。我们几乎可以肯定，比较顺从听话的新任坎特伯雷大主教沃尔特·雷诺兹解除了加韦斯顿的绝罚令。于是，他的遗体得以从多明我会的停尸所转移到兰利的冰冷土地中。经过防腐处理的遗体被包裹在金线织就的布匹中，国王为此花费了300镑。在英格兰大多数主教的注视下，遗体被隆重地下葬。

参加下葬仪式的英格兰伯爵不多。即便是奢华的守灵仪式（其间至少喝了二十三桶葡萄酒）也不足以吸引兰开斯特伯爵及其盟友们来观看他们杀死的那个人终于入土为安。爱德华二世和他的堂兄的支持者之间仍然存在着许多政治上的矛盾。1312年的幽灵也不大可能帮助他们握手言和。班诺克本战役之后的岁月里，国王和兰开斯特伯爵努力去和平共处，但是最终徒劳无益。政治上的和好如此困难，一方面是因为伯爵顽固而傲慢，另一方面是由于国王又一次退缩到一个亲信圈子当中，他对这些亲信百般信赖，但其他人却觉得难以忍受这些新宠。

国王新的小团伙的核心成员都来观摩老宠臣的葬仪。其中最主要的是两位最忠君的伯爵：彭布罗克伯爵和赫里福德伯爵。彭布罗克伯爵在班诺克本救了国王的性命。而赫里福德伯爵前不久被布鲁斯释放，以交换布鲁斯的妻子伊丽莎白·德·伯格（她此前被英格兰人俘虏了）。参加葬仪的还有亨利·博蒙特和巴塞洛缪·巴德勒斯米尔（他曾是已故格洛斯特伯爵的最重要臣属之一，现在自己成了一位影响力越来越大的领主），以及五十多名骑士和爱德华二世的大部分王室官吏。但保王党中最重要的还是休·德斯潘塞和他的儿子，也叫休·德斯潘塞。

“国王朝中的所有奸邪之事，莫不出自他的谋臣，”《爱德华二世传》的作者如此写道。他指的是德斯潘塞父子。德斯潘塞家族对爱德华二世的忠诚从来没有动摇过一分一毫，加韦斯顿死后，他们就填补了他留下的空缺。父子俩都对国王忠心耿耿，因此不断得到奖赏，获取了土地、权力和国王的信任，因此他们得以为非作歹、逍遥法外。老休始终是国王的亲密伙伴，常常陪同国王出国访问。他在英格兰西部逐渐积攒了许多头衔和城堡，同时与兰开斯特伯爵势不两立。《爱德华二世传》的作者称，老休“以权谋私，不公正地伤害了许多人；他剥夺了许多贵人和富人的财产”。小休也是如此，他逐渐成了国王的密友和同盟者，甚至比他父亲更受国王信任。这父子俩对爱德华二世的影响越来越深远，破坏性也越来越大，国王的统治正快速奔向大灾祸。

1314～1317 年，欧洲北部惨遭天灾，先是毁灭性的寒冬，然后是大雨瓢泼的盛夏。1315 年 5 月至 10 月，倾盆大雨无休无止，引发了滔滔洪水，许多村庄被卷走，耕地被冲毁（有的耕地被永久性摧毁），并在约克和诺丁汉的低洼地区形成了巨大的湖泊。全国各地都有庄稼被暴雨摧毁，导致英格兰陷入了一场持续两年之久、触目惊心的大饥荒。乡村饿殍遍野。农作物收成骤然减少 80%，全村人沦为乞丐。老百姓能找到什么就吃什么：鸟粪、宠物、潮湿腐烂的作物，有时甚至吃人肉。为了少得可怜的食物，或者淹水庄稼地的少量收成，发生了许多暴力事件。牛羊染上疫病，英格兰的羊毛收入和肉食供应惨遭打击，给毗邻苏格兰的驻军增添了压力。粮食短缺和潮湿环境使得边境上的人们饥肠辘辘，且生活条件极不卫生。

在这令人灰心丧气的大环境下，英格兰权贵竭尽全力地缔造长期性的政治局面。加韦斯顿的葬礼过后不久，议会再次召开。为了稳定王室财政并处置中央和地方蔓延的腐败，诸侯重新颁布了改革条令，清洗了一些王室大臣，撤换了英格兰的所有郡长，命令撤销国王的土地封赏，并向爱德华二世施加压力，敦促他听取来自全国各地的上诉和请愿。在有些情况下，兰开斯特伯爵和沃里克伯爵似乎愿意与保王党权贵（如彭布罗克伯爵）和国王内廷大臣们合作。

合作是必需的，因为内政外交有诸多事务需要处理。腓力四世国王于 1314 年驾崩，由他的儿子路易十世继承王位。法兰西有了新国王，因此需要派出新的外交使臣，以保障加斯科涅的地位。苏格兰人在班诺克本得胜，并且英格兰北部的多位强大领主与世长辞（包括沃里克伯爵，他于 1315 年 8 月去世），于是苏格兰人胆子大了起来，开始侵犯英格兰地界。罗伯特·布鲁斯的弟弟爱德华·布鲁斯于 1315 年 5 月率领一支军队出征爱尔兰，开辟了英苏战争的新战线。恶劣天气和严重饥馑使得英格兰人无法维持军队长时间作战，因此边境受到的威胁越来越严重。这一切又给爱德华二世施加了极大压力。1316 年初，在林肯召开的议会上，兰开斯特伯爵被任命为御前会议的领导人，受命执行改革条令、改革王国的行政体系。

不幸的是，事实证明，兰开斯特伯爵和他的表弟一样无法做到君臣两相情愿、精诚团结的统治。他审视一切政务的视角是：必须执行改革条令，并且国王的所作所为应当受到诸侯集体意志的控制和核准。但在兰开斯特伯爵看来，这就是目的本身。尽管他气势汹汹地坚持重新颁布和确认改革条令，但他没有多少时间待在威斯敏斯特去真正处理朝政。他暴躁易怒，对国王的宠臣们满腹狐疑（他相信宠臣们在阴谋勾结，要谋害他），因此在北方维持着自己的宫廷，装腔作势，却很少有实际的作为。改革条令要求撤销国王的土地封赏，并规定将来的任何封赏都要经过议会确认。兰开斯特伯爵顽固地死死咬住这一点不放，这时常令人回想起 1312 年的争端。他的这种态度也使他与英格兰的其他诸侯日渐疏远，其中好几位诸侯仍然对加韦斯顿被草率地杀害感到非常愤怒。

兰开斯特伯爵近似摄政者的统治只持续了几个月。从 1316 年 4 月起，他退回自己在北方的领地，常驻在庞蒂弗拉克特城堡。他不在朝中期间，爱德华二世的新宠臣们权势日增，炙手可热。其中德斯潘塞父子的地位最为显赫。兰开斯特伯爵一呼百应，领地又特别庞大，因此他仍然是英格兰政治的主导力量，而且他在北方的幅员辽阔的领土和极大的权力使得他成为苏格兰战争中的关键人物。但除了坚持要求国王遵守改革条令（国王对条令深恶痛绝）之外，兰开斯特伯爵并不愿意参与朝政。

爱德华二世也没有努力去安抚自己的堂兄。他如天女散花一般向自己的新宠臣们（包括德斯潘塞父子、休·奥德利、罗杰·达默里和威廉·蒙泰古）封赏土地，其中大部分土地在威尔士和英威边境。在班诺克本阵亡的格洛斯特伯爵没有儿子，于是国王安排小休·德斯潘塞、奥德利和达默里在不同时期分别与他的年轻女继承人们结婚，将他的产业瓜分了。全部五位宠臣都一夜暴富，这公然违反了改革条令，因为改革条令要求国王收回已经封赏的土地，并且将来的封赏要得到议会确认。就连那些比较温和的诸侯（如彭布罗克伯爵和赫里福德伯爵，他们并不对国王阿谀奉承，而是秉承原则地支持国王），国王也给了他们利润丰厚的使命，在战争与和平中为国王效力。爱德华二世并不指望诸侯和领主们出于臣子的本分而效忠他，而是用金钱收买他们，将他们与王室联系在一起（这种手段非常有效）。他把王政变成了私人事业，而非公共事业，促成了一种执政党与在野党对立的文化，使得敌视他的堂兄愈发站到了朝廷的对立面。

1317 年，危机愈发严重。夏季，爱德华二世率领一支相当强大的军队北上讨伐苏格兰人，却发现兰开斯特伯爵正在庞蒂弗拉克特城堡附近集结自己的军队。在无政府状态一触即发、国王权威遭到兰开斯特伯爵破坏（兰开斯特伯爵的权威也遭到了国王的压制）的气氛下，混乱开始升级。9 月，继任达勒姆主教的刘易斯·博蒙特和两名到访的红衣主教在从达灵顿赶去参加主教就职典礼的途中，遭到国王内廷骑士吉尔伯特·米德尔顿爵士的抢劫。这一事件让国王和诸侯双方都陷入了莫大的窘困。爱德华二世南下回国后，兰开斯特伯爵的支持者开始攻击属于国王亲信的城堡。

公共权威瓦解之后，彭布罗克伯爵和巴德勒斯米尔这样的温和派诸侯开始采取绝望的措施，努力挽救和平。他们向爱德华二世的宠臣们表示愿意与他们签订私人契约。罗杰·达默里就签订了这样一份契约，彭布罗克伯爵和巴德勒斯米尔承诺保护达默里免受任何人（其实就是指兰开斯特伯爵）的攻击，而作为交换，达默里承诺不再骚扰国王、寻求土地封赏，或者做任何有损王室利益的事情。彭布罗克伯爵等人出了如此昏着，说明他们确已无计可施。可以说，王权已经荡然无存，仅仅是由于英格兰主教们的调停，彭布罗克伯爵、赫里福德伯爵和巴德勒斯米尔等温和派谋臣的斡旋和教皇使节的调节，内战才没有在1317年爆发。

在随后三年中，爱德华二世的亲信圈子越来越小，他也越来越受到德斯潘塞父子的深刻影响。尤其是小休在1318年被任命为国王内廷的宫务大臣，于是他得以与国王朝夕相处。这个职务曾经由加韦斯顿担任，这可不是巧合。小休·德斯潘塞利用自己在爱德华二世那里的受宠，逐渐扩张自己在威尔士南部原属于格洛斯特伯爵的领地。他通过自己的妻子[①]继承了格洛斯特伯爵产业的一部分，但继承格洛斯特领地其他部分的受宠诸侯，如罗杰·达默里和休·奥德利对此十分不满，与他产生了矛盾。爱德华二世允许德斯潘塞气势汹汹地吞并土地、城

① 小休·德斯潘塞的妻子是埃莉诺·德·克莱尔（1292～1337），第七代格洛斯特伯爵吉尔伯特的长女、第八代伯爵的妹妹。第八代伯爵在班诺克本战死后，埃莉诺与其妹妹伊丽莎白（第三任丈夫是罗杰·达默里）和玛格丽特（她的第一任丈夫就是皮尔斯·加韦斯顿，第二任丈夫休·奥德利获得了第一代格洛斯特伯爵的头衔）分别继承了格洛斯特伯爵领地的一部分，并将其带给各自的丈夫。

堡，并在威尔士南部出租土地，这导致国王亲信圈子内部彼此间的关系也变得凶险歹毒、冲突一触即发。

1318 年初，一个叫作鲍德勒姆的约翰的制革工人从埃克塞特来到牛津，面见国王，声称自己是爱德华一世的儿子，因此英格兰王国“理应属于他”。他说自己在襁褓之中被换走，而国王并非王室血脉。他还提出与国王单挑、争夺王位。鲍德勒姆坚持自己才是真正的英格兰国王，而爱德华二世是冒牌货。这个人显然是精神失常，但他的故事不胫而走。据多位编年史家记载，国王起初对这个怪诞奇谈感到好笑，但后来随着鲍德勒姆的故事开始流传到英格兰各地，不禁怒火中烧起来。战争、洪灾、饥荒和政治动荡给人民造成了莫大苦难，他们非常愿意相信这个丑闻和身份交换的传说。

鲍德勒姆的约翰没有蹦跶多久。爱德华二世在一个短暂时期曾想把他当作滑稽的弄臣养起来，但这实在太危险了。约翰的父母被传来审讯，他自己则受到审判，于 7 月 23 日在北安普敦被处以绞刑（在受审时，他声称自己的宠物猫被魔鬼附身，唆使自己犯罪。这只猫也被绞死了）。但爱德华二世为自己的合法地位如此大动干戈，是否反应过激了？在鲍德勒姆的约翰的故事在全国流传的同时，爱德华二世正处于一个招摇撞骗的多明我会修士——威斯贝奇的尼古拉斯——影响之下。尼古拉斯自称拥有一小瓶圣油，是托马斯·贝克特大主教流亡法兰西期间给他的。爱德华二世开始相信，如果用这圣油给自己施行涂油礼，那么不仅他的政治烦恼会消失，他自己还会拥有美德和力量，能够从异教徒手中收复圣地。他急于奇迹般地重整朝纲，于是向阿维尼翁的教皇发出紧急请求，希望教皇允许他重新举行一次涂油礼。即便在充满迷信和陈腐观念的中世纪社会，这也显得荒诞不经，突显了爱德华二世脆弱的政治地位和他的愚蠢轻信。最终，他之所以能够避免内战，不是因为圣托马斯加以干预，而是要感谢与兰开斯特伯爵进行漫长而令人疲倦的政治谈判。1318 年 8 月，问题终于解决，国王和他的堂兄之间达成了正式的和约：《利克条约》。根据该条约，一个永久性的十六人御前议事会（包括八名主教、四名伯爵和四名男爵；兰开斯特伯爵不是成员）组建起来，爱德华二世则再一次同意遵守 1311 年的改革条令。

但这项和约与之前的所有和约一样，非常脆弱，因为它的基础原则无法令任何一方满意。不到四年时间，和约就宣告破产。1317 至 1321 年间，英格兰不可避免地走向了内战。

内　战

1321年5月，大批武装人员或徒步，或骑马，穿过了威尔士南部和英威边境。他们劫掠财物，洗劫庄园，摧毁禁猎区的篱笆，屠戮其中的动物。胆敢阻挡他们的仆役和卫兵都被他们杀害或者掳走。他们偷窃武器和粮食，销毁珍贵的特许状和法律文件。他们抢走马匹、牛羊、猪、大车、马车和犁铧。他们闯入民宅，捣毁或偷走贵重物品。据后来的法律档案记载，失窃物品包括一副配有水晶棋子的坚果木棋盘、象牙饰品、黄金的宗教物品和富丽堂皇的壁毯与衣物。

这些人打着国王的旗号，宣称对王室效忠。但他们并不是爱德华二世的部下，而是威尔士边境领主们麾下的士兵。这些领主包括赫里福德伯爵、彻克的罗杰·莫蒂默及其侄子——威格莫尔的罗杰·莫蒂默①、休·达默里、休·奥德利、罗杰·达默里，还有很多贵族。其中很多人曾经是德斯潘塞父子的盟友，但现在他们竭尽全力去消灭德斯潘塞父子的势力和财产。诸侯对德斯潘塞父子的憎恶到了非理性的地步，就像之前痛恨加韦斯顿一样。温和派诸侯和教士们不知疲倦地努力维持和平，但战争最终还是爆发了。爱德华二世在恬不知耻、肆无忌惮的佞臣怂恿下，疏远了国内两个极其强大的势力集团：以兰开斯特伯爵为首的北方诸侯和西部的边境领主。

---

① 上文讲到的第一代莫蒂默男爵罗杰·莫蒂默（爱德华一世麾下大将，在伊夫舍姆战役中杀死西蒙·德·孟福尔）的孙子，后来成为第一代马奇伯爵，详见下文。

在这次叛乱之前的几年中，爱德华二世显示出了一些令人信服的迹象，表明他有能力做一个强有力的国王。1318 年 8 月，他与兰开斯特伯爵达成和解，10 月又在苏格兰取得一场辉煌胜利。保王党劳斯伯爵率领王军，在爱尔兰的福格哈特战役中击败并杀死了罗伯特·布鲁斯的弟弟爱德华。这是爱德华二世在位期间最重要的军事胜利，一下子就彻底挫败了布鲁斯的图谋——将金雀花王朝逐出爱尔兰，让苏格兰统治爱尔兰。这表明苏格兰战争的整体局势大有希望。

然后，在 1320 年，国王访问了法兰西，以蓬蒂厄和阿基坦领主的身份向法兰西的新国王腓力五世臣服。法兰西人要求他以个人身份向他的内兄效忠，这意味着比仅仅臣服更为卑躬屈膝的从属关系。爱德华二世坚决不从，即席发表了态度强硬的演说，捍卫自己的王权。他告诉腓力五世及其谋臣，两位国王之间的臣服关系是“根据我们的先祖之间缔结的和约来进行的，依照他们当年行事的方式……没有任何人能够合理地要求我们按照其他方式进行；我们也绝不会那么做”。爱德华二世流露在外的愤怒令法兰西代表团大为震撼、噤声不语。

另外，这些成功的背景是，爱德华二世似乎的确是真正在重视王权。伊莎贝拉王后于 1316 年生下了另一个儿子——埃尔特姆的约翰，在 1318 年生下了一个女儿——伍德斯托克的埃莉诺。爱德华二世在考虑传承大统的事情。据说他很早起床，关注议会事务，在案件审理中宽大为怀。尽管如此，他的朝政已经被宠臣们牢牢控制了。这一次的宠臣不是皮尔斯·加韦斯顿那样的轻浮傲慢之徒，而是满肚子阴谋诡计的国民公敌。

1317～1321 年，德斯潘塞父子飞黄腾达。他们在威尔士和英威边境的实力日渐强大。小德斯潘塞的势力范围是格拉摩根的土地和城堡，包括加的夫、兰特里森特和卡菲利，其迅猛扩张令该地区的几乎所有领主都大为光火。德斯潘塞父子，尤其是小休，利用他们在国王身边的受宠地位，残暴地践踏其他领主的土地权益，攫取英威边境的土地，并巩固他们在那里原本就已经占地面积广阔的产业。他们不仅激怒了无力运用王室司法体制保护自己权益、抵抗他们的小民，还得罪了大部分边境领主。边境领主们认为，国王偏袒一个人的私利，全然不顾边境地区传统的力量平衡，践踏了该地区的传统法律。德斯潘塞父子还开始把持朝政、隔绝中外。其他诸侯若要接触国王，都必须经过他们这一关。编年史家亚当·穆里穆斯记载称，任何人与爱德华二世面谈的时候，小德斯潘塞都会在一旁，并且放肆地代国王回答。冒犯德斯潘塞父子的人就有可能会被剥夺土地或财产，或者被投入监牢。

1320 年底，格洛斯特伯爵的孀居母亲去世了，她名下的高尔领地（其统治中心在斯旺西）成为多位诸侯（包括赫里福德伯爵、威格莫尔的罗杰·莫蒂默和另一位边境领主约翰·德·莫布雷）争夺的对象。爱德华二世悍然插手，将该领地收归王室所有，然后将其赏给小德斯潘塞。许多边境领主，包括赫里福德伯爵、奥德利、达默里和罗杰·德·克利福德都对此极为不满。两个罗杰·莫蒂默（分别来自彻克和威格莫尔）原本就敌视德斯潘塞，这下子更加义愤填膺（爱德华一世的盟友，早年的一位罗杰·莫蒂默曾在伊夫舍姆战役中帮助他抓捕和杀死了一位早先的休·德斯潘塞，因此两家是世仇）。诸侯向国王参奏的时候，国王直截了当地不肯听取他们的抱怨，而德斯潘塞指控他们叛国。1321 年初，边境领主们开始自行其是，入侵德斯潘塞的领地。战争爆发了。

边境领主们怒气冲天。兰开斯特伯爵则对国王虎视眈眈，在1321年开始组成一个北方诸侯的联盟，共同反对国王。爱德华二世显然是将英格兰诸侯的大部分都推到了自己的对立面。就连巴塞洛缪·巴德勒斯米尔和彭布罗克伯爵这样的温和派诸侯也倾向于反对派阵营（彭布罗克伯爵只是短期动摇，后来又回到了国王那一边）。1321年8月，在威斯敏斯特召开的议会列举了德斯潘塞父子的罪状，要求在月底之前将他们逐出英格兰。发出这个放逐令的是伯爵和男爵们，得到了议会批准。反对派诸侯声称他们的权威高于国王的权力。伊莎贝拉王后（她在1321年7月初生下了夫妇俩的第四个孩子，一个叫作琼的女孩）跪在地上苦苦哀求爱德华二世，为了江山社稷向诸侯让步。他妥协了，于是德斯潘塞父子被流放了。但爱德华二世的投降绝非心甘情愿。他虽然答应了妻子的恳求，却语气激烈地发誓赌咒，说在六个月之内他“会做出改正，令世人瞩目、为之战栗”。

1321年12月1日，坎特伯雷大主教雷诺兹在圣保罗大教堂召开了一次紧急会议，提及了金雀花王族古代史的一个不吉祥的篇章。在召集其他高级教士前来开会的书信中，他强调了局势的紧迫。他写道，国家曾经安享太平，如今却面临内战和触礁的危险。

一百八十多年前，一对表兄妹打了近二十年内战，山河变色、哀鸿遍野。当时的编年史家曾经用“触礁”来比喻国家所处的危局。当年，斯蒂芬国王的权威受到他的表妹——玛蒂尔达皇后的挑战。而现在，以国王的堂兄——兰开斯特伯爵托马斯为首的叛乱诸侯兴兵作乱，爱德华二世面临着丧失权柄甚至丧失整个王国的危险。

小德斯潘塞的流亡仅仅持续了几周。10月初，他被召回英格兰，在朴次茅斯和南安普敦之间的南海岸与国王会合。爱德华二世在内战中的第一个举动是攻打他的前盟友巴塞洛缪·巴德勒斯米尔在利兹（位于肯特郡）的城堡。巴德勒斯米尔的一些部下被处决，他的妻儿被关入伦敦塔。这场攻城战由爱德华二世亲自指挥，所以他对此应负有直接责任。

爱德华二世并非孤立无援。尽管德斯潘塞父子不得人心，但还是有很多人害怕与国王决裂，因此选择和德斯潘塞站在同一阵营。在伯爵当中，支持爱德华二世的有他的两个异母弟——诺福克伯爵（布拉泽顿的托马斯）和肯特伯爵（伍德斯托克的埃德蒙），还有彭布罗克伯爵、里士满伯爵、阿伦德尔伯爵和萨里伯爵。爱德华二世还指挥着一支由国王内廷骑士组成的精锐部队。

反对派诸侯的成分比较复杂。其中为首的是边境领主——赫里福德伯爵、两个罗杰·莫蒂默、巴德勒斯米尔和之前的宠臣达默里和奥德利，并得到兰开斯特伯爵的有限支持。兰开斯特伯爵自己一直到1322年1月才参战。反对派尽管不够团结，但起初打得很好，于1321年秋冬占领了格洛斯特、布里奇诺斯和伍斯特这几座边境城镇。但在1322年初，他们遭到了一个沉重打击：两个罗杰·莫蒂默麾下出了不少叛徒，而且他们遭到忠于爱德华二世的威尔士领主的攻击，支撑不住，于是向国王投降，被关进了伦敦塔。他们的投降使得反对派同盟开始垮台：2月，莫里斯·德·伯克利和老休·奥德利也投降了。爱德华二世没收了莫里斯爵士的伯克利城堡，这个决定后来会给国王造成很大困扰。

爱德华二世在政治上愚不可及，在军事策略上却相当精明。他继续逐个击破敌手，使得边境领主们越来越惊慌失措。突然间，反对派开始紧急集合。1322 年 1 月底，赫里福德伯爵、小休·奥德利和罗杰·达默里与兰开斯特伯爵联起手来。但到这个阶段，国王已经占据了军事主动权。爱德华二世开始攻打兰开斯特伯爵的城堡，并且成功地占领了其中一些，包括凯尼尔沃思要塞（它在 13 世纪反对西蒙·德·孟福尔的战争中起到了重要作用）。在整个战役中，兰开斯特伯爵逐渐众叛亲离。他的至少十名臣属要么是不愿意与国王对抗，要么是害怕兰开斯特伯爵一旦战败自己要跟着倒霉，于是改换了门庭。

尽管英威边境和英格兰北部倾向于反对爱德华二世，但他在 1321 和 1322 年还是从威尔士本土的领主们，尤其是格鲁菲兹之子里斯和卢伊德之子格鲁菲兹那里获得了宝贵的支持。威尔士领主们受到的威胁主要来自英格兰的边境领主，而不是国王。而且他们与爱德华二世结盟，希望由此获得国王的支持，从他们的邻居那里夺得更多领土利益。

除了军事镇压之外，爱德华二世还发动了极其精彩的宣传攻势。1322 年 2 月，朝廷起获了足以证明兰开斯特伯爵企图勾结苏格兰人、共同反对英格兰国王的书信。于是兰开斯特伯爵在道义上垮台了，他的军事防御也土崩瓦解。爱德华二世将证明兰开斯特伯爵通敌的书信在全国大肆宣扬。朝廷向大主教、主教和郡长们发出命令，指示他们公开宣读这些信件。兰开斯特伯爵在信中力劝苏格兰人入侵英格兰，以帮助他与国王对抗。这对伯爵来说是致命打击。书信被公开十天之后，爱德华二世和效忠于他的诸侯便宣布兰开斯特伯爵是卖国贼，并命令肯特伯爵和萨里伯爵攻打庞蒂弗拉克特城堡。

叛乱诸侯逐渐垮台，庞蒂弗拉克特城堡内部鸡飞狗跳、手足失措。诸侯们发生了激烈争吵，有的人主张留下来坚守城堡，有的人则主张突围北上、逃往苏格兰。罗杰·德·克利福德拔剑威胁兰开斯特伯爵，后者才答应放弃自己的要塞。

最后的摊牌发生在约克郡的巴勒布里奇。兰开斯特伯爵及其盟友企图逃往诺森伯兰，在途中被安德鲁·哈克雷爵士（卡莱尔城堡的总管）截住。哈克雷麾下有四千人，将兰开斯特伯爵的人马打得溃不成军。赫里福德伯爵在战斗中被长矛刺死；其他诸侯，包括兰开斯特伯爵，虽然杀出一条血路，后来乔装打扮成乞丐，企图逃走，但几天后也被擒获。

3 月 21 日，兰开斯特伯爵从约克的监狱被转往庞蒂弗拉克特城堡，此时这座城堡已经被王军占领。他抵达的时候，国王冷嘲热讽地迎接了他。据《爱德华二世传》的作者说，后来兰开斯特伯爵被囚禁在他自己建造的、打算用来囚禁爱德华二世的一座塔楼内。

次日上午，他被从牢房带出，押解到法庭前。裁判团包括爱德华二世、德斯潘塞父子、保王党诸侯和一位专业法官。“他的诸多罪行被逐项审理，每一项都获得了相应的刑罚。”《爱德华二世传》记载道。兰开斯特伯爵受到的判决是绞刑、开膛和斩首。鉴于他是王亲国戚，绞刑和开膛被取消，但他自我辩护的权力也被剥夺。命运得到裁决的时候，兰开斯特伯爵气急败坏地说道：“这是一个仗势欺人的法庭，气焰嚣张，不听被告的辩护，也不肯开恩。”随后，他被带离自己的城堡，遭到斩首。他是自诺曼征服以来在英格兰被处决的地位最高的贵族。刽子手用斧子砍了两三次，才将他的首级砍下。

在有些人看来，他是罪有应得。“兰开斯特伯爵砍掉了皮尔斯·加韦斯顿的脑袋，如今在国王的命令下，伯爵丢掉了自己的脑袋。”《爱德华二世传》的作者写道，“国王对伯爵以牙还牙，这或许是相当公道的，因为《圣经》里写道，‘因为你们用什么量器量给人，也必用什么量器量给你们’”①。

但这绝非伸张正义、惩处恶人，而是朝纲沦丧、尔虞我诈的政治斗争的丑恶升级。爱德华二世在位时惨死的伯爵和男爵的数量超过了他之前五位国王统治时期的总和。兰开斯特伯爵无数次向自己的堂弟挑衅。他谋杀了国王的宠臣，向国王开战，还勾结他的敌人。但不管怎么说，他毕竟是王亲国戚。他受到了审判，被草率地处决，这没有纠正杀害加韦斯顿的错误，而是恶化了以加韦斯顿之死为开端的暴力流血、政治紊乱的危机。内战或许是结束了，但英格兰仍然处于触礁的险境。

---

① 典出《新约·路加福音》，6：38.

国王的暴政

1322 年 5 月在约克召开的议会被描述为国王与臣民“研讨”和“磋商”的机会。传唤开会的命令被发送到全国各地。五港同盟在德斯潘塞父子流亡期间曾经庇护他们，因此得到奖赏，在议会有了自己的代表；威尔士亲王领地在对抗边境领主的战争中协助国王，也得到了类似的奖励。尽管吸纳了新代表，并且侈谈协商与议和，但爱德华二世召开此次议会只有一个明确的目的：赏赐德斯潘塞父子，恢复其地位，并正式铲除已故兰开斯特伯爵的整个改革计划。

爱德华二世对叛乱诸侯的报复可以说是冷酷无情。议会代表在约克能看到绞刑架，上面悬挂着约翰·德·莫布雷、罗杰·德·克利福德和乔斯林·德·艾维尔的肿胀的尸体，他们都曾是拥有相当的声望与财富的领主，在兰开斯特伯爵死后的第二天被绞死，死时还身披镣铐。4 月 14 日，温和派诸侯巴塞洛缪·巴德勒斯米尔（在爱德华二世统治早期，他曾充当重要的议和调停者角色）在坎特伯雷被凶残地处决。他被拖过大街小巷，被吊上绞刑架，然后斩首，他的首级被放在博盖特城门上方示众。

随后更多人被处决。除了上述的几个牺牲品之外，还有二十人因为起兵反叛爱德华二世的统治而被处死。爱德华二世疯狂报复敌人，造成了极大恐怖气氛，令国人震惊不已。伦敦、温莎、布里斯托尔、加的夫和斯旺西都树立起了绞刑架。死刑犯的尸体披挂着镣铐，肿胀腐烂，在绞刑架上悬挂了两年之久。1322~1324年，几乎在每一座大城镇都能看到这样的惨景，令人心惊胆寒：曾经的达官贵人像猪一样惨遭屠戮，被悬挂起来。《历史之花》编年史的作者——文多弗的罗杰记载道，国王“对他的权贵们恨之入骨，到了疯狂的地步，企图彻底地、永久性地消灭国内所有显贵”。

两个罗杰·莫蒂默，即最早攻击德斯潘塞领地的两位边境领主，被判处死刑，但后来被减刑为终身监禁。在血雨腥风的大环境下，这种宽大有些出人意料。莫里斯·德·伯克利、老休·奥德利和小休·奥德利——他们曾经是国王的忠臣，但后来因为对德斯潘塞父子的仇恨而转到了国王的对立面——也保住了性命，只是被囚禁。伦敦塔挤满了出身显贵的犯人，而反对派诸侯的亲人则被剥夺土地和财产，被关押在英格兰和威尔士各地的城堡内。

1322年5月在约克召开的议会几乎取消了1311年以来兰开斯特伯爵及其盟友企图向国王施加的所有限制。改革条令大部分被撤销，只有六条所谓的“好条款”被保留下来，重新发布在《约克条例》中。内战爆发前启动的针对德斯潘塞父子的诉讼程序被中止，而兰开斯特伯爵的广袤领土开始被收回国王手中。议会还商讨了其他一些事务，如贸易管制和法律程序，并将其交给御前会议处置，但所有在约克的与会者都深知，这些仅仅是国王报复政敌之外的小事。

在很有限的范围内，没有在大清洗中丧命的反对派诸侯被允许以天价买回自己的土地，但总的来讲，爱德华二世把没收充公的财产都分发给了自己的支持者。擒获兰开斯特伯爵的安德鲁·哈克雷被晋升为卡莱尔伯爵（这是一个新设立的头衔）。保王党诸侯彭布罗克伯爵和萨里伯爵在1318~1319年曾有一些土地被兰开斯特伯爵没收，现在这些土地被归还，另外兰开斯特伯爵自己的一些土地被赏赐给了他们。彻克的罗杰·莫蒂默的土地以及“威尔士大法官”的头衔被赏给了阿伦德尔伯爵。国王的异母弟——肯特伯爵埃德蒙得到了英格兰中部和威尔士的一些城堡，而爱德华二世的幼子——埃尔特姆的约翰在1322年8月时虽然只有六岁，也得到了原属于兰开斯特伯爵的塔特伯里城堡。

丝毫不足为奇的是，得到赏赐最多的当然是德斯潘塞父子。时年六十一岁的老休被晋升为温切斯特伯爵，并得到五片领土以支持他的新头衔，包括珍贵的登比领地，它位于威尔士北部，是从兰开斯特伯爵名下夺来的。小休则得到了格洛斯特伯爵领地的几乎全部土地（尽管没有得到这个头衔）。他在内战中遭袭击和丧失的所有威尔士领地——格拉摩根、茅尔郡和高尔——都被重新收回。随后两年内，国王又将阿斯克、凯南、布雷肯、切普斯托和彭布罗克的一些领地赏赐给他，帮助他把这些西部地产连成一片。他成了南威尔士事实上的主人，富可敌国，年收入或许达到5000镑，而且是王权在西部的托管人，不受任何约束。1322年之后，德斯潘塞父子和爱德华二世一共控制了威尔士差不多四分之三的领土。

德斯潘塞父子平步青云，国王也获利丰厚。充公土地的数万镑收入和失势诸侯缴纳的罚金如今直接流入国王的金库。约克议会批准他征收一笔超过4万镑的赋税，以开展针对苏格兰人的战争。但在1322年8月和9月，爱德华二世入侵苏格兰的军事行动一败涂地，伊莎贝拉王后险些被俘。于是国王很快放弃了军事行动，与苏格兰人缔结了为期十三年的停战协定。为保卫北方边境而筹措的款项中有一大半都没有花出去，被装在大木桶里，送回伦敦塔保管。随后国王又以对苏格兰作战为由向教会征税，得到了一笔新的款项。国王对征税非常关心，他的金库也越来越充实。《布鲁图编年史》的作者称，爱德华二世是征服者威廉以来最富有的一位国王。

钱包鼓起来之后，爱德华二世胆子越来越大，变成了一位暴君。在国民看来，他似乎是在和德斯潘塞父子一起统治国家；后来的编年史家托马斯·德·拉·莫尔写道，爱德华二世在位期间，英格兰同时拥有三位国王。小德斯潘塞主宰着国家的最高层，在国王签章的文件上附加自己的指示，插手朝中大事，并在政府中扩张自己的党羽网络。

残酷的暴行司空见惯。入侵苏格兰的战役失败之后，爱德华二世向新任卡莱尔伯爵安德鲁·哈克雷——仅仅几个月前，他还享受着君主的恩宠——发起了疯狂报复。哈克雷东窗事发：他在1323年初曾私下里与罗伯特·布鲁斯谈判。他被当作一个普通叛国贼，先被处以绞刑（一直到濒死，随即解开绞索），然后开膛、肢解。巴勒布里奇的英雄在忠君报国的最伟大壮举几个月后就丢掉了性命。

国王的所有敌人都无处藏身、不堪一击。从加韦斯顿被杀，到德斯潘塞父子1321年遭攻击，彭布罗克伯爵对国王一直忠心耿耿，就连他也被迫向国王宣誓效忠，以自己的生命、土地和财产作保。他在政治上失意，后来在1324年死去。与此同时，兰开斯特伯爵死后，他的年轻孀妻艾丽斯·德·莱西和她母亲被关押在约克城堡。德斯潘塞父子强迫这母女俩交出自己的土地，而只给她们一些空洞的头衔和一小笔现金；如果不从，就要将母女俩烧死。被株连的有数百人之多。同时，小休·德斯潘塞在卡菲利城堡为自己建造了一座配得上君王威仪的豪华厅堂，花费巨款去聘请工艺大师、购买最精美的建材。他是国王最信赖的谋臣，尽情享受这地位带来的好处，把持朝政，处处伸手。

在他影响下，1322～1326年，国王的暴虐残忍到了令人毛骨悚然的地步。“国王越来越残暴，任何人，不管他多么强大或者睿智，都不敢违逆国王的意志，”《爱德华二世传》的作者写道，“议会、协商和御前会议没有任何决断的权力……因为国内的贵族看到其他人遭到的威胁和惩罚，噤若寒蝉，任凭国王恣意妄为。因此，国王的意志压倒了理智。国王打定主意的事情，哪怕缺乏理智，也具有法律的效力。”

爱德华二世打败了自己的敌人，充实了王室的金库。但他却没有做任何事情去加强自己的统治。他行使王权，却只为自己和宠臣们的利益服务，因此对于所有那些得不到他的法律保护、正义得不到伸张的人们来说，他的宗主地位一钱不值。尽管在内战中赢得了许多光荣，他却毁坏了自己的统治根基。

莫蒂默、伊莎贝拉和爱德华王子

1323年8月1日夜，伦敦塔内静悄悄地活跃了起来。塔内挤满了爱德华二世的政治犯，其中最主要的是两个来自英威边境的领主：彻克的罗杰·莫蒂默（时年六十多岁）和他的侄子——威格莫尔的罗杰·莫蒂默（二十六岁）。这些曾经的反对派诸侯自向国王投降以来一直被羁押在此。他们接受了审判，被判处死刑。到目前为止，叔侄俩都保住了性命，但国王喜怒无常，而且处在德斯潘塞父子的控制之下，而德斯潘塞父子对整个莫蒂默家族恨之入骨，因此莫蒂默叔侄前景堪忧。

他们在威尔士和英威边境地带的土地被敌人们瓜分，而他们束手无策。但他们打定主意，绝不能无限期地任人宰割下去。在铁窗生涯的几个月中，小莫蒂默设计了越狱计划。8月1日深夜，伦敦塔的副狱长杰拉德·德·艾尔斯佩在狱长和莫蒂默叔侄的警卫们的饮料中放入了蒙汗药。然后，他匆匆跑到威格莫尔的罗杰·莫蒂默的牢房，打开牢门，带着这位骑士穿过城堡的厨房，来到伦敦塔的南墙下。

两人爬到城墙顶端，放下一具绳梯。绳梯悄无声息地沿着石墙滑了下去，落到下方的泰晤士河中，那里已经有几个接应的人驾着小船恭候多时。莫蒂默和德·艾尔斯佩从绳梯爬下，钻进逃命小舟，划到泰晤士河南岸，然后骑马逃往英格兰南海岸。莫蒂默在波切斯特搭船出海，几天后就逃到了法兰西。

这是一场精彩的大逃亡，令爱德华二世的宫廷手足无措、陷入迫害妄想狂。伦敦塔被认为是国内戒备最森严的要塞，国王的不共戴天之敌竟然从那里成功出逃了！内廷得知了一些传言，声称这只是一个规模更大的阴谋的一部分，乱臣贼子图谋夺取王室城堡，甚至派遣刺客去暗杀爱德华二世和德斯潘塞父子。从1323年秋季开始，欧洲大陆各地的间谍开始发出报告，大谈涉及莫蒂默的阴谋和入侵英格兰的计划。毁灭性的连锁反应开始了。

莫蒂默得到了法兰西新国王的欢迎。1322 年 1 月，查理四世继承了他的兄长腓力五世，成为自 1314 年腓力四世驾崩之后七年中的第五位法兰西君主。就像所有刚登基的法兰西国王一样，他急于表明，自己对英格兰国王对加斯科涅公国的权利非常质疑，甚至抱有敌意。法兰西人在属于英格兰领土的圣萨尔多（位于阿热内）建造了一座设防城镇，双方为此发生了激烈冲突。查理四世以这番争吵为借口，举兵入侵了加斯科涅。爱德华二世派遣肯特伯爵和彭布罗克伯爵去抗议，这两位伯爵却被法兰西国王傲慢地打发走了。查理四世的目的是尽可能多地给英格兰人制造麻烦。1324 年 8 月，他调动数千军队到加斯科涅公国的边境，开始攻打它的主要城镇。英格兰和法兰西一夜之间又开战端。

在英格兰，战争的爆发使得爱德华二世陷入了一个莫大的困境，也暴露出了这样的事实：他咄咄逼人、制造纷争的治国之道只能毁掉他自己。他没有办法信任自己的臣民会服从他的统治，因为除了一小撮得到丰厚赏赐的宠臣之外，绝大多数臣民都没有理由对他死心塌地。他逮捕了在英格兰的所有法兰西人，没收了所有法兰西公民的土地（包括王后名下的土地）。但他开始筹划御驾亲征加斯科涅的时候，就遇到了一个进退两难的困题。如果他要率军离开英格兰，就必须将大多数仍然忠于他的官吏和权贵一并带在身边，而信任自己十一岁儿子和继承人——切斯特伯爵爱德华的摄政政府。但那样的话，英格兰面对阴谋、叛乱和入侵就显得非常脆弱。如果他将德斯潘塞父子留在国内维持秩序，那么他就很可能像失去加韦斯顿一样失去他们。另外，关于罗杰·莫蒂默在欧洲大陆搞阴谋的传闻还让他胆战心惊，他想象着自己或者德斯潘塞父子如果在海外遇到莫蒂默的鹰犬，可能会被其劫持。

爱德华二世没有率军渡过海峡，而是派出了更多使节去求和。他派出的第一个使团包括温切斯特主教、诺里奇主教、里士满伯爵和亨利·德·博蒙特。失败之后，他派出了规格高得多的使节：伊莎贝拉王后。她之前就有两个哥哥被加冕为法兰西国王，查理四世是第三个也是最后一个当上国王的哥哥。她和自己的家族一直有亲密的关系，尽管她也曾卷入 1314 年的奈斯勒塔丑闻。在这桩丑闻中，查理四世的妻子布朗什因通奸被囚禁，她的所谓奸夫则被当众活活打死。爱德华二世和德斯潘塞父子认为，伊莎贝拉王后应该能够说服她的哥哥查理四世，停止对加斯科涅的侵犯。

事实证明，这是个致命的决定。尽管王后在夫君的统治风雨飘摇的时期对他始终忠心耿耿，但国王给她的却仍然是侮辱和冷落，就像她在少女时代在自己的加冕礼上被加韦斯顿排挤那样。战争爆发之后，她也被迫忍受了许多凌辱：她的土地被没收，她的仆人被流放或者囚禁，她的日常开销被小德斯潘塞缩减或挪用（她曾写信给自己的哥哥查理四世，抱怨爱德华二世把她当成女仆来对待）。除此之外，小德斯潘塞还派自己的妻子埃莉诺·德·克莱尔去偷看伊莎贝拉的书信。王后忍受了这一切羞辱，在公共场合不动声色，但内心里一定是怒火中烧。“王后万般喜悦地离去了。”《爱德华二世传》的作者如此写道。

她“很高兴访问自己的故国和亲属，很愿意离开自己不喜欢的人”。这么说实在是轻描淡写。伊莎贝拉是心急火燎、唯恐避之不及地离开了德斯潘塞父子和她那软弱无能、令人生厌的丈夫。

3月底，英格兰王后和她的哥哥欢乐地团聚。1325年4月1日，伊莎贝拉在盛大仪式中进入巴黎。她身穿黑色骑马装，脚踩黑色皮靴，头戴金色帽子。她的谈判技巧并不比任何一位英格兰外交官更厉害，但她尽了自己的义务，尽可能维持了加斯科涅的脆弱的停战状态。使命完成后，伊莎贝拉理应返回英格兰，但她没有这个打算。她在法兰西度过了1325年的夏天，周游兄长的领地，并等待自己的丈夫来访法兰西并在博韦向法兰西国王宣誓效忠。

她等了又等，但爱德华二世就是不肯离开英格兰。他既不愿意离开自己的王国，也不肯和德斯潘塞父子分离。何况，他也不愿意降低身份、向比自己年轻的法兰西国王卑躬屈膝。最后，双方达成了妥协，决定让年轻的温莎的爱德华代替父亲去法兰西。他将得到蓬蒂厄和阿基坦领地，然后前往法兰西，亲自向国王宣誓效忠。

爱德华二世对这个解决方案很满意，但伊莎贝拉更高兴。她的十二岁儿子被父亲指定为阿基坦公爵，于1325年9月中旬来到法兰西的文森，代表自己的新领地向法兰西国王宣誓效忠。危机顺利度过之后，伊莎贝拉和她的儿子原本应当即刻返回英格兰，但他们坚决拒绝回到那个危机重重的王国。11月底，伊莎贝拉写信给自己的丈夫，措辞激烈地表达了自己对德斯潘塞父子的憎恶和鄙夷，并直截了当地宣布自己不想回国。《爱德华二世传》的作者转述了她这封信的内容。“我觉得，婚姻将男女结合在一起，夫妇理应共同生活、其乐融融，”伊莎贝拉写道，“但有人硬挤到了我和丈夫之间，企图打破婚姻的纽带；我宣布，在入侵者消失之前，我绝不回国；我要抛弃为人妻的服装，而穿上寡妇哀悼亡夫的黑袍，直到我的大仇得报，直到这个法利赛人[①]被铲除。”

王后此处的意思应当是，小德斯潘塞破坏了她的婚姻的政治层面的纽带；而不是抱怨爱德华二世和德斯潘塞之间存在性关系。无论如何，伊莎贝拉都在兄长心满意足的支持下留在了法兰西。她对严重羞辱自己的英格兰国王百般嘲讽，并吸引了一群心怀不满的英格兰贵族和高级教士围绕在自己身边，形成了一个联盟。她信守诺言，果然穿上了寡妇的黑袍，脸上罩着面纱。这是一个强有力的政治宣言，表达了她遭受的不公，以及她逃离的国家的颓败。

在英格兰，爱德华二世暴跳如雷。他给妻子写去了怒气冲冲的书信，并指示英格兰的所有重要主教都写信给王后，告诉伊莎贝拉，她拒不回国的行为让国民担心法兰西人会入侵英格兰，还指控她“因为对一个人的仇恨，竟企图摧毁如此爱戴你的整个民族”。但伊莎贝拉不为所动。她控制着他的继承人，而且还得到自己的兄长——法兰西国王的保护。她的特殊地位将会使得她的丈夫更加窘困。1325 年底，伊莎贝拉犯下了在爱德华二世看来是最怙恶不悛的罪行：她和逃犯——威格莫尔的罗杰·莫蒂默——组成了同盟。

---

① 法利赛人（Pharisees）是犹太人历史上第二圣殿时期（公元前 536—公元 70）的一个政党、社会运动和思想流派。法利赛人是当时犹太教的四大派别之一，另外三大派别为撒都该人（Sadducess）、艾赛尼人（Essenes）和奋锐党（Zealots）。法利赛人为保持纯洁而与俗世保持距离，与撒都该人追求俗世的权力及物欲相对。“法利赛”成为英语常用词，用于形容伪善自大并将律法教条凌驾于精神纲领之上的人。

最终的较量

从低地国家到英格兰的海路非常艰险。九十五艘船组成的舰队挣扎着航向艾赛克斯海岸，风暴捶打着它们，迅猛疾风和惊涛骇浪颠簸着它们。两天内，舰队七零八落，但在 1326 年 9 月 24 日终于看到了海岸线。舰队在萨福克海岸的奥威尔河口靠岸，匆匆卸下了货物。人员、马匹和物资上岸之后，这些船只就迅速出海，返回欧洲大陆。

这支在东安格利亚港口登陆的军队规模不大。其核心力量是七百名荷兰和德意志雇佣兵。此外还有一群英格兰流亡者，包括曾参加巴勒布里奇战役的出身高贵的老将、逃离内战之后国王血腥报复的逃亡者，以及一些在德斯潘塞父子把持朝政期间逃离英格兰而始终未回国的著名权贵。其中有国王的异母弟——肯特伯爵埃德蒙，还有里士满伯爵（布列塔尼的约翰），他们在爱德华二世统治期间几乎始终毫不动摇地忠于国王，但现在终于加入了反对派。

这支入侵军队的领导人是英格兰王后伊莎贝拉、威格莫尔的罗杰·莫蒂默和英格兰王位继承人——切斯特伯爵与阿基坦公爵爱德华。这些流亡者终于回到了英格兰。但他们不是忧心忡忡地前来悔罪的。他们的目标是一劳永逸地除掉国王及其宠臣。

伊莎贝拉王后和罗杰·莫蒂默是一对惊世骇俗的鸳鸯。他们于 1325 年圣诞节前后相识，很快成为情人。不久之后，他们就相当公开地同居。1326 年 5 月，在查理四世的第三任妻子让娜·德·埃夫勒的加冕礼上，伊莎贝拉王后和罗杰·莫蒂默以夫妻的姿态正式出席，莫蒂默还为爱德华王子捧着袍子（查理四世的第一任妻子——勃艮第的布朗什在所谓的奈斯勒塔丑闻中因通奸罪而被囚禁，与国王的婚姻被撤销；他的第二任妻子——卢森堡的玛丽于 1324 年在一起马车事故中丧生）。1326 年 2 月，爱德华二世得知了自己妻子的不忠，恼火地说道："王后不肯到国王身边来，也不允许他的儿子回国。国王还知道，她对莫蒂默言听计从。而莫蒂默是国王最恶名昭彰的敌人和叛贼。"爱德华二世向教皇约翰二十二世施压，要他谴责法兰西国王庇护这对奸夫淫妇的行为。在绝罚的威胁之下，查理四世只得命令伊莎贝拉和莫蒂默离开法兰西。莫蒂默在欧洲大陆的时候已经建立了一个盟友圈子。这对情人在低地国家的埃诺伯爵领地找到了一个安全的避风港。年轻的爱德华王子与埃诺伯爵的女儿菲利帕订了婚，这让伯爵很高兴。

有了埃诺人的支持，伊莎贝拉和莫蒂默成功组建了一支军队。他们能够安全登陆，要感谢爱德华二世和德斯潘塞父子的偏执狂。英格兰处于戒备状态，但防备的是另一场入侵。爱德华二世坚信查理四世会从诺曼底出发入侵英格兰南海岸。他错了。查理四世没有这样的打算。

伊莎贝拉和莫蒂默率军抵达东海岸的消息传到伦敦的时候，爱德华二世正在伦敦塔和小德斯潘塞一起用膳。听到这消息，他垂头丧气。抵达萨福克的那支军队兵力不多，可能不到 1500 人。但国王做出了正确的结论：他的大部分敌人早已在英格兰国内。据《布鲁图编年史》记载，他哀呼道："呜呼！呜呼！我们全都被出卖了，因为若是没有全国民众的支持，她绝不会带领这么少的军队登陆。"就像之前的约翰国王一样，爱德华二世癫狂的偏执和迫害妄想症导致人们当真背叛了他。

伊莎贝拉和莫蒂默抵达的消息传遍了英格兰，人们争先恐后地投奔她的阵营。《阿诺尼玛莱编年史》中记载了王后发给伦敦市民的一封用法文写的公开信，其中宣称王后“此行对神圣教会及亲爱的我主国王陛下抱有极大善意，旨在维护和保障全国”。她向所有公民悬赏缉拿“休·德斯潘塞爵士，我们的敌人，也是国家公敌，此乃众所周知”。这封公开信的抄本被贴在窗户上，而带有封印的原本被钉在伦敦齐普赛大街的埃莉诺十字架上，王后的宣传攻势选择这样的地点，大有深意。伊莎贝拉此举意在声明，她是在继承先王及其挚爱的王后的衣钵。她得到了群众的信服。

10 月 15 日，伦敦市民揭竿而起。他们将小德斯潘塞的亲密盟友约翰·马歇尔从其家中拖走，带到齐普赛大街（贯穿伦敦城的通衢大道）上，斩首示众。曾任王室财政大臣的埃克塞特主教被人发现藏匿在圣保罗大教堂的门廊上，企图在这座圣殿避难。尽管他全副甲胄，还是在接近大教堂北门的时候被群众从马背上拖下，带到了齐普赛大街。马歇尔残缺不全、血淋淋的尸体还俯卧在地上。市民剥去了主教的铠甲，用一把切面包的刀砍掉了他的脑袋。他的两名扈从也被杀死。

王国陷入无政府状态。国家上层人士，不管是主教、伯爵、法官还是下级仆役，都抱头鼠窜、四散逃命。爱德华二世最宠爱的多明我会修士们藏匿起来保命。与德斯潘塞政权有关联或者为其效劳的官衙都遭到抢劫、纵火和破坏。兰开斯特伯爵托马斯曾树立铭碑，以纪念 1311 年的改革条令，后来铭碑被拆除。如今，这些铭碑自伯爵丧命以来第一次在圣保罗大教堂被重新树立起来。

与此同时，伊莎贝拉率军西进。爱德华二世和德斯潘塞父子几乎刚得知她抵达的消息，就仓皇逃离伦敦塔，奔向他们在威尔士的实权基地，那些领地在1321~1322年的内战中岿然不动。他们发出消息，请他们的老盟友——格鲁菲兹之子里斯和卢伊德之子格鲁菲兹——招兵买马，准备抵抗。国王名下有差不多3万镑巨款，当然有足够的资金征集一支大军来保护自己。

到10月底，爱德华二世和小德斯潘塞在塞文河湾西岸的切普斯托，而温切斯特伯爵（老德斯潘塞）则据守布里斯托尔城堡。王后和莫蒂默稳步追击。埃克塞特主教的首级被送到王后面前的时候，她已经到了格洛斯特。他们率军穿过英格兰的时候，权贵们纷纷前来投奔。国王的另外一个异母弟——诺福克伯爵（布拉泽顿的托马斯），以及已故兰开斯特伯爵的弟弟——莱斯特伯爵（兰开斯特的亨利①）都加入了他们。

10月18日，布里斯托尔城堡遭到兰开斯特军队的围攻。温切斯特伯爵拼命想讨价还价，保住自己的性命，但莫蒂默和兰开斯特的亨利都不肯饶恕德斯潘塞家的任何人。攻打八天之后，他们的军队杀入了布里斯托尔城堡，用镣铐锁链将温切斯特伯爵五花大绑，押了出来。

布里斯托尔城堡遭到攻打的时候，爱德华二世和小德斯潘塞决定，他们最佳的生存机会就是逃往爱尔兰。他们在一小队武士的护卫下，在切普斯托登上一艘船。但是风向不对。一位修士的绝望祷告也没能换来上帝的支援，国王一行人在惊涛骇浪的大海上挣扎了五天之后，被迫在加的夫登陆，逃往恢宏雄

① 后来继承了哥哥的兰开斯特伯爵头衔，称为第三代兰开斯特伯爵。

伟、据说坚不可摧的德斯潘塞家族城堡卡菲利。

在他们亡命的同时，伊莎贝拉和莫蒂默在布里斯托尔发布公告，宣布既然国王已经逃离国家，他的儿子爱德华应当掌管政府。这份公告被保存在王室书记处档案中，据说得到了许多高级教士和诸侯的支持，其中包括都柏林大主教、温切斯特主教、伊利主教、林肯主教、赫里福德主教、诺里奇主教、国王的两个异母弟、兰开斯特的亨利，以及“在布里斯托尔的其他诸侯和骑士”。

根据这份公告，爱德华公爵被推举为国家领导人，“得到了在场所有人士的同意……公爵和摄政应以其父国王陛下的名义和权力统治和治理国家”。国王被剥夺了权力，而权力被暂时交给了一个十四岁的孩子，这个孩子完全处于王后及其情夫的控制之下。他于 10 月 26 日正式接管政权。

次日，老德斯潘塞被押解到一个法庭面前，法庭由威廉·特拉塞尔爵士主持，刻意模仿当年审讯兰开斯特伯爵托马斯的那个法庭。老德斯潘塞被指控犯有抢劫、叛国和侵犯教会罪。法庭还告诉他，由于他当年在审判兰开斯特伯爵时拒绝给予后者自辩的权利，现在对他要以牙还牙。披着司法程序外衣的暴力循环在继续：在布里斯托尔的行刑台上，众目睽睽之下，老德斯潘塞先被处以绞刑，然后开膛、肢解，最后被斩首。他的首级被送往温切斯特示众。

在爱德华二世身边的人看来，他们显然彻底完蛋了。德斯潘塞在威尔士领地的佃户们对他没有好感，不愿出来保卫他。10 月 31 日，国王的内廷近侍也抛弃了他们，只剩下爱德华二世和他的宠臣，以及少数仆人。

国王越来越手足无措、走投无路。他原本可以在卡菲利待很长时间，因为这座城堡固若金汤，物资储备也很充足。他还拥有大量金钱和珠宝，以及国玺、御玺和政府的其他重要物件。但在11月初，爱德华二世和小德斯潘塞动身前往马格姆和尼思的熙笃会修道院。在尼思，他们发现兰开斯特的亨利和一群诸侯正在到处搜捕他们，这些诸侯或其亲人在内战期间或战后蒙受了冤屈，现在要报仇雪恨。国王、小德斯潘塞和王室大法官罗伯特·鲍多克企图逃跑，可能是沿着一座高山小径逃跑，目的地是兰特里森特城堡。途中，他们遭遇了搜捕他们的人马。国王和他所剩无几的追随者们躲在一座树林里瑟瑟发抖的时候被俘虏了。

11月24日，赫里福德全镇百姓都聚集在集市广场上。他们看到的是一个已经很熟悉的法庭，为首的是威廉·特拉塞尔爵士。不到一个月前，他把温切斯特伯爵老德斯潘塞送上了绞刑架。曾经挟天子以令诸侯、气焰嚣张、好不威风的小休·德斯潘塞站在法庭前，蓬头垢面，如同丧家之犬。当天早些时候，在鼓点和号角声中，他被押解到了这座城镇。

垮台的宠臣被押进城镇的时候，一大群百姓聚集起来，欢呼雀跃，向他发出嘘声。他骑在马背上，头戴荨麻编成的王冠，以象征他篡夺王权的罪行，他短上衣的纹章被颠倒过来，以宣示他是个乱臣贼子。他的短上衣的正面写着一句出自《旧约》的诗句：你为何以作恶自夸？[①] 在被押解到赫里福德之前的近一周时间里，这个犯人都在绝食，想把自己饿死。但他可没有资格这么轻松地死掉。群众将他拖下马背，剥去他的

① 典出《旧约·诗篇》，52:1。

衣服，在他身上乱涂乱画《圣经》里的口号。然后他被拖到法庭前。

毫无疑问，被告一定会丢掉性命，而且一定会被剥夺自我辩护的权利。阿伦德尔伯爵于一周前在赫里福德被枭首，国王的宠臣也一定会遭遇同样的命运。

法庭宣读了德斯潘塞的罪状。他的罪状清单非常长，也非常详细，包括违反流亡法令、违反《大宪章》和 1311 年的改革条令、谋杀、非法监禁、对国民施以暴政、唆使国王在苏格兰开战从而导致数千人丧命、篡夺王权，以及图谋在伊莎贝拉王后及其子爱德华公爵在法兰西期间杀害他们。审案的威廉爵士判处德斯潘塞死刑，按照强盗、叛徒和暴君的死法处置。他将被处以绞刑，然后开膛、阉割，内脏将被挖出并在他面前烧毁，最后被斩首。"受死吧，叛徒、暴君、逆贼！"特拉塞尔咆哮道，"接受正义的裁决吧，卖国贼、恶棍、罪犯！"

德斯潘塞和一同受审的同伙——西蒙·德·雷丁一起被拴到四匹马上，被拖过了赫里福德的大街小巷，一直拖到城堡的外墙下。在那里，刽子手在两名死刑犯的脖子上系好绞索。德斯潘塞被吊到一座特制的 50 英尺高的绞架上，好让全镇百姓都能目睹他的下场。绞刑架下燃起大火。刽子手登上梯子，用刀割掉德斯潘塞的阳具，然后将其丢进大火。然后他被开膛破肚：肠子和心脏被挖出来，也丢进火焰。最后，他的身体被放回地面，遭到肢解。他的首级被砍下送往伦敦，围观群众欢呼雀跃。他的躯体则被大卸八块，分送到全国各地。

这就是英格兰最臭名昭著的叛徒的结局。在爱德华二世登基以来席卷全国的暴力狂潮中，又有一位大贵族惨遭屠戮。但如何处置国王本人呢？这是个棘手的难题。

二十个灾祸连连的年头向世人证明，国王没有治国理政的本领。但金雀花王朝近一百七十五年的统治一直都建立在国王与诸侯之间不断演化的关系的基础之上。曾有国王受到废黜的威胁——约翰、亨利三世和爱德华一世在危机时刻都曾得到可能丧失王位的警告——但并没有国王被真正废黜。英格兰的法律和政府在大多数情况下都能高效运转，并且符合大多数英格兰臣民的利益，而法律和政府的最终根基是王权。国王听取谋臣的谏言，在征税和战争的问题上还要征询议会的意见。但他仍然是全部公共权力的源泉，而且如果政府运作正常的话，他还是抵御无政府混乱的坚强壁垒。谁有权力去废黜他，并宣布另外一个人是国王？谁能代表这更高的权威？如果王国单方面地废黜，或者（更糟糕地）弑君，那么王国难道不是在自杀？如果一位国王因为得罪了国内的一个派系就被草率地废黜，那么国家还能有什么秩序可言？

在某种程度上，这些都是没办法回答的问题。但所有人都认同这样的事实：必须剥夺爱德华二世的权力。为了这个目的，伊莎贝拉和莫蒂默的宣传机器开始运作。赫里福德主教亚当·奥莱顿非常活跃地宣传，伊莎贝拉及其子之所以返回英格兰，是因为国王和德斯潘塞是鸡奸者和暴君。他们究竟是不是同性恋关系，我们不得而知；但第二项指控是毋庸置疑的。从那以后，当代的编年史开始大肆传播爱德华二世是个堕落败坏的同性恋者的说法。

圣诞节的节庆刚刚结束，议会就在威斯敏斯特磋商，该如何裁断国王的命运。就连王后也不被允许去凯尼尔沃思城堡探望丈夫，他在1326年的圣诞节期间一直被关押在那里。奥莱顿主教说，如果爱德华二世见到妻子，有可能会谋害她。有人说，奥莱顿曾有过这样的言论（尽管奥莱顿本人否认），爱德华二世“在紧身裤里藏着刀子，要谋害伊莎贝拉王后，如果他没有别的武器，就用牙齿把她咬死”。爱德华二世坚决拒绝离开凯尼尔沃思去接受审判。他或许认为，他若是不在场，议会就没有合法性。但他又一次判断错了，司法程序在没有他在场的情况下仍然照常进行。1 月 12 日，赫里福德主教在议会发言，询问众人，应当让爱德华二世继续当国王，还是让他的儿子继位。到当晚，议会决定废黜国王，请王子继位，于是撰写了指控国王的罪状录。

次日，罗杰·莫蒂默在威斯敏斯特厅发言，宣示于聚集在那里的高级教士和世俗贵族，权贵们集体决定将无道昏君废黜。随后，威斯敏斯特议会听取了国内主要的主教的布道，给这个决定增添了宗教意义。赫里福德主教围绕《旧约·箴言》第十一章第十四节（“无智谋，民就败落”）做了布道。温切斯特主教援引“我的头疼痛”（Caput meumdoleo）[①] 这种说法，解释道，王国的首脑若是奸邪，便会在政体中散布邪恶。最后，坎特伯雷大主教用法语做了布道，援引了中世纪流行的警句“人民的声音便是上帝的声音”（Vox populi, vox dei）。他告诉众人，上帝已经听到了他们纠正爱德华二世统治弊端的祷告，然后向大家介绍了即将成为新国王的十四岁的阿基坦公爵爱德华。大家吟唱了《荣耀尊贵和颂赞》赞美诗。当天晚些时候，诸侯在伦敦市政厅宣誓保护和捍卫伊莎贝拉王后和她即将登基的儿子的荣誉。

现在唯一要做的，就是劝服爱德华二世接受国民的意愿，

① 典出《列王纪下》4：19，和合本译为“我的头阿”。

知趣地自动退位。为了达到这个目的，二十四名贵族组成的代表团前往凯尼尔沃思，与他当面交涉。

兰开斯特的亨利、温切斯特主教和林肯主教在代表团大部分人之前被派往凯尼尔沃思，他们在 1 月 20 日见到了国王，告诉他，他的时代已经过去了。爱德华二世顽抗不从。编年史家杰弗里·贝克尔记载称，诸侯告诉国王，若不主动退位、让他的儿子继承，就将面临废黜；然后诸侯会选出一位非金雀花血统的新国王，于是不仅仅他自己，他的整个家族都将被剥夺王权。国王潸然泪下，与诸侯继续争执。到剩余的二十一名代表抵达的时候，爱德华二世已经伤心欲绝，必须由兰开斯特的亨利和温切斯特主教扶着他，才能站稳。

1327 年 1 月 24 日，伦敦市民一觉醒来，听到这样的宣言：爱德华二世“完全自愿地退位，并得到了王国全体高级教士、伯爵、男爵、其他贵族和所有平民的同意”，同时还指定了一位新国王。阿基坦公爵爱德华现在成了爱德华三世国王，而老国王则又一次仅仅被称为“卡那封的爱德华”。法官威廉·特拉塞尔爵士（他曾随王后杀回英格兰，后来又将德斯潘塞父子处死）代表整个王国，正式撤销了对爱德华二世的效忠誓言。诸侯向新国王宣誓效忠。所有反对的声音暂时都被革命派的喧嚣鼓噪淹没了。

虚假的黎明

2月1日，孩童国王爱德华三世在威斯敏斯特加冕，此次典礼安排的速度之快，史上前所未闻。在他父亲治下，王权崩坍到了可悲的境地；新国王及辅佐他的大臣的当务之急是重新确立王权的尊严。好在1月底的时候英格兰的绝大多数诸侯都聚集在伦敦，因此尽管时间仓促，还是能够将他们召集在威斯敏斯特，去见证爱德华三世及罗杰·莫蒂默的三个儿子被三十六岁的兰开斯特的亨利（已故兰开斯特伯爵托马斯的弟弟）册封为骑士。加冕礼那一天，威斯敏斯特教堂内挤满了权贵和高级教士。坎特伯雷大主教雷诺兹将忏悔者爱德华的王冠戴在了这位十四岁国王的头上。这顶王冠对小国王来说太大，也太重，因此在王冠内放置了额外的软垫，免得它在什么关键时刻从国王头顶上滑落，那样的话就太不吉利了。

爱德华三世发出了爱德华二世在1307年曾发出的誓言，包括他父亲严重违反了的第四条誓言：他将“维持和捍卫国民所选择的法律和符合公义的风俗习惯”。加冕礼之后，在威斯敏斯特厅举行了更为奢侈华丽的宴会，庆祝新国王的登基，这样的奢华在此后的半个世纪中将不复出现。大厅内价值连城的珍贵织物和贵重餐具熠熠生辉。宝座的每一边都悬挂着金线织物。欢庆气氛平衡了前一年的血雨腥风（人们的确也急需这样的平衡），并且发出了明确无误的政治信息：老国王或许是垮台了，但王室本身仍然是至高无上、光辉灿烂的。

但显而易见的是，王权并未真正恢复元气。十四岁的爱德华三世已经有充分的理智，但还没有能力独立主持朝政。这是一种非常尴尬的局面：国王年纪已经够大，不能仅仅将他当作傀儡；但又不够成熟，无法自行统治。尽管他从1327年3月开始掌控自己的内廷，但真正的社稷大权很快落入伊莎贝拉太后手中，国王受到怎样的影响、谁能接触到国王，全部取决于太后的喜怒。罗杰·莫蒂默则控制和影响着太后。没过多久，这对情人就扭曲了他们理应保护的王权准则。

新政权的第一个使命是恢复老国王统治时期流亡者的地位。加冕礼之后第二天举行的议会撤销了1322年对兰开斯特伯爵托马斯及其盟友的叛国罪判决，并允许其家族产业和头衔正常地传承下去，其大部分利益都归属兰开斯特的亨利。莫蒂默收复了自己的土地和头衔，然后开始气势汹汹地吞并其他边境领主的土地，从他的叔叔——彻克的罗杰·莫蒂默（他前不久去世了）的财产开始。这一切都不算稀罕，因为莫蒂默和兰开斯特的亨利一样，完全有权收回被爱德华二世和德斯潘塞父子不公正地夺走的财产。但很早就出现了一些迹象，表明伊莎贝拉和莫蒂默和之前的掌权者一样贪得无厌。

在丈夫退位、爱德华三世加冕之前血洗政敌的混乱时期，伊莎贝拉太后就已经收回了作为她嫁妆的所有土地，价值约4.5万镑。她的儿子加冕时，她又得到了更多土地，于是她的土地收入达到了2万马克。她一跃成为英格兰最大的地主，比任何一位权贵都富有。太后的富可敌国，再加上她能够得到丈夫和德斯潘塞父子的大量金银珠宝，令旁观者忧心忡忡。

但更令人烦恼的是，太后悍然插手外交政策。在这方面，新政府有三件紧急的大事要处理。阿基坦领地饱受困扰，为了防御它的有争议边界，必须与伊莎贝拉的哥哥——法兰西国王查理四世正式缔结和约。苏格兰人也蠢蠢欲动——在2月1日，也就是爱德华三世加冕的当天，一群苏格兰人成功地袭击了英格兰人控制的诺勒姆城堡——因此需要动用武力，平定苏格兰人的骚动。最后，爱德华三世还需要一位新娘，为王室添枝增叶、传承大统。

英格兰朝廷的每一个举措都失败了。匆匆与法兰西王室签订的《巴黎条约》的条款于4月中旬被呈送给身在林肯郡的国王。显然，这项条约不仅要羞辱他，还要在经济上严重地挫伤他。英格兰在法兰西西南部的领地被压缩为波尔多与巴约讷之间的加斯科涅海岸。其他领地将由法兰西国王直接控制。为了保住曾经的金雀花帝国剩下的这一山半水的代价是，爱德华三世必须缴纳5万马克的巨款。伊莎贝拉和莫蒂默显然也深知为了和平而付出的代价太高，于是他们在英格兰境内隐瞒了条约的具体细节。这表明，英格兰朝廷在绝望无助之下默认了既成事实，承认英格兰陷于内部纠纷，无暇考虑在法兰西收复失地。

1328年，查理四世驾崩，没有留下直接的继承人。但英格兰朝廷没有做多少努力，去利用这个天赐良机。爱德华三世是腓力四世的三个仍然在世的外孙之一，因此对法兰西王位拥有继承权，但查理四世的表弟——瓦卢瓦的腓力按照严格的男性继承顺序（这后来被称为萨利克法[①]）被加冕为王（史称腓力六世）的时候，英格兰朝廷只是做了象征性的抗议。爱德华三世通过他的母亲对法兰西王位拥有继承权，但他只能在1329 年前往亚眠，作为阿基坦残部和蓬蒂厄伯爵领地的领主，向法兰西新王宣誓效忠。英格兰人显然没有打算利用他对法兰西王位的继承权作为谈判的杠杆，去为他在欧洲大陆的领地争取更多的安全。

苏格兰的局面更糟糕。从 2 月到夏季，边境屡次遭到袭击，成群苏格兰人越境进入英格兰北部，恣意烧杀抢掠。就在爱德华三世在林肯郡读到《巴黎条约》条款而大失所望的时候，王室的命令正在被送往北方，准备按照老规矩，在泰恩河

---

① 萨利克法（拉丁语：lex Salica），是中世纪西欧通行的法典，因发源于萨利克部族（法兰克人的一支）通行的习惯法而得名。6 世纪初，这些习惯法被法兰克国王克洛维一世汇编为法律。萨利克法是查理曼帝国法律的基础。

萨利克法包括女性后裔不得继承土地的条款。在欧洲的大多数国家，女性无权继承土地的规定逐渐演变为对女性继承权的剥夺，并对中世纪和近代欧洲历史产生了很大的影响。西班牙的历次王位继承战争，起源都是旁系男性继承人对直系女性继承人权利的争议。

英法百年战争的诱因之一，就是法兰西卡佩王朝查理四世死后没有男性继承人，英格兰国王爱德华三世因是查理四世妹妹伊莎贝拉的儿子，要求得到法兰西国王宝座，法兰西方面则认定萨利克法不支持女性系后裔的继承权，查理四世的堂兄腓力六世随之加冕，开创法兰西的瓦卢瓦王朝，爱德华三世虽然妥协，但冲突的火种已然埋下。

英国君主允许女性继承，但汉诺威实行萨利克法，因此汉诺威王朝的维多利亚女王在继承英国王位时，不得不把汉诺威王位转让给其叔父恩斯特亲王。此外，在唯一仍由英国统治的原诺曼底公国领土——海峡群岛上，英国女王伊丽莎白二世的头衔是诺曼底公爵（Duke of Normandy），而非“女公爵”（Duchess）。

为了回避萨利克法的不利影响，波兰女王雅德维加在 1384 年继承波兰王位时，宣布自己为国王（Hedvig Rex Poloniæa），而非女王（Hedvig Regina Poloniæa）。

畔纽卡斯尔和约克征集一支军队。

爱德华三世和他的母亲于5月底前往约克，在那里与五百名佛兰芒骑士会合，他们是伊莎贝拉在欧洲大陆的盟友——埃诺的约翰的属下。这支精锐部队在约克（英格兰的第二大城市）与英格兰士兵打架斗殴，在街头横冲直撞，很快就让市民怨声载道。尽管这个开头很不吉利，爱德华三世还是于7月初将伊莎贝拉留在约克，自己动身前往苏格兰边境，打算在那里迎战敌人（由老将詹姆斯·道格拉斯爵士指挥）。此次行动一败涂地。道格拉斯一连几周都在逃避追击他的英格兰军队，在月底突然杀了个回马枪。他袭击了斯坦诺普园林（达勒姆附近）的国王营地，将国王的侍从杀散。据一部编年史记载，他还冲到国王营地的正中，高呼"道格拉斯!"，砍断了国王大帐的两三根绳索。几天后，道格拉斯率领横冲直撞的军队，撤回了苏格兰境内。

据多位编年史家记载，爱德华三世为了自己的失败怒不可遏、潸然泪下。他的确有理由哭泣：这场战役耗资巨大，为了让英格兰政府免于资不抵债，不得不将王室珠宝典当出去。莫蒂默和伊莎贝拉接受了事实——他们没有力量在北方开展一场战争，于是签订了《爱丁堡—北安普敦条约》（之所以如此命名，是因为它是由罗伯特·布鲁斯于1328年初在爱丁堡签署，后于5月在北安普敦由英格兰议会批准的）。他们与苏格兰人达成和解，可耻地放弃了英格兰对苏格兰的宗主权，仅收了区区20镑贡金。条约承认苏格兰为独立王国，由布鲁斯及其后嗣统治，两国边界与亚历山大三世时期相同。爱德华三世年仅六岁的妹妹琼被许配给布鲁斯尚在襁褓中的儿子大卫，并很快结婚。但这掩盖不了这样的事实：自1295年爱德华一世的辉煌战争以来，英格兰人为之奋斗的一切在一夜之间灰飞烟灭了。

至少爱德华三世的婚姻已经安排妥当了。伊莎贝拉和莫蒂默在入侵英格兰之前与埃诺伯爵缔结的联姻盟约得到遵守，于是年轻的埃诺的菲利帕（她出生于1310至1315年间，与爱德华三世年龄相仿）于1327年底被带到了伦敦。这对年轻人于1328年1月26日在约克大教堂喜结连理，婚礼非常奢华隆重，旨在向爱德华三世的北方臣民宣示，王权并没有衰败，就像他的加冕礼向他的南方臣民发出同样的信息那样（在兵荒马乱、民穷财尽的背景下还能维持这般奢华，要感谢慷慨大方的意大利银行世家——巴尔迪家族。多年之后，巴尔迪家族才会吸取到教训，爱德华三世屡次欠款不还，致使巴尔迪家族破产，这场财政灾难也导致了美第奇家族在意大利崛起）。联姻是伊莎贝拉和莫蒂默的外交政策中唯一成功的方面，尽管伊莎贝拉希望继续行使摄政太后的权力，因此直到差不多两年之后才允许年轻的王后加冕。但在爱德华三世婚礼期间，英格兰本土发生了一件奇怪的事情。

1327年9月23日深夜，年轻的国王在林肯的寝室内被唤醒，得知自己的父亲去世了。自4月以来，卡那封的爱德华就被关押在格洛斯特郡的伯克利城堡的地牢内。据信使说，他于两天前在狱中因自然原因死亡。因为年轻的国王急需处理与苏格兰局势相关的议会事务，于是指定于12月将老国王下葬。卡那封的爱德华去世时，很少有人质疑他的死因。爱德华三世肯定接受了他父亲自然死亡的说法，并为他安排了葬礼。但随着时光流逝，逐渐流传开了一些对卡那封的爱德华死因的描述，开始向人们暗示，他的死没有那么简单。最初的说法是，老国王是因悲伤或疾病，或某种痛楚而死的。但很快就有人推测，他是被谋害的。

卡那封的爱德华被囚期间，朝廷破获了三起企图营救他的阴谋：第一次是在 4 月，当时他被囚禁在凯尼尔沃思；后两次分别在 7 月和 9 月他被关押在伯克利期间。前两起阴谋的策划者是多明我会的修士；最后一次营救企图的主谋是威尔士人，其中为首的是格鲁菲兹之子里斯，他是爱德华二世的长期盟友，曾在 1321 年和 1322 年援助他，在他 1326 年最后逃亡中也在他鞍前马后。有传闻称，连续发生的营救企图让伊莎贝拉和莫蒂默耗尽了耐心，于是莫蒂默命人将老国王杀死在狱中。1330 年 10 月，有人在议会宣称，卡那封的爱德华是被谋杀的。卡那封的爱德华死亡二十年之后，见闻广博的编年史家——穆里穆斯的亚当记载道，国王死于奸险诡计，是罗杰·莫蒂默指使人将他扼死的。

随着卡那封的爱德华的死讯传播到全国各地，他死于谋杀的怀疑也越来越烈，而关于他死因的说法也变得更为极端。逐渐出现了这样一种传说：凶手先是将一个小号状的装置插入他的直肠，然后将烧得红热的拨火棍从肛门插进他体内，令他内脏灼烧、生不如死，然后才将他扼死。这成了描述卡那封的爱德华死因的标准说法，因为炮制这种说法的始作俑者似乎刻意营造了一种恐怖的、诗意的象征主义：娘娘腔的、腐化堕落，有同性恋者嫌疑的国王被爆菊至死。这种说法几乎可以肯定是捏造的。但是，卡那封的爱德华很有可能确实是被谋杀的，而幕后元凶的确是罗杰·莫蒂默。凶手可能是莫蒂默的盟友威廉·奥格尔和托马斯·格尼爵士，负责看押爱德华的王室内廷总管约翰·梅尔特莱弗斯爵士也是同谋。

无论如何，卡那封的爱德华于 1327 年 12 月 20 日入土为安。他没有被安葬在威斯敏斯特教堂的金雀花王室陵墓、长眠在祖父和父亲身边，而是被埋葬在格洛斯特的圣彼得修道院（1217 年的内战期间，年仅九岁的亨利三世就曾在那里加冕）。除了他之外，唯一被埋葬在那里的王族成员是罗贝尔·柯索斯，即征服者威廉的儿子。柯索斯原本可以成为英格兰国王，但被他的弟弟亨利一世囚禁在迪韦齐斯和加的夫近三十年之久。将卡那封的爱德华埋葬在柯索斯身边，恰如其分。爱德华下葬时穿着他在 1308 年倒霉的加冕礼上穿的内衣。他的墓地上饰有他的肖像雕刻，这是英格兰历史上的第一次，后来几百年中历代国王的陵寝都带有雕像。这固然算不上一场盛大的王室葬礼，但对这样一位国王来说，仍然是个出人意料的庄严尊贵的结局。毕竟，他玷污了英格兰王室，遭到了能够想象得到的最为严重的判决，即他的政敌于 1327 年 1 月指控他的罪行录。这些指控对他的描述是“没有独立治理国家的本领……被奸臣控制和影响，听信谗言”，并且不肯“从善如流，不肯采纳良谏，也不肯致力于妥善地处理朝政”。在他被废十一个月之后，所有人都清楚地认识到，爱德华二世“将国家压榨得山穷水尽，无所不用其极地毁坏自己的王国和人民。更糟糕的是，他生性残忍、缺乏个性，没有丝毫悔过，不可救药。这些事情如此臭名昭著，无可否认”。

但是，取代他的新政权就比他好多少吗？迹象越来越明显，答案是否定的。人们忧心忡忡，伊莎贝拉和莫蒂默牢牢把持着年轻国王，而且他们控制的远不止于外交政策方面。在国内，这对情人的行为举止越来越和爱德华二世如出一辙。到 1330 年，他们变本加厉，英格兰又一次陷入了阴谋诡计、血雨腥风的深渊。

莫蒂默受宠于太后，日渐踌躇满志。他和加韦斯顿、德斯潘塞一样，无法抵制利用自己御前近臣的身份中饱私囊的诱惑。他逐渐在威尔士和英威边境积攒了许多领地，其中很多都是从1326年的叛军那里没收的。在英格兰各地举办的一系列比武大会上，莫蒂默以近似国王的身份照顾着爱德华三世，主持圆桌会议，将自己打扮成亚瑟王（这是暗示他有威尔士血统）。他纵情享受自己作为太后情夫的地位，在1328年的索尔兹伯里议会上，他终于完成了飞黄腾达的最后一步，崛起成为上层贵族的一员。他获得了一个超常而新颖的头衔：马奇伯爵[①]。

德斯潘塞扰乱朝纲的事情还没过去多久，莫蒂默就开始气焰嚣张地行事。在他主持下，英格兰在战争和外交这两条战线上都蒙受了奇耻大辱；国王的年轻妻子还没有得到加冕；负责审理盗匪案件的专门巡回法庭被派往各郡，处置肆虐蔓延的暴力和扰乱治安罪案，但都不了了之；而王室虽然从老国王那里继承了许多财产，还从巴尔迪银行大量借款，但还是濒临破产，危机重重。然而，新任马奇伯爵却以公谋私，达到了富可敌国的地步。对新政权的幻想破灭后，英格兰再次分裂为许多互相攻杀的派系。到1329年1月，以兰开斯特伯爵亨利[②]为首的反对派已经威胁要起兵反抗。许多人大肆宣扬，国王没有

① 马奇（March）的意思是边境，这里指英格兰与威尔士的边境，此爵位通常被授予居住在此边境地区的大封建主。后来它逐渐演化成仅仅是头衔而已，领有者不必真的在边境拥有领地。

② 第三代兰开斯特伯爵亨利，就是前文所说的“兰开斯特的亨利”，即与爱德华二世作对的第二代兰开斯特伯爵托马斯的弟弟，他继承了哥哥的爵位。

听取良谏、合理治理国家，因此违反了《大宪章》和他自己的加冕誓言。战争似乎一触即发，以至于朝廷为爱德华三世定做了一套新的甲胄。在差不多整个 1329 年，十七岁的国王都一直被挡在威斯敏斯特和伦敦之外，被阻止亲自执掌政权；他的贪婪母亲及其情夫就像对待娃娃一样娇宠着他。

好在全面内战最终被避免，但到了 1330 年春季，爱德华三世不可能再被当成小娃娃架空起来了。埃诺的菲利帕怀孕了，因此她必须于 2 月在威斯敏斯特教堂接受加冕。同时，非常令人担忧的消息传到了宫廷。有传闻说，两年前在格洛斯特下葬的卡那封的爱德华仍然活着，藏匿在民间。关于爱德华二世保住了性命的故事一直流传到今天，尤其是在有一个版本的故事中，这位被废黜的国王逃脱了牢狱之灾，躲到意大利，隐居起来，了却残生。这些故事并没有说服力，但这不重要。重要的是，在 1330 年，曾经参与逼迫老国王退位的人们都非常害怕他会突然出现。

这些谣言的来源之一很可能就是谋害国王的元凶。到 1330 年，马奇伯爵已经极其不得人心。法兰西人极有可能在筹划吞并阿基坦的残余部分，而莫蒂默企图强行从地方社区和诸侯手中征敛军费去保卫加斯科涅，他这个做法遭到了普遍的唾骂。他树敌甚多，不仅包括兰开斯特伯爵亨利，还有国王的叔叔们——诺福克伯爵托马斯和肯特伯爵埃德蒙。尽管两位王叔都宣称效忠王室，但莫蒂默认为，他们威胁了自己作为国王守护者和监护人的地位。

1330 年 3 月，在温切斯特召开的议会紧急商讨了筹措军费以保卫加斯科涅的问题。在议会的末尾，莫蒂默向肯特伯爵发起了攻击。正要散会时，肯特伯爵突然被以叛国罪逮捕。莫蒂默指控他阴谋勾结（据说还活着的）异母兄爱德华二世（据说在科夫堡）。肯特伯爵被拖到一个匆匆组建、以莫蒂默为首的法庭前。他被指控叛国，法庭上出示了证明他有罪的书信，于是他被判定有罪。他被草率地剥夺财产，他的妻儿被关押到索尔兹伯里城堡，而他自己被带到温切斯特城堡墙外，执行死刑。莫蒂默的裁决野蛮残暴，令人毛骨悚然，一时间竟然找不到敢于执行这个判决的人。最后，被监禁在温切斯特的另一名犯人（负责扫厕所）砍下了可怜的肯特伯爵的首级，以此换取了自己的自由。又一位伯爵丧了命，而且是一位拥有王族血统的伯爵。埃德蒙是爱德华一世的儿子，因此地位比之前的兰开斯特伯爵托马斯更高。

议会解散了，国王前往伍德斯托克去探望临产的妻子（这是他们的第一个孩子，生于 6 月 15 日，取名为爱德华）时，心情非常颓丧。他曾打算赦免肯特伯爵，但莫蒂默推翻了他的决定。爱德华三世是一位丈夫、父亲和国王，但另一个男人统治着国家，与他母亲上床，而且恣意谋杀他的亲属。国家被爱德华三世的父亲败得一贫如洗，而在莫蒂默残忍、贪婪的暴政之下，濒临土崩瓦解。莫蒂默暴政的三个灾难性年头给英格兰带来的祸端几乎和老国王在位时一样多。行动的时刻到了。爱德华三世处于绝望之中，但他勇敢大胆，开始秘密筹划夺回自己的王权。贤君明主的光辉新时代即将拉开大幕。

第六部

光荣的年代

（1330 ~1360）

愿年轻的爱德华福寿永昌！愿他拥有曾令历代先祖得益的美德。愿他像亨利二世国王一样勤勉，像威名显赫的理查国王一样勇猛无畏，愿他像亨利三世国王一样高寿，愿他拥有爱德华一世国王的智慧，并像他的父亲一样体格健壮、相貌英俊。

——《爱德华二世传》中写到爱德华三世出生的段落

宫廷政变

密谋者小心翼翼、尽可能悄无声息地走过诺丁汉城堡地下深处的一条秘密通道。他们至少有十六人，或许超过二十人，全副武装，大多很年轻，对国王忠心耿耿。为了自保，他们都豁出去了。在他们头顶上，城堡正在安静下来，准备过夜，白天的访客都离开城堡，返回城堡之外城镇中的住宿地。地道中只能听得见粗重的呼吸声、铠甲移动时沉闷的撞击声，以及火把燃烧的噼啪声。

他们此行是遵照御旨。当天早些时候，此刻在地道中的五名密谋者和十七岁的国王被带到一个对他们满腹狐疑的议事会面前。为首的是马奇伯爵罗杰·莫蒂默，王后的情夫，他把持英格兰朝政已有三年之久。探子向莫蒂默报告称，国王身边的一群人正在企图刺杀莫蒂默。所有人都坚决否认这个指控。在离开这个审讯时，他们都知道，必须采取行动了。

密谋者的首领是二十九岁的威廉·蒙泰古，他是爱德华三世内廷的一名方旗骑士①，是国王的朋友。不久前，他曾陪伴爱德华三世前往法兰西处理要务，刚从阿维尼翁的教廷返回，他在那里向教皇约翰二十二世传达了一些密信。蒙泰古是一个

① 方旗骑士（Knight Banneret）是中世纪的一种骑士。他们在战争中可以在自己的旗帜下率领部队，而比他们级别更低的骑士则不得不打着别人的旗号来率领部队。方旗骑士的旗帜是方形的，以区别于更低级的骑士们的三角旗。方旗骑士高于下级骑士（Knight Bachelor），而低于男爵。虽然大多数方旗骑士都出身贵族，但这个头衔通常不是贵族头衔，也不是世袭的。

军人、保王党人和国王亲信，就像他父亲曾经是爱德华二世的亲信一样。他担心莫蒂默会谋害国王，因此在这一天告诉国王，必须立刻采取行动。他对国王说："把狗吃掉，总比被狗吃掉强。"爱德华三世听取了他的建议，批准了他们的计划。这要么是一场自杀行动，要么是拯救王权的伟业。

在蒙泰古身边弯腰行进的还有爱德华三世内廷的另外四名伙伴：爱德华·博恩、罗伯特·厄福德和威廉·克林顿（三人均为方旗骑士），以及内廷骑士霍恩比的约翰·内维尔。他们都是勇士，做好了在凶险的行动中以死报效主公的准备。行动的关键是第六个人，威廉·伊兰，诺丁汉城堡的警卫。伊兰比在世的任何人都更熟悉这座要塞的众多走廊和通道。

莫蒂默控制着城堡的钥匙，夜间会将钥匙放在王后枕下，因此蒙泰古及其伙伴正在潜行的这条地道是进入城堡的唯一路径。地道一头连接着城堡外的河岸，另一头是处于城堡心脏位置的伊莎贝拉太后寝室。1330 年 10 月 19 日，伊兰脱离了自己的岗位，故意将地道内的边门敞开，没有关闭。现在，他利用自己对城堡的熟悉，引导密谋者们在黑暗中行进。

诺丁汉城堡内到处上演着阴谋诡计。密谋集团成员——御医潘西奥·德·孔特罗内为国王在当晚脱身打掩护，甚至帮忙打开了连接密道与城堡主楼的门。伊兰和蒙泰古带领部下从地下深处登上螺旋形楼梯来到王室居所心脏位置时，一定会祈祷，在他们抵达最终的那扇门之前，密谋不要败露。如果莫蒂默抓获了他们的任何一名盟友并从其口中得到真相，那么或许已经派兵在地道中尾随他们了。等待他们的将是死亡和彻底垮台。在太后的大厅内，伊莎贝拉正与莫蒂默、他的两个儿子杰弗里和埃德蒙、西蒙·贝里福德、休·特平顿爵士和林肯主教亨利·伯格什一同商议如何处置密谋者。他们全然不知，这些密谋者已经离开了地道，进入城堡主楼，正在杀气腾腾地逼近会议厅。

蒙泰古和伙伴们冲进王室寓所时，撞上了内廷总管特平顿，他是安保的最终负责人，当然现在安保已经被破坏了。约翰·内维尔上前杀死了特平顿。这声响令守卫在大厅入口处的少数几名内廷侍从警觉起来。密谋者猛冲进去，将两名卫兵砍死在原地。

莫蒂默拔腿就跑，冲向自己的房间去拿剑。但他和两名谋士被抓住并逮捕。密谋者留了马奇伯爵一条性命，准备将其作为叛国贼送上法庭。莫蒂默的两个儿子和西蒙·贝里福德也被俘虏。据布鲁图编年史家记载，伯格什主教将自己作为教士的尊严丢了个一干二净。他跑向厕所，企图钻进向城堡外护城河内排放粪尿的滑道。蒙泰古的部下追了上去，最终将主教从这肮脏的逃命场所拉出来。伊莎贝拉太后站在大厅门口，在黑暗中哀号，呼喊她的儿子，她相信自己的儿子躲在密谋者的背后。

借助这戏剧性的手段，十七岁的爱德华三世粉碎了束缚自己的镣铐，亲自执掌了政权。政变的次日，国王向英格兰各郡的郡长发布宣言，通知他们，马奇伯爵罗杰·莫蒂默已经被逮捕，爱德华三世“从此将遵循法理和理智，以符合自己君主尊严的方式，统治他的人民。国家大事将由全国的权贵公议裁决，别无他途”。

莫蒂默被捕后遭到羁押，等待议会发落。这次议会于1330年11月在威斯敏斯特厅召开。他被五花大绑，口里塞着东西，丧尽颜面地被押解到全国诸侯面前。根据议会的官方记载，他受到的指控是“篡夺王权，把持朝政，以君主自居”，并驱使仆人约翰·雷“监视（爱德华三世）的言行，以致我主国王陛下被歹人环绕，无法自行决断，如同生活在牢狱之中”。莫蒂默受到十四项罪名的指控，其中包括以自己的伯爵领地分裂王室土地、向兰开斯特伯爵及其盟友开战、诬陷肯特伯爵叛国，以及贪污王室金钱（包括苏格兰人遵照合约缴纳的贡金）。

但最重要的是，议会明确地指控莫蒂默谋杀了爱德华二世。“罗杰擅用篡夺来的权力……命令将（老国王）押解至伯克利城堡。在那里，罗杰及其走狗恶毒、阴险、虚伪地将国王杀害。”档案如是说。这是官方第一次声明爱德华二世是被谋杀的，光是弑君这一项罪名就足以让莫蒂默这“背叛国王和江山社稷的逆贼，被开膛和绞杀”。就像之前几位被判死刑的大贵族一样，莫蒂默也不被允许为自己辩护。但是，随着他于1330年11月29日在泰伯恩被作为叛国贼处死，英格兰历史上一个血雨腥风的一个章节便结束了。

伊莎贝拉没有受到严惩。作为太后，她被解除政权，进入退隐状态。在随后二十七年中，她居住在诺福克的赖辛城堡，过着锦衣玉食、奢华富丽的生活，在王室的外交事业中扮演重要角色，并参加她儿子的越来越奢侈辉煌的典礼宴会和家庭节庆活动。

爱德华三世还不到十八岁，就能够大胆地发动如此戏剧性的宫廷政变，决定性地夺取了政权。这是让人心头燃起希望的迹象，看来他有足够强大的性格和才干，去恢复这个朝纲败坏的王国的秩序，令其走上正轨。事实证明，他果然是一位盖世明君。从青年时代开始，他的一举一动便很好地体现了他的施政之道：发现问题之后，他便会采取激进的，甚至是鲁莽的行动去解决它；他身边围绕着一群亲密而深受信赖的谋臣。他的统治效率很高，令人心醉。但在爱德华三世被普遍尊为英明贤君（或许是金雀花王朝最伟大的一位国王）之前，还有许多困难重重的年头。

光荣的国王，一贫如洗的王国

诺丁汉政变之后，爱德华三世在国内受到普遍赞誉。1330年11月，他十八岁了，终于可以独立自主地掌控自己的王权和命运。他的私人纹章图案是灿烂的旭日——金色的阳光从浓云背后迸射出来。年轻的国王希望他的臣民们认识到，他挣脱了母亲的情夫的束缚之后，独立掌权，必将拨开乌云见天日；新国王能够为人民带来光明、勇气和希望。

亲政伊始，他便举办了一系列比武大会，主要是在伦敦周边和东南部。他表现出绝佳的骑士风度；他的宫廷是狂欢、享乐、浪漫和武艺较量的中心。“这位国王热衷于比武大会和与贵妇相伴，不亦乐乎？”北方的编年史家托马斯·格雷爵士如此记载道。这是他在位时期的一大特色，几乎每个月都要举办比武大会。这是王国的贵族男女纵情狂欢的好机会，他们换上五光十色、奢侈富丽的服装，扮演起猛兽、神话传说中的异兽和天使仙女的角色，重演历史和传奇中脍炙人口的精彩故事，或者淘气地打扮成修士、商贩或神父，嬉戏打闹，以此为乐。大型的模拟战争打得煞有介事，既让参与其中的贵族们增强了彼此之间的纽带，也是非常有价值的军事训练，毕竟这个时期又狼烟四起、战火延绵。

国王处于这一切热火朝天活动的正中间。他是一个身强体健、具有运动员体魄且雄心勃勃的青年。大多数肖像都将他描绘得面貌略显清秀，眼睛宽阔，眼窝深陷，眉脊平坦，鼻子又长又细。他天庭饱满，并且遵照当时的风俗，成年之后始终蓄着长胡须，14 世纪 50 年代的一首诗说他的胡子是“浆果一般的褐色”。他要么戴着精美的帽子，要么佩戴军事统帅的头盔，浓密而波浪形的头发遮挡住了他的耳朵，从帽子或头盔下凸显出来。他精通骑术，武艺高强，是骑士威严的典范。他和菲利帕王后都嗜好精美的衣服，并且衣服上绣有口号和神秘莫测的王室箴言。爱德华三世后来最喜爱的一些箴言包括“事当如此”（It is as it is）和“白天鹅啼鸣，以上帝之灵起誓，我是你的男人”（Hay Hay the wythe swan / By Godes soule I am thy man）以及“像忍冬一样坚强”（Syker as ye wodebynd）。菲利帕王后喜爱的口号包括“我缠绕着你”（Ich wyndemuth）和“我的吩咐”（Myn biddeneye）。为纪念爱德华三世加冕而打造的钱币上印有这样一句口号，突显了国王一生的自信和治理国家时的从容：“我不曾索取，只是接受。”

外在的作秀和华丽典礼是任何一位国王必备的核心技能，但爱德华三世在这方面的直觉比任何一位前任都更敏锐——只有亨利三世是个例外。他从远东进口最精美的金线织物，他的袍服上装饰着充满异国情调的动物形象：豹子、猛虎、鹈鹕和隼。他酷爱音乐，他的宫廷旅行的时候，总伴有行吟歌手的曲调，有鼓点和笛子助兴。国王处在这一切的中心，为自己创造的盛景笑逐颜开。他开设了一座动物园，豢养着狮子、豹子、一头熊和形形色色的猿猴。他像之前的国王们一样，对狩猎兴致勃勃。他在自己的猎苑、森林和英格兰乡间纵马奔驰、追逐和猎杀野兽，从中得到极大的乐趣。他的先祖当中，或许只有亨利二世在这方面能和他相比。他挥金如土，在奢华的服装和盛大的娱乐活动上花费数千镑，供自己、朋友和家人享受，展现出了值得颂扬的王室光辉。爱德华三世是个魅力无穷的人，把宫廷中的女士们迷得神魂颠倒，和男人们则能建立起亲密的、兄弟一般的深情厚谊。自亲政伊始，他便将英格兰的贵族和骑士们——所有成功的国王都会将这个阶层团结到自己身边——与自己的统治紧紧地联系了起来。

爱德华三世受过传统的贵族式教育，精通与他地位相称的知识和文化。他既会说英语，也会讲宫廷语言——法兰西北部方言。在成长过程中，他身边簇拥着理查·伯里（牛津大学的学者和教士，后来成为政府高官和国王最亲信的谋臣之一）这样的学者，从他们那里汲取到了极大的知识养分，文化水平远远超过当时的一般标准（能阅读拉丁文和法文即可）。他是第一位有御笔墨迹留存至今的英格兰国王。他从五花八门的古典文本中学习为君之道。这些文本被称为“君主明鉴”，是欧洲学者们编纂起来的，分析了古今统治者的伟大成就和可耻失败，旨在向他们的君王解释优良的统治原则。

自孩提时代起，爱德华三世就对历史和神话中的伟大英雄心醉神迷，尤其仰慕 14 世纪流行文学的主流故事，即所谓“九位伟人”的传说。九位伟人包括三位“好的异教徒”——赫克托耳、亚历山大大帝和尤利乌斯·恺撒，三位圣经中的贤君——约书亚、大卫和犹大·马加比①，以及三位伟大的基督教国王——亚瑟王、查理曼和第一代耶路撒冷国王布永的戈弗雷。他认真研读了帝王们的生平，努力学习他们的优良品质，

① 犹大·马加比（Judas Maccabeus，即“铁锤”犹大），是犹太人历史中与约书亚、基甸、大卫齐名的英勇战士。他是古以色列人祭司长亚伦的后裔，犹太祭司玛他提亚的第三个儿子。犹大·马加比继承父亲对抗塞琉古帝国的统帅职位，是犹太人的民族英雄。犹太人的马加比节，就是为了纪念犹大·马加比在公元前 165 年收复耶路撒冷的圣殿。

而避免他们的错误。他对历史的天意注定非常着迷，因为历史既能够预示他一生中的一些事件，也能够为后人的生活奠定基础。同时代人对他在诺丁汉宫廷政变中表现出的勇敢非常景仰，急切地希望看到他实现梅林的预言。爱德华三世没有让群众失望，他于1331年访问格拉斯顿伯里，参观了亚瑟王和格温娜维尔的宏伟陵寝，这座陵墓是他的祖父当年下令建造的。事实上，在金雀花王朝的所有先王之中，爱德华三世特别崇敬爱德华一世，命人用金线织物装饰位于威斯敏斯特的爱德华一世陵墓，像祖父一样热衷于亚瑟王传说，并保证每年都隆重地纪念“苏格兰人之锤”（爱德华一世的绰号）的冥寿。爱德华一世年轻时的贬义绰号“豹子”如今成了爱德华三世王权的象征。爱德华三世的纹章是举右前足向前行进、面部正对观看者的狮子。①

虽然酷爱荣华富贵，但爱德华三世深切地懂得，王权是国家与君王之间的神圣纽带。当前如此，甚于以往。在有些比武大会上，他喜欢隐去自己的真实身份，乔装打扮成普通战士，与同时代人和伙伴们一起比拼。虽然喜爱亚瑟王传说，但他小心谨慎，不去效仿罗杰·莫蒂默的狂妄做法——竟企图扮演这位传奇国王的角色。14世纪30年代，爱德华三世更愿意将自己比作一位比较普通的圆桌骑士，常常是莱昂内尔爵士。最早给他赋予这个角色的恰恰是莫蒂默。1329年，在威格莫尔举办的一次比武大会上，莫蒂默向国王献上了一只带有莱昂内尔爵士纹章的杯子。爱德华三世一直坚持扮演莱昂内尔爵士的角

① 纹章学里的豹子和狮子外形差不多。行走（passant）中的狮子一般被称为“豹子”，而扬起前爪跃立（rampant）的狮子才被称为“狮子”。这种区分源自法国纹章学，英国纹章学后来不再做此区分。

色，在 14 世纪 30 年代的许多比武大会上始终佩戴他的纹章，而且还用这位传奇骑士的名字给自己的第三子（1338 年出生于安特卫普）取名。这表明，他没有忘记积极进取和努力奋斗的价值，正是这些价值观帮助他推翻了莫蒂默的统治。当然这或许也是个诙谐的玩笑。

从 1330 年爱德华三世亲政开始的七年中，他逐渐熟悉了自己的王国。几乎持续不断的比武大会使得他在象征意义和社交这两个层面都与自己的臣民走得更近。他与菲利帕王后的婚姻非常多产，1330 年生下了王子——伍德斯托克的爱德华之后，每隔一段时间就有儿女呱呱坠地：伍德斯托克的伊莎贝拉于 1332 年 5 月出生，伦敦塔的琼生于 1333 年底，哈特菲尔德的威廉生于 1336 年 12 月（后来夭折），安特卫普的莱昂内尔生于 1338 年。尽管这位年轻的国王踌躇满志、八面威风，但英格兰仍然处于极大的困境中。14 世纪的最初三十年中，朝纲败坏，公共秩序荡然无存。1315 ~ 1322 年发生大饥荒，哀鸿遍野。爱德华二世自登基一直到去世的几十年中始终动荡不安，给无法无天的犯罪造就了滋长的温床。在英格兰中部，福尔维尔匪帮（一个来自莱斯特郡的腐化堕落的乡绅家族）公然大规模烧杀抢掠，目无王法，肆无忌惮地杀害自己的政敌，甚至将巡回法官扣为人质。峰区①也有一个类似的匪帮，叫作科特里尔家族。朝廷虽然多次尝试向各郡派遣司法团队，去恢复秩序、执行王法，但都遇到了抵抗，地方上的滥用职权使得中央政府无力打击犯罪。

为了处置这种局面，爱德华三世决心开展激进的司法改革。

① 英格兰中部和北部的高地，主要位于德比郡北部，也覆盖柴郡、大曼彻斯特、斯塔福德郡、约克郡南部和西部等部分地区。

巡回法庭制度——郡一级的法庭缓慢地周游各地，一个巡回可能需要七年，甚至更久——已经过时，而且过于笨重。在1332年3月的议会上，爱德华三世听取了大法官杰弗里·斯科罗普爵士主持的关于法律和秩序改革的辩论。最终形成的新体制是，在各郡设立长期性的王室司法机构，以制裁刑事犯罪。这次改革产生了所谓治安官（keeper of the peace）的职位（后来演化成治安法官，justice of the peace）。在这个世纪余下的时间里，这些官吏将负责地方治安。在某些特殊案件中，比如福尔维尔匪帮案和科特里尔匪帮案，治安官会得到王室指派的临时委员会的支持，包括听证与裁判委员会（oyer and terminer）。王座法庭有时也会零星地处理一些地方治安事务。英格兰司法制度比以往更加完备；此后，再也没有一位国王像约翰国王那样亲自周游全国处理司法事务。但如果说国王的司法角色逐渐淡化，那么爱德华三世则坚决要将国王作为军事统帅的角色发扬光大。

他的第一个目标是爱尔兰。自约翰于1210年御驾亲征的一百二十年以来，不曾有一位英格兰国王踏上爱尔兰的土地。但爱尔兰秩序极其混乱，一派血雨腥风，英格兰国王对定居当地的盎格鲁—诺曼诸侯的控制几近丧失。1332年夏，爱德华三世筹划派遣一支大军，渡过爱尔兰海，重新确立自己在当地的统治。但计划正要实施的时候，却不得不放弃了。1332年8月11日，在苏格兰珀斯附近的杜普林沼泽，支持苏格兰新国王大卫二世（罗伯特·布鲁斯的儿子，也是爱德华三世的妹夫）的军队与叛军（被称为“被剥夺继承权者”①）发生了冲

① 此处的“被剥夺继承权者”与亨利三世时期英格兰境内的“被剥夺继承权者”（西蒙·德·孟福尔的支持者）不是一回事。

突。这些叛军主要是在班诺克本战役后丧失了自己全部土地的苏格兰人。他们的领导人是约翰·巴里奥的儿子爱德华·巴里奥，还得到爱德华的盟友亨利·博蒙特的支持。博蒙特是一位两鬓斑白的老将，参加过自 1298 年福尔柯克战役以来苏格兰的每一场主要战役。

"被剥夺继承权者"兵力很少，大约只有一千五百人，是布鲁斯军队的十分之一，却以少胜多，赢得了一场辉煌胜利，杀死了许多苏格兰骑士和伯爵。9 月 24 日，爱德华·巴里奥在斯昆被推举为王，苏格兰再一次陷入混乱。爱德华三世放弃了入侵爱尔兰的计划，将自己的注意力转向北方边境。1333 年 1 月，在约克召开的议会上，他宣布了入侵苏格兰的意图。这将打破《爱丁堡—北安普敦条约》建立的停战状态，重新开启争夺苏格兰主宰权的战争（这场战争自爱德华一世死后就一直很不顺利）。

1333～1337 年，英格兰以约克为陪都。爱德华三世将整套政府机关迁往北方，以便集中精力作战。他的军队中包括王室直属的部队、按照封建制征集的贵族及其骑士，以及外国雇佣兵，包括曾在伊莎贝拉和莫蒂默指挥下讨伐苏格兰的那些埃诺雇佣兵（尽管那次战役命途多舛）。普通士兵是强行征募的，士兵们离开自己家乡所在的郡之后，会得到按日支付的军饷。除此之外还有轻骑兵、以长矛和刀剑为武器的步兵，以及乘骑机动、下马作战的弓箭手。乘骑弓箭手将会成为中世纪英格兰军队中战术水平最高、杀伤力最强的单位。爱德华三世在其统治期间依赖乘骑弓箭手，视其为自己的精锐，将其地位提高到超过一般士兵。乘骑弓箭手的地位虽然还比不上贵族骑兵，但仍然是 14 世纪欧洲最令人尊重和畏惧的一群战士。他们和其他士兵的给养都来自对全国人民的横征暴敛，这对英格兰臣民来说是长期的沉重负担。

爱德华三世的战役于 1333 年春季拉开帷幕。这年夏天，他的指挥官们——包括威廉·蒙泰古、亨利·珀西、兰开斯特伯爵亨利的儿子格罗斯蒙特的亨利，这些诸侯的年纪与国王相仿——协助爱德华·巴里奥，越过边境，发动袭扰作战。随后，英格兰军队攻打了伯立克，最后在距伯立克两英里的哈立顿山与苏格兰人交锋。

英格兰军队在哈立顿山采纳的战术就是亨利·博蒙特在杜普林沼泽设计的策略。在爱德华三世统治期间，这种战术将为他赢得许多胜利。爱德华三世的兵力或许只有苏格兰人的一半，但他在哈立顿山上建立了巩固的防御阵地，部队分成三支，每一支的侧翼都有弓箭手掩护。国王亲自指挥中军；爱德华·巴里奥指挥左翼；国王的叔叔诺福克伯爵[①]统领右翼，国王的弟弟康沃尔伯爵（埃尔特姆的约翰）在诺福克伯爵身边。英格兰军队不会向苏格兰人的刺猬阵型发动骑兵冲锋。班诺克本战役已经教会了他们，这种战术就是自杀。大群苏格兰长枪兵冲上山的时候，英格兰弓箭手向他们射出冰雹一般的箭雨，令其阵脚大乱、惊慌失措。苏格兰人还没有冲到英格兰武士面前，大多就已经溃乱。两军展开白刃战的时候，苏格兰人已经疲惫不堪、胆战心惊。爱德华三世率军勇猛地攻击敌人，国王与罗伯特·斯图尔特[②]（罗伯特·布鲁斯的外孙，年仅十七岁，担任苏格兰的王室总务官）展开了一对一的拼杀。苏格

---

① 即布拉泽顿的托马斯。

② 后来继承大卫二世的王位，成为苏格兰国王罗伯特二世，开创了斯图亚特王朝（1371 ~1714 年统治苏格兰，1603 ~1714 年统治英格兰和爱尔兰）。

兰人很快溃不成军，爱德华三世和巴里奥的部下重新上马，追杀抱头鼠窜的苏格兰人。战斗结束了，苏格兰的贵族精英又一次遭到灭顶之灾，有六位伯爵战死。国王以恰当的骑士礼节安葬了这些敌人。

爱德华三世在哈立顿山取得了压倒性胜利，于是扶植爱德华·巴里奥当苏格兰国王，夺回了伯立克，并对苏格兰低地的大片土地提出要求。1333 年的下半年，他待在英格兰东南部游猎享乐，举办比武大会。1334 年初，巴里奥同意让苏格兰恢复到一个附庸国的地位。苏格兰王室又一次成为英格兰王室的臣属。胜利来得实在太轻松。

这么容易当然是不可能的。自 1326 年起，苏格兰便与法兰西结盟。1334 年 6 月，爱德华·巴里奥在纽卡斯尔向爱德华三世宣誓效忠的时候，消息传来，法兰西国王腓力六世把已经被废的苏格兰国王大卫二世及其妻子琼[①]从苏格兰接走，庇护他们生活在诺曼底。大卫二世夫妇居住在加亚尔城堡，也就是狮心王理查建造的伟大要塞。大卫二世不在国内期间，苏格兰的抵抗力量团结在年轻的罗伯特·斯图尔特和马里伯爵约翰·伦道夫周围。1334 年冬季和 1335 年夏季的大部分时间里，爱德华三世都忙于率军在苏格兰低地以恐怖手段镇压反抗者，杀得苏格兰噤若寒蝉。1336 年 7 月，他又率军讨伐苏格兰高地，从洛赫因多布城堡营救了一群被关押在那里的贵妇，给自己的骑士传奇增添了不少光辉。除此之外，这场残酷的战役中就没有什么骑士风度可以称道了。除了御弟——埃尔特姆的约翰于 9 月病逝之外，英格兰人春风得意。爱德华三世的策

① 即爱德华二世的女儿，伦敦塔的琼，也就是爱德华三世的妹妹。

略——在敌国乡村烧杀抢掠、血腥镇压，以此震慑和威吓敌国百姓——后来被运用到了欧洲大陆，英格兰士兵获得了基督教世界最凶悍军人的威望。

尽管对苏格兰人施加了恐怖统治，但爱德华三世还是没能平定这个国家。爱德华三世和他的朋友们——尤其是格罗斯蒙特的亨利——逐渐赢得了骁勇善战的猛将的美名——学到了战争的技艺，但他们仅仅通过屠杀是不能迫使苏格兰人去爱戴巴里奥的。问题的核心是，叛乱的苏格兰人和法兰西国王之间有盟约。在腓力六世看来，金雀花王朝在苏格兰的行动与金雀花王朝在阿基坦领地的地位是紧密联系的。只要英格兰人不肯接受法兰西对加斯科涅的完整宗主权，腓力六世就支持苏格兰人为其独立而奋斗。到 1337 年，爱德华三世对通过烧杀抢掠来迫使苏格兰屈服已经不感兴趣。他为君之道的核心在于，直接地、强有力地处理问题。1337 年的问题已经不再是苏格兰，而是法兰西。开辟新战场对他的诱惑是不可抵挡的。金雀花王朝最宏大的一场战争一触即发。

新的伯爵，新的敌人

1337 年 3 月，议会召开之时，威斯敏斯特处于兴奋和焦躁之中。人们有足够的理由去兴奋。激进的法律即将颁布。朝廷计划对羊毛贸易实施改革。两条战线上都即将燃起狼烟。但至少在议会的观察者和热爱金雀花王朝富丽堂皇的仪式典礼的人们看来，比这一切都更激动人心的是，王国即将设立六个新爵位。爱德华三世在位已经十年了，亲政也已经七年，他在此期间表现出对贵族的友好和善意。在他举办的比武大会上，他与国内富有的精英武士们耳鬓厮磨。很自然，他对这些人最为亲近。

在此前几十年中，英格兰贵族阶层存在普遍衰败的趋势。爱德华一世对贵族们很不信任，因此很少封赏伯爵领地。他质疑贵族的权利，最显而易见的证据就是所谓的“根据谁的权威?”（Quo Warranto）调查：他的法官们质询诸侯，询问他们行使了哪些权力和司法管辖权，以调查他们是否僭越了王权。爱德华二世在册封大地产和高级头衔时比较有创造性，也很慷慨，但他一般把重要的封赏保留给自己的亲信宠臣，而不愿意扶植大贵族世家，因为他害怕这些人会挑战他的权威。爱德华二世封加韦斯顿为康沃尔伯爵，安德鲁·哈克雷为卡莱尔伯爵，休·德斯潘塞为温切斯特伯爵，他的两个异母弟被封为诺福克伯爵和肯特伯爵；但在这些新册封的伯爵中，只有诺福克伯爵活过了 1330 年。1328 年受封为康沃尔伯爵的埃尔特姆的约翰在苏格兰作战期间病逝，现在长眠在威斯敏斯特教堂。

与他的祖父和父亲不同，爱德华三世相信，国王和大贵族之间应当有休戚相关的利益关系，而不是互相对抗。在1337年的议会上，爱德华三世清楚地表达了这种哲学。他向与会的贵族们宣称，“我认为，君主最主要的特征就是分封地位、头衔和官职，以此换取睿智的谏言和强大力量的支持”。他认为，恰恰是因为英格兰贵族（以强有力的伯爵和男爵为首）人丁减少，“长期以来，国家的名望、荣誉和尊严蒙受了莫大损失”。

爱德华三世向全国宣布，他要采取决定性的措施，培植新一代的英格兰贵族，与其分享王权的威望、分担王权的责任。这些新诸侯都是在他统治十年间证明了自己的精英，其中有几位当年和他一同参加了诺丁汉城堡的政变。他们是雄心勃勃的年轻国王的天然盟友和好伙伴，很快将会与他并肩作战。

这次议会册封了六位新伯爵。首先是威廉·蒙泰古，1330年政变的领导者。自那次政变以后，蒙泰古向国王证明，他既是一位优秀的外交官，也是苏格兰战争中的一员猛将。在这场战争中，他失去了一只眼睛。国王已经赏给他大量战利品、财富和土地，现在又将他晋升为索尔兹伯里伯爵。

1330年政变的其他参与者也同样得到了赏赐。罗伯特·厄福德被封为萨福克伯爵，威廉·克林顿成为亨廷顿伯爵（这个头衔此前是由苏格兰国王保有的）。同时，英格兰名门望族的后嗣们也得到了头衔，以彰显其高贵地位。格罗斯蒙特的亨利被封为德比伯爵。威廉·博恩，1330年政变的参与者和苏格兰战争的老将，成为北安普敦伯爵。为王室效力多年的军人和罗杰·莫蒂默的早期反对者休·奥德利被封为格洛斯特伯爵。

1337 年 3 月，爱德华三世和菲利帕的长子——伍德斯托克的爱德华是个健康的六岁男孩。从都铎王朝时期开始，他被称为“黑太子”，因为（据说）他的盔甲是黑色的，而且他极其骁勇善战。1337 年，他获得了一个新头衔，以反映他作为英格兰王位继承人的重要地位。爱德华三世册封他为康沃尔公爵。“公爵”（duc）这个头衔源于法兰西。这是公爵的头衔第一次出现在英格兰本土，以彰显康沃尔这个王室直属的伯爵领地如今享有的特殊地位。已故的埃尔特姆的约翰的头衔被迅速重新授予，这也是在暗示，像加韦斯顿那样出身卑微的人再也不可能获得如此崇高的王室头衔了。

为了恭贺这些新诸侯，国王举办了一场盛大奢华的宴会，仅仅在膳食和娱乐上就花费了数百镑。还有二十名骑士得到册封。大家欢声笑语、载歌载舞。爱德华三世和菲利帕各自主持着自己的欢庆典礼。

此次前所未有的大规模土地封赏不是因为爱德华三世心血来潮、慷慨大方。这其实是 1337 年的形势所迫。国王需要军事上的支持者，这些支持者应当拥有资源、强大的私人势力和为王室作战的义务。不仅苏格兰始终动荡不安，而且与法兰西的战争也又一次迫在眉睫。但这一次，英法对抗的激烈程度将大大升级，风险也更大，而且两位敌手也是自 12 世纪末理查一世与腓力·奥古斯都较量以来最为桀骜不驯和咄咄逼人的一对。金雀花王朝即将面临的这场战争不会仅仅持续几个月或几年，而是好几个世代。

百年战争爆发

1340年1月26日，爱德华三世率领他的内廷进入佛兰芒城市根特。身怀六甲的王后也随行抵达（这是他们在十年中的第六个孩子，于当年3月6日出生，被称为冈特的约翰，“冈特”是英语中对“根特”的称呼）。为了欢迎国王驾临，当地人准备了盛大的典礼，星期五集市所在的大型开放式广场被加以奢华装饰，以迎接大群观众。广场中心搭建起了平台，周围悬挂着饰有爱德华三世纹章的旗帜。但旁观者对这些纹章非常陌生。

自1198年（狮心王理查在位的倒数第二年）开始的一百四十二年中，历代金雀花国王的纹章都是三只（一般被称为豹子）举右前足向前行进、面部正对观看者的狮子，背景是鲜红色。现在的王室纹章却发生了巨大变化。如今，三只狮子不是骄傲地横跨整个纹章，而是变成了这种样式：纹章分为四个部分，狮子只占右上和左下部分，其他部分则是蓝色底纹上的金色百合花，这是古老的法兰西王室纹章。而且，法兰西的百合花的位置更优先，处于整个纹章的左上角和右下角。对历史悠久的英格兰纹章所做的改造着实令人震惊。对聚集在广场上的人们来说，爱德华三世即将传达的信息是毋庸置疑的。

爱德华三世走到平台上，两侧簇拥着他的宫廷显贵，以及佛兰德最重要的三座城镇的市政官。他高声疾呼，压过人群的嘈杂，呼吁根特人民承认他不仅是英格兰国王，还是法兰西国王。他要求他们服从自己，并接受了许多佛兰芒人的宣誓效忠，其中包括佛兰德的居伊（佛兰德伯爵的异母弟）。爱德华三世向在场的人保证，将会尊重他们的自由，保护他们的商业权益。然后他主持了一场典型爱德华三世风格的庆祝活动：比武大会。

在人山人海的根特集市广场上发生的这个事件，是自爱德华一世决心将自己打造为亚瑟王再世以来，金雀花王室形象的最深刻变革。爱德华三世正式自立为法兰西国王，打起了这样的旗号，这个举动从根本上改变了英法两国的关系，即便是在亨利二世时代也不曾有过这么重大的变革。它也引发了两国之间一场几乎无休无止的战争（即百年战争），将两国都拖得民穷财尽。

这场战争的根源错综复杂，涉及金雀花王朝历史的深处，以及 14 世纪的政治。英法两国之间争议的传统焦点，是英格兰国王作为阿基坦公爵的地位。1259 年，亨利三世同意签订《巴黎条约》，以阿基坦公爵的身份向路易九世宣誓效忠，放弃了金雀花家族对诺曼底、安茹和曾经的金雀花帝国其余部分的权利主张。自那以后，两国摩擦不断，议题都是阿基坦。

整个 14 世纪，在欧洲西北部，英格兰和法兰西的利益连续发生冲突，而法兰西王室也进入了大举扩张的新阶段。法兰西历代国王执着于确立自己的权益，开疆拓土，并扩大自己的政治影响力。自腓力二世时代以来，法兰西还不曾如此咄咄逼人地对外扩张过。这导致法兰西与英格兰在低地国家的贸易战中发生了直接的竞争；苏格兰自 1295 年便与法兰西结盟，这是英法矛盾的另一个根源；英吉利海峡的航道和贸易路线的控制权也是双方争夺的焦点，英格兰人渡过海峡向佛兰德输送羊毛（后来还有纺织品），并从波尔多进口葡萄酒。但在这些互相挑衅和冲突的表象之下，是两国王室地位上的根本变化。

1328 年，查理四世驾崩，腓力六世继位。自 987 年于格·卡佩登基以来一直统治法兰西的卡佩王族的直系绝嗣了，法兰西王国迎来了充满不确定性的新时代。爱德华三世年轻时曾访问亚眠，代表自己在欧洲大陆的领地向腓力六世宣誓效忠，这表明他接受了腓力六世的继承权，承认他根据萨利克法继承法兰西王位的权利。由于爱德华三世在位早期国内政局动荡，英格兰朝廷当时并没有积极地推动他对法兰西王位的主张，就这么放弃了。

莫蒂默和伊莎贝拉垮台之后，腓力六世作为法兰西国王的地位已经得到巩固。年轻的爱德华三世国王远远没有力量去要求对法兰西王位继承的问题进行更正，首先是因为 1333 ~ 1337 年所有适合作战的季节都被用于讨伐苏格兰。因此英法两国之间没有发生武装冲突，而是小心谨慎地进行外交。1332 年，两国进行了探索性质的对话，商讨发动新的十字军东征的可能性。但在 1334 年，腓力六世决定支持大卫·布鲁斯，这对英格兰来说是不可接受的挑衅。

并非只有腓力六世在庇护逃亡者。1334 年，爱德华三世将阿图瓦的罗贝尔纳入自己的羽翼之下。罗贝尔曾经是腓力六世最亲信的谋臣和密友，后来非常不幸地变成了他的不共戴天死敌。虽然年事已高，他还是勇敢地逃脱了法兰西法律的制裁。爱德华三世欣赏罗贝尔的骑士风度和军事才华，慷慨地庇护他，这招致了法兰西国王和贵族的怒火。14 世纪 40 年代一首佛兰芒语的宣传诗《鹭的誓言》责怪罗贝尔引发了战争，因为他怂恿爱德华三世去夺回自己的合法遗产（即法兰西王位）。

据这首诗的描述，在一场奢靡而浪漫的宴会上，罗贝尔走到国王面前，呈上一只烤熟的鹭，这是他的猎鹰在当天捕获的猎物。“我相信，我抓住的是最怯懦的鸟儿，”罗贝尔向国王和他的廷臣们说道，“它看到自己的影子，都会吓个半死。它惨叫起来，就好像要丢掉性命一样……我打算将这只鹭奉献给人世间最怯懦的人，或者说是世间曾有过的头号胆小鬼，那就是爱德华·路易（即爱德华三世），他原本是高贵的法兰西土地的合法继承人，却被剥夺了这继承权；但他没有胆量，所以一直到死也不会得到法兰西。”

在这首诗中，爱德华三世听了这话，当即发誓“统领我的子民，渡过大海……在那国度点燃战火……迎战我的死敌，瓦卢瓦的腓力，他佩戴着百合花……诸君大可放心，我谴责他，用言辞和行动向他开战”。

《鹭的誓言》纯粹是宣传作品，目的是将阿图瓦的罗贝尔描绘为刁滑的煽动者，而把爱德华三世丑化为大呼小叫、无耻放肆的侵略者。它活灵活现地描绘这图景，令听众们信以为真。的确，爱德华三世对阿图瓦的罗贝尔的庇护为腓力六世提供了开战的借口。1336 年 12 月，腓力六世派遣使臣到加斯科涅，要求遣返罗贝尔。英格兰朝廷拒绝了这个要求，不到一年之后，爱德华三世就派遣使臣到巴黎，去面见“自诩为法兰西国王的瓦卢瓦的腓力”，收回了英格兰国王对其的效忠誓言。可以预见的是，腓力六世立即正式将蓬蒂厄和加斯科涅收为己有。战争爆发了。

1340 年，爱德华三世在根特的广场平台上发表演说的时候，英格兰和法兰西在理论上已经处于战争状态三年之久。这三年之中，主要还是一场虚假的冲突，双方都在笼络盟友、拉帮结派。爱德华三世的战争努力主要集中在低地国家，他向埃诺伯爵、布拉班特公爵和其他盟友送去了数万镑的贿赂，以建立一个反对法兰西国王的大同盟。这是一项传统的代价昂贵的策略。除此之外，爱德华三世还从德意志皇帝路德维希四世那里购买了帝国总督的头衔，这个头衔赋予他对低地国家诸侯的完整宗主权。这场代价极高的外交活动中唯一的重要军事行动发生在1339年秋季，爱德华三世率军来到法兰西北部，在康布雷西和韦尔芒杜瓦的边境地带打了一场激烈而凶残的战役。同时，腓力六世派遣军队深入加斯科涅，往南一直进逼到波尔多。

但这都只是初步的小规模冲突。1340年，爱德华三世正式宣称对法兰西王位享有权利，于是战事升级。这不再是传统的英法战争。的确，这场斗争的实质仍然是法兰西国王坚持自己应当享有的权利，而金雀花王朝的阿基坦领主不愿对其俯首称臣。英格兰人的策略是历史上常见的手段：贿赂佛兰德和法兰西东部边境的领主与诸侯，以建立一个北方联盟；同时集结一支军队，从南面进攻。但是，爱德华三世对法兰西王位宣示了主权，于是英法王室斗争的整个性质都发生了变化。

到1337年10月，爱德华三世已经在书信中自称为“法兰西与英格兰国王”。三年后，在根特的典礼上，他将自己的权利主张昭示天下。这不再仅仅是领主与封臣之间的战争。这将是一场争夺王位继承权的战争，必定只有一方能够生存下去。

爱德华三世在海上

1340年6月24日黄昏，也就是爱德华三世宣称自己是英法（差不多是西欧大部分地区）国王的六个月之后，他站在自己的旗舰“托马斯”号上，纵览佛兰德的斯勒伊斯的大海。“托马斯”号是一艘形似商船的大型柯克船[①]，只有一具方形风帆。翻腾的海水被成千上万法兰西人的鲜血染红了。国王腿部负伤，但这个伤痛也是值得的。在他眼前，腓力六世的“大海军”所属的213艘法兰西和热那亚战船正与120～160艘英格兰战船鏖战。两天前，这支英格兰舰队在爱德华三世的亲自指挥下从东安格利亚起航。英格兰人取得了压倒性胜利，正在屠戮敌人。

爱德华三世此次渡过海峡，目的是将一支军队送到佛兰德。这是孤注一掷之举，也是形势所迫。两个月前，他的伙伴和盟友索尔兹伯里伯爵与萨福克伯爵在里尔城外作战时被俘。佛兰德被法兰西军队占领，菲利帕王后在根特被扣押为人质。英吉利海峡上有法兰西战船游弋，它们威胁要摧毁英格兰的羊毛贸易。近两年来，英格兰南海岸一直受到法兰西海盗的困扰，南安普敦已经被海盗几乎夷为平地。

爱德华三世筹备一场大规模入侵已经有几个月之久，不可避免地走漏了风声到腓力六世那里。于是，一支庞大的法兰西舰队从诺曼底和皮卡第滨海地区集结起来，受命前去封锁各港

---

① 柯克船（cog）是10世纪出现在波罗的海地区的一种单桅帆船，汉萨同盟在北欧的海上贸易中大量使用这种船只。

口，阻止英格兰军队登陆。爱德华三世向海岸眺望，可以看见法兰西舰队排成了密集队形，战船停泊在茨温河口，用铁链锁起来，分列三排。

整整一夜，英格兰舰队停泊在肉眼可以看到敌人的地方，只见法兰西舰队桅杆如林、有装甲防护的船首虎视眈眈。次日，爱德华三世命令己方舰船于下午三点左右接近茨温河口。英格兰舰队从西南方接近河口，阳光在他们背后，而且顺风。看见敌人雄壮森严的樯橹之后，爱德华三世一定感到焦虑，甚至是畏惧。他即将迎战的是英吉利海峡上曾经集结起来的最庞大的海军力量之一。一旦战败，他必将彻底垮台。

法兰西舰队的第一线包括曾经投入英吉利海峡的一些最大的船只。那些柯克船运载着成百上千的士兵，弩弓像鬃毛一样密密麻麻。其中包括“克里斯托弗”号，这是一艘巨型战船，是前不久从英格兰人那里掳得的。第二线是较小的船只。第三线是商船和王室的桨帆船。

在进攻斯勒伊斯的英格兰舰队起航前往法兰西之前，爱德华三世的大臣们（以坎特伯雷大主教斯特拉特福德为首）曾强烈反对，并苦言力谏：法兰西舰队实力远胜于己方，一旦交战，处于弱势的英格兰舰队将必败无疑。但爱德华三世心意已决，执意率军从奥威尔河口出征。临行前，他对谋臣们训斥道：“谁要是害怕，就留在家里好了。”

中世纪的海战和陆战十分相似，很少有机动作战，或者追击。两支海军交锋时，先是猛烈冲撞，然后是登上敌船，展开绝望而血腥的近距离厮杀。尽管战船会携带投石机和巨型弩弓等重型武器，但发挥作用的主要还是弩箭和武士们的钉头锤和棍棒的凶残猛击。“这场大海战如此恐怖，”编年史家杰弗里·

贝克尔写道，“哪怕是只敢从远距离观看的人，也是傻瓜。”

法兰西舰队的指挥官是于格·齐艾莱和尼古拉·贝于歇，他们为了密集阵型的所谓安全感，牺牲了全部机动性，用铁链将船只锁在一起，分成三列，排布在茨温河口。这个决定毁掉了整个舰队。后两排船只被最前方的一排挡住，没有办法参加战斗。英格兰人进攻的时候，法兰西人发现自己没有办法躲避正面冲击。

空中充满号角声、战鼓声、箭矢的嗖嗖声，以及巨型战船碰撞时的木材崩裂声。英格兰舰队向法兰西人发动了一波波攻击。每艘英格兰战船都撞上一艘敌船，用钩子和多爪锚死死咬住对方，同时英格兰和法兰西弩手、弓箭手们向对方射出凶残的箭雨。弓箭手们占据制高点，要么是在战船的高高艉楼，要么是在桅杆上。英格兰弓弩手杀死了足够多的守军之后，武士们就登上敌船，展开白刃战。

法兰西人被困在原地，动弹不得，惨遭屠戮。“这着实是一场血腥残忍的战役。”法兰西诗人和编年史家让·傅华萨（他对百年战争的记述是关于14世纪历史的最伟大著作之一）写道。他记载称：“由于无处撤退和逃跑，海战总是比陆战更激烈。每个人都不得不依赖自己的英勇和武艺，冒着生命危险去争取胜利。”此役中有1.6万至1.8万法兰西和热那亚士兵死亡，要么是在甲板上战死，要么是溺死。法兰西的两名指挥官都丢了性命：齐艾莱的旗舰被攻陷，他本人阵亡；贝于歇则被吊死在自己旗舰的桅杆上。

斯勒伊斯战役是英格兰历史早期最伟大的海战胜利之一。英格兰人自己及其佛兰芒盟友也不敢相信取得了如此辉煌的胜利，不禁欢呼雀跃。法兰西舰队几乎全军覆没，要么被俘，要么被摧毁，英格兰商船在英吉利海峡受到的威胁一下子就被解除了，而腓力六世丧失了封锁欧洲大陆海岸线的能力。法兰西方面的死亡人数令人震惊。英格兰僧侣和编年史家伯顿的托马斯写道："战役三天之后，茨温河中……血似乎比水还多。溺死的法兰西人和诺曼人极多，有人讥讽地说，鱼儿吃了那么多死人，如果上帝给它们说话的本领，它们一定会说流利的法语。"

几个世纪之后，伊丽莎白一世和詹姆斯一世时代的英格兰人追溯斯勒伊斯战役，会认为它是英格兰大败西班牙无敌舰队的先兆。16 世纪的戏剧《爱德华三世》（莎士比亚可能是其作者之一，但下面的段落一般不被认为是他写的）的作者对战役的结局做了这样的设想：

> 海水化为紫红色，海峡迅速充满了
> 汩汩的污血，从伤者身上流下，
> 海水汹涌地冲进
> 被击穿的木板的狭窄缝隙。
> 这里有一颗头颅飞过，与躯干分离，
> 那里有残缺的手脚被高高抛起，
> 仿佛旋风卷起夏日的灰尘，
> 抛撒在半空中。

于是，斯勒伊斯战役成为英格兰航海史的一部分，永载史册。但在当时，这只是民情怨愤的浪潮中的仅仅一场胜利而已。

三年时间里，爱德华三世与法兰西的战争已经对英格兰政府和王室财政造成了自第三次十字军东征以来最严重的压力。斯勒伊斯战役无疑是一场伟大胜利，但它的代价也是极沉重的。

爱德华三世的战争被人们想象得极其宏伟辉煌。拉纳科斯特编年史家估计，从 1337 年至 1340 年，向佛兰芒和德意志盟友支付的费用“有人说达到了每天 1000 马克，也有人说是 2000 马克”。这是有些夸张了，但并没有过分夸大其词。

1340 年，爱德华三世屹立在“托马斯”号上观看法兰西舰队熊熊燃烧的时候，他已经花费了 40 万镑军费，其中大部分来自向意大利银行的借款，供款人主要是佛罗伦萨的巴尔迪和佩鲁奇家族，但他也向佛罗伦萨的波尔蒂纳里家族、卢卡的布斯德拉吉家族，以及德意志汉萨同盟和低地国家的银行和商人借了很多钱。在国内，北方商人威廉·德·拉·波尔组织伦敦和约克的商人协会向王室借了数目甚至更大的款项，达到几十万磅。尽管当时仍然禁止高利贷，但基督徒的银行和商人们动用了一系列巧妙手段以掩盖这样的事实：他们的贷款利率高达 40%。王冠和王室珠宝，以及从英格兰宗教机构强借来的大量贵重餐具被当作贷款的抵押品。爱德华三世在欧洲各地债台高筑，这已经开始给他带来了一些政治上的困难。就在法兰西舰队被歼灭的整整一个月之后，北安普敦伯爵、沃里克伯爵和德比伯爵在布鲁塞尔被债主扣押。他们是贷款的担保人，而贷款仍然逾期未付。爱德华三世颇花了一些力气才把他们救出来。

在爱德华三世新战争的沉重负担下，英格兰民不聊生，苦不堪言。社会各阶层都感受到了这压力。赋税极重，而且三天两头就有一笔新税。从 1337 年至 1339 年，每年都要征收十分之一或者十五分之一的财产税。1340 年，甚至征收了普遍的九分之一的重税。官吏强行征用物资的行为非常猖獗，遭到人民的极大痛恨。朝廷试图操控羊毛市场，将贸易专有权卖给巨商富贾，但这个计划后来失败了。王室的横征暴敛比以往更加严重，穷人不堪忍受其苦，在歌谣中表达了自己的抗议。其中一首叫作《反对国王赋税之歌》的诗抱怨道："如此沉重的赋税不可能维持长久；钱袋空空如也，谁还能拿出东西来，或者用手触摸任何物事？民穷财尽，再也拿不出一分一厘；我担心，若是有个领袖，他们会起来造反。失去财产，人们往往会变成傻瓜。"

在斯勒伊斯战役时期，出生在 1300 年的农村劳工很少有人能活过四十岁。当时在两条战线上狼烟滚滚，大饥荒一连持续了七年，碰巧又遇上薪资暴跌，再加上严酷的捐税，而且还有传闻说，爱德华三世非常喜欢自己在佛兰德的代价昂贵的战役，因为这样就有借口举办奢侈靡费的比武大会。要到四十年之后，英格兰才会爆发一场人民起义，但在 1340 年，爱德华三世对金钱的持续苛求已经逼得国家濒临一场政治危机，就像他的祖父在 1297 年、他的父亲在位的大部分时间面对的境况一样。他对金钱的极大胃口很快就将遏制他在法兰西的进展，并令国内怨声载道。

国王乘坐的船只从佛兰德海岸挣扎着前往泰晤士河口的途中，在惊涛骇浪中苦熬了三天。此时是 1340 年 11 月，也就是斯勒伊斯战役的五个月之后，冬季已经近在眼前，渡过海峡的航程险象环生。但爱德华三世心急如焚、怒火中烧，急不可耐地要回去，用自己的每一分精力鞭笞英格兰和他的大臣们。他的对法战争正在土崩瓦解——缺乏资金、没有赢得光荣、缺少盟友。爱德华三世坚信不疑，问题出在他留在国内的摄政政府（以坎特伯雷大主教约翰·斯特拉特福德为首）。国王确信，大臣们故意掐断他的资金来源，阻挠他继续作战。“我相信，大主教希望断了我的资金，好让人背叛和谋害我。”他后来在给教皇的信中如此写道。

他的解决办法就是从佛兰德回国，亲自对违逆他旨意的人加以严惩。

1340 年 11 月 30 日夜，国王乘坐的船只艰难驶过灰蒙蒙、波涛汹涌的泰晤士河口，在伦敦城例行的宵禁开始许久之后才抵达城市。这段航程极其凶险，据《阶梯编年史》（当时的一部史书）的作者说，爱德华三世本人“险些溺死”。午夜前后，船停靠在了伦敦塔旁的码头。

浑身湿透、面色阴沉的乘客们在摇曳的火把光亮中登岸。他们疲惫不堪、瑟瑟发抖且周身湿漉漉的，举目望去，整个伦敦塔似乎都在酣睡。城墙顶端没有任何动静，也没有人活动。大家没有预料到，国王会在此时回国。天黑之后，要塞理应有严密的守备，但没有人迎接国王一行的到来。

伦敦的这座要塞在战时居然无人守卫，爱德华三世不禁暴跳如雷。他冲进伦敦塔，怒气冲冲地四处查看，然后开始列了一个名单，命令部下将这些人带来见他：他的财政大臣、大法官及各自官衙的官吏，他的法官们，伦敦市长，负责管理羊毛贸易的伦敦商人们，当然还有伦敦塔的总管——在他负责下，都城的关键要塞居然无人把守，实在可耻。爱德华三世如此大发雷霆，也是可以理解的。在三年的零星战斗之后，他已经濒临破产。斯勒伊斯战役是一场辉煌胜利，但它之后的几个月却是一场代价昂贵的僵局，腓力六世竭力避免交战。英格兰国王提出了怪异的要求——与腓力六世单挑决斗，或者双方各出一百名骑士决斗。法兰西国王已经快五十岁了，而且身材矮胖，在决斗中肯定不是二十八岁且身强力壮的英格兰国王的对手；何况在一场以生命为赌注的决斗中，他赢了也没什么好处，输了却后果不堪设想。在爱德华三世看来，腓力六世拒绝迎战，是对他个人的侮辱。此后，英格兰军队发动了两次军事行动，并且攻打边境城镇图尔奈和圣奥梅尔，花费了大量金钱和人力，但都伤亡惨重，被迫撤退。骑兵扫荡乡村（chevauchée）的唯一目的是在平民中制造恐惧和混乱，或许能让参加行动的士兵们爽一爽，但不能带来战略上的进展。最后，英法两国签订了《艾普勒尚停战协定》，宣布从苏格兰到加斯科涅的各地均停止军事行动，于是一个作战季节就这么徒劳无益地结束了。这可不是爱德华三世三年前宣战时希望取得的决定性胜利。

在爱德华三世眼中，英格兰在斯勒伊斯战役之后诸多失败的原因就是长期缺乏资金。爱德华三世拖欠了佛兰芒盟友巨款。他曾向盟友们许诺大笔金钱，以换取他们的支持。在得到这些金钱之前，盟友们不愿意继续作战。因此，他需要大臣们想方设法从国内榨取更多资金。这个问题症结触发了他在位期间最严重的危机。

1340 年 12 月 1 日，也就是在伦敦塔大发雷霆的次日上午，爱德华三世启动了对自己政府的大规模清洗。他先是罢免了一些高层官吏，然后顺藤摸瓜地处理级别较低的官吏。首先被撤职的是大法官和财政大臣；然后，民事诉讼法庭的主审法官（英格兰级别最高的两名法官之一）遭到逮捕；被捕的还有其他四名法官、伦敦塔总管以及三名英格兰大商人。财政部的一些官吏被免职，国王还指示财政部的剩余职员们对近期的资金流水进行全面审计。随后爱德华三世做了安排，让赋税收入直接交付设在伦敦塔的紧急金库。在伦敦之外，爱德华三世清洗了海关官吏，撤换了大约一半郡长，罢免了全部王室私产管理官和充公产业管理官（这些官员负责在英格兰各郡征收王室赋税）。他还建立了一个称为“听证和裁决委员会”的公共司法调查机构，令其周游各郡，铲除腐败，听取对王室官吏滥用职权行为（可以上溯至他父亲在位期间）的控诉。

然后，爱德华三世开始报复坎特伯雷大主教。斯特拉特福德是摄政议事会的主席，因此在国王看来，英格兰政府的一切弊端均应由斯特拉特福德负最终责任。斯特拉特福德的兄弟——奇切斯特主教罗伯特·斯特拉特福德担任大法官，已经被爱德华三世撤职了。在言辞激烈的一系列书信和公开指控中，国王指控约翰·斯特拉特福德拒不向自己提供资金、阻挠议会的征税请求，以及滥用职权。

斯特拉特福德面无惧色。在他看来，错误不在他的政府，而在于国王本人。国王对国家的要求太苛刻，听信无知亲信的谗言，草率地逮捕自己的臣民且威胁教会的权利，形同暴君。他给爱德华三世的回信同样措辞强硬、怒气冲冲。他称国王为当代的罗波安。这是《圣经》中的一位国王，无视其年轻朋友的忠义良言，压迫自己的人民。

这是一个尖刻的评论。罗波安的一个有名的故事是，他曾告诉以色列人民：“我父亲使你们负重轭，我必使你们负更重的轭。我父亲用鞭子责打你们，我要用蝎子鞭责打你们。”（《列王纪上》12：14）为了防止这位更喜欢比武大会而不是读书的国王读不懂这个典故，斯特拉特福德还一字一句地解释了自己的比喻。他指控爱德华三世违背了《大宪章》和自己的加冕誓言，并警告他说："陛下对先王的遭遇一定心知肚明。"

圣诞节和次年初春，爱德华三世在全国各地举办了一系列比武大会，都是典型地属于他的风格。同时，他还公开地与斯特拉特福德在书信中交火。在一封信中，国王将对大主教的诋毁升级，控诉他犯有叛国罪。斯特拉特福德将这封令人震惊的语气暴怒的控诉信称为"臭名昭著的诽谤"。

这是个危险的举动。爱德华三世判断得很正确，在他征战海外期间，国内朝政出现了许多纰漏，但要指控一位坎特伯雷大主教叛国，却有可能被国民视为暴君。斯特拉特福德面对国王的攻击岿然不动，否认了大多数针对自己的指控，并要求在议会为自己辩护。七窍生烟的国王开始在信中对大主教进行人身攻击。斯特拉特福德在与国王激烈对抗的过程中，深知道自己的前任托马斯·贝克特的先例。

1341 年 3 月，议会召开，局势到了一个关键时刻。爱德华三世以赋税未交付为借口，命令他的仆人阻止斯特拉特福德进入威斯敏斯特宫的彩室（即议会召开的场所）。同时，他让一些根本无权出席议会的内廷仆役和谋臣进入了彩室。斯特拉特福德义愤填膺，站在彩室门外，手执大主教的节杖，要求允许他入内，否则就不离开。就这么僵持了三天，最后萨里伯爵从中调解，告诉国王："议会在过去不是这个样子的。在议会中理应占据最高位置的人被关在门外，身份低贱、无权参加议会的人却高坐堂上，这很不应该。"斯特拉特福德最终被允许进入彩室，国王却向他提出了三十二项罪名的指控。

如果爱德华三世觉得自己赢了这一轮，就大错特错了。在随后的辩论中，大家很快就清楚地看到，怒火中烧的国王做得太过分，僭越了自己的本分。全体国民都站在大主教那边。一份请愿书被呈送到国王面前，表明大主教得到了一些大贵族、高级教士、伦敦市民和议会中平民代表的支持。面对如此强大的抵抗，国王如果还想保住自己的王位，别无选择，只能让步。

1341 年 5 月 3 日，爱德华三世被迫灰溜溜地妥协。索尔兹伯里伯爵和其他保王党人说服了国王，让他在议会上与大主教和解，并同意一项改革计划。征税官吏从此要对议会负责，并且还对强征物资的行动进行了调查。国王承诺，在将来，国家重臣——大法官、财政大臣、法官、掌玺大臣和王室内廷的主要官吏——将在议会上宣誓就职，而诸侯和王室大臣只能"在议会上，由与其地位相当的人"逮捕和审判。

对爱德华三世来说幸运的是，这是自 1297 年以来英格兰的全面政治危机第一次得到和平解决。他夸夸其谈地发誓赌咒（这种浮夸的风格倒是很符合亨利二世的秉性），将来再也不会任命一名教士做大臣；他任命的大臣必须是这样的人，即在令国王失望的时候，国王可以随意地将其绞杀、开膛和斩首。但他这是哗众取宠，而且忽视了 1341 年危机对法兰西战争和王国政府未来的重大意义。爱德华三世与大主教的私人争吵造就了一项原则：议会有权对王室的主要官吏进行调查和审视。一个机制被建立了起来，将来英格兰可以借此和平地解决政治危机，而不至于再次陷入血腥的内战。

爱德华三世不情愿的妥协为他赢得了足够的政治资本，使得他可以与诸侯协商，筹措新的军费。他不需要征收九分之一的动产税，也不需要被迫借款。议会授权国王对羊毛征收一笔直接税。羊毛是英格兰的主要出口商品之一，利润极其丰厚。近 3 万袋羊毛被王室征收，用来出售；其价值约为 12.6 万镑，这是自约翰国王统治末期以来在英格兰征收的最沉重的一笔赋税。

与此同时，菲利帕王后于 1341 年 6 月 5 日在赫特福德郡的兰利王宫生下了又一个儿子。国王为这个婴儿取了一个传统英格兰式的名字——埃德蒙，并举办了比武大会，以庆祝小王子的诞生。随后，诸侯又集体赶往伦敦，参加一系列作战会议，商讨对法战争的下一阶段。爱德华三世一定注意到，他在最近与斯特拉特福德的争吵中幸免于难，一个主要原因是，没有一位大贵族起兵反抗他，就像兰开斯特伯爵托马斯或西蒙·德·孟福尔反叛他的先祖那样。尽管爱德华三世在法兰西遇到的困难造成了很大压力，他的经济要求非常严苛，而且他自己的行为举止非常冲动鲁莽，但他与大贵族的关系还是异乎寻常地友好。将来他们会有机会享受这种友好关系的回报。

雄霸天下

1346年7月的酷暑，英格兰军队在诺曼底滨海地区炽热的土地上行进着。在他们周围，四处侵袭的成群纵火犯点燃了农田，周遭尽是诡异的橘红色火焰。在他们身后留下的是一座座鬼影幢幢的城镇和村庄，它们惨遭破坏、焚烧和洗劫，惊恐万状的老百姓抛弃了自己的家园。通往内陆的道路上挤满了逃难的平民。7月中旬，七百五十艘舰船在诺曼底登陆，成千上万桀骜不驯的英格兰和威尔士士兵潮水般涌上岸，指挥他们的是英格兰贵族和乡绅阶层的军人。

他们行军的时候，在富饶的诺曼底乡村分散开来，以12～15英里宽的正面前进，一路烧杀抢掠。夏季的空气中一定弥漫着呛人的浓烟，回荡着行动太慢或者太羸弱的村民们的惨叫。军队在离海岸几英里处前进，同时还有两百艘英格兰舰船在近海航行，为地面部队提供给养，经过定居点的时候就派遣士兵上岸，将其摧毁。一位王室书记官估计，在离海岸线5英里的范围内，所有村镇都已经被彻底破坏或洗劫一空。

这里曾经是金雀花王朝的土地。很久以前，约翰在位的时候，卡佩王朝的国王们向西征讨，对诺曼底烧杀抢掠。此刻，约翰的玄孙爱德华三世正在进行残暴的复仇。他率领着一支或许有一万人的入侵军队，朝相反的方向进攻：穿过诺曼底公国，开赴塞纳河、鲁昂和巴黎。

1341年7月，爱德华三世在苏格兰遭遇了一个挫折。大卫二世从诺曼底返回苏格兰，驱逐了罗伯特·斯图尔特，复辟了布鲁斯王朝。爱德华三世最终于1343年被迫同意与苏格兰缔结为期三年的停战协定。在他的妹夫复辟之后，他竟然没有去欺凌他，是因为海峡对岸的局势发生了变化。1341年4月，布列塔尼公爵约翰三世去世，爱德华三世得到了一个机会，利用他人之力去继续对抗法兰西。金雀花王朝与腓力六世崭新的瓦卢瓦王朝之间战争的焦点转移到了布列塔尼的继承危机。爱德华三世支持约翰·德·孟福尔①去继承公爵的位置，而腓力六世力挺自己的外甥查理·德·布卢瓦②。布列塔尼继承战争断断续续地打了五年。在法兰西西北部作战的后勤问题很大，爱德华三世蒙受了相当严重的损失。他的最大损失就是阿图瓦的罗贝尔，即第一个鼓励英格兰国王争夺法兰西王位的人。罗贝尔成了爱德华三世军中备受信赖的指挥官；他在攻打瓦讷城的战斗中负伤，后来因并发症死亡。

1341~1343年的某个时候，爱德华三世命人制作了纽堡的威廉记载亨利二世统治事迹的史书，该书回溯了那个光荣年代，当时的英格兰国王统治着诺曼底、曼恩、图赖讷、安茹、布列塔尼和大阿基坦。在爱德华三世心中，战争的目标扩大了，不再是仅仅保卫他的加斯科涅和蓬蒂厄领地。他的雄心壮志在逐渐增长，他开始考虑逆转时间的大潮，回到1259年《巴黎条约》之前的时代，甚至回到1204年诺曼底丢失之前。那个时候，他的祖先统治着一个庞大的欧洲大陆帝国。1344

---

① 约翰·德·孟福尔是布列塔尼公爵约翰三世的异母弟，拥有第六代里士满伯爵的头衔，后来成为布列塔尼公爵约翰四世。布列塔尼公爵与英格兰素来联系紧密，历代公爵或其亲属常同时是英格兰的里士满伯爵。

② 查理·德·布卢瓦对布列塔尼公爵位置的权利主张来自他的妻子琼，琼是布列塔尼公爵约翰三世的侄女。

年铸造用来在国际交换市场上流通的一种新金币向全欧洲的商人宣示，爱德华三世的头衔是“英格兰与法兰西之王”。这不再仅仅是简单的策略上的说辞。

1345 年，英法双方在阿维尼翁就布列塔尼问题进行和谈，由教皇克雷芒六世从中斡旋。和谈失败之后，爱德华三世将战事升级。他计划发动三面夹攻。北安普敦伯爵威廉·德·博恩率领一支军队进入了布列塔尼。德比伯爵（格罗斯蒙特的亨利，他很快成为国王最好的朋友和最受信赖的指挥官）率领另外一支规模较小的军队南下，前往加斯科涅。他被任命为阿基坦总督。爱德华三世则亲自率领 1.4 万至 1.5 万人的军队渡过海峡，前往诺曼底。总的来讲，这是自约翰于 1214 年尝试收复诺曼底以来，被派往法兰西的兵力最雄壮的一支军队。

自 1340 年起，英格兰战争努力的性质发生了变化。爱德华三世抛弃了旧有的战略，即在西北方建立同盟，而是同时在南方直接入侵。建立同盟的代价太昂贵，而盟友们太容易反戈一击。爱德华三世重磅贿赂盟友的受害者之一是巴尔迪银行。英格兰国王没有遵守协定，向盟友们支付巨额资金，这在很大程度上推动了巴尔迪银行的破产。到 1346 年，爱德华三世仅剩的朋友就是布列塔尼的亲英格兰派和佛兰芒人。1346 年在王旗下作战的每一名士兵都是英格兰人。

因此，在国王麾下于 1346 年 7 月 12 日在诺曼底沿岸的圣瓦阿斯拉乌盖登陆的那些凶暴的军人说的是同一种语言。他们的战斗口号是“圣乔治！”（法兰西人的战斗口号是“蒙茹瓦—圣德尼！”）他们有不同的专长。差不多一半人是弓箭手，在家乡的村庄里接受过训练，擅长使用杀伤力极强的长弓，精度也不错。其他人是工程师、坑道工兵、挖掘工人、书记员或仆役。很多人是被强征来的，也有一些是获得赦免的罪犯，以服兵役换取自由。令人生畏的物资动员机器收购来大量给养和武器，为士兵们提供装备和补给。他们带来了成千上万张涂成白色的弓、大量箭矢，以及多得吃不完的粮食。

爱德华三世指示军队不得骚扰平民，不得抢劫神龛和教堂，不得恣意纵火。国王命令士兵们保持节制，对“他的法兰西人民……的悲惨命运”（这是一份王室宣言中的说法）哀叹不已。但这只是空想。爱德华三世带来了许多久经沙场、手段高强的老兵，他们统领着专业化程度很高的乘骑弓箭手、轻骑兵和武士，但国王指挥的远远谈不上是一支纪律森严、训练有素的军队。入侵军队的规模如此庞大，其中包括了相当数量的强征来的步兵，他们都是些装备很差、纪律涣散的村民。在英格兰，王室的宣传机器谴责腓力六世和法兰西人都是奸细和侵略者，指控他们企图入侵英格兰、让英格兰人全都说法语，还煽动苏格兰人入侵英格兰北部。英格兰平民受到了这种宣传的极大刺激和怂恿。即便是国王下了御旨，也不能阻止这些士兵像疯狗一样把诺曼底撕个粉碎。

大军在乡间前进，一路烧杀抢掠。旌旗和长枪在头顶上晃动。后卫部队的指挥官是勇武好战的达勒姆主教托马斯·哈特菲尔德。国王亲自指挥中路主力部队。前锋指挥官名义上是爱德华三世的长子，威尔士亲王与康沃尔公爵爱德华，他在多年后享有“黑太子”的绰号。黑太子时年十六岁，魁梧而引人注目，已然是一个骁勇的青年，和他父亲如同是一个模子里出来的。登陆法兰西之后，他立刻和其他青年一道接受了骑士勋位的册封。与他一起成为骑士的伙伴包括威廉·蒙泰古（索尔兹伯里伯爵的儿子）和罗杰·莫蒂默（伊莎贝拉王后情夫的孙子①)。北安普敦伯爵和沃里克伯爵在黑太子身边辅佐。

爱德华三世此次入侵的准备工作是严格保密的。在大军离开英格兰海岸之前，很少有人知道它的目的地。腓力六世得到的情报是，英格兰国王的意图是前往加斯科涅，增援格罗斯蒙特的亨利（在其父于1345年去世后，继承了兰开斯特伯爵的头衔），防守艾吉永（在法兰西西南内陆，位于洛特河与加龙河汇流处）。腓力六世的儿子——诺曼底公爵约翰正在指挥军队攻打艾吉永。所以，爱德华三世的主力部队在圣瓦阿斯拉乌盖登陆的时候，那里几乎无人防守。

大军于7月26日抵达卡昂。与城堡守军简短谈判之后，英格兰人猛攻城郊的居民区，在大街小巷抛下了2500具死尸，将富裕市民作为俘虏押回英格兰。然后，英格兰军队在塞纳河南岸前进了两周。法兰西军队这才缓过劲来，开始准备防御，拆毁了塞纳河上的桥梁，以阻止英格兰人过河，并沿着塞纳河北岸前进，追踪英格兰军队。

到8月12日，英格兰人已经进抵离巴黎只有20英里的地方。欧洲最大的城市风声鹤唳，巴黎人意识到，如此凶暴残忍而道德败坏的军队将对他们的生命和财产造成不堪设想的冲击。腓力六世政府不得不调来五十名武士，努力维持都城的秩序。在整座城市及其郊区，人们都在为巷战做准备，每一座房屋都建立了防御工事，大门紧闭。在远方，塞纳河下游的地区，圣克卢和圣日耳曼昂莱等城镇冒出了滚滚浓烟。英格兰人已经近在咫尺。

---

① 后来他凭军功，逐渐重新获得了属于自己祖父的土地和头衔，恢复了莫蒂默家族的地位，受封为第二代马奇伯爵，并且是嘉德勋位最早的获得者之一。

在圣德尼，腓力六世和谋臣们张皇失措。8 月 16 日，英格兰人修复了塞纳河上的桥梁。为了挡住他们，腓力六世在绝望之下，准备在巴黎以南 4 英里处的平原与英格兰军队正面交锋。法兰西军队进入了指定地域。但英格兰人既没有南下迎战，也没有东进巴黎，而是迅速北上、奔向佛兰德，打算与贝蒂讷附近的一支佛兰芒军队会师。英格兰军队北上强行军超过一周，速度如此迅疾，以至步兵精疲力竭，鞋底磨坏，而搜罗粮草的队伍将乡村盘剥得一干二净。但他们抵达预定的会师地点时，却发现佛兰芒军队已经放弃作战，开拔回家了。这对英格兰军队来说是个打击，因为法兰西人得到了一个喘息之机，重组自己的军队。腓力六世的长子诺曼底公爵约翰于 8 月中旬放弃了对艾吉永的围攻，迅速北上，以保卫自己遭到攻击的公国。英法两军都在奔向战场。

1346 年 8 月 26 日，星期六，两军终于在克雷西村与瓦丹库尔村之间的一座森林相遇。英格兰军队的阵型分成两列，由步兵和身穿令人生畏的板甲的武士组成，他们在行军途中骑马，但战斗打响后都是徒步。黑太子、沃里克伯爵和北安普敦伯爵指挥第一线。国王命令士兵们各就各位，和他们说笑打趣；然后，他摆好了指挥后卫的阵势。步兵的两翼各有一大群弓箭手，他们已经下马，周围是辎重大车，以保护他们免遭骑兵的冲杀。这些弓箭手将会决定这场著名战役的结局。

法兰西军队是一群一群分批抵达克雷西的，但他们的总兵力远远超过英格兰人。腓力六世向战场投入的兵力可能多达 2.5 万人，其中包括大量热那亚雇佣兵。英格兰军的兵力不超过对方的一半。法兰西国王将他的军队分成三路：最前方是弩手，后面是两支骑兵，侧翼是步兵。

双方士兵互相咒骂，等待命令。傍晚6点左右，天空飘起雨来。在震耳欲聋的军号和战鼓声中，命令传达下来，法兰西弩手和英格兰弓箭手开始齐射。英格兰军队的箭矢杀伤力极强：每名弓箭手每分钟能射出五或六支箭，箭雨从天而降，如同暴雪一般。而腓力六世的热那亚弩手的射速不到对方的一半，而且射程不够。这就是双方的一个关键的差别，而英格兰的这个优势将在百年战争的大部分时间里发挥作用：长弓是战场上最致命的武器。

苏格兰国王大卫二世也许曾告诉腓力六世，英格兰长弓在哈立顿山造成了多么恐怖的杀伤。就算他说过，腓力六世也没有吸取到教训。法兰西骑兵长久以来是法兰西的骄傲，令全欧洲胆寒。他们看到自己前方的弩手溃乱，以为他们胆小怯战。骑兵追逐溃败的弩手时，自己也被致命的箭雨席卷其中，白色木杆和金属箭头如倾盆大雨一般将骑兵掀翻下马。箭杆深深插入人体和马肉，中箭的战马嘶鸣踢打，尖声惨叫，垂死的人则魂飞魄散，扭曲挣扎，出现了极大的混乱。

箭矢嗖嗖地射向敌阵的时候，爱德华三世命令发动一场非常新颖的攻击。法兰西的战场上第一次响起了炮声。英格兰人带来了几门大炮，这些是非常原始的火器，利用火药的力量将金属箭和弹丸向敌人的大致方向发射，精度很差。大炮的杀伤力没有长弓那么致命，但是大炮的恐怖轰鸣，再加上箭雨的嗖嗖声，近距离厮杀的武士们疯狂的战斗呐喊声，受惊的马匹的痛苦嘶鸣声，肢体断裂、内脏流出的人们垂死挣扎的惨叫声，以及傍晚时分的战鼓和军号声，使克雷西的战场听起来一定仿佛地狱。

根据后来的评判，这场战役的英雄首推黑太子。他初次喋血，勇猛搏斗，斩杀敌人，砍倒战马，向周围的士兵们呼喊命令。有一次，他被击倒在地，他的旗手在绝望之下不得不暂时丢弃旗帜，将负伤的王子扶起。这个故事后来成为英格兰传说的一部分，被傅华萨付诸笔端。战况越来越激烈，王子担心自己的部下损失太大，于是传话给父亲，请求增援。

“我的儿子死了？还是负伤了？”据编年史家傅华萨记载，爱德华三世如此问道。得知王子并未战死，而是处境艰难后，爱德华三世答道：“回到他那里，以及派遣你的人那里，告诉他们，不准再向我索要援兵……只要我的儿子还活着，他们就应当给他机会，在今日建功立业。”

激战几个钟头之后，腓力六世国王及其盟友溃不成军。他们的骑兵冲锋非常有技巧。骑兵每次冲锋失败，都会重新组队，以极大的勇气和技艺再一次发动进攻。但他们面对英格兰军队的巩固阵地，就像爱德华二世在班诺克本面对苏格兰人的刺猬阵一样，无计可施。法兰西国王损失了数千人。英格兰战线前方堆积了一千五百四十二名骑士和骑士侍从的尸体，普通士兵的伤亡更是惨重。与腓力六世结盟的许多重要贵族也丢了性命，其中包括盲目的波西米亚国王约翰，他效仿了班诺克本的悲剧英雄贾尔斯·德·阿让唐爵士。这位盲人国王得知法兰西人大难临头，深知自己一定会殒身沙场，于是命令部下将他带到战斗最激烈的地方。他的战友们用绳子将他系在自己身上，勇敢地执行这个自杀任务，将他带到鏖战正酣处。除了约翰国王之外，还有两名公爵和四名伯爵阵亡。得胜的英格兰人后来为他们举行了隆重的葬礼。

克雷西战役是中世纪军事史上的一座里程碑。英格兰人更专业化的征兵模式和自 14 世纪 30 年代以来便发生了重大变革的战场策略使得他们不仅轻松打败了苏格兰人，还压垮了法兰西军队的全部力量。爱德华三世将捷报发回英格兰，在一封信中吹嘘“整个法兰西大军都被打垮了”。通过多明我会修士（王国政府雇佣他们，作为流动的新闻传播员）的奔走相告，喜讯很快传播全国。克雷西战役是一场振聋发聩、扬眉吐气的大胜利。英格兰人民为了供养横冲直撞的军队而忍受的艰难困苦，现在都得到了触手可及的回报。它还具有极大的宣传价值。10月，又有新的捷报传来。拉尔夫·内维尔、亨利·珀西和约克大主教威廉·朱什指挥的军队在达勒姆郡的内维尔十字大败进犯的苏格兰大军。四名苏格兰伯爵被俘，苏格兰的最高军务官、宫务大臣和司厩长全都战死，高级贵族马里伯爵阵亡。苏格兰的整个军事领导层几乎一天之内被消灭殆尽，大卫二世国王被俘虏，然后被押解到英格兰，在那里度过了十一年的铁窗生涯。

所以，1346年对英格兰军事来说是个好年头。但战争还没有结束。因为爱德华三世策略的核心是自相矛盾的：尽管他的军队击溃了法兰西国王及其儿子的联军，但却没有赢得诺曼底的民心，没有把群众从法兰西国王的阵营笼络到自己这边来。尽管严重挫伤了腓力六世和诺曼底公爵及其盟友，但爱德华三世在克雷西的大胜没有彻底摧毁法兰西的军事实力，也没能彻底压制腓力六世的整体政治力量。

于是双方继续厮杀。在当年夏天的余下时间里，兰开斯特伯爵继续指挥加斯科涅附近的作战。托马斯·达格沃斯爵士在布列塔尼赢得了一场辉煌胜利，在拉罗什代尔里安击败并俘虏了查理·德·布卢瓦。与此同时，1346年9月，爱德华三世和黑太子开始攻打加来。这场残忍而恐怖的围城战一直持续到

1347 年 10 月。

从某些角度看，加来攻城战可以说是一场比克雷西战役更宏大的军事行动。参战的英格兰军队多达近 2.6 万人，这是整个百年战争期间规模最大的一支英格兰军队。英格兰的每一位伯爵，除了四位年事已高或身体衰弱的伯爵之外，都在某个时段参加了这场战役。为了维持这支大军一年多的作战，英格兰财政承受了超乎寻常的压力，征收了许多新的商品税和出口税，在国内引起了普遍的怨愤。但克雷西的胜利改变了爱德华三世的地位。编年史家让 · 勒贝尔记载道，1346 年重塑了英格兰人的形象，使他们从一个可鄙的民族变成了世界上最优秀和最具骑士风度的民族。英格兰人在加来城墙下安营扎寨的时候，全国的骁将猛士都云集在那里，这既是一场骑士的盛会，也是一支大军的入侵。

与此同时，加来城内粮草告罄，市民们绝望之下开始以马鞍皮革为食。他们死守了一年之久。其间，腓力六世曾将自己的军队派遣到距加来不远的地方，希望诱惑英格兰人放弃攻城，与其交锋。1347 年 10 月，加来市民终于认识到，英格兰人不会放弃，他们也没有办法将其逐退，于是市民代表团在脖子上戴着绞索，以象征自己的彻底屈服，出城向爱德华三世投降。为了展现自己的骑士风度和强大力量，爱德华三世安排菲利帕王后为加来市民求情，最后慷慨地恩准。衣衫褴褛的哀求者们得到了饶恕，但他们的城镇被占领，在此后两个多世纪中始终处于英格兰人控制之下。国王及其伙伴作为征服加来的英雄，凯旋回国。

1346 与 1347 年，发生了金雀花王朝历史上一些最伟大、最致命的战役。但抛却英雄壮举、残忍暴行、顽强抵抗和艰难困苦的场景不谈，另一种毁灭性更强的死亡方式正在欧洲的边缘蓄势待发，它来自亚洲大草原，通过欧洲与东方开展贸易的商埠进入了欧洲。它前进的速度就连基督教世界最强大的军队也无法与之匹敌。1347 年，瘟疫到来了，而且无法阻挡。

公主之死

1348 年的英格兰夏季，阴雨绵绵。尽管天公不作美，英格兰还是洋溢着喜气洋洋的气氛。国王于 10 月凯旋归国。加来既克，法兰西军队在加斯科涅的进攻被阻断。腓力六世在战场失利，在外交会议上也蒙了羞，两国达成了为期一年的停战协定。苏格兰人已经被击溃。英格兰王室和全国人民以奢华的方式欢庆胜利。圣诞节期间，宫廷举办了化装舞会，大家用充满异国情调的面具和服饰打扮自己，各种盛典和节庆活动目不暇接。贵族男女乔装打扮成兔子、龙、雉鸡和天鹅，纵情取乐；国王和骑士们身穿绿色长袍，佩戴孔雀羽毛。圣诞节过后，朝廷组织了一系列比武大会。2 月至 9 月间，雷丁、贝里圣埃德蒙兹、利奇菲尔德、埃尔特姆、温莎、坎特伯雷和威斯敏斯特举办了比武大会和浪漫的戏剧演出及游戏。

每一次比武大会上，国王都密切关注景观的装饰。这些场合总是非常富丽堂皇，王室成员身穿精美紫袍，衣袖和胸前以复杂的图案缀着珍珠和钻石，令人眼花缭乱。有时这些场合显得非常超现实。在一次比武大会上，国王打扮成一只大鸟的样子；另一次，他让伙伴们穿上互相匹配的蓝色和白色制服，或许是为了象征他从法兰西纹章中借用的百合花。在利奇菲尔德，他借用麾下一名久经沙场的骑士托马斯·布莱德斯通爵士的纹章，参与打斗。这是一次展示虚伪的谦卑和战友情谊的奢华表演。爱德华三世在内心深处热爱骑士精神和表演，他还让有名的俘虏穿上华丽的衣服，将其展示在公众面前：苏格兰国王大卫二世和被俘的全部巴黎贵族都得到了华美的衣服，沐浴在国王慷慨恩德的阳光中。

爱德华三世的王族人丁兴旺，有的儿女已经成年，同时还不断有新丁诞生。虽然爱德华三世只有三十五岁，菲利帕王后比他小两岁，但他们已经生了九个孩子。伍德斯托克的爱德华时年十八岁，已经是个战争英雄和不折不扣的武士；温莎的威廉还是个婴儿，是6月出生的，后来没有成年便夭折了。

黑太子——伍德斯托克的爱德华享受着父亲的恩宠。1343年，索尔兹伯里伯爵威廉·蒙泰古在一场比武大会中丧生，黑太子填补了他留下的空缺位置。目前他是国王唯一处于能够打仗年龄的儿子，在对法战争中既扮演了政治角色，也做了军事贡献。安特卫普的莱昂内尔九岁，冈特的约翰八岁，兰利的埃德蒙七岁（1355年又有一个男孩降生，即伍德斯托克的托马斯）。国王伉俪还有四个女儿：伊莎贝拉（十六岁）和琼（十五岁）是和黑太子一起长大的，他们的堂姑肯特的琼是他们的童年玩伴；玛丽和玛格丽特在1348年分别是三岁和两岁，还在蹒跚学步。

爱德华三世通过对法兰西王位提出主张，开启了在欧洲大陆争夺荣光的事业。14世纪40年代末，他还为自己的战略增添另一个成分：他计划为自己的儿女安排门当户对的婚姻，把自己的家族编织进欧洲大陆的贵族当中去。自亨利二世以来，金雀花王朝还不曾有一位国王生养了这么多健康成年的儿女。安特卫普的莱昂内尔在三岁时便与阿尔斯特伯爵领地的一位女继承人缔结了婚约，但爱德华三世为自己的孩子们，尤其是女儿们，找到了更多机会。

1348年8月，比武大会的季节到达巅峰时，他的次女琼即将离开父母，远嫁卡斯蒂利亚国王阿方索十一世的儿子佩德罗[①]。金雀花王朝在卡斯蒂利亚有过一些根基：亨利二世的女儿埃莉诺曾嫁给阿方索七世，他们的孙女，也叫埃莉诺，则回到英格兰，成为爱德华一世的爱妻。对十五岁的琼来说，这是一桩光耀门庭的好婚事，因此为她的远嫁做的准备也是极尽奢侈。

琼从朴次茅斯起航，四艘戒备森严的战船负责运送她的仆役和财物。她的大婚礼服能够让我们管中窥豹，了解一下她被期待着以怎样的光辉灿烂来代表她的王朝：这件礼服以450英尺的金线锦缎制成，这是一种掺有金线的厚重丝绸织物。她的第一个停靠港是波尔多，她将在那里上岸，然后南下前往卡斯蒂利亚。船上载着一名才华横溢的西班牙歌手（是新郎在结婚前赠送的礼物）、两名高级王室官吏和一百名直属王室的弓箭手。虽然英法两国处于停战状态，但海峡和加斯科涅仍然是战区。

波尔多市长雷蒙·德·毕卡勒在港口心急如焚地等待客人抵达。琼的船只刚刚进入视野，他就向其乘客和船员发出了一个严重的警告。波尔多爆发了一种致命的瘟疫。公主一行不能登陆。

船上的每个人应该都听说过这种瘟疫，它在仅仅三年多一点的时间里就从亚洲大草原蔓延至欧洲腹地。欧洲大陆已经付出了惨重代价。法兰西人称之为“大疫”（la très grande mortalité），英格兰人将它的名字译为“the huge mortalyte”。自16世纪起，历史学家称之为“黑死病”。很不幸，这是个非常

① 就是下文讲到的“残酷的佩德罗”，黑太子曾帮助他争夺王位。

准确的冠名。在瓦卢瓦王朝与金雀花王朝互相凶残攻杀的背景下，黑死病的降临改变了中世纪人们的生活和心态。在塞纳河沿岸的村庄、波尔多的葡萄园、克雷西的森林和加来城下，已经有成千上万人被战争夺去生命。黑死病则将杀死数百万人，令民众无处藏身。

此前，黑死病业已横扫塞浦路斯、西西里、圣地和意大利各邦。它在冬季途经马赛传入法兰西，然后以不可阻挡的速度向南北两个方向蔓延。它南下通过阿拉贡，冲向卡斯蒂利亚；北上传播至鲁昂和巴黎。腓力六世逃离了都城，但他的王后——勃艮第的跛脚的琼于9月12日染病去世。黑死病传播到一个村庄，那里就升起黑旗。警告人们远离传染地，是唯一的预防措施。

黑死病已经在欧洲大部分地区肆虐许久，但英格兰目前为止幸免于难。琼公主一行人对毕卡勒市长和他的警告不以为然。英格兰人相信，自1340年以来，上帝已经赐予他们如此之多的胜利；公主及其谋臣或许相信，上帝会保佑他们免受这最近一次威胁的困扰。他们在波尔多上岸，进入城镇。8月中旬，公主随行人员中的安德鲁·阿尔福德（一位曾参加克雷西战役的老兵）染上了黑死病。自1347年秋季以来，黑死病便以每天2.5英里的速度席卷西欧。爱德华三世的家庭在享受比武大会的荣耀狂欢的同时，阿尔福德躺在隆布利埃尔城堡，像数百万其他欧洲人一样，痛苦不堪地渐渐死亡。典型黑死病患者的皮肤会长出很大的肿瘤一般的肿块，开始的时候有杏子那么大，后来会长到鸡蛋那么大。肿块触摸起来非常疼痛，变大之后会令人体畸形，非常丑陋。如果肿块长在腋下，胳膊就会无法控制地往一侧偏；如果肿块长在脖子上，就会迫使头部永久性地向上抬起。

肿块常常与黑斑相伴，黑斑被称为“上帝的标记”，这是一个毋庸置疑的症状，表明患者已经被死亡的天使触碰过了。除了这些严重的畸形之外，患者还往往会出现干咳的症状，常常会咯血，并发展成连续不断的呕吐。患者会发出令人作呕的臭气，似乎他的身体每个部分都会泄露出臭气——他的唾液、呼吸、汗水和粪便都臭不可闻——最终他会精神失常，惨叫着四处游荡，最后痛苦不堪地倒下。

阿尔福德于8月20日病逝。自他踏入疫区的那一刻，他的命运便注定了。公主一行的其他人也很快病倒。9月2日，琼公主病逝。她永远未能穿上美丽的嫁衣，也没能见到在卡斯蒂利亚的丈夫。这个十五岁的少女，正值长大成人的过渡期，却鲜血淋漓、臭气熏天地惨死了。唯一的小小安慰是，她死时还是个处女，而不是孕妇。染上黑死病的孕妇往往会在临终的痛苦中分娩。

1348年9月对爱德华三世来说是个灰暗的月份。噩耗传到英格兰，他的女儿死了。同时，黑死病开始侵袭南部各郡。然后他又得知，他尚在襁褓中的儿子——温莎的威廉也死了，只活了三个月。这个婴儿得到了完整的国葬，而琼却没有享受这样的荣耀，她的遗体在波尔多神秘失踪，始终没有找到。

一个月之中失去了两个孩子，国王夫妇悲痛欲绝。但他们没有时间沉溺于私人的哀恸，因为整个王国猛然间陷入了毁灭和绝望的深渊。黑死病横扫全境。它从停泊在南安普敦或梅尔库姆（现在是韦茅斯的一部分，位于多塞特）的一艘船进入英格兰，然后迅速蔓延到威尔特郡、汉普郡和萨里郡。10月24日，温切斯特主教写道，瘟疫“对英格兰沿海地区发动了野蛮进攻”，他一想到瘟疫扩散，就“胆战心惊”。

它仍然继续传播。1348～1351 年，许多村庄损失了三分之一至二分之一人口。除了黑死病肆虐之外，碰巧还爆发了羊瘟，给人们的生活增添了许多苦难。编年史家亨利·奈顿写道：“自不列颠之王沃尔蒂格恩的时代以来，还不曾有过如此严峻和残酷的死亡记忆。比德[①]说，在沃尔蒂格恩在位时，没有足够的活人去埋葬死人。”在 1315～1322 年的洪水和大饥荒中被严重削弱的定居点现在被完全消灭了。不论宗教信仰和社会阶级，无人能够幸免。从贵为公主的琼，到在大街上流血呕吐至死的乞丐，没有人能够逃脱黑死病的魔爪。爱德华三世能够歼灭腓力六世的大军，面对鼠疫杆菌却束手无策。

---

① 比德（672～735），英国盎格鲁—撒克逊时期的编年史家及神学家，亦为本笃会修士，著有《盎格鲁人教会史》，被尊为“英国历史之父”。他的一生似乎都是在英格兰北部韦尔茅斯－雅罗的修道院中度过的。据盎格鲁—撒克逊人的文献记载，比德精通语言学，对天文学、地理学、神学甚至哲学都深有研究。传闻就是他发现地球是圆的这个事实，此事记载于他的作品《论计时》中。

嘉德勋位

1349 年 4 月 23 日是圣乔治的宗教节日，爱德华三世在为全国骑士举办一场比武大会。黑死病正在摧残他的国民，但国王不愿放弃自己酷爱的消遣。他在温莎主持了由比武大会和祷告组成的节庆活动。这座城堡是他的出生地，他还打算于次年在此启动一系列大规模建筑工程。受邀参加比武大会的二十五人大多是法兰西战争的老将。他们包括黑太子、兰开斯特伯爵、沃里克伯爵、德文伯爵、罗杰·莫蒂默（他很快将会重新获得他祖父曾经享有的马奇伯爵头衔）、威廉·蒙泰古的儿子（也叫威廉，现在是新的索尔兹伯里伯爵）以及王室的其他伙伴和战友。

比武大会的形式是预先设定好的。骑士们分成两队，每队十三人，骑马对抗，直到其中一队获胜。这一次，竞赛多了几分刺激。索尔兹伯里伯爵和他的总管托马斯·霍兰爵士在敌对的队伍里。他们两人的地位相当不同寻常，因为他们娶了同一个女人——爱德华三世的堂妹肯特的琼。琼是王亲贵胄，时年二十岁，曾与黑太子一起长大。她是爱德华一世的孙女，傅华萨赞誉她是“英格兰第一美人”。

琼年仅两岁的时候，其父肯特伯爵就被罗杰·莫蒂默下令处死。她被菲利帕王后收养，在王室内廷长大，在那里认识了霍兰。她在十二岁时秘密与他结婚，显然也已圆房。但由于他们的婚姻没有得到恰当的许可，或许因为他们的关系仍然保密，所以后来在霍兰征战欧洲大陆的时候，琼被安排与索尔兹伯里伯爵结婚。霍兰回国后，公开宣称自己才是琼的丈夫。琼处于一个非常尴尬的境地，因为两个男人都声称自己是她的合法丈夫。她自己更喜欢霍兰，但在中世纪大贵族的婚姻中，个人偏好并非决定性因素。这个案件被一直呈送到教皇，请他裁断。1349 年 11 月，最终的裁决下达，宣布霍兰是琼的合法丈夫。在此之前，琼的两个“丈夫”之间的争斗非常激烈。

这位光彩夺目的女主角准备观看两个争夺她芳心的骑士拼杀的时候，盛大的舞台也准备就绪了。但这次比武大会还有别的特点，因为爱德华三世决定建立一个后来享誉全球的骑士勋位。在温莎的比武大会上，嘉德勋位正式诞生，这是英格兰最高端、最群英荟萃的骑士团，也是爱德华三世极其成功的两大宣传行动之一。

国王和他的祖父爱德华一世一样，醉心于亚瑟王传奇，热衷于那些英雄伟业、令人生畏的军事声誉和骑士们温柔和善地对待女性与弱者的故事。和祖父一样，他也下定决心，要让金雀花王朝吸收并反映亚瑟王世界的伟大价值观。1344 年 1 月，与腓力六世战争的布列塔尼阶段激战正酣，他在温莎举办了一次比武大会，组建了圆桌骑士团。编年史家亚当·穆里穆斯记述道，国王“主持了一次盛大晚宴，建立了圆桌骑士团，挑选了一些伯爵、男爵和骑士加入，接受了他们的宣誓”。据穆里穆斯记载，国王随后下令在温莎城堡添建一座“最高贵的厅堂”，“以便在指定时间举行圆桌骑士的会议”。这座高贵的厅堂将由石料建成，直径 200 英尺，外面可能有瓦片筑成的屋顶，就像后世伊丽莎白一世时代的环球剧场一样。在建造的第一年，开支就高达 50717 先令又 11.5 便士。为了效仿亚瑟王传奇，国王即使挥金如土也在所不惜。1345 年，爱德华三世为自己的计划添砖加瓦，命令寻找亚瑟王的所谓祖先——亚利马太的约瑟遗骸。

14 世纪 40 年代中期，随着战争升级，圆桌计划因为缺乏资金而中止了。布列塔尼战事开支极大，迫使国王将所有资金都用于作战。但是，即使过了五年，爱德华三世也没有放弃他的雄心壮志：建立一个高端、精选的兄弟会，将全国的精英骑士和贵族与王室紧密联系起来。1348 年的整个比武季节中，国王都在斟酌设立嘉德勋位。1349 年，在温莎，他的想法正式成形，并确定了该骑士团的人员。

用袜带①来象征一个军人俱乐部颇有些奇怪。关于这个名字的来源，传说是这样的：一次舞会上，索尔兹伯里伯爵夫人不慎将自己的袜带（戴在大腿上的一种饰物）脱落，爱德华三世将其捡起，说道："心怀邪念者蒙羞。"（Honi soit quimal y pense），这句话于是成为嘉德勋位的箴言。但这个故事是捏造的，可能混淆了关于肯特的琼的惊世骇俗的婚姻状况的故事，也涉及宫廷的风流浪漫，或者说放荡的男女关系。爱德华三世的伙伴们以淫乱浪荡而声名狼藉，古板而自命不凡的道学先生们很乐意听到这种劲爆的故事，对英格兰宫廷的腐化堕落嗤之以鼻、大摇其头。

嘉德勋位这个名字的真正来源可能是兰开斯特伯爵（格罗斯蒙特的亨利），他是英格兰在加斯科涅和加来的战争英雄，年轻时是个风流倜傥的花花公子，曾佩戴袜带作为装饰，当时袜带还是骑士的穿戴饰物，后来才变成女性服饰。1333

① 嘉德（Garter）是音译，字面意思就是"袜带"。当时还没有松紧带，女性将袜带（一般是皮革或织物，常带有缎带等装饰）系在大腿上，将长筒袜束住。

和 1334 年，国王统治的早期，他也曾佩戴镶嵌珍珠和黄金的袜带去参加比武大会。嘉德勋位设立的时候，兰开斯特伯爵三十九岁，爱德华三世三十七岁。或许袜带这个标志物有两层用意：既指涉他们青年时代作为骑士的强悍勇武，也是一个内部笑话，象征他们放荡不羁的青春。

无论缘由究竟如何，爱德华三世遵循的是当时欧洲的时尚：自卡斯蒂利亚国王阿方索十一世于 1330 年设立“缎带骑士团”以来，在 14 世纪中叶，欧洲各地雨后春笋般出现了许多骑士团。14 世纪 50 年代，德意志皇帝卢森堡的卡尔设立了“带扣骑士团”，萨伏依伯爵阿梅迪奥六世创建了“黑天鹅骑士团”。14 世纪 60 年代，西西里国王路易建立了“花结骑士团”，法兰西国王约翰二世设立了“星辰骑士团”。后来这种风尚越来越流行。

就这样，在圣乔治的宗教节日，嘉德勋位诞生了。二十六名创始成员庄严宣誓，在每年的圣乔治日举行庆祝活动，如果条件允许，所有成员应当在一起共度这个节日。如果不能在温莎参加庆祝活动，无论身处何方，都应当以同样方式庆祝。骑士团是个神圣的团体，除非有成员去世，否则不会增加新成员。一些伟大的军人，如托马斯·达格沃斯爵士、沃尔特·曼尼爵士、北安普敦伯爵和亨廷顿伯爵都不属于创始成员。在建立嘉德勋位的比武大会时期，这四位骑士恰好在法兰西，因此他们不得不等待新的机会。亨廷顿伯爵直到 1372 年才得以加入。达格沃斯还未来得及接受嘉德勋位的著名袍服便去世了。

在许多同时代人眼中，设立嘉德勋位的举动非常粗鲁无礼。在亨利·奈顿这样的编年史家看来，英格兰正处于遭受黑死病蹂躏、被战争的财政要求摧残得民穷财尽的时候，国王竟然沉溺于无忧无虑的比武大会，着实麻木不仁。但对爱德华三世而言，设立勋位的目的不仅仅是简单的纵情享乐。自约翰以来，金雀花王朝历代国王都受到过这样的困扰：骑士和伯爵们不肯在海外作战，导致国王没有办法保卫自己的海外领土。爱德华三世非常幸运地赢得了一些胜利，所以法兰西战争巨大的生命和财产损失至少部分地可以说得过去。他知道自己家族的历史。如果上帝收回了对英格兰的恩典、战事受挫的话，国民很快就会质疑，为什么要在海外作战。

爱德华三世解决这个问题的办法是：把海外兵役变成一种荣誉的象征，而不是封建军役时代遗留的令人厌倦的负担。做一名骑士要付出许多金钱的代价，要承担许多艰难困苦，有时甚至有生命危险，因此爱德华三世要用一种新的精英荣誉感将骑士们团结在自己周围。嘉德勋位就像是一种新的特权阶级，爱德华三世可以通过它来颂扬和褒奖骑士精神。它是一种手段，能够在将来的几十年中，将国王和王子们与他们率领在欧洲大陆作战的官兵紧密联系起来。富有异国情调的法语箴言提醒了所有希冀成为骑士团一员的人们，贵族阶层是一个泛欧洲的兄弟会。爱德华三世之前被迫放弃了在温莎修建圆桌厅堂的计划，现在命令在温莎建造一座教堂。这便是圣乔治礼拜堂，它将成为嘉德骑士团精神上和仪式上的家园。黑死病最凶险的浪潮消退之后，该项工程于 1350 年启动，花了七年时间才竣工，其开支抵得上爱德华一世在威尔士建造的一些最宏大的城堡。1350 ~1357 年，朝廷在温莎花费了 6500 镑巨款，其中绝大部分花在这座礼拜堂上。为了给礼拜堂增添一分真正神圣的神秘气息，爱德华三世把格奈斯十字架送到了那里。格奈斯十字架是真十字架的一个碎片，是 1283 年最终征服威尔士期间从末代罗埃林手中夺来的。

随后几个世纪中，圣乔治礼拜堂始终代表着爱德华三世及其伙伴所推崇的强大武力、宗教虔诚、浪漫情怀和奢华仪式，这几个方面的组合令人心醉神迷。在爱德华三世身上，亨利三世那种对辉煌的视觉效果和优美建筑的敏锐把握力和爱德华一世令人生畏的军事才华熔为一炉。圣乔治礼拜堂的确是金雀花王朝历史的一个高潮，是一位踌躇满志的国王所做的视觉宣传。

胜利的十年

在爱德华三世的早年和统治早期，在宫廷的亚瑟王传奇式华丽排场中，他将自己打扮为圆桌骑士团的谦卑成员莱昂内尔爵士，这是一位和部下并肩作战的好战友。到 14 世纪 50 年代，成就既然如此辉煌，自然无须再谦虚，国王开始以亚瑟王自居，从新的卡美洛（即温莎）统治着他的光荣王国。国王在战争中花费了几乎无法想象的巨款，而这些金钱为他带来了震撼整个基督教世界的光荣与威望。英格兰的繁荣与它在战争中的运气是紧密相关的。爱德华三世所到之处都张挂圣乔治的纹章，以提醒敌友，这是他统治下的新的军事秩序。他的海军舰船桅杆上飘扬着红十字旗，舰队的旗舰是柯克船“托马斯”号，得到数十艘其他舰船的支援，游弋在英吉利海峡。他在英格兰的御玺图案中添加了圣乔治，将其与圣母玛利亚并置。1348 年，德意志国家的选帝侯们请求他接任神圣罗马皇帝。对自己的强大王权极其自信的爱德华三世拒绝了这个请求。

与法兰西和苏格兰的关系现在完全掌控在国王手中。英格兰宫廷挤满了出身高贵的人质。一大群价值极高的法兰西和苏格兰俘虏被扣押在英格兰，为首的是苏格兰国王大卫二世、欧城伯爵和唐卡维尔伯爵。尽管黑死病给国家造成很大损失，给大规模作战也增添了许多不确定性，但爱德华三世仍然继续讨伐法兰西和苏格兰。英格兰军队时常渡过海峡，发动突袭，有的行动由国王御驾亲征，有的任务则被托付给备受信赖的副手，如兰开斯特伯爵（格罗斯蒙特的亨利），他于 1349～1350

年冬天率领一支小规模军队远征加斯科涅。

1349 年 12 月 24 日，在艾赛克斯的黑弗灵，宫廷正准备开始圣诞节庆祝活动的时候，爱德华三世收到了令人警醒的告急：有叛徒要将加来出卖给法兰西人。他没有时间征集一支军队，于是率领自己的长子爱德华和一小群值得信赖的士兵，立即秘密前往法兰西。1350 年 1 月 1 日，爱德华三世的这支精锐小分队抵达了加来，秘密进城。次日黎明前，一个奸诈的意大利雇佣兵在加来城堡上升起了法兰西旗帜，这是个信号，随后一群法兰西骑士通过城门冲了进来。国王已经严阵以待。他和部下向入侵者冲杀过去，打着沃尔特·曼尼爵士的旗号，而爱德华三世则乔装打扮成一名普通骑士，以防被认出和俘虏。加来街头爆发了激烈的肉搏战，国王和他的部下将敌人打退，高呼："爱德华和圣乔治!"几个小时之内，加来得救了。加来守军的勇猛无畏和这场扣人心弦的战斗为世人称颂，为歌颂爱德华三世和黑太子勇气的民间传说增添了更多素材。

1350 年 8 月 22 日，腓力六世驾崩。他的儿子诺曼底公爵约翰继承了王位，史称约翰二世。约翰二世曾在加斯科涅对抗兰开斯特伯爵，还曾率军参加克雷西战役。他登基的这一年，英法两国恰好处于一年的停战期。1350 年夏，爱德华三世将注意力转向英格兰在欧洲大陆的另一个竞争对手：卡斯蒂利亚。这个王国位于西班牙半岛北部，恰好也有一位新王登基，即"残酷的"佩德罗一世。爱德华三世很快发起宣传攻势，造谣说佩德罗一世图谋入侵英格兰。事实上，两国之间进行的是一场贸易战。卡斯蒂利亚船只通过英吉利海峡，去佛兰德从事羊毛贸易，在途中常常袭击英格兰船只，这非常恼人。对爱德华三世来说，这已经是足够的开战理由。1350 年 8 月 29 日黄昏，在温奇尔西（位于英格兰南海岸，黑斯廷斯以东几英里处）外海，一支大型英格兰舰队（约有五十艘柯克船）遭遇了二十多艘尺寸更大的卡斯蒂利亚桨帆船。英格兰舰队由国王、黑太子、兰开斯特伯爵、北安普敦伯爵和沃里克伯爵指挥。他们将毫不示弱的卡斯蒂利亚人诱入了一场血腥的海战。

在过去的一百年中，舰船的设计已经有所进步，但在地中海以北惊涛骇浪的海域，中世纪的海战策略还是很原始的，尤其是与陆战相比，毕竟陆军已经发展出了下马作战的武士和乘骑弓箭手。在开阔海域的作战仍然比混战厮杀强不了多少。爱德华三世的战船像撞城槌一样冲向卡斯蒂利亚桨帆船，他的部下则向敌船抛掷系在绳子或铁链上的锋利抓钩，死死咬住敌船侧舷，阻止它们逃跑。然后，成群的骑士尝试强行登上敌船，杀死敌人的水手，将其尸体投入汪洋大海。当时还很少注意船队的阵型和机动，或者远距离攻击。战斗是在近距离开展的，很大程度上取决于偶然。

在温奇尔西，国王险些丧命。在号角声和痛苦与愤怒的呼喊声中，他乘坐的柯克船与一艘桨帆船相撞，受到了严重破坏，最终彻底损毁。爱德华三世在甲板上拼死奋战，在卡斯蒂利亚人的箭雨和投掷的铁棍的冲击下，夺得了敌船，才躲过了葬身大海的噩运。与此同时，黑太子的战船与另一艘卡斯蒂利亚船只对战，也受到了严重损坏，幸亏兰开斯特伯爵的战船赶来救援，王子才保住性命。最后，夜色笼罩海峡的时候，一艘敌船差一点就将一艘英格兰船只拖走，而后者运载着国王内廷的许多成员。一名机智的王室仆人沉着冷静地偷偷爬上敌船，砍断了船帆的升降索，才阻止这艘桨帆船带着珍贵的战利品逃走。最终，尽管遭遇不少挫折，但英格兰人还是得胜，并俘虏了多艘桨帆船，将其他敌船摧毁，将数百名负伤的敌人水手投入无情的大海，任其溺死。多年后，温奇尔西战役被称为“海上西班牙人之战”。

在这场海战中，爱德华三世及其主要指挥官和副手毫发无损，这可以说是极大的幸运，而这位英格兰国王在他光彩夺目的戎马一生中常常仰仗自己的好运气。在随后多年中，卡斯蒂利亚舰队被有效地阻挡在海峡之外，而爱德华三世的海军建立了自己的霸权，护送着商船在波尔多和繁荣的英格兰港口布里斯托尔、伦敦和南海岸之间川流不息。

国王在坎特伯雷的托马斯·贝克特圣龛前感恩，以庆祝这场胜利，随后移驾北方，游猎享乐。同时，他的副手们则返回法兰西，在阿基坦的边缘继续作战。英法的停战协定已经过期，英格兰军队在布列塔尼和加斯科涅赢得了好几场辉煌胜利，于是到1352年秋季，爱德华三世已经牢牢控制了阿基坦、布列塔尼和加来周边地区。由于大卫二世被扣押在英格兰，苏格兰出现了权力真空，英格兰领主们得以将自己的势力范围扩张至苏格兰低地。在随后八年中，爱德华三世忙于巩固自己的霸主地位，努力使其能够延续千秋万代。

在制定入侵苏格兰计划的同时，爱德华三世牢牢控制着英格兰政府。第一波黑死病严重扰乱了英格兰的劳工经济，而在14世纪50、60和70年代，黑死病多次卷土重来，使得经济进一步恶化。数十万劳工因瘟疫死亡，导致劳工薪水猛涨。这对骑士地主阶层损伤极大，甚至导致了灾难。而正是这些骑士地主参加爱德华三世的议会，授权他征税，并在地方政府中担任官吏。王室是英格兰最大的地主，因此如果地产管理的成本增长过快，王室也会遭到类似的损失。爱德华三世迅速采取措施，应对这个威胁，在1349年制定了《劳工条例》，并于1351年在议会通过，称为《劳工法》。《劳工法》为能够想象得到的所有行业的工人制定了固定的薪金标准，人为地将工资压制在一个较低水平上。“马具制造工、剥兽皮工、鞣皮工、皮鞋匠、裁缝、铁匠、木匠、泥瓦匠、瓦匠、造船匠、赶车人和其他所有手工匠人及劳工在其工作的地点，薪金不得超过第二十年（1347年）及其之前普通年份的一般工资水平。”法令的一个典型条款是这样规定的，“若有人胆敢收取更多薪金，应将其投入最近的监牢。”领主有权强制劳工——不管是法律上的自由人还是丧失自由的农奴——为自己服务。同时，食品价格也被人为地控制在较低水平。法令规定道：“屠夫、鱼贩、旅店老板、啤酒酿造商、面包师、顾客招揽人和其他食品销售者应……以合理的价格出售食品。”

《劳工法》旨在保护地主阶层。这个阶层的成员相当严格地执行了该法律。朝廷派遣专员去调查过高的薪金和物价。随后几十年中，这些调查专员频频出现在各地，调查违法行为，向违令者罚款。他们的所作所为在各郡的精英阶层和社会下层之间酝酿出了一种严重的阶级仇恨。令阶级仇恨更深刻的是，这些劳工调查委员会只是地方执法制度大规模整顿的一部分而已，英格兰的掌权阶层等待这种大整顿已经将近半个世纪。爱德华三世不再依赖不定期的、大型的、周游全国的巡回法庭，而是开始利用小型的、常规化的法庭，这些法庭的成员是各地的主要地主。他们是治安委员会的成员，即所谓治安法官（就是爱德华三世统治早期设立的治安官的新形式），同时还参加许多其他的地方性委员会，其中最重要的就是执行《劳工法》的委员会。王国政府的权力正在汇聚到一个有切身利益参与其中的政治阶层手中，这在后来的岁月里将会造成极大的社会矛盾和暴力冲突。但从短期来看，爱德华三世的做法——迅速采取行动，处置黑死病造成的最明显经济后果——为他赢得了骑士地主阶层的信任，而他的军费来源就高度依赖这个阶层。

国内安定之后，爱德华三世得以集中精力，努力去永久地平定法兰西和苏格兰。问题的部分所在是，爱德华三世也不知道，永久和平应当是什么样子。他自豪地固守自己对法兰西王位的主张，但局势越来越明显，这其实是个讨价还价的杠杆，用来推动谈判、重建一个金雀花帝国。1354 年，在吉讷举行的和谈上，爱德华三世提议，他可以放弃对法兰西王位的主张；条件是，英格兰将获得对阿基坦、普瓦图、安茹、曼恩、图赖讷、利摩日和蓬蒂厄的完整主权，尽管关于布列塔尼、诺曼底和佛兰德宗主权的争端还远远没有解决。后来，1354 ~ 1355 年冬季，在阿维尼翁，教皇亲自主持了和谈。格罗斯蒙特的亨利（他于 1351 年被晋升为兰开斯特公爵）和阿伦德尔伯爵开始提出更为咄咄逼人的要求：英格兰应对阿基坦、普瓦图、曼恩、图赖讷、安茹、昂古莱姆、诺曼底、蓬蒂厄、凯尔西和利穆赞享有主权。

英格兰人的要求如此严苛，兰开斯特公爵的谈判策略又如此仗势欺人，因此和谈不欢而散也不足为奇。约翰二世的使臣争辩说，将如此广大的法兰西领土拱手交出，会使得法兰西国王违背自己的加冕誓言。双方都在准备继续作战。到 1355 年秋，爱德华三世已经组织好了两支庞大的入侵军队，其中一支由他亲自指挥，另一支则交给他的儿子黑太子。目标是给约翰二世一个狠狠的教训，就像他的父亲于 1346 年在克雷西和

1347 年在加来受到的教训一样。

英格兰的两支大军于 1355 年底起航前往法兰西，其中只有黑太子的军队在那里待了较长时间。国王于 10 月底在加来登陆，要求约翰二世与他交战，但法兰西国王不肯迎战，于是爱德华三世在 11 月 12 日班师回朝了。在这年冬天的余下时间里，他集中力量扫荡和镇压苏格兰低地，给当地人造成了极大苦难，将他们的大部分土地和财产付之一炬，以至于 1356 年 1 月被称为“燃烧的圣烛节”。

但苏格兰低地遭到的破坏还远远不能与黑太子及其伙伴在法兰西西南部的肆虐相提并论。1356 年春，约翰二世和英格兰人的最终摊牌看样子已经不可避免。黑太子在波尔多过了冬，英属阿基坦的前线到处是武装人员，有的是黑太子旗下的部队，有的则刚刚脱离军队，自行劫掠。5 月，又一支英格兰军队在兰开斯特公爵指挥下被派往诺曼底。这支军队严重破坏了诺曼底的好几座重要城镇，然后撤退，约翰二世对其奈何不得。法兰西贵族当中存在着普遍的不满情绪，约翰二世的亲戚——恶人查理[①]（纳瓦拉国王和诺曼底的埃夫勒省的伯爵）开始与国王公然分庭抗礼。恶人查理希望废黜约翰二世，然后扶植王太子（也叫查理）登基。1356 年 4 月，恶人查理因为犯上作乱被捕，但他的弟弟——纳瓦拉的腓力于 8 月渡海来到英格兰，在克拉伦登与爱德华三世进行了会谈，承认后者为“法兰西国王和诺曼底公爵”，向他宣誓效忠。约翰二世承受的压力到了不堪忍受的地步，他必须对英格兰人采取决定性的

① 恶人查理是法兰西国王路易十世的外孙。约翰二世是法兰西国王腓力六世的儿子。腓力六世是路易十世的堂弟。

行动。

1356 年 9 月 19 日，决战时刻到了，战场是普瓦捷城外的原野。传统上来讲，普瓦捷是阿基坦公国最重要的城市。黑太子的军队包括六千至八千英格兰和加斯科涅士兵，按照当时的常规战术分为三路，黑太子亲自指挥中军。法兰西军队的兵力是英格兰—加斯科涅联军的差不多两倍。但英格兰军队训练有素、组织有序，而约翰二世的人马纪律涣散、七零八落。尽管法兰西人从克雷西吸取到了一些教训，准备让他们的骑兵徒步进行防御作战，而不是把他们浪费在自杀式的骑兵冲锋当中，但他们缺乏有效的领导，无法将己方的兵力优势发挥出来。黑太子的部下在法兰西战线前方来回运动时，两名法兰西指挥官抵制不住诱惑，发动了进攻。他们向英格兰军队的前锋和后卫发起了传统的骑兵冲锋。两军之间有茂密的树篱阻挡，法兰西骑兵在企图突破树篱时惨遭屠戮。

对法兰西人来说，这是惨遭屠杀、流血漂橹的一天，而这一天刚刚开始。在 1415 年的阿金库尔战役之前，这是法兰西人败得最惨的一次。在激战中，他们损失了超过两千人，包括波旁公爵、法兰西司厩长、两名最高军务官之一和“黄金火焰”军旗（法兰西军队的神圣红色战旗，据说是用圣德尼的鲜血染红的）的旗手。被俘的法兰西贵族不计其数，包括国王的幼子腓力、桑斯大主教、多位伯爵、另外一名最高军务官，以及约翰二世自己，这是最糟糕的。英格兰军伤亡仅数百人，抓的俘虏价值数十万镑赎金。这是一位金雀花王朝的王子对法兰西国王的最具压倒性的辉煌胜利，永久性奠定了黑太子光荣的军事荣誉。得胜之后，英格兰军中举行了宴会。黑太子及其高贵的指挥官们以翩翩君子之风，充满敬意地招待大批法兰西俘虏，向其敬酒。约翰二世被颂扬为一位伟大的国王，在战场上比任何其他人打得都更英勇。但在这骑士风度的礼节之外，政治的现实是很清晰的：法兰西陷入了危机，而英格兰人（他们开始非正式地将黑太子称为爱德华四世国王）占了上风。普瓦捷战役中抓获的俘虏被押回英格兰，送到国王那里。国王开始筹划索取这些俘虏的赎金，这将最终达成他的目标——在法兰西重建曾经的金雀花帝国。

漫长而复杂的和谈之后，到 1358 年 1 月，约翰二世的赎金被敲定为 400 万金埃居——相当于 666666 镑。这是个不可能凑齐的天文数字，即便考虑通货膨胀的因素，这一数字也让狮心王理查的赎金黯然失色。此外还拟定了《伦敦条约》的草案，其条款和未能执行的《吉讷条约》差不多。爱德华三世放弃对法兰西王位的主张的条件是，对南方的阿基坦、圣通日、普瓦图和利穆赞，以及北方的蓬蒂厄、蒙特勒伊和加来享有主权。如果不是法兰西国内形势急剧恶化的话，双方也许就签约了。在约翰二世国王被俘之后的混乱中，激进改革派将王太子逐出巴黎；而从狱中获释的纳瓦拉的恶人查理向英格兰人提议，将法兰西一分为二，由爱德华三世保有王位和三分之二领土。1358 年夏季，法兰西北部爆发了所谓扎克雷起义（“扎克雷”是贵族对农民的蔑称），大量农民揭竿而起，意图消灭贵族和骑士们，因为农民认为这些人是卖国贼。编年史家记载了许多恐怖的暴行，平头百姓向贵族老爷们发起了血腥报复。编年史家让·勒贝尔记载了这样一个故事：农民们杀死了一名骑士，将他挂在火坑上烤熟，轮奸了他的妻子，然后强迫这个不幸的贵妇人和她的孩子们去吃骑士的烤熟的肉。

另一位法兰西编年史家让·德·韦内特栩栩如生地描绘了

14 世纪 50 年代末法兰西乡村的情景。他描述的是自己的出生地，在贡比涅附近，屡次遭到英格兰人的进攻，已经破败不堪：

> 这个地区的葡萄藤……无人修剪，任凭它腐烂……农田里无人播种，无人犁地……田野里看不见牛，也没有家禽……路上没有人扛着自己最好的奶酪和奶制品去集市出售……房屋和教堂不再像以前那样——屋顶有人修整，以笑脸迎人——而是化为一座座冒烟的废墟，这情景多么凄惨，是吞噬一切的烈火将它们变成这样……悦耳的钟声还能听得见，但不是召唤信众祷告的信号，而是警报，让大家趁着敌人还远，赶紧躲藏起来……每个人遭受的苦难都越来越严重，尤其是在农村……但他们的领主们不去……击退敌人，或者尝试攻击敌人，只有少数例外。

到 1358 年 11 月，爱德华三世已经不再相信和平是最好的选择。他开始筹划发动第三次大规模入侵。俘虏约翰二世暂时成功说服了他不要那么做，建议他拟定《伦敦条约》的第二稿。在新版本的条约文本中，国王的赎金仍然是 400 万埃居，但金雀花王朝将得到的领土包括诺曼底、安茹、曼恩、图赖讷和布洛涅，以及布列塔尼的最高宗主权。

《巴黎条约》的一百周年纪念日快要到了，爱德华三世急于将它彻底废除，回到亨利二世和理查一世压倒腓力·奥古斯都的好时代。不足为奇的是，巴黎方面严词反对《伦敦条约》的第二稿。1359 年夏季，英格兰朝廷制定了入侵法兰西的计划；10 月，国王、兰开斯特公爵和黑太子率领约一万人的军队，兵分三路，从加来出征，向西南方进逼兰斯。这是他们能够挑选的最具挑衅性的目标，因为自公元 816 年的路易一世登基起，法兰西历代国王均在兰斯大教堂加冕。兰斯离巴黎只有几天的路程。如果英格兰国王攻占了兰斯，一定会在那里自立为法兰西国王爱德华一世。

对法兰西人来说幸运的是，兰斯的防御非常巩固。爱德华三世在兰斯城下仅仅待了五周时间，就于 1360 年 1 月放弃了攻城。他通过谈判与勃艮第公爵结盟，然后开赴巴黎，希望诱使法兰西王太子出来与他决战。王太子很聪明，不肯步瓦卢瓦王朝前两位国王的后尘，去直面英格兰武士和弓箭手、拿自己的自由和主权冒险。他固守巴黎，而这座城市固若金汤，即便是踌躇满志的爱德华三世也没有把握能够攻得下巴黎。于是在 4 月，英格兰国王被迫率领他的军队（由于瘟疫和几个月的连续作战，军队已经相当衰弱）向布列塔尼方向撤退。他们向西撤退的途中，在沙特尔城外遭遇了雷暴雨，损失了相当多的辎重。天降冰雹，雹块大得能够杀死马匹，这个日子如此恐怖，以至于后来被称为“黑色星期一”。英格兰国王开始走背运。1360 年不会有克雷西或普瓦捷那样的胜仗。5 月 1 日，双方在布雷蒂尼村开启和谈。谈判持续了七天。爱德华三世接受了一项条约，他将享有南方的阿基坦、普瓦图、圣通日和昂古穆瓦，以及北方的蓬蒂厄、蒙特勒伊、加来和吉讷的主权。他放弃了对法兰西王位、诺曼底和布列塔尼的主张，并将约翰二世的赎金缩减至 300 万埃居。约翰二世同意不再帮助苏格兰人抵抗英格兰，而爱德华三世同意不再支持佛兰芒人（他们经常反叛法兰西）。诺曼底、曼恩、安茹和图赖讷仍然是法兰西王国的领土。这与一度触手可及的重建亨利二世帝国的雄图霸业相差不少，但仍然是一场胜利。

爱德华三世返回英格兰去过 1360 年的圣诞节，去宣布并庆祝和平以及他的成就。他和盟友们为了这一切，已经奋战了二十三年之久。1361 年 1 月，议会召开，批准了和约。1361 年的圣乔治日，在温莎城堡，爱德华三世的三个儿子——安特卫普的莱昂内尔、冈特的约翰和兰利的埃德蒙都被授予嘉德勋位，以表彰他们在战争中的功业（爱德华三世的幼子伍德斯托克的托马斯生于 1355 年，在国王最近一次出征期间，托马斯是名义上的摄政）。漫长而代价昂贵的战争显然结束了，全国为之欢呼雀跃。

在法兰西，人们情绪低沉。约翰二世国王于 1360 年 12 月 5 日获释返回法兰西，去筹措他的赎金，为此铸造了史上第一种金法郎。但是国家哀鸿遍野，到处是英格兰雇佣兵，他们被爱德华三世的军队解散，现在需要新的活计。他们的主要谋生手段是继续摧残布列塔尼和西南部的居民，夺取村庄和城堡，然后将它们卖给不幸的原主人。英格兰沐浴在胜利的光辉中，而法兰西饱经蹂躏。为了筹集约翰二世的赎金，整整一代人掏空了腰包，而且领土也遭到了肢解。这是金雀花王朝历史的一个巅峰。令人震惊的是，命运之轮迅速逆转，光荣的年代突然间灰飞烟灭。

第七部

革命的年代

（1360 ~1399）

我的上帝啊。这是一个怪异又反复无常的国度。

——理查二世（据阿斯克的亚当记载）

家　事

1362年11月13日，爱德华三世庆祝了他的五十大寿。年事渐高的他有资格为自己的成就感到自豪。他掌握着海量的财富，是一位强大而闻名遐迩的国王，以自己的形象塑造了英格兰，无论是在法律上、文化上、军事上，还是审美上。他正在奔向自己的暮年——金雀花王朝历代君主的预期寿命是约六十岁——但是走得潇洒而矫健。

他和菲利帕王后过着光辉灿烂、奢侈华丽的生活。有了大量战利品和从法兰西人那里征收的巨额赎金，爱德华三世享受的的确是帝王的富丽堂皇。1360年，国王与王后的内廷合二为一，因为在《布雷蒂尼条约》之后，国王再也不需要在欧洲大陆四处奔走、居住在临时营地中。国王在比武大会、珠宝首饰、飞鹰走犬、精美服饰和奢侈的生活条件上挥金如土。他的登基四十周年纪念日快要到了，宫廷纵情享受许久以来第一次较长的和平时期，无休无止地狂欢宴饮。

王室巨大财富的很大一部分被用于整修国王的居所。温莎城堡是其中的典范。在出身平民但才华横溢的新大臣——威克姆的威廉主持下，国王斥巨资（14世纪60年代中期每年耗资8500镑）去重新设计温莎，将它变成一座军事王政和宫廷爱情的纪念碑。旧建筑被拆除，在其旧址建造了庞大而奢华的崭新厅堂、小教堂和房间。穹顶和大理石回廊将美丽的各套房间连接起来（菲利帕王后一个人就拥有四个正在施工的私人房间）：一个是卧房，一个祈祷用的小教堂，一个装饰着镜子的房间，还有一个舞厅。这还只是王室的一处居所而已。国王夫妇在泰晤士河流域和新森林[①]还拥有许多星罗棋布的华美宫殿与猎苑。

爱德华三世并非沉溺于寻欢作乐。他非常关心民众，关注自己在民众心目中的形象。1361～1364 年，又一轮严重的黑死病重返欧洲，对儿童的致死性特别强。在普遍受苦受难的环境下，国王努力去缓解臣民的痛苦、提高他们的生活水平。因此，他的生日的公共庆祝活动主要是议会的磋商，与会者包括骑士、自治市民和其他公民；王室慷慨解囊。议会听取了数量极多的请愿，尽力去解决尽可能多的问题。议会通过了《征发条例》，极大限制了危害极大的战时物资征用政策，将强征粮食和物资的权限仅限于国王、王后与太子所有。从此刻起，王室的物资征用官吏被称为"收购官"，并且遵照严格的规章办事。当然，在和平时期，爱德华三世更容易做出这样的让步，但是他能制定这样的法律，说明他理解和同情臣民的艰难困苦。

在爱德华三世在位期间，英格兰王国的生活发生了一个重大变化。王国的语言逐渐从法语变成了英语。本土的英语一度被认为是粗鲁野蛮的方言，不适合出身高贵的人士或官吏使用，现在却大大普及了。国王本人说英语。当时所有的贵族都懂英语。云游四方的歌手们用英语吟唱新编的时髦的"罗宾汉"歌谣。在高等学府声名鹊起的约

① 新森林地处英国南部，有大量无围栏牧场、低矮灌木丛和森林。它包括汉普郡西南部，并延伸至威尔特郡东南部和多塞特郡东部。今天是国家森林公园。

翰·威克里夫在14世纪60年代初令牛津大学的同僚刮目相看，他将《圣经》翻译成了英语，这又导致了罗拉德派的兴起。这是一个异端运动，鼓吹个人对《圣经》和教会训诫进行解读。《圣经》等材料被翻译成英语，大大有助于罗拉德派运动的发展。第一批伟大的英语诗人（杰弗里·乔叟、威廉·郎兰、约翰·高尔和《珍珠》与《高文爵士与绿骑士》的作者）的时代降临了。爱德华三世认识到了这一点，利用自己五十大寿期间的议会，引领了英语的新时代。《申辩条例》正式将议会发言和王家法庭辩论的语言从法语改为英语（书面档案仍然用拉丁文）。这是又一项颇得民心的法令，旨在改正这样的局面，即“在国王的法庭……申辩的人们……听不懂他们的律师或其他申诉人支持或反对他们所用的语言”。

最后，爱德华三世将注意力转向自己的家人。他已经五十岁了，是时候为自己的子嗣做些安排了。在五十大寿期间的议会上，他的最后举措是为自己已经成年的儿子们授予高贵的新头衔和角色，巩固他们的地位，以便自己百年之后儿子们能够掌控英格兰这个伟大国家。他一共有十二个儿女，其中九个长大成人。到1362年还有六个儿女在世。年轻的琼死于黑死病。1361年，第二波瘟疫袭击英格兰时，她的两个姐妹被夺去生命。儿童疫病杀死了英格兰四分之一的青少年，包括十七岁的玛丽公主和十五岁的玛格丽特公主。国王只剩下了一个女儿：快要过三十岁生日的伊莎贝拉。爱德华三世曾打算把她嫁给一位加斯科涅领主，但被她急躁地拒绝。她坚持除非找到真爱，否则绝不结婚，彻底退出了爱德华三世外交联姻的计划[①]。

除了这个倔强的女儿之外，爱德华三世还有五个健康的金雀花王子。除了年仅七岁的伍德斯托克的托马斯之外，四位王子在 1362 年得到了丰厚的赏赐。王长子爱德华（王位继承人和英格兰最优秀的军人）做了一件惊世骇俗的事情：他娶了堂姑肯特的琼[②]。据被称为“钱多斯传令官”的作家（他是爱德华王子的好友约翰·钱多斯的仆人）记载，琼“是一位特别高贵的女士……倾国倾城，美艳动人，聪颖智慧”。并不是所有人说话都这么客气。他们的婚姻的确是出于爱情，而不是政治利益。琼在此之前已经结过两次婚了。她和托马斯·霍兰爵士生了五个孩子，而她的另一位前夫索尔兹伯里伯爵仍然在世。她酷爱珠宝和华丽服饰，也不能带来任何有利的海外同盟。自亨利二世迎娶阿基坦的埃莉诺以来，黑太子是金雀花王朝第一位娶了个拖油瓶的离婚女人的王公。而且从技术上讲，教会也禁止他们的婚姻，因为他们是堂姑侄，属于被禁止结婚

---

① 伊莎贝拉自幼得到父亲爱德华三世的溺爱和娇宠，特别任性倔强。她拒绝了父亲为她安排的多门婚事，但父亲并不动怒。1351 年，她终于同意嫁给加斯科涅贵族贝尔纳·德·阿尔布雷，但在最后一刻改了主意。爱德华三世仍然宠爱她，没有因此发火，还封赏她土地和年金。她三十三岁时还是个老姑娘，这在当时是极其罕见的。后来，她终于遇见自己的真爱——库西领主昂盖朗七世。昂盖朗是法国贵族，1360 被押往英格兰，作为法兰西国王约翰二世筹集赎金期间的人质。昂盖朗和伊莎贝拉于 1365 年结婚，爱德华三世对女儿女婿大加赏赐，未索要赎金便释放了昂盖朗，还封他为英格兰的贝德福德伯爵。后来，理查二世登基后，昂盖朗放弃了自己在英格兰的土地和头衔。伊莎贝拉远离丈夫，在英格兰去世，死状可疑。

② 肯特的琼的父亲是第一代肯特伯爵伍德斯托克的埃德蒙，即爱德华一世的幼子、爱德华二世的异母弟。因此，肯特的琼是爱德华三世的堂妹，也就是黑太子的堂姑了。

的近亲。

尽管如此，爱德华王子得到了父亲的丰厚奖赏。他结婚的时候，已经享有切斯特伯爵、康沃尔公爵和威尔士亲王的头衔，年收入超过 8000 镑。他和琼结婚后，就住在伦敦以南不远处的坎宁顿，这是一座崭新的宫殿，由石匠大师亨利·伊夫利设计。伊夫利后来成为当时最了不起的建筑师。在国王大寿不久前，国王赏赐给太子夫妇一座新宅邸。他还将阿基坦公国赏赐给了自己的长子。爱德华王子曾在阿基坦北部边界上的普瓦捷赢得了当时最伟大的一场胜利。国王以这个姿态宣示了一条无可争辩的信息：黑太子已经有能力从领兵打仗的军事统帅的角色转变为一个强大采邑的统治者，而他执掌王权的时刻也不远了。1363 年 2 月，爱德华王子和琼迁往阿基坦公国，主要居住在昂古莱姆和波尔多。

爱德华三世对其他儿子也有安排。他曾读过纽堡的威廉在 12 世纪写下的记载金雀花王朝早期岁月的编年史。现在，随着他的五十大寿将近，他开始效仿两百年前的亨利二世，为自己的儿子们安排归宿和地位。每个儿子都将在欧洲的不同角落得到自己的土地。

爱德华三世的生日是 11 月 13 日，这也是议会的最后一天。他带着自己的第三子——冈特的约翰和第四子——兰利的埃德蒙来到议会，向他们授予了尊贵的新头衔。议会档案简明扼要地记录了当时的庄严仪式。“然后，大法官向贵族和平民发言，讲到我主国王陛下与一些贵族商谈，上帝在多方面对他恩典有加，尤其是赐予他这么多儿子，他们已经到了法律规定的成年年龄，因此他决定增加他们的名望和荣光。即，他的儿子莱昂内尔，当时在爱尔兰，应当被册封为克拉伦斯公爵……”莱昂内尔当时在海外，但冈特的约翰和兰利的埃德蒙在现场，他们亲自接受了册封："然后，我主国王陛下为儿子约翰配上长枪，为他戴上配有一圈黄金和宝石的冠冕，并册封他为兰开斯特公爵[①]，并授予他册封诏书。然后，国王陛下为自己的儿子埃德蒙配上长枪，册封他为剑桥伯爵，并赐予他剑桥伯爵的册封诏书。"

克拉伦斯公爵、兰开斯特公爵、剑桥伯爵：这些的确是非常尊贵的头衔。他们每个人都在名义上对金雀花王朝领地的一个角落负有责任。

安特卫普的莱昂内尔的头衔是相当新奇的。克拉伦斯公爵是一个爱尔兰头衔，其领土在爱尔兰西海岸（克拉伦斯这个名字来自这些土地早先的领主克莱尔家族）。莱昂内尔在此之前已经通过自己的妻子——阿尔斯特女伯爵伊丽莎白·德·伯格获得了阿尔斯特伯爵领地，现在得到了克拉伦斯公国之后，便成了爱尔兰最强大的领主。莱昂内尔的新头衔在议会宣布的时候，他已经在都柏林。他于 1361 年被任命为爱尔兰总督，指挥着五十名骑士、三百名武士和五百四十名乘骑弓箭手，并受命在爱尔兰征募更多军队。他的命运已经被计划妥当：他将维持和扩张金雀花王朝在狂野的爱尔兰西部的势力。他是自约翰国王以来第一位涉足爱尔兰的金雀花王公。

同时，冈特的约翰被擢升为兰开斯特公爵。之前的兰开斯特公爵是格罗斯蒙特的亨利，即爱德华三世的朋友和将领，他于 1361 年去世，可能是死于瘟疫。冈特的约翰于 1359 年在雷丁教堂娶了格罗斯蒙特的亨利的女儿——兰开斯特的布朗什。

---

① 冈特的约翰是后来的兰开斯特王朝的始祖。

岳父死后，冈特的约翰继承了英格兰最庞大、最重要的一系列领地。于是，他将爱德华二世的死敌——兰开斯特的托马斯的遗产重新收归王室，这对在英格兰北部维持秩序和稳定非常关键。

14 世纪 50 年代和 60 年代，爱德华三世多次要求苏格兰人接受他的第三子为苏格兰国王大卫二世的继承人。大卫二世于 1357 年获释，但还在巨额赎金的沉重负担下挣扎。爱德华三世的这个要求是谈判桌上的姿态，还是为了诱使苏格兰人支付国王赎金而虚晃一枪，是值得商榷的。但在 14 世纪 60 年代初，如果黑太子掌管了阿基坦，莱昂内尔指导着爱尔兰的政策，那么冈特的约翰理应接受培养，去主管苏格兰防御和政事。伍德斯托克的托马斯还是个婴儿，所以就只剩下了兰利的埃德蒙。国王的第四子被安排参与外交政策的最重要领域之一，即佛兰德和低地国家。

1361 年 11 月，勃艮第公爵去世，留下了十二岁的寡妇玛格丽特。她是佛兰德伯爵（马勒的路易）的女儿，是五个伯爵领地（讷韦尔、佛兰德、勒泰勒、勃艮第和阿图瓦）与两个公国（布拉班特和林堡）的继承人。这些土地加起来形成了一个庞大的、潜在的独立势力，如果联合在一个统治者手下，便有能力制衡法兰西王室的力量。佛兰德拥有许多富庶的贸易城镇，不管谁得到它，都将得到一个金库。

勃艮第公爵去世的消息刚刚传出，爱德华三世就开始秘密谈判，打算安排自己的儿子埃德蒙与玛格丽特结婚。就像黑太子和肯特的琼一样，埃德蒙和玛格丽特也是被禁止结婚的近亲，他们的共同祖先是法兰西国王腓力四世。这使得问题更加复杂，因为他们的婚姻需要得到教皇乌尔班五世的批准，而这位教皇是个法兰西人，住在阿维尼翁，因此他未必会支持英格兰的利益，而背弃法兰西国王的利益。但爱德华三世对这个挑战毫无惧色。他册封二十一岁的埃德蒙为剑桥伯爵，并将法兰西北部的蓬蒂厄和加来这两个伯爵领地赏赐给他，让他在该地区拥有长期利益，然后开始了一场高度活跃、极其精明的外交活动，将自己的大部分时间和精力都投入其中。

就这样，爱德华三世度过了自己的五十大寿。他制定了重大法律，在议会慷慨扶助国民，为亲人加官晋爵，并为他的满堂子孙（尽管已经有不少人辞世）做了千秋万代的安排。他似乎是期望和希望自己的四个成年儿子各自开疆拓土，而不至于互相之间发生冲突，毕竟手足相残恰恰是亨利二世统治末期的一大难题。爱德华三世从纽堡的威廉的史书中学到了一点：如果将好几只小鹰留在同一个巢穴中，它们很快就会互相残杀。

后来的几十年证明，他的孩子们之间的手足情谊比亨利二世的儿子们要深厚得多。不幸的是，尽管王子们血浓于水，爱德华三世在 14 世纪 50 年代享有的好运气快要耗尽了。

由盛转衰

1369年对爱德华三世及其家人来说是惨淡的一年。在这一年中，失败接踵而至，死神不肯离去，病魔逡巡徘徊。14世纪50年代的光荣似乎突然间消逝了。60年代的大部分时间，国王夫妇及其联合内廷都待在新森林的猎苑，避开威斯敏斯特。夫妇俩垂垂老矣。爱德华三世从妻子的女仆艾丽斯·佩勒斯那里得到了不少慰藉。艾丽斯是个二十出头的姑娘，嗓音甜美诱人，擅长捕捉上位的机遇。1364年，她为国王生下了他的第一个私生子，后来利用自己作为国王情妇的地位，在宫廷为自己攫取了更多特权。

爱德华三世睿智地利用了在国内的时间。他继续出席重大的场合，比如1364年，他在伦敦同时招待了苏格兰、法兰西和塞浦路斯的国王。他监督了一系列国内改革，通过了新的法律，授权治安法官管理郡一级的治安。议会还通过了反奢靡的规范性法令，规定不同阶层的人可以穿戴何种衣物，禁止下层群众穿戴较奢侈的毛皮、斗篷或鞋子。国王还继续努力将金雀花帝国的遗产连贯地分给孩子们。

但在这光鲜的外表之下，却涌动着朽坏的暗流。尽管爱德华三世的计划很谨慎，14世纪60年代的开支也比较宽裕，但他还是不得安闲。从大约1365年起，他的健康状况开始走下坡路。1364年，法兰西国王约翰二世在属于冈特的约翰的萨伏依宫（位于伦敦城外）去世。法兰西人立即停止支付约翰二世的赎金。法兰西王国得到了一个机会，在瓦卢瓦王朝新王查理五世领导下重整山河。新国王下定决心要打败英格兰人，并且非常幸运地得到了一位极其善战的将领来辅佐自己。贝特朗·杜·盖克兰是漫长的布列塔尼继承战争的老将。他与英格兰人为敌已经有二十多年，曾经勇敢坚定地击败兰开斯特公爵（格罗斯蒙特的亨利）这样的名将。他逐渐成为英格兰人的灾星，以及游击战和消耗战的大师，将英格兰入侵军队的生命力一点一点磨损掉。

再次燃起狼烟的第一个战区并非法兰西北部或阿基坦（英格兰人前不久在这些地区赢得了许多胜利）。法兰西人利用黑太子的雄心，将英格兰诱骗进了一场错综复杂而特别消耗力量的代理战争，战场则是赤日炎炎、疾病肆虐的伊比利亚。卡斯蒂利亚国王阿方索十一世死后，他的两个儿子——私生子特拉斯塔马拉的恩里克和继位国王残酷的佩德罗（即恩里克的异母兄）为了争夺王位，发生了冲突。编年史家托马斯·沃尔辛厄姆称佩德罗为“卑鄙的恶棍和暴君”，他的名字在西班牙语里与残忍嗜血是同义词。

佩德罗于1350年继承了父亲的王位，然后撕毁了与法兰西的长期盟约，转而向英格兰效忠。他自1362年起开始向英格兰示好。查理五世继承法兰西王位之后，决定惩罚卡斯蒂利亚国王的背信弃义。讨伐佩德罗也能给查理五世一个机会去夺回军事主动权。或许更重要的是，众多凶残的雇佣兵长期以来在法兰西乡间游荡肆虐，现在南方有了一场新的利润丰厚的战争，也许会把他们吸引过去。这些雇佣兵多年来盘踞在法兰西，尤其是布列塔尼、诺曼底和卢瓦尔河谷等地，一直是动荡的根源。脱离军队的士兵们独立行动，控制城堡、庄园和教堂，利用这些地方为基地，对周边地区实施军事占领。他们肆无忌惮地偷窃、谋杀和强奸。一旦一个地区被盘剥得一贫如洗，他们就转向下一个目标。许多法兰西人认为，这些雇佣兵是上帝派来惩罚他们的。新国王则认为他们是稳定治国的障碍。于是，机会来临的时候，查理五世立刻选择支持特拉斯塔马拉的恩里克，帮助他去废黜佩德罗。1366 年，佩德罗被逐出卡斯蒂利亚，在边境城镇巴约讷会见了黑太子。黑太子把佩德罗当作朋友，收留了他，并立即同意让英格兰参加这场新的战争。

就像爱德华三世的其他战争一样，争夺卡斯蒂利亚王位的战争同样代价昂贵。黑太子自 1363 年抵达阿基坦以来，征收了一系列不得民心的炉火税①，这无助于团结他的新公国，也不利于赢得民众的支持。1366 年，他大胆地同意独立承担入侵佩德罗的王国、驱逐法兰西人的全部军费。作为回报，佩德罗将自己的两个女儿康斯坦丝和伊莎贝拉作为抵押人质（这两位公主后来分别嫁给了黑太子的两个弟弟，冈特的约翰和伍德斯托克的托马斯），承诺将来偿付高达 27.6 万镑的军费。但是，卡斯蒂利亚这样穷困的小国绝不可能支付这么庞大的战争开支，黑太子一定也知道这一点。

战役起初很顺利。1367 年 1 月 6 日，大军正在集结的时候，黑太子的王妃琼生下了他们的第二个儿子（他们的长子爱德华生于 1365 年）。这个孩子出生在波尔多，被取名为理查，以纪念狮心王理查，阿基坦的埃莉诺最有出息的一个儿子。据坎特伯雷的编年史家威廉·索恩的说法，

---

① 以灶台的数量，也就是以家庭为单位征收的赋税。

三位“国王”[1] 参加了他的洗礼：卡斯蒂利亚国王佩德罗、马略卡国王詹姆斯四世和亚美尼亚国王理查。三位国王到访，而且小王子出生于第十二夜[2]：这被认为是极好的兆头，预示这个男婴将来会成就伟大的事业。而对他的父亲来说，这是战役的一个很吉利的开端。

黑太子和弟弟冈特的约翰一道，率领一支由加斯科涅臣民和雇佣兵组成的军队，翻过了比利牛斯山脉，途经洛格罗尼奥，开赴纳赫里利亚河岸，特拉斯塔马拉的恩里克正在那里严阵以待。黑太子此时正处于其军事力量的巅峰，而且特拉斯塔马拉的恩里克过于轻敌。查理五世曾写信给恩里克，明确告诫他，不要与英格兰人正面交锋，但他充耳不闻。法兰西国王在信中说，英格兰军队包括“全世界骑士的精英”。的确如此。约翰·钱多斯爵士、斯蒂芬·卡辛顿和普瓦图贵族吉夏尔·德·安格勒都是骁勇善战的指挥官。在从比利牛斯山脉下山的途中，黑太子还将两百名士兵册封为骑士。

英格兰军队的新老骑士们从山区走出，接近纳赫拉镇附近平原时，特拉斯塔马拉的恩里克惊慌失措。他没有避免战斗，反而在河边摆开防御阵势，准备背水一战。这恰恰是查理五世明确告诫他不要做的事情。4 月 3 日清晨，英格兰军队向法兰

---

① 原文为 Magi，典出《新约·马太福音》第 2 章第 1～12 节的记载，在耶稣基督出生时，有来自东方的“博士”或“国王”或“术士”朝拜初生的耶稣。

② 即主显节前夕，是一个基督教节日，指 1 月 5 日。那天晚上是十二天圣诞季的最后一夜，之后就是圣诞节后第十二日（1 月 6 日）的主显节。主显节纪念的是东方三博士对耶稣基督的朝拜。主显节过后就是狂欢季的开始，一直持续到忏悔星期二（即四旬节的前一天）。莎士比亚的戏剧《第十二夜》就是为庆祝主显节前夕而作的。

西—卡斯蒂利亚联军（由特拉斯塔马拉的恩里克和杜·盖克兰指挥）发动突袭，攻击其左翼，造成了极大混乱。英格兰人运用的是惯用的老战术，先是用长弓猛射，然后由徒步的武士猛烈攻击。法兰西—卡斯蒂利亚联军大败，随后被英格兰骑兵冲杀到河岸边。至少五千人惨遭屠戮或溺死在河里。特拉斯塔马拉的恩里克逃了一条命，但是杜·盖克兰和法兰西—卡斯蒂利亚联军的几乎全部贵族都被俘虏。

从战术上讲，这是爱德华王子最辉煌的一次胜利，尽管抓获的俘虏的级别没有 1356 年在普瓦捷的收获那么高。黑太子又一次证明，他在激战之中头脑敏捷、冷酷无情而骁勇善战。但是，如果说纳赫拉战役在军事上是一场彻底的、光荣的胜利，在政治上和爱德华王子个人的层面却是个灾难。残酷的佩德罗虽然夺回了王位，但没有能力筹集资金来偿付自己的拯救者。于是爱德华王子基本上是破产了。加斯科涅领主们对他施加了极大压力，要求他支付报酬。虽然兜售了佩德罗的珠宝，并且从纳赫拉战役的战俘那里收取了赎金，但还是没有办法偿付战争的开支。

更糟糕的是，在西班牙的炽热夏季，感染和疾病横扫英格兰军营。1367 年，黑死病虽不算严重，但是爱德华王子的士兵们染上了其他疾病，包括传染非常普遍的痢疾。英格兰军队撤回波尔多的时候，把痢疾也带了过去。无论贵族还是穷人，染上了痢疾之后，都受到极大摧残。大约在纳赫拉战役期间，黑太子染上了一种严重的疾病——有时被认为是痢疾，但也有可能是疟疾，更有可能是水肿。在他的余生，这种疾病始终没有治愈，常常令他卧床许久。他返回加斯科涅之后，一位传道士作了布道，将他比作圣子。爱德华王子后来在病重的时候回忆道："即便是最伟大的王公，也不可以被如此当面吹捧。因为命运随时随地都可以将他击倒，然后他所有闻名遐迩的功绩都会被遗忘，化为尘埃。"

纳赫拉战役之后，黑太子完全变了个人。他疾病缠身，财政破产。这对阿基坦政府以及英格兰在法兰西的整体地位造成了灾难性后果。卡斯蒂利亚的佩德罗保住了自己的王位，却不肯为此支付一个铜板。尽管杜·盖克兰这样的俘虏带来了丰厚的赎金，但这与爱德华王子的巨额债务相比是杯水车薪。他的唯一办法是对阿基坦征收更沉重的赋税。当地的领主们对此极为不满，于是在 1368 年承认查理五世为"公爵及整个阿基坦公国的宗主"，向他求援。这求援其实就是赤裸裸地请求法兰西国王再次与在法兰西的英格兰人开战。查理五世可不需要多少鼓励。1368 年底，法兰西重兵云集在阿基坦边境。到 1369 年春季，数百座城镇加入了反对金雀花王朝统治的行列，阿基坦的大片地区被法兰西人占领。

与此同时，在卡斯蒂利亚，特拉斯塔马拉的恩里克卷土重来。1369 年 3 月，他在一座营帐内用匕首刺死了自己的异母弟佩德罗。不久之后，他与查理五世签订了一项条约，为其提供一支大舰队，驶向加斯科涅海岸。不仅加斯科涅的沿海城镇，就连英格兰南部也陷入了恐慌，英格兰人感到海峡又一次受到了威胁。卡斯蒂利亚战役的毫无意义现在昭然若揭。爱德华王子病势沉重，无力再次集结军队来保卫自己的领地、抵抗已经恢复元气的法兰西人。到 1370 年，他已经在准备带领自己的妻儿和军队残部，返回英格兰。1371 年 1 月，他返回了故国，已然心力交瘁。

在黑太子远征海外期间，他的亲人们的运气也不好。克拉伦斯公爵（安特卫普的莱昂内尔）就像他之前的每一位试图将英格兰的风俗和秩序强加于爱尔兰的王公一样，发现自己的任务特别棘手和艰巨。他的第一任妻子伊丽莎白·德·伯格于1363年去世，留下了一个叫作菲利帕的女儿。到1366年，他彻底放弃了治理爱尔兰的使命。爱德华三世为他安排了一场纯粹出于利益考虑的新婚姻。莱昂内尔的第二任妻子是十三岁的维奥兰特·维斯孔蒂，帕维亚的继承人和著名的维斯孔蒂家族的成员。维斯孔蒂家族统治着米兰，非常好战，将他们周边的意大利各城邦打得俯首帖耳。莱昂内尔和维奥兰特在米兰大教堂门前举行了盛大的婚礼，一连庆祝了好几个月，极尽奢侈之能事。据说诗人彼特拉克曾是这对夫妻某次盛宴的高朋。但如此奢侈的生活方式让莱昂内尔丢了性命。结婚几个月之后，他就病倒，最后于1368年10月17日在皮埃蒙特的阿尔巴去世。他的遗体最终被送回英格兰，安葬在萨福克的克莱尔小隐修院。

菲利帕王后的健康也在恶化。1357年，在一次狩猎事故中，她的肩膀脱臼，始终未能痊愈。从1365年开始，她已经不能自由行动。到1367年，她只能依赖轿子和驳船出行。1369年8月15日，她去世了，爱德华三世和他们的年仅十四岁的儿子伍德斯托克的托马斯守在她的临终榻前。国王握着她的手，潸然泪下。在爱德华二世葬礼四天之后抵达英格兰的那个小姑娘成长起来，目睹她的丈夫和他们的家族从莫蒂默—伊莎贝拉政权的傀儡变为欧洲最令人畏惧的王朝。她生活的奢华到了神话的程度。她曾庇护傅华萨，与他熟识。据傅华萨在其史书中记载，她临终前的最后遗愿是请国王帮她偿清欠外国商人的债务。但是，总的来讲，英格兰人民对她还是百般敬仰，视其为一位有文化修养、虔诚、稳重而根基牢固的人物，对她的丈夫和儿子们施加了相当大的积极影响。她与欧洲的名门望族有很好的联系，给英格兰带来了许多外国骑士，并帮助他们融入英格兰社会，取得了前所未有的成功，给国家增光添彩。托马斯·沃尔辛厄姆称她为“一位非常高贵的女士，对英格兰人民的爱恒久不变”。菲利帕是一位优秀的伴侣，也是一位称职的母亲。她的与世长辞令爱德华三世万分哀痛。

国王自己的健康状况也不好。从 60 年代中期开始，他越来越依赖开价极高的医生，这也是六十多岁老人的命运。随着亲人和朋友一个个辞世，爱德华三世开始深居简出。他的最伟大胜利的年代已经一去不复返了。但是战争又一次降临。面对查理五世的进犯，战争是爱德华三世懂得的唯一一种反应。据档案记载，在 1369 年的一次议会上，“全体高级教士、诸侯和英格兰各郡平民一致决定……并得到议会全体议员的赞同，英格兰国王应当重新启用英格兰与法兰西国王的名号，如同和约之前的情形……”与法兰西的和约被正式抛弃了。身体孱弱、满心哀恸的爱德华三世不得不在他心力交瘁的长子帮助下，动员全国，准备新一轮战争。

好议会

威斯敏斯特教堂的礼堂内人头攒动，与会者的目标十分明确。这是1376年4月29日，议会的第二天。此前三周内，英格兰大多数权贵从全国各个角落奔赴威斯敏斯特，去参加议会。此外，各郡平民代表、骑士和乡绅也聚集于此。

前一天，议会全体成员进行了会商。病痛缠身的国王从黑弗灵赶来参加议会开幕式，但这是议员们最后一次见到他。在议会余下的议程里，冈特的约翰作为国王的代表，与其他达官贵人们一起端坐在威斯敏斯特宫的彩室。平民代表坐在修道院的礼堂，这是一座八角形的大型石质建筑，僧侣们每天在这里祈祷、阅读并讨论圣本笃规章制度的一个章节。这座礼堂是亨利三世在动荡不安的13世纪50年代改建威斯敏斯特教堂工程的遗物，当时亨利三世的妹夫西蒙·德·孟福尔正以改革朝纲的名义对金雀花王朝的统治造成极大破坏。地板上的砖块构成了历代国王与王后的肖像、金雀花王朝的王室纹章，以及一句宣示礼堂之美及其建筑者之慷慨大方的铭文：“玫瑰是众花之精英，这座建筑也是建筑中的精英。亨利国王，基督和圣三位一体的朋友，奉献了这座厅堂……”如今，爱德华三世国王的平民议员们踏过砖石砌成的地面，在沿着四墙的石阶上各自就座。在他们头顶上，阳光透过彩色玻璃窗倾泻而下，玻璃窗上装饰着纹章符号，旨在向在座众人提醒，金雀花王朝的王权是多么强大。但是，平民议员来此不是为了尊崇王室历史。他们是秉承着德·孟福尔的精神前来的，目的是呼吁国王涤荡朝纲、扫除积弊。

英格兰与法兰西再开战端之后的岁月里，英格兰遭受了一次又一次屈辱。无人可以对这样的事实视而不见。在军事上，英格兰蒙受了一系列灾难。在战争新阶段的初期，英格兰人力图再续1359年的功业。但这一次，敌人更为强大，而英格兰人缺乏有力的领导，而且一直没有好运气。老将和私掠者罗伯特·诺尔斯爵士在1370年指挥的扫荡因缺少军费而中止，这次预计两年完成的战役刚打了六个月，诺尔斯的队伍就被迫解散。同一年，冈特的约翰和剑桥伯爵埃德蒙前来援助他们的兄长——疾病缠身的黑太子，帮助他阻挡法兰西人越过阿基坦边境的进攻。他们的努力只是徒劳。阿基坦民众对英格兰的统治没有好感。法兰西大军抵达的时候，一座座城市主动开门投降。1370年9月中旬，利摩日向贝里公爵①投降。后来黑太子对利摩日进行了血腥报复，将其洗劫一空并纵火焚毁，作为惩罚。傅华萨可能对此事作了渲染，将死亡人数夸大了十倍，但他成功地捕捉了这次屠城的恐怖：

> 黑太子、兰开斯特公爵、剑桥伯爵、彭布罗克伯爵、吉夏尔·德·安格勒爵士和其他人率领军队和大群扈从徒步进城。他们全都武装到牙齿，准备大开杀戒……他（黑太子）经过的时候，市民们匍匐在地，哭喊着："开恩，高贵的老爷，开恩！"这情景令人肝胆俱裂。他暴跳如雷，对他们置之不理。入侵者一路见人就杀，无人理睬

① 贝里公爵的头衔常被封给法兰西王室幼支。当时的贝里公爵是约翰，法兰西国王约翰二世的第三子。

市民的求饶……这一天，三千人，包括男女老少，丢了性命……英格兰军队大肆抢劫，直到城市被洗劫一空，陷入火海。

这是一幅可悲的景象：黑太子坐着轿子，施行毫无意义、十分恶毒的报复，命令将无辜民众斩尽杀绝。这场可悲的大屠杀是他对战争的最后一次重要贡献。到 1371 年，爱德华王子身体羸弱，无力继续作战，于是返回了英格兰。

次年，英格兰人两次尝试从海上进攻阿基坦。彭布罗克伯爵指挥的舰队被敌人俘虏。第二支舰队由国王亲自指挥，从加来出发，遇上逆风，被迫返回港口。这是国王最后一次御驾亲征。失败之后，他离群索居，头脑和身体都已经濒临衰竭。阿基坦公国已经锐减到沿岸的一小片英格兰领地。

现在，冈特的约翰掌握了作战和朝政，而他的军事才干远远比不上自己的父亲或长兄。在布列塔尼，亲英派公爵约翰·德·孟福尔被逐出自己的家园，逃亡到爱德华三世的宫廷。1373 年，冈特的约翰指挥了一次军事扫荡，但是法兰西人运用费边[①]的拖延战术，不肯正面迎战，而是游而击之，消耗英格兰军队的实力。英吉利海峡内海盗多如牛毛。对很多人，尤其是伦敦的羊毛巨商来说，航运路线受到的威胁太大，他们不得不自行组织私人舰队来自卫。英格兰国王对法兰西王位的主

① 费边·马克西穆斯（约前 280 ~ 前 203），古罗马政治家、军事家、杰出的统帅。费边以在第二次布匿战争中采用拖延战术对抗汉尼拔，挽救罗马于危难之中而著称于史册。所谓费边战术，就是避开强敌的锋芒，不与其正面交锋，利用己方地利，拖延交战，零敲碎打，袭扰敌人补给线，将敌人拖垮。

张就像 14 世纪 40 年代以来的任何时刻一样，只是个法理上的空中楼阁。唯一能做的就是求和。1375 年，在布鲁日，双方达成了为期一年的停战协定。

坐在礼堂的平民议员和其他国民一样，对这些失败非常熟悉。毕竟，朝廷一而再，再而三地向平民征税，好去为这些徒劳无功的军事行动提供资金。《阿诺尼玛莱编年史》的作者记载道，议会开幕后，大法官约翰·尼维特爵士描述道："英格兰处于危急之中，濒临被敌人消灭的绝境……因此约翰爵士（冈特的约翰）代表国王，请求国民提供支援，以抵抗国王的敌人。"他说，国王希望"向教会征收十分之一的财产税，向俗民征收十五分之一的财产税"。布鲁日的停战协定在一年后会废止，因此战争必须继续下去。这已经是老生常谈。

但在海外的失败还不是全部。人们越来越清晰地感到，爱德华三世强大自信、魅力无穷的统治已经走到了尽头，取而代之的是一种权力真空。"渐渐地，所有美好愉悦的事物，所有的好运气和繁荣昌盛，都减少了，扭曲变形了。"编年史家托马斯·沃尔辛厄姆后来写道。国王及其长子都是病怏怏的，无力主持大政。爱德华三世的内廷不再是骑士精神的中心，而是挤满了贪婪歹毒的钻营阿谀之徒，其中最令人鄙视的便是国王的情妇艾丽斯·佩勒斯。前一年，在史密斯菲尔德的比武大会上，她将自己打扮成"太阳女士"，身穿光彩夺目的华丽服饰（全都是年迈的国王给她买的），从伦敦塔出发，骑马去观看比武大会，这令公众议论纷纷。与此同时，在地方上，法律和秩序的危机越来越严重。一些势力最大的权贵之间爆发了冲突。主教们也不高兴，因为冈特的约翰为了换取教皇在 1375 年布鲁日和谈的调停，同意教廷对英格兰教士征税，这是 14

世纪40年代以来的第一次。腐败蔓延，人心尽失。为了从意大利商人那里快速敛财，英格兰朝廷向商人们出售不在加来市场（是英格兰羊毛贸易的指定市场，政府在那里征税）出售羊毛的特许状。其他商人要么以敲诈勒索的高利率向政府贷款，要么以折扣价收购政府的债权，从中套现。这种做法能够帮助王室在短期内偿还债务，但是却滋长了富人阶层的投机倒把。在伦敦，商人行会和外国商人之间的派系斗争愈演愈烈。中央和地方政府都在瓦解。这是个危急关头。

因此，平民议员聚集在一起的时候，情绪异常激动。不同的利益集团——商贾、骑士和乡绅——达成了共识，即他们有责任向国王及其政府进谏，以纠正流弊。他们知道自己有权这么做，因为如果他们不批准征税，战争就打不下去。他们在礼堂内宣誓互相支持，然后将自己的申诉写成一份篇幅很长的请愿书，呈送上去。随后，他们选举产生了自己的发言人，彼得·德·拉·梅尔爵士，即马奇伯爵的总管。在长达十周的议会期间（这是有史以来时间最长的一次议会），他们提出了一系列引人注目的改革和司法程序，旨在对王国政府实施改革，并遏制那些他们认为正在败坏朝政的人。这次议会后来被称为“好议会”，于1376年4月28日开幕，7月10日散会，几乎每一天都向全国发出了巨大的冲击。

德·拉·梅尔爵士是赫特福德郡骑士阶层的一位重要成员，曾担任该郡的郡长，在1373年爱尔兰战役期间还为马奇伯爵招兵买马。他能言善辩，勇敢无畏，政治上精明强干，而且与议会的贵族议员有良好关系。5月初，德·拉·梅尔爵士向以冈特的约翰为首的贵族呈送了平民的长篇请愿书，并请求组建一个十二名贵族的委员会，与平民代表协商如何重整朝纲。

在好议会期间，德·拉·梅尔爵士讨价还价所用的条件是历史上屡见不鲜的。他多次告知冈特的约翰及贵族委员会，若不改革，他们就不批准征税。但德·拉·梅尔爵士和平民议员此次要求直接参与改革具体事务，在政府中占据的地位比以往更加接近核心。上一次严重的政治危机发生在1341年，当时的争吵发生在贵族和国王之间，而平民只在背景中扮演了非常小的角色。1376年，他们已经处于斗争的最前沿。

王室急需资金，以便在《布鲁日条约》到期之前做好战备，因此冈特的约翰别无选择，只能倾听。平民议员们七嘴八舌地抱怨王室政策，口诛笔伐的主要对象是越来越年老昏聩的国王身边亲信的腐败。在耗时甚久的商讨之后，议员们在议会上向三个人提出了正式指控：拉蒂默勋爵，一名老将，目前担任国王内廷的宫务大臣；理查·莱昂斯，富商和王室谋臣，他向王室预支了一大笔钱；国王的情妇艾丽斯·佩勒斯，她攫取了曾属于菲利帕王后的地产、监护权和珠宝，而且她对国王的狐媚蛊惑到了令人发指的地步，托马斯·沃尔辛厄姆写道，她“在那些日子里，权力如此之大，气焰如此嚣张，以至无人敢指控她”。拉蒂默勋爵和莱昂斯遭到了贪污腐化和逃避加来市场的指控。平民议员们要求将艾丽斯·佩勒斯逐出内廷。到5月底，又有更多人受到了指控：王室内廷总管内维尔勋爵以及三名商人。

面对如此气势汹汹的指控，冈特的约翰除了拖延时间之外别无他法。他命令议会暂时休会，然后通知父亲，如今国内出现了严重问题，而且王室内廷的许多人将遭到逮捕。据《阿诺尼玛莱编年史》记载，“公爵派遣一些领主去向爱德华三世宣布平民议员们的建议，以及贵族对这些建议的认可，并劝诫国王从自己身边驱逐那些无益之徒……国王和蔼地告诉领主们，他完全愿意做任何对国家有利的事情……并且他非常乐意遵照他们的建议和良言行动”。国王的回应如此怯懦，的确出人意料。1341 年的怒吼雄狮现在已经是一只闷声闷气的老鼠了。

1376 年 6 月，所有遭到平民议员指控的人都在议会受审。有人询问彼得·德·拉·梅尔，是谁提出这些指控，他答道，他们是“共同地”提出指控。议会弹劾的程序就这样诞生了。拉蒂默被指控在布列塔尼犯下了累累罪行，包括勒索国王的钱财和荒废公国的防务。他的罪名还有侵吞大量军费等。他罪名成立，被投入监狱。内维尔勋爵被免职，莱昂斯的财产和土地被没收，艾丽斯·佩勒斯则被勒令离开宫廷，否则将遭流放（尽管没过几个月，她就得到赦免，回到爱德华三世身边）。议会还指定了九人的御前会议来辅佐国王。

这是一次对政府的清扫和整顿，用意良好，但后来产生了当时无法预见的长期后果。议会进行弹劾程序的时候，1376 年 6 月 8 日，圣三一主日，黑太子去世了，离他的四十六岁生日还有一周。甚至在他卧病在床的时候，好议会互相争斗的各派系都在争夺他的支持。理查·莱昂斯爵士给他送去了一大桶黄金，希望得到他的支持去对抗平民议员。黑太子拒绝了这一贿赂，于是莱昂斯把黄金送给了国王，国王坦然笑纳，并说：“他送的东西原本也是属于我的。”

托马斯·沃尔辛厄姆对黑太子之死的评论是：“英格兰人的希望破灭了。”1376 年，很多人感到，爱德华王子的死夺走了英格兰最后一位伟大的英雄。在很多英格兰人心目中，祖国曾赢得的最伟大胜利都是黑太子的功绩：克雷西战役、普瓦捷战役、纳赫拉战役和血洗利摩日。他得到了一场盛大豪华的军事葬礼。他的遗愿是长眠在坎特伯雷，在托马斯·贝克特身边，而不是被安葬在威斯敏斯特。他对自己的葬仪做了非常具体和细致的指示："我的遗体被运送经过坎特伯雷镇前往小隐修院的时候，应当有两匹饰有我的纹章的骏马和两名佩戴我的纹章、戴着我的头盔的武士走在灵柩前。其中一人应佩戴我的全副战时纹章，纹章分为四等分；另一人佩戴我的和平纹章，饰有鸵鸟羽毛。应有一套四面旗帜，每一名旗手都应戴着饰有我纹章的帽子。佩戴战时纹章的人身边应有一名武装军人，举着带鸵鸟羽毛的黑色燕尾旗。"这是一位军人的葬礼。他的陵寝装饰着圣三位一体的象征图案（他对此抱有极大尊崇）、他的甲胄（他的赫赫武德的象征）以及他的箴言"Ich dien"①（我效劳）。在辞世前的几年中，黑太子因饱受疾病摧残，心理变得有些病态。他的武士精神竟然不能克服脆弱的肉体，这让他非常忧郁。他的遗嘱要求在他的陵墓（在坎特伯雷大教堂内）周围雕刻一首法文诗，以警世人：

我曾像你一样，享受生命之乐，
终有一日，你也会如我一般。
我还在人世之时，

① 这是德语，不过是缩略形式，完整写法应当是 Ich diene。黑太子的这句箴言来源不详，有两种说法，不过都没有确凿证据。第一种说法是，这原是波西米亚国王盲人约翰的箴言，他在克雷西战役英勇阵亡，黑太子为纪念他，借用了他的箴言。第二种说法是，英军在克雷西战役得胜，立下大功的是威尔士长弓手。威尔士语"Eich Dyn"（意思是"你的人"）发音接近 Ich dien。

何曾想过死亡的时刻。
如今我是个可怜的俘虏，
深埋地下，长眠于此。
我的雄伟壮美，已经消逝，
我的肉体业已化作枯骨。

黑太子的去世对爱德华三世的统治是一个毁灭性的打击。黑太子死后，金雀花王朝的末代君主，一个叫作波尔多的理查的九岁男童被推到了英格兰政治舞台的中心。

新的国王，老的问题

在好议会上，波尔多的理查来到云集于此的贵族和平民议员们面前。数百人为他欢呼，要求赏赐他头衔和荣誉。四面八方都端坐着衣着华丽的权贵、庄重威严的主教与修道院院长、身穿锦衣佩戴珠宝的商人，以及各郡的骑士。他们全都充满希冀地看着这个孩子。这里有的是老人、智者和富人。小理查一定会意识到，这些人是在为他一个人而欢呼。对王位的新继承人来说，开始公共生活的方式非同寻常。

这一天是 1376 年 6 月 25 日，距他父亲辞世仅过去了两周多一点时间。好议会的议程仍然在进行中，在努力铲除奸佞、清君侧，法办那些把战争搞得一团糟的罪魁祸首。彼得·德·拉·梅尔爵士勇敢地将改革斗争直接推到冈特的约翰面前。黑太子去世了，斗争面临着一个新的紧迫问题：若是老国王随着自己的长子撒手人寰，那么该怎么办？谁能保障金雀花王位安全地传承下去？

爱德华王子死后，他的长子波尔多的理查是王位的第一顺序继承人。这一点是很明确的。但问题是，他会不会被允许和平地继承王位。这孩子年仅九岁。爱德华三世多次中风，现在卧床不起，神志不清，所以几乎可以肯定，未来的国王要过很长时间才能亲政。自诺曼征服以来，孩童当政的情况只出现过一次。了解英格兰王室历史的人都知道，在亨利三世冲龄期间，英格兰横遭法兰西侵犯，还发生了漫长而损害极大的内战。此外，爱德华三世 1327 年至 1330 年也是幼年执政，大权旁落，朝政被贪婪的罗杰·莫蒂默和伊莎贝拉太后把持，造成了灾难性后果。

国民，尤其是伦敦市民，普遍担心冈特的约翰会图谋不轨、攫取王位。这种看法是很不公平的。冈特的约翰虽然缺乏政治智慧，而且是个残忍无情而雄心勃勃的权贵，却几乎没有篡位的念头。他内心深处是个保王党人。但在 1376 年，在威斯敏斯特开会的许多人可不是这么想的。平民议员们要求将波尔多的理查带到他们面前，以便（按照官方档案的说法）“贵族和平民议员可以面见并礼拜理查，尊他为王国的真正当然继承人”。理查在他未来的子民面前登场的时候，空气中一定弥漫着焦虑和绝望的气氛。

他站在议员面前时，花甲之年的坎特伯雷大主教——萨德伯里的西蒙向在座的贵族和平民代表发表了讲话。他告诉众人，国王已经授意他代表国王讲话。根据议会档案记载，他说：“尽管前任威尔士亲王，尊贵而强大的爱德华王子已经与世长辞，魂归上苍，但他仿佛还在我们身边，因为他身后留下了如此高贵而优秀的儿子，与父亲一模一样，如同镜像。”

西蒙话音刚落，平民代表便大声疾呼，“一致要求国王陛下将威尔士亲王的头衔和荣誉赏赐给理查”，就像曾册封他的父亲那样。代表们得知，只有国王一个人才有权册封如此崇高的头衔。但理查就像簇拥在他身边的其他人一样，一定知道，他很快就会享有与他的新地位相称的所有头衔和荣誉。

差不多整整一年之后，被一连串中风摧残得头脑昏聩的爱德华三世驾崩了，临终前身边只有一名神父。托马斯·沃尔辛厄姆记载道，艾丽斯·佩勒斯在最后一次离开国王之前，将他手上的戒指偷走了。他最后一次在公共场合露面是接见一群伦敦市民代表。他们从泰晤士河上来到位于西恩的王宫，却发现国王羸弱不堪，只能用金线织物捆缚着身体，才能在椅子上坐起身来。1377 年 6 月 21 日，国王终于与世长辞，得年六十四岁，享国五十年有余。

7 月 5 日，老国王入土为安，他的葬礼是英格兰历史上最奢华的葬仪之一。葬礼为期三天，耗资数千镑。几乎整个伦敦城和威斯敏斯特都以黑布装点，数千名身着黑衣的火炬手照亮了城市。大主教萨德伯里的西蒙主持葬礼。国王的遗体穿着红色锦缎，饰有白色十字，被安放在棺木内，埋葬在威斯敏斯特教堂，长眠于妻子菲利帕王后身侧。在下葬时，一名骑士走进修道院教堂，呈上一支剑和一面盾牌，作为供奉。在温莎，另一支仪式宝剑被放置在圣乔治小教堂的王室专用座位上方。随后，英格兰和金雀花王朝的命运被托付给了他的孙子。整个国家将目光投向理查二世。

他的加冕礼就在一周多之后的 7 月 16 日，星期四。前来伦敦观摩王室葬礼的人们看到城市变成了充满光明和希望的轴心。圣戴维斯主教亚当・霍顿在议会演讲中称，理查二世是上帝赐给英格兰的，正如上帝派遣耶稣基督到世间拯救万民一样。都城人头攒动、熙熙攘攘，以至于在加冕礼前夜，王室从伦敦塔前往威斯敏斯特的途中，冈特的约翰不得不拔剑，才在人群中开出一条路来。在齐普赛大街，即横亘全城的东西向通衢大道上，一根管道输送葡萄酒达三天之久，这条暗紫色的河流通向街道西端的一座大型城堡模型处。在城堡模型的塔楼上坐着一些与理查二世年龄相仿的小姑娘，全都身穿白衣，仿佛象征着半个世纪以来第一位新国王登基所带来的重生和净化之感。

理查二世在王室队伍的中心，沐浴着群众的颂扬。在他身边骑行的是他的教师和父亲式人物西蒙·伯利爵士，这是一位忠心耿耿的军人，曾追随他父亲在阿基坦南征北战，曾在纳赫拉建功立业，还参加过血洗利摩日。理查二世自幼便熟识他，而伯利在小国王加冕前的几年中对他悉心培养和教导。应当就是他辅导理查二世为自己的加冕礼游行做准备。但他也没有办法帮助小国王为大街上人山人海的嘈杂和激动情绪做好心理准备。

十岁的理查二世立在全国人民面前，庄严宣誓要维护祖先的法律和风俗习惯，保卫教会，为所有人主持公道，并遵守他的人民“公正而合理地”选择的法律。然后，他被带到整个修道院人们面前，接受他们的欢呼。这与惯例颠倒了过来，因为一般的情况是人们在国王宣誓之前为他欢呼。这样的安排是为了清楚地表明，这位国王是凭借家族世袭继位的，而不是由群众推举产生的。欢呼平息之后，理查二世接受了涂圣油礼。其间，一块金线布匹挡住了众人的视线。他的手、胸膛、双肩和头部都接受了圣油，这个仪式将他与所有其他人区分开。他接受了象征王权的权杖、宝剑和戒指，然后由大主教萨德伯里的西蒙和马奇伯爵为他加冕。对这个小男孩来说，这是一次令他心生敬畏的仪式。理查二世心中也明确地知晓，他的王权来自神授。他被西蒙·伯利爵士高高地扛在肩膀上，带出修道院。周围人潮汹涌，以至于他丢失了一只鞋。

这是他早期岁月的一个典型事件。在一次又一次的公共场合，人们向他欢呼，尊崇他为基督一般的救世主，要来拯救受苦受难的人民。达官贵人多次呼吁国民服从新国王。加冕礼次日，罗切斯特主教布林顿作了布道，要求所有人为了江山稳固，服从理查二世的统治。在内廷，他常常被装扮成他父亲的形象，周围簇拥着他父亲的老友，并被告诫，一定要成为黑太子没有机会成为的那种英明君主。

尽管国民为了新国王欢欣鼓舞，但对他也有十万火急的要求。英格兰处于严重的危难之中，安全危机愈演愈烈。被称为“伊夫舍姆僧人”的编年史家写道：

> 这一年……与法兰西的和谈彻底破裂；法兰西人拒绝和平，除非能够达成对他们特别有利的协定……同一时期，苏格兰人烧毁了罗克斯堡……此后，法兰西人于 8 月 21 日在怀特岛登陆：他们烧杀抢掠，然后索取 1000 马克，作为该岛的赎金。然后，他们回到海上，沿着英格兰海岸持续航行，一直到米迦勒节。他们烧毁了许多地方，杀死了……他们能找得到的所有人……人们相信，这一时期英格兰遭到的创伤比此前四十年中敌人攻击造成的损失的总和还要大。（在刘易斯[①]与法兰西海盗作战期间）抓获了一名法兰西人……他在临死前宣称，“如果英格兰人选择兰开斯特公爵做他们的国王，现在就不会遭到法兰西人这样的侵犯了。”

孩童国王能做些什么，来应对这局面？

他能做的实在太少。英格兰需要一个自治的机制，等待它的救世主长大成人。很自然的一个先例就是亨利三世幼年时，由威廉·马歇尔摄政。但在 1377 年，能够摄政的唯一人选就

---

① 苏塞克斯郡城镇，亨利三世曾在此与西蒙·德·孟福尔大战，详见前文。

是冈特的约翰。尽管他与议会的平民代表已经和解，但人们还是很怀疑他的动机和能力。1377 年 2 月，冈特的约翰的门客，激进的学者约翰·威克里夫在伦敦受审。冈特的约翰强硬地插手庭审，在都城引发了暴乱。他的行为令人恼火和恐惧，因此他不适合在新政府中扮演一个官方角色。

英格兰做了一个糟糕的选择。理查二世从加冕起便被视为一位亲政的国王。大臣们假装他有能力亲政。由十二名权贵组成的一连串御前会议受命辅佐他理政，但是令状和特许状都加盖理查二世本人的御玺。政府以他的名义运作，但权力实际上来自他的内廷。国王最亲信的人都是黑太子先前的扈从和仆人，如西蒙·伯利爵士、吉夏尔·德·安格勒爵士（加冕礼之后被擢升为亨廷顿伯爵）和奥布里·德·维尔。这远远谈不上一个完美的安排，但是南海岸处于危急中，而在法兰西和阿基坦，英格兰控制的最重要的两个海港——加来和波尔多也受到了严重威胁。为了保卫英格兰以及金雀花王朝在欧洲大陆的越来越少的残存领地，政府必须快速运作起来。一个紧迫需求就是找到足够的军费去抵抗法兰西人。必须向全国征税。但不幸的是，这次征税激发了英格兰历史上最暴烈的一次民变。

英格兰群情激愤

大叛乱，或者用历史学家们更常用的说法，农民起义，是英格兰史上第一次大规模民变。起义的源头是1381年5月底和6月初在艾赛克斯和肯特郡发生的一系列农民暴动。1380年11月，议会宣布征收一笔人头税，次年春天开始执行，但收获甚微。王室税吏和法官在各郡对此展开调查的时候，遭到了激烈的反抗。有王室官吏被杀死，而艾赛克斯和肯特的郡长被绑架。

抵抗力量越来越声势浩大，成群起义军聚集起来，开始骑马扫荡肯特郡的主要城镇，抢掠和烧毁梅德斯通、罗切斯特和坎特伯雷的政府档案。起义军的来源是乡村的普通农民，领导人则是“地位较高”的自耕农——教区神父、乡村警官和富农。起义军以律师、王室官吏，尤其是地主恶霸为敌，但其行动有节，有政治意识。据一位编年史家记载，起义军发布了一道命令，“居住在离海岸12里格范围之内的人不准参加他们的队伍，而须留在海岸，准备抵御敌人”。

到6月中旬，肯特郡起义军有了一位领袖，瓦特·泰勒。后来有传闻说，他曾是法兰西战争的老兵，但我们对他的真实生平几乎一无所知。泰勒的副手是来自约克郡的叛教神父约翰·鲍尔，他与罗拉德派运动有联系，对教会权威和教条极其不满。鲍尔曾因在星期日在教堂之外鼓吹异端和煽动性教义而多次被萨德伯里大主教囚禁。他用朗朗上口的歌谣和通俗易懂的口号来宣扬一种无阶级的理想社会：废除领主地位，土地和财富由全民共享。他最有名的一句口号是："亚当耕种、夏娃织布的时候，哪有什么贵族?"

肯特和艾赛克斯的起义军劫掠自己的地区时，也与伦敦城的一些心怀不满的群体建立了联系。14 世纪 70 年代的大部分时间里，伦敦城一直处于派系斗争和宿怨世仇的血雨腥风之中。互相竞争的商人团体和行会之间不共戴天；本土商人与外国商人互相敌视；牛津学者约翰·威克里夫（在很多方面，他算得上是罗拉德派之父）的支持者和敌对者之间仇隙极深；更普遍的是，学徒阶层和他们的富裕师傅之间也有莫大矛盾。在伦敦人的邀请下，起义军于 6 月 11 日向伦敦进发。肯特郡起义军取道格林尼治和布莱克希思，从东南方进军；艾赛克斯起义军则途经麦尔安德，从东北方前往伦敦。

在此期间，理查二世一直在威斯敏斯特。围绕在他身边的有他的内廷谋士、好几位伯爵和商人，以及他的一些亲人，包括他的母亲琼、他的同母异父哥哥托马斯和约翰·霍兰，和他的堂弟——博林布罗克的亨利（冈特的约翰的年幼儿子）。在起义的初始阶段，国王的谋臣向各郡派遣了武士，企图通过威吓令起义军屈服。武士们被起义军逐退，有的武士甚至被杀。政府终于认识到了起义的规模之大，但已经晚了。萨德伯里大主教惊慌失措，辞去了大法官的职位，交出了大印。王室躲进伦敦塔以求自保。他们向起义军发出消息，要与他们会谈。6 月 12 日，来自肯特郡的数万名起义军抵达布莱克希思，在那里扎营过夜。当晚，十四岁的国王乘船沿泰晤士河而下，去罗瑟海斯与他的部下磋商，但他的谋臣看到河岸上起义军的庞大人群，手足无措，于是带着国王原路返回了。

瓦特·泰勒和他的部下为此愤怒不已，他们声称自己对国王忠心不贰，目的是除奸臣、清君侧。“平民之间有一句英语的暗号，”《阿诺尼玛莱编年史》的作者写道，“那就是‘你站在哪一边?’回答是：‘站在理查国王和真正的平民那边。’答不出暗号的人就被斩首……”起义军被剥夺了与他们爱戴的国王会谈的机会，恼羞成怒，当晚纵火烧了萨瑟克。次日，即6月13日，星期四，他们说服了伦敦城内的同情者，让他们放下伦敦桥处的吊桥。他们欢呼雀跃地蜂拥进城，开进河岸街。此处是伦敦与威斯敏斯特之间的富庶郊区，星罗棋布着宫殿和豪宅。最雄伟奢侈的宫殿是萨伏依宫，即冈特的约翰在伦敦的宅邸。起义军纷纷越过这座宫殿的围墙，纵火焚烧其附属建筑，然后开始破坏宫殿。他们在宫殿内奔来跑去，捣毁能够找到的一切东西，将贵重物品拖到大街上，投入篝火中。他们在地窖内发现了成桶的火药，于是将宫殿彻底炸毁了。

同一天，圣殿区域（都城许多律师的住宿地和大本营）遭到市民洗劫，成堆的法律档案被烧毁在大街上。全城的监狱都被打开，曾经逍遥法外的臭名昭著的恶棍被群众揪住，在群众自发组成的法庭上被斩首。白天的暴乱是有目标的，到了晚上，就蜕变成了恣意放荡和酗酒闹事，火舌舔着夜空，抢来的葡萄酒桶被滚到大街上，随意泼洒。

在暴乱的第一夜，理查二世郁闷地站在伦敦塔的一座塔楼上，俯视着在要塞城墙下原野上宿营的这支乌七八糟的大军，那些人都是他的子民。伦敦在燃烧的时候，他和他的谋臣们事实上就是战战兢兢的囚徒，被圈禁在伦敦塔内。尽管14世纪下半叶欧洲爆发了一些类似的起义——1358年法兰西的扎克雷起义是其中最糟糕的例子——但国王的谋臣们还是没有想到，伦敦和东南部的普通百姓竟然会如此凶暴地犯上作乱。遥远的约克和萨默塞特也发生了暴动，情况最严重的是剑桥郡、赫特福德郡、萨福克郡和诺福克郡。仅仅四年前还异口同声地支持新国王的英格兰人民现在似乎是陷入了目无法纪的无政府状态。

是什么促使英格兰人民如此暴跳如雷？在某个层面上，这个问题很容易解答。1377 年至 1381 年，朝廷征收了三次人头税，这是一种革命性的试验，因为在此之前，从来没有对国民财富征收过直接税。以前是对财产和土地进行评估，并以此为基础征税，如今却是按人头征税。尽管第二次人头税是根据纳税人的社会地位分级征收的，富人缴税最多，穷人负担最小；但是第一和第三次却是统一税率的，而且显然是累退税，穷人受到的打击比富人要严重得多。起初人头税就招致了群众的不满，后来朝廷派人调查非常普遍的逃税现象，对逃税者加以严惩，于是人们愈发怒不可遏。

自 14 世纪中叶以来，英格兰城乡就在积累怨恨的情绪，而人头税激发了国民的愤怒。1379 年，黑死病再次横扫英格兰，这次瘟疫一直持续了四年。此次黑死病爆发，再加上 1348 年和 1349 年的第一波黑死病，以及 1361 年和 1362 年的儿童疫病，撼动了中世纪社会的整个结构。在这个曾经人口过剩的国家，劳动力变得稀少而昂贵。为了应对地主受到的威胁，爱德华三世的政府通过了约束性的劳工法律，制定工资限额，严惩那些索取或接受超过法定工资水平薪金的人，不管其从事的工作是给农田除草、收割庄稼、修理屋顶还是装马蹄铁。

这些法律的执行者是地区性的法律委员会，其成员中有很多人属于富裕的乡绅阶层，也就是劳工法律的受益者。他们惩罚那些雇佣邻人为自己工作的中富农，还要惩罚这些工人，罪名就是收取非法的工资。为了保障农村精英阶层保有自己的特权地位，律师和王室官吏忙得不可开交。劳工法律委员会的成员往往同时也担任郡长、议员和治安法官。人们真切地感到，整个腐败的阶级在压迫英格兰的平头百姓。14 世纪末，农奴制作为一种制度已经濒临灭绝，但在 1381 年揭竿而起的很多人看来，新的制度和农奴制一样具有极强的剥削性，律师和法官利用这种新制度残酷地压榨穷苦农民，他们的生活和之前作为依附于土地的农奴时一样凄惨。

对穷人打击最大的人头税；阻止穷人获得合理工资的劳工法律；对瘟疫的恐惧；惨败的战争，其间艾赛克斯和肯特郡的老百姓直接遭到游弋在海峡的法兰西海盗舰队的威胁；人们普遍担心，原本应成为英格兰救世主的年轻国王被其身边的奸臣腐蚀了。这一切，足以在 1381 年掀起一场撼动英格兰根基的起义。理查二世站在伦敦塔目睹英格兰燃起熊熊大火的时候，对起义的根本原因究竟理解多少，我们不得而知。但他的确感到自己受到了鞭策，要采取行动，承担起国王（何况他还是金雀花王朝的国王）的责任。驱散农民起义军的过程告诉我们，这个面色苍白的十四岁男孩拥有极大的个人勇气，以及对统治的胃口。但此事也对他的一生造成了负面影响。

随后发生的事件极富戏剧性，超乎人们的想象。6 月 14 日，星期五上午，理查二世说服了起义军的一大群代表，让他们离开伦敦，前往麦尔安德的原野，他许诺将在那里与他们面谈，商讨他们的请求。起义军散去后，国王一行立刻穿过仍然处于动荡中的城市，召开会议。陪伴理查二世骑行的有他的同母异父哥哥们（他的母亲肯特的琼与托马斯·霍兰的儿子们）、他的年轻叔叔伍德斯托克的托马斯（现在是白金汉伯爵)、沃里克伯爵、牛津伯爵、伦敦市长威廉·沃尔沃思、老将罗伯特·诺尔斯爵士，还有其他一些人。太后肯特的琼坐着马车跟在他后面。她在伦敦城颇得民心，在国王亲政之前一般能够起到促进和解的政治作用，但即便是她，面对暴民也束手无策。在他们周围，激动不安的起义军和市民们叫嚷着，呼喊着，但国王一行人稳步奔向麦尔安德。他们知道，起义军希望杀掉萨德伯里大主教、财政大臣黑尔斯和几名王室官吏，于是把他们留在伦敦塔内。他们打算以国王的出行转移起义军的注意力，掩护这些人从河上逃命。

这个想法落空了。躲在伦敦塔内的人胆战心惊地从塔门处登上一艘小船，准备逃跑，却被岸边的一名老妇发现。老妇发出了警报，于是他们不得不撤回要塞。与此同时，在麦尔安德，理查二世答应了起义军的所有要求。他命令发布特许状，保证绝不会重新回到农奴制，劳动力将获得自由，并且土地租金不得超过每英亩4便士。他还天真地答应泰勒及其部下，允许他们自由地抓捕他们鄙夷的所有卖国贼，并将他们押到国王面前审判。

萨德伯里和黑尔斯的命运就这么注定了。他们未能逃出伦敦塔，后来暴民冲进要塞，将他们杀死。他们的首级被挑在长竿上，于伦敦各地示众，然后被插在伦敦桥上，俯视城门数天之久。萨德伯里的红色主教冠被野蛮地钉在他的头骨上。还有另外八人被暴民杀死，包括冈特的约翰的私人医生和理查二世的保镖约翰·莱格。冈特的约翰的儿子——博林布罗克的亨利当时也在伦敦塔内，幸亏一名机智的士兵将他藏在壁橱内，他才逃脱了起义军的屠刀。此事将对王国的未来产生深远影响。据编年史家托马斯·沃尔辛厄姆说，暴民的吵嚷“不像人类的喧哗，而远远超过所有的人声，只能与地狱居民的哭号相提并论”。

伦敦塔陷落后，都城一片混乱。在齐普赛大街，几年前曾有葡萄酒之河流淌的地方，现在树立起了一座木制刑台，地面浸透了被暴民杀害的牺牲者业已凝结的血液。在温特里区的圣马丁，超过一千名佛兰芒商人被杀害，尸体被堆积在大街上。他们曾在教堂避难，但也无济于事，被暴民拖出来屠戮。暴民们认为佛兰芒人从朝廷那里得到了特殊待遇，因此对外国人非常憎恨。整座城市淹没在烧杀抢掠的狂潮中。有目标、有选择的暴动很快蜕化成了普遍骚乱。“暴乱持续了整个白天和随后的夜晚，丑恶的呼喊此起彼伏，动荡不安，非常恐怖。”《阿诺尼玛莱编年史》的作者如此写道。

到星期六，局势很明显，必须采取强力措施了。金雀花王家陵寝最神圣的部分——威斯敏斯特教堂的忏悔者爱德华圣龛遭到了亵渎。马歇尔希监狱臭名远扬的狱长躲在那里，被一群起义军拖到齐普赛大街，在那里斩首示众。有传闻说，瓦特·泰勒和约翰·鲍尔打算将整个伦敦城烧毁，俘虏国王，将他作为新秩序的傀儡；在这个新秩序中，除了泰勒和鲍尔之外，没有任何领主。

国王及其谋臣（人数已经缩减不少）躲在黑修士区的御橱大楼（这是一家储备丰富的兵器库），制定了一个新的绝望计划。官衙的书记员们快速抄写特许状，大量发布出去，授予英格兰人民自由，同时国王向伦敦的起义军传话，说国王要在城外的史密斯菲尔德的演武场与他们再次面谈。理查二世在忏悔者爱德华的圣龛前祷告，为自己鼓劲打气，以便去面对自己有生以来最危险的时刻。就在几个小时之前，起义军曾在这座圣龛抓走又一名受害者。下午三点左右，他抵达史密斯菲尔德的时候，伦敦市长沃尔沃思陪伴在他身边。沃尔沃思和诺尔斯已经通知城内的保王党人，很快就会需要他们。预计会发生武装冲突。

理查二世与瓦特·泰勒面对面相会了。这是金雀花王朝历史上最诡异的会面之一。这位起义领袖统治了整个伦敦（控制了都城也就是控制了全国）一个周末之后，似乎已经不知天高地厚。他抓住理查二世的手，猛烈地摇晃（这让国王大吃一惊），并告诉他“尽管放心，两周之内会有新的四万平民到此，我们会成为好伙伴”。

对这个男孩（为他加冕的大主教就是被眼前这个暴徒下令杀死的）来说，这话令他胆寒。但理查二世保持镇静。据《阿诺尼玛莱编年史》的作者记载（可能是现场目击者的叙述），国王亲自与泰勒谈判：

> 国王问泰勒，希望讨论哪些问题，并许诺一定会以书面方式、加盖御玺，批准他的要求，绝不违逆。于是泰勒重述了他的诉求。他要求废除《温切斯特法》之外的一切法律（也就是说，回到爱德华一世时代的司法权由中央直接控制的制度，而不是爱德华三世在位时发展起来的由地方乡绅担任治安法官的制度），从今往后任何法律程序不得有违法行为，只尊崇国王一个人的宗主权，除此之外任何领主都不应拥有宗主权，而应由所有人分享权力（也就是说，废除社会和法律上的一切等级制）。他还要求，神圣教会的财产不应由教士、教区神父、牧师或其他教会人士控制，教士……应有足够的生活费，除此之外，所有财产应分给教民。他还要求，英格兰应当只有一名主教……他还要求，英格兰不应当再有奴仆、农奴或佃农，所有人应当都享有自由、互相平等。

这些要求非同寻常，泰勒的宣言如此激进和极富革命性，和疯狂相差无几。但理查二世为了稳住泰勒，就像在麦尔安德安抚他那样，又一次同意“泰勒的全部可以公正地批准的要求，都应得到批准，国王则保留王室的尊严。然后，国王命令泰勒立即回家，不得延误。在国王说话的时候，没有一位贵族，没有一位御前会议成员有胆量回答平民的话，只有国王一个人有这样的勇气”。理查二世表现出了与其年龄不符的镇静自若。

泰勒要求国王送一瓶水来，并粗鲁地往国王脚下吐唾沫，王室一行中有人辱骂了这位起义领袖。随后爆发了一场打斗。混战中，威廉·沃尔沃思市长抽出匕首，刺入泰勒身侧，给了他致命一击。随后市长离开了现场，去召集由诺尔斯指挥的城市民兵，以便将余下的起义军驱散。

理查二世最精彩的时刻到了。泰勒的军队在史密斯菲尔德的另一端，离谈判地点较远，但他们明白，大事不妙。泰勒骑上他的小马，跑回到自己的部下那边，高呼国王背信弃义。他半死不活地跌落下马，起义军才认识到，自己被耍了。“他们开始弯弓射击。”编年史家写道。理查二世深知必须采取行动，于是做出了令自己的臣下震惊的事情：他催动坐骑，径直奔向起义军，宣布他才是他们的统帅和领袖，他们应当服从他。

他的勇气如此之大，思维如此之敏捷，可以与爱德华三世、黑太子或者他的任何一位杰出的先祖相媲美。起义军被他的威严震慑了，纷纷向国王鞠躬。他转移了他们注意力的时候，城市民兵开始抵达。民兵包围了史密斯菲尔德的起义军，将他们赶出伦敦，没有造成多少流血。局势得到了挽救，而且在很大程度上，居功至伟的是这个十四岁的孩童国王。革命被避免了，尽管只是暂时避免。

危机再临

十四岁的理查二世表现出了一位国王的胆略。很快人们就会知道，他也有一位国王的雷霆之怒。起义平息之后，朝廷对起义者进行了血腥报复，理查二世在其中起到了很大作用。理查二世在史密斯菲尔德的危机中将自己表现为起义军的朋友，但秩序恢复之后，他的本能却是凶狠而无情的复仇。起义者拿着先前朝廷颁发的特许状，请求他恢复其地位，他当着他们的面撕毁了特许状，说出了这句有名的话："你们是农奴，将来也永远是农奴；你们永远是奴才，将来我对你们不似先前，而是比先前不知严酷多少倍……蒙上帝洪恩，我统治着这个王国，我将……永远奴役你们，让你们做牛做马，以警戒后世！"这非常残酷，甚至是睚眦必报，但也非常果断。总的来讲，这个十四岁男孩在 1381 年危机中的举动说明他是个大有前途的君主。

这些事件也说明，他已经接近了能够亲政的年龄。他统治初期的摄政会议只维持了三年，现在政府工作是直接由国王内廷执行的。从 1381 年 5 月起，档案中出自国王本人——或者至少是加盖御玺——的王室命令越来越多，表明国王在一定程度上亲自批准朝政。

十四岁已经是结婚的年龄，他很快就喜结连理。他的新娘是波西米亚的安妮，即波西米亚国王和继任神圣罗马皇帝瓦茨拉夫四世[①]的妹妹。瓦茨拉夫四世和教皇乌尔班六世花了三年时间，终于劝服英格兰朝廷，让其相信这是一门有利的婚姻。安妮的姐姐是匈牙利与波兰王后，而她的姑姑博纳曾是法兰西国王约翰二世之妻。但更重要的是，理查二世的婚姻将在更广泛的欧洲政治中发挥作用。

1309 年，教廷从罗马迁往阿维尼翁，此后一直处于法兰西人的保护之下，一连好几位教皇都是法兰西人。但在 1377 年，教皇格里高利十一世（也是法兰西人）将教廷迁回了罗马的精神家园。但他在那里没能统治多久，于 1378 年 3 月 27 日去世。永恒之城爆发了动乱，暴民要求选举一个意大利人为新教皇。于是，出生于那不勒斯王国的巴尔托洛梅奥·普里尼亚诺当选教皇，称乌尔班六世。一些法兰西红衣主教对此极为不满，于是逃离罗马，返回阿维尼翁，选举产生了他们自己的教皇——日内瓦的罗伯特，称对立教皇克雷芒七世。在随后的三十九年中，欧洲有两位教皇，一个在阿维尼翁，另一个在罗马。这个时期被称为天主教会大分裂。

宗教分裂的结果是，欧洲大陆的分野越来越清晰。理查二世与波西米亚的安妮的婚姻巩固了他的王国在这场争端中的地位。英格兰将像德意志和意大利统治者们一样，追随罗马教皇乌尔班六世，反对法兰西的对立教皇。克雷芒七世的支持者包括法兰西、苏格兰和卡斯蒂利亚等。如果英法之间曾经有过结束互相敌视的机遇，天主教会大分裂也将这机遇粉碎了。

---

① 瓦茨拉夫四世是波西米亚国王与神圣罗马皇帝查理四世之子，于其父去世后继承了在波希米亚和德意志的头衔。尽管他事实上已经当选为神圣罗马帝国的君主，但他从未加冕为皇帝。直到他被诸侯废黜为止，瓦茨拉夫的头衔一直是“罗马人民的国王”。

理查二世的婚姻对肩负重压的英格兰财政来说也是个负担。理查二世的内兄瓦茨拉夫四世国王已经破产。如果理查二世娶了一位意大利公主，或许能收到一大笔嫁妆。结果他不但不能从婚姻中得利，还得向瓦茨拉夫四世借款1.5万镑，以巩固联姻。这的确是一笔不划算的买卖。1382年1月，国王大婚、安妮接受加冕的时候，伦敦市民撕毁了装饰城内一座喷泉的挂毯（带有英格兰王室和神圣罗马帝国的纹章），以表达对国王婚事的不满。

这是一对怪异而羸弱的夫妇。威斯敏斯特编年史家将安妮描述为“可怜兮兮的小身板”。理查二世金发碧眼，稚气未脱，带有晚期金雀花王族的典型特征：微微突出的眼睛，长长的忧伤面庞。他没有蓄须；尽管在感到自己的君主威严受到威胁时往往会暴跳如雷，但他说起话来却很羞怯，而且口吃。不管怎么说，十四岁的安妮于12月抵达英格兰时，一段相亲相爱的关系总算开始了。后来的事实证明，国王对自己的新娘非常忠诚和爱慕。

在这两个纤弱的孩子周围，开始聚集起了一个优雅而奢华的宫廷。理查二世在幼年时便对君王的精美奢华的生活方式很有品位。他像祖父和父亲一样，酷爱豪华庆典和宫廷盛景，但始终没有像他们那样热衷于骑马参加比武大会，或者亲自参加厮杀。他更注重视觉效果和审美，强调公开地表达君权神授的观念和复杂精美的仪式。他在埃尔特姆、兰利和西恩的王宫，添加了美丽的私人浴室、舞厅和御膳房（厨艺高超）与香料房，为国王奉上最时髦、富丽、精细而香料极多的膳食。理查二世、安妮和他们的廷臣追寻着最新的时尚：男人们穿着紧身裤、股囊①、饰有珠宝的高领袍子和昂贵的紧身上衣；女人们穿着量身剪裁的长服，佩戴精美的首饰，鞋子非常长，鞋尖非常尖，以至于必须用袜带将鞋连接到膝盖上。他们的宫廷致力于反映爱德华三世宫廷的光辉灿烂，也和后者一样，很快就债台高筑。

内廷逐渐发展出自己的风格，其人员构成也慢慢开始变化。西蒙·伯利爵士这样的老友仍然是国王的亲信，但黑太子的一些年纪较大的仆人逐渐被一群年轻的内廷骑士取代，如约翰·比彻姆、詹姆斯·伯纳斯和约翰·索尔兹伯里。政府日常工作的主导人物是迈克尔·德·拉·波尔，他曾是黑太子的仆人，五十出头年纪，起初是由议会指派到国王内廷的。德·拉·波尔的父亲曾是富商和爱德华三世的主要金融家。他自己也深得理查二世宠信。但理查二世宫廷的真正明星是年轻的牛津伯爵罗伯特·德·维尔。德·维尔比国王只大五岁，他与国王的亲密关系引起了一些狐疑和抱怨，就像当年另一位王室宠臣皮尔斯·加韦斯顿的崛起引起窃窃私语和极大怨恨一样。托马斯·沃尔辛厄姆措辞严厉地指责德·维尔用黑魔法操纵理查二世，还暗示他们之间存在同性恋关系。

这不大可能是真的。但理查二世的确像所有少年为君的国王一样，一心要栽培自己的党羽。这意味着他逐渐疏远了年纪较大的人，尤其是国王的叔叔们：兰开斯特公爵（冈特的约翰）、剑桥伯爵（兰利的埃德蒙）和白金汉伯爵（伍德斯托克的托马斯）。年纪较大的权贵们发现，理查二世及其亲信常常

---

① 股囊（codpiece）为欧洲古时男子裤子的一部分，是裆部的一个布盖或囊，以保护阳具。

对他们不恭不敬，甚至抱有敌意。国王封赏土地和城堡给自己宠信的骑士们，扰乱了贵族们的既有权力结构。与此同时，理查二世自己的幼稚和毛躁疏远了好几位最资深的诸侯。

这不仅仅是少数人心怀不满的问题。尽管每一位国王都有权选择自己的谋臣，但如果他疏离了有权势且经验丰富的人，导致公共秩序紊乱、海外丧师失地的话，那么一定会遭到严厉的批评。理查二世的情况就是这样。1384 年在索尔兹伯里召开的议会上，阿伦德尔伯爵批评国王纲纪败坏，理查二世气得脸色煞白，（据威斯敏斯特编年史记载），对阿伦德尔伯爵说："你竟胆敢说，朝纲败坏是我的错！一派胡言！滚去见魔鬼吧！"一年后，他又与坎特伯雷大主教考特尼大吵特吵。考特尼批评他治国不力，理查二世当场拔剑要砍杀大主教。幸亏王叔白金汉伯爵托马斯上前阻拦。

这些行为举止显然不符合一位国王的身份。他往往不负责任地对出力极少的亲信大加赏赐，令全国各地的许多人愤愤不平。但他的祖先们已经学到，如果国王的亲信不至于影响英格兰的军事行动，也不曾利用自己的地位攫取其他权贵的财产的话，那么国人对这些亲信还能容忍。但在军事方面，理查二世非常倒霉。14 世纪 80 年代，战局不可阻挡地往有利于法兰西的方向发展。他的宫廷夸耀华丽的排场、新的狐朋狗友济济一堂的时候，海峡对岸的战局一溃千里。

14 世纪 80 年代初，英格兰在欧洲大陆的地位摇摇欲坠，前景惨淡。与爱德华三世在位时的辉煌相比，如今真是不堪。只有加来和加斯科涅的一小片沿海地区还在英格兰手中。海峡被法兰西和卡斯蒂利亚舰船占据，而英格兰海军师老兵疲，停在港内慢慢腐朽。海上贸易险象环生，无以为继，以至于羊毛收入跌入谷底。局势如此危急，伦敦市民甚至考虑在泰晤士河口建造一条巨大的铁索，以保护城市免遭敌人纵火劫掠。1380年，查理五世驾崩，查理六世继位，法兰西人的扩张暂停了片刻，但新国王同样决心要将英格兰人逐出欧洲大陆。没了爱德华三世那样的英明君主——他全身心投入战争，有能力、有想法去取得胜利，并能团结全国人民——英格兰的战争机器土崩瓦解、乱七八糟。

人们提出了五花八门的战略。冈特的约翰主张，未来在卡斯蒂利亚。他在1372年娶了残酷的佩德罗的女儿——卡斯蒂利亚的康斯坦丝，这是纳赫拉战役前盟约的一部分（同时，他的弟弟兰利的埃德蒙娶了佩德罗的幼女伊莎贝拉）。1369年，佩德罗驾崩无嗣，冈特的约翰立即正式宣示自己拥有继承权。他相信能够通过“葡萄牙战争”，来帮助英格兰征服伊比利亚。他的兄弟们都支持他，但这实质上是一场私人的、争夺王朝继承权的事业，令冈特的约翰越来越偏离14世纪80年代的政治核心，对英格兰国家利益没有任何贡献。

在大多数英格兰人看来，战争之路在佛兰德。佛兰德离家乡更近，而且欧洲西北部各贸易城市的财富对英格兰羊毛贸易来说至关重要。羊毛贸易仍然是国家经济的支柱产业，也是王室收入的一项关键来源。另外，佛兰德伯爵领地受到了查理六世的叔叔——勃艮第公爵的直接威胁，他打算将这些富庶的贸易城市逐个收入囊中。1383年，尚武的诺里奇主教德斯潘塞（他是爱德华二世的宠臣小休·德斯潘塞的孙子，在镇压1381年东安格利亚叛乱的过程中起到了重要作用）发动了一场远征佛兰德的“圣战”，希望借助教皇的权威保护这些领土，防止它们落入勃艮第公爵手中。

遗憾的是，尽管资金充裕，而且得到了议会批准，但此次远征装备非常糟糕，出师未捷，不得不撤回英格兰。1385 年，佛兰德陷落了。情势越来越明显，逃脱困局的最佳途径就是与法兰西议和。重建古老的金雀花帝国——更不要说将法兰西与英格兰王室合二为一——的梦想破灭了。

1385 年，理查二世十八岁了。他不是和平主义者，但对再次远征法兰西实在提不起劲头来，因为这样的攻势必然代价昂贵而徒劳无功。尽管他的三个叔叔——冈特的约翰、白金汉伯爵和剑桥伯爵都敦促他开战，理查二世倾向于听取大法官迈克尔·德·拉·波尔等人的意见：小心谨慎。即便他想要打仗，在农民起义之后如坐针毡的议会也极不可能批准征税以筹措军费。这年夏天，他打算亲自率军将苏格兰境内的法兰西驻军驱逐出去。这是个务实的选择。国王可以率领贵族远征，展示自己的军事才干，稍稍鼓舞一点士气，而不至于花费太多。

然而这场远征也是个大灾祸。理查二世此次北伐率领的军队包括几乎所有贵族、英格兰的全部方旗骑士和约一万四千士兵。大军抵达苏格兰边境时，他为了庆祝这个时节，将兰利的埃德蒙从剑桥伯爵擢升为约克公爵①，将伍德斯托克的托马斯从白金汉伯爵晋升为格洛斯特公爵。他册封德·拉·波尔为萨福克伯爵，并授予他的朋友德·维尔一个史上前所未有的新头衔：都柏林侯爵。一夜之间，德·维尔的地位超过了英格兰的其他所有伯爵，差不多与有王室血统的公爵们平起平坐。“恰如星辰令夜空皎洁明朗，尊严使得不仅是王国，还有君王的冠冕熠熠生辉。”理查二世后来对议会如是说。

---

① 兰利的埃德蒙是后来的约克王朝的始祖。

如此隆重的封官晋爵并没有为理查二世的军事行动增添半点彩头。他的军队向前推进，苏格兰人不肯迎战，而是撤入山区，同时对乡村坚壁清野。这就是 1328 年令爱德华三世垂泪的那种战术。苏格兰人躲过了进逼的英格兰军队，溜到南方，焚毁了卡莱尔。英格兰人于 8 月中旬抵达爱丁堡，但是粮草断绝，敌人不见踪影，于是在三周内撤回了威斯敏斯特。这是一次虚弱无力的远征，毫无建树。

1386 年 10 月议会召开的时候，国民情绪愤慨激昂，濒临叛乱。议员们的抱怨和申诉状连篇累牍。英格兰的外交政策萎靡不振。王室财政危机四伏，人们越来越质疑迈克尔·德·拉·波尔经营王室资金的能力。冈特的约翰怒气冲冲地离开了英格兰，因为他在苏格兰战役期间提出的建议都遭到冷遇，而且有传闻说，内廷骑士们在阴谋刺杀他。据说，在海峡对岸的斯勒伊斯，查理六世集结了一支庞大的舰队，樯橹铺天盖地，犹如森林，这是史上针对英格兰的最宏大的入侵舰队。讨伐苏格兰失败之后，议会对收到的建议置之不理。有人给理查二世发去了一份不寻常的备忘录，其中包括了这样不祥的暗示：理查二世应当"招贤纳士，寻找有地位、德行正直笃实和有荣誉感的人来辅佐自己，与之交好，并避开奸佞小人；他若是这么做，必将赢得莫大的利益和荣耀，争取到民心和爱戴。但如果他反其道而行之，就会发生与之相反的局面，他本人和他的王国都将遇到极大危险"。国王对这份备忘录的回应没有被记载下来。但议会召开时也有人向他提出类似请求，他的答复被记录在案，非常简洁但很能说明问题："国王想怎么样，就怎么样。"

议会曾经批准的少量赋税收入也被白白浪费了，国王虽然身无分文，却将他的朋友德·维尔再次擢升为爱尔兰公爵。他获得了在爱尔兰的全部军政大权，正式与理查二世的叔叔们平起平坐。德·维尔是第一个异姓公爵。第一代兰开斯特公爵（格罗斯蒙特的亨利）至少还是爱德华三世的远房堂兄[①]。人们很难不把德·维尔的飞黄腾达与加韦斯顿获得原先专属于王室的康沃尔伯爵领地相提并论。

参加1386年10月所谓“美妙议会”的人们都很清楚，国家正处于领导力的危机中。议会刚刚开幕，议员们就发起了唇枪舌剑的攻击。萨福克伯爵迈克尔·德·拉·波尔站在全体议员面前，宣布开幕，并宣示国王入侵法兰西的计划，平民代表高声疾呼，发出怨言。他们直截了当地指责萨福克伯爵将国王的财政管理得一团糟，将钱花在议会没有核准的用途上去，听凭英格兰海军年久失修，拒绝援救在根特的英格兰盟军，辜负了他们，导致根特被勃艮第公爵吞并。他还被指控贪污腐化，为了一己私利挪用王室收入。萨福克伯爵被当作国王身边所有奸臣的典型。平民代表要求撤销他的职务，以渎职和疏忽等多项罪名对其加以弹劾。在此事解决之前，他们不肯继续议会的议程。

这时国王露出了真面目。理查二世已经结婚，还曾率军征战过。平民代表的放肆令他大发雷霆，他拒绝到威斯敏斯特开会，还从埃尔特姆庄园发信来说，他不会仅仅因为议会的要求，就解雇哪怕只是一个御厨帮佣。为了从中调解，他的叔叔（新晋格洛斯特公爵）伍德斯托克的托马斯和伊利主教托马

---

① 格罗斯蒙特的亨利是前文讲到的第二代兰开斯特伯爵亨利的儿子。亨利三世的两个儿子——爱德华一世和第一代兰开斯特伯爵埃德蒙（绰号“十字背”）——分别是爱德华三世与格罗斯蒙特的亨利的祖父。

斯·阿伦德尔被派遣到埃尔特姆，与国王当面商谈。

他们发现，国王大呼小叫、咄咄逼人。他们尝试对他晓之以理，却遭到训斥。编年史家亨利·奈顿记载了他打听到的这次对话的细节：格洛斯特公爵和阿伦德尔对理查二世说，如果国王“由于自己不负责任的决心”拒绝参加议会，那么议会有权在四十天后自行解散。理查二世听了之后暴跳如雷。他的叔叔和主教显然触及了他内心深刻的偏执狂（无疑是他幼年的经历催生了这种偏执狂）。“我早就知道，我的子民和平民议员图谋不轨，企图犯上作乱，”他吼道，“面对这等威胁，我认为最好的办法是寻求我的亲戚——法兰西国王的支持和帮助，镇压我的敌人。我宁愿向他臣服，也不愿意屈服于自己的臣民。”

法兰西的入侵舰队就在不到100英里之外的地方，格洛斯特公爵和阿伦德尔简直不敢相信国王居然说出了这样的话。“法兰西国王是陛下的头号敌人，也是王国的最大敌人。”他们与理查二世摆事实、讲道理，哀求他“想一想陛下的祖父爱德华三世国王，以及陛下的父亲爱德华王子，如何以他的名义，一辈子披荆斩棘、历经千难万险，无论酷暑还是寒冬，不知疲倦地辛劳，去征服法兰西王国……请陛下谨记……不计其数的人在那场战争中面对死亡，平民又是如何毫不吝惜地捐赠自己的物资和财产以及无法计数的财富，去维持那场战争”。最后，格洛斯特公爵和阿伦德尔隐晦地提及了爱德华二世被废黜的事情（“陛下的臣民……有一项古老的法律，遗憾的是，不久以前还动用过”），才平息了理查二世的发作，迫使他承认，他的政府需要改革。

理查二世受到这样的恫吓，才最终来到威斯敏斯特。在那里，他屈辱地目睹“美妙议会”免除了迈克尔·德·拉·波尔和财政大臣约翰·福德姆爵士的职务，并组建了一个任期一年的委员会，负责审计王室财政、控制国库并掌控御玺和国玺。实质上，它将政权完全从理查二世手中剥夺了。十九岁的国王一下子又变成了无计可施的小男孩，他的王权实际上已经被罢免了。他那骄傲的、年轻的心几乎无法忍受这一切。

背叛与伤痛

“美妙议会”解散一年多一点之后，1387 年 12 月 20 日，爱尔兰公爵罗伯特·德·维尔小心翼翼地穿过冬雾，奔向莱德考特大桥（在牛津郡的奇平诺顿附近）。他率领着数千人马，都是在国王直属的切斯特伯爵领地及其周边地区招募来的。他经过的这个乡村地区到处是他的敌人。每个角落都危机四伏。

他正在快马加鞭地赶往东南方，去拜见国王。金雀花王室又遇到了一个危机。1386 年 10 月的“美妙议会”之后，国王与他的主要臣民之间的关系不但没有得到和解，反而彻底势不两立了。德·维尔得知英格兰很快就会陷入血雨腥风，于是迅速赶往伦敦。理查二世又一次被他的臣民控制了起来，这些人揭竿而起，反对他的统治，尤其是反对德·维尔对国王的影响。德·维尔知道，他的时间非常紧迫。英格兰一些最强大的诸侯已经派遣军队来追捕他。英格兰全境到处是他的敌人，他们不仅占领了他目前正在小心通过的科茨沃尔德地区的村庄，还控制了整个英格兰中部。北安普敦以北的所有地方都密布敌军。他们大军杀到只是个时间问题。

局面怎么会败坏到这种地步？罪责主要在理查二世。“美妙议会”末尾指定了一个改革委员会，而国王对委员会不恭不敬，态度蛮横。蒙受屈辱而悲愤交加的国王在最初几个月待在泰晤士河谷的猎苑，整日生闷气。1387 年 2 月，对自己受到的待遇满腹怨恨、愤愤不平的理查二世离开了伦敦，故意与议会对抗，开始了一位编年史家所谓的“大巡游”，即巡视全国。他逃避改革委员会的检查和干预，而检视自己在全国各地能够得到多少支持。

大巡游持续了九个月。他从贝弗利巡游至什鲁斯伯里，集中视察了英格兰中部地区的北部和西北部，即临近他的王室领地切斯特的地区。他在巡游途中带上了自己的朋友德·维尔和迈克尔·德·拉·波尔。途中，理查二世开始制定计划，打算在改革委员会一年期满后重新确立自己的权威。他注意到，权贵们动员武力的办法是：维持私人武装，用金钱换取士兵的忠诚；士兵从领主那里定期领取薪金，佩戴领主的徽章，往往还穿着领主的制服，保护领主的利益，如果需要，还要为领主作战。作为切斯特伯爵，他也可以做类似的事情。他可以建立一支常备的私人军队，他不需要害怕他们，也不必担心他们会反对他，更不必害怕遭到公开的谴责，就像原本应当忠于他的贵族和平民对他发难那样。他想出了一个计划。理查二世打算培植自己的党羽，除了当国王之外，还要有自己的强大的私人势力。

1387 年夏季，理查二世还开始寻找法律手段来撤销“美妙议会”的决议。8 月，他两次秘密召集了国内顶尖法官开会，其中为首的是罗伯特·特里希林爵士（他是个康沃尔人），作为王座法庭大法官，他是英格兰最高级的两名法官之一。理查二世向他们咨询了约束自己的法律。国王对几名法官以死相威胁，迫使他们做出了裁决，并以司法裁定的形式发表：“上届议会订立的法令、条例和委员会”“有损我主国王陛下的王权与特权”。另外，“有人问法官们，那些强迫国王订立上述法令、条例和委员会的人该当何罪时……他们一致表示，这些人是乱臣贼子，理应受到相应惩罚”。理查二世显然对法官们进行了欺骗和威逼。

上述的回答意义重大。叛乱的幽灵曾经困扰爱德华二世的统治，叛国是个无法挽回的严重罪名，皮尔斯·加韦斯顿、兰开斯特伯爵托马斯、肯特伯爵埃德蒙和马奇伯爵罗杰·莫蒂默都因此殒命。为了防止这样的血腥暴行再次发生在英格兰土地上，爱德华三世通过的《1351 年叛国罪法案》，将这项罪名仅限于如下行为：谋害或企图谋害国王、王后、王长子的生命，强奸王长女，谋杀大法官、财政大臣或主要法官，或者在国内向国王开战。现在理查二世将叛国罪的定义再次扩大了。叛国犯不再仅仅是企图杀害国王、王亲国戚及最高级官员的人。任何尝试改革或管制王室内廷的人都可能背上这个罪名。法官们在国王的威吓下，裁定那些曾在 1386 年压制国王的人都可以被视为叛国贼。任何无视国王解散议会的命令、弹劾王室大臣或者向理查二世提醒其曾祖父爱德华二世命运的人，都可能被视为叛国贼。

法官们的意见令人不寒而栗。理查二世于 1387 年 11 月返回伦敦的时候，局势很清楚，这年夏天的活动只可能有两个结果：司法大清洗，或者内战。德·维尔疾驰穿过牛津郡的时候，就是在为内战做准备。

战争的起因就在于他。在国王大巡游期间，一个反对派形成了，其具体目标就是让德·维尔及其同党滚出国王内廷。这个反对派被称为“上诉诸侯”，因为从 11 月 4 日起，格洛斯特公爵托马斯、阿伦德尔伯爵和沃里克伯爵就正式向国王提起“上诉”（或者说是正式的起诉），指控国王身边的奸佞宵小。被告包括五个人：约克大主教亚历山大·内维尔、萨福克伯爵迈克尔·德·拉·波尔、法官罗伯特·特里希林、商人和伦敦前市长尼古拉斯·布雷姆布利（农民起义期间保王党的英雄）和爱尔兰公爵罗伯特·德·维尔。

国王对诸侯的大胆行为怒不可遏，企图征集军队，但失败了。各郡郡长不肯为他招兵买马，声称平民全都支持上诉诸侯。理查二世直接请求伦敦市民的帮助，他们也不肯以他的名义起兵。德·维尔的柴郡兵马是国王的唯一希望。

德·维尔率军穿过潮湿而寒冷的乡村时，深知自己应该畏惧何人。格洛斯特公爵、沃里克伯爵和阿伦德尔伯爵着意敌对他，而且还找到了两个强有力的盟友：冈特的约翰的儿子——博林布罗克的亨利（此时的头衔是德比伯爵）和诺丁汉伯爵——托马斯·莫布雷。这五个人是一个令人生畏的团队。伦敦的许多名门世家、英格兰各地的骑士乡绅中都有他们的拥护者。他们的军队就像手指一样在科茨沃尔德周围张开，准备将德·维尔紧紧攥在手心里。

12 月 20 日上午，德·维尔在波顿附近与格洛斯特公爵的支持者发生小规模交锋，这是他与上诉诸侯军队的第一次遭遇。战况非常混乱，德·维尔麾下的许多切斯特人临阵脱逃。当天晚些时候，可能是在伯福德附近，他与阿伦德尔伯爵的人马发生了另一场小规模战斗。德·维尔的副将托马斯·莫利纽克斯爵士阵亡。爱尔兰公爵颇有些绝望，于是催动部下拼命冲向莱德考特大桥，希望在那里过河。据编年史家亨利·奈顿说，德·维尔相信“如果他能过桥，就能避开敌人”。他认为，杀过泰晤士河、到达南岸，才是安全抵达伦敦、与理查二世会合的唯一办法。

但他很倒霉。他率军冲向那座 12 世纪桥梁的尖尖的石拱时，发现自己被敌人逮个正着。大桥两侧都站着身穿德比伯爵号衣的武装士兵和弓箭手。他掉转过头，却发现德比伯爵本人率领一大队士兵从背后夹击过来。德·维尔腹背受敌。他别无选择，只得应战。

号角吹响，王旗被匆匆展开，士兵们却窃窃私语地说，双方兵力差异太大，以少敌多很不明智。“他们的人数与敌人相差甚远，”亨利·奈顿写道，“他们也不敢冒犯这么多的诸侯和贵族。”

德·维尔张皇失措。如果他被俘，不知道会落个什么下场。暴力的恶性循环已经开始了，他不大可能仅仅被逐出朝廷。他必须挽救自己的性命。他率军冲向大桥，企图强行通过，但接近大桥时发现，那里已经树立起了路障，道路也有三处被切断。一次顶多只能有一匹马通过。“我们上当了！”公爵呼喊着，然后换了马，企图单人独骑沿河岸逃跑。

但迎接他的是更加凶险的命运。德比伯爵亨利从他背后追击，而格洛斯特公爵本人则从他前方迎来。德·维尔只剩下了一个选择。他拿自己的生命赌了一把。“他催动坐骑，抛弃了铁手套和剑，然后一头跳进泰晤士河，”奈顿记述道，“就这样，他凭借极大的勇气，逃脱了。”德·维尔逃走了，最终渡海流亡法兰西。他的部下则当即举手投降。

理查二世在温莎度过了一个忧郁的圣诞节。12 月 30 日，他在伦敦塔与五位得胜的上诉诸侯会面。他们带来了五百名全副武装的士兵，进入要塞后便紧闭大门。这次会谈气氛非常火爆。上诉诸侯训斥了理查二世的不端行为。他们拿出了国王与德·维尔之间的书信，指责他企图借助法兰西国王的力量来镇压自己的臣民。他们要求法办他们指控的五名奸臣，并对国王内廷进行清洗。理查二世仍然盛气凌人，于是他们威胁要废黜他，还暗示说，已经选好了继任的人选（一位编年史家说，他们告诉国王，他其实已经被废黜了，但格洛斯特公爵和德比伯爵在争吵谁应当继承王位，所以还没有具体执行废黜国王的决定）。理查二世不得不向他们妥协，并召开议会，商讨新的解决方案。

议会于2月3日开幕。贵族和平民代表聚集在威斯敏斯特的白厅，这里装饰着描绘爱德华一世生平的一系列图画（至今白厅仍然是英国政府行政中心的代名词）。国王在聚集于此的议员面前坐下，做好了最坏的心理准备。然后，据编年史家托马斯·法温特记载，“五位高贵的上诉诸侯……前呼后拥地一同走进大厅，手牵手，身穿金线华服，瞪了瞪国王，然后向他屈膝致敬。大厅内人山人海，甚至挤到了角落里”。

在随后的几个月里，议会对被起诉的王室官吏的案件做了细致的法律研讨。最早一稿的起诉状需要两个多小时才能宣读完毕。被告的罪名包括向国王进献叛国的谗言，提议将法兰西境内的英格兰城堡出卖给法兰西国王，以及贪污王室公款、中饱私囊。令人尴尬的是，五名被告中已有四人畏罪潜逃，只能对其进行缺席审判。只有前市长尼古拉斯·布雷姆布利到庭，对他的审判于议会开幕两周之后正式启动。

但无论被告是否到庭，裁决都是一样的。坎特伯雷大主教亚历山大·内维尔、爱尔兰公爵、萨福克伯爵和罗伯特·特里希林爵士都被缺席定为叛国罪。爱尔兰公爵、萨福克伯爵和罗伯特·特里希林爵士的刑罚是在伦敦城示众，然后作为叛贼和国王的敌人被绞死。大主教最终被判流放。四名被告都被剥夺财产。布雷姆布利出席了议会，并大声抗议，申辩自己是无辜的。他的罪名包括非法处决伦敦监狱中的犯人、篡夺王权、反抗上诉诸侯、强迫公民宣誓忠于国王并反对其敌人。他表示愿意与指控他的人决斗，听候神裁，但被驳回。他被宣布为叛国犯，受到严刑：用囚车拖到泰伯恩，然后被绞杀、开膛并分尸。在前往刑场的途中，他一直在为死者祷告。

随后还发生了许多极富戏剧性的事情。大主教内维尔、罗伯特·德·维尔和萨福克伯爵都已逃亡海外，但特里希林没有。议会正式判他有罪的六天之后，有人发现，威斯敏斯特附近的屋顶上有个奇怪的人在偷窥议会议程。人们搜查了这座房屋后，发现残酷无情地镇压 1381 年起义的法官——罗伯特爵士躲藏在桌子下。他穿着乞丐的褴褛衣衫，而且戴着假胡须，但他的独特嗓音出卖了他。人们高呼"抓住他了!"特里希林被从藏匿处拖走，押解到议会，他的妻子当场昏厥，他自己则嘶喊着，要求得到威斯敏斯特教堂的庇护。但他没有得到教堂的庇护。特里希林很快被关入囚车，拖到泰伯恩，押到绞刑平台上，他一直战战兢兢地哭喊着。他的衣服被剥去之后，人们都看见，他身上贴满了护身符。这位法官企图依赖迷信来躲避绞索，真是黑暗的讽刺。特里希林赤身露体地被吊起；最后，刽子手割断了他的喉咙，结果了他的性命。

但上诉诸侯还没有称心遂愿。他们处决了布雷姆布利和特里希林，并缺席判处另外三名被告死刑之后，议会开始对理查二世的内廷进行血腥清洗。很多被认为诱导国王误入歧途的亲信遭到起诉。到 5 月，理查二世挚爱的教师西蒙·伯利爵士，以及他的内廷骑士约翰·比彻姆爵士、约翰·索尔兹伯里爵士和詹姆斯·伯纳斯全被定罪为叛国，被处以极刑。上诉诸侯进行了一场疯狂的清洗，旨在消灭任何被他们认为与理查二世的倒霉政权有哪怕是细微联系的人，有数十人受害。帮助理查二世宣布“美妙议会”法令是叛国行为的法官们如今自己被判死刑。直到议会解散时，这些法官才被饶了死罪，被改判流放爱尔兰。

理查二世列席了近四个月的审判，眼睁睁看着自己的伙伴和盟友一个个被拖去绞杀、开膛和斩首。他被迫主持议会，随着议程继续下去，越来越感到绝望。伯利受审时，国王与格洛斯特公爵大吵特吵，差点动起手来。理查二世不顾一切地为这个老人辩护，恳求饶他一命；王后甚至向三位主要的上诉诸侯跪下，请求他们开恩。的确，好几位比较温和的诸侯，包括约克公爵（兰利的埃德蒙），甚至还有两位地位较低的上诉诸侯——德比伯爵亨利和诺丁汉伯爵托马斯也主张放伯利一条生路。但在这次“无情的议会”上，任何人都没有办法逃脱死亡和毁灭。二十岁的理查二世已经尝够了一生的耻辱。

重塑王权

“无情的议会”之后的五六年中，理查二世过得很平静。他的许多亲密朋友要么被流放，要么被上诉诸侯处决，但清洗结束之后，英格兰重新安定下来，尽管这安定有些诡异。上诉诸侯达成了他们的所有目标。理查二世受到了管教。双方都没有什么东西值得去争斗了。

有迹象表明，理查二世似乎吸取到了时事的一些教训。至少在表面上，他努力更勤奋地理政。1389 年 5 月 3 日，他在御前会议上做了一件戏剧性的事情。他坐在大臣们面前，打断了议程，问在座的所有人，他今年多大年纪。他们答道，他今年二十二岁。理查二世随后发表了一番长篇大论，好几位编年史家都将这演说记载了下来。据亨利·奈顿记载，他说道：“若干年来，我接受了诸位的劝诫和教导，我向上帝及诸位深表感激，因为你们管理和维护了我本人，以及我的遗产……但是现在，蒙上帝洪恩，我已经是个成年人了，已经二十二岁了。因此我希望能有自由……拥有我的王国……任命官吏与大臣，并自由地罢免一些在任的官员。”

据托马斯·沃尔辛厄姆记载，理查二世随后命令约克大主教托马斯·阿伦德尔辞去大法官职务，交出大印。“国王将大印纳入自己衣服的褶皱中，然后突然起立，走了出去；过了片刻，他走了回来，重新坐下，将大印交给了温切斯特主教威廉·威克姆，尽管他很不情愿接受。然后，他任命了九名官员……全都是凭借他自己的判断和权威。他将格洛斯特公爵和沃里克伯爵……从御前会议罢免了。”

这有可能酿成灾祸，但事实上并没有。理查二世开始主持朝政，比以往负责任得多。他申明了自己选拔御前会议成员和非正式谋臣的权利，但也接受事实，即他必须听取有经验的人的建议，比如威克姆（他在理查二世祖父在位时，在 14 世纪 60 年代曾担任大臣）。

冈特的约翰前不久从卡斯蒂利亚回国，与理查二世和解，并成为国王的强有力支持者。冈特的约翰帮助理查二世缓和了与先前的上诉诸侯之间的关系，为国王夫妇举办奢华的狩猎聚会，并尽可能多地与国王手挽手散步，与他长谈。国王公开佩戴约翰的号衣衣领（两个互相缠绕的 S 形），以此表达对最年长的叔叔的感激。1390 年，他授予冈特的约翰在兰开斯特公爵领地近似王权的军政大权，并且可以将其传承给男性继承人。另外，国王还将阿基坦公国封赏给冈特的约翰，由他终身享有。这个决定抵触了金雀花王朝的传统：自 13 世纪以来，阿基坦就一直是王长子和继承人的封地。于是，冈特的约翰有了同法兰西议和的动机，因为那符合他的利益。

冈特的约翰参加了 1390 年 3 月的御前会议，这次会议达成了一个协定：所有涉及财政的决定都必须由国王的全部三个叔叔一致批准。理查二世显然接受了这个协定，于是达成了一种新共识，国王和诸侯可以再一次合作了。王室财政恢复了元气（1389～1396 年，王室收入增长了 36%），议会不再是国王、贵族和平民的战场，而重新恢复了其固有职能，即磋商王国政务的论坛。

如果说爱德华三世的宫廷宣扬的是骑士精神和战争，那么理查二世的宫廷标榜的则是受膏国王的辉煌。宏伟尊贵的新称呼得以普及。在过去，臣民称英格兰国王为“主公”，而如今首次启用了“殿下”和“陛下”这样的称呼，这是对法兰西时尚的效仿。书面的称呼甚至更加浮夸和戏剧性，比如“最高贵、最强大的君主”和“无比尊贵的陛下”。敌视理查二世的沃尔辛厄姆说这些称呼“不应属于凡人，而是神圣的荣誉”，“尽是怪异而谄媚的词语，凡人不配享有”。

理查二世的宫廷变成了文学和艺术创作的中心，当时的一些最伟大的作家就是在王室庇护下笔耕的。理查二世本人对文学的兴趣很短暂，也没有赞助多少文学作品，但他的宫廷是将英格兰本土语言改造为高雅文学语言的核心场所。伟大的伦敦学者约翰·高尔声称，他于 1386 年在一艘驳船上拜见了理查二世，在后者的亲自要求下写了《情人的忏悔》（*Confessio Amantis*），这是一部长达三万多行的卷帙浩繁、高度复杂的爱情诗。《情人的忏悔》是用英语写的，首版于 1390 年发表，是献给国王和杰弗里·乔叟的。乔叟的《坎特伯雷故事集》也是在他与理查二世的宫廷有交情的时期写下的。年事已高的法兰西编年史家傅华萨访问了英格兰宫廷，向理查二世献上了一部法语诗集。约翰·克兰沃爵士创作了一些优雅的抒情诗；阿尔伯马尔公爵爱德华（约克公爵埃德蒙的儿子，也就是理查二世的堂弟）将一部著名的狩猎教科书从法语翻译成了英语。就连军人廷臣约翰·蒙泰古爵士，也在国外因为对文学的鉴赏和诗歌的创作技巧而得到杰出的威尼斯女作家克里斯蒂娜·德·皮桑的赞誉。

国王慷慨大方地资助艺术家和建筑师。到 14 世纪 90 年代，本世纪的伟大建筑师亨利·伊夫利已经是个古稀老人。他于爱德华三世在位时最为丰产，现在则为理查二世开始创作他最著名的杰作：威斯敏斯特厅的改建。他加高了外墙，并增添了巨大的锤梁式屋顶和华丽的类似大教堂的入口。他在大厅内装饰了一系列白色雄鹿（理查二世的私人徽记），并安置了十三座雕像，他们是从忏悔者爱德华到理查二世的英格兰历代国王，象征着英格兰王政一直到金雀花王朝时代的延续性。

不久之后，理查二世得到了一件宝物：威尔顿双联画。这是一幅令人魂牵梦萦的美丽图画，描绘三位圣徒——忏悔者爱德华、撒克逊时代的孩童国王圣埃德蒙和施洗者约翰——将国王引见给圣母和圣婴。理查二世对忏悔者爱德华的痴迷几乎和亨利三世一样强烈。爱德华一世和爱德华三世那样的武士国王喜欢传奇中的军人，如亚瑟王和圣乔治，理查二世却自诩为和平的君主，而忏悔者爱德华的爱好和平为编年史家们所称道。1395 年，国王修改了王室纹章，在百合花和举右前足向前行进、面部正对观看者的狮子上添加了忏悔者爱德华的纹章。

威尔顿双联画富含神秘莫测的象征主义：既指涉了理查二世古老的盎格鲁—法兰西血脉，也含有确凿无误的标志，说明他当真相信君权神授。围绕着圣母的天使们佩戴着白鹿的徽章，似乎他们是国王的仆役，来保护他的。在双联画的背面有一只更大的鹿，斜躺着，脖子上戴着项链，项链的坠子是一顶王冠。

然而，在这普天同庆、光辉灿烂的王权重塑的表象之下，理查二世虽然比以前冷静沉稳了许多，似乎也更讲道理，但实际上禀性难移。14 世纪 90 年代初，他积极地以更专制、更独裁的方式改造自己的统治。王权并不在于王位或它对公共权威的代表，而是在于理查二世本人。英格兰全国各地的骑士和乡绅们开始接受国王的白鹿号衣。其中有很多人已经在王室政府中任职。国王不信任他的公共权威机器；他感到自己需要私人的、可见的、仪式性的方式，将国民与自己维系起来，成为他们的直接领主。

在盛大的公共场合中，有时理查二世的典礼会带有一种恶意。1392 年，他与伦敦市民因为一笔贷款的事情闹僵，为了和解，需要举行一场正式加冕礼那种规模的大型盛典。理查二世国王和安妮王后身穿华服，走过街头，而城市行会的人们逢迎巴结地恭候着。国王夫妇得到了奢侈的礼物：打扮成天使的小男孩们向他们送上金币；在圣殿区域，有人呈上了一张黄金桌子；威斯敏斯特教堂举行了一场盛大的感恩礼赞，包括前往忏悔者爱德华圣龛的游行。一连几个月，伦敦市民仍然在向国王赠礼，以表忠心；1393 年的主显节，理查二世收到了一头骆驼，王后得到的礼物则是一只鹈鹕。

在某种意义上讲，接受臣民的卑躬屈膝，是君主生活的一部分。但是金雀花王朝最成功的国王们——亨利二世、理查一世和爱德华三世都倾向于和臣民们亲热地打成一片，而不是高高在上、和他们隔绝。亨利二世对王权的尊贵不感兴趣，而是喜欢骑马四处奔走，住在临时搭建的营地里，与所有面见他的人嬉笑打闹。爱德华三世乔装打扮为普通人，在比武大会上和自己的骑士打斗，而且非常强调平民在政府中的作用。即便是恶名昭彰的约翰国王也曾亲自审理涉及最低贱臣民的案件。然而，理查二世似乎打定主意，要通过宫廷的豪华排场来突出自己的独一无二和优越。

到 14 世纪 90 年代中期，国王渴望得到尊崇的欲望已经到了病态的地步。他的心理一直非常脆弱和敏感，现在似乎已经开始精神失常。1394 年 6 月 7 日，安妮王后在西恩去世，年仅二十七岁。她多年来一直是理查二世的好伴侣，他对她感情甚笃。悲痛之中，他命令将她去世时所在的宫殿拆毁，尽管他曾花费巨资来改建这座宫殿作为他们的家。然后，他发了一个非常戏剧性的誓言：一年之内，绝不踏入任何他曾与亡妻一起待过的房屋，教堂除外。他极其关注仪式，为了等待从佛兰德进口合适的蜡烛，竟然推迟王后的葬礼两个月之久。但这远远不止是对亡妻的哀悼。安妮的去世似乎触发了什么，理查二世又变回了那个急躁暴跳的孩子。他召唤所有权贵于 7 月 29 日到伦敦参加葬礼。阿伦德尔伯爵迟到了，来到国王面前的时候，理查二世竟猛击他的面部，打得他满脸流血地倒在地上。

这不是唯一一场国王严重失态的葬礼。1392 年，罗伯特·德·维尔在法兰西流亡期间被一头野猪弄伤，不治身亡。他的遗体被施以防腐处理，最终于 1395 年 11 月被送回英格兰。许多英格兰权贵拒绝参加他的葬仪。那些参加了葬礼的人看到，国王命令打开他朋友的棺材，给德·维尔冰冷僵死的手指戴了金戒指，并最后一次凝视这个已经死了三年的人的面庞。

安妮去世以及德·维尔下葬之后，理查二世对爱德华二世的生平越来越痴迷。他鼓励格洛斯特修道院（爱德华二世的安葬地）的僧侣每年纪念这位被谋杀的国王。1395 年，他请求教皇将自己的曾祖父封为圣徒。同一年，他命人为自己在威斯敏斯特的墓穴制作了一道奇怪的碑文："他打倒了所有侵犯王室特权的人；他消灭了异端分子，驱散了他们的党羽。"这可以解释为理查二世对罗拉德派（遵循约翰·威克里夫教导的基督教改革派）的警惕，但也有些潜在的令人不安的成分。

就像他希望封圣的那位先祖一样，理查二世始终没有真正懂得成功王政的本质——将他的公共权威和王国的需求与他私人的意愿、朋友和品味平衡起来。他对爱德华二世五体投地，而这位国王给国家带来的只有分裂、暴力、腐败和流血，这足以说明理查二世对君主义务的理解是何等扭曲。他感到有必要维持他自己的公务人员，说明他有植根于内心深处的迫害妄想狂，他在幼年时便已经有了这种毛病。

但在理查二世的性格里还有另外一种本能，主宰了 14 世纪的最后几年，而且与国王的爱好和平的自我标榜格格不入。那就是，睚眦必报，复仇的渴望永远得不到满足。

理查二世的复仇

理查二世统治的最初十年中，国家动荡不安。在第二个十年里，他花了很大精力让国民恢复对他统治的信任。14 世纪 90 年代上半叶，国王与御前会议紧密合作，朝政运转良好。议会没有试图清洗行政部门，也没有再羞辱国王。王室财政好转。1394 年，理查二世花了七个月时间远征爱尔兰，带去了不计其数的年轻贵族和七千士兵。他在一封信中宣示了此次远征的目标："讨伐那里的叛贼，建立良好的政府，公正地统治我们的忠实臣民。"这次行动非常成功。理查二世在爱尔兰取得的成就（至少在短期看来）超过了自亨利二世以来的任何一位国王。

1396 年 3 月，英格兰终于和法兰西缔结了为期二十八年的停战协定，并敲定了联姻：理查二世将迎娶查理六世年仅七岁的女儿伊莎贝拉，嫁妆丰厚，高达 80 万法郎。1396 年 10 月，新娘被送来时，理查二世与查理六世在阿德尔（离加来不远）会面，庆祝协定的达成。这是一次富丽堂皇的盛会，原野上到处搭建着华美的帐篷，随处可见珠宝和礼物：黄金的船模、配有银鞍具和珍珠项圈的骏马。两位国王以基督教世界的救星自诩，因为英格兰和法兰西终于和平了，或许能够选出一位教皇，结束罗马—阿维尼翁的宗教大分裂。会议还谈到了发动一次新的十字军东征，这一次是反对突厥人。在托马斯·沃尔辛厄姆看来，英格兰终于"沐浴在和平中，但愿能够借助国王的光辉，享有一个繁荣昌盛的未来"。

1397 年 1 月 6 日，理查二世三十岁了。三十而立，这是他成年旅途中最后一个重要的里程碑。国王终于成了一个男子汉。或者，他真的是男子汉了吗？即便在他最成功的时候，也有一些不祥的迹象，表明理查二世在内心深处仍然受到很多困扰，他过于敏感，缺乏安全感，觉得自己受到威胁的时候往往会大发雷霆、进行血腥的报复。在与法兰西谈判过程中，他的严重的迫害妄想狂的一个早期症状暴露了出来。国王希望在和约中加上这样一条：若有必要，查理六世有义务提供军事援助，帮助他镇压英格兰人民。和约的最终文本没有包括这一条，但仍然令人担忧。1386 年，理查二世曾向阿伦德尔主教和他的叔叔格洛斯特公爵托马斯咆哮，说如果有必要的话，他会邀请法兰西人入侵英格兰，来保障他的王位。这表明，借助法兰西之力维护自己地位的想法始终萦绕在他心头。

在 1397 年 1 月的议会上，国民的不满情绪更明显地表露了出来。这届议会是在与法兰西签订停战协定之后召开的，有人向国王明确表示，并非所有人都像国王一样，对新的和约感到满意。有人在发牢骚，主要是格洛斯特公爵（据傅华萨记载）认为，“这个国家的人民希望打仗。没有战争，他们就没办法体面地生活。对他们来说，和平百无一用。”其他人则抱怨，国王已经三十岁了，至今膝下没有一男半女，王后年仅七岁，于事无补。还有人对阿德尔庆祝活动的奢侈排场表示不满，因为它耗资高达 1.5 万镑，差不多是一场相当规模的军事入侵的经费了。理查二世向议会要钱以帮助法兰西国王远征米兰，被议会冷冷地拒绝了。他焦躁起来，亲自到议会为了这项政策摇旗呐喊。“教士托马斯·哈克西”向议会呈送了一份请愿书，抱怨王室官吏的流氓行径、苏格兰边境的糟糕状况、国王在各郡持续维持私人军队的行为以及国王内廷的“过分奢靡”。理查二世看了请愿书，当即发作，命令将哈克西逮捕，以叛国罪处死（后来考虑到哈克西是教士，撤销了这个判决）。

所有这些迹象表明，在 1397 年初，国王（他在同一届议会上自夸为“英格兰王国全境之皇”）为了自己的帝王尊严受到攻击而越来越恼羞成怒。最令理查二世恼火的就是别人的公开批评。理查二世被逼退到墙角的时候最为危险。

1397 年 7 月，曾与国王对抗了十年之久的三位最资深的上诉诸侯再一次与国王交恶。格洛斯特公爵是批评对法停战协定的贵族的领头羊，他一般都躲在自己的普莱西城堡内，（据傅华萨记载）“对国王深恶痛绝，没有一句好话说”。与此同时，沃里克伯爵这些年来一直没有参与政治。理查二世确保两项高规格的法律争端对沃里克伯爵不利。阿伦德尔伯爵与国王和冈特的约翰争吵过多次，被完全孤立了。他对国王越来越不满，开始拒不参加御前会议。理查二世突然决定开始报复他们，不足为怪。

1397 年 7 月 10 日，理查二世亲自带人去普莱西城堡抓人。全副武装的士兵在死寂的黑夜中疾驰，他们的白鹿号衣表明他们是国王的忠仆。他们的任务非常特别而且重大：逮捕国王的叔叔——格洛斯特公爵。在他们背后的伦敦，沃里克伯爵已经被投入伦敦塔。理查二世邀请沃里克伯爵赴宴，把酒言欢，宴席快结束时，国王突然站起来，命令将伯爵逮捕、关入监牢。现在轮到格洛斯特公爵了。

天亮之前，他们来到了要塞的雄伟石墙下。他们做好了武装对抗的准备，但很快就发现，格洛斯特公爵在城堡内的人马极少。国王的兵马远远超过他，因此轻松地冲进了要塞。理查二世向格洛斯特公爵问候，称他为“亲爱的叔叔”。然后，国王命令将他逮捕，武装押解到一艘船上，然后将他送往一座位于加来的监狱。

理查二世此次政变的速度和效率就像爱德华三世于1330年逮捕罗杰·莫蒂默一样。二十四小时之内，在毫无预兆的情况下，理查二世逮捕了1386年的全部三位资深上诉诸侯。格洛斯特公爵和沃里克伯爵是国王亲自逮捕的。阿伦德尔伯爵被他的兄弟坎特伯雷大主教说服自首，理查二世把他关到了怀特岛。上诉诸侯一夜之间就遭到了惩罚，被打了个措手不及。用托马斯·沃尔辛厄姆的话说，王国“突然间、出乎意料地陷入了混乱”。在随后两年内，英格兰在理查二世的暴政下噤若寒蝉。

此次政变之后，朝廷发出一系列声明，称这三位诸侯被捕的罪名是“冒犯国王的尊严”，但否认这些罪名与1386年的事件有关。很少有人相信这话。国民众说纷纭，流言蜚语层出不穷。当时的编年史家记述了自己的怀疑。《英格兰国王理查二世遭背叛及遇害编年史》（一部记述理查二世末年的史书，对他比较同情）的法兰西作者听说，上诉诸侯图谋反对理查二世、冈特的约翰和约克公爵。托马斯·沃尔辛厄姆声称，理查二世相信自己即将被选为神圣罗马皇帝，而选帝侯们要确信他有能力惩戒自己的臣民，才会放心把数十万德意志臣民交给他。其他人，如编年史家阿斯克的亚当，干脆就不相信国王的宣言，他在书中写道，理查二世对之前的敌人素来怀恨在心，之前是在韬光养晦，等待自己政治上羽翼丰满之后对其进行报复。不管动机如何，理查二世这么快速和轻松地铲除了敌人，的确了不得。在1397年7月10日逮捕三名大贵族之后，国王只花了三个月时间就彻底扫清了之前的所有敌人。

1397年9月17日，议会开幕，与会者大多是保王党人，议程是在士兵的监视下进行的。威斯敏斯特厅正在重新装修，所以会议是在一座大型的四边敞开的木屋内进行的。平民和贵族议员在理查二世的三百名柴郡弓箭手的监视下鱼贯进入会议厅。据伊夫舍姆的僧人记载，国王端坐在高高的宝座上，"发布裁决"，以"超过之前任何一位国王的庄严"主持会议。

大法官——埃克塞特主教斯塔福德起立发表开幕讲话，告诉议员们，政府已经采纳了新的准则。他以《以西结书》37：22为主题："有一王作他们众民的王。"这是个不祥的开端。斯塔福德主教讲到正题，向议员们宣布："若国王拥有足够权威来统治，则必须完全掌控全部的君主尊严、特权和权益。"然后宣布了大赦，但"国王指定的五十人"不在赦免之列。但理查二世没有具体指出这五十人是谁，而是让所有心中有愧的人来恳求他的宽恕。随后一年中，有五百人向国王请求宽恕，并得到了赦免。理查二世这是在强迫他的敌人们自己露头。那些得到宽恕的人为此付出了极大代价。

议会开幕一个月之后，理查二世模仿当年上诉诸侯的做法，让七名贵族（理查二世的侄子肯特伯爵①和同母异父哥哥亨廷顿伯爵②、萨默塞特伯爵、诺丁汉伯爵、索尔兹伯里伯爵、托马斯·德斯潘塞勋爵和威廉·斯科罗普爵士）向他的

---

① 是第三代肯特伯爵托马斯·霍兰，后来晋升为第一代萨里公爵。他的父亲是第二代肯特伯爵托马斯·霍兰。

② 第一代亨廷顿伯爵约翰·霍兰，后来晋升为第一代埃克塞特公爵。他是肯特的琼的儿子，因此是理查二世的同母异父哥哥。

三个敌人提出抗诉。这七名原告后来大多申辩自己是被国王强迫，才这么做的。但他们的起诉得到了充分利用。在国王本人挑选的议长约翰·布希爵士（沃尔辛厄姆称他在理查二世面前卑躬屈膝，“仿佛在向他祈祷”）率领下，胆战心惊的议会撤销了组建改革委员会的法令，并收回了“无情的议会”后对格洛斯特公爵、阿伦德尔伯爵和沃里克伯爵的赦免令。几天后，坎特伯雷大主教阿伦德尔（阿伦德尔伯爵的兄弟）被罢免，遭到流放。

在此期间，冈特的约翰作为总管大臣主持着议会。让这位年迈的公爵扮演这样的角色实在是残忍，但他毕竟有自己的利益要考虑。他的健康状况很糟糕，而且在 1394 年至 1396 年期间远在阿基坦公国，因此被排挤出了政治核心。现在他必须讨好理查二世，以保护自己的长子——曾经的上诉诸侯德比伯爵博林布罗克的亨利，并赋予自己与凯瑟琳·斯温福德（他的长期情妇，最终成为他的第三任妻子）生的孩子[①]合法地位。冈特的约翰在议会上身穿带有鲜红色兜帽的长袍。他尽了自己的义务。9 月 21 日，星期五，阿伦德尔伯爵被带到议会受审。冈特的约翰支持国王。阿伦德尔伯爵因为自己在 1386 年的所作所为被正式控告叛国，而新的抗诉者们在他周围上蹿下跳，对他出言不逊。“你的赦免令被撤销了，叛贼。”冈特的约翰告诉他的宿敌，然后宣布他犯有叛国罪，死罪难逃。“忠诚的平民议员在哪里？”阿伦德尔伯爵悲愤地环视四周，问道。然后他告诉议长布希：“我对你和你那一伙了如指掌，也知道你

---

① 即后来的权臣博福特家族，都铎王朝的法统便来自冈特的约翰与凯瑟琳·斯温福德的儿子约翰·博福特。

是怎么爬上来的。”这话对他没有任何助益。他被带出议会，在伦敦塔山被用剑斩首。行刑人手起剑落，阿伦德尔伯爵的首级干脆利落地滚下，而躯干仍然笔直地站立着，直到足以背诵完主祷文的时间过去，才轰然倒地。

托马斯·沃尔辛厄姆记述称，阿伦德尔伯爵的鬼魂一直纠缠着理查二世，“以无法言喻的恐怖威胁他”。如果这是真的，理查二世也没有放弃报复。随后的星期一，轮到格洛斯特公爵了。这的确是令人忧伤的场面，又一位英格兰国王企图处决一位拥有王室血统的公爵。此前，诺丁汉伯爵托马斯·莫布雷被派往加来，押解格洛斯特公爵到议会。诺丁汉伯爵走进噤若寒蝉的议会，宣布了令人震惊的消息：格洛斯特公爵已经死了。

诺丁汉伯爵没有告诉议会的是，公爵是在加来被谋杀的，下令的就是他自己，当然最终的幕后黑手是国王。格洛斯特公爵被从监狱牢房带出，带到一座房屋内，在那里被用羽毛床垫闷死，死亡时间可能是 9 月 9 日夜间，也就是议会开幕的九天之前。

诺丁汉伯爵宣读了一份所谓的格洛斯特公爵政治悔罪书，其中格洛斯特公爵承认自己犯有许多与 1386 年事件相关的罪行，承认上诉诸侯曾在几天之内决定废黜国王，但是因为不能决定由他们中的哪一个来继承王位，于是放弃了计划，重新对理查二世宣誓效忠。这个所谓认罪非常可疑。悔罪书的结尾是恳求国王“对我开恩，宽恕我，……尽管我配不上他的恩典”。即便已经死了，他还是没有得到宽恕。他被追加了叛国的罪名。

9 月 28 日，星期五，轮到沃里克伯爵了。他被带到议会时号啕大哭，将自己参与政变归咎于他人，哭喊着哀求国王饶命。一个衰弱的老人哀求饶命，这是一幅可悲的情景。在其他贵族为他求情之后，理查二世判处他在马恩岛终身监禁，并没收了他的全部土地和财产。1386 年的上诉诸侯终于被消灭了。新的政治秩序即将开始。

理查二世将垮台的敌人的广袤领地重新分配，建立了一个新的高级贵族阶层。逃脱了惩罚的两位上诉诸侯是冈特的约翰的儿子——德比伯爵（博林布罗克的亨利）和诺丁汉伯爵（托马斯·莫布雷）。他们分别被晋升为赫里福德公爵和诺福克公爵，而莫布雷的外祖母——布拉泽顿的玛格丽特被册封为诺福克女公爵。约克公爵埃德蒙的儿子爱德华成为阿尔伯马尔公爵。理查二世的侄子——肯特伯爵托马斯·霍兰被擢升为萨里公爵；国王的同母异父哥哥亨廷顿伯爵约翰·霍兰则成为埃克塞特公爵。萨默塞特伯爵约翰·博福特被晋升为多塞特侯爵①。此外册封了四位新伯爵：国王的朋友和廷臣拉尔夫·内维尔、托马斯·德斯潘塞、托马斯·珀西和威廉·斯科罗普分成被封为威斯特摩兰伯爵、格洛斯特伯爵、伍斯特伯爵和威尔特伯爵。这些封官加爵意味着地产、权力和财富的大规模转移。这是令人眼花缭乱的两周。

9 月 30 日，议会闭幕，最后的仪式是对“无情的议会”的模仿，诸侯在忏悔者爱德华圣龛前宣誓支持此次议会的决议。理查二世高坐在宝座上，威风凛凛、大权在握。整个国家在他面前战战兢兢。他的少数文学门客之一约翰·高尔鄙夷地写道：“在 9 月，残忍的暴行执利剑横行肆虐。”

① 约翰·博福特是冈特的约翰与凯瑟琳·斯温福德所生的长子，因为是非婚生子，所以尽管有金雀花王族血统，仍被排除在王位继承权之外。约翰·博福特的孙女玛格丽特嫁给了埃德蒙·都铎，生下了后来的都铎王朝首位君主亨利七世。埃德蒙·都铎没有金雀花王族血统，因此都铎王朝的法统继承自约翰·博福特。所以说，都铎王朝的继承权非常微弱，得国不正。

理查二世垮台

考文垂全城欢呼雀跃。1398 年 9 月 16 日，星期一，自破晓以来，城外不远处戈斯福德的比武竞技场上便熙熙攘攘，挤满了骑士和诸侯、主教和到访的外国权贵，以及围观的平头百姓。到处是装饰精致华美的营帐，到处是风流倜傥的骑士侍从，他们身穿五颜六色的鲜亮号衣，佩戴着银带扣和甲胄，兵器在他们身侧闪闪发光，令人不寒而栗。这天上午九点，将会发生一个稀罕的事件，吸引整个英格兰的注意力。两位公爵将在国王面前决斗，接受神裁。到这一天结束的时候，赫里福德公爵（博林布罗克的亨利）和诺福克公爵（托马斯·莫布雷）之间很可能有一个人会丢掉性命。胜利者将被证明是清白无辜的。这将是当时最伟大的骑士场合之一。

博林布罗克的亨利和莫布雷在 1386 年时曾是盟友，两人一起加入了上诉诸侯，与国王分庭抗礼。在 1397 年的清洗中，他们仍然享有国王的恩宠，逃脱了格洛斯特公爵、阿伦德尔伯爵和沃里克伯爵的命运，并且在随后瓜分土地和头衔的狂潮中大赚了一笔。然而，现在他们却是不共戴天之敌。两人不断发生激烈争吵，在议会上、在国王面前互相指责谋逆。威严富丽的理查二世决定，解决争端的唯一办法是武装决斗。

两人的纠纷根源极深，非常复杂。其核心问题是博林布罗克的亨利于 1398 年在议会上的发言。他告诉国王和与会的诸侯，理查二世在议会上的报复令莫布雷十分恐惧，于是莫布雷向亨利警告说，他们两个曾经也是上诉诸侯的支持者，很快就会"完蛋"。博林布罗克的亨利说，莫布雷告诉他，他们得到的赦免令一文不值，国王正在阴谋杀死亨利及其父亲冈特的约翰、撤销1327年对兰开斯特的托马斯的赦免，并将整个兰开斯特公爵领地收归王室所有。这是干系重大的指认。要么是莫布雷在势力强大的诸侯和国王之间挑拨离间，要么他的确相信理查二世正在打算铲除整个兰开斯特家族，将冈特的约翰和他的儿子从金雀花王朝的继承顺序中彻底排除，并借此将英格兰最丰厚的遗产之一占为己有。

事实上，两人的矛盾比这更深。理查二世的宫廷形成了两个派系，一派是冈特的约翰、博林布罗克的亨利和兰开斯特家族，另一派则是猜忌、敌视和嫉妒兰开斯特家族的人。现在看来，阴谋杀害他们的不是理查二世，而恰恰是莫布雷。理查二世强烈地相信自己的堂弟博林布罗克的亨利说的是实话，于是将莫布雷囚禁在王室掌袍部①。但莫布雷的罪名无法得到证实。而且莫布雷坚决否认有过这样的叛逆言论，拒绝与博林布罗克的亨利和解，并且要求与他决斗，于是国王做了这样的选择。

于是考文垂一派紧张气氛，狂热的观众和大诸侯的武装扈从们都急切地等待着，看谁能够从理查二世暴政的最新一出恐怖大戏中生存下来。

上午九点，博林布罗克的亨利催动白色骏马，从戈斯福德冲出。这匹高头大马的马鞍上装饰着蓝色和绿色天鹅绒，绣着金色的天鹅和羚羊。他身旁跟随着六名身穿号衣的侍从。他身

① 掌袍部（wardrobe）是国王内廷的一个部门，负责保管王室的衣服、财宝和甲胄等。掌袍部控制的资金不受财政部监管，可以算作国王私产，由国王自行支配。

穿熠熠生辉的板甲和链甲，这都是花了很大价钱从米兰公爵吉安·加莱亚佐·维斯孔蒂那里买来的。他携带着一支长剑、一支短剑和一把匕首，他的银盾牌上绘有鲜红色十字，这是英格兰和圣乔治的纹章。他向英格兰的司厩长和最高军务官宣布，自己的目标是“以武力抗诉诺福克公爵托马斯·莫布雷，他是叛贼，对上帝、国王、国家和我撒谎”。他宣了誓，检查了自己的武器，并让神父为其祝圣，并吃了点东西，因为战斗可能会持续到黄昏时节。然后，他将头盔上的面罩拉下，在胸前划了十字，从一名侍从手中接过长枪，骑到自己的营帐处，等待莫布雷。他的营帐装饰着许多红玫瑰①。

在传令官的号角声中，国王驾到了。理查二世像以往一样衣着华丽，大队私人武装士兵（来自柴郡的弓箭手和武士）前呼后拥。理查二世的忠实的平民议长约翰·布希爵士向围观群众宣布，任何人都不得触碰比武场的木栏杆，否则会被砍手。空气中一派杀气腾腾。这时诺福克公爵到了，身穿红色天鹅绒，战马的披挂上饰有银色狮子和桑树。他也宣了誓，然后走进自己的营帐。他纵马穿过栅栏时，高呼道：“上帝保佑义人!”

战斗的时间到了。两位公爵的长枪都接受了测量，然后他们的营帐都被迅速拆除，以便为比武场留出空地。双方各自上马。司厩长和最高军务官撤离比武场。伸张正义的时刻到了。博林布罗克的亨利向对手冲去。莫布雷在原地一动不动。所有人都在等待第一回合的交锋。

突然间，理查二世站起身来，高呼：“停下！停下！”所

---

① 红玫瑰是后来兰开斯特王朝的标志。

有人都呆若木鸡。两位公爵被送回各自的帐篷，长枪都被没收，人们议论纷纷。国王开始斟酌此事，人们就在那里枯坐了两个钟头。最后布希终于站出来，向群众宣布了国王的命令。裁判结束了。不会有决斗。热衷于戏剧性事件和君主威严到了强迫症地步的理查二世宣布将两人都放逐国外，博林布罗克的亨利流放期为十年（后来减为六年），莫布雷则是终身流放。

编年史家托马斯·沃尔辛厄姆将 1397 ~ 1399 年称为理查二世的“暴政”，是很有道理的。王权原本用于保护国王的臣民，现在却被用来镇压他们，让国王从中渔利。莫布雷和博林布罗克的亨利的决斗被中止之后，理查二世戏剧性的绝对专制（于 1397 年开始）到达了顶峰。金雀花王朝的统治基础原先是对领土、地产和财富的保护。理查二世被自己的权力搞得神魂颠倒，就像他之前的爱德华二世一样，肆无忌惮地滥用王权。

簇拥在国王周围的是他的柴郡人马：骑士、骑士侍从和弓箭手，全都穿着白鹿号衣，他们虽然原本就有义务保卫国王，却为此领取日薪。理查二世不管走到哪里，都带着这群暴徒一般的弓箭手和武士，他们互相之间用浓重的北方方言对话，亲热地称呼国王为“迪肯”。夜间，膀大腰圆的卫兵手执粗大的战斧，侍立在国王寝室外，并对他说：“迪肯，有我们守卫，你大可以高枕无忧。”据阿斯克的亚当（他是兰开斯特家族的支持者，消息灵通）记载，柴郡人目无法纪，犯下了累累罪行却能逍遥法外：“不管国王去哪里，他们都守护着他……犯下了通奸、谋杀和不计其数的其他罪行。”理查二世所到之处都带着一只凶猛的大灵猩，它曾是已故肯特伯爵的宠物。理查二世毫无人君之风。他时刻小心戒备，时刻威胁着自己的人民，更像是个骄横跋扈的领主，与他的整个王国为敌。

1397 年夏季，国王开始强迫臣民向他借款。他向各郡发出盖着御玺的书信，索要具体数目的金钱。信中债权人的名字是空白。理查二世的官吏向所有他们认为有油水的人发出这种信，实际上是合法的盗窃。大约在同一时期，国王还开始迫使臣民签署文书，承诺将自己的生命和财产无条件奉献给国王。如果这些人得罪了国王，国王就可以用这些文书，一夜之间让他们倾家荡产。随着国王的妄想狂越来越严重，他甚至要求臣民在“空白特许状”上加盖印章。据沃尔辛厄姆说，“不管国王何时想对签章的人发起攻击，都可以各个击破”。实在找不出比这更明目张胆地违反《大宪章》的做法了。《大宪章》是英格兰政体的神圣的奠基文档，每一届议会上都会按照惯例重新颁布一次。

这是理查二世最强大的时候，他编织着一张经济掠夺和人身威胁的大网。整个郡和整座城市被强迫以天文数字的巨款购买国王的赦免令，被迫以数千镑的数额作为忠顺的保证金。1397 年，国王向全国发布了“普遍大赦”，赦免所谓的侵犯国王尊严的集体罪行，但条件是，理查二世要终身享有一笔岁贡。两位新晋大员——阿尔伯马尔公爵和肯特伯爵（分别是理查二世的堂弟和侄子）得到授权，利用叛国法令猎捕国王的敌人。理查二世似乎相信，他的复仇铁手给国家带来了和平。1397 年，在给巴伐利亚的阿尔伯特的信中，他写道，他“铲除和消灭了”他的敌人，进行了“严酷的复仇”，“给我的臣民带来了和平，蒙上帝保佑，这和平也许能永世长存”。

这与事实相差甚远。他的恐怖统治远远没有安抚全国。他的私人武装越来越膨胀，将国家逼到了内战的边缘。国王建立自己的私人军队的时候，贵族们也纷纷效仿。他对土地的大规模重新分配严重扰乱了地方上的权力结构。他所到之处都带着自己的武士的习惯影响了权贵们的势力范围，破坏了各郡的稳定，因为地方上的稳定得益于人民对当地权贵的忠诚。理查二世有时显得心理变态，让他自己的廷臣也胆战心惊。有人生动地回忆道，“在一些庄严的场合，他照例执行了君主的仪式后，便命人在室内安排宝座。从晚饭之后到晚祷时分，他就威风凛凛地坐在上面，一声不吭，注视着所有人；他的目光落到任何人身上，不管他的阶级地位如何，都必须向国王屈膝鞠躬”。

恐怖的气氛令人民如坐针毡。不仅仅是贵族坐立不安，普通百姓也掀起了起义和暴动。1398 年 3 月牛津郡自耕农的起义威胁要杀死国王和贵族；同时期伯克郡也爆发了起义，企图在国王巡游该郡时伏击他。大多数新贵的地位全都来自理查二世的恩典，一个不小心就会失去一切，因此对他争相表忠心，但是这种忠诚是毫无深度的。

理查二世刻意让他的贵族们争吵不休、互相敌视和阴谋暗算。博林布罗克的亨利和莫布雷的纠纷体现了理查二世暴政的许多特点，成为全国瞩目的一场戏剧，其高潮部分是，国王重新申明了自己对臣民的生杀予夺大权。1398 年 10 月，博林布罗克的亨利离开伦敦，开始他的六年流亡时，街头挤满了为他送行的忧伤群众，对他说：“在您回国之前，这个国家永远不会喜悦。”（这是傅华萨的说法）这恰恰就是理查二世害怕的——其他人得到民心，也是放逐亨利的动机之一。但他们都不可能想到，国王的堂弟很快就回卷土重来。

1399 年 2 月 3 日，冈特的约翰在莱斯特城堡去世，享年五十八岁。他的灵柩被缓慢地运过英格兰乡村，送葬队伍周围挤满了身穿丧服的哀悼者。据阿斯克的亚当记载，他被“隆重地”安葬在伦敦的圣保罗大教堂。国王在叔叔临终前拜访了他。后来有个故事，说冈特的约翰在死前将自己阳具周围的溃烂处给理查二世看，警告他以此为戒，不要纵欲宣淫，尽管这警告有些多余。

冈特的约翰在其漫长一生中不曾得到普遍的爱戴，但他在一些非常艰难的时刻忠诚地为金雀花王朝效劳，参与了一些重大的冒险。他曾经指挥大军征战，也曾率领雄壮华丽的外交使团。他曾长期奋斗，希望夺得西班牙的一个王位，虽然最终没能登基，但他养育的两个女儿分别成为葡萄牙和卡斯蒂利亚的王后。在国内，在爱德华三世晚年，冈特的约翰曾同样顽强地捍卫金雀花王朝的权益；理查二世在位时，他也努力保护兰开斯特公爵领地的权利。他是激进的神学家约翰·威克里夫的早期支持者，也是伦敦的派系政治斗争中的关键人物。最重要的是，他积累了无与伦比的大地产，年收入高达 1.2 万镑。谁要是继承了兰开斯特公爵领地，就会成为英格兰除了国王之外最富有、最强大的权贵。理查二世在构建自己强大的领地势力范围时，不可避免地与兰开斯特公爵领地发生冲突。在英格兰中部的广袤地区，国王与冈特的约翰的私人势力范围互相交叠，造成了许多矛盾，双方也为了争夺追随者而发生了竞争。

冈特的约翰的去世对他的长子——博林布罗克的亨利——的意义最为重大。因为他是整个兰开斯特公爵领地的继承人，因此在 1399 年，他对表兄理查二世来说是个可怕的幽灵。在考文垂的决斗被取消后，博林布罗克的亨利和莫布雷都离开了英格兰。莫布雷的公爵领地被剥夺，于是他决定前往耶路撒冷朝圣，但途中在威尼斯死于瘟疫。而博林布罗克的亨利的流放一般被认为是不公正的，他到了巴黎，受到查理六世宫廷的欢迎，可以近距离地监视英格兰局势。他看到的情景是，一位国王在努力征服自己的国家。伟大而古老的英格兰领地一个个落入了理查二世及其伙伴手中。曾经属于沃里克伯爵、格洛斯特公爵、阿伦德尔伯爵和诺福克公爵的土地和城堡都被收归王室。1398 年，第四代马奇伯爵罗杰·莫蒂默（他有一定的王室继承权，因为他的母亲菲利帕是安特卫普的莱昂内尔的女儿，因此他是爱德华三世的曾外孙）在爱尔兰被杀。他的儿子埃德蒙还是个小男孩，于是马奇伯爵领地被国王收入囊中，对其进行监护。

冈特的约翰的葬礼结束后，理查二世去了兰利，那是爱德华二世最喜爱的地方，皮尔斯·加韦斯顿的遗体被葬在那里，爱德华二世曾在那里考虑对死敌兰开斯特伯爵托马斯进行报复。理查二世抵达兰利的时候，做出了一个命运攸关的重大决策。据理查二世的忠仆威廉·巴戈特爵士记载，国王宣布，他宁愿让格洛斯特公爵、沃里克伯爵和阿伦德尔伯爵的后代恢复继承权，也不愿意让博林布罗克的亨利回到英格兰。巴戈特写信给博林布罗克的亨利，告诉他，现在国王已经和他“势不两立”。理查二世于 3 月 18 日在威斯敏斯特召开会议，正式宣布剥夺博林布罗克的亨利对兰开斯特公爵领地的继承权，并判处他终身流放。

理查二世攫取土地到了最厉害的地步。冈特的约翰晚年害怕的事情果真发生了。1399 年春季，他的大片遗产被瓜分给理查二世的主要党羽：兰开斯特、塔特伯里和凯尼尔沃思被封给萨里公爵托马斯·霍兰；在威尔士的领地被封给埃克塞特公爵约翰·霍兰；莱斯特、庞蒂弗拉克特和博林布罗克被赏给理查二世的堂弟阿尔伯马尔公爵。剩余的大部分领地都被掌握在王室手中，其丰厚的收入直接流进了理查二世在诸多王家城堡内建立的金库。正如沃尔辛厄姆所说，此刻英格兰全国人民都明白，理查二世放逐自己的堂弟，不是因为后者与莫布雷的争吵，而是“因为这是个攫取公爵的财产的良机”。理查二世不像是个国王，而是个放纵的盗贼。由于这最后一次攫取土地的恶行，他奠定了自己的命运。

博林布罗克的亨利在巴黎得知自己被剥夺继承权时，并不感到意外。他自幼与理查二世熟识，在 1381 年的农民起义期间曾躲在伦敦塔的壁橱内，在理查二世与上诉诸侯的长期斗争中曾经反对过他，也曾支持过他。他知道，国王不是一个值得信赖的人。但在同一时间传到巴黎的其他消息也许会让他吃惊：国王打算率军第二次远征爱尔兰。他会将自己的支持者和大部分私人武装都带过爱尔兰海，英格兰在几个月之内会几乎没有军队驻守。

这是个天赐良机，实在不容错过。理查二世在英格兰和法兰西都有敌人，于是博林布罗克的亨利和他们所有人取得了联系。他的第一个盟友是托马斯·菲茨艾伦，即前任坎特伯雷大主教，他在自己的兄弟阿伦德尔伯爵被处决的时候，遭到了理查二世的罢免。阿伦德尔家族和兰开斯特家族的关系也许不算太好，但他们都对国王恨之入骨。他们还联系到了英格兰国内对国王心怀不满的分子：诺森伯兰伯爵亨利·珀西、威斯特摩兰伯爵拉尔夫·内维尔。亨利从这些人那里得知，如果他入侵英格兰以夺回自己的遗产，应该会得到许多贵族的支持，大有希望成功。

理查二世于5月底出征，于6月1日抵达爱尔兰。他一定知道英格兰本土可能遭到入侵，因为他将王冠和王室御宝——金雀花王权的关键标志物——以及博林布罗克的亨利的儿子蒙茅斯的亨利[①]，带去了爱尔兰。他还带去了大部分保王派贵族和大量武士与弓箭手，准备讨伐一些爱尔兰酋长。

法兰西国王查理六世的精神病经常发作，因此法兰西政府朝政紊乱，对博林布罗克的亨利不构成威胁。他于6月底离开了法兰西。1399年7月4日，他在亨伯河口的雷文斯伯恩附近登陆。他身边只有不到一百人，算不得令人畏惧的入侵。但据柯克斯托尔编年史家记载，他刚刚登陆，“大群骑士和骑士侍从闻风蜂拥而来投奔他”。他的拥护者包括许多北方伯爵和骑士，包括诺森伯兰伯爵的儿子哈里·“热刺”[②]，他享有英格兰第一骑士的威名。

理查二世的国民长期以来饱受欺凌和敲诈，于是纷纷倒向博林布罗克的亨利的阵营。《英格兰国王理查二世遭背叛及遇害编年史》的作者写道，“人们争先恐后地奔向公爵，为他效力，向他献上自己的财产，无一例外”。整个英格兰为博林布罗克的亨利驾临的消息而欢欣鼓舞。理查二世留在国内的政府以约克公爵（兰利的埃德蒙，博林布罗克的亨利和国王的叔叔）为首，主力干将则为国王的宠臣，包括约翰·布希爵士和理查·斯科罗普爵士。他们于7月中旬企图在牛津组建一支

① 即后来的亨利五世国王。

② 即亨利·珀西爵士（1364~1403），第一代诺森伯兰伯爵亨利·珀西的长子，当时的英格兰名将，在与苏格兰的战争中屡建奇功。珀西家族支持博林布罗克的亨利。但后来他们又起兵反叛亨利四世，亨利·珀西爵士阵亡。亨利·珀西爵士是莎士比亚名剧《亨利四世》的主要人物之一。

保王党军队，但英格兰中部人民都奔向博林布罗克的亨利的阵营，因此他们不得不向西一退再退。阿斯克的亚当估计，博林布罗克的亨利麾下拥有十万大军。虽然编年史家们惯于夸大其词，但这一次应该没有夸张。

理查二世于7月底回国，企图在威尔士南部召集一支自己的军队。但博林布罗克的亨利已经到了布里斯托尔。从英格兰到威尔士，消息纷至沓来，声称差不多全国都已经背叛了国王。国王乔装打扮为圣方济各会修士，和少数亲信一起，抛下了在威尔士南部征集的兵马，向北横穿威尔士，抵达康维，索尔兹伯里伯爵正在那里征集一支保王党军队。国王抵达那里的时候，愈发垂头丧气。索尔兹伯里伯爵的四万军队作鸟兽散，士兵们纷纷逃离，还把国王的财物——金银珠宝、骏马华服——都抢走了。

到8月初，博林布罗克的亨利几乎已经是英格兰无可争辩的主宰。理查二世无助地枯坐在康维城堡，向上帝和圣母玛利亚祈祷，并向朋友们絮絮叨叨，希望法兰西国王会来援助他。而全体国民却证明了他们对国王的忠诚少得可怜。8月5日，切斯特伯爵领地（理查二世势力的心脏）向博林布罗克的亨利求和。8月9日，切斯特城堡未作任何抵抗，便向亨利的军队投降。尽管公爵命令部下不得屠杀柴郡人，但士兵们还是烧杀抢掠一番。编年史家阿斯克的亚当去考丁顿教堂做弥撒的时候发现，教堂被洗劫一空，只剩下门和破碎的箱子。

理查二世完蛋了。他的盟友阿尔伯马尔公爵和伍斯特伯爵投靠了博林布罗克的亨利。他的同母异父哥哥埃克塞特公爵和侄子萨里公爵被俘。博林布罗克的亨利以英格兰总管大臣的身份派遣诺森伯兰伯爵去康维城堡逮捕理查二世。对仍然痴迷于自己君主权威的国王来说，投降的条件非常可怕。他被传唤自行前往议会，博林布罗克的亨利将在议会上担任英格兰的“主审法官”，而国王的五位盟友——埃克塞特公爵、萨里公爵、索尔兹伯里伯爵、卡莱尔主教和理查·莫德林将受到审判，罪名是叛国。国王像往常一样暴跳如雷，大呼小叫地要将自己的敌人处死。“其中有些人，”他说道，“我要活活剥了他们的皮！”但他别无选择。他不得不跟着诺森伯兰伯爵走。

理查二世和博林布罗克的亨利在弗林特会面了。尽管国王显然已经是公爵的囚徒，但两人还是假惺惺地按照贵族礼节寒暄了一番。亨利向国王鞠躬致敬，理查二世称他为“亲爱的兰开斯特堂弟”。《英格兰国王理查二世遭背叛及遇害编年史》的作者是这次会谈的现场目击者，据他记载，博林布罗克的亨利告诉理查二世，他在“您召唤我回国之前”就回到了英格兰，是因为“您这二十二年来朝纲败坏……因此，在平民的认可下，我将辅佐您治理国家”。

“亲爱的堂弟，如果你愿意这么做，那么我也很高兴。”理查二世答道。然后他正式向堂弟投降。他和索尔兹伯里伯爵得到了两匹劣马，在武装押解之下，和博林布罗克的亨利一起出发，前往切斯特。切斯特城堡不再是患有妄想狂的国王的军事要塞，而是他的监狱。

理查二世众叛亲离

1399 年 9 月 21 日，沃里克伯爵的兄弟威廉·比彻姆爵士去伦敦塔拜访了被囚禁在那里的理查二世国王。阿斯克的亚当陪同威廉爵士一同前往，他在自己的编年史中写道，这一天恰好是阿伦德尔伯爵被斩首的两周年纪念日。比彻姆和亚当都是博林布罗克的亨利的忠实支持者，他们此行的目的是“专门确定理查二世的情绪和行为”（这是亚当的说法）。

理查二世在伦敦塔已经被关押了十九天。他的年轻妻子伊莎贝拉也在博林布罗克的亨利手中，被软禁在伯克郡的索宁，待遇优厚。8 月底，博林布罗克的亨利命令将国王从切斯特城堡送到伦敦，他于 9 月 2 日抵达那里。尽管国王被软禁在舒适的住宅内，而不是被锁在地牢里，但访客们还是发现他情绪低沉。失去了日常的仆役，周围尽是兰开斯特家族的间谍，虎落平阳的国王终于形影相吊、众叛亲离。就连他的灵猩也不见了踪影。国王在威尔士南部的时候，灵猩弃他而去。

理查二世感到非常凄凉，这是可以理解的。公爵选择伦敦塔作为囚禁他的场所，实在是刻意刺激他。1381 年农民起义的时候，国王和公爵两人都曾在这座王室监狱避难，亨利侥幸躲过了被俘和丧命的噩运。理查二世一定回忆起了他童年的那段经历：他站在伦敦塔的一扇孤窗前，俯视着正在燃烧的伦敦城，目睹整个国家揭竿而起。现在他故地重游，国家虽然没有陷入农民起义的无政府状态，但又一次反对他的统治。

据阿斯克的亚当记载，理查二世坐下和客人们一起用晚餐的时候，“悲哀地说起话来”。“我的上帝啊。这是一个怪异又反复无常的国度。”国王说道，“这么多国王，这么多统治者。这么多伟人垮台、丧命。国家无时无刻不钩心斗角、四分五裂，人们自相残杀、互相仇恨。”然后，他开始例数历史上被自己的人民推翻的英格兰国王们。阿斯克听他讲述了“自王国草创以来，遭遇过这等命运的君王们的名字和历史”。这情景多么可悲：喜爱自己祖先的古老故事的国王，如今发现历史在重演，而他自己成了牺牲品。

“看到……他的灵魂所受的折磨，”阿斯克写道，“并且被派来侍奉他的人都对他毫无感情可言，也不习惯于伺候他，而都是些被派来监视他的陌生人，我走时心头颇受触动，自己思忖着他先前的光荣，以及世间命运的反复无常。”

阿斯克的亚当没有具体说理查二世讲的是哪几位国王的悲惨命运，但也不难猜到：他的英雄——忏悔者爱德华在位期间，国内多次爆发叛乱，最后他在诺森布里亚叛乱之后死去；约翰国王，金雀花王朝第一位被诸侯的意志限制了自己特权的君主；亨利三世，曾经被自己的诸侯俘虏；以及爱德华二世，理查二世曾努力为他正名，洗去他名字上的污点。

作为国王，理查二世比上述几位昏君和暴君加起来还要糟糕。像忏悔者爱德华一样，他标榜自己的神性，却不知道生儿育女，传承法统。像亨利三世一样，他痴迷于神圣的仪式，却让英格兰在法兰西的征服事业土崩瓦解。像约翰一样，他对自己的人民施虐。像爱德华二世一样，他与兰开斯特家族敌对，攫取自己贵族的土地，以阴谋诡计污染了政治，虽然在很长时期内得到了许多机会来痛改前非，却冥顽不灵。更普遍的情况是，他听信奸臣谗言，攻击和掠夺自己臣民的财产，而不是保护他们的财产。他培植自己的势力，以一个领主的身份与诸侯争夺利益，却没有尽到更高层的义务：提供公共权威。他相信王权就是威望和辉煌外表，却不懂得去领导。最后，他变得一无所有。

阿斯克的亚当与国王共进晚餐九天之后，即 9 月 30 日，星期二，英格兰诸侯与平民代表在威斯敏斯特厅开会。这其实就是一次议会，尽管没有国王的批准，它没有完整的议会地位。大厅一端是空荡荡的宝座，上面盖着金线织物。理查二世仍然在伦敦塔。约克大主教理查·斯科罗普起立，向与会者宣读了一份声明。他说，理查二世因为自己无能，已经同意逊位。重新获得坎特伯雷大主教地位的托马斯·阿伦德尔起立，询问众人是否接受这个事实。据官方档案记载，每一位贵族都表示同意。然后平民代表们呼喊着表示同意。

理查二世真的是自愿退位的吗？他肯定是别无选择。官方档案给人制造的印象是，他是完全自愿地退位的，说自己“无德无能，不配享有王位”。但同情理查二世的史书《英格兰国王理查二世遭背叛及遇害编年史》的说法迥然不同。它记载了此次“议会”前一晚博林布罗克的亨利与理查二世的激烈争吵。理查二世口出恶言，大发诅咒，要求见自己的妻子，而亨利拒绝在没有经过议会程序的情况下将他从伦敦塔释放，什么都不肯答应。《英格兰国王理查二世遭背叛及遇害编年史》记载：

> 国王大发雷霆，但束手无策，他对公爵说，他（公爵）对他（国王）和国家都犯下了滔天大罪。公爵答道：“议会召开之前，我们什么也不能做。”国王气得简直说

> 不出话来，在室内踱了二十三步，一言不发；然后他脱口而出："……这二十二年来，你一直当我是你的国王，却怎敢这样残酷地对待我？你像奸诈之徒一样对待我，像叛贼对待主人一样；我发誓，要和你们当中四个最优秀的人决斗。"国王这么说着，将自己的帽子丢到地上。

这仍然无济于事。会议代表们同意将国王废黜，通过一项前所未有的司法程序快速采取了措施。圣艾瑟夫主教向众人宣读了三十三条废黜国王的条款。这是理查二世的罪状录，从他登基伊始，一直讲到他暴政的最后日子。其中包括：他在14世纪80年代的"邪恶统治"；他对上诉诸侯的摧残（"国王对这些人特别仇恨，因为他们希望国王受到良好的节制"）；他让德·维尔组建一支军队以镇压自己的人民；他驱使来自柴郡的"大群为非作歹之徒"镇压自己的臣民；出售赦免令以敲诈勒索；篡改议会档案、对博林布罗克的亨利的不公；滥用赋税与贷款；拒绝"维护和捍卫国家的公正法律和风俗习惯"；数不胜数的勒索和欺骗罪行；将王室珠宝运往爱尔兰；违反《大宪章》；一项泛泛而谈但极其严厉的谴责，即"国王的言辞和文字如此反复无常、虚伪矫饰，尤其对教皇和外国君主亦是如此，以至于无人敢信任他"。

罪状宣读完毕之后，圣艾瑟夫主教发出了废黜国王的裁决。然后，博林布罗克的亨利从议会席位上起立，划了十字，然后宣布王国属于他，用英语说道："以圣父、圣子与圣灵的名义，我，兰开斯特的亨利，在此宣布，英格兰王国、王位及其所有权利与附属物，均归我所有，因为我拥有善良的亨利三世国王的正当血统。由于朝纲败坏、良好法律被废止，国家几乎已经到了崩溃边缘。上帝赋予我莫大恩典，让我在亲朋的援助下，收复了王位。”他拿出理查二世的御玺，向众人展示，然后拉住阿伦德尔大主教的手。坎特伯雷大主教领着博林布罗克的亨利走到大厅前部的金御座前。亨利在御座前跪下，作了祈祷。他睁开眼睛，坎特伯雷大主教和约克大主教分别扶着他的一只胳膊，帮他在御座上坐下。威斯敏斯特大厅回荡着贵族和平民代表们的欢呼和掌声。

英格兰人民的呼唤震撼着大厅。巨大的声响向锤梁屋顶（王室耗费巨资请亨利·伊夫利建造的）飞去，环绕着四壁上的白鹿图案，在从忏悔者爱德华到理查二世的十三位英格兰国王的雕像间回荡。这声响还回荡在一个新王朝的第一位君主的耳际。博林布罗克的亨利成为兰开斯特王朝的第一位国王。

一位新国王被选举产生了。或者，从另一个角度看，英格兰王位被突然篡夺了。1399 年 10 月 1 日，理查二世被正式褫夺全部宗主权和王位。四个月之后，他将会在庞蒂弗拉克特城堡的狱中活活饿死。10 月 13 日，忏悔者爱德华的宗教节日，兰开斯特公爵亨利被加冕为英格兰国王亨利四世。之所以选择这个日期，是为了强调这位新国王的王族血统。但这无法掩盖赤裸裸的现实。在连续八代君主、245 年统治之后，金雀花王朝的法统传承中断了。今后，大贵族也能互相攻杀、争夺王位了。理查二世愚蠢而贪婪，他对王权的几乎所有方面都理解错了，造成了可怕的、破坏性的后果，终于将他继承的一切抛进了历史的火堆。

英格兰王政的一个新时代拉开了帷幕。

终　章

亨利四世成功篡位之时，他的热诚拥护者阿伦德尔大主教将他比作犹大·马加比，即《圣经》时代的传奇英雄，他率领上帝的选民揭竿而起，反抗压迫者，将恶人逐出耶路撒冷，并重新净化了圣殿。这是个很有针对性的比拟：与亨利四世一样，马加比也是凭借个人勇气和军事天才，成功地领导人民奋起反抗。他是凭借自己的正义性，而不仅仅是靠出身才成为君主的。

亨利四世登基之后，便开始了强有力的宣传攻势，强调新国王的神圣性，以及他在务实的层面上是多么适合当国王。他不仅是在 1399 年的圣爱德华日加冕的，而且在加冕礼上，他的涂油礼所用的圣油就是据说由圣母玛利亚直接送给托马斯·贝克特大主教的那一瓶，后来这瓶圣油成为新国王的外公——爱德华三世的得力大将格罗斯蒙特的亨利——的财产。在庆祝亨利四世加冕礼的宴会上，一位骑士——托马斯·迪莫克爵士来到了威斯敏斯特厅。他宣称自己是国王的捍卫者，并向众人宣布，谁要是敢质疑亨利四世当英格兰国王的权利，“他做好了准备，要在此时此地，用自己的身体来证明”。没有人敢回应他的挑战。

如果亨利四世作为英格兰新国王的地位无可争辩，那么理查二世在被废黜四个月之后的死亡就是不可避免的了。阿斯克的亚当对老国王垮台的速度之快深感惊异，“（理查二世）被命运之轮掀翻，在人民的沉默的唾骂声中，悲惨地落入亨利公爵手中”。阿斯克的亚当在给理查二世的信中写道，若国王“顺应天意和民意来理政，那么您一定会配得上人民的颂扬”。博林布罗克的亨利如此轻而易举地夺得王位，人民对理查二世的死也没有流下一滴眼泪。

但就和爱德华二世一样，只要理查二世还活着，旧政权的倒台宠臣们就有可能寻衅滋事。1399 年 12 月，一群前保王党人炮制了一起阴谋，为首的是拉特兰伯爵爱德华（即理查二世的侄子、先前的阿尔伯马尔公爵，后被议会削去了公爵头衔）、索尔兹伯里伯爵约翰·蒙泰古、理查二世的同母异父哥哥约翰·霍兰和侄子托马斯·霍兰（他们的埃克塞特公爵和萨里公爵头衔也被削去了）。阴谋集团企图在 1400 年 1 月 6 日主显节这一天（理查二世的三十三岁生日）冲击温莎城堡，扰乱第十二夜庆祝活动，绑架新国王及其儿子哈里王子（已被册封为威尔士亲王、阿基坦公爵、兰开斯特公爵、康沃尔公爵和切斯特伯爵），并营救老国王。但幸运女神早就抛弃了理查二世及其同党；由于内鬼出卖，这次阴谋很快就东窗事发，被粉碎了。亨利四世和王子都安然无恙，叛贼分散到英格兰全境，企图煽动民众暴动，但都失败了。托马斯·霍兰和索尔兹伯里伯爵被赛伦塞斯特的愤怒群众斩首，约翰·霍兰则在群众的呼吁下在普莱西（恰好是 1397 年理查二世逮捕格洛斯特公爵的地方）于傍晚时分被斩首。另一名密谋者托马斯·德斯潘塞爵士在布里斯托尔被平民杀死。人民并没有发动起义来支持老国王，而是对他的党羽再次企图破坏英格兰政体而普遍感到义愤填膺。

主显节阴谋的败露推动了理查二世的最终死亡。被废黜的国王被羁押在庞蒂弗拉克特，终身服刑。据托马斯·沃尔辛厄姆记载，“得知这些不幸的事件后，他精神失常，自行绝食，丢了性命，传闻就是这样的”。《英格兰国王理查二世遭背叛及遇害编年史》的作者对理查二世较为同情，暗示他是被谋杀的，宣称国王是被一个叫作“皮尔斯·艾克斯顿爵士”的人害死的，他用斧子砍碎了国王的脑袋。真相很可能在这两个极端之间，理查二世可能是被新国王的政权下令饿死的，因为新政权再也不能容忍他继续存在，就像罗杰·莫蒂默在1327年不能容忍爱德华二世活下去一样。阿斯克的亚当认为，饿死理查二世的凶手是一个叫作“N. 斯温福德爵士”的人（最有可能是亨利四世的内廷骑士托马斯·斯温福德爵士）。

理查二世的死亡日期可能是1400年的圣瓦伦丁日，到2月17日肯定已经死了。他死后，亨利四世煞费苦心地将自己堂兄的尸体展示给全国。理查二世瘦骨嶙峋的遗体被从庞蒂弗拉克特运往伦敦，脸部露出来让所有人见证。遗体在圣保罗大教堂停放两天之后，被运往兰利（位于赫特福德郡）比较私密的王室宅邸下葬。

理查二世被废和亨利四世登基令同时代人颇感惊愕和困惑。阿斯克的亚当的“命运之轮”的比喻特别恰当。老国王将博林布罗克的亨利放逐，处于自己暴政的巅峰时，似乎是整个金雀花王族最强盛的一位国王。然而仅仅过了几个月，他的政府就垮台了，他自己也丢了性命。天意真是不可预测。但理查二世的倒台并非仅仅是由于上苍的反复无常。人们普遍认为，他的残暴行为、凶恶荒政、宠信奸佞给他自己带来了噩运，是咎由自取。他无视自己的王国，一心中饱私囊，持续地蔑视自己的加冕誓言、《大宪章》和议会的尊严。理查二世如此倒行逆施，导致他的血缘最近的男性继承人博林布罗克的亨利很轻松地夺得了王位。亨利打出的旗号是金雀花王朝最古老的原则，它是自 1215 年以来每一场政治和政体危机的核心：国王应当在守法的前提下统治，并接受国内贤良的进谏和辅佐。

尽管新政权竭尽全力地将自己的地位合法化，并为废黜老国王的行为作辩解，但王室始终没有从理查二世被废的伤痛中痊愈。爱德华二世是被自己无可争议的继承人取代的，而理查二世的情况不同，攫取他王位的是一个自称拥有王室血统的贵族，并且在相当程度上是单方面地抢夺王位的。从父系血统来看，亨利四世或许是最优先的王位继承人，但若考虑母系，埃德蒙·莫蒂默的继承权或许比他更优先，因为埃德蒙·莫蒂默是安特卫普的莱昂内尔的女儿——阿尔斯特女伯爵菲利帕的孙子。爱德华三世是被废国王的儿子，而亨利四世不是。他只是理查二世好几个堂表兄弟中的一个，大家都是王室宗亲，都有继承权。亨利四世的篡位等于是跨过了卢比孔河①，再也不能回头。15 世纪中叶爆发的战争（今天被称为玫瑰战争），起初是一场事关政治的战争，但由于亨利四世篡位而引发的问题始终悬而未决，很快演变成了金雀花王朝的继承战争，直到亨利七世登基，才终于尘埃落定，而亨利七世简直算不上金雀花王族的人（亨利七世登基之后，企图利用大量的浮华排场证明自己拥有爱德华三世的血脉，以将自己的篡位合法化，他和他

① 卢比孔河是意大利北部的一条约 29 公里长的河流。在西方，“渡过卢比孔河”是一句很流行的成语，意为“破釜沉舟”。这个习语源自前 49 年，根据当时的罗马共和国法律，任何将领都不得带领军队越过作为意大利本土与内高卢分界线的卢比孔河，否则就会被视为叛变。恺撒冒险破除此禁忌，带兵进军罗马与格奈乌斯·庞培展开内战，并最终获胜。

的儿子亨利八世后来杀害和铲除了英格兰贵族中每一个有金雀花王族血统的人）。理查二世的被废标志着这个悲惨故事的开端。

在某些意义上，亨利四世的登基将英格兰王政倒退回了一个几乎被遗忘的时代。自 12 世纪 50 年代亨利二世排挤了斯蒂芬的儿子尤斯塔斯，成为英格兰王位继承人以来，王室法统的传承还从来没有如此明显地将血缘关系和选举原则及争权夺利的残酷的政治现实结合起来。此后再也没有一个王朝能够像金雀花王朝在 1189～1377 年那样，如此稳定而轻松地传承大统。

当然，理查二世的被废并没有将时光逆转到诺曼时代。金雀花王朝遗产的影响极其深远，到 1400 年，英格兰已经不再是 12 世纪中叶的那个盎格鲁—诺曼王国，已经发生了翻天覆地的变化。

国王这个位置已经被完全翻新了。到 1400 年，国王不再仅是国内最有权势的人，拥有司法裁判、收取封建贡金和代表全国开战的特权，而且是一个保有职位的人。然而，国王虽然有极大权力，但也有极大的责任，受到复杂的宪法契约的约束（这种契约将国王与各阶层联系起来）。诺曼时代的国王们（以及他们之前的撒克逊诸王）有时会授予臣民有限的、极其含糊的自由特许状，并根据习惯法来统治，但在金雀花王朝的年代，出现了极其复杂和精细的政治哲学，向全国人民阐释了国王的义务，也向国王阐释了国民的义务，还发展出了一大批普通法和法令，借以治理国家。国王仍然是国内普遍权威的来源，但他的权力支撑着司法与立法的复杂体制。

虽然统治的条件发生了变化，但国王的行动和个人意志仍然起到极大的作用。国王们的个性，以及他们的直系亲属——妻子、兄弟、儿女和堂表兄弟——的个性，极大地塑造了他们的统治和他们的世界。在这层意义上，政治在根本上仍然是无法预测和不稳定的。但是，如今王权与国王本人已经是迥然不同的两个概念，君主统治的制度和哲学与国王本人之间的区分比以往历朝历代都更明显。金雀花王朝的每一位国王都比前一位国王受到政治体制更多的影响，这种体制将广泛的国民吸纳进了政府当中。议会包括各郡平民的代表，而不仅限于大贵族和教会权贵。议会保留着批准征税的权力，以此换取国王听取他们的申诉、为他们主持公道。国民可以审视政府，可以弹劾不称职的大臣，最终连国王也可能被废黜。即便是金雀花王朝晚期最精明强干和最成功的国王——爱德华一世和爱德华三世——也在 1297 年、1341 年和 1376 年经历过不舒服的时刻。在接下来的 15 世纪里，议会和战场都将成为政治动荡的论坛。

除了议会之外，金雀花王朝还赋予英格兰一个复杂而根基很深的制度，即王国政府直接参与地方事务。政府工作不再仅仅是侍奉国王的教士、文书和主宰各自领地的大权贵的专利。政务由威斯敏斯特的一群训练有素的职业官吏和各郡的世俗官吏执行，这些人来自平民，但代表王室工作。法官、律师、文书、会计、郡长、执行吏、王室私产管理官和充公产业管理官都来自中层阶级，他们这种出身的人现在可以从军，也可以当官。在诺曼时期，参政议政的人只包括少数地位最高的主教和诸侯，而现在甚至扩大到了富裕农民。这些农民就像 1381 年的起义者那样，感到自己有责任和义务参与王国政府，并有权以非常高端的方式（高端到令人意外）表达自己的不满。在 13 世纪，《大宪章》不断得到重新颁布，其文本被钉在几乎每一座教堂的大门上。《大宪章》的精神已经深深渗透到所有阶层和背景的人们的意识中。1450 年，杰克·凯德揭竿而起反对亨利六世，当时的英格兰下层阶级显然比历史上任何时刻都更清楚地意识到自己在英格兰政体中的地位。诺曼王朝治下的英格兰比一个殖民地强不了多少，统治者高高在上，从遥远的地方遥控英格兰。而金雀花王朝的英格兰已经成为欧洲最有影响力和最成熟的王国之一。

王权的象征也经历了演化。现在英格兰有了两位全国性的圣徒：忏悔者圣爱德华和圣乔治。他们代表着金雀花王朝的两副面孔：虔诚的神圣受膏君主和得到上帝佑助的战士。早期的英格兰圣徒，如殉道者圣爱德华和圣埃德蒙，现在大多已经被遗忘了，而忏悔者圣爱德华和圣乔治则被巧妙地编织进英格兰历史的叙述，成为雄伟建筑的装饰，以及王权的象征图像。这两位圣徒仍然继续对英格兰人的想象施加极大的影响。尤其是圣乔治成了英格兰军事荣耀的象征。莎士比亚在《亨利五世》中追忆这位贤君的统治及百年战争中英格兰命运的最辉煌时刻时写道："呐喊吧，上帝保佑哈里、英格兰和圣乔治！"爱德华三世鼓励对圣乔治的崇拜，并设立嘉德勋位，给这种崇拜赋予具体的形式。圣乔治成为国民想象的一部分，永垂不朽。

金雀花王朝的两位圣徒为英格兰王权的两个关键核心赋予了神圣的光辉。忏悔者爱德华的光荣陵寝设在改建后的威斯敏斯特教堂的中心，金雀花王朝的家族陵墓就环绕着它。有趣的是，并非所有国王都会被安葬在这座陵墓中。爱德华二世尽管与忏悔者同名，但一生作恶多端，死去的时候没有国王的名分。为了惩罚他可耻的暴政，他被孤零零地埋葬在格洛斯特修道院，与其他国王分开。理查二世同样也没有资格安息在威斯敏斯特。他于1395年命人建造的超级豪华的双人陵墓（以珀贝克大理石为基座，带有铜像）中最后只安葬了波西米亚的安妮。理查二世的长眠之地是兰利，臭名昭著的恶棍皮尔斯·加韦斯顿就被埋葬在那里。直到1413年，亨利五世继位的时候，理查二世的遗体才被转移到威斯敏斯特，终于来到他的妻子和忏悔者爱德华的身边。1381年，在前往史密斯菲尔德面对瓦特·泰勒的起义军之前，理查二世曾在忏悔者爱德华的陵墓前祷告。

圣爱德华享受尊崇最多的地方是威斯敏斯特的王陵，而在较近期受到膜拜的另一位国民圣徒接受景仰的场所则是温莎圣乔治小教堂的嘉德骑士座位。这座小教堂后来由爱德华四世重建，成为英格兰历代君主的另一个长眠之地。爱德华三世建立了嘉德骑士团，礼拜圣乔治，推崇尚武骑士的光荣法则，重新塑造了这位军人国王与大诸侯之间的关系。它为爱德华三世及其儿子们与法兰西的残酷战争提供了一种精神上的、荣誉性的叙述。在一定程度上，圣乔治甚至取代了神话中的亚瑟王，成为英格兰征服的英雄。毫无疑问，对亚瑟王（其实他原先是威尔士的英雄，于爱德华一世在位时被英格兰人窃取）的崇拜是在金雀花王朝时期发展起来的，亚瑟王传说也从民间传说故事的主题演化成了王室排场的可靠元素（而民间传说故事的最早代表是不法之徒替天行道的故事，如罗宾汉的歌谣）。但在爱德华三世时期发展起来的圣乔治崇拜则更强大有力。亚瑟王给了爱德华一世借口去征服威尔士和压倒苏格兰（尽管这种借口纯属谎言），而圣乔治的大旗的作用甚至更大：它将国王与贵族和骑士阶层联合起来，共同奋战，并最终鼓舞整个英格兰在海峡对岸征战。自1204年约翰丢失诺曼底、盎格鲁

—诺曼王国开始痛苦而永久性地破裂以来，除了爱德华三世，没有一位国王能够完成这样的功业。

在金雀花王朝时代声名远扬的圣徒不只是圣爱德华和圣乔治。除了他们之外，还有许多英雄，他们都被认为得到了上帝的祝福，尽管并不是全都被封为圣徒。这些英雄是在对抗国王的过程中丧命的伟人。在坎特伯雷，圣托马斯·贝克特的墓地是英格兰最利润丰厚的朝圣地。这位喜好争吵的大主教被亨利二世谋杀，他的圣龛浸染着鲜血和传说，其神圣程度足以与欧洲大陆上的许多朝圣地（从巴黎的巴黎圣礼拜教堂到加利西亚的圣地亚哥·德·孔波斯特拉，条条朝圣路上有诸多这样的圣所）媲美。从亨利二世本人开始，金雀花王朝历代君主都来到圣托马斯的圣龛前，要么是祷告以寻求坚毅的勇气，要么是为了胜利而感恩。圣托马斯的圣龛一直是最神圣的场所，直到 1538 年，亨利八世解散天主教修道院期间命令将它拆毁。圣龛被拆除，贝克特的遗骨被抛弃在小溪里。今天，贝克特圣龛只剩下了一支小蜡烛和一块匾铭，但贝克特仍然是英格兰历史上最著名的人物之一，他的被害也是英格兰历史正典中最重要的事件之一。他肯定比另外两个与金雀花国王对抗的人——西蒙·德·孟福尔和兰开斯特伯爵托马斯更有名，尽管这几个人的遗体和圣龛都有所谓的奇迹异象出现。

金雀花王朝历代国王的遗产在很大程度上取决于他们在战场上的成功，王朝也正是通过他们的军事成就给英格兰留下了印迹。在金雀花王朝的年代，正如英格兰政府和政治文化发生了变化一样，军事战略和战术的几乎每一个方面都发生了革新。亨利二世、理查一世和约翰与他们的诺曼祖先有很多共同之处，在他们的时代，战争艺术就是攻城的艺术。12 世纪和

13 世纪初的大战役几乎全都发生在城堡和设防城镇的城墙下。亨利二世规模最大的一次军事部署是 1159 年将金雀花王朝各领地的联军调遣到图卢兹城下，但攻城失败；理查一世的威名是在攻打阿卡和雅法的战斗中建立的，他也死于另一场攻城战，即沙吕—沙布罗尔城下。约翰丢掉了诺曼底，因为他在 1203 年从腓力·奥古斯都手中争夺加亚尔城堡的大胆尝试失败了；1214 年，他率领盟友们企图在布汶与法兰西国王正面交锋，却吃了败仗，这是他的统治的标志性失败。三个风云变幻的年头之后，腓力二世的儿子路易王子兴兵攻打林肯城，威廉·马歇尔以亨利三世的名义冲进城，将法兰西军队打退到海峡处，挽救了金雀花王朝。

但从 13 世纪中叶开始，正面交锋的对阵取代了攻城战，成为英格兰人作战的决定性手段。起初，正面对阵是遭到内战挑战的金雀花国王们的不得已手段：1263 年的伊夫舍姆战役中，西蒙·德·孟福尔被残忍地砍成肉泥；1322 年，兰开斯特伯爵托马斯被自己的堂兄爱德华二世打败之后遭到斩首。从 13 世纪末开始，英格兰国王们也开始越来越频繁地依赖正面交锋来对付国外敌人。爱德华一世的军队在福尔柯克和邓巴的大胜令苏格兰闻风丧胆；爱德华二世在班诺克本一败涂地。在 1327 年凄惨的夏季，爱德华三世在斯坦诺普园林大败，丢尽了颜面，但从中学到了战争艺术的许多教训。1333 年，他在哈立顿山报仇雪恨。自此之后，英格兰军队在战场上的排兵布阵成为最令人心惊胆寒的场面之一。

爱德华三世在位期间，军事上出现了一些变革。他让乘骑武士下马，在近距离作战，并利用乘骑弓箭手扰乱敌人骑兵的冲锋、向敌人步兵射出致命的箭雨。这些军事变革为他赢得了英格兰历史上一些最著名的胜利。百年战争使得英格兰人感到自己的军事实力与法兰西可以一决高下，这种观念影响着两国关系，一直到拿破仑时代。克雷西和普瓦捷这样的胜仗永载史册，闻名遐迩，而军事策略的革命后来在亨利五世时代达到巅峰。1415 年的圣克里斯宾节，亨利五世在阿金库尔取得了令人咋舌的辉煌胜利，英格兰弓箭手不可战胜的威名得到了确立。在英格兰神话、传说和传奇的发展过程中，这些令人畏惧的弓箭手起到了极其重要的作用。英格兰弓箭手在圣乔治的十字和英格兰狮子与法兰西百合花并置的大旗下纵马奔向战场；英格兰国王在敌境亲自与法兰西人肉搏；黑太子在克雷西赢得他的马刺（骑士勋位）：这些故事始终是英格兰历史上的标志性画面，被一代代人传颂。

克雷西战役激战正酣的时候，爱德华三世正在考虑设立嘉德勋位。克雷西战役也是黑太子的军事生涯和英格兰在军事上的短暂但辉煌的主宰时期的开端，这段辉煌始终被人们所景仰与讴歌。英格兰王室图像符号中有这么多部分，尤其是与嘉德勋位相关的部分，都源自金雀花王朝在法兰西的军事胜利。我们也不能忘记，与第三次十字军东征的狮心王理查一世相关的神话和传说是多么脍炙人口。对于在 21 世纪努力共存的基督徒和穆斯林来说，“十字军东征”这个词仍然有浓重的政治意义。有些现代宣传家会追溯既往，将我们今天的文化冲突视为八百多年前理查一世与萨拉丁的战争的延续。这种看法不符合历史真实，但很有诱惑力。但在当年，“十字军东征”具有关键性意义，将英格兰王室的视野扩展到了中东，让英格兰国王们在最具威望的军事舞台上扮演了重要角色。

金雀花王朝军事遗产的另一个方面奠定了英格兰与不列颠

群岛其他部分关系的基础，这种关系大体上延续至今。在金雀花王朝之前，只有神话中的亚瑟王据说曾统一威尔士、爱尔兰、苏格兰和英格兰王国。但从亨利二世开始，金雀花王朝历代国王一直构想着由英格兰统一不列颠群岛，并且只差一点就实现了。为了报复狮子威廉参与1173年的大叛乱，亨利二世第一次将苏格兰变成了英格兰的附庸国。爱德华一世则更进一步，羞辱了苏格兰国王，迫使其向自己俯首称臣，并将苏格兰神圣的加冕石从斯昆修道院抢走，做成了自己的加冕宝座的基石，放在威斯敏斯特。苏格兰的加冕石就一直留在那里，一直到1996年才被归还给苏格兰。但爱德华一世及其孙子爱德华三世发现，他们永远没有办法强迫苏格兰人爱戴英格兰国王。金雀花王朝在英苏边境以北的残酷镇压使得苏格兰人对英格兰的仇恨永远不能彻底平息。苏格兰的民族主义运动植根于13和14世纪的事件，如果苏格兰民族主义者能够在21世纪达成心愿，切断与不列颠的联合，那么很多人会认为，苏格兰的独立是始自中世纪全盛期的漫长历史进程的最终结果。

在威尔士，金雀花王朝留下的印迹同样不可磨灭。爱德华一世从13世纪80年代起建造的一系列城堡至今屹立。它们是很久以前的征服的纪念碑，并提醒威尔士北部和西部的居民们，那场争夺威尔士主宰权的斗争决定了英威关系的许多条件，直至今日。爱尔兰人对英格兰征服者的怨恨同样恒久。在有些人看来，英国—爱尔兰漫长而困难重重的关系史的开端要追溯到1155年，唯一一位出身英格兰的教皇——阿德里安四世向金雀花王朝的第一位国王亨利二世授予了《褒扬令》诏书。在金雀花王朝历代君主中，只有亨利二世、约翰和理查二世曾涉足爱尔兰，但没有什么特别光彩的影响。他们的所作所为确立了英格兰人在爱尔兰海对岸称王称霸的观念，也招致了本土爱尔兰人激烈的反抗。这是一个尚未结局的故事的开端，但毕竟是个开端。

除了这一切之外，金雀花王朝还以非常显而易见的方式改变了英格兰。国家在 1400 年不仅仅是组成结构发生了变化，外观也与过去截然不同。八代英格兰君主大兴土木、赞助艺术，改造了英格兰的外貌。金雀花王朝建造了宏伟的城堡、宫殿和猎苑。他们雇用了各自时代的伟大艺术家和建筑师。威斯敏斯特、温莎和威尔士诸城堡是最明显的例子，但在两个半世纪的统治中，王国在许多其他方面也成熟了。伦敦旧貌换新颜；都城快速扩张，正在成长为一个主要的国际贸易中心。在多佛尔，亨利二世晚年改建的雄壮要塞巍峨地俯视白色的峭壁，恫吓着法兰西侵略者。教堂建筑的黄金时代造就了全国各地的诸多哥特式尖塔和飞扶垛。自罗马人离去之后，砖石建筑第一次被重新引入英格兰。新城镇和港口如雨后春笋般涌现，大多是在黑死病造成的人口骤降之前建成的。朴次茅斯是理查一世建立的军事城镇，但其他港口，如哈里奇（1238 年从亨利三世那里获得特许状）和利物浦（约翰国王 1207 年建立）在王室的恩宠下也欣欣向荣。同时，14 世纪的人口暴跌，许多村庄十室九空，但不能说这是金雀花国王们直接造成的后果。

最后，在金雀花王朝的英格兰，英语终于成为主流语言。12 世纪 40 年代，年轻的亨利二世在寒风中登陆英格兰海岸时，他对英语只有最基础的理解。他肯定不会认为英语是一种有用的语言，因为重要的对话都用不到它。当时没有一个有地位或有才能的人会用英语和他说话。亨利二世宫廷的语言是诺曼法语，或许还有阿基坦的埃莉诺及其来自法兰西南方的侍从们说的奥克语。官方文档的语言则是拉丁语。

语言的这种情况一直持续到金雀花王朝末期，甚至更晚近，因为法语仍然是最高雅的宫廷语言，适合贵族们说，而拉丁语仍然是法庭和政府工作的重要语言。但到了 14 世纪，英语的地位已经崛起。1362 年为了庆祝爱德华三世的五十大寿而在议会上颁布的《申辩条例》规定，英语为王家法庭和议会的工作语言。这次议会也是中世纪英格兰王权的一个巅峰。于是，原先被认为粗鄙不堪的本土语言的地位逐渐提高。到理查二世在位时，杰弗里·乔叟、约翰·高尔、威廉·郎兰和《高文爵士与绿骑士》作者正在将英语从一种愚民和农奴的语言转变为诗歌和学术的语言。后来，英语不仅变成了帝王将相的语言，甚至成了世界上极其重要的一种语言。

理查二世的遗体被从庞蒂弗拉克特运往伦敦的时候，一个旧王朝凄惨地终结了，英格兰历史上一个新的动荡不安的世纪拉开了大幕。理查二世的被废和惨死中断了从亨利二世开始的直系继承的法统，给国家带来了耻辱。但这也标志着一个变革、发展、成长的时代的终结，在这个时代，英格兰成长为一个朝气蓬勃而踌躇满志的国家。在二百四十六年风云激荡的统治中，金雀花王朝历代国王以自己的形象塑造了英格兰。他们将一个政体松散、脆弱、容易分裂的国家转变成了当时最强大、最进步的国度之一。更重要的是，他们给英格兰人的想象留下了不可磨灭的印迹。

推荐书目

读者诸君若希望对本书探讨的一些重要主题和人物有更多了解，不妨参考这个书单。

若要研究英格兰历代国王生平或英国历史上的任何关键人物，都应从 *Oxford Dictionary of Nationl Biography* 开始，目前在 oxforddnb. com 网站上可以付费使用（许多图书馆和研究机构都可以提供免费访问）。

另一个有价值的在线资源是 *British History Online*（british-history. ac. uk），它提供了许多珍贵的原始资料和第二手资料，以及政府档案。很多图书馆都可以免费访问这个网站。这里特别有用的是中世纪英格兰的议会档案（在 sd-editions. com/ PROME/ home. Html 也可找到）。

希望阅读关于金雀花王朝的原始文献的读者可以从 *English Historical Documents*（主编 David C. Douglas）开始，该书的第 2、3、4 卷覆盖了 1042 年至 1485 年这个时期。关于该时期建筑工程的详细资料，可参阅 *The History of the King's Works*（作者 H. M. Colvin，两卷本，1963 年出版）。

第一部：灾祸的年代（1120 ~ 1154）

关于英格兰早期历史，Robert Bartlett 的 *England Under the Norman and Angevin Kings*（2000 年出版）很有帮助。亨利一世的标准传记是 C. Warren Hollister 的 *Henry I*（2001 年出版）。

近期研究玛蒂尔达生平的最佳著作是 Helen Castor 的

She - Wolves: The Women Who Ruled England Before Elizabeth（2010 年出版）。最新一部专门研究玛蒂尔达的著作是 Marjorie Chibnall 的 *The Empress Matilda: Queen Consort, Queen Mother and Lady of the English*（1993 年出版）。关于玛蒂尔达和该时期的其他英格兰王后，还可参考 Lisa Hilton 的 *Queens Consort: England's Medieval Queens*（2008 年出版）。关于斯蒂芬，可参阅 David Crouch 的 *The Reign of King Stephen*（2000 年出版）和 Edmund King 的 *The Anarchy of Stephen's Reign*（1994 年出版）。

重要的第一手编年史包括 *The Ecclesiastical History of Orderic Vitali*（Marjorie Chibnall 编译，1968～1990 年出版）、William of Malmesbury 的 *Historia Novella*（K. R. Potter 译，Edmund King 编，1998 年出版）和 *Gesta Stephani*（K. R. Potter 编译，1976 年出版）。

第二部：帝国的年代（1154～1204）

W. L. Warren 的 *Henry II* 仍然是金雀花王朝创始人最佳的一部完整传记，但最好同时参阅 *Henry II: New Interpretations*（Nicholas Vincent 与 Christopher Harper - Bill 编，2007 年出版）。Ralph V. Turner 的 *Eleanor of Aquitaine*（2009 年出版）是对金雀花王朝第一位王后的最新研究著作。另可参考 *Eleanor of Aquitaine: Lord and Lady*（Bonnie Wheeler 与 John Carmi Parsons 编，2003 年出版）。给亨利二世制造麻烦的大主教的最新传记是 John Guy 的 *Thomas Becket*（2012 年出版）。关于贝克特生平和死亡的原始资料，可参阅 *The Lives of Thomas Becket*（Michael Staunton 编译，2001 年出版）。Frederick Pollock 和 F. W. Maitland 的 *A History of English Law Before the*

Time of Edward（1968 年出版）中记述了亨利二世的司法改革。

John Gillingham 的 *Richard I*（1999 年出版）是狮心王的权威传记。Thomas Asbridge 的 *The Crusades*（2010 年出版）概述和分析了理查一世在圣地的冒险。Frank McLynn 的比较传记 *Lionheart and Lackland*: *King Richard*, *King John and the Wars of Conquest*（2006 年出版）详细记述了理查一世与腓力二世的战争。W. L. Warren 的 *King John*（1978 年出版）努力将约翰的缺陷与他在行政上的成就并置。较老的、对约翰批评较严厉的传记包括 Kate Norgate 的 *John Lackland*（1902 年出版）和 J. T. Appleby 的 *John*, *King of England*（1959 年出版）。阅读这些书的同时都应当参考 *King John*: *New Interpretations*（S. D. Church 编，1999 年出版）。关于金雀花王朝在不列颠和爱尔兰的战争的综述，David Carpenter 的 *The Struggle for Mastery*: *Britain 1066 – 1284*（2003 年出版）非常关键。关于诺曼底失陷的意义，请参阅 Daniel Power 的 *The Norman Frontier in the Twelfth and Early Thirteenth Centuries*（2004 年出版）。约翰的死敌法兰西国王的最新传记是 Jim Bradbury 的 *Philip Augustus*: *King of France 1180 – 1223*（1998 年出版）。

English Historical Documents 第 2、3 卷包括古代编年史的长篇选摘，来源包括 William of Newburgh、Walter Map 和 Geraldof Wales 的。*The History of William the Marshal*（A. J. Holding 编，S. Gregory 译，David Crouch 注释，三卷本，2002 ~ 2006 年出版）是一部值得细读的重要著作。Roger de Hoveden 编年史的英译本是 *The Annals of Roger de Hoveden*（H. T. Riley 编，1853 年出版）。Richard Fitz Nigel 关于政府和行政的洞见

被收入 *Dialogus de Scaccario and Constitutio Domus Regis*（Emilie Amt 与 S. D. Church 编译，2007 年出版）。

第三部：对抗的年代（1204～1263）

关于约翰在位时期诸侯叛乱的经典研究著作是 J. C. Holt 的 *The Northerners: A Study in the Reign of King John*（1961 年出版）。J. C. Holt 的 *Magna Carta* 是对《大宪章》的精彩研读，并收入了从 1215 年至 1225 年《大宪章》的完整文本。Ralph V. Turner 的 *The King and His Courts: The Role of John and Henry III in the Administration of Justice, 1199－1240*（1968 年出版）研究了约翰在司法中扮演的角色。H. J. Richardson 的 *The English Jewry Under Angevin Kings*（1960 年出版）研究了约翰对英格兰犹太人的处置。Anthony Julius 的 *Trials of the Diaspora*（2010 年）将这段历史置于大的背景当中。

耶鲁的书系包括大部分英格兰君主的现代传记，只有极少数君主没有传记，亨利三世是其中一位。读者可参考 F. M. Powicke 的 *Henry III and the Lord Edward: The Community of the Realm in the Thirteenth Century*（1947 年出版）、D. A. Carpenter 的 *The Minority of Henry III*（1990 年出版）和 D. A. Carpenter 论文集 *The Reign of Henry III*（1996 年出版）。D. A. Carpenter 的 "King Henry III andSaint Edward the Confessor: The Origins of the Cult" 一文（载于 *English Historical Review* 第 122 期，2007 年出版）探讨了亨利三世对忏悔者爱德华的痴迷。Nicholas Vincent 的 *Peter des Roches, Bishop of Winchester 1205－38: An Alien in English Politics*（1996 年出版）也很重要。关于 13 世纪 50 年代和 60 年代的战争，请参阅 J. R. Maddicott 的

Simon de Montfort（1994 年出版）。Marc Morris 的 *A Great and Terrible King*: *Edward I and the Forging of Britain* 精彩地记述了爱德华王子在政治危机中的早期参与情况。关于爱德华王子在登基前的政治教育，见“Edward I and the Lessons of Baronial Reform”一文（载于 *Thirteenth Century England* 的 1986 年第 1 期）。

关于约翰与诸侯的斗争，Roger of Wendover 的 *Flowers of History*（J. A. Giles 译，1849 年出版）非常有价值。Matthew Paris 续写了 Wendover 的编年史，他和亨利三世的宫廷非常亲近。他的作品以拉丁文出版为 *Matthaei Parisiensis*, *Monachi Sancti Albani*, *Chronica Majora*（H. R. Luard 编，七卷本，1872~1873 年出版）。亨利三世宫廷的书信被收入 *Royal and Other Historical Letters Illustrative of the Reign of King Henry III*（W. W. Shirley 编，两卷本，1862~1886 年出版）。*Documents of the Baronial Movement of Reform and Rebellion 1258–1267*（R. F. Treharne 与 I. J. Sanders 编，1973 年出版）收入了关于亨利三世与德·孟福尔战争的论文。*Thomas Wright's Political Songs of England*（P. Cross 编，1996 年出版）收录了当时的诗歌和原始文献。

第四部：亚瑟王的年代（1264~1307）

爱德华一世的全面传记包括 Michael Prestwich 的 Edward I（1988 年出版）和 E. L. G. Stones 的 Edward I（1968 年出版）。Marc Morris 的 *A Great and Terrible King*，以及 R. S. Loomis 的论文“Edward I: Arthurian Enthusiast”（载于 *Speculum* 的 1953 年第 28 期）详细探讨了爱德华一世对亚瑟王的痴迷。关于爱德华一世的城堡，可参阅 A. J. Taylor 的论文

"Master James of St. George"（载于 *English Historical Review* 的 1950 年第 65 期）和 Marc Morris 的 *Castle*: *A History of the Buildings that Shaped Medieval Britain*（2003 年出版）。关于具体的城堡，请参考 *The History of the King's Works*（H. M. Colvin 编，两卷本，1963 年出版）。

关于爱德华一世和威尔士的关系，见 R. R. Davies 的 *The Age of Conquest*: *Wales 1063 – 1415*（2000 年出版）和 *Domination and Conquest*（1990 年出版）。关于苏格兰，可参阅 A. A. M. Duncan 的 *The Kingship of the Scots*, *842 – 1292*（2002 年出版），以及 F. Watson 的 *Under the Hammer*: *Edward I and Scotland 1286 – 1306*（1998 年出版）。英格兰通过法令进行的立法工作在爱德华一世在位期间有了长足进步，M. T. Clanchy 的 *From Memory to Written Record*（第二版 1993 年出版）描述的长期过程涉及了这一点。关于爱德华一世处境最艰难的一年，见 Michael J. Hodder 的 *Baronial Opposition to Edward I*: *The Earls and the Crisis of 1297*（1976 年出版）。

亚瑟王传说的最早作者依然值得关注，可参阅 *Geoffrey of Monmouth*, History of the Kings of Britain（L. Thorpe 编，1966 年）。爱德华一世的法律被收录在 *The Statutes of the Realm* 第一卷中（A. Luders、T. E. Tomlins、J. France、W. E. Taunton 与 J. Raithby 编，1810 年出版）。关于苏格兰继位大业的文件收录在 *Edward I and the Throne of Scotland 1290 – 1296*: *An Edition of the Record Sources for the Great Cause*（E. L. G. Stones and G. G. Simpson 编，两卷本，1977 年出版）中。关于爱德华一世政府遭到攻击的一些原始文献，见 *Documents Illustrating the Crisis of 1297 – 98 in England*（M. Prestwich 编，1980 年出

版）。关于爱德华一世的对苏战争，一部虽然不是当时撰写但非常有价值的苏格兰编年史是 *Scalacronica by Sir Thomas Gray of Heton, Knight*（J. Stevenson 编，1836 年出版）。

第五部：暴力的年代（1307～1330）

爱德华二世最新的权威传记是 Seymour Phillips 的 *Edward II*（2010 年出版），是对之前的传记——Roy Martin Haines 的 *King Edward II*（2003 年出版）的补充。其他参考书包括 *The Reign of Edward II: New Perspectives*（Gwilym Dodd 和 Anthony Musson 编，2006 年出版）。Natalie Fryde 的 *The Tyranny and Fall of Edward II 1321 – 1326*（1979 年出版）探讨了爱德华二世统治的末期。J. S. Hamilton 的 *Piers Gaveston, Earl of Cornwall*（1988 年出版）和 J. R. Maddicott 的 *Thomas of Lancaster*（1970 年出版）分别研究国王的宠臣和敌人。关于他后期的宠臣，可参阅 Michael Prestwich 的论文"The Charges Against the Despensers, 1321"（载于 *Bulletins of the Instituteof Historical Research* 的 1985 年第 48 期）。

M. McKisack 的 *The Fourteenth Century*（1959 年出版）和 Michael Prestwich 的 *Plantagenet England, 1225 – 1360*（2005 年出版）介绍了爱德华二世统治的背景。关于爱德华二世的妻子的生平，参阅 H. Johnstone 的文章"Isabella, the She – Wolf of France"（载于 *History* 新系列，1936～1937 年第 21 期）。关于爱德华二世劫后余生的猜想，见 Ian Mortimer 的 *The Greatest Traitor: The Life of Sir Roger Mortimer, Ruler of England 1327 – 1330*（2003 年出版），以及 Ian Mortimer 的文章"The Death of Edward II in Berkeley Castle"（载于 *English Historical Review* 的

2005 年第 120 期)。

关于这一时期的重要编年史（在本书正文中被称为《爱德华二世传》）是 *Vita Edwardi Secundi*（Wendy R. Childs 编译，2005 年出版)。爱德华二世与布鲁斯家族之间战争的一个很好的资料来源是 *The Chronicles of Lanercost, 1272 - 1346*（Sir Herbert Maxwell 编译，1913 年出版)。*PeterLangtoft's Chronicle*（T. Hearne 编译，两卷本，1725 年出版）也很有用。其他的古代编年史的选摘和翻译被收入 *English Historical Documents* 第三卷（H. Rothwell 编，1975 年出版)。

第六部：光荣的年代（1330～1360)

爱德华三世有一部非常出色的新传记，W. Mark Ormrod 的 *Edward III*（2011 年出版)。Ian Mortimer 的 *The Perfect King: The Life of Edward III, Father of the English Nation*（2006 年出版）也是近期一部可读性极强的作品。另可参阅 J. S. Bothwell 编辑的 *The Age of Edward III*（2001 年出版）一书中的文章，尤其是关于军事发展的文章。R. Barber 的 *Edward, Prince of Wales and Aquitaine*（1978 年出版）研究了黑太子的生平。另可参阅 Anthony Goodman 的 *John of Gaunt: The Exercise of Princely Power in Fourteenth - Century Europe*（1992 年出版)。

关于百年战争初始阶段，最好的入门著作是 Jonathan Sumption 的 *The Hundred Years War I: Trial by Battle*（1990 年出版）以及他的 *The Hundred Years War II: Trial by Fire*（1999 年出版)。关于 1341 年危机，见 Natalie Fryde 的文章 "Edward III's Removal of His Ministers and Judges, 1340 - 1341"（载于 *Historical Research* 的 1975 年第 48 期)。关于爱德华三世统治

初年英格兰的混乱状况，见 E. L. G. Stones 的文章 “The Folvilles of Ashby – Folville in Leicestershire, and Their Associates in Crime” （载于 *Transactions of the Royal Historical Society* 的 1957 年第 5 系列第 7 期）。John Hatcher 的 *The Black Death: An Intimate History*（2008 年出版）是近期关于 1348 年人口危机的最佳著作。关于爱德华三世时代的骑士风尚，见 Hugh E. L. Collins 的 *The Order of the Garter, 1348 – 1461*（2000 年出版）。

关于爱德华三世对法战争的所谓起源，见 *The Vowsof the Heron*（J. L. Grigsby 与 N. J. Lacy 编，1992 年出版）。*Froissart's Chronicles*（G. Brereton 译，1978 年出版）是关于百年战争及其背景的一部重要而生动（尽管有些不可靠）的编年史，其效仿的榜样是 *Chronique de Jean le Bel*（J. Viard and E. Deprez 编，两卷本，1904 ~ 1905 年出版）。Thomas Walsingham 的 *The St. Albans Chronicle: The "Chronica Maiora"*（J. Taylor、Wendy Childs 和 L. Watkiss 编译，2003 年出版）是从修士的视角写百年战争的。

第七部：革命的年代（1360 ~ 1399）

George Holmes 的 *The Good Parliament*（1975 年出版）详细记述了 1376 年诸侯反对国王的事件。G. L. Harriss 的 *Shaping the Nation: England 1360 – 1461*（2005 年出版）对当时的内政外交做了背景介绍、概述和分析。Nigel Saul 的 *Richard II*（1997 年出版）是金雀花王朝末代君主的权威传记。Michael Bennett 的 *Richard II and the Revolution of 1399*（1999 年出版）集中分析了金雀花王朝的最后几年。

关于英格兰势力在法兰西的衰败，见 Jonathan Sumption 的 *The Hundred Years WarIII: Divided Houses*（2009 年出版）。Dan Jones 的 *Summer of Blood: The Peasants' Revolt of 1381*（2009 年出版）叙述了瓦特·泰勒农民起义及其后果。Nigel Saul 的文章 "Richard II and the Vocabulary of Kingship"（载于 *English Historical Review* 的 1995 年的第 60 期）分析了理查二世对君主威严的理解。Caroline Barron 的文章 "The Tyranny of Richard II"（载于 *Bulletinsof the Institute of Historical Research* 的 1968 年第 41 期）描写了理查二世在其统治最后几年对人民的压迫。B. Wilkinson 的文章 "The Deposition of Richard II and the Accession of Henry IV"（载于 *English Historical Review* 的 1939 年第 54 期）描述了理查二世被废黜的过程。

关于理查二世被废黜的原始文献载于 *English Historical Documents* 第三卷。R. B. Dobson 的 *The Peasants' Revolt of 1381*（第二版 1983 年出版）探讨了大起义和理查二世统治的其他方面。记载理查二世统治的其他编年史包括 Thomas Walsingham 的编年史 *Knighton's Chronicle, 1337 - 1396*（G. H. Martin 编，1995 年出版）和 *The Chronicle of Adam of Usk, 1377 - 1421*（C. Given - Wilson 编译，1997 年出版）。同情理查二世的史书 *Chronicque de latra? son et mort de Richart Deux roy Dengleterre* 由英国史学研究会在 1846 年出版，提供了理查二世被废黜的许多细节信息。

译名对照表

A

Abagha Khan 阿八哈汗

Acton Burnell, Statute of《阿克顿伯内尔条例》

Adam of Usk 阿斯克的亚当

Adela (daughter of William the Conqueror) 阿德拉（征服者威廉的女儿）

Adelard of Bath 巴斯的阿德拉德

Adele of Champagne, Queen of France 香槟的阿代勒，法兰西王后

Adeliza of Louvain, Queen of England 鲁汶的阿德丽莎，英格兰王后

Adrian IV Pope 阿德里安四世，教皇

Agincourt, Battle of 阿金库尔战役

Aimery de Thouars 艾默里·德·图阿尔

Alexander III, king of Scotland 亚历山大三世，苏格兰国王

Alexander III, Pope 亚历山大三世，教皇

Alexander IV, Pope 亚历山大四世，教皇

Alfonso VIII, king of Castile 阿方索八世，卡斯蒂利亚国王

Alfonso XI, king of Castile 阿方索十一世，卡斯蒂利亚国王

Alice of France 法兰西的艾丽斯

Alix, Countess of Blois 阿利克斯，布卢瓦伯爵夫人

Alspaye, Gerard d' 杰拉德·德·艾尔斯佩

Amadeus, Count of Savoy 阿梅迪奥，萨伏依伯爵

Andreas of Marchiennes 马尔谢讷的安德烈亚斯

Andrew of Wyntoun 温顿的安德鲁

Angle, Guichard d', Earl of Huntington 吉夏尔·德·安格勒，亨廷顿伯爵

Anglo - Saxon Chronicle, The《盎格鲁撒克逊编年史》

Angoulême, Count of 昂古莱姆伯爵

Anne of Bohemia, Queen of England

波西米亚的安妮，英格兰王后

Anonimalle Chronicle《阿诺尼玛莱编年史》

Argentein, Giles d' 贾尔斯·德·阿让唐

Arlot, papal envoy 阿尔洛特，教皇使节

Arms, Assize of《军备条令》

Arthur, King 亚瑟王

Arthur of Brittany 布列塔尼的阿尔蒂尔

Arundel, Earls of 阿伦德尔伯爵

Arundel, Thomas, Archbishop of Canterbury 托马斯·阿伦德尔，坎特伯雷大主教

Audley, Hugh the Elder 老休·奥德利

Audley, Hugh the Younger 小休·奥德利

Avranches, Compromise of《阿夫朗什和解协议》

B

Badlesmere, Bartholomew 巴塞洛缪·巴德勒斯米尔

Bagot, William 威廉·巴戈特

Baker, Geoffrey 杰弗里·贝克尔

Baldock, Robert 罗伯特·鲍多克

Baldwin, Archbishop of Canterbury 鲍德温，坎特伯雷大主教

Baldwin, Count of Flanders 鲍德温，佛兰德伯爵

Baldwin, Count of Hainaunlt 鲍德温，埃诺伯爵

Balliol, Edward, king of Scotland 爱德华·巴里奥，苏格兰国王

Balliol, Jocelin de 乔斯林·德·巴利奥尔

Balliol, John, king of Scotland 约翰·巴里奥，苏格兰国王

Bannockburn, Battle of 班诺克本战役

Bardi, family of 巴尔迪家族

Baybars, Mamluk sultan 拜巴尔，马穆鲁克王朝苏丹

Béarn, Gaston de 加斯东·德·贝阿恩

Beatrice of Savoy, Countess of Provence 萨伏依的贝亚特丽斯，萨伏依伯爵夫人

Beauchamp, Guy de, 10th Earl of Warwick 盖伊·德·比彻姆，第十代沃里克伯爵

Beauchamp, John 约翰·比彻姆

Beauchamp, Thomas de, 11th Earl of Warwick 托马斯·德·比彻姆，

Hereford 亨利·德·博恩，第一代赫里福德伯爵

Bohun, Henry de 亨利·德·博恩

Bohun, Humphrey de, 2nd Earl of Hereford 汉弗莱·德·博恩，第二代赫里福德伯爵

Bohun, Humphrey de, 3rd Earl of Hereford 汉弗莱·德·博恩，第三代赫里福德伯爵

Bohun, Humphrey de, 4th Earl of Hereford 汉弗莱·德·博恩，第四代赫里福德伯爵

Bohun, William de, Earl of Northampton 威廉·德·博恩，北安普顿伯爵

Bolingbroke, Henry 博林布罗克的亨利

Boniface of Savoy, Archbishop of Canterbury 萨伏依的博尼法斯，坎特伯雷大主教

Boniface VIII, Pope 博尼法斯八世，教皇

Bouvines, Battle of 布汶战役

Bracton 布拉克顿

Brembre, Nicholas 尼古拉斯·布雷姆布利

Bretigny, Treaty of《布雷蒂尼条约》

Briouze, William de 威廉·德·布雷乌泽

Bruce, Edward 爱德华·布鲁斯

Bruce, Robert, 5th Lord of Anandale 罗伯特·布鲁斯，第五代安嫩代尔领主

Bruges, Treaty of《布鲁日条约》

Brut Chronicle《布鲁图编年史》

Burgh, Elizabeth de, Duchess of Clarence 伊丽莎白·德·伯格，克拉伦斯公爵夫人

Burgh, Elizabeth de, Queen consort of Scotland 伊丽莎白·德·伯格，苏格兰王后

Burgh, Hubert de 休伯特·德·伯格

Burghersh, Henry, Bishop of Lincoln 亨利·伯格什，林肯主教

Burley, Simon 西蒙·伯利

Burnell, Robert, Bishop of Bath and Wells 罗伯特·伯内尔，巴斯暨韦尔斯主教

Bury, Richard 理查·伯里

Bushy, John 约翰·布希爵

C

Calais, siege of 加来围城战

罗杰·德·克莱尔，第二代赫特福德伯爵

Clare, Thomas de 托马斯·德·克莱尔

Clarendon, Assize of《克拉伦登条令》

Clarendon, Constitutions of《克拉伦登宪法》

Clement V, Pope 克雷芒五世

Clement VI, Pope 克雷芒六世

Clement VII (anitpope) 克雷芒七世，对立教皇

Clifford, Robert, 1st Baron deClifford 罗伯特·克利福德，第一代克利福德男爵

Clifford, Robert 罗伯特·克利福德

Clifford, Roger, 2nd Baron deClifford 罗杰·克利福德，第二代克利福德男爵

Clinton, William, Earl of Huntington 威廉·克林顿，亨廷顿伯爵

Comnenus, Isaac, ruler of Cyprus 伊萨克·科穆宁，塞浦路斯君主

Comyn, John 约翰·科明

Conan IV, Duke of Brittany 科南四世，布列塔尼公爵

Conrad of Monteferrat, king of Jerusalem 蒙费拉的康拉德，耶路撒冷国王

Constance, Duchess of Brittany 康斯坦丝，布列塔尼公爵夫人

Constance of Castile, Duchess of Lancaster 卡斯蒂利亚的康斯坦丝，兰开斯特公爵夫人

Controne, Pancio de 潘西奥·德·孔特罗内

Cornwall, Earls of 康沃尔伯爵

Courtenay, Archbishop of Canterbury 考特尼，坎特伯雷大主教

Crecy, Battle of 克雷西战役

Cusington, Stephen 斯蒂芬·卡辛顿

D

Dafyddap Gruffudd 格鲁菲兹之子大卫

Dafyddap Lywwelyn 罗埃林之子大卫

Dagwoth, Thomas 托马斯·达格沃斯

Damme, Battle of 达默战役

Damory, Hugh 休·达默里

Damory, Roger 罗杰·达默里

Dante, Aleghieri 但丁·阿利吉耶里

David I, king of Scotland 大卫一

E

Eleanor (daughter of Edward I) 埃莉诺（爱德华一世之女）

Eleanor of Aquitaine, Queen of England 阿基坦的埃莉诺，英格兰王后

Eleanor of Castile, Queen of England 卡斯蒂利亚的埃莉诺，英格兰王后

Eleanor of Leicester 莱斯特的埃莉诺

Eleanor of Provence, Queen of England 普罗旺斯的埃莉诺，英格兰王后

Eleanor of Woodstock 伍德斯托克的埃莉诺

Elizabeth (daughter of Edward I) 伊丽莎白（爱德华一世之女）

Elizabeth de Burgh, Queen consort of Scotland 伊丽莎白·德·伯格，苏格兰王后

Eugene III, Pope 尤金三世，教皇

Eustace IV, Count of Boulogne 尤斯塔斯四世，布洛涅伯爵

Evesham, Battle of 伊夫舍姆战役

Evesham, monk of 伊夫舍姆的僧人

évreux, Count of 埃夫勒伯爵

Exeter, Bishopof 埃克塞特主教

Eynsford, William, Lord 恩斯福德领主威廉

Eyville, Jocelin 乔斯林·德·艾维尔

F

Falaise, Treaty of《法莱斯条约》

Falkirk, Battle of 福尔柯克战役

Favent, Thomas 托马斯·法温特

Ferrand, Count of Flanders 费朗，佛兰德伯爵

FitzAlan, Edmund, 9th Earl of Arundel 埃德蒙·菲茨艾伦，第九代阿伦德尔伯爵

FitzAlan, Richard, 10th Earl of Arundel 理查·菲茨艾伦，第十代阿伦德尔伯爵

FitzAlan, Richard, 11th Earl of Arundel 理查·菲茨艾伦，第十一代阿伦德尔伯爵

FitzAlan, William 威廉·菲茨艾伦

FitzCount, Brian 布莱恩·菲茨康特

FitzGeoffrey, John 约翰·菲茨杰弗里

FitzNigel, Richard 理查·菲茨奈杰尔

FitzPeter, Geoffrey 杰弗里·菲茨彼得

G

GruffuddapGwenwynwyn 格温文文之子格鲁菲兹

GruffuddapLlwyd 卢伊德之子格鲁菲兹

Guesclin, Bertrand du 贝特朗·杜·盖克兰

Gurdon, Adam 亚当·格登

Gurney, Thomas 托马斯·格尼

Guy de Lusignan, king of Jerusalem 居伊·德·吕西尼昂，耶路撒冷国王

Guy of Flanders 佛兰德的居伊

H

Hales, Treasurer 黑尔斯（财政大臣）

Halidon Hill, Battle of 哈立顿山战役

Harclay, Andrew, Earl of Carlisle 安德鲁·哈克雷，卡莱尔伯爵

Harcourt, William d' 威廉·德·哈考特

Hatfield, Thomas, Bishop of Durham 托马斯·哈特菲尔德，达勒姆主教

Henry, Count of Champagne, king of Jerusalem 亨利，香槟伯爵，耶路撒冷国王

Henry I, king of England 亨利一世，英格兰国王

Henry II, king of England 亨利二世，英格兰国王

Henry III, king of England 亨利三世，英格兰国王

Henry IV, king of England 亨利四世，英格兰国王

Henry V, Holy Roman Emperor 海因里希五世，神圣罗马皇帝

Henry V, king of England 亨利五世，英格兰国王

Henry VI, Holy Roman Emperor 海因里希六世，神圣罗马皇帝

Henry VII, king of England 亨利七世，英格兰国王

Henry VIII, king of England 亨利八世，英格兰国王

Henry of Almain 日耳曼的亨利

Henry of Blois, Bishop of Winchester 布卢瓦的亨利，温切斯特主教

Henry of Grosmont, Duke of Lancaster 格罗斯蒙特的亨利，兰开斯特公爵

Henry of Huntington 亨廷顿的亨利

Henry of Trastamara, king of Castile 特拉斯塔马拉的恩里克，卡斯

I

England 格洛斯特的伊莎贝尔，英格兰王后

J

James IV, king of Majorca 詹姆斯四世，马略卡国王

James of St. George 圣乔治的詹姆斯

Jean de Venette 让·德·韦内特

Jean le Bel 让·勒贝尔

Jewry, Statute of《犹太人条例》

Joan, Queen of Sicily 琼，西西里王后

Joan de Munchensi 琼·德·蒙琴西

Joanna of England, Queen of Scotland 英格兰的琼，苏格兰王后

Joan of Acre, Countess of Gloucester 阿卡的琼，格洛斯特伯爵夫人

Joan of England 英格兰的琼

Joan of Kent, princess of Wales 肯特的琼，威尔士王妃

Joan of Navarre, Queen of France 纳瓦拉的琼，法兰西王后

Joan of the Tower 伦敦塔的琼

Joan the Lame of Burgundy, Queen of France 勃艮第的跛脚的琼，法兰西王后

John, Duke of Brabant 约翰，布拉班特公爵

John, Duke of Brittany 约翰，布列塔尼公爵

John, king of Bohemia 约翰，波西米亚国王

John, king of England 约翰，英格兰国王

John II, king of France 约翰二世，法兰西国王

John III, Duke of Brittany 约翰三世，布列塔尼公爵

John XXII, Pope 约翰二十二世，教皇

John (son of Edward I) 约翰（爱德华一世之子）

John of Brittany, Earl of Richmond 布列塔尼的约翰，里士满伯爵

John of Eltham, Earl of Cornwall 埃尔特姆的约翰，康沃尔伯爵

John of Gaunt, Duke of Lancaster 冈特的约翰，兰开斯特公爵

John of Hainault 埃诺的约翰

John of Hasting, Earl of Pembroke 黑斯廷斯的约翰，彭布罗克伯爵

John of Martmoutier 马尔穆蒂耶的

Lincoln, Battle of 林肯战役

Lincoln, Henry de Lacey, Earl of 亨利·德·莱西，林肯伯爵

Lionel of Antwerp, Duke of Clarence 安特卫普的莱昂内尔，克拉伦斯公爵

Llywelyn ap Gruffudd 格鲁菲兹之子罗埃林

Llywelyn the Great 罗埃林大王

Longchamp, Willam, Bishop of Ely 威廉·朗香，伊利主教

Louis, king of Navarre 路易，纳瓦拉国王

Louis, king of Sicily 路易，西西里国王

Louis VI, king of France 路易六世，法兰西国王

Louis VII, king of France 路易七世，法兰西国王

Louis VIII, king of France 路易八世，法兰西国王

Louis IX, king of France 路易九世，法兰西国王

Louis X, king of France 路易十世，法兰西国王

Lucy, Richard de 理查·德·卢西

Ludwig IV, Holy Roman Emperor 路德维希四世，神圣罗马皇帝

Lusignan, Geoffrey de 若弗鲁瓦·德·吕西尼昂

Lusignan, Guy de 居伊·德·吕西尼昂

Lusignan, Hugh X de 于格十世·德·吕西尼昂

Lusignan family 吕西尼昂家族

Lyons, Richard 理查·莱昂斯

M

MacWilliam, Guthred 古特雷德·麦克威廉

Madog ap Llywelyn 罗埃林之子马多格

Magna Carta《大宪章》

Malcolm IV, king of Scotland 马尔科姆四世，苏格兰国王

Maltravers, John 约翰·梅尔特莱弗斯

Mandeville, Geoffrey 杰弗里·德·曼德维尔

Mandeville, Georffrey de, Earl of Essex and Gloucester 杰弗里·德·曼德维尔，艾赛克斯与格洛斯特伯爵

Manny, Walter 沃尔特·曼尼

Map, Walter 沃尔特·马普

March, Earls of 马奇伯爵

格兰王后

Matthew, Count of Boulogne 马蒂厄，布洛涅伯爵

Maudelyn, Richard 理查·莫德林

Mercadier 梅卡迪耶

Merchants, Statutes of《商人条例》

Merciless Parliament 无情的议会

Middleton, Gilbert 吉尔伯特·米德尔顿

Miles of Gloucester 格洛斯特的迈尔斯

Molyneaux, Thomas 托马斯·莫利纽克斯

Montagu, John, 3rd Earl of Salisbury 约翰·蒙泰古，第三代索尔兹伯里伯爵

Montagu William, 1st Earl of Salisbury 威廉·蒙泰古，第一代索尔兹伯里伯爵

Mantagu, William, 2nd Earl of Salisbury 威廉·蒙泰古，第二代索尔兹伯里伯爵

Montbegon, Roger de 罗杰·德·蒙特贝冈

Montfort, Amaury de 阿莫里·德·孟福尔

Montfort, Eleanor de 埃莉诺·德·孟福尔

Montfort, Guy de 盖伊·德·孟福尔

Montfort, Henry de 亨利·德·孟福尔

Montfort, John de 约翰·德·孟福尔

Montfort, Simon de, Earl of Leicester 西蒙·德·孟福尔，莱斯特伯爵

Montfort, Simon the Younger 小西蒙·德·孟福尔

Montgomery, Treaty of《蒙哥马利条约》

Moray, John Randolph, Earl of 约翰·伦道夫，马里伯爵

More, Thomas de la 托马斯·德·拉·莫尔

Mortimer, Edmund, 5th Earl of March 埃德蒙·莫蒂默，第五代马奇伯爵

Mortimer, Edmund 埃德蒙·莫蒂默

Mortimer, Geoffrey 杰弗里·莫蒂默

Mortimer, Hugh 休·莫蒂默

Mortimer, Roger, 2nd Earl of March 罗杰·莫蒂默，第二代马奇伯爵

N

O

四世，神圣罗马皇帝

Owain ap Gruffudd 格鲁菲兹之子欧文

Owain of Gwynedd 格温内斯的欧文

Oxford, Aubrey de Vere, 10th Earl of 奥布里·德·维尔，第十代牛津伯爵

Oxford, Provisions of《牛津条例》

Oxford, Robert de Vere, 3rd Earl of 罗伯特·德·维尔，第三代牛津伯爵

P

Pamiers, Bishop of 帕米耶主教

Pandulph Masca, papal legate 潘德尔夫·马斯卡，教皇使节

Paris, Matthew 马修·巴黎

Paris, Treaty of (1259) 《巴黎条约》(1259 年)

Paris, Treaty of (1327)《巴黎条约》(1327 年)

Pedro I, "the cruel," king of Castile "残酷的" 佩德罗一世，卡斯蒂利亚国王

Pembroke, Earls of 彭布罗克伯爵

Perche, Count of 佩尔什伯爵

Percy, Harry "Hotspur" 哈里·"热刺"·珀西

Percy, Henry, Earl of Northumberland 亨利·珀西，诺森伯兰伯爵

Percy, Richard de 理查·德·珀西

Percy, Thomas, Earl of Worcester 托马斯·珀西，伍斯特伯爵

Perrers, Alice 艾丽斯·佩勒斯

Peruzzi family 佩鲁奇家族

Peter of Capua 卡普阿的彼得

Peter of Savoy, Earl of Richmond 萨伏依的彼得，里士满伯爵

Peter of Wakefield 韦克菲尔德的彼得

Philip, Count of Flanders 腓力，佛兰德伯爵

Philip II Augustus, king of France 腓力二世·"奥古斯都"，法兰西国王

Philip III, king of France 腓力三世，法兰西国王

Philip IV, king of France 腓力四世，法兰西国王

Philip V, king of France 腓力五世，法兰西国王

Philip VI, king France 腓力六世，法兰西国王

Philip of Navarre, Count Longueville 纳瓦拉的腓力，隆格维尔伯爵

S

T

斯，格洛斯特公爵

Thorne, William 威廉·索恩

Tinchebrai, Battle of 坦什布赖战役

Toulouse campaign 图卢兹战役

Treason Act《叛国罪法案》

Trencavel, Raymond, lord of Beziers and Carcassonne 雷蒙·特朗卡维尔，贝济耶与卡尔卡松领主

Tresilian, Robert 罗伯特·特里希林

Trussel, William 威廉·特拉塞尔

Turpington, Hugh 休·特平顿

Tyler, Wat 瓦特·泰勒

U

Ufford, Robert, Earl of Suffolk 罗伯特·厄福德，萨福克伯爵

Ulford, Andrew 安德鲁·厄福德

Urban V, Pope 乌尔班五世，教皇

Urban VI, Pope 乌尔班六世，教皇

V

Valence, Aymer de, Bishop of Winchester 艾默尔·德·瓦朗斯，温切斯特主教

Valence, Aymer de, Earl of Pembroke 艾默尔·德·瓦朗斯，彭布罗克伯爵

Valence, William de, Earl of Pembroke 威廉·德·瓦朗斯，彭布罗克伯爵

Valois, Count of 瓦卢瓦伯爵

Vaux, Robert de 罗伯特·德·沃克斯

Vere, Aubrey de, 10th Earl of Oxford 奥布里·德·维尔，第十代牛津伯爵

Vere, Robert de, 3rd ear of Oxford 罗伯特·德·维尔，第三代牛津伯爵

Vere, Robert de, Duke of Ireland 罗伯特·德·维尔，爱尔兰公爵

Vere, Thomas de 托马斯·德·维尔

Vesci, Eustace de 尤斯塔斯·德·韦希

Vescy, John de 约翰·德·韦希

Victor IV, anitpope 维克多四世，对立教皇

Violante Visconti, Duchess of Clarence 维奥兰特·维斯孔，克拉伦斯公爵夫人

Vitalis, Orderic 奥德里克·维塔利斯

W

Wales, Statute of《威尔士条例》

Y

Z

图书在版编目（CIP）数据

金雀花王朝：缔造英格兰的武士国王与王后们／（英）琼斯（Jones，D.）著；陆大鹏译. --北京：社会科学文献出版社，2015.8（2022.10重印）

ISBN 978-7-5097-6812-9

Ⅰ.①金… Ⅱ.①琼… ②陆… Ⅲ.①安茹王朝（12世纪~15世纪）-历史 Ⅳ.①K503

中国版本图书馆CIP数据核字（2014）第280051号

金雀花王朝：缔造英格兰的武士国王与王后们

著　　者／［英］丹·琼斯（Dan Jones）
译　　者／陆大鹏

出 版 人／王利民
项目统筹／段其刚　董风云
责任编辑／冯立君
责任印制／王京美

出　　版／社会科学文献出版社·甲骨文工作室（分社）（010）59366527
地址：北京市北三环中路甲29号院华龙大厦　邮编：100029
网址：www.ssap.com.cn
发　　行／社会科学文献出版社（010）59367028
印　　装／三河市东方印刷有限公司

规　　格／开　本：889mm×1194mm　1/32
印　张：22.625　插　页：0.875　字　数：516千字
版　　次／2015年8月第1版　2022年10月第14次印刷
书　　号／ISBN 978-7-5097-6812-9
著作权合同登记号／图字01-2014-1779号
定　　价／88.00元

读者服务电话：4008918866